# Hallesche Beiträge
# zur Europäischen Aufklärung

Schriftenreihe des Interdisziplinären Zentrums
für die Erforschung der Europäischen Aufklärung
Martin-Luther-Universität Halle-Wittenberg

# Zwischen Empirisierung und Konstruktionsleistung: Anthropologie im 18. Jahrhundert

Herausgegeben von Jörn Garber
und Heinz Thoma

Max Niemeyer Verlag Tübingen

Bibliografische Information Der Deutschen Bibliothek

Die Deutsche Bibliothek verzeichnet diese Publikation in der Deutschen
Nationalbibliografie; detaillierte bibliografische Daten sind im Internet über
*http://dnb.ddb.de* abrufbar.

ISBN 3-484-81024-6     ISSN 0948-6070

© Max Niemeyer Verlag GmbH, Tübingen 2004
*http://www.niemeyer.de*

# Inhalt

VORWORT . . . . . . . . . . . . . . . . . . . . . . . . . . . . . . . . . .   VII

WOLFGANG RIEDEL:
Erster Psychologismus.
Umbau des Seelenbegriffs in der deutschen Spätaufklärung . . . . . . . . . . .   1

CARSTEN ZELLE:
Johann August Unzers *Gedanken vom Träumen* (1746)
im Kontext der Anthropologie der „vernünftigen Ärzte" in Halle . . . . . . . .   19

HANS WERNER INGENSIEP:
Der aufgeklärte Affe. Zur Wahrnehmung von Menschenaffen
im 18. Jahrhundert im Spannungsfeld zwischen Natur und Kultur . . . . . . .   31

KURT BAYERTZ:
Der aufrechte Gang: Ursprung der Kultur und des Denkens?
Eine anthropologische Debatte im Anschluß an Helvétius' *De l'Esprit* . . . .   59

JOHANNES ROHBECK:
Erklärende Historiographie und Teleologie der Geschichte . . . . . . . . . . .   77

KARL-HEINZ SCHWABE:
Philosophie, „science of man" und „moral sciences"
in der Schottischen Aufklärung . . . . . . . . . . . . . . . . . . . . . . . . .   101

HEINZ THOMA:
Anthropologische Konstruktion, Wissenschaft, Ethik und Fiktion bei Diderot .   145

WERNER NELL:
Konstruktionsformen und Reflexionsstufen des Fremden
im Diskurs der Spätaufklärung bei Diderot und Forster . . . . . . . . . . . . .   177

ULRICH GAIER:
Anthropologie der Neuen Mythologie.
Zu Funktion und Verfahren konjekturalen Denkens im 18. Jahrhundert . . .   193

VI

JÖRN GARBER:
Von der „anthropologischen Geschichte des philosophierenden Geistes"
zur *Geschichte der Menschheit* (Friedrich August Carus) . . . . . . . . . . . . 219

MANFRED BEETZ:
Wunschdenken und Realitätsprinzip.
Zur Vorurteilsanalyse in Wielands *Agathon* . . . . . . . . . . . . . . . . . . . . . . 263

MARTIN DISSELKAMP:
Ohnmacht und Selbstbehauptung der Vernunft.
Zu Christoph Martin Wielands *Goldnem Spiegel* . . . . . . . . . . . . . . . . . . 287

RICHARD SAAGE:
Die „anthropologische Wende" im utopischen Diskurs der Aufklärung . . . . 307

MONIKA NEUGEBAUER-WÖLK:
Praktische Anthropologie für ein utopisches Ziel:
Menschenbeobachtung und Menschenbildung im
Geheimbund der Illuminaten . . . . . . . . . . . . . . . . . . . . . . . . . . . . . . . . 323

ALAIN MONTANDON:
Konversation und Gastlichkeit in der französischen Aufklärung:
zur Konzeptualisierung sozialer Interaktion zwischen Kontinuität
und Umbruch . . . . . . . . . . . . . . . . . . . . . . . . . . . . . . . . . . . . . . . . . . . 339

Personenregister . . . . . . . . . . . . . . . . . . . . . . . . . . . . . . . . . . . . . . . . . 363

# Vorwort

Der Mensch ist der Ort, an dem Natur und Geist sich begegnen, und es verlohnt sich, die spezifischen Bruch- und Nahtstellen aufzusuchen, an denen das Ineinander naturhafter und geistiger Gefüge stattfindet.

Helmuth Plessner

Seit rund 20 Jahren ist eine wissenschaftliche Konjunktur zu beobachten, die darauf abzielt, die seit Ende des 19. Jahrhunderts erfolgte Trennung von Natur- und Geisteswissenschaften zu durchbrechen: dieser Versuch findet sein Zentrum in der Anthropologie. Im Prozeß der Wiedergewinnung einer Einheit von Gegenstand und ganzheitlichem wissenschaftlichen Zugang fokussiert dieses anthropologische Denken seine Aufmerksamkeit auf eine Epoche der beginnenden Moderne, in der diese Einheit vorausgesetzt wurde: die Epoche der Aufklärung. Dieser Gang in die Geschichte speist sich zweifellos aus den Problemfixierungen unserer Gegenwart. Mit der Möglichkeit, neuronale Prozesse zu beeinflussen und Hirnfunktionen physiologisch nachzuweisen, kommt es gegenwärtig zu einem neuen Interesse am *commercium mentis et corporis*. Im Vorgriff auf einweltige Globalisierungsprozesse und den Ausschluß ökonomisch-sozialer Alternativen mutiert Geist zur Kultur, begleitet von den entsprechenden wissenschaftsinstitutionellen Umbauten. Mit Natur und Kultur sind zugleich die beiden Pole eines unitaristischen Denkens bezeichnet, das die sogenannte anthropologische Wende der Aufklärung ab 1750 in unterschiedlichen Akzentuierungen thematisierte. In der Wiedergewinnung dieses ‚verlorenen‘ Paradigmas wechseln die Naturwissenschaften von mathematisch-physikalischen Modellierungen zu „lebenswissenschaftlichen" Fragestellungen, insbesondere zur Biologie. Sie rethematisieren den Zusammenhang von Geist und Körper und kommen dabei zu einer Neubewertung einzelner akademischer Fachgeschichten. Die sogenannten Geisteswissenschaften wiederum können sich an diese Fragestellungen anschließen und werden dadurch auf eine Kulturvorstellung verwiesen, die sich eng an materielle bzw. zivilisationsgeschichtliche Prozesse ankoppelt. Damit könnte die ältere, spezifisch deutsche Entgegensetzung von Geistes- und Naturwissenschaften gegenstandslos werden.

In der gegenwärtigen Aufklärungsforschung lassen sich zwei Tendenzen beobachten. Die erste bewegt sich dominant auf dem Feld der physischen Anthropologie und sucht die Nähe zu naturwissenschaftlichen Fragestellungen. Eine zweite betont demgegenüber das Verhältnis von Anthropologie und allgemeiner Kulturtheorie. Diese beiden Tendenzen spiegelt, in unterschiedlicher Akzentuierung, auch der hier vorgelegte Band. Die für das 18. Jahrhundert bedeutsame naturhistorische Tradition im engeren Sinne (Buffon u.a.) erscheint hier nur mittelbar, d.h. in ihrem Einfluß auf Geschichtskonstruktion und Schöpfungstheorie. Die genannten thematischen Felder bildeten bereits den Untersuchungsgegenstand des bis heute maßgeblichen, von Hans-Jürgen Schings herausgegebenen Sammelbandes *Der ganze Mensch* (1994). Dieser Band deutet die so genannte „Anthropologische Wende" vorwiegend als Empirisierungs- bzw. Naturalisierungsvorgang und vernachlässigt die in Anthropologie- und Naturdeutung eingelassene normative bzw. kulturelle Dimension. Dies überrascht um so mehr, als etwa die Rousseauforschung in einer anderen Art von Einseitigkeit gerade die normativen Aspekte von aufklärerischen Anthropologiekonzeptionen am Beispiel des Naturbegriffs herausgearbeitet hat. Berücksichtigt man solche Spannungen zwischen Physis und Norm, dann ergeben sich sowohl neue Themen als auch ein eigenes Gegenstandsfeld, nämlich die Formen der Reflexivität, in denen diese Spannung verarbeitet und erörtert wird. Dies ist der Grund für die Titelformulierung dieses Bandes.

Die Anordnung der Beiträge geschah unter folgenden Gesichtspunkten: Der Band beginnt mit einer Problemgeschichte der Naturalisierung des Seelenbegriffs, der als Ursprungsform der Psychoanalyse (Wolfgang Riedel) interpretiert wird. Ihm folgt eine Darlegung der halleschen Psychomedizin im Fokus von Traumtheorien, speziell in der Deutung von Johann August Unzer, der die ältere Theorie der Traumbücher ersetzt (Carsten Zelle). Diese beiden Abhandlungen vertiefen klassische Fragestellungen im Bereich des *commercium mentis et corporis*. Die physische Dimension des Menschen, nunmehr im Rahmen der *scala naturae* sowie einer Schnittpunktbestimmung zwischen Natur- und Menschheitsgeschichte, thematisieren die beiden Beiträge zum Affen bzw. zum aufrechten Gang. Gezeigt wird, wie Rousseau, ohne Rücksicht auf neuere wissenschaftliche Befunde, den Affen als eine Art Menschen im Naturzustand vorstellt und wie Herder den Affen mit naturgeschichtlichen Argumenten entanthropomorphisiert (Hans Werner Ingensiep, Kurt Bayertz). Die soziale bzw. geschichtliche Dimension des Menschen erscheint im Beitrag zur französischen Physiokratie. Es kommt zu der doppelten Universalisierung von Zeit (Menschheitsgeschichte) und Raum (vergleichende Kulturgeographie), die durch den Rekurs auf Ökonomie und Technikgeschichte teleologisch-fortschrittsbezogen deutbar wird (Johannes Rohbeck). Die Doppelnatur des Menschen als physisches *und* kulturelles Wesen kennzeichnet grundsätzlich die „science of man" Humes, der nicht nur als Begründer des philosophischen Empirismus, sondern auch und besonders der unitaristischen Anthropologie herausgearbeitet wird (Karl-Heinz Schwabe).

Mit Diderot erfolgt die Transposition von einem philosophisch-wissenschaftlichen Zugang zu einer konjekturalen Denkform der Möglichkeiten und Grenzen des neuen anthropologischen Paradigmas. Gezeigt wird dies an der Werkentwicklung vom frühen, groben Materialismus zu den reflexiven Altersschriften, die, erzählerisch komplex, zugleich eine enge Strukturverwandtschaft von naturwissenschaftlicher und präsoziologischer Denkform erkennen lassen (Heinz Thoma). Spätaufklärerische Anthropologiekonzeptionen als für die Gegenwart anschlußfähige, frühe Modellbildungen eines modernen kulturwissenschaftlichen Diskurses unterstellt die Untersuchung zu Diderot und Forster (Werner Nell). Der Beitrag zum Mythos bei Herder und Hölderlin deutet die aus diesem abgeleitete Dichtung (Poesie) als reflexive Steigerungsform bewußtseinstheoretischer Positionen (Ulrich Gaier). Umgekehrt entstehen in einer Synthese von Spätaufklärung und Kantianismus bei Carus drei, das unitaristische Verständnis von Anthropologie ausdifferenzierende Wissensformen: eine neuartige *Geschichte der Philosophie* als Geschichte des menschlichen Geistes, die Kulturalisierung der *Geschichte der Menschheit* sowie die *Geschichte der Psychologie*. Der entscheidende Sprung innerhalb der Selbstauslegung der Menschheit ist die Ersetzung früher, mythischsymbolischer durch logosbezogene Denkformen. Mit Herder und Kant ist Carus auf dem Weg zur Geist- und Geschichtsphilosophie Hegels (Jörn Garber).

Eine abschließende Gruppe von Beiträgen ist charakterisiert durch die Thematisierung von Natur und Norm im Medium des Utopischen. Gezeigt wird, wie ein Autor in zwei unterschiedlich strukturierten Romanen einen substantialistischen Tugendbegriff sowie einen naturalen Unschuldsbegriff (Kinder der Natur) durch fiktive Empirisierungsverfahren und narrative Brechungen skeptisch unterläuft und dabei zugleich alternative Menschen- und Handlungsmodelle freisetzt. Utopie und Geschichte geraten hier in einen nicht aufhebbaren Gegensatz. Polyperspektivität und Illusionszerstörung sind die wesentlichen Modi der Bildung und Destruktion von Urteilen (Manfred Beetz, Martin Disselkamp). Wie die Gattung Utopie sich im Prozeß der Staatsnegation entpolitisiert und das denkende und handelnde Subjekt ins Zentrum rückt, dadurch auch ‚freie' anthropologische Ordnungsmuster ermöglicht, zeigt ein Blick auf französische Quellen (Richard Saage). Wie man im Gegenzug, ausgehend von einem Arkanbezirk, über geeignete Menschenführung einen bestehenden Staat zu okkupieren sucht, um ihn durch den ‚wahren' Staat einer anthropologiekonformen Ordnung zu ersetzen, verdeutlicht der Beitrag zum Illuminatenbund (Monika Neugebauer-Wölk). Den Blick in die Vergangenheit und Zukunft zugleich öffnet die Studie zur Gastlichkeit. Sie zeigt, wie Rousseau in der Kritik am höfischen Modell und an den neuen Mechanismen des Geldes darauf hinweist, daß ein scheinbar archetypales Zuwendungsverhalten außer Kraft gesetzt wird, so daß nur noch das Ideal einer Selbstsorge in Einsamkeit an dessen Stelle treten kann (Alain Montandon).

Die in diesen Beiträgen zur Utopie nachweisbare normative Anthropologie führt zu einer Dichotomisierung von Natur und Kultur und offenbart ein grundsätzliches Mißtrauen gegenüber dem Prozeß der Zivilisation. Nur andeutungsweise erkennbar wird in diesem Band jene protoliberale Theorie, welche die Zivilisation gleichsam selbsttätig aus der menschlichen Natur hervorgehen läßt.

Die Beiträge dieses Bandes fußen im wesentlichen auf den Vorträgen eines Kolloquiums vom 18. bis 19. September 2000 am Interdisziplinären Zentrum für die Erforschung der Europäischen Aufklärung der Martin-Luther-Universität Halle-

X

Wittenberg. Ziel der Veranstaltung war es, Konzeption und Zwischenergebnisse eines DFG-Forschungsprojekts „Selbstaufklärung der Aufklärung. Individual-, Gesellschafts- und Menschheitsentwürfe in der anthropologischen Wende der Spätaufklärung" vorzustellen und sie ergänzenden und konkurrierenden Interpretationen auszusetzen. Die Herausgeber danken allen Beiträgerinnen und Beiträgern für ihre Bereitschaft zur Mitwirkung und für ihre Geduld angesichts einer umständehalber doch relativ späten Drucklegung. Für die redaktionelle Bearbeitung sind wir besonders Frau Dr. Anke Wortmann und Herrn Dr. Wilhelm Haefs verpflichtet.

Jörn Garber / Heinz Thoma

WOLFGANG RIEDEL (Würzburg)

# Erster Psychologismus

## Umbau des Seelenbegriffs in der deutschen Spätaufklärung

Dieser Beitrag verdankt sich dem Wunsch der Tagungsveranstalter, in einer knappen Zusammenschau darzulegen, worin ich die entscheidenden Motive und Wirkungen der vielberufenen Wende zur „empirischen Psychologie" und / oder „Anthropologie" in der deutschen Spätaufklärung sehe. Den damit verlangten Rückgriff auf die (soweit einschlägig) eigenen Publikationen in Kauf zu nehmen, fiel für den Vortrag freilich leichter als für die Drucklegung.[1] Auch wird durch den Verkürzungszwang solcher Extrakte die Bereitschaft zur Überakzentuierung und Ausblendung des Widerstrebenden bei Autor und Leser einigermaßen strapaziert. Mehr als eine Diskussionsvorlage will daher auch diese Druckfassung nicht sein.

Meine Überlegungen setzen an bei den beiden Leitbegriffen der Tagung, „Empirisierung" und „Konstruktionsleistung". Der Bezug zum ersten dieser Begriffe ergibt sich schon aus meinem Thema, dem Übergang von der „rationalen" (= schulphilosophischen) Seelenlehre des frühen zur „empirischen" (= „anthropologischen") Psychologie des späten 18. Jahrhunderts. Die Eckpunkte dieses Geschehens sind Wolff (auf den ich mich hier für die Schulphilosophie beschränke) und Kant, durch dessen *Kritik der reinen Vernunft* (1781/²1787) dieser Empirisierungsprozeß – jedenfalls philosophischerseits – gestoppt und die Wende zur Transzendentalphilosophie eingeleitet wird. Von Konstruktionsleistung spreche ich im Blick auf diese Empirisierung der Seelenlehre insofern, als hier – trotz der philosophischen Kritik an diesem „ersten Psychologismus"[2] – ein langfristig gese-

---

[1] Die hier versuchten Extrapolationen sind im wesentlichen aus folgenden Spezialuntersuchungen des Verf. gezogen: *Die Anthropologie des jungen Schiller.* Zur Ideengeschichte der medizinischen Schriften und der *Philosophischen Briefe.* Würzburg 1985; Erkennen und Empfinden. Anthropologische Achsendrehung und Wende zur Ästhetik bei Johann Georg Sulzer, in: Schings, Hans-Jürgen (Hg.), *Der ganze Mensch. Anthropologie und Literatur im 18. Jahrhundert.* Stuttgart / Weimar 1994 (Germanistische DFG-Symposien 15), S. 410–439; Anthropologie und Literatur in der deutschen Spätaufklärung. Skizze einer Forschungslandschaft, in: *Internationales Archiv für Sozialgeschichte der deutschen Literatur* [= *IASL*]. Sonderheft 6: Forschungsreferate 3 (1994), S. 93–157; Exoterik, Empirismus, Anthropologie. Abels Philosophie im Kontext der deutschen Spätaufklärung, in: *Jacob Friedrich Abel. Eine Quellenedition zum Philosophieunterricht an der Stuttgarter Karlsschule (1773–1782),* hg. v. W. R. Würzburg 1995, S. 402–450; Poetik der Präsenz. Idee der Dichtung bei Durs Grünbein, in: *IASL* 24/1 (1999), S. 82–105, hier S. 87–98, Singende Hirne.

[2] Odo Marquard spricht in seiner wichtigen Untersuchung über den Kommerz von Psychologie (resp. Psychoanalyse) und Philosophie im 19. und 20. Jahrhundert von zwei Psychologismen: der „erste Psychologismus" ist hier die empirische Psychologie um 1900, gegen die sich Husserls Restituierung eines transzendentalphilosophischen Ansatzes wendet, der „zweite" der nach (und trotz) Husserl einsetzende Einfluß der Psychoanalyse auf die Philosophie: Marquard, Odo, *Transzendentaler Idealismus, Romantische Naturphilosophie, Psychoanalyse.*

hen tiefgreifender Umbau im Begriff des Menschen eingeleitet und eine seither, bis heute, dominant gebliebene Weise anthropologischen Forschens und Wissens begründet werden (ein „Denkstil",[3] wenn man so will). Die Jahrzehnte nach 1750 sind daher nicht allein, wie man sich seit Reinhart Kosellecks Wortprägung zu sagen angewöhnt hat, die „Sattelzeit" der historisch-politischen Ideen und Konzepte der Moderne, sondern auch – und mit gleichem Wirkungsgrad – die ihrer psychologisch-anthropologischen.[4] Allerdings gehe ich hier nicht von den bekannten Topoi einer solchen „Ursprungsgeschichte" der modernen Anthropologie aus, nämlich erstens nicht, wie seit Arnold Gehlen üblich, von Herder, zweitens nicht, wie seit Odo Marquard üblich, von Kants *Anthropologie in pragmatischer Hinsicht* (1798), und drittens auch nicht, wie seit Fritz Stemme in Psychologiegeschichte und Germanistik üblich, von Moritz und dem *Magazin zur Erfahrungsseelenkunde* (1785–95).[5] Ich verfolge eine etwas andere, wiewohl parallele Spur und greife, neuerer Forschung folgend, hinter die genannten Herder, Moritz und Kant auch historisch ein wenig zurück.[6]

---

Köln 1987, S. 11–21, Wiederkehr des Psychologismus. – Dieses Schema greife ich hier auf, freilich mit einer Modifikation. Denn Marquards „erster Psychologismus" ist in Wahrheit ein zweiter – der für die Moderne erste ist jener der vorkantischen „empirischen Psychologie" / „Anthropologie", von dem hier zu sprechen ist. Insgesamt wäre also historisch von drei Psychologismen (und dem in ihnen wirksamen Wiederholungszwang) zu reden, mit dem Zusatz, daß wir gegenwärtig, in einer Hochphase der empirisch-experimentellen Hirnforschung, einen „vierten Psychologismus" (und den entsprechenden philosophischen *response*) erleben.

[3]  Nach Fleck, Ludwik, *Entstehung und Entwicklung einer wissenschaftlichen Tatsache.* Einführung in die Lehre vom Denkstil und Denkkollektiv [1935], hg. v. Lothar Schäfer, Thomas Schnelle. Frankfurt/M. [2]1993.

[4]  Koselleck, Reinhart, Einleitung, in: K., R. u.a. (Hg.), *Geschichtliche Grundbegriffe.* Historisches Lexikon zur politisch-sozialen Sprache in Deutschland. 8 Bde. Stuttgart 1972ff., hier Bd. 1, S. XIII–XXVII; ders., Das achtzehnte Jahrhundert als Beginn der Neuzeit, in: K., R. / Herzog, Reinhart (Hg.), *Epochenschwelle und Epochenbewußtsein.* München 1987 (Poetik und Hermeneutik 12), S. 269–282. – Zur Aufklärung als einem „Jahrhundert der Psychologie" zuletzt: Vidal, Fernando, The Eighteenth Century as „Century of Psychology", in: *Jahrbuch für Recht und Ethik* 8 (2000) [2001], S. 407–436.

[5]  Gehlen, Arnold, *Gesamtausgabe.* 7 Bde. Verschiedene Hg. Frankfurt/M. 1978–2002, hier Bd. 3: *Der Mensch.* Seine Natur und seine Stellung in der Welt [1940]. 2 Teile, hg. v. Karl-Siegbert Rehberg. Frankfurt/M. 1993, Teil 1, S. 31ff., 79ff. – Grundlegend zu Herder als Anthropologen: Häfner, Ralph, *Johann Gottfried Herders Kulturentstehungslehre.* Hamburg 1995; Marquard, Odo, Zur Geschichte des philosophischen Begriffs „Anthropologie" seit dem Ende des 18. Jahrhunderts [1963], in: ders., *Schwierigkeiten mit der Geschichtsphilosophie.* Frankfurt/M. [4]1997, S. 122–144 u. 213–248 (Anm.). – Grundlegend zu Kant jetzt: Brandt, Reinhard, *Kritischer Kommentar zu Kants Anthropologie in pragmatischer Hinsicht.* Hamburg 1998; Stemme, Fritz, Die Säkularisation des Pietismus zur Erfahrungsseelenkunde, in: *Zeitschrift für deutsche Philologie* 72 (1953), S. 144–158. – Grundlegend hier: Bezold, Raimund, *Popularphilosophie und Erfahrungsseelenkunde im Werk von Karl Philipp Moritz.* Würzburg 1984.

[6]  Wenn auch nicht gleich auf die „Frühaufklärung", wie dies ein Sammelband tut, den ich im übrigen zu den wichtigsten neueren Titeln zum Thema zähle: Zelle, Carsten (Hg.), „*Vernünftige Ärzte*". Hallesche Psychomediziner und die Anfänge der Anthropologie in der deutschsprachigen Frühaufklärung. Tübingen 2001 (Hallesche Beiträge zur Europäischen Aufklä-

Von einem Umbau der Lehre vom Menschen in diesen Jahrzehnten ist deshalb zu reden, weil die Frage nach der Seele (respektive dem menschlichen Geist), und das heißt nach alteuropäischer, platonisch-christlicher Sicht: die Frage nach dem eigentlichen Wesen des Menschen, nach der *differentia specifica*, die ihn von allen anderen Naturwesen unterscheidet und seine metaphysisch und religiös (heilsgeschichtlich) definierte „Sonderstellung" begründet, – weil also diese Frage nun (und fortan immer mehr) ins Kraftfeld der neuen, empirisch-experimentellen Formen des Wissens von N a t u r prozessen gerät. Mit der Folge, daß es seither, jedenfalls im System des als „Wissenschaft" anerkannten Wissens, schlechterdings unmöglich geworden ist, die Frage nach dem Menschen, nach seiner Herkunft, Besonderheit und Bestimmung noch zu stellen u n t e r A b s e h u n g vom wissenschaftlichen Leitdiskurs der Moderne, vom Diskurs der Naturwissenschaften. In radikal anderer Weise als irgend zuvor sieht sich seit der Spätaufklärung der Begriff des Menschen (seines „Wesens") verschlungen in den Begriff der Natur. Damit begann eine ehedem konstitutive Differenz im europäischen Denken des Menschen, die Alterität von Seele (*sema*) und Körper (*soma*), zu einer problematischen zu werden. Ich entwickle diesen Gedanken in zwei Schritten: 1. Von der rationalen zur empirischen Psychologie, 2. Auch eine kopernikanische Wende.

## 1. Von der rationalen zur empirischen Psychologie

Der Begriff „Psychologie" kam als neulateinische Prägung im 16. Jahrhundert auf. Die Sache selbst, die ‚Seelenlehre', setzte als neuzeitliche Tradition ebenfalls in diesem Jahrhundert ein, vereinfacht gesagt, mit Melanchthons *De anima* von 1540, einem Kommentar zum gleichnamigen Traktat des Aristoteles, dem Urtext der abendländischen Psychologie.[7] Doch kursierten für diese Disziplin auch andere,

---

rung 19). Der Band befaßt sich schwerpunktmäßig mit J. G. Krüger, J. A. Unzer und weiteren Hallenser Gelehrten, die um 1750 die Wende zu einer empirisch verfaßten Anthropologie inaugurieren (wie dies außerhalb Halles zur selben Zeit etwa auch J. G. Sulzer tut). Der hier sehr energisch betriebenen „Vordatierung" der „Anfänge der Anthropologie" auf die Jahrhundertmitte (und bes. C. Zelles These von der „Gleichursprünglichkeit von Ästhetik und Anthropologie", ebd., S. 5–24) stimme ich zu. Allerdings würde ich mich scheuen, die „anthropologische Wende" mit dem Epochenindex „Frühaufklärung" zu versehen. Denn: 1) 1750 ist nicht gleich Frühaufklärung. 2) Natürlich findet man, sobald man sich der Medizin zuwendet, anthropologischen Empirismus auch schon vor 1750, das liegt aber in der Natur des Faches (und läßt sich daher beliebig nach rückwärts verschieben). 3) Die Virulenz des empirischen Zugriffs auf den Begriff des Menschen greift erst dann, wenn auch in der Philosophie Metaphysik und „Spekulationsgeist" zum Problem werden, und dies ist in relevanter Weise vor 1750 in der deutschen Aufklärung nur in Ansätzen, als Scholastikkritik, bei Thomasius der Fall. Ich halte daher, auch wenn ich ebenfalls um 1750 einsetze, bis auf weiteres an der zeitlichen Zuordnung „Spätaufklärung" fest.

7    Vgl. Scheerer, Eckart, Art. ‚Psychologie', in: Ritter, Joachim u.a. (Hg.), *Historisches Wörterbuch der Philosophie*. Bisher 11 Bde. Basel 1971ff., hier Bd. 7 (1989), Sp. 1599–1653, hier Sp. 1599f. – Ferner zur Frühgeschichte der Psychologie: Jüttemann, Gerd u.a. (Hg.), *Die Seele*.

konkurrierende Namen, darunter seit dem 17. Jahrhundert als wichtigster der Begriff „Pneumatik". Die (seit Alsted) so bezeichnete „Geist- oder Geisterlehre" (*scientia de spiritu*) befaßte sich indes nicht allein mit der Menschenseele, sondern mit allen geistigen Wesenheiten, also auch mit Gott und den Engeln.[8] Im Nebeneinander der Begriffe Pneumatik und Psychologie spiegelt sich so die bipolare Orientierung der Seelenlehre in der frühen Neuzeit. In pneumatischer Perspektive war der Begriff einer Seele auszurichten an theologischen Modellvorstellungen, speziell am ontologischen Schema der „zwei Welten" (irdisch-natürlicher *mundus sensibilis* – göttlich-geistiger *mundus intelligibilis*), welche Doppelstruktur sich anthropologisch wiederholt im Dual sterblicher Leib – unsterbliche Seele (Geist). In diesem Dual sind Seele und Geist als das Andere der Natur (Materie, *physis*) gesetzt, als das, was Natur n i c h t ist, als nicht-körperlich oder im-materiell, und zwar nach einer Logik der Negation, die bei Descartes die kanonische Form eines geschlossenen Systems erreichen wird (alle Definitionen der *res cogitans* bestehen ja bekanntlich aus ausschließenden Verneinungen der Definitionen der *res extensa*). Pneumatik ist, mit anderen Worten, Psychologie *sub specie aeternitatis*. Sie muß ihren Seelenbegriff transzendenzkompatibel halten, sein Substrat kann folglich nur ein strikt Unkörperliches sein, eine in diesem Sinne „geistige", oder wie ein führendes philosophisches Handbuch der Aufklärung schreibt, „geistliche" Substanz.[9]

Der andere Orientierungspol der frühneuzeitlichen Seelenlehre war die Medizin. Wie an einer frühen, der zweiteiligen *Anthropologie* Otto Casmanns von 1594/96 zu sehen ist (*Psychologia anthropologica sive animae humanae doctrina* und *Secunda pars anthropologiae: hoc est; Fabrica humani corporis*), firmierte „Psychologie" um 1600 zugleich als ein Analogon und Komplement der medizinischen (seit Galen so genannten) „Physiologie", also der Lehre vom menschlichen Körper, seinen Organen und ihren Funktionen. Auch hier wird ausgegangen von des Menschen „Zwienatur" (*natura gemina*), geistiger und körperlicher (*spiritualis et corporea*), doch ist die Perspektive auf diese Dualität eine etwas andere. Am „systemischen", auf den Zusammenhang der Teile (Organe) gerichteten Paradigma der galenischen Physiologie orientiert, konnte es das Anliegen einer der medizinischen Fakultät verbundenen Seelenlehre nicht primär sein, nach der (womöglich absolu-

---

Ihre Geschichte im Abendland. Weinheim 1991. – Zu Melanchthon Bauer, Barbara (Hg.), *Melanchthon und die Marburger Professoren 1527–1620*. Marburg 1999.

[8]  Scheerer, (wie Anm. 7), Sp. 1600; Mahlmann, Theodor, Art. ‚Pneumatologie / Pneumatik', ebd., Sp. 996–999.

[9]  Walch, Johann Georg, *Philosophisches Lexicon*. 2 Bde. Hildesheim 1968 [Reprint der Ausgabe Leipzig ⁴1775], hier Bd. 2, Sp. 761–806, Art. ‚Seele' u. ‚Seelenbeschaffenheit', hier Sp. 761, 772 u.ö.; auch Sp. 452–454, Art. ‚Pneumatic'. – Zweiweltenlehre: Beierwaltes, Werner, Art. „Mundus intelligibilis / sensibilis", in: *Historisches Wörterbuch der Philosophie*, (wie Anm. 7), hier Bd. 6 (1984), Sp. 236–240. – Cartesianisches Leib-Seele-Modell: Specht, Rainer, *Commercium mentis et corporis*. Über Kausalitätsvorstellungen im Cartesianismus. Stuttgart-Bad Cannstatt 1966.

ten) Alterität von Körper und Seele zu fragen, als vielmehr nach den Möglichkeiten und Formen ihrer Interaktion.[10]

„Pneumatik" oder „Psychologie" – es war letzterer Begriff, der sich schließlich, im 18. Jahrhundert, als Bezeichnung der Seelenlehre durchsetzte. Entscheidenden Anteil daran hatte Christian Wolff mit seinen epochemachenden Lehrbüchern *Psychologia empirica* (1732, [2]1738) und *Psychologia rationalis* (1734, [2]1740). Freilich, was Wolff (und hier ist von der *Psychologia rationalis* auszugehen, die methodisch und inhaltlich der *Psychologia empirica* vorausgeht und ihr übergeordnet ist) unter dem Titel „Psychologie" traktierte, war der Sache nach nichts anderes als Pneumatik und methodisch und begrifflich eine an Descartes geschulte Theorie des Geistes als des Anderen des Körpers.[11] Die Seele ist bei Wolff als Vermögen zu erkennen definiert (*vis repraesentativa*, die cartesische *res cogitans*) und ontologisch konzipiert als *substantia simplex*, als „einfache", also ungeteilte, also nicht-räumliche, also unausgedehnte Substanz. Ihr Begriff ist gewonnen aus der Negation des Begriffs der Materie (welche ja auch hier als ausgedehnt, also räumlich, also unendlich teilbar oder, was dasselbe heißt, als zusammengesetzt bestimmt ist). Fokus dieser Verneinungslogik ist, gut pneumatisch, die Ewigkeit. Denn alles Teilbare ist „korruptibel", es kann in seine Teile wieder zerfallen, ist der Zeit und dem Tod unterworfen; das Einfache hingegen ist als Nicht-Teilbares *per definitionem* zerfallsunfähig (*incorruptibilis*). Die Alterität von Körper und Seele sichert so zwei für Wolffs Begriff des Menschen als eines geistigen Wesens zentrale Theoreme: erstens, wie beschrieben, das Theorem der Unsterblichkeit, und zweitens, kaum weniger wichtig, das Theorem der (Willens-) Freiheit (*spontaneitas*). Denn als immaterielles Wesen ist die Seele auch aus dem Kausalitätskontinuum der materiellen Welt herausgesetzt, unterliegt also nicht dem Determinismus der Naturprozesse und ist folglich in der Lage, frei von allen äußeren Einflüssen (etwa schon den körperlichen Trieben und Begierden) zu rein aus vernünftiger Einsicht gewonnenen moralischen Urteilen und Entscheidungen zu gelangen.[12] *Psychologia rationalis* ist so die Wissenschaft von einem metaphysischen, übernatürlichen Wesen. Tatsächlich – auch dies genuin pneumatisches Erbe – steht die

---

10  Zur frühneuzeitlichen Anthropologie immer noch: Hartmann, Fritz / Haedke, Kurt, Der Bedeutungswandel des Begriffs Anthropologie im ärztlichen Schrifttum der Neuzeit, in: *Sitzungsberichte der Gesellschaft zur Beförderung der gesamten Naturwissenschaften zu Marburg* 85 (1963), S. 39–99. – Wichtig: Benzenhöfer, Udo / Rotzoll, Maike, Zur ‚Anthropologia' (1533) von Galeazzo Capella, in: *Medizinhistorisches Journal* 26 (1991), S. 315–320. – Zur Begriffsgeschichte von *physiologia*: Rothschuh, Karl E., Art. ‚Physiologie', in: *Historisches Wörterbuch der Philosophie,* (wie Anm. 7), hier Bd. 7, Sp. 964–967.
11  Das Folgende nach Wolff, Christian, *Gesammelte Werke.* II. Abteilung: *Lateinische Schriften.* Bd. VI: *Psychologia rationalis,* hg. v. Jean Ecole. Hildesheim 1972 [Reprint der Ausgabe Frankfurt / Leipzig [2]1740], Sectio IV, De variis animae attributis, spiritu in genere et animabus brutorum, S. 588–680, insb. § 729; siehe auch §§ 47f. u. 66.
12  *Gesammelte Werke,* (wie Anm. 11), Bd. V: *Psychologia empirica,* hg. v. Jean Ecole. Hildesheim 1968 [Reprint der Ausgabe Frankfurt / Leipzig [2]1738], Part. II, Sect. II, Cap. II : De libertate, S. 696–711, insb. §§ 927, 932f.; 945; siehe auch § 892.

Seele hier ontologisch (qua Geist) auf prinzipiell gleicher Stufe wie das *ens metaphysicum* schlechthin, Gott selbst. Denn auch er ist bei Wolff bestimmt als immaterielle *vis repraesentativa* (nur im Unterschied zum unvollkommenen Menschengeist als vollkommene), und auch er ist (qua Geist) „einfache Substanz", folglich inkorruptibel, ewig.[13] Derart eng am Leitseil der Pneumatik und des Substanzendualismus geführt, gerät die Wolffische Psychologie – man könnte fast sagen, aus Systemzwang – zum Analogon der Theologie, zu ihrem anthropologischen Double.

Freilich: Wolff selbst hatte zugleich den Sprengsatz gelegt, dem dieses metaphysische Seelenkonzept zum Opfer fallen sollte. Wie bereits angedeutet, hatte er die Psychologie in zweifacher Gestalt auf den Weg gebracht, als rationale und als empirische. Die *psychologia rationalis* war im beschriebenen Sinne für das (metaphysische) „Wesen" der Seele zuständig, die *psychologia empirica* diente als Hilfsdisziplin, die durch Erfahrungstatsachen, Beobachtungen und Fallbeispiele verifizieren sollte, was ihre pneumatische Schwester rein spekulativ, durch vernünftige Schlüsse, vom Begriff einer Seele bereits herausgebracht hatte. Doch eben diese Rangordnung (spekulativ vor empirisch) konnte sich im Jahrhundert der Aufklärung nicht halten. Spätestens ab 1750 begann sich die empirische Psychologie von der Vorherrschaft der rationalen zu emanzipieren, und damit von der Erblast der Pneumatik. In seinem programmatischen *Versuch einer Experimental-Seelenlehre* aus dem Jahr 1756 stellt der Wolff-Schüler, ab 1744 Hallesche und ab 1751 Helmstedtische Professor für Medizin und Philosophie Johann Gottlob Krüger die Psychologie ganz auf die Grundlage der Erfahrung, mit dem ebenso empirischen Ziel, „die menschliche Seele so zu schildern, wie sie ist, nicht aber wie sie seyn soll" (nämlich nicht, wie nach ihrem rationalpsychologischen Begriff, als unbedingt frei und vernünftig).[14] Und auch der meines Erachtens in diesem Kontext vielleicht wichtigste Autor der Jahrhundertmitte, der Berliner Philosoph und Ästhetiker Johann Georg Sulzer, hatte zur selben Zeit im ersten Aufriß seiner dann in den fünfziger bis siebziger Jahren ausgearbeiteten Psychologie, im *Kurzen Begriff aller Wissenschaften* (1745, [2]1759), die Wolffische „Pneumatologie" oder

---

[13]  Vgl. Wolff, Christian, *Vernünfftige Gedancken von GOTT, Der Welt und der Seele des Menschen. Auch allen Dingen überhaupt.* Hildesheim 1968 [Reprint der Ausgabe Halle [11]1751], S. 574–672, Von Gott, hier §§ 931ff., 1067ff.

[14]  Krüger, Johann Gottlob, *Versuch einer Experimental-Seelenlehre.* Halle, Helmstedt 1756, Vorrede [unpag.]. Zu Krüger jetzt grundlegend: Mauser, Wolfram, Johann Gottlob Krüger. Der Weltweise als Arzt – zur Anthropologie der Frühaufklärung in Deutschland, in: Zelle, (wie Anm. 6), S. 48–67; Schmidt-Hannisa, Hans-Walter, Johann Gottlob Krügers geträumte Anthropologie, ebd., S. 156–171. – Moritz wird dann „Experimental-Seelenlehre" zu „Erfahrungsseelenkunde" eindeutschen (s.u. Anm. 17). Analog wird *psychologia empirica* zu „empirische Psychologie"; siehe etwa Immanuel David Mauchart *Allgemeines Repertorium für empirische Psychologie und verwandte Wissenschaften* (1792–1801). Zur Begriffsgeschichte jetzt: Zelle, Carsten, Experimentalseelenlehre und Erfahrungsseelenkunde. Zur Unterscheidung von Erfahrung, Beobachtung und Experiment bei Johann Gottlob Krüger und Karl Philipp Moritz, in: Zelle, (wie Anm. 6), S. 173–185.

Wissenschaft von der „Seele in Ansehung ihrer Unsterblichkeit" beiseite gescho-
ben und massive methodische Zweifel am spekulativen Verfahren der *psychologia
rationalis* angemeldet: Es sei schlechterdings nicht möglich, „alle Eigenschaften
der Seele aus ihrem Wesen [*res cogitans, substantia simplex*, W. R.] herzulei-
ten".[15] Statt dessen fordert er, ebenfalls nach dem Vorbild der neuen, an Newton
orientierten Naturforschung, den Ausgang von Erfahrung und „Beobachtung", eine
als rein „empirische" Wissenschaft gefaßte Psychologie, eine „Experimentalphysik
der Seele".[16] Und diese hätte sich, so Sulzer weiter, hauptsächlich dreier Themen
anzunehmen (mit deren Behandlung denn auch der pneumatische Denkraum bewußt verlassen wird): erstens des Komplexes der „dunklen" oder, wie sie später
heißen werden, unbewußten Vorstellungen (*ideae obscurae*); zweitens der Störun-
gen und Dysfunktionen der Wahrnehmungs- und Verstandeskräfte (was Moritz
dann für sein *Magazin zur Erfahrungsseelenkunde* als „Seelenkrankheitslehre",
Psychopathologie, propagieren wird); drittens der Zusammenhänge „zwischen dem
Zustand des Leibes und der Seele" (*commercium mentis et corporis*), und zwar
nicht mehr auf der Grundlage einer zweifelsfrei geltenden Substanzentrennung.[17]

Die gemeinsame Pointe dieser drei „empirischen" Problemstellungen besteht
darin, daß sie nicht mehr von vorneherein ausschließen, die Seele könnte vielleicht
doch (und möglicherweise sogar massiv) darein involviert sein, woraus Pneumatik
und Cartesianismus sie kategorisch ausgegrenzt wissen wollten, in den Körper und
damit ins Reich der Natur, der *res extensa*. Ohne Berührungsängste – ein Effekt
der Nähe dieser neuen Psychologen zur „Artzneywissenschaft" – wird die Möglichkeit einer regelrechten „Abhängigkeit" des Geistes von der natürlichen Kausalität in Betracht genommen. Noch bei Sulzer selbst sieht sich so die Seele alsbald
verwandelt in ein Spielfeld heteronomer Kräfte, in einen gänzlich un-, ja anti-
wolffianisch gefaßten Schauplatz der erstaunlichsten Unfreiheit – von unwillkürlichen Gedanken und Regungen bis hin zu Zwangsvorstellungen – und Unvernunft,
bis hin zum Wahnsinn. Das Stichwort für diese Fremdbestimmtheit des Geistes
heißt in der Literatur der Zeit „natürlicher Einfluß", *influxus physicus*. Repräsenta-
tiv zusammengefaßt findet sich diese Einfluß-Lehre in Carl Friedrich Flögels *Geschichte des menschlichen Verstandes* (1765, [3]1776), einem frühen Literaturbericht
und Resümee der empirischen Psychologie, oder auch in der – ebenso kompilatori-
schen, von Flögel auch abhängigen – *Dissertatio de characteris animi* (1776) des
Stuttgarter Philosophen Jacob Friedrich Abel (dem etwa Schiller seine intime

---

[15]  Sulzer, Johann Georg, *Kurzer Begriff aller Wissenschaften und andern Theile der Gelehrsamkeit*. Leipzig [2]1759, §§ 203–210, hier §§ 208, 210; dazu Verf., Erkennen und Empfinden, (wie
Anm. 1), S. 412ff.
[16]  Ebd., §§ 204, 206.
[17]  Ebd., §§ 205–207. – Vgl. Moritz, Karl Philipp, *Werke*, hg. v. Heide Hollmer u. Albert Meier.
2 Bde. Frankfurt/M. 1997–99, hier Bd. 1, S. 793–809, Vorschlag zu einem Magazin einer Er-
fahrungs-Seelenkunde [1782].

Vertrautheit mit dieser neuen Psychologie verdankte).[18] Danach sind es der Körper, das Klima, das soziale Milieu, die Erziehung, die Sprache und die Gewohnheit, die die Seele, den Geistescharakter, bestimmen (*influxus corporis, influxus climatis, influxus circumstantiarum externarum, influxus systematis idearum* usw.). Den Brennpunkt all dieser Einflüsse aber bildet – das ‚Andere der Seele', der Körper.

„Wer weißt es nicht, daß alle Seelenkräfte des Menschen auf eine außerordentliche Weise vom Körper abhangen, daß Einbildungskraft, Verstand, Wille, mittelbar oder unmittelbar von ihm bestimmt werden."[19] Mit „Körper" ist hier in erster Linie die Trias Sinnesorgane / Nerven / Gehirn gemeint. Die ärztliche Kasuistik habe die diesbezügliche Abhängigkeit des Geistes außer Zweifel gestellt („[…] erkennt man den Beweis dieser Säze in jenen merkwürdigen Begebenheiten, wo ein Druck des Gehirns, eine Beraubung oder Verderbung der Säfte, das Genie zum Blödsinnigen herabsenkt").[20] Abel, um solche Kommunikation und Kausalität zwischen Körper und Geist / Seele zu erklären, aktiviert hier die aus der Schulphilosophie überkommene Theorie der „materiellen Ideen" (*ideae materiales*), die in der empirischen Psychologie und Anthropologie dieser Jahre gängig war und die Abel unter anderem wohl von Ernst Platner übernommen hat. Danach entspricht jeder Vorstellung oder Empfindung der immateriellen Seele ein materieller Vorgang, eine „Bewegung" (*motus*), im Gehirn, beziehungsweise das Resultat eines solchen Vorgangs, eine in der Hirn- oder Nervenmaterie hinterlassene „Spur" (*vestigium*), jedenfalls ein physiologisches Faktum, eben die „materielle Idee". Mit ihrer Hilfe erklären Platner und Abel Phänomene wie Gedächtnis (als Aktivieren entsprechender „Spuren" in Hirnmaterie oder Nervensaft), Assoziation (als Effekt physischer Nachbarschaften und Berührungen solcher „Spuren"), aber auch pathologische Phänomene wie „fixe Ideen" (als Zwang der Seele, erstarrten zerebralen Verknüpfungsbahnen der materiellen Ideen folgen zu müssen).[21]

Zum Einfluß des Körpers über die Seele trägt ferner das (im Falle Abels von Helvétius übernommene, aber auch sonst, etwa schon von Sulzer, vertretene) Lust / Unlust-Prinzip bei, demzufolge nicht die Vorstellungen selbst, sondern die sie

---

[18]  Flögel, Carl Friedrich, *Geschichte des menschlichen Verstandes*. Frankfurt/M. 1972 [Reprint der Ausgabe Leipzig ³1776]. – Abel, Jacob Friedrich, Dissertatio de origine characteris animi [1776], in: *Jacob Friedrich Abel*, (wie Anm. 1), S. 139–179, dt. Übers. S. 529–546.

[19]  Abel, *Rede, über die Entstehung und die Kennzeichen großer Geister* [1776], in: *Jacob Friedrich Abel*, (wie Anm. 1), S. 181–218, hier S. 186.

[20]  Ebd.

[21]  Abel, *De phaenomenis sympathiae in corpore animali conspicuis* [1779], in: *Jacob Friedrich Abel*, (wie Anm. 1), S. 237–289, hier S. 252–266, dt. Übers. S. 577–602, hier S. 581–589. Vgl. ebd., S. 433f., 481f., Komm., zu Herkunft und Verbreitung der Theorie der materiellen Ideen, auch zu Platner, Ernst, *Anthropologie für Aerzte und Weltweise*, mit einem Nachwort hg. v. Alexander Košenina. Hildesheim / New York 1998 [Reprint der Ausgabe Leipzig 1772]. – Ausführliche Belege bei Dessoir, Max, *Geschichte der neueren deutschen Psychologie*. Amsterdam 1964 [Reprint der Ausgabe Berlin ²1902], passim – Hinweise auch bei Halbfaß, W., Art. ‚Idee' [III. Neuzeit], in: *Historisches Wörterbuch der Philosophie*, (wie Anm. 7), hier Bd. 4 (1976), hier Sp. 104f.

begleitenden angenehmen oder unangenehmen Gefühle das menschliche Urteilen und Handeln bestimmen. Diese Gefühle treten aber immer als physiologisch grundierte auf; als Wallungen, Erregungen, Pulsfrequenzen, Erröten usw., so daß hier immer das Organische hereinspielt (weshalb Helvétius hier auch von *sensibilité physique* spricht).[22] Und auch das – damals gleichfalls mit dem Namen Helvétius verbundene[23] – Theorem vom *influxus circumstantiarum externarum* oder Einfluß der Gesellschaft (Milieu, Erziehung, frühkindliche Prägung) greift nur vermittels des *influxus corporis*, nämlich der Sinnesorgane als Pforten und Medien auch der sozialen Umwelt.

Nicht anders die Theorie der „dunklen Vorstellungen" in der „Tiefe der Seele" (*fundus animae*).[24] Auch sie, obwohl auf den ersten Blick eine rein innerseelische Angelegenheit, muß sich auf den Körper einlassen. Denn mit ihm sind, über die oben angesprochenen Lust / Unlust-Gefühle, die dunklen Ideen letztlich verknüpft. Durch diese „Entdeckung des Unbewußten" wurde die Autonomie der Seele damals vielleicht am nachhaltigsten erschüttert. Die interessanteste (wohl auch einflußreichste) Theorie der dunklen Ideen enthält ein kleiner Aufsatz Sulzers aus dem Jahr 1759, *Erklärung eines psychologischen paradoxen Satzes: Daß der Mensch zuweilen nicht nur ohne sichtbare Gründe sondern selbst gegen dringende*

---

[22] Helvétius, Claude Adrien, *De l'homme, de ses facultés intellectuelles et de son éducation* (1773); zit. nach ders., *Hinterlassenes Werk vom Menschen, von dessen Geisteskräften, und von der Erziehung desselben*. 2 Bde. Breslau 1774, hier Bd. 1, S. 2, 92, 117f. u.ö. – Sulzer, Johann Georg, Psychologische Betrachtungen über den sittlichen Menschen, in: J. G. S., *Vermischte philosophische Schriften*. 2 Teile in einem Bd. Hildesheim / New York 1974 [Reprint der Ausgabe Leipzig 1773–1781], Teil 1, S. 282–306, hier S. 286. – Abel, *Theses historico-philosophicae* [1777], Nr. 24; *Philosophische Säze über das höchste Gut* [1780], Nr. 12, in: *Jacob Friedrich Abel*, (wie Anm. 1), S. 50, 55. Vgl. ebd., S. 484f., Komm. – Die Anthropologie des Helvétius ist schon von ihren physiologischen Prämissen her eine Anthropologie des Egoismus (der dem Lustprinzip unterstehende Mensch kann nicht nicht egoistisch sein). Diesen Komplex, eigentlich einschlägig für einen psychologiegeschichtlichen Überblick zur Spätaufklärung, kann ich hier nicht weiter verfolgen (vgl. u.a. Verf., *Schiller*, [wie Anm 1], S. 176ff., Eigennutz und Wohlwollen). Zur Herkunft der Egoismusdebatten des 18. Jahrhunderts jetzt grundlegend: Vollhardt, Friedrich, *Selbstliebe und Geselligkeit. Untersuchungen zum Verhältnis von naturrechtlichem Denken und moraldidaktischer Literatur im 17. und 18. Jahrhundert*. Tübingen 2001; ders., Eigennutz – Selbstliebe – Individuelles Glück, in: van Dülmen, Richard (Hg.), *Entdeckung des Ich. Die Geschichte der Individualisierung vom Mittelalter bis zur Gegenwart*. Köln u.a. 2001, S. 219–242.

[23] Helvétius, (wie Anm. 22), hier Bd. 1, S. 18, 22ff., 32ff. u.ö.; vgl. schon Sulzer, *Untersuchung über den Ursprung der angenehmen und unangenehmen Empfindungen* [1751], in: *Schriften*, (wie Anm. 22), Teil 1, S. 1–98, hier S. 17, 20.

[24] Sulzer, *Kurzer Begriff*, (wie Anm. 15), § 205f. – Bei der Durchleuchtung des „dunklen" *fundus animae* setzt Sulzer bei Baumgarten an. Vgl. Baumgarten, Alexander Gottlieb, *Metaphysica* [1739]. Hildesheim 1963 [Reprint der Ausgabe Halle [7]1773], insb. §§ 511, 514, 518. – Zur Frühgeschichte der Psychologie des Unbewußten im 18. Jahrhundert grundlegend: Grau, Kurt Joachim, *Die Entwicklung des Bewußtseinsbegriffs im 17. und 18. Jahrhundert*. Halle 1916; Adler, Hans, Fundus Animae – der Grund der Seele. Zur Gnoseologie des Dunklen in der Aufklärung, in: *Deutsche Vierteljahresschrift* 62 (1988), S. 197–220; ,*Dieses wahre innere Afrika*'. Texte zur Entdeckung des Unbewußten vor Freud, hg. v. Ludger Lütkehaus. Frankfurt/M. 1989.

*Antriebe und überzeugende Gründe handelt und urtheilet.*[25] Hinter diesem Titel verbirgt sich nichts anderes als eine Psychologie der Fehlleistungen *avant la lettre*. Sulzer geht hier von der Erfahrung aus, daß die Seele zur selben Zeit verschiedene, ja sogar völlig konträre Regungen oder Ideen haben kann. Und zwar deshalb, weil – und hier folgt er Baumgarten – die Seele nicht zu konzipieren sei als ein einheitlicher, transparenter Bewußtseinsraum, sondern als eine komplexe Architektur, in welcher der Bereich des aktual Gewußten um- oder unterbaut zu denken ist von einer Dunkelzone gleichzeitiger, diffuser Geistes- und Gefühlsaktivitäten (Baumgartens *regnum lucis* und *regnum tenebrarum*, siehe oben Anm. 24). Wann immer nun, so Sulzer, eine klar und deutlich gefaßte (sprich bewußte) Idee mit einer gleichzeitigen, konträr gerichteten dunklen (sprich unbewußten) in Konflikt gerät, trägt die dunkle notwendig den Sieg davon. Denn während der bewußte Teil der Seele die ihm gegebene klare Idee noch abwägt, hat sich die ihm verborgene dunkle bereits mit den Affekten verbunden und löst, ehe die vernünftige Überlegung sich's versieht, über das Lust / Unlust-Prinzip (siehe oben) die genau n i c h t beabsichtigte Reaktion im Reden oder Handeln aus.[26]

---

[25] Sulzer, *Schriften*, (wie Anm. 22), S. 99–121; dazu Verf., Erkennen und Empfinden, (wie Anm. 1), S. 419ff. – Zur Wirkungsgeschichte des Traktats ders., Die Aufklärung und das Unbewußte. Die Inversionen des Franz Moor, in: *Jahrbuch der Deutschen Schillergesellschaft* [= *JDSG*] 37 (1993), S. 198–220, insb. S. 212ff.; ders., Eros und Ethos. Goethes ‚Römische Elegien‘ und ‚Das Tagebuch‘, in: *JDSG* 40 (1996); S. 147–180, hier S. 175ff.

[26] Zwei weitere Schlüsselthemen der aufgeklärten Psychologie des Subrationalen, auf die ich hier nicht eingehe, werden gegenwärtig intensiv erforscht, die Theorie der Einbildungskraft und die des Traumes. Grundlegend zu ersterer: Müller, Götz, Die Einbildungskraft im Wechsel der Diskurse. Annotationen zu Adam Bernd, Karl Philipp Moritz und Jean Paul, in: ders., *Jean Paul im Kontext. Gesammelte Aufsätze.* Würzburg 1996, S. 140–164; Dürbeck, Gabriele, *Einbildungskraft und Aufklärung.* Perspektiven der Philosophie, Anthropologie und Ästhetik um 1750. Tübingen 1998; Behrens, Rudolf, ‚Sens intérieur‘ und meditierende Theoriesuche. Jacob Heinrich Meisters ‚Lettres sur l'imagination‘ (1794/1799), in: Alt, Peter-André u.a. (Hg.), *Prägnanter Moment.* Studien zur deutschen Literatur der Aufklärung und Klassik. Festschrift Hans-Jürgen Schings. Würzburg 2002, S. 149–165. – Zu letzterer: Engel, Manfred, ‚Träumen und Nichtträumen zugleich‘. Novalis' Theorie und Poetik des Traumes zwischen Aufklärung und Hochromantik, in: Uerlings, Herbert (Hg.), *Novalis und die Wissenschaften.* Tübingen 1997, S. 144–167; ders., Traumtheorie und literarische Träume im 18. Jahrhundert. Eine Fallstudie zum Verhältnis von Wissen und Literatur, in: *Scientia Poetica* 2 (1998), S. 97–128; Alt, Peter-André, Der Schlaf der Vernunft. Traum und Traumtheorie in der europäischen Aufklärung, in: *Das Achtzehnte Jahrhundert* 25 (2001), S. 55–82; ders., *Der Schlaf der Vernunft.* Literatur und Traum in der Kulturgeschichte der Neuzeit. München 2002; Schmidt-Hannisa, Hans-Walter, ‚Der Traum ist unwillkürliche Dichtkunst‘ – Traumtheorie und Traumaufzeichnung bei Jean Paul, in: *Jahrbuch der Jean-Paul-Gesellschaft* [= *JJPG*] 35/36 (2000/2001), S. 93–113; ders., Krügers Anthropologie, (wie Anm. 14); ders., *Traumaufzeichnungen und Traumtheorien in Pietismus, Aufklärung und Hochromantik* (im Druck). Schmidt-Hannisa bereitet auch eine Ausgabe der Krügerschen *Träume* (1754, ³1785) vor. – Gleichsam zwischen Imagination und Traum stehen die sog. „hypnagogen“ oder „Halbschlafbilder“. Goethe beschreibt sie in den *Wahlverwandtschaften* und in der *Farbenlehre*, Jean Paul in *Über die natürliche Magie der Einbildungskraft* (1796) und in *Blicke in die Traumwelt* (1814), hier unter dem Begriff des „Empfindbildes“. Mit Johannes von Müllers *Über phantastische Gesichtserscheinungen* (1826) treten sie ihre Karriere innerhalb der Sinnesphysiologie und experimentellen Psychologie an. Den von der Physiologie und bis zur Poetolo-

Fassen wir zusammen: Sowie die Psychologie empirisch wurde, wurde ihr Gegenstand, die Seele, zu einem problematischen Phänomen (während sie im Cartesianismus noch als das gegenüber der Körperwelt „leichter Erkennbare" galt). Und zwar genau dadurch, daß die Grenze zum Körper brüchig und durchlässig wurde. Seele und Geist verloren so den Status der Freiheit vom Reich der Natur, der im Alteritätsmodell der Pneumatik und des Substanzendualismus garantiert war. Autonomie der Vernunft und Freiheit des Willens gerieten damit ebenfalls in Frage. Noch im Jahrhundert der Aufklärung war so die Seele bereits „nicht mehr Herrin im eigenen Haus". Wie sehr, belegen dann die bekannten massenhaften „erfahrungsseelenkundlichen" Fallberichte der psychologischen Magazine und Zeitschriften der achtziger und neunziger Jahre. Die Folgen dieses „ersten Psychologismus" sind kaum zu überschätzen. Kant begegnete ihm mit der transzendentalphilosophischen Wende und ersetzte die *substantia simplex* der rationalen Psychologie durch das ebenso „intelligible", aber nicht mehr substantial, sondern nur mehr formal gefaßte Prinzip des „ich denke" als – wiederum – nicht-empirische, körperlose Ermöglichungsinstanz von Vernunft und Freiheit. Doch damit war der „Psychologismus" nicht vom Tisch. Im 19. Jahrhundert wurde die empirische Spur in der Theorie des Geistes und der Seele wieder aufgenommen, nicht nur in der experimentellen Psychologie von Herbart (dem Nachfolger Kants in Königsberg) bis Wundt, sondern auch in der Philosophie selbst, so, um nur sie zu nennen, bei Schopenhauer und Nietzsche. Doch damit wären wir schon beim „zweiten Psychologismus".

## 2. Auch eine kopernikanische Wende

Die Empirisierung der Psychologie im späten 18. Jahrhundert hatte aber noch einen zweiten, gegenläufigen Effekt. Dem Wissen um die Ohnmacht der Seele, das mit der Einsicht in die wie auch immer beschaffene Gebundenheit des Psychischen an Gehirn und Nervensystem einherging, korrespondierte ein – ebenfalls noch tastendes, trotz allem Bemühen um Empirie notwendig spekulatives – Wissen um die weltschöpfende Macht dieses neuro-psychischen Systems. Daß eine Psychologie, die vom *commercium mentis et corporis* ausging, in erkenntnistheoretischen Fragen dem Sensualismus zugeneigt war, liegt natürlich auf der Hand. Je ernster man hier die Anteile des Körpers (d.h. der Trias Sinnesorgane / Nerven / Gehirn) zu nehmen gewillt war, desto mehr mußte sich die Hypothese aufdrängen, daß diese Trias nicht allein ein passives Medium darstellt, durch welches die Außen-

---

gie sich spannenden Diskurs über dieses Phänomen hat jetzt Helmut Pfotenhauer untersucht, dem ich auch diese Hinweise verdanke: Pfotenhauer, Helmut, Empfindbild, Gesichtserscheinung, Vision – Zur Geschichte des inneren Sehens und Jean Pauls Beitrag dazu, in: *JJPG* 38 (2003), S. 78–110.

welt rezipiert wird, sondern einen höchst aktiven Apparat, der – immer auch auf ein wenig unheimliche Weise – „Welt" und „Wirklichkeit" allererst konstituiert. Tatsächlich beobachten wir so schon im 18. Jahrhundert, daß, wenn die Psychologie empirisch wird, die Erkenntnistheorie zum Konstruktivismus tendiert. An zwei spätaufklärungstypischen Denkfiguren will ich dies zeigen, am erkenntnistheoretischen Phänomenalismus und an der Theorie der Projektion.

Zum Phänomenalismus zunächst. Er war aus dem britischen Empirismus über die aus ihm hervorgegangene *Common-sense*-Philosophie (Thomas Reid, Adam Ferguson u.a.), teils auch über den französischen Materialismus, in die deutsche Spätaufklärung gelangt. Auf diese Hintergründe kann ich hier nicht eingehen. Doch kann man, ohne sehr zu vereinfachen, sagen, daß eine phänomenalistische Gnoseologie geradezu ein Kennzeichen dieses „ersten Psychologismus" war.[27] Ich wähle als Beispiel den vorkantischen Schiller, und zwar eine erkenntnistheoretische Passage aus den *Philosophischen Briefen* von 1786:

> Weder Gott noch die menschliche Seele noch die Welt [also die Kardinalobjekte der schulphilosophischen Metaphysik, siehe oben Anm. 13, W. R.], sind das wirklich, was wir davon halten. Unsre Gedanken von diesen Dingen sind nur die endemische Formen, worinn sie uns der Planet [also die „Natur", W. R.] überliefert, den wir bewohnen – unser Gehirn *gehört* diesem Planeten, folglich auch die Idiome unsrer Begriffe, die darinne aufbewahrt liegen.[28]

Die hier in wenigen Worten zusammengefaßte Grundüberzeugung des (wie gesagt noch vorkantischen) Phänomenalismus besagt also, daß wir nicht ohne weiteres davon ausgehen dürfen, daß das, was wir (die Seele, das Bewußtsein) wahrnehmen und vorstellen, irgendeine „Ähnlichkeit" mit den repräsentierten Objekten ‚draußen' habe. Denn diese Vorstellungen seien nicht „*Bilder*" der Dinge, sondern bloß ihre nothwendig bestimmte und coexistirende *Zeichen*".[29] Nicht die Dinge selbst also ‚sieht' die Seele, sondern, eingehaust in den physiologischen Wahrnehmungsapparat, nur das, was h i e r , in der Innenwelt dieses Apparates, geschieht, nur die „Spuren", die die Nervenimpulse, ausgelöst durch Reize an der Oberfläche der Sinnesorgane, im Gehirn hinterlassen. Die äußeren Objekte sind der Seele völlig unzugänglich; allein deren innere „Zeichen", also zerebrale Ereignisse, sind ihr gegeben – und diese Ereignisse sind nun nichts anderes als die im vorigen Kapitel beschriebenen „materiellen Ideen".[30] Als die „endemischen Formen", von denen das Schiller-Zitat oben sprach, schaffen sie eine hirninterne ‚Scheinwelt' (daher

---

[27] Näheres bei Verf., *Schiller*, (wie Anm. 1), S. 216–223.

[28] *Schillers Werke*. Nationalausgabe, bisher 50 Bde., hg. v. Julius Petersen, Norbert Oellers u.a. Weimar 1943ff., hier Bd. 20, S. 107–129, *Philosophische Briefe*, hier S. 126–129 [erkenntnistheoretisches Postskript zur *Theosophie des Julius*], das Zit. S. 127; auch ebd., S. 10–29, *Philosophie der Physiologie* [1779], hier S. 14–26. Dazu und zum wissensgeschichtlichen Kontext Verf., *Schiller*, (wie Anm. 1), S. 213–229.

[29] Schiller, *Philosophische Briefe*, (wie Anm. 28), S. 126f. Dazu jetzt auch Koschorke, Albrecht, *Körperströme und Schriftverkehr*. Mediologie des 18. Jahrhunderts. München 1999, S. 366ff., Bilder und Zeichen.

[30] Schiller, *Philosophie der Physiologie*, (wie Anm. 28), S. 14f.

Phänomenalismus), einen Schirm „conventioneller Täuschungen",[31] in den die Seele eingesponnen ist und von dem sie nicht wissen kann, inwieweit er der Außenwelt entspricht. Da es ihr nicht möglich ist, über die materiellen Ideen hinauszusehen, bleibt es ihr auch verwehrt, den Transformationsprozeß, den ein Außenweltreiz beim Eintritt ins Nervensystem erlebt, zu durchschauen. Sie besitzt keinerlei Handhabe, die vom Körper vollzogene Verwandlung eines Außenweltfaktums in ein zerebrales Ereignis zurückzuübersetzen in jenes Außenweltfaktum selbst. Die Nerven fungieren so als Boten des „Draußen", zugleich aber als eine absolute Sperre, die die Seele nicht durchdringt. Nicht anders als im „Radikalen Konstruktivismus" der gegenwärtigen Neurobiologie[32] („vierter Psychologismus", siehe oben Anm. 2) wird in dieser noch gänzlich spekulativen Frühphase des Nachdenkens über die Zusammenhänge von Gehirn und Bewußtsein das, was wir als „Wirklichkeit" erleben, begriffen als ein hirninternes *figmentum*, verwandelt sich die uns gegebene „Welt" in ein zerebrales, bzw. vermittelt darüber, ein seelisches Konstrukt.

Zur zweiten Denkfigur, der Theorie der Projektion. Auf Fragen der psychophysischen Vermittlung, wie sie mit dem damit angesprochenen Komplex „Einbildungskraft" natürlich auch zusammenhängen, will ich hier nicht eingehen. Auch geht es bei dem Projektionsmodell, auf das ich mich beziehe, nicht um die Außen- als vielmehr um die (wie sie Jean Paul am liebsten nennt) „zweite Welt" oder Transzendenz, mithin um die Theorie der Religion. Auch sie nimmt jetzt empirische und psychologische Gestalt an. Das wichtigste Buch in diesem Zusammenhang ist Humes *Natural History of Religion* (1757, deutsch 1759). Schon der Titelbegriff „Naturgeschichte" verrät den erfahrungswissenschaftlichen Zugriff; Hume untersucht die Religion wie Krüger die Seele, nämlich „wie sie ist, nicht aber wie sie seyn soll". Er geht daher von den Glaubensvorstellungen und -praktiken aus, wie sie realiter verbreitet beziehungsweise historisch überliefert sind, und das heißt im Jahrhundert der Aufklärung und der Reisebeschreibungen, der frühen Ethnographie: er geht aus von der Religion des (unaufgeklärten) Volkes und der (‚wilden') Völker, also – und dies war schon Provokation genug – nicht von den elaborierten Hochformen, sondern von den ‚primitiven' Gestalten des Glaubens und der Frömmigkeit, von Aberglauben, Idolatrie und Polytheismus.[33] Und psychologisch ver-

---

31 Schiller, *Philosophische Briefe*, (wie Anm. 28), S. 126.
32 Vgl. exemplarisch Roth, Gerhard, *Das Gehirn und seine Wirklichkeit*. Kognitive Neurobiologie und ihre philosophischen Konsequenzen. Frankfurt/M. 1994; dazu Verf., Singende Hirne, (wie Anm. 1). – Zum aktuellen Stand der Diskussion jetzt (und im Ergebnis pro-konstruktivistisch): Singer, Wolf, Neurobiologische Anmerkungen zum Konstruktivismusdiskurs [2000], in: ders., *Der Beobachter im Gehirn*. Essays zur Hirnforschung. Frankfurt/M. 2002, S. 87–111.
33 Hume, David, *Die Naturgeschichte der Religion*, hg. v. Lothar Kreimendahl. Hamburg 1984 (Philosophische Bibliothek 341); zur Bedeutung dieses (Motive der antiken Religionskritik aufnehmenden) Traktats hier die Hg.-Einleitung (S. VII–XLV) sowie Streminger, Gerhard, *David Hume*. Paderborn u.a. 1994, S. 433–449.

fährt Hume insofern, als er ausgeht von der menschlichen Seele, und zwar von den
‚unteren', körpernahen Vermögen, von der Einbildungskraft (*imagination*) und den
Affekten (*hopes and fears*). „Hoffnung und Furcht" nötigen die Menschen, über
die ihnen unbekannten Ursachen der Natur- und Lebensereignisse, denen sie ausgesetzt sind, Hypothesen aufzustellen, und sie tun dies auf dem Wege der Übertragung oder Projektion: sie erschaffen sich ihre Götter (die sie in jene kausalen
Leerstellen einsetzen) nach ihrem Bilde. Nach Hume war so die Ursprungsform
aller menschlichen Religion entstanden, der Vielgötterglaube. Die verdeckte Pointe –
und Brisanz – seiner Ausführungen bestand freilich darin, daß sie sich auch auf
den Monotheismus und damit auf das Christentum übertragen ließen. Der Effekt
der von ihm betriebenen Psychologisierung der Religion (ihrer Ableitung aus
Affekten und Einbildungskraft) ist dort genau derselbe, ein plötzlicher *gestalt
switch*, wenn man so will, nämlich die schlagartige Umkehrung des Verhältnisses
von Mensch und Gott (bzw. Göttern). Stellte aus religiöser Innensicht der Mensch
sich dar als das Geschöpf Gottes („er schuf ihn nach seinem Bilde", Gen. 1,27), so
kehren in psychologischer Außenansicht Gott und Götter sich um zu Geschöpfen
der Menschen, zu Projektionen ihrer Ängste und Erwartungen.

Spätestens mit Friedrich Wilhelm Jerusalems *Betrachtungen über die vornehmsten Wahrheiten der Religion* (1768–79, [2]1780) wurden Humes Thesen in Deutschland wahrgenommen und (überwiegend abwehrend) diskutiert. Daß sich die empirischen Psychologen dafür interessierten, belegt etwa Abel mit seinen *Philosophischen Säzen über die Religionen des Alterthums* (1780), in denen die *Natural
History*, wenn auch ungenannt, referiert und zur Debatte gestellt wird.[34] Wie stark
der Überzeugungsdruck war, der von jenem religionspsychologischen Umkehr-
effekt auch in der deutschen Spätaufklärung ausging, erhellt aus zwei prominenten
poetischen Texten der Zeit, für die, unanhängig voneinander, erst kürzlich der
Einfluß Humes plausibel gemacht werden konnte: Goethes „Zündkraut"-Ode *Prometheus* (1774) und Schillers nicht minder provokative lyrische „Phantasie" *Resignation* (1786), in der, freilich in Rollenrede, „Ewigkeit" und Jüngstes Gericht
explizit als Projektionen der menschlichen Einbildungskraft apostrophiert werden,
als „Riesenschatten unsrer eignen Schrecken / im hohlen Spiegel der Gewissens-
angst" (V. 64f.).[35]

Ich habe phänomenalistische Erkenntnis- und religionspsychologische Projektionstheorie, wiewohl eigentlich heterogene Konzepte, hier zusammengestellt, weil
sie parallel gehen in der Wendung zum Subjekt als Konstrukteur seiner Welt(en),

---

[34] *Jacob Friedrich Abel*, (wie Anm. 1), S. 85–94, bes. S. 85f.
[35] Zu *Prometheus*: Wellbery, David A., *The Specular Moment.* Goethe's Early Lyric and the
Beginnings of Romanticism. Stanford / Cal. 1996, S. 301ff. – Zu *Resignation*: Verf., Abschied
von der Ewigkeit, in: Oellers, Norbert (Hg.), *Gedichte von Friedrich Schiller.* Interpretationen.
Stuttgart 1996, S. 51–63. – Zu den Folgen dieser Projektionstheorie der „zweiten Welt": Verf.,
Die Macht der Metapher. Zur Modernität von Jean Pauls Ästhetik, in: *JJPG* 34 (1999), S. 56–
94.

der „ersten" wie der „zweiten". Diese Wendung war, wie gesagt, eine vorkantische. Aber sie vollzog eine ähnliche „Revolution der Denkart", wie sie dann Kant
in der Vorrede zur zweiten Auflage (1787) für seine *Kritik der reinen Vernunft* in
Anspruch nehmen wird, nämlich eine (dort mit der Kopernikanischen Umkon-
struktion des Kosmos verglichene) Umzentrierung des Verhältnisses von Mensch
und Welt, hin zum Primat des Subjekts.[36] Der Unterschied zu Kant liegt freilich
auf der Hand. Denn die Verfaßtheit des Subjekts oder „Beschaffenheit unseres
Anschauungsvermögens" (bzw. der „Erkenntnis-" oder „Vorstellungsart"), nach
welcher sich zitierter Vorrede zufolge „die Gegenstände richten müssen",[37] wurde
im vorkantischen Phänomenalismus ja gerade nicht „transzendental" gefaßt, im
Blick auf die Formen und Antinomien der „reinen" (gleich körperlosen) Vernunft,
sondern „empirisch", und damit im Anschluß an die seit der Jahrhundertmitte (Albrecht von Haller, William Cullen u.a.) forcierte Physiologie der Sinnesorgane und
Nerven.[38] Den so ins Auge gefaßten Kommerz der Seele mit ihren körperlichen
Organen und die dadurch aufworfene Frage, „was die *Natur* aus dem Menschen
macht", wollte Kant aus Erkenntnistheorie und Anthropologie (soweit sie den
Menschen als geistiges Wesen betrifft) herausgehalten wissen.[39] Mit seinem Ver-
dikt über die Empiriker und ihre Affinität zur „physiologischen Menschenkennt-
niß"[40] hatte er der späteren Philosophiegeschichtsschreibung die Lizenz erteilt,
über diese „vorkritischen" Theorien der Geistes- respektive Seelenfunktionen den
Stab zu brechen und sie ins zweite Glied zu schieben. Aus gegenwärtiger Sicht
stellt sich dies als eine befangene Perspektive dar, die den Problemstand verzerrt.
Freilich sieht man in einer Zeit der florierenden Neurowissenschaften manche historische Entwicklungslinie anders, und vielleicht deutlicher als ehedem. Jedenfalls ist es von heute aus betrachtet gerade das Bemühen um einen p h y s i o l o -
g i s c h e n Zugang zu Seele und Geist, das der Spätaufklärungspsychologie ihre
modernitätsgeschichtliche Bedeutung verleiht. Mag dieses Bemühen sich auch
weitgehend in naiven bis phantastischen Spekulationen erschöpft haben (daher

---

36 *Kants Werke*. Akademie-Textausgabe. 9 Bde. Berlin 1968, hier Bd. 3, S. 7–26, insb. S. 11f.
    [= B XVIff.]. Vgl. Dienst, K., Art. ‚Kopernikanische Wende', in: *Historisches Wörterbuch der*
    *Philosophie*, (wie Anm. 7), hier Bd. 4 (1976), Sp. 1094–1099; Blumenberg, Hans, *Die Ge-*
    *nesis der kopernikanischen Welt*. Frankfurt/M. 1975, S. 691–713, Was ist an Kants Wendung
    das Kopernikanische?
37 *Kants Werke*, (wie Anm. 36), hier Bd. 3, S. 12 [= B XVII.].
38 Zur Neurophysiologie (und -pathologie) der Zeit: Rothschuh, Karl E. (Hg.), *Von Boerhaave*
    *bis Berger*. Die Entwicklung der kontinentalen Physiologie im 18. und 19. Jahrhundert mit be-
    sonderer Berücksichtigung der Neurophysiologie. Stuttgart 1964; Mann, Gunter / Dumont,
    Franz (Hg.), *Gehirn – Nerven – Seele*. Anatomie und Physiologie im Umfeld S. Th. Soem-
    merings. Stuttgart / New York 1988; Florey, Ernst / Breidbach, Olaf (Hg.), *Das Gehirn –*
    *Organ der Seele?* Zur Ideengeschichte der Neurobiologie. Berlin 1993. – Hinweise (mit wie-
    terer Literatur) auch bei Verf., *Schiller*, (wie Anm. 1), S. 8f, 93ff., 135ff.
39 *Kants Werke*, (wie Anm. 36), hier Bd. 7, S. 117–334, *Anthropologie in pragmatischer Hin-*
    *sicht* [1798], hier S. 119.
40 Ebd.

auch Kants Reserve ihm gegenüber) – worauf es hier ankommt, ist das Prinzip, die programmatische Richtungnahme. *Psychologia nisi cum physiologia iungatur semper insufficiens manet* („Alle Psychologie, solange nicht mit der Physiologie verbunden, bleibt unzulänglich"),[41] dieser Losung sollte, Kants Einspruch zum Trotz, im System der Wissenschaften die Zukunft gehören.[42] Und eben darin erweist sich die Spätaufklärung als Sattelzeit der modernen Psychologie und Anthropologie.

Einer der wichtigsten Texte für diese Zusammenführung von Psychologie und Physiologie ist Platners *Anthropologie für Aerzte und Weltweise* von 1772. Platner ging bekanntlich aus von „Psychologie" und „Physiologie" als den eingeführten Wissenschaften von den beiden Naturen des Menschen und definierte sodann die „Anthropologie" als Metadisziplin, die beide verbindet, indem sie „Körper und Seele in ihren gegenseitigen Verhältnissen, Einschränkungen und Beziehungen zusammen" betrachtet.[43] Der Sache nach ist Platners *Anthropologie* nichts anderes als eine empirische Psychologie im Stil der Zeit, eine Theorie der Seele – am Leitfaden des Leibes. Für den zitierten Abel war dieses Buch ein methodisches Vorbild, und ebenso wohl auch für seinen prominenten Schüler Schiller, dessen medizinische Dissertation aus dem Jahr 1780 sich genau in der Platnerschen Spur bewegt: *Versuch über den Zusammenhang der thierischen Natur des Menschen mit seiner geistigen.*[44] Bei allen dreien sind Seele und Geist Phänomene, die ohne Blick auf Gehirn und Nervensystem nicht erschlossen werden können. Obwohl, wie gesagt, über deren Physiologie keiner von ihnen Genaueres wissen konnte, ist bei diesen und anderen Autoren des 18. Jahrhunderts der rudimentäre Prototyp jener „erstaunlichen Hypothese" (*astonishing hypothesis*) zu finden, die noch die gegenwärtigen Neurowissenschaften antreibt und die besagt, daß mentale Ereignisse nach „neuralen Korrelaten" (und als solche waren die *ideae materiales* ja

---

[41] Abel, *Theses philosophicae* [1776], Nr. 3, in: *Jacob Friedrich Abel*, (wie Anm. 1), S. 31.

[42] Spätestens mit Johannes von Müllers „Gründungsschrift" der modernen Sinnesphysiologie, *Zur vergleichenden Physiologie des Gesichtssinnes* (1826), wird die vorkantische, empirische Form der „kopernikanischen Wende" zum Subjekt als Konstrukteur seiner Welten wieder aufgenommen und die weltkonstitutive Kraft dieses Subjekts in der „Beschaffenheit" von Sinnesorganen, Nervensystem und Gehirn gesucht werden. Vgl. Pfotenhauer, (wie Anm. 26). – Zur Geschichte der Hirnphysiologie seit 1800 neben den in Anm. 38 genannten Sammelbänden von Mann / Dumont und Florey / Breidbach jetzt grundlegend: Breidbach, Olaf, *Die Materialisierung des Ichs. Zur Geschichte der Hirnforschung im 19. und 20. Jahrhundert.* Frankfurt/M. 1996; Hagner, Michael, *Homo cerebralis. Vom Seelenorgan zum Gehirn.* Berlin 1997. – Für die Tradition der „philosophischen (aber traditionell medizin-affinen) Anthropologie" im 20. Jahrhundert gilt ohnehin in allen Fragen der Psyche das „Leibapriori"; vgl. zusammenfassend jetzt das Werk eines „philosophischen Arztes" (Philosoph, Psychiater, Medizinhistoriker) unserer Tage: Fuchs, Thomas, *Leib, Raum, Person. Entwurf einer phänomenologischen Anthropologie.* Stuttgart 2000.

[43] Platner, (wie Anm. 21), S. XV–XVII.

[44] *Schillers Werke*, (wie Anm. 28), hier Bd. 20, S. 37–75. – Freilich macht sich hier vor allem auch der Karlsschul-interne Einfluß der Stuttgarter Medizinprofessoren, mit Johann Friedrich Consbruch (1736–1810) an der Spitze, geltend. Vgl. Verf., *Schiller*, (wie Anm. 1), S. 17ff.

gedacht) verlangen und also, wie auch immer, als Funktionen des Gehirns begriffen werden wollen – auch wenn das Begreifen hier, so viel läßt sich wohl heute schon sagen, in aporetisches Grenzgebiet gerät.[45]

Zum Abschluß: Mit dem Wechsel von der rationalen zur empirischen Psychologie in der zweiten Hälfte des 18. Jahrhunderts verliert die philosophische und theologische Metaphysik (in Gestalt der Pneumatik oder *scientia de spiritu*) die Definitionsherrschaft über „die geistige Natur des Menschen". Seither ist, so er sich „wissenschaftlich" nennen will, der Diskurs über die Seele angebunden an den Diskurs der Naturwissenschaften. Geist und Seele selbst, vordem eine Art „*totaliter aliter*" von Körper und Materie, driften damit, wenn auch auf unklare Weise, in ihr Anderes hinein. Die Empirisierung der Psychologie im 18. Jahrhundert geht dergestalt einher mit einer Tendenz zur Physiologisierung der Seele. Genau darin besteht die „anthropologische Wende" der deutschen Spätaufklärung. Mit ihr setzt jener stürmische Naturalisierungsprozeß ein, dem – über die Kantische und spätere Retardationen hinweg – der Begriff des Menschen in der Moderne ausgesetzt sein wird. Und es ist kennzeichnend für diesen Prozeß, daß er bereits im Augenblick seines Einsetzens zu ergreifen beginnt, was nach alteuropäischer Überzeugung und Hoffnung das Reich der bloßen Naturalität gerade transzendieren sollte. Insofern liegt in diesem „ersten Psychologismus" eine Revolution der Denkart und epistemische Konstruktionsleistung vor, die, durch die Kantische lange verdeckt, kaum geringer war als diese, und mindestens ebenso folgenreich, wenn nicht – aber man wird ja sehen – noch mehr.[46]

---

[45] „Erstaunliche Hypothese", „neurales Korrelat": Crick, Francis, *Was die Seele wirklich ist*. Die naturwissenschaftliche Erforschung des Bewußtseins. Reinbek 1997, S. 17, 24 u.ö. – Die Diskussionen über Geist und Gehirn sowie über die Aporien des „physiologischen Reduktionismus" sind mit Fortschreiten der neurobiologischen Forschung ja nicht schwächer geworden (im Gegenteil!), aber vielleicht genauer. Vgl. aus der neueren Philosophie nur: Davidson, Donald, *Handlung und Ereignis*. Frankfurt/M. 1985, S. 291–403, Philosophie der Psychologie, hier etwa bes. S. 343–362, Der materielle Geist [1973]; Nagel, Thomas, Wie fühlt es sich an, eine Fledermaus zu sein? [1974], in: ders., *Letzte Fragen*. Darmstadt 1996, S. 251–267; Tetens, Holm, *Geist, Gehirn, Maschine*. Versuche über ihren Zusammenhang. Stuttgart 1994; Searle, John R., *Geist, Sprache und Gesellschaft*. Frankfurt/M. 2001, insb. S. 53–133, Kap. 2–4 („Geist als ein biologisches Phänomen", „Bewußtsein und seine Struktur", „Intentionalität"). – Ebenso heftig wird, verursacht durch den Siegeszug der Psychopharmakologie, gegenwärtig in der Medizin (Psychiatrie, Psychotherapie) der Streit um die Physiologisierung der Seele geführt. Vor allem die Psychoanalyse sieht sich durch den Trend zur chemischen Kur seelischer Leiden betroffen, ja bedroht, und in merklich apologetischer Lage. Vgl. zuletzt Roudinesco, Elisabeth, *Wozu Psychoanalyse?* Stuttgart 2002, hier S. 32ff., Die Seele ist kein physikalischer Gegenstand.

[46] Erst nach Manuskriptabgabe wurde mir ein in manchem analoger, dank anderer Akzentsetzungen aber auch ergänzender Versuch der Zusammenschau der Psychologiegeschichte des 18. Jahrhunderts im Blick auf Kant, aus der Feder eines einschlägig ausgewiesenen Romanisten, bekannt, auf den ich daher nachdrücklich hinweisen möchte: Galle, Roland, Entstehung der Psychologie, in: Glaser, Horst Albert / Vajda, György M. (Hg.), *Die Wende von der Aufklärung zur Romantik 1760–1820*; Epoche im Überblick. Amsterdam 2001, S. 315–335.

CARSTEN ZELLE (Bochum)

# Johann August Unzers *Gedanken vom Träumen* (1746) im Kontext der Anthropologie der „vernünftigen Ärzte" in Halle

Der folgende Beitrag[1] stellt (I) das Projekt „ ‚Vernünftige Ärzte'. Hallesche Psychomediziner und Ästhetiker in der anthropologischen Wende der Aufklärung" vor und situiert in diesem Kontext (II) Johann August Unzers Schrift *Gedancken vom Schlafe und denen Träumen* (Halle 1746) sowie einige weitere, psychomedizinische Traumschriften der „vernünftigen Ärzte".

## I

Die Erforschung des 18. Jahrhunderts im letzten Jahrzehnt konzentriert sich auf die „anthropologische Wende" der Aufklärung, d.h. auf den Wechsel von frühaufklärerischem System- zu spätaufklärerischem Erfahrungsdenken, und hat auf diesem Gebiet ihre wesentlichsten Neueinsichten gewonnen. Mit der Anthropologie und ihrer spätaufklärerischen Ausdifferenzierung in Pädagogik, Ethnologie, Kulturgeographie, Menschheitsgeschichte, (Auto)Biographik, anthropologischen Roman und moralische Erzählung konnte ein „verlorenes Paradigma" wieder zugänglich gemacht werden, das bis dahin durch Idealismus, Hermeneutik und Historismus des 19. Jahrhunderts völlig verstellt war. Der Wiedergewinn dieses anthropologischen Paradigmas gibt den Blick frei auf epistemische Umschichtungsprozesse, durch die die „anthropologische Wende" ideengeschichtlichtlich genauer kontextualisiert und zeitlich präziser datiert werden kann. Ein wichtiger Impuls dazu vollzieht sich um 1740/50 im interdisziplinären Dreieck von Philosophie, Theologie und Medizin, namentlich in der bipolaren Dynamik von preußischer Reformuniversität (seit

---

[1]  Dieser Beitrag wurde auch als Vortrag auf dem Kolloquium „Rethinking ‚The Sleep of Reason'. Enlightenment Imagination", Berlin, Max Planck-Institut für Wissenschaftsgeschichte und Northwestern University / Program in the Study of Imagination, Berlin, 13.–14. Juni 2002 (Leitung: Fernando Vidal / Claudia Swan) gehalten. Abschnitt I greift Stichworte auf, die Verf. anderenorts ausführlich dargelegt hat: Sinnlichkeit und Therapie. Zur Gleichursprünglichkeit von Ästhetik und Anthropologie um 1750, in: Zelle, Carsten (Hg.), *„ Vernünftige Ärzte"*. Hallesche Psychomediziner und die Anfänge der Anthropologie in der deutschsprachigen Frühaufklärung. Tübingen 2001 (= Hallesche Beiträge zur Europäischen Aufklärung 19), S. 5–24; zuletzt: Erfahrung, Ästhetik und mittleres Maß – die Stellung von Unzer, Krüger und E. A. Nicolai in der anthropologischen Wende um 1750 (mit einem Exkurs über ein Lehrgedichtfragment Moses Mendelssohns), in: Steigerwald, Jörn / Watzke, Daniela (Hg.), *Reiz, Imagination, Aufmerksamkeit*. Über Erregung und Steuerung von Einbildungskraft im klassischen Zeitalter (1680–1830). Würzburg 2003, S. 203–224.

1694) und pietistischem Reformzentrum (Franckesche Anstalten, seit 1695) in Halle.

Durch die Hypothese, daß sich die entscheidende Umschaltung von Systemdenken auf Empirie innerhalb dieser Halleschen Konstellation vollzog, treten neben der Ästhetik, die von Alexander Gottlieb Baumgarten (1714–1762) und Georg Friedrich Meier (1718–1777) als eine „Wissenschaft von der sinnlichen Erkenntnis" inauguriert wurde, die „vernünftigen Ärzte", d.h. Johann Gottlob Krüger (1715–1759), Johann August Unzer (1727–1799), Ernst Anton Nicolai (1722–1802) und andere, in den Fokus des anthropologiegeschichtlichen Interesses.

Rund ein Dutzend Diskurselemente, die das Textkorpus der „vernünftigen Ärzte" in Halle kohärenzieren, d.h. „nach innen" als einen transpersonalen Diskurs erkennen lassen und „nach außen" gegenüber anderen Positionen (z.B. der „mechanischen Ärzte" oder der „stahlianischen Secte") profilieren, können festgehalten werden: (1) Bestimmung des Menschen als einen Körper und Seele umfassenden Organismus („ganzer Mensch"), (2) Fassung des *Commercium mentis et corporis* als *Influxus*, (3) fächerübergreifendes, insbesondere Medizin und Philosophie integrierendes Bemühen um eine Erfahrungswissenschaft vom „ganzen" Menschen, (4) doppelte Frontstellung der „vernünftigen Ärzte" gegen „mechanische Ärzte" und (pietistische) Geistlichkeit, d.h. Konzeptionen, die die körperliche bzw. seelische Seite des Menschen verabsolutieren, (5) Selbstpositionierung der „vernünftigen Ärzte" im Prozeß der Aufklärung, d.h. einer gegen Finsternis, Vorurteile und Aberglauben gerichteten Bewegung, (6) methodischer Rückgriff auf Empirie, d.h. Erfahrung, Experiment und Beobachtung, (7) Hinwendung zum Einzelfall und zur Fallgeschichte, d.h. Einbezug narrativer bzw. literarisierender Verfahren in die Anthropologie, (8) Ausbildung einer auf Selbstbeobachtung und Aufmerksamkeit beruhenden „Ethik der Selbstsorge", d.h. Verantwortlichmachung des Einzelnen für eine auf Immanenz und Autonomie basierende Lebensordnung, (9) Neubewertung der Sinnlichkeit durch die Ästhetik Baumgartens und voluntaristischer Prozesse durch die Affektenlehre Meiers, (10) Rückgriff auf das Ideal der Mesoteslehre, d.h. diätetischen Optimierung der Sinne und Moderierung der Affekte in einer Mittellage, (11) Adressierung des Wissens an die „Publicität", d.h. die Schriften der „vernünftigen Ärzte" zielen auf eine über die Gelehrtenrepublik hinausreichende, deutschsprachige Öffentlichkeit (u.a. auch auf Frauenzimmerbildung), (12) didaktischer und anschaulicher Stil, d.h. „horazische", will sagen: auf *prodesse* und *delectare* zielende, zum Teil „unordentliche" bzw. essayistische Darstellung des Wissens.

## II

In diesem Zusammenhang soll die Schrift eines der Protagonisten der „vernünftigen Ärzte", Johann August Unzers *Gedancken vom Schlafe und denen Träumen,
nebst einem Schreiben, daß man ohne Kopf empfinden könne* (Halle: Hemmerde
1746), untersucht werden.[2] Unzers Traumschrift ist jüngst in zwei einschlägigen
Publikationen zu einer gewissen Popularität gelangt und als ein signifikantes
Übergangszeugnis gewertet worden, das – wie Ingo Stöckmann festhält – auf den
„Umbau des Körperwissens vom offenen Fluxusleib der alteuropäischen Humoralpathologie zum geschlossenen neuronalen Organismus der Moderne" verweise.[3]
Unzer sei zwar „einer der Hauptvertreter der neuen Nervenphysiologie", aber
durch die entscheidende Bedeutung, die dem Nervensaft in seinem Körpermodell
zukomme, besäße der „neuronale Leib der Aufklärung", wie Peter-André Alt ein-
schränkt, „hier noch eine auf die Humoralpathologie verweisende fluidale Ordnungsstruktur, die erst durch die langsame Verbreitung neuer physiologischer
Erkenntnisse in Frage gestellt" würde.[4] Es ist hier nicht der Ort, das grundlegende,
anthropologische Entwicklungsmodell für das 18. Jahrhundert, das die beiden
Traumbeiträge von Stöckmann und Alt zugrundelegen, in Frage zu ziehen. Ko-
schorkes Rekonstruktion der Medizingeschichte im 18. Jahrhundert als eine Umschaltung vom humoralen zum neuronalen Leib ist anderswo kritisch befragt wor-

---

2  Die mit den Initialen „S. C. I. S." gezeichnete Schrift ist von Albrecht von Haller in seiner
  *GGA*-Rezension Friedrich Leberecht Supprian (1723–1789), der am 2. Sept. 1746 zum Extra-
  ordinarius der medizinischen Fakultät ernannt worden war, zugeschrieben worden. Das von
  mir benutzte Exemplar der Marburger Universitätsbibliothek (XIV C 412) löst dementsprechend die Initialen mit dem handschriftlichen Zusatz „S. C. I. S. upprian" auf. Hallers Irrtum
  ist von Unzer 1753 bei Gelegenheit einer kurzen „Selbstbiographie" für Börners Ärztelexikon
  richtiggestellt worden. Vgl. Reiber, Matthias: *Anatomie eines Bestsellers.* Johann August Unzers Wochenschrift ‚Der Arzt' (1759–1764). Med. Diss. Tübingen 1996, S. 62, Anm. 165.
3  Stöckmann, Ingo, *Traumleiber.* Zur Evolution des Menschenwissens im 17. und 18. Jahrhundert. Mit einer Vorbemerkung zur literarischen Anthropologie, in: *IASL* 26 (2001), Heft 2,
  S. 1–55, zu Unzer insb. S. 39–40, hier S. 15. In den einschlägigen Forschungen von Manfred
  Engel (Traumtheorie und literarische Träume im 18. Jahrhundert. Eine Fallstudie zum Ver-
  hältnis von Wissen und Literatur, in: *Scientia poetica* 2 (1998), S. 97–128; ‚Träumen und
  Nichtträumen zugleich'. Novalis' Theorie der Poetik des Traumes zwischen Aufklärung und
  Hochromantik, in: *Novalis und die Wissenschaften,* hg. v. Herbert Uerlings. Tübingen 1997,
  S. 143–167 und S. 168 [Diskussion], insb. S. 143–152) spielt Unzers Traumkritik noch keine
  Rolle. Der Band *The Dream and the Enlightenment / Le Rêve et les Lumières,* hg. v. Bernard
  Dieterle u. Manfred Engel. Paris 2003 erschien nach Manuskriptabschluß.
4  Alt, Peter-André, *Der Schlaf der Vernunft.* Traum und Traumtheorie in der europäischen
  Aufklärung, in: *Das achtzehnte Jahrhundert* 25 (2001), Heft 1, S. 55–82, hier S. 66f. Ob die
  Konstruktion des Nervensafts mit Hallers Irritabilitätslehre tatsächlich „überflüssig" (ebd.,
  S. 67) wird, sei dahingestellt, tatsächlich partizipieren Unzers „Experimente" mit Hunden, die
  in dem seiner Traumschrift angehängten „Sendschreiben an Herrn N.N. worin erwiesen wird,
  daß man ohne Kopf empfinden könne" (S. 59–80), penibel beschrieben sind, an der Entdeckung der „Irritabilitätslehre".

den.[5] Es ist jedoch auffällig, daß die diese Rekonstruktion steuernde Metaphorik von der „Schließung und ‚Trockenlegung'„ des humoralen Fluxusleibes zugunsten eines „geschlossene[n]" und „autarken" neuronalen Körperkonzepts[6] nicht nur auf die methodisch intendierte Zusammenführung von System- (Luhmann) und Diskurstheorie (Foucault) verweist. Der ungenannte Dritte,[7] der hier die Rede souffliert, ist vielmehr Bachtin und dessen Konkurrenz zweier Körperkanones. Die Rekonstruktion der „Transformation" des anthropologischen Wissens im 18. Jahrhundert, auf die die eben genannten Beiträge zielen, folgt ganz offensichtlich einer Dramaturgie, die von Bachtins Gegenüberstellung des grotesken, karnevalistischen Leibs mit dem klassischen Leib schematisiert wird, d.h. der Gegenüberstellung eines Leibes voller fluidaler Verbindung, Vermischung, Ausstülpungen und Öffnungen und eines Leibes, der demgegenüber ge- und verschlossen ist (Tab. 1).

Geteilt wird von mir jedoch die Wertung, daß Unzers Beitrag „methodisch originell" ist, „weil er medizinische und psychologische Theoriesegmente verbindet" und dadurch „auf die doppelte Begründung der aufgeklärten Anthropologie aus philosophischen und medizinischen Deutungsmodellen zurückverweist".[8]

In seiner Traumschrift versucht der junge Unzer, philosophische und medizinische Schlaftheorien zusammenzubringen und die Zustände von Tod, Schlaf, Traum und Wachen in einer komplexen, leibliche und körperliche Vorgänge koordinierenden Taxonomie im Blick auf Bewegungen, Nervensaftfluß, Vorstellungs- und Traumtätigkeit zu unterscheiden. Bereits dieser umfassende Ansatz, mit dem Unzer sich, wie er eingangs hervorhebt, „zu denen Metaphysices und Artzneygelehrten zugleich" (Vorrede, A2$^r$) schlägt, ist kennzeichnend für den interdisziplinären Diskurszusammenhang der „vernünftigen Ärzte". Zugleich betont er den empirischen Zugang zu seiner Fragestellung, insofern neben der „Vernunft" immer wieder die „Erfahrung" genannt wird, um zur Erkenntnis der Wahrheit zu gelangen (§ 1, S. 1). Mit der Affinität zu Medizin und empirischer Methode geht Unzer über die Vorgaben Christian Wolffs hinaus, an die freilich eine Reihe anderer Bestimmungen anschließen, z.b. die Situierung des Traums als eines Zustands in der Mitte zwischen Schlafen und Wachen und der Ausgangspunkt der Traumvorstellungen von inneren oder äußeren Empfindungen. Überhaupt ist die gesamte Terminologie der Erkenntnisgrade, d.h. z.B. die Unterscheidung zwischen dunklen, klaren, verworrenen oder deutlichen Vorstellungen, wolffianisches Erbe, wie es von Alexander Gottlieb Baumgarten in seiner 1739 erstmalig publizierten ›Metaphysik‹ für Angehörige seiner Generation fixiert worden war.

---

[5]   Koschorke, Albrecht, *Körperströme und Schriftverkehr. Mediologie des 18. Jahrhunderts* [1999]. München ²2003; vgl. dazu den Verriß von Stiening, Gideon, Body-Lotion. Körpergeschichte und Literaturwissenschaft, in: *Scientia Poetica* 5 (2001), S. 183–215.

[6]   Stöckmann, (wie Anm. 3), S. 37.

[7]   Siehe Bachtin, Michail, *Rabelais und seine Welt*. Volkskultur als Gegenkultur [russ. 1965], hg. v. Renate Lachmann. Frankfurt/M. 1987, S. 357–364.

[8]   Alt, (wie Anm. 4), S. 68.

Mit dem forcierten Aufgreifen physiologischer Vorgänge, namentlich der Korrelation von Seelentätigkeit, Nervensaftabscheidung und Nervenbewegung, verläßt Unzer – der Topik der Schlaf- und Traumparagraphen in Krügers *Natur-lehre*, genauer: der „Physiologie" des 2. Bandes, folgend[9] – den Rahmen der Metaphysik, in dem Christian Wolff die Traumthematik im Zusammenhang mit den Ausführungen zum Wesen der Seele überhaupt, d.h. im Kontext rationaler Seelenlehre, traktiert hatte.[10] Geöffnet wird damit der Gegenstandsbereich in Richtung auf eine empirische Psychologie. Es ist für Unzer, der diese disziplinäre Dynamik mit anstößt, eine „ausgemachte Sache, daß die Metaphysickverständigen ohne die Kunst der Aerzte keine Gewißheit in ihrer Selenlehre [!] haben können" (§ 24, S. 58), und er plädiert deswegen für eine Annäherung der beiden Disziplinen.

Gerichtet ist dieser psychomedizinische Ansatz zur Schlaf- und Traumforschung gegen ein älteres Modell der Traumdeutung in der Tradition der Traumbücher nach Art des Artemidor oder Cardanus. Gegenüber einer hermeneutischen oder semiotischen Allegorie- bzw. Symbolstruktur der Träume – mitsamt einer Traumtypologie in natürliche, prophetische, göttliche und satanische Träume – ist Unzer ausgespochen reserviert. Während Walch der *„Bedeutung der Träume"* noch einen eigenen Gliederungspunkt einräumt und im Zedler mit großem Aufwand gegen übernatürliche, d.h. vom Teufel eingegebene, oder von Gott inspirierte Träume argumentiert wird,[11] zeigt sich Unzer an solchen Problemstellungen nicht interessiert. Nach dem Ende der alteuropäischen „Traum=Deuterey" und vor dem Beginn der modernen *Traumdeutung* quittiert der vernünftige Arzt Unzer die Frage „ob die Träume etwas bedeuten?" sehr lakonisch mit dem Satz: „Allein wegen diesem allen entschuldige ich mich." (§ 24, S. 56). In einer späteren, populärphilosophischen Abhandlung zählt Unzer die Frage, „ob die Träume etwas bedeuten", unter die „Vorurtheile der Menschen", verneint, daß es vernünftige Regeln gibt, „nach welchen die Träume ausgelegt werden müssen", und hält die ganze Thematik für einen Beweis einer „abergläubischen Leichtgläubigkeit".[12] Falsche Erwartungen an sein Werk versucht Unzer daher gleich in der „Vorrede" seiner Traum-

---

9    Krüger, Johann Gottlob, *Naturlehre*. Zweyter Theil, welcher die Physiologie, oder Lehre von dem Leben und der Gesundheit der Menschen in sich fasset [1743]. 2., verm. u. verb. Aufl. Halle 1748, §§ 434–437, S. 776–781 („Von dem Schlafe" – „Von den Träumen"). Die explizite Einarbeitung neuronaler Vorgänge findet sich in Krügers Kap. „Von den innerlichen Sinnen" noch nicht.

10   Wolff, Christian, *Vernünfftige Gedancken von Gott, der Welt und der Seele des Menschen, auch allen Dingen überhaupt* [1720]. Neue Auflage hin und wieder vermehret [= „Deutsche Metaphysik"]. Halle 1751, insb. §§ 142f., 239f. und 799ff.

11   Walch, Johann Georg, *Philosophisches Lexikon* [1726, [2]1733]. 4., erg. Aufl., hg. v. Justus Christian Hennings. 2 Bde. Leipzig 1775 [Reprint Hildesheim 1968], Bd. II, S. 1183–1186 (Art. ‚Traum'); Grosses vollständiges Universal=Lexicon aller Wissenschaften und Künste. 64 Bde., 4 Suppl.-Bde., hg. v. Johann Heinrich Zedler. Halle, Leipzig 1732–1754, Bd. 45 (1745), S. 173–208 (Art. ‚Traum'), vgl. ebd., S. 209–215 (Art. ‚Traum=Deuterey').

12   Vgl. Unzer, Johann August, *Gedanken von Träumen, Gesichtern und Erscheinungen*, in: ders., *Sammlung kleiner Schriften*. Zwote Sammlung. Hamburg, Leipzig 1766, S. 440–445.

schrift zu zerstreuen. Er habe, wie es in Anspielung auf die gelehrte Gattungs-
tradition heißt, kein „Traumbuch", sondern eine „Critick über die Erklärung vom
Schlafe geschrieben" (A3$^v$). Unzer greift damit einen signifikanten Terminus der
Frühaufklärung auf, die das bisherige Wissen einer kritischen Prüfung unterziehen
und dadurch die Vorurteile bekämpfen wollte.

Organisiert ist Unzers Schlaf- und Traumkritik von mehreren Unterscheidungen. Unterschieden werden Tod und Leben, Schlafen und Wachen, vollkommener
und unvollkommener Schlaf.

Der vollkommene Schlaf ist für Unzer ein Zustand, in welchem „wir weder
Vorstellungen noch willkürliche Bewegungen noch auch Empfindungen haben"
(§ 13, S. 37). Da aber z.B. das unwillkürliche Atemholen auch im Tiefschlaf für
das Leben eines Menschen unverzichtbar ist, gerät Unzer in einigen Systemzwang,
seinem Begriff des vollkommenen Schlafs einige empirische Anschauung zu geben. Tatsächlich ist ein solcher vollkommener Schlaf, bei dem keinerlei Energie,
insbesondere keinerlei Nervensaft verausgabt wird, für Unzer nur mit Schwierigkeiten vom Tod zu separieren, der gemäß der Commercium-Lehre der „vernünftigen Ärzte" geläufigerweise als „die Trennung der Sele [!] und des Leibes"[13] verstanden wird. In einem Paragraphen, in dem die Ohnmacht einerseits der Tod andererseits vom Zustand des Schlafes unterschieden werden, heißt es, daß „die
Ohnmachten ein geringerer Grad [...], der Tod hingegen [..] der höchste Grad [vom
Schlaf]" wäre (§ 8, S. 23) – aus dem man freilich nicht mehr aufwacht. Umgekehrt
findet Unzer nach mancherlei angestrengten Deduktionen den Zustand des vollkommenen Schlafs „bey einem Kinde, das sich noch in [!] Mutterleibe befindet",
und zwar zu einem Zeitpunkt der foetalen Entwicklung, an dem die Nerven bereits
ausgebildet seien, sich jedoch noch nicht bewegten (§ 13, S. 35).

Man könnte diese angestrengte Konstruktion eines vollkommenen Schlafes
übergehen, wäre mit ihr nicht eine Art biologischer Entropiesatz verbunden, der
besagt, daß die Menschen „meistens auf ihre eigenen Unkosten [leben]", d.h. Leben mit der Verausgabung von Energie, u.a. in Form von Nervensaft, der im Gehirn aus dem Blut abgesondert wird,[14] verbunden ist. Da Vorstellungen, Empfindungen, Einbildungen und Bewegungen stets mit der Verausgabung solchen Nervensafts verbunden sind, muß es Phasen zu dessen Regeneration geben: „Das ist,
wir müssen schlafen." (§ 7, S. 20). Unzers Ausführungen zielen auf ein komplexes
Leib-Seele-Modell, in dem die Verausgabung des Nervensafts und die Bewe-

---

[13] Bolten, Johann Friedrich (1718–1798), *Gedanken von einigen Grundwahrheiten der Arznei-
wissenschaft*, in: *Hamburgische Vermischte Bibliothek*. Bd. II. Hamburg 1744, S. 823–835,
hier S. 826. Der ältere Bolten, der den Ästhetiker Baumgarten als seinen „Lehrmeister" (ebd.,
S. 834) bezeichnet, wird von Unzer (§ 24, S. 57) neben Boerhaave, Juncker und Krüger nachdrücklich als Gewährsmann genannt.

[14] Vgl. die Ausführungen zu „Lebensgeistern", „Nervensaft" und „Spannung der Nervenhäute" in
Krügers *Naturlehre*, (wie Anm. 9), Kap. „Von der Empfindung überhaupt", insb. §§ 295ff.
Zur „Nervensaftlehre" vgl. Rothschuh, Karl E., *Vom Spiritus animalis zum Nervenaktions-
strom*, in: *CIBA-Zeitschrift* 8 (1958), Nr. 89, S. 2950–2978, insb. S. 2956ff.

gungen der Nerven mit der Vorstellungstätigkeit der Seele einerseits, der Motorik des Körpers andererseits in enge, rechnerisch zu bestimmende Korrelation gebracht werden:

> Das heißt: die Abscheidung des Nervensaftes und die Bewegung der Nerven selbst, ist in einer [!] doppelten Verhältnis, erstlich mit denen Vorstellungen in unsrer Sele [!] und hernach auch mit denen willkürlichen Bewegungen unsers Körpers. (§ 13, S. 34).

Die Korrelation läßt sich in einem Schaubild veranschaulichen und mit einer zweiten Unterscheidung Unzers, derjenigen von Schlafen und Wachen, in Verbindung bringen (Tab. 2).

Gemäß Unzers biologischem Entropiesatz, „daß wir in beständiger Unruhe leben, sobald wir aus der Mutter Schooß gekommen sind" (§ 18, S. 44), ist es einem erwachsenen Menschen nicht gegeben, vollkommen zu schlafen (ebd., 46). Umgekehrt unterstellt er, daß ein Kind im Mutterleib nicht träumt (§ 19, S. 46). Vollkommener Schlaf mit seinem Nullpunkt an Nervensaftverausgabung und Traum, der als Vorstellungstätigkeit, die oftmals mit unwillkürlichen Bewegungen zusammenfällt, z.B. der Erektion des männlichen Gliedes im Fall sexueller Traumthematik (§ 16, S. 42), unweigerlich mit Nervensaftverausgabung verbunden ist, mag diese auch wesentlich geringer als im Wachzustand sein, schließen einander aus. Der gewöhnliche Schlaf ist ein „unvollkommene[r] Schlaf", d.h. er ist, wie Unzer sich ausdrückt, „in der That nichts anders als ein purer Traum" (§ 18, S. 45). Der Traum ist für Unzer ein Schwellenzustand zwischen Wachen und dem, was mit dem „merkwürdige[n] wort"[15] „Galm oder das Taumeln" (§ 20, S. 49) bezeichnet wird, d.h. ein Zustand, in dem der Schläfer aus dem Traum in ein tiefes, bildloses und süßes Dunkel zu gleiten scheint, das dem vollkommenen Schlaf immer näher rückt. Im Unterschied zu Wolff, für den „der Traum zwischen Wachen und Schlafen ein mittlerer Zustand der Seele" war,[16] unterscheidet Unzer Traumschlaf, der an das Erwachen grenzt, von Tiefschlaf, der in die Nähe des vollkommenen Schlafs rückt.

Die Traumvorstellungen werden auf physiologische Weise induziert, d.h. sie nehmen ihren Ausgangspunkt stets von Empfindungen äußerlicher oder innerlicher Vorgänge, die, wie Unzer schreibt, „durch die Einbildungskraft fortgeführet"

---

[15] „Galm" wird im Deutschen Wörterbuch (hg. v. Jacob Grimm u. Wilhelm Grimm. Bd. IV, 1. Abt., 1. Teil „Forschel – Gefolgsmann". Leipzig 1878) als ein „merkwürdiges wort" bezeichnet, das u.a. eine ohnmachtartige Betäubung (bei Agricola) und einen halbbewußten Zustand, aber auch Dunst bzw. Qualm bedeutet, jedoch in jener Bedeutung offenbar schon im 18. Jahrhundert nicht mehr gebräuchlich schien (S. 1199f.). Die Verbform „galmen" bedeutet schlummern (S. 1202).

[16] Wolff, (wie Anm. 10), § 805, S. 499f. Unzers wolffaffine Formulierung, „daß ein Mensch welcher träumet, sich in einem mittlern Zustande zwischen Schlafen und Wachen befindet" (§ 21, S. 49), steht zu seiner signifikanten Aussage, daß „wir [...] unser gantzes Leben nicht in Schlafen und Wachen, sondern vielmehr in Wachen und Träumen ein[theilen]" (§ 18, S. 44f.) in Widerspruch.

(§ 20, S. 49) werden, sofern der Schläfer nicht aufgrund der Wahrnehmung aufge-
weckt wird oder gleich wieder in den bildlosen Tiefschlaf fällt. Für die im Schlaf
in Traumvorstellungen verwandelten Außenweltreize führt Unzer nicht nur die in
den Traum hineinreichenden Tagesreste an, sondern auch eine Reihe weiterer Beispiele, die zwanglos zu einer umfassenden Einschlafdiätetik verallgemeinert werden können, z.b., daß man in einem guten Bett von nichts Schrecklichem träume,
jedoch das Gegenteil passiere, wenn man ein paar Stühle zu seinem Schlaflager er-
wählt habe. Kurz: daraus erhelle sich, „daß wir im Traume nichts anders dencken,
als was in den Gedancken lag, da wir kurz vorher noch wachten" – freilich nun un-
geschickter in der Verknüpfung der Vorstellungen, „ziemlich confus" und „gantz
unordentlich" (§ 22, S. 53f.).

Die Zone des Traumes ist bei Unzer zwar labil, aber verglichen mit der
vorausgehenden, frühaufklärerischen Traumtheorie zugleich „breiter", d.h. vor
allem in der Möglichkeit seiner phänomenologischen Beschreibung reicher geworden. Entscheidend ist jedoch, daß die Unterscheidung zwischen Tiefschlaf, Traumschlaf und Wachzustand dazu führt, daß im Blick auf die Erkenntnisgrade der
Traum den klaren Vorstellungen zugeordnet wird, die von den bloß dunklen des
Tiefschlafs und den deutlichen des Wachzustands abzugrenzen sind. Die Veränderungen der Vermögen, zu denken, zu empfinden und sich zu bewegen, werden von
Unzer sehr genau durchgespielt, um die Zone des Traums genauer zu bestimmen.

Werden die Vermögen vermindert, d.h. nach dem physiologischen Modell, daß
weniger Nervensaft verausgabt wird, „so gerathen wir immer tiefer in den Schlaf
und kommen einem vollkommenen immer näher." (§ 20, S. 48). Werden die Vermögen aber vermehrt, d.h. nach dem physiologischen Modell, daß mehr Nervensaft verausgabt wird, „so geschieht das Gegentheil, und wir kommen dem Zustande eines Wachenden immer näher. Unsre Vorstellungen, die vorher nun dun-
ckel gewesen, *werden klar*" (ebd., 48f.; Hervorh. C. Z.). Sie sind, da der Schläfer
noch nicht erwacht ist, jedoch noch nicht deutlich. Klare, aber nicht deutliche
Vorstellungen werden verworren bzw. konfus genannt. Sie sind, nach dem Vorgang von Baumgartens *Meditationes* von 1735, der Gründungsurkunde der Ästhetik, „poetisch".[17] Unzer hat also für den Traum mit den „ziemlich confusen" und
„ganz unordentlichen" Vorstellungen genau jene Vorstellungsart isoliert, die Medium des Dichters im Wachzustand sind. Auf der systematischen Ebene entspricht
demnach die Traumtheorie Unzers, die von den „vernünftigen Ärzten" Nicolai und
Krüger im Hinblick auf die Syntax der verworrenen Vorstellungen noch verfeinert
wird, dem Ästhetikprojekt Baumgartens. Wenn Baumgarten zur Rechtfertigung der
Beschäftigung der Ästhetik mit verworrenen Vorstellungen in der Einleitung seiner

---

[17] Baumgarten, Alexander Gottlieb, *Meditationes philosophicae de nonnulis ad poema pertinentibus* [1735], hg. v. Heinz Paetzold. Hamburg 1983, § XV, S. 17: „Da klare *Vorstellungen
poetisch* sind, § 13, klare Vorstellungen deutlich oder verworren sein können, die deutlichen
schon nach § 14 nicht infrage kommen [*Deutliche Vorstellungen* [...] sind *nicht* [...] *poetisch*],
so sind also die *verworrenen* poetisch."

*Aesthetica* (1750) diese in der Mitte zwischen Dunkelheit und Deutlichkeit situiert und bildhaft hinzufügt, daß der Weg aus der Nacht zum Mittag „nur über die Morgenröte" führe,[18] ergänzt die Traumtheorie der „vernünftigen Ärzte" das Wissen der Aufklärung um die spiegelbildliche Perspektive der Abenddämmerung, die zwischen Tag und Nacht liegt.[19]

Gegenüber einer angeblichen „Defizittheorie" des Traumes in der deutschsprachigen Aufklärung, dergemäß der Traum gegenüber den Vermögen des wachen Menschen als bloß defizitär, d.h. als Abwesenheit von Vernunft, Ordnung u.ä. erscheint,[20] hat bereits Alt für Wolff aufgrund dessen Ineinssetzung von Traumvorstellung und Einbildungskraft geltend gemacht, daß dieser den Traum positiv als Vorstellungsraum gefaßt habe, „in dem Abwesendes zu einer imaginären Präsenz gelangt".[21]

Unzer hat der aufklärerischen Traumtheorie, insbesondere der psychomedizinischen Traumlehre, mit der Untersuchung der verworrenen Vorstellungen einen eigenständigen Bereich eröffnet, dessen „Demarkationslinien" er freilich nicht zu überschreiten vermochte. Diese Grenzen sind von Alt mit zwei Fragen umschrieben worden, und zwar (a) mit der Frage nach der spezifischen Verknüpfungslogik im Fluß der Traumvorstellungen und (b) mit der Frage nach der Beziehung zwischen träumendem Subjekt und seinem Traum.[22]

Beide Gesichtspunkte blitzen in dem behandelten Jugendtext zwar in dem Satz „Allein was ist denn ein Traum, und in was für einen [!] Zustande befinden wir uns als Träumende?" (§ 19, S. 46f.) kurz auf, Antworten darauf müssen jedoch in anderen Texten der „vernünftigen Ärzte" gesucht werden – etwa in Nicolais Traumparagraphen seiner Schrift über die Einbildungskraft, im Traumkapitel von Krügers *Experimental=Seelenlehre* oder in seinem umfangreichen, noch unzureichend erforschten Werk *Träume*.[23] Hierin wird die Verknüpfungslogik, mit der die

---

18 Baumgarten, Alexander Gottlieb, *Theoretische Ästhetik.* Die grundlegenden Abschnitte aus der ‚Aesthetica' (1750/58), hg. v. Hans Rudolf Schweizer. Hamburg 1983, § 7, S. 5: „Aus der Nacht führt der Weg nur über die Morgenröte zum Mittag."

19 Tatsächlich wird der Vergleich (in bewußter Analogie zu Baumgarten?) von Johann Gottlieb Krüger: *Versuch einer Experimental=Seelenlehre.* Halle / Helmstädt [!] 1756 [Textband], § 59, S. 197, geführt: „[...] so gibt es auch einen gewissen Zustand, welcher dieser Abenddämmerung gleichet, den man daher mit Recht für einen mitleren [!] Zustand zwischen Schlafen und Wachen hält. Dieses ist der Traum."

20 Engel, Traumtheorie, (wie Anm. 3), passim, und Engel, ‚Träumen und Nichtträumen zugleich' (wie Anm. 3), S. 149.

21 Alt, (wie Anm. 4), S. 62. Vgl. Wolff, (wie Anm. 10), § 239, S. 133: „Da nun die Träume nichts anders als Einbildungen sind [...]".

22 Vgl. Alt, (wie Anm. 4), S. 68 und S. 62.

23 Vgl. Nicolai, Ernst Anton: *Wirkungen der Einbildungskraft in den menschlichen Cörper [...].* Halle 1744, §§ 3ff., S. 28ff. („Von den Träumen"); Neuauflage u.d.T. *Gedancken von den Würkungen der Einbildungkraft in den menschlichen Körper.* 2., verm. Aufl. Halle 1751, §§ 65ff., S. 136ff. („Was ein Traum ist"); Krüger, (wie Anm. 19), Kap. 6, S. 180–211 („Von Wachen, Schlafen und Träumen"); ders., *Träume.* Halle 1754, [2]1758, [3]1764, [4]1785, hg. v. Johann August Eberhard). Vgl. Mauser, Wolfram, Krügers ‚Träume', in: *Germanistik aus inter-*

Gesetze der Einbildungskraft die Empfindung, die den Traum auslöst, in einer Kette von Vorstellungen fortführen bzw. fortsetzen, als Ähnlichkeitsbeziehung, genauer als Similarität und Kontiguität, begriffen. Auch die Frage nach dem Subjekt des Traums wird beantwortet, freilich mit einem Traumbild, das ich an den Schluß stelle, obwohl ich es nicht auszudeuten vermag:

> Die Seele ist also in dem Traume einer Marionettenspielerin ähnlich, die ihre eigenen Puppen bewegt, und dieses thut sie, ohne zu wissen, daß sie es thut: indem sie sich einbildet die Zuschauerin eines Schauspiels zu seyn, davon sie die Werckmeisterin ist.[24]

---

*kultureller Perspektive.* Articles réunis et publiés par Adrien Finck et Gertrud Gréciano, en hommage à Gonthier-Louis Fink. Strasbourg 1988, S. 49–59; Schmidt-Hannisa, Hans-Walter, Johann Gottlob Krügers geträumte Anthropologie, in: *„Vernünftige Ärzte"*, (wie Anm. 1), S. 157–171. Für Krügers *Träume* unergiebig dagegen Peter-André Alt (*Der Schlaf der Vernunft. Literatur und Traum in der Kulturgeschichte der Neuzeit.* München 2002, zu Krügers *Träumen*, insb. S. 164–166), da er die Texte als „literarische Traumerzählungen" (S. 165f.) mißversteht und in ihnen dementsprechend „keine hermeneutische Perspektive" (S. 165) findet, die er im Blick auf die „seelische Welt des Menschen" (S. 166) interpretieren könnte. Tatsächlich sind Krügers kurze Prosatexte aufklärerische Satiren, Parabeln bzw. Allegorien, deren „Sinn" sich erst erschließt, wenn man bestimmte theologische, philosophische oder naturwissenschaftliche Kontexte im allgemeinen oder präzise angebbare Prätexte im besonderen einbezieht; siehe z.B. für den 77. Traum (Zählung nach der Ausg. 1754) Stiening, Gideon, Wohl von der wilden Monade gebissen? Georg Schade entwarf in Nachfolge von Leibniz und Wolff ein System der rationalen Moralität, in: *Frankfurter Allgemeine Zeitung*, 30. August 2000, S. 55.

[24] Krüger, (wie Anm. 19), § 59, S. 197.

Tab. 1: Offene und geschlossene Körperkanones nach Bachtin

| Groteske, offene Körperkonzeption | Klassische, geschlossene Körperkonzeption |
|---|---|
| Ausstülpungen und Öffnungen | geschlossene, gleichmäßige, glatte Oberfläche |
| Nase | Augen |
| Bauch, Hintern | Kopf, Gesicht |
| Phallus | - |
| zweileibiger Körper | nach außen verschlossener, begrenzter Körper |
| Beischlaf, Schwangerschaft, Entbindung | - |
| Essen, Trinken, Verdauung | geräuschlos essen, nicht schnaufen, Mund geschlossen halten |
| Ausscheidungen (Kot / Urin; Schweiß, Schleim, Speichel) | - |
| Verbindung | Distanz |
| Verschmelzung | Begrenzung |
| kollektiv | privat |
| Fluchen, Lachen, inoffizielle Redepraxis | „Staudamm der sprachlichen Normen" |
| „volkstümliche Lachkultur" | Normen der offiziellen, literarischen Rede |
| dionysisch [i.S. Nietzsches] | apollinisch [i.S. Nietzsches] |

Bachtin, Michail, *Rabelais und seine Welt.* Volkskultur als Gegenkultur [russ. 1965], hg. v. Renate Lachmann. Frankfurt/M. 1987, S. 357–364 (entspricht: ders., Die groteske Gestalt des Leibes [russ. 1965], in: ders., *Literatur und Karneval.* Zur Romantheorie und Lachkultur, übers. v. Alexander Kämpfe. Frankfurt a. M. / Berlin / Wien 1985, S. 15–23).

Tab. 2:  Leib-Seele-Commercium und Nervensaftverausgabung bei Wachen,
Träumen und Schlafen bei Unzer

| | Seele | Körper | |
|---|---|---|---|
| | Seelentätig-keit | Nervensaft-verausgabung | Nervenbewegung |
| Wachen | lebhafte, klare und deutliche Vorstellungen | heftige Veraus-gabung von Nervensaft | lebhafte Bewe-gung der Nerven |
| Aufwachen | | | |
| unvollkommener Schlaf I: › Traumschlaf ‹ | klare, aber verworrene Vorstellungen | geringere Ver-ausgabung von Nervensaft | weniger heftige und weniger leb-hafte Bewegung der Nerven |
| in den »Galm oder das Taumeln« fallen | | | |
| unvollkommener Schlaf II: › Tiefschlaf ‹ | dunkle Vor-stellungen | noch geringere Verausgabung von Nervensaft | noch weniger heftige und noch weniger lebhafte Bewegung der Nerven |
| vor der Geburt im Mutterleib | | | |
| vollkommener Schlaf | keine Vor-stellungen | keine Veraus-gabung von Nervensaft | keine Bewegung der Nerven |

Unzer, Johann August, *Gedanken vom Schlafe und dem Träumen*, nebst einem Schreiben [...] daß man ohne Kopf empfinden könne. Halle 1746, § 13.

HANS WERNER INGENSIEP (Essen)

# Der aufgeklärte Affe

## Zur Wahrnehmung von Menschenaffen im 18. Jahrhundert im Spannungsfeld zwischen Natur und Kultur

Was der Mensch von Natur ist oder für was er sich hält, spiegelt sich nicht zuletzt in der Art und Weise, wie er diejenigen Naturwesen beschreibt und analysiert, von denen er sich als Mensch unbedingt unterscheiden möchte. Identität erfordert klare Differenz. Eindeutige Differenz ist aber nicht ohne weiteres zu haben. Wer sich in der Welt eigentlich immer nur selbst sehen und seine Überlegenheit über andere Lebewesen demonstrieren möchte, wird die Erkenntnis des Eigenen gerade dann im fremden Gegenüber zu vermeiden suchen, wenn es sich um ein Wesen handelt, das dem eigenen Wesen so nahe kommt wie der Menschenaffe. Der Menschenaffe ist dann bestenfalls ein höheres Tier, aber eben kein Mensch. Rein psychologisch betrachtet, wäre diese Haltung, die die Wahrnehmung von Menschenaffen bestimmen kann und bestimmt hat, narzißtisch. Damit wäre jedoch auch ein wirkmächtiger Pol der Aufklärung über Menschenaffen angedeutet, von welchem Standpunkt aus sich der aufgeklärte Mensch seiner exklusiven Stellung gemäß dem traditionellen Schema der natürlich gestuften Seelenordnung qua anima rationalis, die im Organischen über der anima sensitiva und vegetativa steht, versichern will. – Eine andere Art von Wahrnehmung geht nicht von der Differenz, sondern von der großen Ähnlichkeit oder gar Identität aus. Der Menschenaffe sei eigentlich ein natürlich wilder, noch unverbildeter Mensch und daher eine Art von Gegenbild bzw. Vorbild für den Kulturmenschen. Auch in dieser Art von Wahrnehmung werden Menschenaffen für die Aufklärung des Menschen über den Menschen instrumentalisiert, gleichsam von einem anderen Aufklärungspol aus betrachtet. Damit sind zwei bekannte klassische Extreme skizziert, zwischen denen die philosophische und naturgeschichtliche Wahrnehmung von Menschenaffen im 18. Jahrhundert pendelt und in denen sich eine ambivalente Beziehung offenbart. In der Jahrhundertmitte münden diese Überlegungen in einen ernsthaften anthropologischen Aufklärungsdiskurs ein, während Menschenaffen zuvor mehr Gegenstand der populären und naturgeschichtlichen Unterhaltung bzw. Kuriosität waren. Nun werden sie zu einer Herausforderung für die Aufklärung.

Es wäre anachronistisch und verkürzt, diesen ideengeschichtlichen Diskurs über Menschenaffen einfach als eine Wende weg von der Anthropomorphologie hin zur Anthropologie aufzufassen, denn anthropomorphe Wahrnehmungsmuster spielen vorher und nachher eine wichtige Rolle. Für die Selbstaufklärung des Menschen über das Wesen des Menschen im 18. Jahrhundert ist die Analyse anthropomorpher Wahrnehmungsmuster von Pflanzen und Tieren, insbesondere von Menschen-

affen, generell aufschlußreich.[1] Jenseits und zum Teil quer zu den skizzierten
Polen der Aufklärungsdiskurse über Menschenaffen geht es nachfolgend vor allem
um Formen der Wahrnehmung von Menschenaffen, wie sie im Spannungsfeld zwischen Natur und Kultur zu beobachten sind. Die Wahrnehmung und geistige Integration derjenigen Wesen, die heute als Menschenaffen bezeichnet werden – gemeint waren im 18. Jahrhundert de facto der Orang-Utan, der Schimpanse oder der
Gibbon und nicht der erst später wiederentdeckte Gorilla –, beschäftigte Philosophen und Naturforscher seit ihrer Entdeckung, Beschreibung und Visualisierung
im 17. Jahrhundert, aber erst im Jahrhundert der Aufklärung werden sie zu „philosophischen Tieren".[2] Eine nachhaltige Wirkung dieses Wahrnehmungswandels
zeigt sich noch gegenwärtig in der bioethischen Grenzdiskussion über die Frage,
ob auch Great Apes besondere Menschenrechte zuerkannt werden sollen.[3] In
szientistischer Manier schreiben Philosophen und Biologen diese Entwicklung und
Annäherung von Mensch und Menschenaffe vor allem der nachdarwinschen Epoche zu. Man rekurriert auf die evolutionäre Verwandtschaft oder auf ethologische
Studien zur Kommunikation zwischen Mensch und Menschenaffen. Der Blick in
die Ideengeschichte aber zeigt, daß der Vorstellungswandel betreffs Menschenaffen nicht erst im Gefolge der darwinschen Evolutionstheorie erfolgt, sondern
sich mehr oder weniger spektakulär schon im Jahrhundert der Aufklärung vollzieht.

Ein erstes terminologisches Indiz liefert der große Linné, wenn er im Jahre 1735
die Ordnung Mensch mit Affen als „Anthropomorpha" bezeichnet und zu Vierfüßern erniedrigt, und dann beide seit der 10. Auflage des *Systema naturae* im
Jahre 1758 als „Primates" systematisch in die Klasse der Säugetiere, Mammalia,
vormalig Quadrupedia, zusammenfügt. Nichtsdestoweniger suchte der aufgeklärte
Botaniker die klare Differenz, wie ein Brief aus dem Jahre 1747 an den Kollegen
Johann Georg Gmelin (1709–1755) zeigt: „Ich verlange von Ihnen und von der
ganzen Welt, daß sie mir ein Gattungsmerkmal zeigen, aufgrund dessen man zwischen Mensch und Affe unterscheiden kann. Ich weiß selbst mit äußerster Gewiß-

---

[1]  Vgl. Ingensiep, Hans Werner, Der Mensch im Spiegel der Tier- und Pflanzenseele. Zur
Anthropomorphologie der Naturwahrnehmung im 18. Jahrhundert, in: Schings, Hans-Jürgen
(Hg.), *Der ganze Mensch*. Anthropologie und Literatur im 18. Jahrhundert. Stuttgart / Weimar
1994, S. 54–79.

[2]  Vgl. Corbey, Robert / Theunissen, Bert (Hg.), *Ape, Man, Apeman*. Changing Views since
1600. Leiden 1995. Zur geschlechtsstereotypen Wahrnehmung von Affen vgl. Schiebinger,
Londa, *Am Busen der Natur*. Erkenntnis und Geschlecht in den Anfängen der Wissenschaft.
Stuttgart 1995, S. 114–167.

[3]  Vgl. Cavalieri, Paola / Singer, Peter (Hg.), *Menschenrechte für die Großen Menschenaffen*.
Das Great Ape Projekt. München 1994 (Rez.: Ingensiep, Hans Werner, in: *Philosophischer
Literaturanzeiger* Bd. 50, Heft 1, 1997, S. 47–49); Ingensiep, Hans Werner, Personalismus,
Sentientismus, Biozentrismus – Grenzprobleme der nicht-menschlichen Bioethik, in: *Theory
in Biosciences*, Nr. 116, 1997, S. 169–191; ders., Mensch und Menschenaffe. Die besondere
Beziehung, in: Münch, Paul (Hg.), *Tiere und Menschen*. Paderborn 1998, S. 429–446.

heit von keinem".[4] Linné läßt seinen Schüler C. E. Hoppius in der Abhandlung *Anthropomorpha* (1760) vier kuriose Gestalten in Beschreibungen und mit Abbildungen präsentieren, die das gesamte Feld der bis dahin kursierenden Phantasien und Vorurteile im Affe-Satyr-Diabolus-Monster-Wilder-Mensch-Übergangsfeld bedienen, allerdings im Rückgriff auf die Tradition naturgeschichtlicher Beschreibungen.[5] Hatten zuvor schon Philosophen wie Leibniz oder Locke im Grundsatz stete Übergänge in der Natur behauptet und damit auch den Rahmen für die Integration früherer Beobachtungen und Untersuchungen von Reisenden und Naturforschern (Battel, Tulpius, Bontius, Dapper, Tyson u.a.) zu Menschenaffen geliefert, so macht sich nun die Naturphilosophie und Naturgeschichte der Aufklärung daran, Affe und Mensch konkret anzunähern, was nach der Jahrhundertmitte insbesondere durch die Einbeziehung in der Kette der Wesen bei Bonnet ersichtlich wird.[6]

Im Vorfeld dieser Annäherungsgeschichte wäre auf die komplexe Tierseelendiskussion seit Descartes, auf das Umdenken zum anthropologischen Status der Wilden wie auch auf den Wandel im ganzen Naturverständnis zu verweisen.[7] Nachfolgend werden nur einige besondere Aspekte in der Wahrnehmung von Menschenaffen angesprochen, auch vor dem Hintergrund der These, daß Menschenaffen seit der Zeit des Erscheinens von Buffons *Histoire naturelle* (1749ff.)[8] und Diderots

---

4  Brief an J. G. Gmelin vom 14. Februar 1747, zitiert nach George Seldes, *The Great Thoughts*. New York 1985, S. 247. Vgl. zur Aktualität Precht, Richard David, Menschengeist und Affengehirn. Zur Bio-Logik der Tierseele, in: Niewöhner, Friedrich / Seban, Jean-Loup (Hg.), *Die Seele der Tiere*. Wiesbaden 2001 (Wolfenbütteler Forschungen 94), S. 393–413, hier S. 394f.

5  Linné unterscheidet einen Simia Pygmaeus nach Edwards, einen Satyrus Indicus nach Tulpius, einen Lucifer bzw. Cercopithecus nach Aldrovandi bzw. Köping und einen Homo Nocturnus nach Bontius (*Anthropomorpha*, in: Amoenitates Academicae. 7 Bde. Stockholm / Leipzig 1749–1769, hier Bd. 6 (1763), deutsch in *Vom Thiermenschen* bezeichnet als „Pygmäe", „Satyr", „Lucifer" und „Troglodyte" oder „Nachtmensch", in: *Des Ritter Carl von Linné Auserlesene Abhandlungen aus Naturgeschichte, Physik und Arzneywissenschaft*. Leipzig 1776–1778, S. 57–70). Die Abbildung des „Satyrus Tulpii" bei Linné ist insofern interessant, als sie quasi als eine mißlungene Kreuzung des früheren, sitzenden Tulpius-Typs (s. Abb. 4) mit dem wandernden Wilder-Typ des „Chimpaneze" nach Scotin bzw. aus der *Histoire générale des voyages* (s. Abb. 2) darstellt, was auch die Erläuterungen zum „Satyr" im Text nahelegen: „Wir haben zwei Gemälde von ihm. Eines stellt einen weiblichen von hohem Alter vor, der bey dem Prinz von Oranien, dem Sohn Heinrichs, lebendig ist abgezeichnet worden. Das andere Gemälde enthält einen jungen weiblichen Affen von Scotin in London 1738, wohin man ihn lebendig gebracht hat, gemahlt." Ebd., S. 63.

6  Vgl. Lovejoy, Arthur O., *Die Große Kette der Wesen*. Geschichte eines Gedankens. Frankfurt/M. 1985, S. 282ff.

7  Vgl. z.B. Moravia, Sergio, *Beobachtende Vernunft*. Philosophie und Anthropologie in der Aufklärung. Frankfurt/M. 1977; Krauss, Werner, *Zur Anthropologie des 18. Jahrhunderts*. Die Frühgeschichte der Menschheit im Blickpunkt der Aufklärung. Frankfurt/M. 1987; Kohl, Karl-Heinz, *Entzauberter Blick*. Das Bild vom Guten Wilden und die Erfahrung der Zivilisation. Berlin 1981; Thomas, Keith, *Man and the Natural World*. Changing Attitudes in England 1500–1800. London 1983.

8  Buffon, Georges-Louis Leclerc u.a., *Histoire naturelle, générale et particulière, avec la description du cabinet du roi*. 44 Bde. Paris 1749–1804, hier Bd. XIV (1766), S. 43–71: Les Orang-outangs, ou le Pongo et le Jocko. Supplément Bd. VII 1789, S. 1–29: Addition à

*Encyclopédie* (1751ff.) zu öffentlichen „philosophischen" Tieren der Aufklärung
werden, weshalb auch im Titel verkürzt vom „aufgeklärten Affen" die Rede ist. Es
ist insbesondere die Zeit zwischen 1745 und 1755, in der nicht nur wichtige Wurzeln des modernen Evolutionismus zu suchen sind, sondern sich auch Philosophen
wie La Mettrie, Maupertuis oder Rousseau dem Menschenaffenproblem in anthropologischer Absicht neu zuwenden.[9] Das Erscheinungsjahr von Rousseaus zweitem ‚Diskurs *Über den Ursprung und die Grundlagen der Ungleichheit unter den
Menschen*' (1755) ist hier ein markantes Datum, auch im Hinblick auf die Rolle
der Empirie und Konstruktion des Naturzustandes. Menschenaffen werden seitdem
nicht nur in der französischen Geistesgeschichte zu einem seriösen philosophischen Thema von anthropologischer Bedeutung erhoben, auch andere europäische
Philosophen und Naturforscher wie Reimarus, Herder, Forster, Monboddo, Blumenbach oder Camper fühlen sich je auf ihre Weise herausgefordert, Stellung zu
beziehen. Es ist der Materialist La Mettrie, der schon in *L'homme machine* (1748)
die anthropologische Brisanz programmatisch auf den Punkt bringt, wenn es zum
Menschenaffen heißt:

> Dieses Tier gleicht uns so sehr, daß die Naturforscher es als wilden Menschen oder als Wald-
> menschen bezeichnet haben. [...] Wer sieht nicht, daß die Tierseele mit der unsrigen sterblich
> und unsterblich sein muß, daß sie mit ihr das gleiche Schicksal, welches es auch sein mag,
> teilen muß.[10]

Der aufgeklärte Mensch blickt seinem Schicksal ins Auge und besiegelt es gerade
mit einer ambivalenten Antwort.

Die konkrete Analyse, wann und wieweit im einzelnen sich ein Perspektivwech-
sel in der Wahrnehmung von Menschenaffen abzeichnet, wird allerdings bereits
terminologisch erschwert. Denn im 18. Jahrhundert herrscht durchgehend große
Verwirrung über die Namensbezeichnungen und Beschreibungen von Menschenaffen, wenngleich wie erwähnt aus heutiger Sicht klar ist, daß meist ein Orang-
Utan oder ein Schimpanse gemeint ist. Nachfolgend wird daher aus pragmatischen
Gründen weiterhin mit dem unklaren Ausdruck „Menschenaffen" operiert. Einige
Entwicklungen und der Wandel in der Wahrnehmung von Menschenaffen im
18. Jahrhundert lassen sich durch Bild und Text, Illustrationen und Beschreibungen
in groben Zügen verdeutlichen.

---

l'article des Orangs-outangs. Nachfolgend verwende ich den 17. Bd. der deutschen Übersetzung von *Herrn von Buffons Naturgeschichte der vierfüßigen Thiere*, begonnen (1.–5. Bd.)
von Friedrich Heinrich Wilhelm Martini (1772–1775), fortgeführt (6. Bd.) von Georg Forster
und (7.–23. Bd.) von Bernhard Christian Otto (1780–1802) zu Berlin (bei Pauli), gedruckt und
verlegt in Wien (bei Schrämbl) 1791, zit. als Buffon / Otto.

[9]    Vgl. Hastings, Hester, *Man and beast in French Thought of the eighteenth century*. Baltimore,
Maryland 1936, hier Chapter III: The Philosophers and the Apes, S. 109–132.
[10]   Zit. nach La Mettrie, *Der Mensch als Maschine*, in: *Die Vernunft der Tiere*, hg. v. Hans-Peter
Schütt. Frankfurt/M. 1990, S. 122 u. 141.

Drei Darstellungen von Menschenaffen sollen erste Eindrücke aus unterschiedlichen Phasen des 18. Jahrhunderts vermitteln. Einen ersten Eindruck bieten zwei Abbildungen aus Reiseberichten des ersten bzw. zweiten Jahrhundertdrittels, dem sich ein besonderes Gemälde aus dem letzten Jahrhundertdrittel anschließt. Anhand einer anderen neuen Menschenaffendarstellung und Beschreibung aus dem 17. Jahrhundert wird schließlich ein weniger beachteter Typus verfolgt, hier kurz Tulpius-Typ genannt, der im Verlaufe des 18. Jahrhunderts gleichsam ausstirbt. Bekannt und dominant ist in der zweiten Jahrhunderthälfte und weit darüber hinaus der Darstellungsmodus gemäß dem Muster des wandernden Wilden, kurz Wilder-Typ genannt, der in den Naturgeschichten seit Buffon oder in der Enzyklopädie durchgängig präsent ist und hier nicht ausführlich behandelt wird, ebenso wenig wie ältere Formen der Darstellung von Affen bzw. Menschenaffen nach dem Muster des Satyrs, Diabolus oder Imitators.[11]

Im I. Teil werden exemplarische Abbildungen und Typen aus dem 18. Jahrhundert vorgestellt, eingebettet in natur- und kulturgeschichtliche Informationen und Deutungen. Im II. Teil bilden Äußerungen im Text, und nicht Abbildungen zu Menschenaffen, den Ausgangspunkt für exemplarische Überlegungen und Thesen zum Anthropomorphismusproblem in philosophischen Diskussionen des letzten Jahrhundertdrittels, und zwar im Spannungsfeld zwischen Natur und Kultur bei Herder. Ein kurzer III. Teil bietet Ausblicke ins 19. Jahrhundert und Überlegungen zum Verbleib des „aufrechten Ganges" in Darstellungen von Menschenaffen.

I. Teil: Visuelle Wahrnehmungsmuster von Menschenaffen im 18. Jahrhundert

Einen speziellen Einblick in die Wahrnehmung von Menschenaffen zum Jahrhundertbeginn liefert eine Illustration zu einem zwar neu aufgelegten, aber bereits altbekannten Reisebericht, der auf Erlebnisse und Schilderungen des Engländers Andrew Battel, eigentlich Battell, (geb. ca. 1565) aus den Jahren 1589 bis 1607 zurückgeht und von Samuel Purchas (ca. 1577–1626) in dem Konvolut *Purchas his Pilgrimes* unter verschiedenen Titeln herausgegeben wurde (1613, dann 1619 und 1625).[12] Battel berichtet darin von zwei unterschiedlichen „Monstern", dem größeren „Pongo" und dem kleineren „Engeco", die in den Wäldern von Angola

---

[11] Vgl. Janson, Horst Woldemar, *Apes and Ape Lore in the Middle Ages and the Renaissance*. London 1952 (Studies of the Warburg Institute 20); Tinland, Franck, *L'homme sauvage, homo ferus et homo sylvestris. De l'animal à l'homme*. Paris 1968; Corbey / Theunissen, (wie Anm. 2).

[12] *The strange adventures of Andrew Battell of Leigh in Essex*, sent by the Portugals prisoner to Angola, who lived there, and in adjoyning Regions, neere eighteene yeeres, in: Purchas, Samuel, *Hakluytus Posthumus or Purchas His Pilgrimes. Contayning a History of the World in Sea Voyages and Land Travells by Englishmen and others*. 20 Bde. New York 1965 [Reprint der Ausg. London 1625], hier Bd. 6, Chapter III, S. 367–406. Der § VI handelt „Of the Provinces of Bongo, Calongo, Mayombe, Manikesocke, Motimbas: of the Ape-monster Pongo, their hunting, Idolatries; and divers other observations." Speziell zu Menschenaffen siehe im Reprint S. 398f. (II. vii. 982).

leben – möglicherweise der erste neuzeitliche, differenzierte Hinweis auf Gorillas und Schimpansen. In der Antike waren sogenannte „Gorillas" bereits auf einer Expedition des Karthagers Hanno um 525 v. Chr. entdeckt worden, was gleichfalls im 18. Jahrhundert bekannt war.[13] Battels Beschreibungen der Gestalt und des Verhaltens von Menschenaffen waren in der naturgeschichtlichen Literatur des 18. Jahrhunderts weit verbreitet, z.b. über Buffon, und lassen sich bis weit ins 19. Jahrhundert hinein verfolgen, z.b. in Okens *Allgemeiner Naturgeschichte* und in Brehms *Thierleben*.

Der ersten holländischen Übersetzung dieses Berichtes aus dem Jahre 1706 ist eine Tafel beigefügt, welche die besonderen Eigenschaften und Eigenarten dieser Wesen vor Augen führen soll (siehe Abb. 1).[14] Unter anderem wird über ihr Aussehen und Verhalten berichtet, daß diese menschenähnlichen Wesen sich äußerlich nur durch den Mangel an Waden vom Menschen unterscheiden, aber aufrecht gehen, die Hände im Nacken halten, kein Fleisch essen, aber nicht sprechen könnten und nicht mehr Verstand als Tiere hätten. Verließen die Eingeborenen ein Nachtfeuer im Walde, setzten sich diese Monster ans Feuer, seien aber nicht klug genug, das Feuer mit Holz weiter zu unterhalten – übrigens eine Unfähigkeit, die Rousseau später klar zurückweist. Diese Monster griffen außerdem Eingeborene und sogar Elefanten mit Stöcken an. Zehn Menschen könnten eines davon nicht lebendig fangen und an Junge sei nur zu kommen, wenn die Mutter zuvor mit vergifteten Pfeilen getötet worden wäre. Ihre Toten bedeckten sie mit Zweigen und Blättern.[15] – Der Illustrator der holländischen Ausgabe hat versucht, sich an die

---

[13] Flavius Arrianus (2. Jh. n. Chr.) vermittelt diese Quelle, im 18. Jahrhundert im Deutschen als *Arrians Indische Merkwürdigkeiten und Hannos Seereise* herausgebracht im Johann Christoph Meißner Verlag, Braunschweig und Wolfenbüttel 1764. „Westafrikafahrt zum Götterwagen" erschienen in: Perfahl, Jost, *Die Erde ist wunderschön*. Reisen durch drei Jahrtausende. Stuttgart 1964, S. 27–28.

[14] Die Abbildung stammt aus: *De gedenkwaardige voyagie van Andries Battel, van Leigh in Essex na Brasilien en desselfs wonderlijke avontuuren, zijnde gevangen gebragt van de Portugijsen na Angola alwaar en waar ontrent hy by na 18 Jaren gewoond heeft. A. 1589. en verfolgens.* Door hem selfs in het Engels beschreven. En daar uyt nu aldereerst vertaald. Met schoone kopere platen, en een volkomen Register verrijkt. Leyden 1706. Tafel zwischen S. 36 u. 37.

[15] Der Text dieser ersten neuzeitlichen Schilderungen von Menschenaffen durch Battel lautet nach Purchas (1625/1965 S. 398–399) vollständig: „The greatest of these two Monsters is called, Pongo, in their Language: and the lesser is called, Engeco. This Pongo is in all proportion like a man, but that he is more a Giant in statue, then a man: for he is very tall, and hath a mans face, hollow eyed, with long haire upon his browes. His face and eares are without haire, and his hands also. His body is full of haire, but not very thicke, and it is of a dunnish colour. He differeth not from a man, but in his legs, for they have no calfe. He goeth alwaies upon his legs, and carrieth his hands clasped on the nape of his necke, when he goes upon the ground. They sleep in the trees, and build shelters for the raine. They feed upon Fruit that they find in the Woods, and upon Nuts, for they eate no kind of flesh. They cannot speake, and have no understanding more than a beast. The People of the Countrie, when they travaile in the Woods, make fires where they sleep in the night; and in the morning, when they are gone, the Pongoes will come and sit about the fire, till it goeth out: for they have no understanding to lay the wood together. They go many together, and kill many Negroes that travaile in the Woods.

Schilderungen Battels zu halten und deren Aussehen und Aktivitäten in einer Landschaft mit Palmen und Felsen zu inszenieren. Im linken vorderen Bildteil arbeiten die geschäftigen Menschen, während eine Gruppe geduckter Monster sich im Hintergrund in den Bergen aufhält. Rechts vorne legen aufrecht gehende Monster ihre Hände in den Nacken. Rechts im Mittelfeld wird eine Jagdszene dargestellt, in der ein weibliches Wesen mit einem Jungen an der Brust durch einen Pfeil erlegt wird. Rechts im Hintergrund traktieren Monster mit Knüppeln einen kleineren Elefanten. Im mittleren Bildteil hinter den Palmen versammeln sich Monster um ein ehemals menschliches Lagerfeuer.

Diese Illustration versammelt ein Repertoire an tradierten Aussagen zu Menschenaffen und macht deutlich, daß späteren Philosophen der Aufklärung wie Rousseau reichhaltiges empirisches Material für Interpretationen zum Verhältnis von Mensch, Wilden und Menschenaffen im Spannungsfeld zwischen Kultur und Natur geboten wird. Mit weiteren Berichten dieser Art drängt sich im zweiten Jahrhundertdrittel ein programmatischer Darstellungstyp von Menschenaffen vor, der einem „philosophischen Tier" den Weg bereitet, einem Wesen, das nach dem Muster des in jeder Hinsicht aufrechten und edlen Wilden mit einem Stecken gerüstet frohgemut in die hohe Zeit der Aufklärung hineinwandert (siehe Abb. 2). Diese Darstellung geht auf einen im Jahre 1738 von Hower nach London gebrachten Menschenaffen zurück, einen „Chimpaneze" aus Angola, der in einer Abhandlung von 1739 gestochen wurde und sich im Jahre 1748 auch in der *Histoire générale des voyages*, herausgegeben von Abbé Antoine-François Prévost (Paris 1746–1789), befindet.[16] Buffon und Rousseau bedienten sich des heterogenen Materials, sei es zur Stützung der These, es handele sich um ein wildes Tier, sei es dazu, den wilden Menschen herauszustellen.[17] Der aufrechte Gang, das Ge-

---

Many times they fall upon the Elephants, which come to feed where they be, and so beate them with their clubbed fists, and peaces of wood, that they will runne roaring away from them. Those Pongoes are never taken alive, because they are so strong, that ten men cannot hold one of them: but yet they take many of their young ones with poisoned Arrowes. The young Pongo hangeth on his mothers bellie, with his hands fast clasped about her: so that, when the Countrie people kill any of the females, they take the young one, which hangeth fast upon his mother. When they die among themselves, they cover the dead with great heapes of boughs and wood, which ist commonly found in the Forrests."

[16] Prévost präsentiert eine Darstellung aus: *Chimpanzee Scotin tabula peculiari.* London 1738. Nov. Act. Er. Lips. 1739. Sept. Tab. V. p. 564. (der Pongo). Vgl. Buffon / Otto, (wie Anm. 8), S. 222, wo es dazu S. 238 heißt: „Der weibliche Chimpanze aus Angola, welchen Hr. Hower 1738 nach London brachte, und den Scotino in Kupfer gestochen (und in den Nov. Act. Erud. Lips. 1739 nachgestochen ist), war zwei Fuß und vier Zoll hoch, wenn er aufgerichtet war." Die vorliegende Reproduktion stammt aus der Abhandlung von Hermann Klaatsch, Entstehung und Entwicklung des Menschengeschlechtes, in: Kraemer, Hans (Hg.), *Weltall und Menschheit.* Geschichte der Erforschung der Natur und der Verwertung der Naturkräfte im Dienste der Völker. 5 Bde. Berlin u.a. [1902–1904], hier Bd. 2 [ca. 1902], S. 1–338, hier S. 141.

[17] Vgl. Hastings, (wie Anm. 9), S. 111; Wokler, Robert, *Enlightening Apes: Eighteenth-century Speculation and Current Experiments on Linguistic Competence*, in: Corbey / Theunissen, (wie Anm. 2), S. 87–100, hier S. 93 u. 99.

sicht, die Hände und der wohlgeformte Stock, der hier nicht als Waffe gegen andere Tiere eingesetzt wird wie bei Battel, sondern als Wanderstab seinen Dienst tut, vermittelt den Eindruck eines zwar kuriosen, aber doch freundlich dreinblickenden wilden Weibes, das hier eine ansprechende Naturlandschaft durchwandert. Rousseau, dem diese Darstellung bekannt war, wird es nicht schwer gefallen sein, dieses Wesen mit Vorstellungen zu einem Naturmenschen zu verbinden, einem einsamen Wilden, der es noch nicht in dem Maße zur Freiheit, Perfektibilität und zum gesellschaftlichen „Fortschritt" gebracht hat wie der Kulturmensch, der damit an den Quellen von menschlichem Glück oder Unglück verweilt. Aber die Mehrheit der zeitgenössischen Betrachter wird die unproportionierte Degeneriertheit und entehrende Häßlichkeit eines menschenähnlichen Tieres wahrnehmen und ihren Projektionen zur Überlegenheit und Exklusivität des Kulturmenschen Raum geben.

Je nach Standpunkt ändert sich das anthropomorphe Wahrnehmungsmuster von Menschenaffen. Noch zu Beginn des 20. Jahrhunderts bemerkt der Mediziner, Zoologe und Anthropologe Hermann Klaatsch (1863–1916) in einer Universalgeschichte zu dieser typischen Menschenaffendarstellung aus der Mitte des 18. Jahrhunderts höchst gelehrt:

> Denselben sind ganz menschliche Gesichtszüge angedichtet und auch die Körperhaltung ist oft allzu menschlich. Man sieht, daß eine gewisse Schärfe der Betrachtung gewonnen werden mußte, um die großen Unterscheidungsmerkmale von Mensch und Affe herauszufinden.[18]

Der aufgeklärte Blick des nachdarwinischen Forschers zielt hier auf eindeutige Differenz: Anthropomorphismen sind auszuschalten. Angesichts ihrer Herausforderung durch Menschenaffen war dies auch ein wichtiges Motto der anthropologischen Aufklärung im 18. Jahrhundert. Daß diese einfache Forderung mit vielen Schwierigkeiten behaftet ist, zeigen neuerdings wieder die Analysen der Versuche zur Kommunikation und Sprache mit Menschenaffen. Kritische Naturhistoriker wie Vosmaer und Philosophen des 18. Jahrhunderts wie Herder waren sich angesichts der Befunde zu Menschenaffen durchaus des Anthropomorphismusproblems bewußt.

Ein besonders schönes Exempel einer Menschenaffendarstellung (siehe Abb. 3) im letzten Drittel des 18. Jahrhunderts bietet das lebensgroße Portrait eines „Orang-oetan" neben einem Baum auf einem Gemälde von Tethart Philip Christiaan Haag (1737–1812). Diese Darstellung aus dem Jahre 1777 entstand offenbar im Rückgriff auf den seinerzeit ersten Orang, der Europa lebendig erreichte und vom 29. Juni 1776 bis zum 22. Januar 1777 – fast sieben Monate – in der Menagerie Wilhelms des V. von Oranien (1748–1806) lebte und vom Direktor dieser Menagerie, dem holländischen Naturhistoriker Arnout Vosmaer (1720–1799), im

---

[18] Klaatsch, (wie Anm. 16), S. 140.

Jahre 1778 erforscht und beschrieben wurde.[19] – Offensichtlich erscheint das Para-
dies-Motiv im Zugriff des aufrecht stehenden weiblichen Orangs zum Apfel am
Baume der Erkenntnis, noch verstärkt durch andere exotische Tiere aus der Menagerie. Auffällig ist nicht nur die Menagerie-Mauer, die nach dem Muster des *hortus
conclusus* eine besondere räumliche Grenze anzeigt, sondern auch das Relief mit
einem Affenmotiv auf der Mauer. Es handelt sich um die Darstellung eines mit
einer Gabel vom Teller essenden Orang, links daneben ein Trinkbecher. So werden
Untersuchungen Vosmaers und diverse frühere Berichte zum kultivierten Eß- und
Trinkverhalten bei Affen aufgenommen. Eine heute vermißte Zeichnung des
Künstlers Haag gibt weitere Aufklärung über einen sitzend speisenden Affen neben einem aufrecht stehenden Affen, der nach dem Muster des edlen Wilden mit
einem Stecken in der Hand abgebildet ist.[20] Diese Darstellung eines Menschenaffen im letzten Jahrhundertdrittel scheint nicht einfach dem Typus des Wilden zu
folgen, sondern thematisiert symbolisch auch die Sündenfallgeschichte und damit
den folgenschweren Schritt des „Wilden" von der unschuldigen Natur zur zivilisierten Kultur. Am Beispiel des Eßverhaltens schien eine gewisse Kultivierbarkeit
empirisch belegt. Während das natürliche Motiv des paradiesischen Urzustandes
im Vordergrund nicht nur farblich die Szene dominiert, wirkt das Kulturmotiv auf
der Mauer im Hintergrund blaß und farblos – vielleicht eine Anspielung des
Künstlers auf die rousseausche Beziehung zwischen Natur- und Kulturzustand und
insofern auch eine versteckte Kulturkritik im anthropomorphen Spiegel einer Menschenaffendarstellung. Allerdings läge diese Deutung nicht im Horizont der Ansichten des aufgeklärten und kritischen Naturhistorikers Vosmaer, der sich gerade
gegen rousseauistische Assoziationen bei Menschenaffen zur Wehr setzen und der
Empirie den Vorzug gegenüber der spekulativen Konstruktion eines Gegensatzes
von Natur und Kultur geben würde.

Daß die ganze Darstellung mit den realen Haltungsbedingungen von Menschenaffen im 18. Jahrhundert nichts zu tun hat, wird anhand einer beiläufigen Beob-

---

[19] Vgl. die Beiträge in dem Katalog: *Een vorstelijke dierentuin. De menagerie van Wilhelm V.*
[Zutphen] 1994, S. 70. Das Gemälde von T. P. C. Haag findet sich darin auf S. 70 abgebildet
mit den Angaben 174 x 110,5 cm. Arnout Vosmaer verfaßte u.a.: *Description de l'espèce de
Singe aussi singulier que très rare, nommé Orang-Outang, de l'isle de Borneo.* Amsterdam
1778. Von Vosmaer erscheint auch eine aus dem Holländischen (Amsterdam 1766–1787)
übertragene französische Erstausgabe (Amsterdam 1767–87) mit lebendigen Beschreibungen
von exotischen Tieren aus der Menagerie des Prinzen von Oranien mit prachtvollen, kolorier-
ten und seinerzeit hoch geschätzten Tafeln u.a. zum Orang auf der Grundlage der Zeichnungen
von Aart Schouman (1710–1792). Im Anhang zu Buffon / Otto, (wie Anm. 8), S. 295 heißt es
nach Vosmaers Beschreibung aus dem Jahre 1778 allerdings: „Der Affe, der zum Gegenstande
dieser Beschreibung dienet, ist gewiß von derselben Art, den der Prinz Friedrich Heinrich von
Oranien zum Geschenke bekam, und den Tulpius beschrieben hat, und also der zweite, der lebendig in Holland gesehen worden." 
[20] Vgl. die Abbildung der vermißten Zeichnung im Katalog von 1994, (wie Anm. 19), S. 51 mit
den Angaben: 210 x 160 mm.

achtung Vosmaers deutlich, der nämlich von folgender Aktion des Individuums überrascht ist:

> Als es bei einer anderen Gelegenheit sah, wie ich mich eines kleinen Schlüssels bediente, um das Schloß, welches seine Kette befestigte, zu öffnen, nahm es ein Holzstückchen, steckte es in das Schlüsselloch, drehte es in jeder Richtung darin herum und beobachtete die Operation mit gespannter Erwartung, in der Hoffnung, auf diese Art das Schloß zu öffnen und sich von der Kette befreien zu können.[21]

Dieser Menschenaffe ist also kein Freigelassener der Schöpfung wie der aufgeklärte Mensch, der ihn beobachtet, sondern ein in Ketten liegender gebückter Sklave, um mit Herderschen Worten dessen Lage und Haltungsbedingungen zu charakterisieren. Pikant ist diese Darstellung auch in anderer Hinsicht, denn es ist Vosmaer, der aufgrund seiner Beobachtungen am lebenden Objekt zeitgenössische Hinweise und Abbildungen zu Menschenaffen bei Buffon sowie Übertreibungen in Reiseberichten und ältere Menschenaffendarstellungen von Bontius und Tulpius kritisiert.[22] Allerdings bekennt Vosmaer auch selbstkritisch: „Ich suchte den Menschen im Thiere, wie ich so oft das Thier im Menschen gefunden hatte" – ein Ausspruch, der im Hinblick auf die Frage der Anthropomorphisierung aufschlußreich ist und im Anhang einer deutschen Ausgabe von Buffons Naturgeschichte der Tiere im Hinblick auf die Beschreibung von Menschenaffen im ausklingenden 18. Jahrhundert geradezu programmatisch klingt.[23]

Die hier vorgestellten drei Darstellungen von Menschenaffen aus dem 18. Jahrhundert bieten Material für weitere Reflexionen zum Verhältnis von Natur und Kultur, Mensch und Menschenaffen. Hier kann nur ein kleiner Ausschnitt aus der Vielfalt der Visualisierungsvarianten geboten werden. Sie erscheinen bereits in anderem Licht, wenn man sich eine weitere spezielle Darstellungstradition vergegenwärtigt, die, wie bereits im Gemälde von Haag deutlich wurde, für ikonographische Einflüsse der Bibel steht, aber über den Paradies-Modus oder die Figur des Menschenaffen als Diabolus hinausgeht. Das 17. Jahrhundert transportierte bekanntlich noch deutlich Mixturen von naturgeschichtlichen Affendarstellungen mit früheren anthropomorphen Rezeptionsmustern – Fabel- und Zwischenwesen, dem Satyr der Antike, dem christlich-mittelalterlichen Diabolus, sowie Monstern und wilden Menschen wie dem „Waldmännlein", das bei aller kritischen und hu-

---

[21]  Zit. nach *Die Menagerie oder Beschreibung und Abbildung der vierfüßigen Thiere nach lebendigen Exemplaren.* Nach der 2. Aufl. aus dem Engl. übers. v. Franz Kottenkamp. 4 Bde. Stuttgart 1847, hier Bd. 4: *Naturgeschichte der Affen, Meerkatzen und Paviane*, S. 79. Vgl. Buffon / Otto, (wie Anm. 8), Anhang S. 291–322.

[22]  Vgl. Buffon / Otto, (wie Anm. 8), S. 292f., wo Vosmaer nach einer vorsichtigen Kritik Buffons die „elende Figur" (S. 292) des Bontius und die Übertreibungen anderer Schriftsteller bzw. deren Verwechslung des Menschenaffen mit dem Menschen kritisiert, die Darstellung von Tulpius aber durchaus würdigt und nur in der Abbildung konstatiert, daß „die Arme und Beine zu dick und fleischig wären. Die Vorder- und Hinterfüße scheinen uns doch etwas zu kurz, und die Zehen zu dünn." (S. 293).

[23]  Buffon / Otto, (wie Anm. 8), Anhang S. 298.

manistischen Gelehrsamkeit auch in Conrad Gesners (1516–1565) *Historiae Animalium* (1551–1558/1587) zu finden ist, wenngleich darin angelehnt an Aristoteles und Plinius dem Anspruch nach Tiere, aber keine Menschen präsentiert werden. Auf eigentliche Menschenaffen reagieren erst spätere Auflagen von Gesners *Thierbuch* (1669), worin auch ein Bericht und eine Abbildung von Tulpius Einzug hält.[24] Interessant ist die Entstehung und Tradition dieses besonderen Darstellungstyps noch biblisch gefärbter Ikonographie – ein Sonderfall anthropomorpher Wahrnehmung von Menschenaffen bis ins 18. Jahrhundert hinein. Zu erwähnen ist noch, daß in dieser Zeit auch andere Darstellungen im Umlauf sind, wie diejenige des holländischen Mediziners Jacob Bontius (1592–1631) in der erst posthum veröffentlichten *Historiae naturalis et medicae Indiae orientalis* (1658). Bontius gibt Kunde von einem „Ourang-Outang", dessen Abbildung dem Muster einer aufrecht stehenden und behaarten Frau folgt, und von der Eingeborenenmeinung, es handele sich bei diesem Wesen um das Vereinigungsprodukt einer lustvollen Frau mit einem Affen. Ferner übermittelt Bontius die Meinung, daß diese Wesen wohl reden könnten, aber nicht wollten, um nicht zur Arbeit gezwungen zu werden.

Der holländische Mediziner Nikolaus Tulpius (1593–1674), berühmt geworden durch Rembrandts Gemälde „Anatomie des Dr. Tulp", zergliederte einen weiblichen Affen, der aus Angola als Geschenk an den Prinzen Friedrich Heinrich von Oranien gelangt war. Seine Erkenntnisse präsentiert Tulpius in seinen *Observationes Medicae* (1641, 2. erw. Aufl. 1652; 1672) in einem Abschnitt mit dem Titel „Satyrus Indicus" nebst einer Tafel zum „Homo sylvestris, Orang-outang" (1652, Lib. III. 238–291, Tab. XIIII). Die Darstellung bietet ein sitzendes Individuum ohne Hintergrund, welches aber auch im Vordergrund des Werktitelbildes posiert. Tulpius berichtet von einem menschlichen Gesicht, schwarzen Haaren, dem Vermögen zum aufrechten Gang und einem recht kultivierten Trink- und Schlafverhalten dieses möglichen Schimpansenweibchens.[25] Die Wahrnehmung der anmutigen und keuschen Körperhaltung dieses weiblichen Wesens folgt einerseits Berichten über deren kultiviertes Verhalten, scheint andererseits bildlich der biblischen Ikonographie einer Eva oder Maria, bzw. der nackten Unschuld zu

---

[24] Vgl. Gesner, Conrad, *Gesnerus redivivus, auctus et emendatus* oder allgemeines *Thierbuch,* das ist: Eigentliche und lebendige Abbildung aller vierfüßigen, sowol zahmer als wilder Thiere, welche in allen vieren Theilen der Welt, auff dem Erdboden und in etlichen Wassern, zu finden ..., übers. v. Conrad Forer, hg. v. Georg Horst, Hannover 1980 [Reprint d. Ausg. Frankfurt/M. 1669], S. 19.

[25] Tulpius vgl. Querido, A., Nicolaes Tulp en zijn Manuscript, in: *Spiegel Historiael* 5 (1970), S. 304–311; Beijer, T., Het Manuscript van Nicolaes Tulp, in: Sharp, Merck u.a. (Hg.), *Nicolaes Tulp. Leven en werk van een Amsterdams geneesheer en magistraat.* Amsterdam 1991, S. 121–131. Buffon bezieht sich in seiner Beschreibung des Orang mehrfach auf Tulpius und versucht seine eigenen Lebendbeobachtungen eines Menschenaffen im Pariser Sommer 1740 damit zu stützen. Vgl. Buffon / Otto, (wie Anm. 8), S. 239–244, wo Buffon zu Alter, Größe und schließlich zum kultivierten Eßverhalten seines Menschenaffen in Gesellschaft Stellung bezieht.

entsprechen und wird nachfolgend kurz als Tulpius-Typ bezeichnet und weiter
verfolgt.

Der holländische Arzt und Reisende Olfert Dapper (ca. 1637–1689) nimmt den
Typus im Jahre 1668 in seine *Beschreibung von Africa* auf und berichtet von
einem alten zahnlosen und artigen Weib mit menschenähnlichem Aussehen und
Verhalten, auch von der Spekulation des Bontius, das Wesen sei durch eine Vermischung von Menschen mit Affen entstanden.[26] Bei Dapper wird dieser „Busch-
mann oder Waldmensch" nicht wie ursprünglich noch bei Tulpius als singuläres
Wesen präsentiert, sondern in einer paradiesähnlichen Wildnis mit Felsenbergen,
Bäumen und weiteren Affen im Hintergrund, einer sitzend und einer auf allen
vieren. Daß es sich um eine Paradies-Ikonographie handelt, deutet auch der Baum
mit Einzelfrucht an, unter welchem die weibliche Menschenaffenfigur ruht. Eine
neue Variante dieser Affendarstellung liefert im 18. Jahrhundert Johann Jacob
Scheuchzer (1672–1733) in seiner *Physica sacra* (1731–1735), in seiner „Kupfer-
Bibel, in welcher die Physica sacra, oder geheiligte Naturwissenschaft derer in
heiliger Schrift vorkommenden natürlichen Sachen, deutlich erklärt" werden
(Augsburg, Ulm 1731, 1733, 1735). Ein Kupferstich zeigt erneut den Tulpius-Typ
des „Satyrus Indicus", allerdings nun in eine nachparadiesische bzw. nachsint-
flutliche Naturlandschaft versetzt – daneben eine bekannte alttestamentliche Figur,
benannt als „Der rauh-haarichte Esau". Letzterer tritt nach dem Muster des behaarten Waldmannes und eines mit Pfeilen und Bogen bewaffneten Jägers neben
seinem Weib auf. Beide Figuren befinden sich vor einem zeltartigen Gebäude in
einer Gebirgslandschaft.[27] Eine weitere spätere Darstellung in einer holländischen
Naturgeschichte nach Mitte des 18. Jahrhunderts macht aus dem Satyr des Tulpius
einen „Baviaan" – ein peripheres Indiz der damaligen terminologischen Namens-
verwirrung –, der aber nun in einer säkularen Naturlandschaft ruht (siehe
Abb. 4).[28] Eine marginale Variante dieses Typs befindet sich auf einem Titelkupfer
von Gottfried August Gründler für eine Ausgabe von Linnés' *Systema Naturae*
von 1760, rechterhand am Rande vor einem Baum sitzend in einer mit Tieren
überfüllten Gebirgslandschaft zentriert um eine vielbrüstige Natura-Statue.[29] Der-

---

[26] Vgl. Dapper, Olfert, *Umbständliche und Eigentliche Beschreibung von Africa*, hg. v. Rolf
Italiaander. Stuttgart 1964 [Reprint d. Ausg. Amsterdam 1670], S. 293f. Abb. S. 152f.

[27] Diese Abbildung präsentiert auch Klaatsch, (wie Anm. 16), S. 1.

[28] Diese Abbildung wurde nach einem Einzeldruck aus der Mitte des 18. Jahrhunderts reproduziert. Hinweise auf die Verwendung der Abbildung von Tulpius finden sich in Anmerkungen
zu den „Orang-outangs" bei Buffon / Otto, (wie Anm. 8), S. 220ff., wo S. 222 auf: „Fese.
Neuhoff Gesandtsch. p. 373. (Abbild fast wie des Tulpus)" und S. 223 auf: „Houtt. nat. hist. I.
p. 354. tab. 6. fig. 1. (aus Tulpius)" verwiesen wird, wohl auf: Mart. Houttuyn, *Natuurlyke historie of uitvoerige beschryving der dieren, planten en mineraalen, volgens het samenstel van
den Heer Linnaeus*. Met 296 naauwkeurige (plaaten) afbeeldingen. 3 Deelen. Amsterdam
1761–1785. 1. Deel. Dieren (1761–1773).

[29] Eine Abbildung befindet sich in Müller-Bahlke, Thomas J., Photographien v. Göltz, Klaus E.,
*Die Wunderkammer. Die Kunst- und Naturalienkammer der Franckeschen Stiftungen zu Halle
(Saale)*. Halle/Saale 1998, S. 33.

artige Transformationen und Varianten belegen die Präsenz dieses Abbildungstyps nach Tulpius, auf den im 18. Jahrhundert und noch vereinzelt im 19. Jahrhundert, so von Thomas Henry Huxley in seinen berühmten Essays unter dem Titel *Man's Place in Nature* (1863), hingewiesen wird.[30] – Als dominanter Darstellungstyp setzt sich aber mengenmäßig betrachtet in Naturgeschichten der zweiten Hälfte des 18. Jahrhunderts der Wilder-Typus des aufrecht gehenden, mit einem Stab oder Stock wandernden oder stehenden Menschenaffen durch. Der Wilder-Typ wird auch über Buffons Naturgeschichte und die Enzyklopädie als „Jocko" der aufgeklärten Gesellschaft vorgestellt und verbreitet sich durch viele populäre Naturgeschichten bis weit in die erste Hälfte des 19. Jahrhundert hinein.

## II. Teil: Umfeld und Wahrnehmung von Menschenaffen bei Herder

Die genannten frühen Schilderungen aus dem 17. Jahrhundert von Battel und von Dapper werden über zeitgenössische Reisegeschichten auf Rousseau vermittelt, der sie im Diskurs *Über den Ursprung und die Grundlagen der Ungleichheit* in seinen Anmerkungen ausführlich darlegt und diskutiert.[31] Seine These ist bekanntlich, „ob nicht verschiedene menschenähnliche Tiere eigentlich wilde Menschen [...] auf der ersten Stufe des Naturzustandes" seien.[32] Rousseau nutzt Berichte und empirische Befunde für seine kulturphilosophische Konstruktion. Es sind diese Schilderungen und Abbildungen wie der durch die Aufklärung wandernde Menschenaffe nach dem Typus des Wilden, die Rousseau und spätere Anhänger wie Monboddo oder Ritson inspirieren. Interessanterweise findet die bedeutendste Studie zu Menschenaffen hier bei Rousseau keine Erwähnung, obgleich sie schon seit fast einem halben Jahrhundert vorliegt. Diese gründliche Studie Tysons wird erst durch die Untersuchungen von Camper in der Zeit nach Rousseau klar übertroffen. Beide finden Eingang in die Menschenaffendiskussion bei Herder – daher zunächst einige Anmerkungen zu Tyson und Camper.

Der englische Mediziner Edward Tyson (1651–1708) verfaßte das Werk *Orang-Outang, sive Homo sylvestris or anatomy of a pygmy* (London 1699), welches in der 2. Auflage unter dem Titel *The anatomy of a pygmy, compared with that of a monkey, an ape and a man* (London 1751) erscheint. Diese klassische Monographie markiert einen Wendepunkt und den Beginn der vergleichenden Primatologie.[33] Tyson präsentiert eine ausführliche Liste anatomischer Ähnlichkeiten und

---

[30] Huxley, Thomas Henry, *Evidences as to men's place in nature*. London 1863; dt.: *Zeugnisse für die Stellung des Menschen in der Natur*. Drei Abhandlungen, übers. v. J. Victor Carus. Braunschweig 1863, S. 8–9. (Fig. 2). „Es ist offenbar ein junger Chimpanse", S. 9.

[31] Vgl. Rousseau, Jean-Jacques: *Über den Ursprung und die Grundlagen der Ungleichheit*. Berlin 1955, S. 148–154 (Anm. 10).

[32] Ebd., S. 149.

[33] Vgl. Thijssen, J. M. M. H., Reforging the Great Chain of Being: The Medieval Discussion of the human Status of „Pygmies" and its Influence on Edward Tyson, in: Corbey / Theunissen,

Unterschiede im Vergleich zum Menschen und zu geschwänzten Affen, den sogenannten „monkeys". Nach Tyson ist der Menschenaffe in der Lage, aufrecht zu
gehen, und es besteht kein anatomischer Grund, warum er nicht sprechen könne.
Buffon verzeichnet sorgsam 48 Ähnlichkeiten und 25 Unterschiede, und auch bei
Blumenbach ist eine Darstellung von Tysons Menschenaffe zu finden, womit nur
angedeutet sei, daß Tysons Ergebnisse im 18. Jahrhundert aufmerksam rezipiert
werden – unter anderem von Linné, Monboddo und von Herder. Tysons Studie
bleibt unübertroffen im Vergleich zu vielen, meist nicht sehr ergiebigen und repetitiven Einzelbeobachtungen zu Menschenaffen in der ersten Hälfte des 18. Jahrhunderts und wird auch in späteren Übertragungen von Buffons Naturgeschichte verzeichnet.[34] Vor Buffon, der im übrigen selbst ein lebendiges Exemplar beobachten
und beschreiben konnte, war Tyson in dieser Hinsicht wohl der wichtigste Naturhistoriker der Menschenaffen.

Der holländische Mediziner Petrus Camper (1722–1789) führt in den 70er Jahren wieder vergleichbare, sorgfältige komparative Untersuchungen zu Menschenaffen durch und trägt sie einer internationalen Öffentlichkeit vor: *Kort beright
wegen de ontleding van verscheidene Orang Outangs* (1778), *Account of the or-
gans of speech of the orang-outang* (*Philosophical Transactions of the Royal
Society of London* LXIX 1779, 139–159), *Histoire naturelle de l'orang-outang, et
de quelques autres singes* (Harlingae 1779), *Natuurkundige Verhandelingen over
den Orang-Outang* (Amsterdam 1782) und schließlich ins Deutsche übertragen
durch J. F. M. Herbell als *Naturgeschichte des Orang-Outang und einiger anderen
Affenarten* (Düsseldorf 1791). Camper konnte bei seinen Untersuchungen auf
einen lebendigen und mehrere in Weingeist eingelegte und ausgestopfte Jung-
exemplare des Orang zurückgreifen – insgesamt acht Stück, darunter auch auf das
Exemplar von Vosmaer, welches Haag malte. Camper beschreibt ausführlich das
Skelett und zieht daraus den Schluß, daß der Orang nicht zum aufrechten Gang
befähigt sei. Er untersucht die Stimmorgane und kommt zu dem Ergebnis, daß
diese Affen nicht zur Sprache befähigt seien. Entsprechend kritisiert Camper den
irrtümlichen Glauben derjenigen Reisenden, Naturforscher und Philosophen, die
nahelegen, daß Mensch und Affe zur selben Spezies gehören. Exemplarisch sei der
populäre Mythos, daß Affen nicht sprechen, um nicht als Sklaven arbeiten zu müssen, weshalb gerade Zweifel bezüglich ihrer Sprachunfähigkeit auftauchten. Die
Lautorgane des Affen seien nicht geeignet, Worte hervorzubringen – auch das
Gesicht, die gesamte Gestalt, sein Gang, seine Hände, seine Daumen seien verschieden. Als echter Vierhänder ist dieses Wesen grundverschieden vom Menschen, womit Camper aus empirischen, anatomischen Gründen den Rousseauisten
einen vernichtenden Schlag versetzt. Entsprechend waren diese Untersuchungen

---

(wie Anm. 2), S. 43–50; Nash, Richard, Tyson's Pygmie: the Orang outang and Augustan
„Satyr", ebd., S. 51–62.

[34] Vgl. z.B. dazu die speziellen Literaturangaben in Buffon / Otto, (wie Anm. 8).

nicht nur für Naturhistoriker wie Blumenbach von Interesse, der gegen Jahrhundertende Menschen als „Bimana", als aufrechte Zweihänder, von den Menschenaffen als „Quadrumana", Vierhänder, systematisch klar abtrennt, sondern auch für Philosophen wie Herder, die nach einer Vermittlung der Kenntnisse über Menschenaffen im Spannungsfeld zwischen Kultur und Natur suchen. Mit Camper zeichnet sich bereits ein neuer Typus von Primatenforscher ab, der zunächst der Empirie statt philosophisch-theologischen Wahrnehmungsmustern folgt, dessen Anthropologie allerdings auch in ästhetischem Rahmen betrachtet werden kann.[35]

Der Anteil der französischen Philosophie um die Mitte des 18. Jahrhunderts an der Verdichtung der Diskussion um Menschenaffen und deren Erhebung zu philosophischen Tieren wurde erwähnt und sei nochmals erinnert. Menschenaffen finden aus unterschiedlichen Gründen Eingang in Aufklärungsdiskurse, in die materialistische Philosophie bei Julien Offray de La Mettrie (1709–1751) im Frühwerk zur *Naturgeschichte der Seele* (1745) und in dem Hauptwerk *Der Mensch als Maschine* (1747), in Überlegungen zur Variabilität der Menschenrassen bei Pierre-Louis Moreau de Maupertuis (1689–1759) in seiner *Venusphysik* (1745), bei Claude Adrien Helvétius (1715–1771) in seinem Werk *Vom Geist* (1758) und schließlich in Charles Bonnets (1720–1793) viel gelesener *Betrachtung über die Natur* (1764), der im Vorfeld von Herder eine besondere Bedeutung zukommt. Man muß sich die Verwirrung vor Augen führen. Jeder adelt auf seine Weise den Menschenaffen zu einem philosophischen Tier: Man müsse sie nur richtig erziehen, damit aus ihnen kultivierte Menschen würden, wie La Mettrie meint. Nur die höhere physische Organisation mache die menschliche Überlegenheit über die Tiere aus, so Helvétius. Bonnet weist dem Orang in seiner Stufenleiter der Wesen einen Rang gleich unterhalb des Menschen zu als dem höchstorganisierten nichtmenschlichen Tier und kritisiert Buffon, der den Elefanten über den Orang gestellt habe, hält aber an der Sprache als Charakteristikum des Menschen fest. An Menschenaffen und ihrem Verhältnis zu Menschen scheiden sich seitdem die Geister und Systeme, vor allem seit Rousseaus zweitem Diskurs (1755), der zu einer Quelle der Inspiration und des Anstoßes wurde, insbesondere für den Schotten James Burnett (1714–1799), bekannt als Lord of Monboddo, der im Rahmen seines Werkes zu *Ursprung und Fortschritt der Sprache* (6 Bde. 1773–1792) eine Abstammungsgeschichte des Menschen vom Orang-Utan verfolgt und die menschliche Sprache von tierischen Lauten herleitet.[36] Anders als die französi-

---

35 Vgl. Hastings, (wie Anm. 9), S. 129 und Meijer, Miriam Claude, *Race and Aesthetics in the anthropology of Petrus Camper* (1722–1789). Amsterdam 1999.

36 Vgl. Barnard, Allan, Monboddo's Orang Outang and the Definition of Man, in: Corbey / Theunissen, (wie Anm. 2), S. 71–85. Vgl. auch Fuad Bruhn, Ist der Orang-Utan Mensch oder Tier? James Burnett / Lord Monboddo, „Of the Ourang Outang, & wether he be of the Human Species" (1774). Die Klassifikationsfrage des Orang-Utan im 18. Jahrhundert und die daraus resultierenden Kriterien zur Abgrenzung des Menschen vom Tier. Magisterarbeit. Münster. Persönl. Mitteilung des Verfassers.

schen sind deutsche Aufklärungsphilosophen seit Leibniz und Wolff deutlich
zurückhaltender und lassen sich durch Berichte über Menschenaffen kaum irritie-
ren, wenngleich auch sie sich im Zeichen der Diskussion über die cartesianische
Tiermaschine in die Seelendiskurse einschalten wie der Rationalist Georg Friedrich
Meier (1718–1777) mit seinem *Versuch eines neuen Lehrgebäudes von den Seelen
der Tiere* (1749). Hermann Samuel Reimarus (1694–1768) stellt sich in den *Abhandlungen von den vornehmsten Wahrheiten der natürlichen Religion* (1754)
gegen La Mettries und Rousseaus Ansichten zur Sprache und zum aufrechten
Gang und betont auch in den *Allgemeinen Betrachtungen über die Triebe der
Tiere, hauptsächlich über die Kunsttriebe* (1762), daß Affen bei aller anatomischen Nähe die Sprache doch nicht einmal durch Nachahmung unter Menschen
erlernten. Gegen Jahrhundertende wird auch Kant in seiner *Anthropologie in pragmatischer Hinsicht* (1798) anläßlich einer Bestimmung des Gattungscharakters des
Menschen nur beiläufig auf Menschenaffen eingehen (Ak. Werke VII 322). Die
Frage des charakteristischen Unterschiedes zwischen Mensch und Affe hält Kant
schon auf der Stufe der technischen Anlage, also schon vor der pragmatischen und
moralischen Anlage, für entschieden.

Aber im Verlaufe der zweiten Jahrhunderthälfte war der Menschenaffe einem
deutschen Philosophen in Sachen Kultur und Natur so nahe gekommen, daß Klä-
rungsbedarf vorlag: Herder. Er kann in dieser Hinsicht als philosophischer Kulmi-
nationspunkt innerhalb der deutschen Philosophie gelten, wenn er sich in seiner
Abhandlung über den *Ursprung der Sprache* (1772/1789) oder im ersten Teil
seiner *Ideen zur Geschichte der Menschheit* (1784) dem Problem des Menschenaffen stellt.[37] Herder ist derjenige deutsche Philosoph des 18. Jahrhunderts, der
sich am gründlichsten mit den naturgeschichtlichen Befunden und der naturphilosophischen Bedeutung von Menschenaffen befaßt. Die Leitfrage ist, wie Herder
mit dem Kernproblem der Anthropomorphisierung umgeht. Ich werde in der Ausbreitung des naturgeschichtlichen Materials folgender These nachgehen: Herder
spaltet das Anthropomorphismusproblem, indem er Menschenaffen einerseits am
Leitfaden des empirischen Materials naturgeschichtlich entanthropomorphisiert,
sie aber andererseits naturphilosophisch anthropomorphisiert und sie in seine Konstruktion einer Beziehung zwischen Natur und Kultur einbindet. Den Hintergrund
für diese Vorgehensweise bildet Herders doppelter Menschheitsbegriff, was nun zu
erläutern ist.[38]

---

[37]  Vgl. zum Hintergrund: Gaier, Ulrich, *Herders Sprachphilosophie und Erkenntniskritik*. Stuttgart 1988; ders., Herders Abhandlung über den Ursprung der Sprache als ‚Schrift eines Witz-
tölpels‘, in: Gabriel, Gottfried / Schildknecht, Christiane (Hg.), *Literarische Formen der Philosophie*. Stuttgart 1990, S. 155–165.

[38]  Hier werden nicht Herders Ansichten zur „Evolution" zur Sprache gebracht. Vgl. dazu:
Zimmermann, Walter, *Evolution*. Die Geschichte ihrer Probleme und Erkenntnisse. München
1953, S. 238–245.

Den ersten Anstoß zur Auseinandersetzung mit Menschenaffen erhält Herder in seiner *Abhandlung über den Ursprung der Sprache* (1772), in der er sich sowohl gegen Süßmilchs These vom göttlichen Ursprung als auch gegen Condillacs genetischen Sensualismus wendet und sich für ein historisch-genetisches Modell der Sprachentstehung ausspricht. Die Verwandtschaft des Menschen als „Erdentier" mit den Tieren wird anerkannt, aber er wendet sich gegen „die entehrende Tradition, die den Menschen vom Affen herleitet". Schon als Tier habe der Mensch Sprache, beginnt die Preisschrift. Herder will gegen Rousseaus „Phantom" eines Naturmenschen nicht dessen „Vernunftfähigkeit" bei gleichzeitiger „Perfectibilität" zugestehen. Denken gehe der Sprache voran. In höchstem Maße differenziert äußert sich Herder hier zu der äffischen Fähigkeit der Imitation: „Der Affe äffet immer nach, aber nachgeahmt hat er nie", denn eigentliche Imitation setzt für Herder ein reflexives, denkendes und intendierendes Bewußtsein voraus, welches sich zu vervollkommnen beabsichtigt. Wäre ein Wesen dazu in der Lage, „hätte es auch nur ein einziges mal eine Einzige solche Reflexion denken können – denselben Augenblick war er kein Affe mehr", so Herder.[39] Dieses Wesen wäre auch ohne äußerliche Lautgebung ein innerlich sprechender Mensch, der sich über kurz oder lang seine äußerliche Sprache erfinden müsse. „Welcher Orang-Outang aber hat je mit allen seinen menschenähnlichen Sprachwerkzeugen ein einziges Wort gesprochen, das der Grundstein einer menschenähnlichen Sprache wäre?"[40] Die „Negerbrüder in Europa", gemeint ist La Mettrie, glaubten, daß es nur auf die richtigen Umstände ankäme, den Affen zum Sprechen zu bringen. Herder sieht sie durch naturgeschichtliche Befunde genugsam widerlegt, „und durch die Werkzeuge wird, wie gesagt, bei den Affen das Können nicht aufgehalten" – eine Äußerung, die Herder in der zweiten Auflage (1789) in einer Fußnote deutlich abmildert. Herder gesteht nun im Jahre 1789 mit Berufung auf die Untersuchungen von Camper, daß diese Behauptung „zu kühn" gewesen sei, wenngleich es zur damaligen Zeit „der Anatomiker gemeine Meinung" war.[41] Tiersprache und Menschensprache sind für Herder inkommensurabel, denn gerade die innerliche Vernunft macht die eigentliche äußerliche Sprache erst möglich.

In seiner Vorrede zur deutschen Übersetzung von Lord Monboddos Werk über den Ursprung der Sprache (1784) spricht Herder das Problem erneut an. Linnés Irrtümer und Vermischungen zwischen Menschen, Affen und Fabelwesen werden beklagt sowie ein anderer naheliegender Irrtum,

---

[39] *Herders sämmtliche Werke.* Zur Philosophie und Geschichte. 2. Theil, hg. v. Johannes von Müller. Carlsruhe 1820. I. *Ueber den Ursprung der Sprache* (nach d. 2. Auflage 1789), S. 49.
[40] Ebd., S. 49.
[41] Ebd., S. 50.

daß Affe und Mensch ein Geschlecht sey, daß der Orang-Utang mit seinem Stecken in der Hand eine dem Menschen ähnliche Vernunft beweise, und es ihm nur an einer weitern Ausbildung auch zur Rede fehle.[42]

Dieser Interpretation stehe die Anatomie entgegen und Camper gilt nun als Gewährsmann dafür, daß der Affe auch dem Organ nach nicht zur Sprache befähigt sei. Hier werden wir nun von Herder auf seine ausführliche Behandlung der Materie im ersten Teil der *Ideen* (1784) verwiesen.

Sein Hauptwerk ist bekanntlich als gereifte Neu- und Ausgestaltung des früheren geschichtsphilosophischen Grundlagenwerkes *Auch eine Philosophie der Geschichte zur Bildung der Menschheit* (1774) entstanden, wobei allerdings in dem früheren Werk das Menschenaffenproblem nicht behandelt wird. Dieses Problem wird nun aus universalgeschichtlicher Perspektive virulent, wenn nämlich eine Naturphilosophie der eigentlichen Geschichtsphilosophie vorgeschaltet wird. Der gestufte Aufstieg vom Anorganischen über Pflanze und Tier zum Menschen erfordert eine differenzierte Analyse der empirischen Befunde, die im vierten Buch der *Ideen* die These stützt, daß der Mensch „zur Vernunftfähigkeit organisiret" sei. Zugegeben: „Der Orang-Utang ist im Innern und Aeußern dem Menschen ähnlich", so holt Herder den aufgeklärten Leser ab, um diese gängige Behauptung mittels Erkenntnissen der Anatomie, Morphologie, Physiologie, z.B. das Vorkommen der Menstruation, und Verhaltensbeobachtungen zu erhärten.[43] Mit Hilfe von Tysons Arbeiten (1699; 1751) wird eine große Ähnlichkeit bekräftigt. Auch in der „Seele" der Affen müsse etwas „menschenähnliches" sein, weshalb Herder Affen nicht von Philosophen wie Reimarus unter seelenlose „Kunstthiere" erniedrigt sehen will. Herder gesteht sogar zu, der Affe stehe „dicht am Rande der Vernunft" und sei keinesfalls vollständig instinktdeterminiert. Gerade seine vermeintliche Fähigkeit, alles nachzuahmen, ist für Herder ein Indiz dafür, daß sein Gehirn zur Kombination sinnlicher Ideen fähig ist, ja, daß er anders als der weise Elefant und der gelehrige Hund sich vervollkommnen wolle – auch eine Spitze gegen Buffon, der nicht nur die Überlegenheit des Menschen, sondern auch der Elefanten über Menschenaffen verteidigte. Doch der entscheidende Schritt ist nicht möglich. Herder zum Menschenaffen:

> [...] er will sich vervollkommnen. Aber er kann nicht: die Thür ist zugeschlossen; die Verknüpfung fremder Ideen zu den seinen, und gleichsam die Besitznehmung des Nachgeahmten ist seinem Gehirn unmöglich.[44]

Aufgrund des organisatorisch bedingten, fehlenden Selbstbewußtseins ist der Affe nicht zu einem Selbstkultivierungsprogramm im Sinne der Vervollkommnung

---

[42] Ebd., *Zugaben*, S. 177.
[43] Zit. nach *Ideen*, in: *Herders sämmtliche Werke. Zur Philosophie und Geschichte. 4. Theil*, hg. v. Johannes von Müller. Stuttgart / Tübingen 1827, S. 132.
[44] Ebd., S. 133.

befähigt. Einerseits ist diese Fähigkeit in Herders naturphilosophischer Konstruktion nur dem Menschen vorbehalten, also quasi im teleologischen Naturprogramm nicht vorgesehen, andererseits aber spricht bei Herder auch die bisherige Empirie in der Naturgeschichte der Menschenaffen dagegen. Der Affe ist nämlich mit Tyson und Buffon ein Vierhänder, ihm fehlt der aufrechte Gang, „und fürchterlich sind die Folgen", denn seiner ganzen Organisation nach, nicht bloß der Sprache und ihren Organen nach, bis hinein in die Anatomie, Morphologie und Haltung des Kopfes bleibt der Affe letztlich „immer nur ein Thier, so menschenähnlich er übrigens seyn mochte".[45]

Herder nutzt geschickt die naturgeschichtlichen Befunde zur Entanthropomorphisierung der bisherigen Wahrnehmung von Menschenaffen und folgt insofern der Empirie, die bereits auf naturgeschichtlicher Ebene auf einer fundamentalen „biologischen" Differenz von Mensch und Menschenaffe beharrt. Im Rahmen seiner teleologischen Natur- und Geschichtsphilosophie folgt Herder dennoch einem anthropomorphen und anthropozentrischen Bild der Menschenaffen, da sie nämlich am Maßstab menschlicher Organisation – der Mensch ist im Idealfall schön und edel geformt – häßlich und unvollkommen erscheinen. Hier greift das anthropomorphe Prinzip der Naturphilosophie: „Alle äußere Form der Natur ist Darstellung des inneren Werks"[46] und besiegelt das Schicksal der Menschenaffen. Gemäß dem gleichen Prinzip feiert der Mensch seinen Triumph in der aufrechten Gestalt und Kopfhaltung sowie im Schritt hin zu Vernunft, Sprache, Freiheit und Humanität. Das Tier bleibt daher ein „gebückter Sklave" im Unterschied zum Menschen, der bekanntlich charakterisiert wird als der „erste Freigelassene der Schöpfung; er stehet aufrecht".[47]

Diese Sonderstellung verdankt der Mensch aber nur vordergründig seiner natürlichen Organisation, denn bei genauerer Analyse ergeben sich bei Herder drei Argumentationsebenen, die eine Differenz konstatieren: 1. eine naturgeschichtliche, 2. eine naturphilosophische und 3. eine moralisch-theologische Ebene.

1. Naturgeschichtliche Befunde, z.B. von Camper, belegen nach Herder die Sprachunfähigkeit von Menschenaffen, womit alle weitere Vervollkommnung quasi biologisch blockiert ist. Ebenso erkennt Herder im ersten Teil der *Ideen* (4. Buch II) auch Campers Differenzierungen gemäß dem Schädelwinkel an, und im zweiten Teil (7. Buch I) heißt es nur noch lapidar: „Den Orang-Utang kennet man jetzt und weiß, daß er weder zur Menschheit, noch zur Sprache ein Recht hat".[48] Nimmt man den biologischen Gattungsbegriff Menschheit als Maßstab, so läßt sich damit bereits das Programm einer naturgeschichtlichen Entanthropomorphisierung des Menschenaffen durchführen. Aber Herder geht noch weiter.

---

[45] Ebd., S. 136.
[46] Ebd., S. 138.
[47] Ebd., S. 173.
[48] Herder, *Ideen*, hg. v. Johannes von Müller. Tübingen 1806, S. 71.

2. Naturphilosophisch schließt Herder u.a. an Bonnets Konzept einer scala naturae an und betont ausdrücklich die diskrete Differenz in der Stufenleiter zwischen Mensch und Menschenaffe:

> Auch die Angrenzung der Menschen an die Affen wünschte ich nie soweit getrieben, daß, indem man eine Leiter der Dinge sucht, man die wirklichen Sprossen und Zwischenräume verkenne, ohne die keine Leiter stattfindet.[49]

Alle Varianten von Naturmenschen auf der Erde können nach Herder auch ohne den „Pongo", sprich Menschenaffen erklärt werden. Herder bietet also kein theoretisches evolutionäres Erklärungsmodell für die Entstehung des Menschen an. Die genetische Herleitung des Menschen sei ebenso „unwahrscheinlich als entehrend [...] Wahrlich, Affe und Mensch sind nie ein und dieselbe Gattung gewesen, und ich wünschte jeden kleinen Rest der Sage berichtigt, daß sie irgendwo auf der Erde in gewöhnlicher Gemeinschaft leben".[50] Hier rechnet Herder auch mit Äußerungen bei Bontius u.a. bzw. von Eingeborenen ab, nach denen Menschenaffen mit Menschen in geschlechtlicher Verbindung stehen könnten. – Was die genetische Herleitung angeht, so kongruieren in diesem Punkt die einer Anthropomorphismuskritik unterzogenen Befunde der Naturgeschichte und Herders eigene teleologische naturphilosophische Konstruktion. Aber in theoretischer Hinsicht müssen Menschenaffen nichtsdestoweniger auch in seine anthropomorphe und anthropozentrische Naturkonstruktion einbezogen werden.

3. Moralisch-theologische Aspekte wurden bereits angesprochen. Warum stellt die Herleitung oder allzugroße Nähe des Menschen zum Menschenaffen eine „Entehrung" dar? Hier begibt sich Herder auf die moralisch-theologische Ebene, denn bei aller Naturwüchsigkeit hält er am Konzept der Gottähnlichkeit des Menschen fest und legt aus dieser Perspektive, die hinter einer personifizierten Natur zu suchen ist, großen Wert darauf, daß alle verschiedenen Menschenformen auf Erden zu einer einzigen Gattung gehören. Als Naturkundiger sichtet er sorgfältig die Befunde, und auch als Naturphilosoph würdigt er noch die Menschenähnlichkeit der Menschenaffen, als Humanist und Theologe aber erschrickt er fast vor dieser Nähe, wie der Anthropologe Mühlmann bemerkt.[51] Herder äußert sich dazu ganz klar:

> Du aber, Mensch, ehre dich selbst. Weder der Pongo, noch der Longimanus ist dein Bruder; aber wohl der Amerikaner, der Neger. Ihn also sollst du nicht unterdrücken, nicht morden, nicht bestehlen: denn er ist ein Mensch, wie du bist: mit dem Affen darfst du keine Brüderschaft eingehen".[52]

---

[49]  Ebd., S. 72.
[50]  Ebd., S. 72.
[51]  Mühlmann, Wilhelm E., *Geschichte der Anthropologie*. Wiesbaden ³1984, S. 62.
[52]  Herder, *Ideen*, (wie Anm. 48), S. 73.

Der Pongo – Schimpanse oder Orang – und der Longimanus – der Gibbon – können also nicht in eine wirkliche Bruderschaft aufgenommen werden, geschweige denn auf eine moralische Gleichstellung hoffen. Wenn Herder also an anderer Stelle in den *Ideen* von den Tieren als „der Menschen ältere Brüder" (1. T. 2. Buch III) oder gar von einem „Thierrecht" (1. T. 4. Buch VI) neben dem Völker- und Menschenrecht spricht, darf dies nicht im Sinne der Gleichheit von Mensch und Tier mißverstanden werden, denn allein der Mensch ist zur „Humanität und Religion" gebildet. Vielmehr bekundet Herder gerade in diesen Äußerungen, daß die Naturgeschichte und Naturphilosophie – die Empirie und die theoretische Konstruktion –, doch der eminent praktischen Konstruktion einer Philosophie der Geschichte und der Kultur, und davon ausgehend der Moral und der Religion, unterworfen sind.

Bei aller naturhistorischen Entanthropomorphisierung in Sachen Menschenaffen dominiert bei Herder am Ende doch die anthropomorphe Konzeption einer teleologischen Naturphilosophie und eine anthropozentrische Philosophie der Moral und Theologie. Oder verkürzt und anachronistisch formuliert: „Menschheit" als moralisch-theologischer Wertbegriff dominiert über „Menschheit" als Weltbegriff in einer deskriptiv-biologischen Naturgeschichte und in einer vermeintlich wertneutralen Philosophie der Natur. Auch Herders Wahrnehmung von Menschenaffen spiegelt diesen doppelten Menschheitsbegriff.[53]

---

[53] Zur speziellen Reflexion über das Problem des Menschenaffen in der *Philosophie der Naturgeschichte* am Ende des 18. Jahrhunderts sei exemplarisch auf William Smellies *Philosophie der Naturgeschichte*, Theil 2, Berlin 1791, S. 195–200 verwiesen, wo Smellie die Gelehrigkeit des Orang thematisiert, den Rang des Menschen als denkendes Wesen aber bewahrt wird, weil ihm „unstreitig das Sprechen gelehrt werden" könne, er aber aufgrund seiner Unfähigkeit zum Nachdenken „die Bedeutung der Wörter nicht verstehen" könnte (S. 200). Einen anderen Weg wählt Christoph Girtanner in seinem Werk *Ueber das Kantische Prinzip für die Naturgeschichte. Ein Versuch diese Wissenschaft philosophisch zu behandeln.* Göttingen 1796, S. 275–281. Girtanner beantwortet die Frage „Ist der Orang-Utang ein Mensch, und das Geschlecht der Orang-Utangs eine Menschen-Rasse?" mit Tyson und Camper gegen Rousseau und Monboddo dahingehend, daß ihm als „das *einzige* Mittel" der empirische Beweis für eine fruchtbare Kreuzung eines Orang mit einem Menschen gilt. Dann „wäre er ein Mensch, und gehörte mit dem Menschen zu Einer Natur-Gattung, seine Gestalt sei übrigens von der menschlichen so verschieden, als sie nur will. Ein Versuch würde also die Frage entscheiden. Allein hier kommt der menschliche Forschungsgeist in Kollision mit der Moral, und die letztere verbietet mit Recht den Versuch, als unstatthaft, schädlich und abscheulich". Nichtsdestoweniger glaubt Girtanner Belege dafür anführen zu können, daß derartige „abscheuliche und unerlaubte Vermischungen" unter wilden Völkern bisweilen stattfinden, daß aber nicht „ein einziges *glaubwürdiges* Zeugnis von der Fruchtbarkeit einer solchen unnatürlichen Vermischung vorhanden ist, und daß die Verschiedenheit des Orang-Utangs von dem Menschen ausgemacht zu sein scheint" (S. 277).

III. Teil: Ausblicke ins 19. Jahrhundert zum „aufrechten Gang"

Die weitere Entwicklung der visuellen Wahrnehmung von Menschenaffen ins
19. Jahrhundert hinein soll kurz angesprochen werden, da sich eine neue Wende
im bildlichen Darstellungstypus abzeichnet.[54] Im groben Rückblick auf die Darstellungen in Gesners Tiergeschichte aus dem 16. Jahrhundert fällt auf, daß Nicht-
Menschenaffen häufig sitzend bzw. hockend präsentiert werden, wie auch der
bereits erwähnte Menschenaffe gemäß dem Tulpius-Typ im 17. und im 18. Jahrhundert. Im 18. Jahrhundert werden Menschenaffen teils sitzend oder hockend,
teils stehend oder laufend präsentiert oder in Kombination, wie in Linnés *Anthropomorpha*. Neben den sitzenden Figuren mit oder ohne Stab finden sich aber seit
der Jahrhundertmitte zunehmend aufrecht stehende oder gehende Menschenaffen,
mit oder ohne Stecken wie die bekannten Darstellungen von Buffons „Jocko" in
seiner Naturgeschichte bzw. die Darstellungen des „Jocko" und „Gibbon" in der
Enzyklopädie Diderots. Diese aufrecht stehenden und wandernden Menschenaffen
finden sich noch bis weit ins 19. Jahrhundert hinein, allerdings gibt es nun auch
vereinzelt in Bäumen stehende oder an Ästen hängende bzw. sich haltende Menschenaffen. Insbesondere im zweiten Drittel des 19. Jahrhunderts steigen Menschenaffen – genauer der Schimpanse und der Orang – auf die Bäume oder
schwingen sich, wie in der Darstellung eines Schimpansen bei d'Orbigny im Jahre
1837, an Ästen; oder Orangs klettern, sitzen und trollen in Gruppen in mehr oder
weniger natürlicher Umgebung.[55] Der aufrechte Gang bei Menschenaffen wird
bald kein bedeutsames anthropologisches Thema mehr sein, jedenfalls nicht mehr
innerhalb der Naturgeschichte der Menschenaffen, wenngleich er in der philosophischen Anthropologie wie bei Arnold Gehlen im Rückgriff auf die Konzeption
Herders noch im 20. Jahrhundert eine Rolle spielt. Allerdings ist interessant, daß
vor Mitte des 19. Jahrhunderts ein anderer wiederentdeckter Menschenaffe auf-
steht und der Aufklärung bedarf – der Gorilla. Sehr frühe Gorilla-Darstellungen
kurz nach seiner Entdeckung präsentieren diesen noch sitzend in vergleichsweise
natürlicher Umgebung und familiärer Haltung. Zwar berichtet die Naturgeschichte
früh von dessen Gefährlichkeit (Savage 1847, Owen 1859), aber erst mit den
Reiseberichten des Paul Du Chaillu (1861, 1867) werden Gorillas zu unfriedlichen
Monstern hochstilisiert – ein Wahrnehmungsmuster, das letztlich bis zur King-

---

[54] Vgl. dazu auch Portmann, der in seiner kurzen Analyse allerdings statt von Anthropomorphisierung von „Humanisierung" spricht, die Darstellungen im 18. Jahrhundert und die Wende im
19. Jahrhundert aber überzeichnet. Portmann, Adolf, *Aus Noahs Arche*. Basel 1944, S. 94–
101. Vgl. zum Hintergrund Bayertz, Kurt, Glanz und Elend des aufrechten Ganges. Eine anthropologische Kontroverse des 18. Jahrhunderts und ihre ethischen Implikationen, in: *Jahrbuch für Recht und Ethik* 8 (2000), Themenschwerpunkt: Die Entstehung und Entwicklung
der Moralwissenschaften im 17. und 18. Jahrhundert, S. 345–369.

[55] Vgl. die Darstellung eines Schimpansen aus Orbigny, Alcide Dessalines d', *Dictionnaire
universel d'Histoire naturelle*. Paris 1837 (9), in: Aramata, Hiroshi, *Galerie der Säugetiere*.
München 1991, S. 18.

Kong-Ikonographie führt. Ganz anders als bei den friedlich durch die Aufklärung wandernden Menschenaffen des 18. Jahrhunderts wird nun der aufrechte Gang – einst ein gestaltliches Erkennungszeichen des Menschen und von Menschenähnlichkeit – und dazu noch das Brusttrommeln und der Schrei dieses Monsters zum Symbol für tierische Aggressivität schlechthin und schließlich auch für den darwinistischen Kampf ums Dasein. Die Interpretation dieses weiteren „Fortganges" des aufrechten Ganges aber wäre eine neue Geschichte von einem aufgeklärten Affen.[56]

---

[56] Vgl. Ingensiep, Hans Werner, Kultur- und Zoogeschichte des Gorillas. Beobachtungen zur Humanisierung von Menschenaffen, in: Dittrich, Lothar u.a. (Hg.), *Die Kulturgeschichte des Zoos*. Berlin 2001, S. 151–170.

Abb. 1:    Illustration zu einem Reisebericht von Andrew Battel (1706).

Abb. 2:    Darstellung eines Menschenaffen aus der *Histoire générale des voyages* (1748).

Abb. 3:     Gemälde eines „Orang-oetan" von T. P. C. Haag (1777).

Abb. 4:    Darstellung eines Menschenaffen aus dem 18. Jahrhundert (Tulpius-Typ).

KURT BAYERTZ (Münster)

# Der aufrechte Gang: Ursprung der Kultur und des Denkens?

## Eine anthropologische Debatte im Anschluß an Helvétius' *De l'Esprit*

> Hingegen der Mensch muß aufgerichtet gehen, stehen und sitzen können, damit er alles das-
> jenige verrichten mag, was nicht anders als in dieser Stellung des Leibes durch seine Hände
> verrichtet werden mag. Christian Wolff

## I. Steh' auf von der Erde und werde der Gott der Tiere

Der aufrechte Gang ist eines der Merkmale, die von jeher als ein Spezifikum angesehen wurden, durch das sich der Mensch von den Tieren unterscheidet und sich
unter ihnen – im übertragenen wie im wörtlichen Sinne – hervorhebt. Er galt und
gilt daher nicht als ein nur zufälliges anatomisches Merkmal, wie etwa die Zahl der
Zähne, sondern wurde im philosophischen und theologischen Denken, in der schönen Literatur und im Alltagsbewußtsein oft als ein äußeres Zeichen für das innere
Wesen des Menschen und für seine Sonderstellung in der Natur interpretiert. Diese
*symbolische Deutung* des aufrechten Ganges läßt sich weit in die Geschichte zu-
rückverfolgen und blieb über Jahrtausende eine Selbstverständlichkeit, auch wenn
sich auf diesem langen Wege der Inhalt dessen, was als das „Wesen des Menschen" angesehen wurde, grundlegend wandelte. In der antiken Philosophie galt er
als Ausdruck der Vernunftnatur des Menschen, in der christlichen Theologie als
Zeichen für die Hinordnung des Menschen auf den Himmel, und in der Renaissance als Beweis für die Mittelpunktstellung des Menschen in der Welt. – Ein
„locus classicus" der symbolischen Deutung sind Ovids *Metamorphosen*. Der aufrechte Gang wird hier als ein Merkmal dargestellt, das dem Menschen bei seiner
Erschaffung zugewiesen wurde, um ihn als „imago deorum" und Herrn über die
ganze Erde auszuzeichnen:

> Noch fehlte ein Wesen, edler als diese Tiere und eher als sie befähigt zu hohen Gedanken, auf
> daß es die Herrschaft über alles übrige ausüben könnte – da trat der Mensch in die Welt, sei es,
> daß ihn aus göttlichem Samen jener Baumeister des Alls, der Schöpfer einer besseren Ord-
> nung, hervorgehen ließ oder daß die junge, eben erst vom hohen Äther getrennte Erde noch
> Samenkörner des verwandten Himmels enthielt. Diese Erde formte, vermischte mit Wasser
> vom Flusse, Prometheus, des Iapetos Sohn, nach dem Bild der alles regierenden Götter. Und
> während die anderen Wesen gebeugt zu Boden blicken, gab er dem Menschen ein hoch erho-
> benes Antlitz, ließ ihn den Himmel betrachten und sein Gesicht stolz zu den Sternen erheben.
> So nahm ein eben noch roher, ausdrucksloser Erdenkloß, verwandelt, die bis dahin unbekann-
> ten Züge des Menschen an.[1]

---

[1] Ovid, *Metamorphosen*, hg. u. übers. v. Gerhard Fink. Zürich / München 1989, 76–88.

Die symbolische Deutung des aufrechten Ganges wirkte im 18. Jahrhundert ebenso fort wie in den beiden nachfolgenden. Schwärmer wie Johann Caspar Lavater überboten sich gegenseitig an poetischen Hochgesängen auf den Menschen und seine senkrechte Haltung:

> Seine Organisation zeichnet den Menschen hauptsächlich vor allen Bewohnern des Erdballs aus, und seine Physiognomie, das ist, die Oberfläche und der Umriß seiner Organisation erhebt ihn unendliche Stufen über alle sichtbaren Wesen ausser ihm. Wir kennen keine edlere, erhabenere, majestätischere Gestalt, um die sich so viele Fähigkeiten, so viele Kräfte, so viele Wirkungen und Bewegungen, wie um ihren Mittelpunkt drehen, als die seinige. Mit kühnem Schritte schreitet er auf der Oberfläche der Erde einher, und erhebt sein Haupt gegen den Himmel. Sein Blick verliert sich in die Unendlichkeit.[2]

Seinen enthusiastischsten Sänger fand der aufrechte Gang allerdings in Johann Gottlieb Herder, der in seinen *Ideen zur Philosophie der Geschichte der Menschheit* deutlich, aber stillschweigend auf Ovid zurückgriff und dessen Darstellung mit den Schöpfungsmythen Platons und Pico della Mirandolas kombinierte.[3] Wenn Herder die demiurgische Macht den Menschen als ihr letztes, aber höchstes Geschöpf direkt ansprechen und ihm seine Rolle in der Schöpfung zuweisen läßt, spitzt er diese Anrede ganz auf den aufrechten Gang zu:

> Als die bildende Mutter ihre Werke vollbracht und alle Formen erschöpft hatte, die auf dieser Erde möglich waren, stand sie still und übersann ihre Werke; und als sie sah, daß bei ihnen allen der Erde noch ihre vornehmste Zierde, ihr Regent und zweiter Schöpfer fehle: siehe, da ging sie mit sich zu Rat, drängte die Gestalten zusammen und formte aus allen ihr Hauptgebilde, die menschliche Schönheit. Mütterlich bot sie ihrem letzten künstlichen Geschöpf die Hand und sprach: ‚Steh auf von der Erde! Dir selbst überlassen, wärest du Tier wie andere Tiere; aber durch meine besondere Huld und Liebe *gehe aufrecht* und werde der Gott der Tiere!' Lasset uns bei diesem heiligen Kunstwerk, der Wohltat, durch die unser Geschlecht ein Menschengeschlecht ward, mit dankbarem Blick verweilen; mit Verwunderung werden wir sehen, welche neue Organisation von Kräften in der aufrechten Gestalt der Menschheit anfange und wie allein durch sie der Mensch ein *Mensch* ward.[4]

Weitere Belege ließen sich ad libitum vermehren. Ich erspare sie mir und dem Leser, denn ich werde in dem vorliegenden Beitrag plausibel zu machen versuchen, daß im 18. Jahrhundert ein Wendepunkt in der Deutung des aufrechten Ganges liegt. Obgleich seine symbolische Deutung weitergeschleppt und möglicherweise sogar auf ihren poetischen Höhepunkt geführt wurde, betraten in dieser Zeit ernst zu nehmende Widersacher das weltanschauliche Parkett und brachten konkurrierende Deutungen in Umlauf. Diese waren der symbolischen Deutung nicht

---

[2]  Lavater, Johann Caspar, *Physiognomische Fragmente zur Beförderung der Menschenkenntnis und Menschenliebe*, verkürzt hg. v. Johann Michael Armbruster. Winterthur 1783, hier Bd. 1, S. 12f.

[3]  Platon, *Protagoras*. 320c–328d. Pico della Mirandola, Giovanni, *Über die Würde des Menschen*, hg. v. August Buck. Hamburg 1990, S. 5ff.

[4]  Herder, Johann Gottfried, *Ausgewählte Werke in Einzelausgaben*, hg. v. Heinz Stolpe. Berlin / Weimar 1965, hier Bd. 1: *Ideen zu einer Philosophie der Geschichte der Menschheit* (1965), S. 113.

unbedingt intentional entgegengerichtet und setzten daher auch nicht mit einer Kritik der klassischen Auffassung vom aufrechten Gang als einem Ausdruck des „höheren" menschlichen Wesens ein; in vielen Fällen können sie eher als das Bemühen verstanden werden, ihr ein solides empirisches Fundament zu verschaffen. Doch man war nicht mehr zufrieden mit poetischen Metaphern und Elogen; man wollte es genauer wissen und vertiefte sich daher in die anatomischen Details und in die physiologischen Mechanismen, die mit diesem Merkmal in Zusammenhang stehen. Damit folgte man offenbar der zeitgenössischen Tendenz zur Empirisierung und Verwissenschaftlichung des Denkens – und ließ sich von ihr bisweilen zu Schlußfolgerungen tragen, die mit den ursprünglichen Intentionen nur schwer vereinbar waren. In nicht wenigen Fällen ergaben sich Resultate, die den metaphysischen Voraussetzungen der symbolischen Deutung direkt entgegengesetzt werden: vor allem die Annahme eines spezifischen, von der übrigen lebenden Natur grundsätzlich verschiedenen Wesens des Menschen, aus der sich bequem ein Anspruch auf Suprematie gegenüber der restlichen Natur ableiten ließ. Aus dem „Gott der Tiere", den Herder gepriesen hatte, wurde ein Tier unter Tieren.[5] – Ich werde aus der Fülle von Debatten, die in der zweiten Hälfte des 18. Jahrhunderts um den aufrechten Gang geführt wurden, im Folgenden nur *einen* Strang kontroverser Diskussionen näher betrachten. Er nahm seinen Anfang im Jahre 1758 in Paris.

## II. Scandaleux, licencieux, dangereux

In diesem Jahr publizierte Claude-Adrien Helvétius sein philosophisches Erstlingswerk *De l'Esprit*, in dem er zu Beginn des ersten Kapitels eine an Locke und den Empirismus anknüpfende Bestimmung von „Geist" gab. Wir haben es demnach mit dem Inbegriff zweier Fähigkeiten zu tun: Einerseits dem Empfindungsvermögen als der Fähigkeit, Eindrücke zu empfangen, und andererseits dem Gedächtnis als der Fähigkeit, Eindrücke zu behalten. Doch obwohl wir damit die beiden konstitutiven Elemente des Geistes beisammen haben, bleibt diese Bestimmung nach Helvétius unzureichend, denn Empfindungsvermögen und Gedächtnis haben auch Tiere, und beide zusammen können uns „nur eine sehr geringe Zahl von Ideen verschaffen". Es muß daher noch ein weiteres Element hinzukommen, und diese „differentia specifica" identifiziert Helvétius mit dem „bestimmten äußeren Bau" des Menschen.

> Wenn die Natur unsere Handgelenke nicht in Händen und beweglichen Fingern, sondern in einem Pferdefuß hätte enden lassen: wer könnte dann bezweifeln, daß die Menschen noch ohne Künste, ohne Wohnungen, ohne Schutz gegen Tiere wären, daß also alle nur darauf bedacht wären, sich ihre Nahrung zu verschaffen und den Raubtieren auszuweichen, und daß daher

---

5   Vgl. Bayertz, Kurt, Glanz und Elend des aufrechten Ganges. Eine anthropologische Kontroverse des 18. Jahrhunderts und ihre ethischen Implikationen, in: *Jahrbuch für Recht und Ethik* 8 (2001), S. 345–369.

alle noch in den Wäldern umherstreifen müßten wie wandernde Herden. Unter dieser Voraussetzung aber ist evident, daß die Gesittung in keiner Gesellschaft bis zu jener Stufe der Vollkommenheit hätte gebracht werden können, die sie jetzt erreicht hat. Es gäbe kein Volk, das in
Dingen des Geistes nicht weit hinter gewissen wilden Völkerschaften zurückgeblieben wäre,
die weder zweihundert Ideen noch zweihundert Wörter haben, um ihre Ideen auszudrücken.
Seine Sprache wäre daher, wie die der Tiere, auf fünf oder sechs Laute beschränkt, wenn man
aus ihr die Wörter ‚Bogen‘, ‚Pfeil‘, ‚Schlinge‘ usw., die den Gebrauch unserer Hände voraussetzen, ausschiede. Daraus folgere ich, daß ohne einen bestimmten äußeren Bau das Empfindungsvermögen und das Gedächtnis in uns nur unfruchtbare Fähigkeiten wären.[6]

Obwohl Helvétius den aufrechten Gang weder in dieser einleitenden Passage seines Buches ausdrücklich nennt noch in einer langen erläuternden Anmerkung[7] zu
ihr, ist der Zusammenhang zwischen dieser Körperhaltung und den vielfältigen
Leistungen der menschlichen Hand mehr als naheliegend. Daß der aufrechte Gang
die Freiheit der Hände ermöglicht und diese wiederum Voraussetzung für die Ausbildung manueller Geschicklichkeit und damit der (materiellen) menschlichen
Kultur insgesamt, ist oft gesehen und hervorgehoben worden. Abgesehen von
vielen weiter zurück liegenden Äußerungen sei hier nur Christian Wolff zitiert, der
drei Jahrzehnte vorher in seinen 1725 erschienenen *Vernünfftigen Gedancken von
dem Gebrauche der Theile in Menschen, Thieren und Pflanzen* auf die – im buch-
stäblichen Sinne – „handgreiflichen“ Vorzüge des aufrechten Ganges hingewiesen
hatte:

> Die Erfahrung bekräfftiget täglich, daß wir mit unsern Händen gar vielfältiges täglich verrich-
> ten, und dabey wir entweder gehen, oder stehen, oder aufgerichtet sitzen müssen, und ich
> werde bald hiervon umständlicher reden. Die Thiere, welche keine Hände haben, sind auch zu
> solchen Verrichtungen nicht aufgeleget und haben keinen Kopff dazu. Derowegen ist ihnen
> auch nicht nöthig, daß sie aufgerichtet gehen und stehen. Hingegen der Mensch muß aufge-
> richtet gehen, stehen und sitzen können, damit er alles dasjenige verrichten mag, was nicht an-
> ders als in dieser Stellung des Leibes durch seine Hände verrichtet werden mag. Und so haben
> wir eine wichtige Ursache, warum wir einen Leib haben, der aufgerichtet ist, da nemlich der
> Rücken-Grad ordentlicher Weise auf die Horizontal-Fläche perpendiculär fället, gleichwie er
> im Gegentheile bey den Thieren damit parallel lieget.[8]

Helvétius’ Feststellung war also weder neu noch ungewöhnlich. Sie scheint nichts
zu enthalten, was als Provokation hätte empfunden werden können. Und doch löste
sein Buch ein – um es zunächst neutral zu formulieren – äußerst lebhaftes Echo
aus. Im Kreis seiner philosophischen Freunde wurde es mit Kritik im Detail, aber
Wohlwollen im Ganzen aufgenommen. Außerhalb dieses Kreises aber konnte von
Wohlwollen keine Rede sein. Das Buch verursachte unmittelbar nach seinem Erscheinen einen gewaltigen Skandal und wurde nach wenigen Wochen auf Be-

---

[6]  Helvétius, Claude-Adrien, *Vom Geist*. Berlin / Weimar 1973 (Philosophische Schriften 1),
     S. 81f.
[7]  Ebd., S. 101ff.
[8]  Wolff, Christian, *Vernünfftige Gedancken von dem Gebrauche der Theile in Menschen, Thie-
     ren und Pflanzen*. Frankfurt / Leipzig 1725, S. 567f.

schluß des königlichen Staatsrates als „scandaleux, licencieux, dangereux"[9] verurteilt, verboten und am 10. Februar 1759 öffentlich verbrannt. Die von nahezu allen Seiten auf das Buch einprasselnde Kritik richtete sich gegen dessen gesamte Tendenz, wie auch gegen etliche Details. Die zitierte Passage über die Bedeutung der Hände spielte dabei eine besondere Rolle.[10] Noch Ende der 90er Jahre wurde *De l'Esprit* von christlichen Autoren einer Widerlegung für würdig befunden – mit dem gar nicht dezenten Hinweis darauf, „que les charlatans de *philosophie* ont été les premiers professeurs du *sancs-culotisme*".[11] Dem bedrohlichen Druck von Seiten des Bündnisses aus Klerus und Staatsmacht glaubte sich Helvétius nur durch einen Verzicht auf seine staatlichen Ämter, durch einen Rückzug aus Paris und durch einen dreimaligen öffentlichen Widerruf seiner Ansichten entziehen zu können.[12]

Abgesehen von dieser weltanschaulich-politisch motivierten Verfolgung mußte er sich Unmut und Kritik auch aus Kreisen der Wissenschaft gefallen lassen. Noch zwei Jahrzehnte später ließ Johann Friedrich Blumenbach in seinem Buch *De generis humani varietate nativa* deutlich erkennen, daß auch er die vielgescholtene Eingangspassage für ein Ärgernis hielt:

> Aus dem, was über des Menschen Stellung bisher gesagt worden ist, ergiebt sich der größte Vorzug seiner äußern Bildung, nämlich: der freyste Gebrauch zweyer sehr vollkommener Hände; durch deren Bildung er so weit über den übrigen Thieren steht, daß dadurch des Anaxagoras abgedroschenes, von Helvetius in unsern Zeiten aufgewärmtes Sophisma entstanden ist: ‚Der Mensch scheine deshalb am weisesten zu sein, weil er mit Händen ausgestattet ist.‘ Dies ist wirklich zu paradox; weniger scheint sich im Gegentheile die Behauptung des Aristoteles von der Wahrheit der Natur zu entfernen, ‚daß bloß der Mensch wirklich Hände habe, welche wirklich Hände seyen;‘ da selbst bei den menschenähnlichen Affen ein Haupttheil der Hände, ich meine den Daumen, nach Verhältnis kurz, fast abgekippt, und, um mich eines Ausdrucks des großen Eustachius zu bedienen, sehr lächerlich ist; daß mithin wirklich keine Hand, außer die menschliche, die Benennung eines Organs der Organe verdient, womit derselbe Stagirite sie beehrt hat.[13]

---

9   Keim, Albert, *Helvétius, sa vie et son œuvre*. Paris 1907, S. 323. Zu der von *De l'Esprit* ausgelösten „Affäre" vgl. S. 314–423.

10  Mit einer Tendenz zur Verniedlichung – sowohl der theoretischen Ansprüche Helvétius' als auch der Bedrohlichkeit seiner Gegner – schreibt Keim: „Cette simple constatation, au début de l'*Esprit*, a scandalisé bien les gens qui, au lieu de se donner la peine de suivre plus loin un écrivain souvent confus, mais souvent agréable, plein d'aperçus intéressants et d'idées fécondes, ont fait d'une remarque et d'une note jetée en passant toute une théorie, que dis-je, tout un système. C'est un procédé de critique qui serait absurde s'il n'était puéril." Ebd., S. 237.

11  La Harpe, Jean-François, *Réfutation du livre ‚De l'Esprit'*. Paris 1797, S. 7. Auf die fragliche These geht La Harpe nur en passant ein: S. 31f.

12  Dieser Widerruf wurde von seinen Freunden mit Mißbilligung zur Kenntnis genommen: vgl. D'Alembert, Jean Le Rond, Brief an Voltaire vom 24. Februar 1759, in: Voltaire, *Korrespondenz aus den Jahren 1749 bis 1760*, hg. v. Rudolf Noack. Frankfurt/M. 1978, S. 239f. Ähnlich Diderot noch zehn Jahre später in einem Brief an Madame de Maux vom Sommer 1769, in: Diderot, Denis, *Briefe 1742–1781*, hg. v. Hans Hinterhäuser. Frankfurt/M. 1984, S. 297–300.

13  Blumenbach, Johann Friedrich, *De generis humani varietate nativa*. Göttingen 1775, 1781 und 1795. Hier zit. nach: *Über die natürlichen Verschiedenheiten im Menschengeschlechte*.

Aufschlußreich ist diese Abfertigung zunächst deshalb, weil sie deutlich macht, worum der Streit *nicht* ging. Blumenbach bestritt weder die Tatsache, daß der aufrechte Gang die Bedingung der Freiheit der Hände ist noch die Tatsache, daß diese Freiheit der Hände die Voraussetzung des Werkzeuggebrauchs darstellt und auch nicht die Bedeutung des Werkzeuggebrauchs für die menschliche Kultur. Ebensowenig wäre Christian Wolff bereit gewesen, diese nur allzu offenkundigen Zusammenhänge zu bestreiten. Man kann sich daher auch schwer vorstellen, daß die zahlreichen Kritiker, die über Helvétius herfielen, ihn in einem dieser Punkte zu kritisieren geneigt waren. Voltaire, einer der wenigen, die ihn – trotz privater Kritik[14] – öffentlich in Schutz zu nehmen wagten, ging daher am Kern der Auseinandersetzung vorbei, als er schrieb:

> Wie sonderbar! Man hat einen sehr achtbaren zeitgenössischen Philosophen, den harmlosen, braven Helvétius, verspottet, geschmäht und verfolgt, weil er sagt, die Menschen hätten keine Häuser bauen und kunstvollen Stickereien herstellen können, wenn sie keine Hände hätten. Diese Kritiker kennen wahrscheinlich das Geheimnis, wie man mit den Füßen Steine und Holz bearbeitet oder die Nadel handhabt.[15]

Wäre es nur um die These gegangen, daß man freie Hände benötigt, um Häuser bauen oder kunstvolle Stickereien herstellen zu können, so müßte unverständlich bleiben, weshalb Helvétius' Buch als eine Provokation empfunden wurde und auf solche heftige Ablehnung stieß. Es waren, wie ich im Folgenden zeigen werde, zwei andere Punkte, die auf Ablehnung in der Fachwelt stießen und von dem herrschenden christlich-absolutistischen Komplex als „scandaleux, licencieux, dangereux" angesehen wurden.

III. Unser Leib als ein Spiegel der Weisheit und Vernunft Gottes

Auf die Spur des ersten Punktes führt uns Blumenbachs Hinweis auf das „abgedroschene Sophisma des Anaxagoras". Tatsächlich wissen wir aus Aristoteles' Schrift *Über die Teile der Tiere*, daß bereits Anaxagoras (ca. 500–428) der Auffassung

---

Nach der dritten Ausg. u. den Erinnerungen des Verfassers übers., u. mit einigen Zusätzen u. erläuternden Anm. hg. v. Johann Gottfried Gruber. Leipzig 1798, S. 30.

14  In einem Brief an Charles de Brosses heißt es: „Der Plunder von Helvétius' ‚Esprit' verdiente nicht den Lärm, den das Buch gemacht hat. Wenn der Autor einen Widerruf tun mußte, dann weil er ein philosophisches Buch ohne Methode und vollgestopft mit Ammenmärchen geschrieben hat." Brief an Charles de Brosses, Baron de Montfalcon vom 23. September 1758, in: *Korrespondenz aus den Jahren 1749–1760*, hg. v. Rudolf Noack. Frankfurt 1978, S. 225– 226, hier S. 226. – Vgl. auch den Brief an Nicolas-Claude Thieriot vom 7. Februar 1759, ebd., 235–237.

15  Voltaire, *Mensch*, in: *Philosophisches Wörterbuch*, hg. v. Rudolf Noack. Frankfurt/M. 1985, S. 141–145, hier S. 143. – Siehe auch Voltaires Brief an Helvétius vom 16. Juli 1760, in: *Korrespondenz aus den Jahren 1749–1760*, hg. v. Rudolf Noack. Frankfurt 1978, S. 278–280, hier S. 278f.

gewesen war, „der Mensch sei deswegen das vernünftigste Geschöpf geworden, weil er Hände habe". Aristoteles referiert diese Ansicht allerdings nur, um sie sogleich zu verwerfen; denn er fährt fort:

> Sinnvoller jedoch ist es, daß er Hände bekommen habe, weil er das vernünftigste Geschöpf ist. Denn die Hände sind ein Werkzeug, die Natur teilt aber, wie ein verständiger Mensch, jedes Werkzeug nur dem zu, der damit umgehen kann. Es ist ja auch passender, einem Flötenspieler Flöten zu geben, als einen nur deswegen als Flötenspieler zu bezeichnen, weil er Flöten besitzt. Sie fügt dem Größeren und Bedeutsameren das Geringere an, aber nicht dem Geringeren das Ehrwürdigere und Größere. Wenn es nun so besser ist, die Natur aber immer von allen Möglichkeiten die beste verwirklicht, dann ist der Mensch nicht deshalb so vernünftig, weil er Hände hat, sondern er hat Hände weil er das vernünftigste Geschöpf ist. Denn der Vernünftigste kann auch wohl mit den meisten Werkzeugen gut umgehen, und die Hand bedeutet nicht nur ein Werkzeug, sondern viele, sie ist gleichsam das Werkzeug aller Werkzeuge. Dem Wesen also, das für die meisten Künste aufnahmefähig ist, hat die Natur die Hand verliehen als das Werkzeug mit dem weitestgehenden Gebrauch.[16]

Das philosophisch entscheidende Merkmal der Aristotelischen Argumentation ist ihr teleologischer Charakter. Für Aristoteles handelt die Natur „wie ein verständiger Mensch" und gibt ein Werkzeug daher nur dem, „der damit umgehen kann". Aus dieser Weltdeutung ergibt sich die Vorstellung, daß die Natur, mit der wir in unserem Erkennen und Handeln konfrontiert sind, ein sinnvoll geordnetes Ganzes ist, in dem nichts ohne vernünftigen Grund geschieht. Unter christlichem Vorzeichen konnte dieser teleologischen These, daß jedes Faktum und alles Geschehen Teil eines übergreifenden Planes ist, mühelos eine *theologische* (Um)Deutung gegeben werden: An die Stelle der vernünftig planenden Natur trat der vernünftig planende Gott. Jede beliebige Naturerscheinung konnte auf diese Weise als Bestandteil einer Schöpfungsordnung interpretiert und mit einem transzendenten Sinnbezug versehen werden. Der aufrechte Gang machte natürlich keine Ausnahme; er schien sich für eine solche Deutung geradezu aufzudrängen.[17] Im 18. Jahrhundert wurde diese Zurückführung von natürlichen Gegebenheiten und Prozessen auf den Willen und die Weisheit Gottes zu einer Standarderklärung für Phänomene vor allem der belebten Natur. Die Physiko-Theologie[18] konnte auf diese Weise ein doppeltes Ziel anstreben: Einerseits wurde das Lebendige als empirische Bestätigung für theologische Auffassungen (es gibt einen Gott, er ist weise, er ist gütig usw.) gewertet und für das dominierende religiöse Weltbild nutzbar gemacht; andererseits konnte man mit dem Rückgriff auf die Güte und Weisheit Gottes die Phänomene der innerorganismischen Zweckmäßigkeit und der Anpassung an die Umwelt erklären. Obwohl die Physiko-Theologie bereits zeitge-

---

[16] Aristoteles, *De partibus animalium*. Die Lehrschriften, hg., übertragen und in ihrer Entstehung erläutert von Paul Gohlke. Paderborn 1959, IV, 10; 87a.

[17] Vgl. zum Beispiel Augustinus, Aurelius, *Vom Gottesstaat*, übers. v. Wilhelm Thimme. Zürich / München ²1978, S. 22, 24.

[18] Vgl. Mayr, Ernst, *Die Entwicklung der biologischen Gedankenwelt*. Vielfalt, Evolution und Vererbung. Berlin u.a. 1984, S. 85ff.

nössisch auf Kritik stieß,[19] lief diese insoweit ins Leere, als die damals vorwiegend mechanisch orientierte Naturwissenschaft kaum über leistungsfähige theoretische Ansätze zur Erklärung organischer Zweckmäßigkeit verfügte; befriedigende theoretische Alternativen zu teleologischen Deutungen existierten bestenfalls in Ansätzen. Die Physiko-Theologie eröffnete daher, wie auch Christian Wolff hervorhob, die Möglichkeit, Empirie und christliche Weltanschauung zu harmonisieren:

> Und man findet es auch so in anderen Theilen des Leibes, daß, wenn man sich bemühet ihre Beschaffenheit durch Gründe der Vernunfft heraus zu bringen, man sie eben so heraus bringet, wie man sie in der Anatomie oder Zergliederung des Leibes findet. Und dieses giebt einem Liebhaber der Wahrheit nicht ein geringes Vergnügen, zumahl wenn er bedencket, daß unser Leib wie die gantze Welt dadurch ein Spiegel der Weisheit und der Vernunfft Gottes wird und man also in der Vollkommenheit des Leibes zugleich die Vollkommenheit Gottes empfindet, wodurch nicht anders als ein grosses Vergnügen entstehen kann.[20]

Betrachtet man vor diesem Hintergrund die zitierte Passage aus Helvétius' *De l'Esprit*, so fällt die vollständige Abwesenheit jeglicher teleologischer oder physiko-theologischer Argumente deutlich ins Auge. Der „bestimmte äußere Bau" des Menschen wird als eine gegebene Tatsache behandelt, ohne die vernünftigen Absichten der Natur oder das Wohlwollen des Schöpfers auch nur zu erwähnen. Und dies war nicht nur eine Auslassung. Das Schweigen über solche metaphysischen Gründe mußte von den Zeitgenossen als ein Kampfschrei wahrgenommen werden. Helvétius' hypothetische Formulierung „Wenn die Natur unsere Handgelenke nicht in Händen und beweglichen Fingern, sondern in einem Pferdefuß hätte enden lassen [...]" deutete die Möglichkeit an, daß die Natur auch anders hätte entscheiden können, daß mithin der „bestimmte äußere Bau" des Menschen eine vollkommen andere Struktur hätte haben können. Der aufrechte Gang und die spezifischen handwerklichen Fähigkeiten, die sich unter seiner Voraussetzung entwickeln konnten, waren demnach bloß *kontingente* Merkmale der menschlichen Natur: Sie waren zwar da, sie waren aber nicht notwendig da. Und daraus ergibt sich zwingend die Schlußfolgerung, daß auch die hervorgehobene Stellung des Menschen in der Natur nicht länger als metaphysisch gesichert angesehen werden konnte; sie war ebenso zufällig wie die körperlichen Merkmale, auf denen sie beruht.

Mit einem Wort: Indem Helvétius den „bestimmten äußeren Bau" des Menschen als eine bloße Tatsache voraussetzte, stellte er das teleologische Weltbild – einschließlich seiner religiösen Implikationen – in Frage und bezog einen *materialistischen* Standpunkt, für den die gegebene Ordnung der Natur ein metaphysisch Letztes war, hinter das sinnvollerweise zurückgegangen werden kann. Was wir empirisch vorfinden sind Tatsachen, die einer „tieferen" Erklärung weder fähig noch bedürftig sind; vielmehr stellen sie die Basis jeder rationalen Erklärung dar.

---

[19] Die sicherlich prominenteste findet sich im zweiten Teil der Kantischen *Kritik der Urteilskraft*.

[20] Wolff, (wie Anm. 8), S. 54.

Dies war bereits die Annahme des Anaxagoras gewesen, dessen Position Helvétius – von der aristotelischen Rüge unbeeindruckt – erneuert hatte. Die Welt ist eine Welt der Tatsachen, für deren Verständnis wir weder einen Rückgriff auf Finalursachen noch den Glauben an einen Schöpfergott brauchen: Das war es, was Helvétius durch sein Schweigen zum Ausdruck gebracht hatte. Und dies wurde ihm um so mehr übelgenommen, als er diese Position nicht im Hinblick auf irgendwelche entfernten Teile der Natur, auf die Umlaufbahnen der Planeten etwa, bezogen hatte, sondern im Hinblick auf den Menschen und seine privilegierte Stellung in der Natur. Der Materialismus hatte eben nicht nur metaphysische, sondern auch *ethische* Implikationen.[21] Und diese konnten noch weniger auf die leichte Schulter genommen werden als die ersteren.

Aus diesem Grunde mochte sich auch Johann Gottfried Herder zunächst nicht mit der Helvétius-These anfreunden. In seiner 1776 erschienenen *Ältesten Urkunde des Menschengeschlechts* hatte er nur Hohn und Spott übrig für die Ansichten damaliger Philosophen – ausdrücklich genannt werden Rousseau, Moscati, Robinet, Helvétius und Diderot – über die Entstehung und Frühzeit des Menschen. Vor allem ironisierte er die Rolle, die dem aufrechten Gang für die Menschwerdung zugesprochen wird: „Von dieser kleinen und großen Veränderung (Philosoph und Zergliederer ist einstimmig) hingen alle künftige Veränderungen ab."[22] In diesem Zusammenhang mokiert er sich speziell über die Helvétius-These:

> Das aufrechte Thier bekam *die Hand* frei, fein und lenksam, d.i. er bekam Verstand. Der grosse *Helvetius* hat bewiesen, daß nur in den Fingern der Verstand wohne – und wie herrlich wirds ausgedrückt: ‚sie nahm und aß! Sie flochten sich Schürze' – siehe da die ersten Versuche des bildenden Verstandes der Hände, und das Weib kam früher, denn ihre Glieder sind zarter.[23]

Das war klar und deutlich. Doch acht Jahre später las es sich ganz anders. Im ersten Band der 1784 erschienenen *Ideen zu einer Philosophie der Geschichte der Menschheit* wird der aufrechte Gang nun mit einer Emphase gepriesen, die weit über alles hinausging, was Herder den zuvor inkriminierten Autoren an Glorifizierung dieses Merkmals zuschreiben konnte. Dabei wird nun auch die zuvor ridikülisierte Helvétius-These rehabilitiert:

> Mit dem aufgerichteten Gange wurde der Mensch ein Kunstgeschöpf; denn durch ihn, die erste und schwerste Kunst, die ein Mensch lernet, wird er eingeweiht, alle zu lernen und gleichsam eine lebendige Kunst zu werden. Siehe das Tier! Es hat zum Teil schon Finger wie der Mensch; nur sind sie hier in einen Huf, dort in eine Klaue oder ein ander Gebilde eingeschlossen und durch Schwielen verderbet. Durch die Bildung zum aufrechten Gange bekam der Mensch freie und künstliche Hände, Werkzeuge der feinsten Hantierungen und eines immer-

---

[21] Vgl. Bayertz, (wie Anm. 5).

[22] Herder, Johann Gottfried, *Sämtliche Werke*, hg. v. Bernhard Suphan. 33 Bde. Hildesheim 1967ff., (Reprint d. Ausg. Berlin 1877–1913), hier Bd. VII: *Älteste Urkunde des Menschengeschlechts*, S. 1–171, hier S. 73.

[23] Ebd., S. 74.

währenden Tastens nach neuen klaren Ideen. Helvétius hat sofern recht, daß die Hand dem Menschen ein großes Hülfsmittel seiner Vernunft gewesen [...].[24]

Die Gründe für diesen erstaunlichen Meinungswandel Herders können hier nicht erörtert werden. Bemerkenswert ist in jedem Fall, daß in den *Ideen* eine Differenz zum Materialismus à la Helvétius kaum mehr vorhanden zu sein scheint. Alle „höheren" Eigenschaften, die die Spezifik des Menschen ausmachen und seine Sonderrolle in der Natur begründen – Vernunft, feinere Sinne, Freiheit, Humanität[25] – werden als eine mehr oder weniger direkte Konsequenz des aufrechten Ganges erklärt. Und das heißt: Der entscheidende Unterschied zwischen Mensch und Tier liegt in einem organischen, also materiellen Merkmal.[26] War es nicht genau das, was Helvétius behauptet hatte? War Herder ins materialistische Lager übergelaufen? Immerhin hatte auch Immanuel Kant in seiner berühmten Rezension der *Ideen* diesen Primat der „Organisation" in Herders Darstellung unterstrichen:

> Nicht weil er zur Vernunft bestimmt war, ward ihm, zum Gebrauch seiner Gliedmaßen nach der Vernunft, die aufrechte Stellung zugewiesen, sondern er bekam Vernunft, durch die aufrechte Stellung, als die natürliche Wirkung eben derselben Anstalt, die nötig war, um ihn bloß aufrecht gehen zu lassen.[27]

Doch so materialistisch wie Kant die Auffassungen seines Schülers hier wiedergibt waren sie keineswegs. Einem protestantischen Pastor[28] hätte dies auch nicht gut angestanden; und Herder trug dafür Sorge, daß seine Überlegungen nicht in allzu große Nähe zu Positionen kamen, die nicht nur im absolutistischen Frankreich als „scandaleux, licencieux, dangereux" galten. Wie alle anderen Gegebenheiten, die wir in der Welt vorfinden, ist nämlich auch der aufrechte Gang des Menschen für ihn nicht einfach nur eine Tatsache; er ist das Resultat eines weisen und gütigen Entschlusses, den die Natur – die „bildende Mutter" – faßte und mit dem sie den Menschen unter allen lebenden Wesen privilegierte. „Mütterlich bot sie ihrem letzten künstlichen Geschöpf die Hand und sprach: ,Steh auf von der Erde! [...]' ".[29] Und diese Natur ist für Herder kein anonymer Mechanismus, kein Aggregat von Tatsachen, kein blinder Zusammenhang von Prozessen; sie ist ein sinnvoll geordneter Kosmos, hinter dem eine transzendente Intelligenz steht: der

---

[24] Herder, *Ideen*, (wie Anm. 4), S. 113.

[25] Lediglich die Sprache macht hier eine Ausnahme. Sie wird als unabhängig vom aufrechten Gang, als zweite notwendige Bedingung für die Entwicklung der Vernunft eingeführt. Ebd., S. 136f.

[26] Vgl. ebd., S. 108–113.

[27] Kant, Immanuel, Rezension zu Johann Gottfried Herder: Ideen zur Philosophie der Geschichte der Menschheit, in: *Werke in sechs Bänden*, hg. v. Wilhelm Weischedel. Frankfurt/M. 1964, hier Bd. 6: *Schriften zur Anthropologie, Geschichtsphilosophie, Politik und Pädagogik*, S. 779–806, hier S. 785.

[28] Genauer: Oberhofprediger, Oberkonsistorialrat, Kirchenrat, Generalsuperintendent und Pastor Primarius.

[29] Herder, *Ideen*, (wie Anm. 4), S. 113.

Schöpfer. In der Vorrede warnt er seine Leser ausdrücklich davor, sich dadurch, „daß ich zuweilen den Namen der Natur personifiziert gebrauche", auf materialistische Abwege bringen zu lassen:

> Die Natur ist kein selbständiges Wesen, sondern *Gott ist alles in seinen Werken*; indessen wollte ich diesen hochheiligen Namen, den kein erkenntliches Geschöpf ohne die tiefste Ehrfurcht nennen sollte, durch einen öftern Gebrauch, bei dem ich ihm nicht immer Heiligkeit gnug verschaffen konnte, wenigstens nicht mißbrauchen. Wem der Name ‚Natur' durch manche Schriften unsres Zeitalters sinnlos und niedrig geworden ist, der denke sich statt dessen jene *allmächtige Kraft, Güte und Weisheit* und nenne in seiner Seele das unsichtbare Wesen, das keine Erdensprache zu nennen vermag.[30]

Selbst wenn man diese Passage als eine bloße Rückversicherung gegenüber der herrschenden Orthodoxie interpretieren möchte, so bleibt doch festzuhalten, daß der Primat der physischen Organisation in den *Ideen* bestenfalls zweideutig ist. Aus welchen Gründen auch immer: Herder hat sich von einer teleologischen Gesamtkonzeption nicht lösen können oder wollen und kann daher auch nicht als Protagonist einer materialistischen Deutung des aufrechten Ganges in Anspruch genommen oder verdächtigt werden. Die von ihm in den *Ideen* gewählte Darstellungsform kann daher auch nicht allein mit seinen poetischen Ambitionen erklärt werden; die durchgängige Tendenz zur Personifizierung der Natur hat sicher auch konzeptionelle Gründe und ist dem Werk also nicht bloß äußerlich. Je nach Mentalität wird man daher sagen können, Herder habe die materialistische Einsicht Helvétius' durch den Einbau in eine teleologische Rahmentheorie „entschärft", oder er habe mit der teleologischen Rahmentheorie einen Weg gefunden, derartige materialistische Einsichten gefahrlos aufgreifen und produktiv verarbeiten zu können.

IV. Wie man aus Theologen Hunde macht

„Materialistisch" war die von Helvétius vertretene These nicht nur in dem allgemeinen metaphysischen Sinne, daß sie auf jegliche Finalursachen verzichtete und auf der Ausschließlichkeit „mechanischer" Erklärungen insistierte, sondern auch in einem spezielleren, *erkenntnistheoretischen* Sinne. Indem er nämlich behauptete, daß der Mensch bestimmte Ideen nur haben könne, weil seine Hände frei sind, behauptete er nicht mehr und nicht weniger als eine materielle Determination geistiger Inhalte; und nicht nur einzelner Inhalte, sondern beträchtlicher Teile des menschlichen Vernunftvermögens insgesamt. In ihrem uns bekannten Umfang und in ihrer uns bekannten Leistungsfähigkeit sind Vernunft und Sprache das Ergebnis der anatomisch-physiologischen Ausstattung des Menschen und der dadurch gegebenen Handlungsmöglichkeiten. In diese Richtung waren bereits die Überlegungen

---

[30] Ebd., S. 13.

von Anaxagoras gegangen, gegen die Aristoteles eingewandt hatte, es sei „sinnvoller", ein gegenläufiges Bedingungsverhältnis anzunehmen, d.h. zu unterstellen, daß Vernunft und Sprache die primären Gegebenheiten sind. Der aufrechte Gang und die Freiheit der Hände sind aus diesen primären Merkmalen abzuleiten. Was nützt es, so konnte man mit Aristoteles fragen, ein Werkzeug dem zu geben, der nicht mit ihm umzugehen weiß? Da zum Gebrauch der Hände daher eine angemessene geistige Ausstattung vorausgesetzt werden zu müssen scheint, liegt es nahe, vom Primat des Intellekts auszugehen. – Im Unterschied zu Helvétius hat diese Argumentation noch im 18. Jahrhundert die Mehrheit seiner Zeitgenossen überzeugt. In seinen *Allgemeinen Betrachtungen über die Triebe der Thiere, hauptsächlich über ihre Kunsttriebe* weiß Hermann Samuel Reimarus dafür auch empirische Indizien anzuführen. Unter Berufung auf Galen verweist er darauf, daß junge Kälber, Widder und Böcke schon bevor ihre Hörner gewachsen sind, mit dem Kopf zu stoßen versuchen; und dies führt ihn zu der allgemeinen These:

> Man bemerkt bey einigen Thieren einen Trieb zu einem bestimmten Gebrauche ihrer Werkzeuge, noch ehe die Werkzeuge wirklich da sind. Folglich lernen sie den Gebrauch ihrer Werkzeuge nicht dadurch, daß sie dieselben wirklich haben, sondern ihr voreiliges Bemühen zu deren Gebrauche zeiget, daß sie den Gebrauch schon vor ihrem Daseyn von Natur kennen.[31]

Ausdrücklich kommt Reimarus in diesem Zusammenhang abermals auf Anaxagoras und seine bekannte These zu sprechen, die er natürlich ablehnt, um dann noch einmal den Primat der Seele zu bekräftigen:

> Hier lernen wir daraus besonders die Kunsttriebe der Thiere auch in so ferne kennen, daß sie nicht bloß mechanisch sind, oder lediglich von dem Baue des Leibes, und von dem Gefühle der körperlichen Gliedmaßen, zu ihrer Wirksamkeit determiniret werden; sondern, daß sie ein Bemühen der Seele voraus setzen, welches mit dem abgezielten Gebrauche der körperlichen Werkzeuge übereinstimmet, und durch eine innere Empfindung seiner Natur thätig wird.[32]

Der Verdacht liegt nahe, daß der alte Anaxagoras hier nur als Prügelknabe für die schlimmen Ansichten des Zeitgenossen Helvétius herhalten mußte. In jedem Fall wird hier noch einmal deutlich, worum es ging: um die Frage, ob das Verhalten von Tieren – und, wie man hinzufügen muß, das Handeln von Menschen – allein aus „mechanischen" Ursachen, d.h. aus dem „Baue des Leibes" erklärt werden können, oder ob sie in erster Linie „ein Bemühen der Seele" voraussetzen. Helvétius hatte eine unmißverständliche Antwort auf diese Frage gegeben, und er hatte sie gleich auf der ersten Seite seines Buches gegeben. Daß dieser Paukenschlag nicht ungehört blieb, kann ebensowenig überraschen wie die Tatsache, daß er den zeitgenössischen Theologen und Vertretern des absolutistischen Staates allzu laut in den Ohren klang. Denis Diderot (dem im übrigen nachgesagt wird, er habe an

---

[31]  Reimarus, Hermann Samuel, *Allgemeine Betrachtungen über die Triebe der Thiere, hauptsächlich über ihre Kunsttriebe*. Hamburg, [2]1762, S. 167f.
[32]  Ebd., S. 168f.

Helvétius' Buch mitgewirkt)[33] entwarf noch im selben Jahr eine zwar keineswegs unkritische, insgesamt aber freundliche Rezension, in der er die materialistischen Grundlagen und Implikationen des Buches hervorhob und zum Sprungbrett für einige spöttische Volten nutzte. Vielleicht waren es diese Volten, die es ihm geraten sein ließen, die Rezension zu seinen Lebzeiten nicht zu veröffentlichen:

> Der Verfasser des Buches ‚Vom Geist' führt alle intellektuellen Funktionen auf das Empfindungsvermögen zurück. Nach seiner Ansicht sind Wahrnehmen und Empfinden das gleiche. Auch Urteilen und Empfinden sind das gleiche [...] Er erkennt keinen anderen Unterschied zwischen Mensch und Tier an als den Unterschied des organischen Baus. Verlängern Sie also bei einem Menschen die untere Gesichtshälfte, gestalten sie bei ihm Nase, Zähne, Ohren wie bei einem Hund, bedecken Sie ihn mit einem Fell und stellen Sie ihn auf vier Füße: dann wird dieser Mensch, und wäre er auch ein Theologe der Sorbonne, nach einer solchen Umwandlung alle Funktionen des Hundes ausüben; er wird bellen, anstatt zu argumentieren, wird Knochen nagen, anstatt Trugschlüsse aufzulösen; seine hauptsächliche Tätigkeit wird sich auf das Riechen konzentrieren; er wird fast seine ganze Seele in der Nase haben und wird ein Kaninchen oder einen Hasen aufstöbern, anstatt einen Atheisten oder Ketzer aufzuspüren [...] Nehmen Sie andererseits einen Hund, stellen Sie ihn auf die Hinterläufe, machen Sie seinen Kopf rund und seine Schnauze kürzer, nehmen Sie ihm Fell und Schwanz, so werden sie aus ihm vielleicht einen Theologen machen, der über die Mysterien der Prädestination und der göttlichen Gnade grübeln wird [...].[34]

In dieser für Diderot charakteristischen Zuspitzung und Überzeichnung wird – wie in jeder guten Karikatur – der springende Punkt unübersehbar deutlich: Das Denken (und das Handeln) des Menschen ist eine Folge seiner Organisation. Nicht in der empirisch nur allzu offenkundigen These, daß es keinen Werkzeuggebrauch ohne Freiheit der Hände geben kann, lag der von Helvétius provozierte Skandal, sondern in seiner nicht sehr präzise formulierten, aber unmißverständlich gemeinten These, daß dieser Werkzeuggebrauch die Basis für die Vervollkommnung des menschlichen *Geistes* sei. Ohne die Freiheit der Hände, so hatte er geschrieben, könnten die Menschen „weder zweihundert Ideen noch zweihundert Wörter haben, um ihre Ideen auszudrücken". Es war also nicht nur die materielle Kultur, die hier auf äußere körperliche Merkmale zurückgeführt wurde, sondern auch die geistige Kultur. Und dies galt vielen Zeitgenossen als materialistisch und damit als verwerflich, atheistisch und gefährlich.

## V. Einmal vierfüßig – immer vierfüßig

Bei aller Aufgeregtheit um die Helvétius-These gerät leicht in Vergessenheit, daß diese zwar an exponierter Stelle des Buches vorgetragen worden war, aber doch nur wenige Zeilen einnimmt. Sie wird nicht näher begründet oder erläutert und der

---

33  Lücke, Theodor, Schlußanmerkungen, in: Diderot, Denis, *Philosophische Schriften*, hg. v. Theodor Lücke. 2 Bde. Berlin 1961, hier Bd. 2, S. 596–655, hier S. 618.
34  Diderot, Denis, *Reflexionen über Helvétius' Buch ‚Vom Geist'*, in: *Philosophische Schriften*, hg. v. Theodor Lücke. 2 Bde. Berlin 1961, hier Bd. 1, S. 473–482, hier S. 475f.

Autor kommt im weiteren Verlauf seiner Überlegungen ebensowenig auf sie zurück wie in seinem posthum erschienenen Buch *De l'Homme*. Zwar fügt er seiner These in *De l'Esprit* eine längere Anmerkung hinzu, mit der er Einwände gegen sie präventiv zu entkräften sucht, doch auch dies ändert nur wenig an der Tatsache, daß er ihr selbst offenbar nicht die Bedeutung zugemessen hat, die sie in der nachfolgenden Debatte gewinnen sollte. Man hat eher den Eindruck, daß es sich um einen Einfall handelte, dessen Tragweite Helvétius nur partiell übersehen hatte, der ja auch generell eher zu den essayistischen als zu den konsequent-systematischen Denkern gerechnet werden kann und sich daher auch von seinem Freund Diderot eine grundsätzliche Inkonsistenz des gesamten Buches vorhalten lassen mußte.[35] Auch den naheliegenden Hinweis darauf, daß Affen einen ähnlichen Körperbau wie Menschen haben und mit ihren „Händen" ähnlich geschickt seien wie diese, ohne doch vergleichbare Fortschritte gemacht zu haben, spricht er in der besagten Anmerkung zwar an, vermag ihm aber nichts Überzeugendes entgegenzusetzen.[36]

Dabei war mit dem Begriff „Fortschritt" ein Problemkomplex aufgeworfen, zu dem sich Helvétius weder direkt noch indirekt geäußert hatte: Kann oder muß dem aufrechten Gang und dem freien Gebrauch der Hände eine Rolle in der historischen *Genese* des Menschen zugesprochen werden? Helvétius deutet mit keinem Wort an, daß er jemals auch nur die Möglichkeit erwogen haben könnte, in der spezifisch menschlichen „Organisation" eine Art von Mechanismus der Menschwerdung zu erblicken. Doch die entsprechende Frage lag historisch in der Luft. Durch nichts wird dies deutlicher als die zahlreichen einschlägigen Dementis. Rousseau hatte in seinem zweiten *Discours* einleitend betont, daß er den Menschen in seiner uns bekannten Gestalt voraussetze und annehme; „er sei von jeher so beschaffen gewesen, wie ich ihn heute sehe: er sei auf zwei Füßen gegangen, er habe sich seiner Hände so bedient, wie wir es mit den unsrigen tun [...]".[37] Adam Ferguson verwies alle Mutmaßungen über die Vor-Geschichte der Menschen ins Reich der Spekulation; so weit wir einen empirischen Zugang zum Menschen haben, ist er immer Mensch gewesen; und alle Mutmaßungen über einen genetischen Zusammenhang zwischen Mensch und Tier sind müßig:

---

[35] Der zentrale Einwand besteht darin, Helvétius habe nicht bemerkt, „daß es ein Widerspruch ist, wenn man zuerst den ganzen Unterschied zwischen Mensch und Tier im Körperbau bestehen läßt, dann aber den ganzen Unterschied zwischen dem Mann von Genie und dem gewöhnlichen Menschen nicht auf dieselbe Ursache zurückführt". (Ebd., S. 479). Tatsächlich behandelt Helvétius in den späteren Teilen des Buches nahezu ausschließlich den Einfluß der Erziehung und kaum noch den der „körperlichen Organisation". – Jean-Jacques Rousseau geht in seinen Randnotizen zu Helvétius' Buch auf dessen Thesen zur Bedeutung der Hände nicht ein. Vgl. *Notes sur ,De l'esprit' d'Helvétius*, in: *Œuvres Complètes*, hg. v. Bernard Gagnebin u. Marcel Raymond, 5 Bde. Paris 1959ff., hier Bd. 4: *Emile. Education. Morale. Botanique* (1969), S. 1119–1130, hier S. 1121.

[36] Helvétius, (wie Anm. 6), S. 102. – Noch 1797 wird La Harpe dies in seiner *Réfutation* kritisch hervorheben, (wie Anm. 11), S. 31f.

[37] Rousseau, Jean-Jacques, *Diskurs über die Ungleichheit, Discours sur l'inégalité*, neu ediert, übers. u. komm. v. Heinrich Meier. Paderborn 1984, S. 77f.

Es wäre lächerlich, als eine Entdeckung herauszustellen, daß die Spezies des Pferdes wahrscheinlich niemals dieselbe war wie die des Löwen. Dennoch müssen wir im Gegensatz zu dem, was die Federn hervorragender Schriftsteller geschrieben haben, betonen, daß die Menschen unter den Tieren immer als eine besondere und höhere Gattung erschienen sind. Weder der Besitz gleicher Organe, noch die Annäherung an ihre Gestalt, noch der Gebrauch der Hand [an dieser Stelle verweist Ferguson in einer Fußnote auf den *Traité de l'esprit* – K. B.], noch der fortgesetzte Umgang mit diesem souveränen Künstler hat irgendeine andere Spezies befähigt, ihre Natur oder ihre Erfindungen mit den seinen zu vermischen. Noch in seinem rohesten Zustand steht er über ihnen und noch in seiner größten Entartung sinkt er niemals auf ihre Ebene herab. Er bleibt, kurz gesagt, in jeder Lage Mensch, und wir können über seine Natur nichts aus der Analogie zu anderen Tieren lernen. Wenn wir ihn erkennen wollen, müssen wir auf ihn selbst achten, auf den Gang seines Lebens und den Inhalt seines Benehmens. Die Gesellschaft erscheint bei ihm so alt zu sein wie das Individuum, und der Gebrauch der Sprache so allgemein wie der der Hand und des Fußes. Wenn es wirklich eine Zeit gab, wo er erst mit seiner Gattung bekannt werden und seine Fähigkeiten erwerben mußte, dann war dies eine Zeit, von der wir keine Überlieferung besitzen und hinsichtlich deren unsere Meinungen zwecklos sind und von keinem Beweis unterstützt werden.[38]

Wenn Ferguson darauf bestand, daß durch den Besitz gleicher Organe, durch die Annäherung an die menschliche Gestalt oder durch den Gebrauch der Hand niemals ein Tier menschlich oder auch nur menschenähnlich geworden sei, so deutete er damit auf die Möglichkeit einer anderen Lektüre der Helvétius-These hin. Wo in *De l'Esprit* davon die Rede gewesen war, daß wir niemals unsere Fähigkeiten hätten entwickeln können, wenn die Natur uns statt Händen Hufe gegeben hätte, dort konnte man lesen: Man muß einem Pferd nur Hände geben und es wird sich zum Menschen fortentwickeln. Dies wäre der Ansatzpunkt für eine evolutionäre Deutung gewesen; doch eben dieser Ansatz wurde postwendend dementiert. Hände, so machte Charles Bonnet gegen Helvétius geltend, müssen funktionslos bleiben, solange die geistigen Voraussetzungen für ihren Gebrauch fehlen. Gemeint war dies jetzt nicht als eine Reprise des Aristotelischen Einwandes gegen Anaxagoras, nach dem die Natur dem Menschen nur deshalb Hände gegeben hat, weil sie ihn zuvor schon mit Vernunft ausgestattet hatte; Bonnet gab dem Argument jetzt eine biologische Wendung, indem er den Systemcharakter von Organismen hervorhob. Punktuelle Änderungen müssen aufgrund dieses Systemcharakters folgenlos bleiben; sie bedürfen korrespondierender Änderungen in anderen Teilen. So können die Hände nur dann wirksam eingesetzt werden, wenn sie eine funktionale Entsprechung im Gehirn haben.

Ein etwas kühner Kopf, und welcher seine Materien mit eben so viel Kunst als Annehmlichkeit zu behandeln weiß, glaubte einen sehr philosophischen Schritt zu thun, da er entdeckte, daß das *Roß* vom *Menschen* nur durch den *Huf* unterschieden sey. Ihm deuchte, wenn die Füße des Rosses, anstatt sich in unbiegsames Horn zu enden, sich in gelenksamen Zehen endeten, so würde dies vierfüßige Thier sich in kurzer Zeit zur Sphäre des Menschen erheben. Ich zweifle daran, daß ein Philosoph, in die Natur des Thiers ein wenig eingedrungen ist, dieser Meynung des sinnreichen Verfassers, dessen persönliches Verdienst nicht mit seinen Meynungen verwechselt werden muß, Beyfall gegeben werde. Er hatte nicht bedacht, das ein

---

[38] Ferguson, Adam, *Versuch über die Geschichte der bürgerlichen Gesellschaft*, herausgegeben und eingeleitet von Zwi Batscha u. Hans Medick. Frankfurt/M. 1988, S. 102f.

jedes *Thier* ein abgesondertes System ist, wovon alle Theile sich aufeinander beziehen, und miteinander *harmoniren*. Das *Gehirn* des Rosses entspricht seinem *Hufe*, wie das Roß selbst dem Platze entspricht, welches es in dem organischen System einnimmt. Wenn der *Huf* des vierfüßigen Thiers sich gleich in biegsame Zehen verwandelte, so würde es nichts desto weniger unfähig bleiben, seine *Empfindungen* zu *generalisiren*, weil der *Huf* im Gehirn immer noch vorhanden wäre; ich will sagen, weil dem Gehirn immer noch die bewunderungswürdige Organisation mangeln würde, welche die Seele des Menschen in den Stand setzt, alle seine *Ideen* zu *generalisiren*. Wollte man aber, das Gehirn des Rosses sollte eine Veränderung leiden, die der Veränderung seiner Füße proportionirt wäre, so würde ich sagen, dies sey kein *Roß* mehr, sondern ein anderes *vierfüßiges Thier*, welchem man einen neuen Namen geben müsse.[39]

Dies war ein gravierender Einwand gegen die Möglichkeit einer evolutionären Deutung des aufrechten Ganges und der Hand, sowie natürlich auch gegen die evolutionäre Deutung beliebiger anderer Merkmale. Ein Pferd würde keinen Schritt näher an den Menschen herangebracht, wenn ihm plötzlich Hände wüchsen; es würde, wie Ferguson gesagt hatte, aufgrund dessen seine Natur nicht mit der des Menschen „vermischen" können. Erst wenn sich gleichzeitig auch die Struktur seines Gehirns ändern würde, könnte eine Annäherung stattfinden. Eine evolutionäre Entwicklung von Organismen setzt die gleichzeitige Änderung vieler miteinander verknüpfter Merkmale voraus. Doch wie sollte man eine solche gleichzeitige Änderung denken können, ohne zu einer Intelligenz Zuflucht zu nehmen, die ihr Auftreten koordiniert? Noch Darwin wird mit diesem Problem zu kämpfen haben.[40] Für seine Lösung wären Annahmen notwendig gewesen, die in der zweiten Hälfte des 18. Jahrhunderts offensichtlich noch nicht zur Verfügung standen, darunter die Idee einer graduellen Anhäufung kleinster Veränderungen und die Aufweichung des essentialistischen[41] Artbegriffs. Die dafür notwendige „Revolution der Denkart" stand noch aus. Deshalb sollte es auch nicht überraschen, daß Herder die Idee, der Mensch könne sich aus einer ursprünglich vierfüßigen Haltung zum aufrechten Gang erhoben haben, als abwegig ansah:

Und das Menschentier sollte, wenn es äonenlang in diesem niedrigen Zustande gewesen, ja im Mutterleibe schon durch den vierfüßigen Gang zu demselben nach ganz andern Verhältnissen

---

[39] Bonnet, Charles, *La Palingénésie Philosophique. Ou idées sur l'état passé et sur l'état futur des êtres vivans.* Lyon 1770, Bd. 1, S. 195. Hier zitiert nach der deutschen Übersetzung *Philosophische Palingenesie*, Oder Gedanken über den vergangenen und künftigen Zustand lebender Wesen. Als ein Anhang zu den letzteren Schriften des Verfassers; und welcher insonderheit das Wesentliche seiner Untersuchungen über das Christentum enthält. Aus dem Französischen übers. u. mit Anm. hg. v. Johann Caspar Lavater. Erster Theil. Zürich 1770, S. 224f.

[40] Schweber, Silvan S., The Wider British Context in Darwin's Theorizing, in: Kohn, David (Hg.), *The Darwinian Heritage.* Princeton 1985, S. 35–69, hier S. 44–47.

[41] Der letzte Satz der zitierten Passage aus Bonnets *Philosophischer Palingenesie*, (wie Anm. 39), zeigt den Einfluß des platonisch-essentialistischen Artbegriffs: Daß man einem Tier, bei dem Extremitäten und Gehirn zugleich verändert wären, „einen neuen Namen geben" müßte, gilt als Argument dafür, daß ein *realer* Übergang von der einen Art zur anderen unmöglich ist. Die Konstanz des Begriffs ist ein Beweis für die Konstanz der Natur. – Auf den Essentialismus als zentrales Hindernis einer evolutionären Sicht der Natur hat vor allem Ernst Mayr immer wieder hingewiesen. Vgl. Mayr, (wie Anm. 18), S. 38f., 242f. und passim.

wäre gebildet worden, ihn freiwillig verlassen und sich aufrecht erhoben haben? [...] Wäre der Mensch ein vierfüßiges Tier, wäre er's Jahrtausende lange gewesen, er wäre es sicher noch, und nur ein Wunder der neuen Schöpfung hätte ihn zu dem, was er jetzt ist und wie wir ihn aller Geschichte und Erfahrung nach allein kennen, umgebildet [...] Beim Menschen ist auf die Gestalt, die er jetzt hat, alles eingerichtet; aus ihr ist in seiner Geschichte alles, ohne sie nichts erklärlich; und da auf diese, als auf die erhabne Göttergestalt und künstlichste Hauptschönheit der Erde, auch alle Formen der Tierbildung zu konvergieren scheinen und ohne jene sowie ohne das Reich des Menschen die Erde ihres Schmucks und ihrer herrschenden Krone beraubt bliebe: warum wollen wir dies Diadem unsrer Erwählung in den Staub werfen und gerade den Mittelpunkt des Kreises nicht sehen wollen, in welchem alle Radien zusammenzulaufen scheinen?[42]

Nachdem dies geschrieben und publiziert war, sollte es nur noch gut zwei Jahrzehnte dauern, bis Jean-Baptiste Lamarck eine Theorie vorlegte, die den von Herder noch kategorisch ausgeschlossenen Übergang vom vierfüßigen Affen zum zweifüßigen Menschen zu denken und als Teil eines die gesamte lebende Natur umgreifenden Prozesses permanenter Höherentwicklung zu begreifen erlaubte.[43] Damit begann eine Deutungstradition, die den aufrechten Gang nicht mehr primär als ein *Symbol* der „Göttlichkeit" des Menschen verstand, sondern als ein anatomisches Faktum mit weitreichenden Folgen. Bei Helvétius war dies schon angeklungen, allerdings eher als ein Aperçu, dessen systematische theoretische Ausformulierung dem 19. Jahrhundert vorbehalten blieb. Doch dies ist eine andere Geschichte.

---

[42] Herder, *Ideen*, (wie Anm. 4), S. 112f.
[43] Lamarck, Jean-Baptiste, *Zoologische Philosophie*, übers. v. Arnold Lang. Jena 1876, S. 190–194.

JOHANNES ROHBECK (Dresden)

# Erklärende Historiographie und Teleologie der Geschichte

Die Geschichtsphilosophie war seit ihren Anfängen eine problematische Disziplin. Nachdem die Geschichte lange Zeit aus dem Kanon der Philosophie ausgeschlossen war, hat erst die Aufklärung um die Mitte des 18. Jahrhunderts versucht, ihr einen wissenschaftlichen Status zu verleihen. Doch schon im 19. Jahrhundert wurde die Geschichtsphilosophie vom Historismus teils wegen Ideologieverdacht, teils aus methodischen Gründen wieder aus den philosophischen Systemen verbannt. Im 20. Jahrhundert sind die Säkularisierungsdebatte, in der die Geschichtsphilosophie auf eine säkularisierte Heilsgeschichte reduziert wurde, und die radikale Kritik im Rahmen einer „Dialektik der Aufklärung" hinzugekommen. Spätestens seitdem die Postmoderne mit der „Großen Erzählung" abgerechnet hat,[1] führt die Philosophie der Geschichte in akademischen Diskursen eher ein Schattendasein.

Insbesondere Hayden White bezweifelt die Legitimität der Geschichtsphilosophie, indem er die Unterscheidung zwischen realistischen und fiktionalen Diskursen in Frage stellt und die Bedeutung des narrativen Diskurses in der Geschichtsschreibung betont. Darunter versteht er die Loslösung der Erzählung von der chronologischen Ordnung und die damit verbundene politische und moralische Sinngebung der Geschichte. Allerdings beschränkt sich White auf die Analyse mittelalterlicher Annalen und Chroniken einerseits und auf Hegel und den Historismus andererseits. Die Aufklärung hält er indessen für kaum erwähnenswert, weil sie angeblich eben diese Trennung noch nicht vollzogen und daher keinen eigenen Geschichtsinhalt hervorgebracht habe. Im folgenden möchte ich das Gegenteil demonstrieren und dabei die methodischen und inhaltlichen Grundlinien der aufklärerischen Geschichtsphilosophie skizzieren.

Es war bekanntlich Voltaire, der den Begriff „philosophie de l'histoire" prägte und damit den Anspruch auf eine neue Wissenschaft erhob. Damit beanspruchte er zugleich den Realitätsbezug, indem nun an die Stelle phantastischer Einbildungen wahrheitsgetreue Berichte vergangener Personen und Taten treten sollten.[2] Die Verfahrensweise bestand in dem, was später Quellenkritik genannt wurde: sowohl eine genaue Prüfung der überlieferten Zeugnisse als auch deren vernunftgeleitete Beurteilung. In der Sicherung historischer Fakten besteht jedoch nur eine Voraussetzung dieser neu begründeten Geschichtsphilosophie. Der neue Terminus signali-

---

[1]  Lyotard, Jean-François, *Das postmoderne Wissen.* Ein Bericht, Graz / Wien 1986, S. 13ff.; ders., *Der Widerstreit.* München 1987, S. 251ff.

[2]  Voltaire, Einleitung des *Essai sur les mœurs et l'esprit des nations*, in: *Œuvres complètes.* Paris 1877–1885, Bd. XII, S. 113; zugleich ders., Artikel ‚Histoire', in: ders., *Dictionnaire philosophique portatif*, in: *Œuvres complètes*, Bd. XIII, S. 44f.

sierte zugleich die Idee, Geschichte als Totalität und Gesamtzusammenhang zu denken. Diesem Programm einer Universalgeschichte schlossen sich fast zeitgleich Anne Robert Jacques Turgot und Adam Smith an.

Dabei macht sich eine eigenartige Ambivalenz bemerkbar, die mir typisch für die Geschichtsphilosophie des 18. Jahrhunderts zu sein scheint. Auf der einen Seite verstehen die Aufklärer ihre neue Wissenschaft als erklärende Historiographie, die sich an den zeitgenössischen Naturwissenschaften orientiert. Ihrem Selbstverständnis nach wollen Aufklärer wie Montesquieu, Voltaire, Turgot oder Adam Smith und Ferguson in erster Linie die Ursachen historischer Veränderungen erforschen. „In diesem Sinn umfaßt die *Universalgeschichte*," schreibt etwa Turgot, „die Betrachtung der aufeinander folgenden Fortschritte der menschlichen Gattung und der einzelnen Ursachen, die dazu beigetragen haben".[3] Dabei stellt sich dieser Typ der kausalen Erklärung in der konkreten Durchführung als wesentlich differenzierter heraus als die programmatischen Ankündigungen.

Auf der anderen Seite verbindet sich mit der Geschichtsphilosophie der Aufklärung die berühmt-berüchtigte Teleologie der Geschichte. Die Aufklärer nehmen eine verschämte Teleologie in Anspruch, um der Geschichte eine Richtung und einen halbwegs sicheren Verlauf zuschreiben zu können. Doch mit dem Hinweis auf die Teleologie ist diese Art des historischen Denkens noch lange nicht erledigt. Zum einen enthält diese Historiographie mehrere Erklärungsmuster, die es erst noch zu analysieren gilt. Zum anderen verbergen sich hinter der Teleologie selbst vielschichtige Probleme, die im einzelnen zu rekonstruieren sind. Dazu gehören die Erzählperspektive, die normative Dimension der Geschichtsdarstellung, das Problem historischer Kontingenz und die Frage nach dem Subjekt der Geschichte.

So oszilliert diese Geschichtsphilosophie zwischen wissenschaftlicher Erklärung und erwartungsvoller Selbstvergewisserung. Die Ambivalenzen dieses Denktyps gilt es nun zu explizieren und dessen rationalen Kern herauszuarbeiten. Anstatt die sogenannte Säkularisierungsthese zu wiederholen oder die bekannten ideologiekritischen Verdächtigungen auszusprechen, möchte ich in systematischer Perspektive eine rettende Kritik versuchen.


## 1. Die Idee der Universalgeschichte

Universalität beansprucht diese Art Geschichtsphilosophie in mehrfacher Hinsicht. Zunächst umfaßt die Geschichte alle historischen Zeiten und geographischen Räume, die durch die Kenntnis von Reiseberichten und durch die ersten Kulturtheorien erweitert wurden. Während der *Querelle des anciens et des modernes* am Ende des 17. Jahrhunderts hatte noch ein Vergleich zwischen Antike und Neuzeit

---

[3] Turgot, Anne Robert Jacques, *Über die Fortschritte des menschlichen Geistes*, hg. v. Johannes Rohbeck u. Lieselotte Steinbrügge. Frankfurt/M. 1990, S. 169.

genügt, um die vermeintliche Überlegenheit des modernen Zeitalters behaupten zu können.[4] Soll jedoch eine Kontinuität der Zeit mit einer Aufwärtsbewegung nachgewiesen werden, muß auch die dazwischen liegende Epoche des Mittelalters überbrückt werden. Dieser Aufgabe nahm sich vor allem Turgot an und verlängerte die Reichweite der Geschichte bis in die ersten Anfänge der Menschheit, so daß auch die Antike als das Resultat einer langen Entwicklung begreifbar wurde. In dieser Zeit entstanden spezielle Historiographien über die Anfänge der Hochkulturen.

Die Universalisierung des historischen Raumes, die ebenso wichtig genommen werden sollte wie die viel diskutierte Entstehung der historischen Zeit, ist eine Voraussetzung dafür, daß der Umfang der Geschichte bis zu den Anfängen der Menschheit ausgedehnt werden kann. Beschränkten sich frühere Historiographen auf einzelne Nationen oder auf Europa, werden nun tendenziell Länder und Völker der gesamten Erde einbezogen. Montesquieu hat sich vor allem dem vorderen Orient gewidmet; Fréret und Voltaire haben den historischen Raum bis China erweitert; Diderot und Raynal machten „die beiden Indien" zum Thema; Robertson konzentrierte sich auf Amerika.[5] Indem diese Aufklärer entfernte Regionen zum ersten Mal systematisch in den historischen Diskurs integrierten, werteten sie fremde Kulturen auf. Da außerdem gegen Ende des 18. Jahrhunderts die Entdeckungsreisen zu einem geographisch bedingten Abschluß gekommen waren, entstanden erstmals universelle und systematische Kulturvergleiche.[6] In diesem Sinn verkündet Turgots „histoire universelle" das Programm einer Weltgeschichte.[7] Es war dieser Zusammenhang von Entgrenzung und Begrenzung zugleich, der die Geschichtsphilosophie ermöglicht hat.

Die recht äußerlich anmutenden zeitlichen und räumlichen Erweiterungen der Geschichtsschreibung führen zu nicht zu unterschätzenden theoretischen Schlußfolgerungen. Denn aus dem Vergleich zwischen Völkern, die in unterschiedlichen Regionen und Epochen leben, resultiert aus der Fortschrittsperspektive die bahn-

---

[4]  Zur *Querelle* unter diesem Gesichtspunkt vgl. Jauß, Hans Robert, Ästhetische Normen und geschichtliche Reflexion in der Querelle des Anciens et des Modernes, Einleitung zu: Perrault, Charles, *Parallèle des anciens et des modernes en ce qui regarde les arts et les sciences*, hg. v. Hans Robert Jauß. München 1964; Schlobach, Jochen, *Zyklentheorie und Epochenmetaphorik*. München 1980, S. 198.

[5]  Montesquieu, Charles-Louis de, *De l'esprit des lois* (1748); Fréret, Nicolas, *De l'antiquité et de la certitude de la chronologie chinoise* (1731); Voltaire, *Essai sur l'histoire générale et sur les mœurs et l'esprit des nations depuis Charlemagne jusqu' à nos jours* (1756); Raynal, Guillaume Thomas François / Diderot, Denis, *Histoire philosophique et politique des établissements et du commerce des Européens dans les deux Indes* (1770); Robertson, William, *The History of the Discovery and Settlement of America* (1777).

[6]  Dieser Zusammenhang wird besonders deutlich in Raynals u. Diderots *Histoire des deux Indes*.

[7]  Turgot kann mit seinen zwischen 1748 und 1753 entstandenen geschichtsphilosophischen Entwürfen zu einer „histoire universelle" als erster Philosoph einer säkularen Universalgeschichte gelten. Turgot, (vgl. Anm. 3); vgl. meine Einleitung zur deutschen Ausgabe: Turgot als Geschichtsphilosoph, ebd., S. 7ff.

brechende Entdeckung, daß verschiedene Kulturstufen nicht nur an einem Ort
zeitlich aufeinanderfolgen, sondern auch gleichzeitig an diversen Orten anzutreffen
sind. In seinem bis 1753 entworfenen *Plan de deux discours sur l'histoire universelle* faßt Turgot diese Einsicht knapp zusammen:

> Auch heute noch vermittelt uns ein Blick auf die Erde die gesamte Geschichte der menschli-
> chen Gattung, indem er uns die Spuren all ihrer Schritte und die Zeugnisse all ihrer durchlau-
> fenen Stufen zeigt, von der Barbarei, die bei den amerikanischen Völkern noch immer fortlebt,
> bis hin zur Zivilisation der aufgeklärtesten Völker Europas. Leider ähnelten unsere Väter und
> die Pelasger, die Vorfahren der Griechen, den Wilden Amerikas![8]

Hier wird jedoch nicht nur die biblische Zeitrechnung, sondern die Chronologie
überhaupt verlassen. Kaum jemand hat diesen theoretischen Schritt so explizit
vollzogen wie Turgot, der Geschichte und Chronologie auch terminologisch trennt.
Er erklärt Geographie und Chronologie gewissermaßen zu Hilfsdisziplinen der Geschichtswissenschaft: „All das bedeutet Geschichte in den Augen eines Philosophen. Sie stützt sich auf Geographie und Chronologie, welche die Entfernungen
der Zeiten und Orte messen."[9] An dieser Stelle sei noch einmal an Hayden White
erinnert, der für die Anerkennung einer veritablen Geschichtserzählung gefordert
hat, daß die Geschichte sich von der Chronologie ablösen müsse.[10] Genau diese
Voraussetzung sehe ich bereits in der Geschichtsphilosophie der Aufklärung erfüllt.

Turgot charakterisiert hier einen Zusammenhang, der später „Gleichzeitigkeit
des Ungleichzeitigen" genannt wurde.[11] Doch gilt es, das Verhältnis von Zeit und
Geschichte zu präzisieren. Zwar läßt sich zu Recht von einer „Verzeitlichung der
Geschichte" sprechen, wenn man an die Entdeckung der spezifisch *historischen
Zeit* denkt, d.h. einer Zeit, die sich am beschleunigten Rhythmus der modernen
Zivilisation orientiert. Darunter wird üblicherweise die Ablösung von naturalen
Zeitvorstellungen verstanden, die den Kreislauf des organischen Wachstums oder
der Planetenbewegung abbilden.[12] Aber ebenso evident ist die umgekehrte Ten-
denz, daß die Geschichte nicht nur vom naturalen Zeitschema, sondern von der
Chronologie überhaupt abgekoppelt wird. In dieser Hinsicht möchte ich von einer
*Dechronologisierung der Geschichte* sprechen, die mir wesentlich für die Entste-
hung der neuzeitlichen Geschichtsphilosophie zu sein scheint.

---

[8]  Ebd., S. 198.
[9]  Ebd., S. 169; vgl. ebenso S. 164ff., insbes. S. 166.
[10] White, Hayden, *Die Bedeutung der Form.* Erzählstrukturen in der Geschichtsschreibung.
     Frankfurt/M. 1990, S. 11ff.
[11] Koselleck, Reinhart, *Vergangene Zukunft.* Zur Semantik geschichtlicher Zeiten. Frankfurt/M.
     1979, S. 130ff.
[12] Koselleck, Reinhart, Artikel ‚Fortschritt', in: Brunner, Otto / Conze, Werner / Koselleck,
     Reinhart (Hg.), *Geschichtliche Grundbegriffe.* Bd. 2. Stuttgart 1975, S. 351ff.; Riedel, Man-
     fred, Historischer, metaphysischer und transzendentaler Zeitbegriff. Zum Verhältnis von Ge-
     schichte und Chronologie im 18. Jahrhundert, in: Koselleck, Reinhart (Hg.), *Studien über den
     Beginn der modernen Welt.* Stuttgart 1977, S. 300ff.

Denn die theoretische Konsequenz aus der Entdeckung, daß die Kulturstufen nicht mehr an bestimmte zeitliche Epochen und geographische Orte gebunden sind, liegt darin: Die Geschichte erschöpft sich nicht mehr in raum-zeitlich geordneten und verbundenen Ereignissen, vielmehr strukturiert sich der innere Zusammenhang der Kulturen nach einem *allgemeinen Entwicklungsmodell*, das nun mit dem Kollektivsingular *Fortschritt* bezeichnet wird.[13] Erst dadurch erhält die Geschichte ihre selbständige Struktur und ihren eigenen Inhalt. Und dieser Inhalt besteht keineswegs in Staatsaktionen oder einem politisch-moralischen „plot". Andere Themen spielen eine weit größere Rolle, vor allem Wissenschaft, Technik und Ökonomie. In seiner Einleitung zum *Siècle de Louis XIV* kündigt Voltaire an, daß umfangreiche Teile seines Werkes den „Sitten der Menschen" sowie „den Wissenschaften, den Künsten, den Fortschritten des menschlichen Geistes gewidmet werden".[14] Hier deutet sich an, daß die Entwicklung von Wissenschaft und Technik den ersten Anlaß für die Fortschrittsidee gegeben hat. Aber entscheidend für die Herausbildung einer elaborierten Theorie des Fortschritts war die zeitgenössische politische Ökonomie, weil sie das grundlegende Erklärungsmodell für soziale Entwicklungen bereitgestellt hat.

Die Bedeutung der Wirtschaftstheorie für die Entstehung des Fortschrittsdenkens läßt sich in Turgots Kritik an Montesquieu nachvollziehen. Dieser hat ja bekanntlich versucht, soziale Veränderungen kausal zu erklären, indem er sie u.a. mit den natürlichen Lebensbedingungen wie Boden und Klima in Verbindung brachte und dadurch zum überragenden methodischen Vorbild für die französische und englische Geschichtstheorie wurde. Aber gegen Montesquieus Klimatheorie wendet Turgot zu Recht ein, daß unter gleichen klimatischen Bedingungen durchaus unterschiedliche gesellschaftliche Verhältnisse anzutreffen sind, wie umgekehrt unter unterschiedlichen Klimaten auch ähnliche Gesellschaftsformen entstehen können.[15] Aus dieser Beobachtung folgert er, an die Stelle der „causes physiques" nunmehr die „causes morales" zu setzen, d.h. diejenigen kulturellen Faktoren, die einen langfristigen Wandel bewirken. Dazu zählt Turgot die menschliche Arbeit, d.h. Wissenschaft, Technik und Ökonomie, auf deren Grundlage eine historische Entwicklung von Gesellschaften denkbar wird. Nicht mehr die äußerlichen Bedingungen der Natur sind ausschlaggebend für die Geschichte, sondern die von den Menschen selbst produzierten Lebensverhältnisse. Die Geschichtserzählung erhält dadurch eine sozialwissenschaftliche Prägung.

Aus dieser Konstellation resultieren je spezifische Deutungsmuster, die ich als „erklärende Historiographie" und „Geschichtsteleologie" bezeichnet habe. Da die Aufklärer dieses Verhältnis nicht selbst reflektiert haben, kommt es darauf an, die-

---

[13] Vgl. den begriffsgeschichtlichen Artikel ‚Fortschritt' von R. Koselleck, (wie Anm. 12), S. 351ff.

[14] Voltaire, *Das Zeitalter Ludwigs XIV*. München o. J., S. 5–9.

[15] Montesquieu, *Vom Geist der Gesetze*, hg. v. Ernst Forsthoff. Tübingen 1951, Bd. 1, S. 310ff.; Turgot, (wie Anm. 3), S. 113f.

se Aspekte möglichst genau zu unterscheiden und im einzelnen zu präzisieren. Im ersten Fall ist nach der Art und Weise historischer Erklärungen zu fragen. Und im zweiten Fall stellt sich die Frage, wie die Teleologie der Geschichte aus heutiger Sicht zu differenzieren und zu beurteilen ist.

## 2. Erklärende Historiographie

Ohne Zweifel bilden die wissenschaftlich-technischen Entdeckungen und Erfindungen den Ausgangspunkt für die Fortschrittsidee der Neuzeit. Den Anfang machte wohl Francis Bacon zu Beginn des 17. Jahrhunderts, als er die technischen Errungenschaften Buchdruck, Kompaß und Schießpulver pries und eine Methode zur systematischen Erfindungskunst entwarf. Ende des 17. Jahrhunderts kamen mit Charles Perrault und Fontenelle noch Maschinen sowie Fernrohr und Mikroskop zur Ahnenreihe großer Erfindungen hinzu. Und während im 18. Jahrhundert die Enzyklopädisten den für sie gegenwärtigen Zustand der „mechanischen Künste" festhielten, versuchten die Historiographen, die Entstehung und Entwicklung der Technik zu erforschen. Vor allem Antoine Yves Goguet stellt in *De l'origine des lois, des arts et des sciences; et de leurs progrès chez les anciens peuples* (1758) die Errungenschaften der Agrikultur dar.[16] Die Neuzeit wird nach Auffassung der Aufklärer durch Maschinen geprägt, die vor allem deshalb gefeiert werden, weil sie die menschliche Arbeit ökonomisieren.

### Fortschritte in Wissenschaft und Technik

In den Wissenschaften mißt man den gegenständlichen Instrumenten keine geringere Bedeutung bei. Für die Mathematikgeschichte weisen Goguet und Condillac nach, wie die Menschen durch den Gebrauch gegenständlicher Repräsentanten – zuerst durch die Finger der Hand und dann durch Rechensteine – das Zählen und Rechnen lernen und mittels dieses praktischen Umgangs zu theoretischen Ergebnissen – etwa die Erfindung der Null als Leerstelle auf einem Rechenbrett – gelangen, die der reine Intellekt sich hätte niemals ausdenken können.[17] In Condillacs Worten: „Aber man muß beachten, daß die Erfindungsmethode schneller vorankommen kann als die Erfinder selbst."[18] Im strengen Sinn vervollkommnet sich nach diesem Konzept gar nicht der „menschliche Geist", wie in unzähligen zeitgenössischen Titeln verkündet wird, vielmehr werden die Hilfsmittel immer effektiver. Darin besteht die Paradoxie einer derartigen Technik- und Wissenschaftsge-

---

[16] Goguet, Antoine Yves, *De l'origine des lois, des arts et des sciences; et de leurs progrès chez les anciens peuples*. Paris 1758, Bd. I, S. 203ff.
[17] Ebd., Bd. I, S. 199ff.; Condillac, Etienne Bonnot de, *La langue des calculs*, in: *Œuvres*. Paris 1798, Bd. XXIII, S. 9ff.
[18] Ebd., S. 221, übers. v. Johannes Rohbeck.

schichtsschreibung. Es gehört zur Stärke dieser Theorie, für diese Art Fortschritt eine plausible Erklärung anzubieten.

Wenn man wie Fontenelle unterstellt, daß die Natur der Menschen zu allen Zeiten gleich und daß der menschliche Verstand von Natur aus relativ beschränkt sei, dann können die bisherigen Fortschritte und vor allem deren beobachtbare Beschleunigung nur durch die zur Verfügung stehenden Hilfsmittel erklärt werden, die sich in dem Maße vermehren und verbessern, in dem auch der Schwierigkeitsgrad der jeweils zu lösenden Probleme zunimmt.[19] Diese phantastische Macht der Werkzeuge, Instrumente und Methoden rührt demnach aus deren Potenzen, Sinnesorgane zu verstärken sowie bisherige Erkenntnisresultate zusammenzufassen und damit das umfangreicher und komplexer werdende Wissen leichter begreifbar zu machen. Hilfsmittel, die sich in einem Gebiet bewährt haben, lassen sich auf andere Gegenstände anwenden und auf diese Weise verallgemeinern. Dadurch können sogar neue Objektbereiche entstehen. Fernrohr und Mikroskop sind dafür schlagende Beispiele. Diese Instrumente erlauben es nicht nur, bereits anvisierte Ziele besser zu erkennen, sondern erweitern wesentlich den Wahrnehmungshorizont und verändern damit letztlich auch die Ziele menschlicher Erkenntnis.

Hinter solchen Beobachtungen steht die generelle Einsicht, daß die Mittel der Technik weiter reichen als die ursprünglichen Absichten. Die gegenständlichen Instrumente enthalten und offenbaren während ihres Gebrauchs immer mehr und andere Möglichkeiten, als zur Zeit der Planung und Herstellung bezweckt waren. Sie vergrößern den Horizont der Gebrauchsmöglichkeiten, indem sie diese überschießenden Potenzen verkörpern. Und im Nachweis eines derartigen Überschusses besteht die neue Art historischer Erklärung. Die Erfindungen werden längst nicht mehr in Form einer Kausalkette aneinandergereiht, sondern stellen sich als gegenständliche und kognitive Bedingungen für erweiterte Handlungs- und Erkenntnismöglichkeiten dar. Ohne dieses Begründungsverfahren hätten die Aufklärer den erwähnten Schritt zur Geschichtstheorie nicht vollziehen können.

## Theorie ökonomischer Stadien

Genau dasselbe Erklärungsmuster läßt sich indessen auf ökonomischem Gebiet nachweisen. Denn diese Geschichtsphilosophie beschränkt sich nicht auf einzelne Fortschritte von Wissenschaft und Technik; im Zentrum steht vielmehr die Abfolge technisch-ökonomischer Stadien. Bereits Montesquieu unterschied zwischen Jägern, Hirten, Ackerbauern und industrietreibenden Völkern, aber erst Turgot und Smith transformieren diese Subsistenzweisen in einen Entwicklungszusammenhang. Das Entscheidende ihrer Argumentation liegt darin, daß der Arbeitsbegriff,

---

[19] Fontenelle, Bernard Le Bovier de, *Vorrede über den Nutzen der Mathematik und der Naturwissenschaften*, in: ders., *Philosophische Neuigkeiten für Leute von Welt und für Gelehrte*. Ausgewählte Schriften. Leipzig 1971, S. 277ff.; ders., *Exkurs über die Alten und die Modernen*, ebd., S. 243.

den Turgot und Smith in den historiographischen Diskurs übertragen, längst aus einer elaborierten Sozialwissenschaft stammt und damit theoretisch vermittelt ist. Darüber hinaus wird ein analytisches Instrument bereitgestellt, um ökonomische Fortschritte feststellen und begründen zu können. Wiederum ist es die Kategorie des *Überschusses*, mit deren Hilfe die *Übergänge* von einem Stadium in das andere erklärt werden. So führt Turgot aus:

> Familien oder kleine Völker, die weit voneinander entfernt leben, weil sie einen riesigen Raum zu ihrer Ernährung benötigen: das zeichnet das Stadium der *Jäger* aus. [...] Überall, wo (bestimmte) Tiere vorkamen, dauerte es nicht lange, bis sich das *Hirtenleben* einstellte: die Rinder und Schafe in Europa, die Kamele und Ziegen im Orient, die Pferde in der Tartarei und die Rentiere im Norden. [...] Das Hüten der Herden ist eine Last, welche die Jäger nicht haben, und die Herden ernähren mehr Menschen, als man zu ihrer Betreuung braucht. [...] Die Hirtenvölker, die sich in fruchtbaren Ländern aufgehalten haben, sind wahrscheinlich als erste zum Stadium der *Ackerbauern* übergegangen. [...] Außerdem ernährt der Boden bei ihnen mehr Menschen, als zur Kultivierung nötig sind. Folglich gibt es Müßiggänger, Städte, Handel, all die nützlichen und angenehmen Künste; daher gibt es Fortschritte auf allen Gebieten.[20]

Achtet man auf die implizite Art der Erklärung bei Turgot, ist es der jeweils erwirtschaftete Überschuß an Nahrungsmitteln, der das nächsthöhere Niveau ermöglicht, weil er Menschen für die entwickeltere Tätigkeit freisetzt. Ohne die ökonomische Theorie der Physiokraten hätte das Kriterium für eine solche Begründung gar nicht zur Verfügung gestanden. Denn erst die Analyse von Wirtschaftszyklen erlaubt es, einen quantitativen Wertzuwachs analytisch zu fassen und damit ein „surplus" zu identifizieren, das als Bedingung weiterer Fortschritte interpretiert werden kann. Demnach setzt sich der Fortschritt aus zwei Bewegungen zusammen: aus dem Zyklus der Reproduktion und aus dem gleichzeitigen Zuwachs des Reichtums. So bildet die erweiterte Reproduktion das grundlegende Modell dieser Geschichtstheorie.

In seinen *Lectures on Jurisprudence* leitet Adam Smith daraus ein allgemeines Entwicklungsgesetz ökonomischen Fortschritts ab:

> Jeder Handel erfordert eine Reserve von Nahrung, Kleidung und einen Ort zur Aufbewahrung. Diesen Fall vorausgesetzt, daß in jedem Land eine Reserve von Nahrung, Kleidung und Lagerung vorhanden ist, muß die Zahl derjenigen Menschen, die dafür beschäftigt werden, im rechten Verhältnis dazu stehen.[21]

Wie Turgot setzt Smith eine „Reserve", d.h. einen Überschuß voraus, um zu erklären, wie Menschen in die Lage versetzt werden, sich einer avancierteren Subsistenzweise wie dem Handel widmen zu können. Sowohl auf wirtschaftlichem als auch auf technisch-wissenschaftlichem Gebiet ähnelt sich das Muster kausaler Erklärung, so daß eine wechselseitige Modellübertragung vermutet werden darf. Der gemeinsame Typus besteht längst nicht mehr in der Konstruktion linearer Kausal-

---

[20]  Turgot, (wie Anm. 3), S. 171–175.
[21]  Smith, Adam, *Works*. Oxford 1976–1978, hier Bd. V, S. 498, vgl. S. 492, übers. v. Johannes Rohbeck.

ketten, wie die methodologischen Ankündigungen befürchten ließen; vielmehr geht es um den Nachweis gegenständlicher Voraussetzungen für erweiterte Handlungsmöglichkeiten, mithin von Bedingungen der Möglichkeit weiterer Entwicklungsphasen.

Hier wird nicht etwa ein bestimmtes Schema in eine bereits vorhandene Geschichtskonzeption implantiert; vielmehr ist die Theorie der Universalgeschichte durch die politische Ökonomie überhaupt erst möglich geworden. Für diese These spricht auch der biographische Umstand, daß die Theorie der technisch-ökonomischen Stadien zuerst von den Wirtschaftstheoretikern Turgot und Smith entwickelt wurde. Der Zusammenhang von Ökonomie und Geschichte ist für die Fortschrittsidee der Aufklärung konstitutiv. So hat eine neue Sozialwissenschaft der Geschichtsphilosophie zum Durchbruch verholfen. Thema ist nicht mehr die Serie singulärer Fortschritte, sondern die Abfolge bestimmter Gesellschaftsformen. Der Fortschritt wird auf diese Weise zu einer *soziologischen* Kategorie.

Zusammenfassend stelle ich fest: Die Geschichtsphilosophie der Aufklärung läßt sich nicht auf die Denkfigur der Teleologie reduzieren. In der Stadientheorie werden Gründe angegeben, die ausdrücklich *nicht* teleologisch konstruiert sind. Es werden weder Handlungszwecke der beteiligten Individuen unterstellt, als ob etwa die Hirten das Ackerbaustadium mit einer vorausschauenden Absicht angestrebt hätten, noch gibt es in diesem Kontext Hinweise auf eine überindividuelle Instanz, die dabei auf ein allgemeines Ziel hin hätte einwirken können. Statt dessen werden die Bedingungen für erweiterte Handlungsmöglichkeiten analysiert. Diese Art Fortschritt hat kein Endziel, er besteht in einem fortdauernden Überschreiten des jeweils Erreichten mit offenem Ausgang.

Freilich sind auch die Grenzen dieses Schemas sichtbar. Es werden lediglich die Möglichkeitsbedingungen für eine im Grunde offene Entwicklung nachgewiesen. Obwohl es sich dabei um ein universelles Prinzip handelt, das für die gesamte Geschichte gelten soll, bleibt doch die historische Entwicklung im ganzen unbegreifbar. Das anfangs angekündigte Programm einer Universalgeschichte ist im Rahmen einer erklärenden Historiographie offensichtlich nicht einlösbar.

## 3. Teleologie der Geschichte

Daneben hat sich in der Fortschrittstheorie des 18. Jahrhunderts ein anderes Deutungsmuster erhalten, das in merkwürdigem Kontrast zum ersten Erklärungsmuster steht und dazu dienen soll, dessen Defizite zu kompensieren. Ich meine die Teleologie der Geschichte, die zu einem Kernproblem der neuzeitlich-klassischen Geschichtsphilosophie gehört und deren neuralgischen Punkt markiert. Wenn der Fortschritt – in Abgrenzung von der traditionellen Zyklentheorie – als aufsteigende

Linie vorgestellt wird, fragt es sich natürlich, woher die Einzelfortschritte ihre Richtung beziehen.

An dieser Stelle scheint die altehrwürdige Teleologie wieder aufzuerstehen. Aber man muß sich vor Augen führen, daß diese Teleologie ihren traditionellen Erklärungsanspruch eingebüßt hat und längst eine gewandelte Funktion erfüllt. Das Telos fungiert keineswegs als Ursache und damit auch nicht mehr als Finalursache. Denn die bewegenden Ursachen liegen jetzt unmißverständlich in den Bedürfnissen und hergestellten Mitteln der Menschen. Ebensowenig ist die Teleologie mit Theodizee gleichzusetzen. Die Teleologie muß sich also in der Geschichtsphilosophie der Neuzeit mit einem Residuum zufrieden geben, das jedoch nicht minder bedeutsam ist. Diese Funktionen sollen im folgenden möglichst genau differenziert und expliziert werden. Wie angekündigt, unterscheide ich zwischen einer narrativen, normativen und spezifisch geschichtsphilosophischen Funktion.

## Erzählperspektive

Vor allem Kant hat auf die Unterscheidung zwischen einer Betrachtung der Vergangenheit und einer Prognose in die Zukunft Wert gelegt. Während er die „wahrsagende Geschichte" skeptisch beurteilt, bestreitet er hinsichtlich vergangener Fortschritte keineswegs, daß dafür empirische „Beweise" vorliegen.[22] Der zu vermeidende Fehler besteht offenbar darin, die Vergangenheit einfach in die Zukunft zu verlängern. Beschränkt man sich hingegen auf die Retrospektive, nimmt sich das Telos der Geschichte viel bescheidener aus: Es bezeichnet lediglich den gegenwärtigen Standpunkt, von dem aus vergangene Geschichte dargestellt wird. Die Gegenwart bildet das vorläufige Ende, aus dessen Sicht die historischen Ereignisse geordnet und interpretiert werden. Erst im Rückblick erhalten sie ihren Sinn und ihre spezifisch historische Bedeutung. Wenn Geschichte nun einmal nicht anders geschrieben werden kann, dann verfährt die Historiographie in diesem schwachen Sinn immer „teleologisch". Die Teleologie steht für die Erzählperspektive. Und diese Art Perspektive hat wesentlich die Aufgabe, die Geschichte im Gesamtzusammenhang vorstellbar zu machen. Während die Wirkursachen nur die Teile betreffen, geht es hier um die Historie im ganzen. Das hat eine sowohl methodisch-formale als auch eine sachlich-inhaltliche Seite.

Der teleologisch verfaßte Fortschritt wird von Anfang an als eine hypothetische Konstruktion verstanden. So besteht kein Zweifel daran, daß sich bereits die französischen und englischen Aufklärer des 18. Jahrhunderts über diesen methodischen Status im klaren waren. Sie waren keineswegs so naiv, den Fortschritt als historische Tatsache hinzustellen. Zwar hat wiederum erst Kant diese „Als-ob-Konstruktion" expliziert, indem er die von ihm unterstellte „Naturabsicht" als

---

[22] Kant, Immanuel, *Idee zu einer allgemeinen Geschichte in weltbürgerlicher Absicht*, in: ders., *Werke*, Bd. XI, hg. v. Wilhelm Weischedel, S. 43f.; ders., *Über den Gemeinspruch*, ebd., S. 167f.; *Der Streit der Fakultäten*, ebd., S. 256ff.

regulative Idee bezeichnete, aber das Modell als solches war ja seit dem 17. Jahrhundert geläufig. Bereits Hobbes konstruiert den Staat so, „als ob" seine Mitglieder in einen allgemeinen Vertrag eingewilligt hätten. Und sofern die Geschichtsphilosophie an diese Tradition anknüpft, weil auch sie die sozialen Institutionen von den Menschen für „gemacht" hält, übernimmt sie den hypothetischen Charakter ihrer zentralen Aussagen. Die Menschen stellen demnach zwar Dinge her und erzeugen mit ihren Handlungen bestimmte Wirkungen, aber ob sie als Gattung ihre Geschichte „machen", wird wohl eher in Zweifel gezogen. Und das kompensatorische Geschichtssubjekt in Form einer „höheren Macht" oder „Vorsehung" ist in der Tat eine meist metaphorisch formulierte Annahme.

In diesem Zusammenhang sei noch einmal an den theoretischen Status des Fortschrittsbegriffs erinnert: Der Fortschritt wird vom kontingenten chronologisch-geographischen Prozeß abgekoppelt und stellt lediglich ein allgemeines Entwicklungsschema dar, an dem die empirischen Lebensverhältnisse der einzelnen Völker gemessen werden können. Wenn mit dem Begriff des Fortschritts also keine Beschreibung wirklicher Geschichtsverläufe gemeint ist in dem Sinne, daß die Menschen eines nahen oder fernen Tages tatsächlich irgendeinen Zustand der Perfektion erreicht haben, dann handelt es sich lediglich um ein Deutungsmuster. Welche inhaltlichen Deutungen sind mit der Teleologie gemeint?

Versteht man das Telos nicht nur als Zeitpunkt, sondern als einen Fluchtpunkt von Erfahrungen, die ein inhaltlich bestimmtes Bild auf die Geschichte werfen, stellt sich die Frage, auf welche Weise eine derart teleologische Perspektive das historische Material strukturiert. Natürlich gibt es einzelne Begebenheiten, welche die Sicht auf die Geschichte prägen können. Kant hatte ja mit der Französischen Revolution ein historisches Ereignis genannt, das nicht für die Vorhersage taugt, sondern zur Orientierung für die Historiographie dienen kann. Aber in der französischen und englischen Geschichtsphilosophie geht es, wie sich zeigte, um etwas anderes: nicht primär um raum-zeitlich hervorgehobene historische Ereignisse, sondern um die Geschichte von Wissenschaft, Technik und Gesellschaft. Wiederum hat Kant dafür das entscheidende Stichwort geliefert, indem er fragt, ob die Geschichte als „Aggregat" menschlicher Handlungen oder als „System" darstellbar sei.[23]

Wenn also gesagt werden konnte, daß die Geschichte vom Standpunkt der Gegenwart geschrieben wird, läßt sich jetzt präzisieren, daß es Systeme des Wissens, Könnens und der sozialen Praxis sind, die das Konzept der Universalgeschichte strukturieren. Diese Systeme sind keine singulären Handlungen, sondern repräsentieren bereits institutionalisierte Handlungszusammenhänge. Sie stellen sozusagen die geronnene und teilweise ja auch gegenständlich fixierte Erfahrung der Geschichte dar. In der Geschichtsphilosophie fungieren diese Systeme als Modelle der historischen Rekonstruktion.

---

[23] Kant, *Idee*, (wie Anm. 22), S. 48.

Paradigmatisch für ein solches Verhältnis von System und Geschichte dürfte die Geschichte der Mathematik sein. Im Grunde weist Descartes' Methode der späteren Fortschrittstheorie den Weg: Nachdem der Historiker das gegenwärtige mathematische System in elementare Einheiten zerlegt hat, kann er die darauf folgende Synthese aus diesen Elementen als Entstehungsprozeß der Mathematik darstellen. Genau so verfährt Turgot, indem er sie mit einfachen Vorstellungen wie Zahlen und Raumgrößen beginnen läßt und die weiteren Fortschritte als Kombinationen zu immer komplexeren und damit auch allgemeineren Ideen und Regeln beschreibt. Von dort läßt sich dann der zurückgelegte Fortschritt betrachten: „Eine Kette voneinander abhängiger Glieder bildet sich, in der die Menschen alle Schritte wiedererkennen können, die sie gemacht haben, um Wahrheit auf Wahrheit zu häufen."[24]

In Goguets Mathematikgeschichte läßt sich dieselbe Methode beobachten, wenn er den Weg von „einfachen" zu „schwierigen" arithmetischen Operationen darstellt. Aber er reflektiert diese Methode mit einer interessanten Nuance:

> Die moderne Arithmetik kann uns nur als *Idee* dienen für jene Zeitalter, die hier an uns vorbeilaufen; anstelle einer exakten Analyse führen wir diese Wissenschaft auf ihre ersten Elemente zurück. Das ist das einzige Mittel, um diejenigen Operationen aufzudecken, die sich, entsprechend ihrer Einfachheit, als erste dem forschenden Geist wohl angeboten haben dürften.[25]

In dieser Reflexion wird die Differenz zwischen aktueller Systematik und geschichtlicher Genese deutlich. Goguet orientiert sich lediglich an der zeitgenössischen Mathematik, ohne behaupten zu wollen, mit ihrer „Idee" im Sinne eines Modells bereits die historische Analyse geleistet zu haben. Die Rationalität der entwickelten Wissenschaft erfüllt bei der Erforschung der historischen Entwicklung lediglich eine heuristische Funktion.

Eine ähnliche Verfahrensweise ließe sich auch auf dem Gebiet der Naturwissenschaften und der Philosophie nachweisen. In der Physik ist es das System Newtons, das den vorläufigen Endpunkt der Retrospektive darstellt, so wie in der Philosophie der Lockesche Empirismus. Aber ich möchte noch auf einen anderen Aspekt aufmerksam machen, der mit dem Verhältnis von System und Geschichte zusammenhängt. Es ist die Erfahrung von Veränderungen innerhalb einer bestimmten wissenschaftlichen Formation, die mir für die Idee des Fortschritts wesentlich ist.

Descartes hatte ja noch geglaubt, mit seiner Methode ein Wissenschaftssystem etabliert zu haben, das in seinen Prinzipien nicht mehr verändert zu werden brauchte, so daß späteren Forschern nur noch die konkrete Ausarbeitung und Ergänzung eines bereits bestehenden und auf unbegrenzte Dauer geltenden Grundris-

---

[24] Turgot, (wie Anm. 3), S. 204f.
[25] Goguet, (wie Anm. 16), Bd. I, S. 207, Übersetzung und Hervorhebung von Johannes Rohbeck.

ses übrig bliebe.[26] Diese Selbsteinschätzung und wohl auch Überschätzung wurde spätestens gegen Ende des 17. Jahrhunderts gründlich widerlegt: Galileis kinematische Physik mußte der Dynamik von Huygens und Newton weichen. Und Descartes' „res cogitans" erfuhr durch Lockes sensualistische Wende zumindest eine bedeutsame Modifizierung. Im 18. Jahrhundert entstanden sogar neue Wissenschaften wie Geographie, Geologie sowie eine Naturgeschichte, die auf die spätere Biologie verweist. Zaghaft deutet sich eine Abkehr vom mechanistischen Weltbild in Richtung organizistischer Modellvorstellungen an.

Ohne auf diese wissenschaftsgeschichtlichen Prozesse eingehen zu können, ist an dieser Stelle festzuhalten, daß die Historiographen und Geschichtsdenker seit der Mitte dieses Jahrhunderts solche Veränderungen genau registrieren und daraus Schlußfolgerungen ziehen.[27] Einerseits setzen die Aufklärer wie selbstverständlich die Einheit einer sich vervollkommnenden Menschenvernunft voraus, aber andererseits machen sie im historischen Rückblick die wichtige Erfahrung, daß der Fortschritt sich nicht auf eine bloße Addition von immer mehr Wissen beschränkt, sondern daß er auch Korrekturen und Kehrtwendungen enthält. Sie entdecken also, daß diese Entwicklung aus Brüchen besteht, die das frühere Wunschbild eines einzigen und ewig wahren Systems des Wissens in Frage stellt und stattdessen eine Folge divergenter Systeme vor Augen führt. Solche Einsicht in die Kontinuität und Diskontinuität der Geschichte ist konstitutiv für den Fortschrittsgedanken des 18. Jahrhunderts.

Verallgemeinert man diesen Gedanken, lassen sich diese Beobachtungen auf das Selbstverständnis der späteren Aufklärung beziehen. Die Aufklärer machen offenbar die Erfahrung, daß die von ihnen getragene geistige Bewegung kein einmaliger Akt ist, sondern als eine lang andauernde, divergente und niemals abgeschlossene Entwicklung verstanden werden muß. So wird in der Geschichtsphilosophie des 18. Jahrhunderts die Aufklärung in einen Prozeß umgedeutet.

## Die normative Dimension

Folgt man heutigen Kritikern der Geschichtsphilosophie, scheint deren eigentliches Skandalon darin zu bestehen, daß sie die normative Dimension angeblich verdeckt. Zuerst hat Reinhart Koselleck die These vertreten, die Geschichtsphilosophie des 18. Jahrhunderts sei aus dem Widerspruch zwischen Politik und Moral hervorgegangen und habe dadurch die ungelösten moralphilosophischen Probleme fortge-

---

[26] Darauf verweist Blumenberg, obwohl er den folgenden Brüchen und entsprechenden geschichtsphilosophischen Reflexionen keine Beachtung schenkt und allein die Kontinuität (am Beispiel der Astronomie) betont: Blumenberg, Hans, *Lebenszeit und Weltzeit.* Frankfurt/M. 1986, S. 180ff.

[27] Deutlich bei Turgot, (wie Anm. 3), S. 99, 108f.; vgl. Condorcet, Marie-Jean-Antoine-Nicolas Caritat de, *Esquisse d'un tableau historique des progrès de l'esprit humain* (1794), deutsche Ausgabe: *Entwurf einer historischen Darstellung der Fortschritte des menschlichen Geistes.* Frankfurt/M. 1976, S. 170f.

schleppt und in die Zukunft vertagt.[28] Neuerdings fordert Jürgen Habermas das
Ende der Geschichtsphilosophie mit dem Argument, sie wolle sich an die Stelle
der praktischen Philosophie setzen und deren kritische Potentiale usurpieren. Während er die retrospektive Evaluation im Grunde anerkennt, erhebt er den umge-
kehrten Vorwurf, in der Geschichtsphilosophie würden die normativen Geltungs-
ansprüche durch die Faktizität historischer Prozesse ersetzt, was auf eine falsche
Legitimierung des Bestehenden hinauslaufe.[29]

Kaum ein Einwand dürfte indessen unbegründeter sein, wie schon ein grober
Überblick zu belegen vermag. Bereits bei den französischen und englischen Aufklärern ist die normative Dimension fest verankert, weil sie auch in der Geschichtsphilosophie die Tradition des Naturrechts fortschreiben. Gerade weil sie
die starre Trennung zwischen „Naturzustand" und „bürgerlicher Gesellschaft" aufheben, bleiben die naturrechtlich begründeten Normen bestehen und entfalten in
der Historiographie ihre kritischen Potenzen. Dazu zählen ausdrücklich die Menschenrechte wie Freiheit des Individuums sowie rechtliche und soziale Gleichheit
der Menschen. Nicht zu unterschätzen ist die Forderung nach Soziabilität, wie sie
in der Mitleidsethik bis zur Proklamation der Brüderlichkeit in der Französischen
Revolution zum Ausdruck kommt. Ebenso reklamieren die Aufklärer ein ökonomisch definiertes Allgemeinwohl, das möglichst allen Menschen zugute kommen
soll. Daran hat sich die vorsichtiger formulierte Hoffnung geknüpft, daß Wohl-
stand und bürgerliche Verkehrsformen einen günstigen Einfluß auf Recht, Politik
und Moral ausüben mögen.[30]

Ohne eine Bewertung historischer Ereignisse ist die zentrale Idee des Fortschritts gar nicht denkbar.[31] So hat der Fortschrittsbegriff eine sowohl deskriptive
als auch evaluative Funktion. Nicht zuletzt die Geschichtserzählung erfüllt eine
solche evaluative Funktion, indem bestimmte Veränderungen nicht anders als nach
Maßgabe von ethisch gerechtfertigten Zielen beurteilt werden. Von einer ‚normativen Kraft des Faktischen' kann in der Philosophie der Geschichte also keine Rede
sein. Die Geschichtsphilosophie ist normativ und auch ethisch hoch aufgeladen. Es
geht nicht darum, faktische Verläufe nachträglich zu legitimieren. Vielmehr stellt

[28]  Koselleck, Reinhart, *Kritik und Krise*. Frankfurt/M. 1973, S. 105ff.
[29]  Habermas, Jürgen, *Der philosophische Diskurs der Moderne*. Frankfurt/M. 1985, S. 9ff.;
   ders., *Faktizität und Geltung*. Beiträge zur Diskurstheorie des Rechts und des demokratischen
   Rechtsstaates. Frankfurt/M. 1994, S. 16f.; vgl. auch Schnädelbach, Herbert, *Geschichtsphilosophie nach Hegel*. Die Probleme des Historismus. Freiburg / München 1974, S. 41f.; Bialas,
   Wolfgang, *Von der Revolution der Klasse zur Evolution der Vernunft*. Vernunftphilosophie in
   kommunikationstheoretischer Begründung. Frankfurt/M. 1996, S. 109.
[30]  Vgl. D'Alembert, Jean Le Rond, *Einleitung zur ‚Enzyklopädie'*. Frankfurt/M. 1989, S. 41.
[31]  Troeltsch, Ernst, *Der Historismus und seine Probleme*, in: *Gesammelte Schriften*. Bd. 3. Aalen
   1977, S. 111ff. – Vgl. auch Rohbeck, Johannes, *Die Fortschrittstheorie der Aufklärung*.
   Frankfurt a.M. / New York 1987, S. 134f.; Rapp, Friedrich, *Fortschritt*. Entwicklung und
   Sinngehalt einer philosophischen Idee. Darmstadt 1992, S. 34ff.; Gröbl-Steinbach, Evelyn,
   *Fortschrittsidee und rationale Weltgestaltung*. Die kulturellen Voraussetzungen des Politischen in der Moderne. Frankfurt/M. 1994, S. 228ff.

sich im geschichtsphilosophischen Diskurs die Frage, wie sich die wie auch immer bestimmten Normen im tatsächlichen historischen Geschehen verwirklichen oder durch welche Anstrengungen sie verwirklicht werden können. Dadurch verschiebt sich der Akzent von der ethischen Begründung zur Problematik der Realisierung.

Was im common sense der französischen und englischen Aufklärung formuliert wird, ist zunächst der genetische Zusammenhang von Marktgesellschaft, Menschenrechten und Staatsformen. Wiederum bildet die Vier-Stadien-Theorie das Leitbild, mit dem die erhofften politischen und rechtlichen Fortschritte verbunden werden. Während sich demzufolge die ersten Staaten auf dem Niveau von Viehzucht und Ackerbau herausbilden, entstehen die bürgerlichen Freiheiten im Stadium von Handel und Industrie. Zugleich wird hier ein funktionaler Zusammenhang gesehen, weil umgekehrt bestimmte Rechts- und Staatsformen als wesentliche Voraussetzungen für wirtschaftliche Prosperität erkannt werden. Nur wo diese Rechtsformen gelten und sanktionsfähig sind, kann sich ökonomisches Leben entfalten. Sie stellen daher umgekehrt auch eine Bedingung von Handel und Industrie dar. Im ganzen handelt es sich um eine Strukturähnlichkeit ökonomischer und rechtlich-politischer Systeme, die sich wechselseitig bedingen.

Das Verhältnis von Ökonomie und Recht wird vor allem von Adam Smith thematisiert, der zeigt, wie sich die Teilung der Arbeit zwischen Stadt und Land sowie die steigende Produktivität der Arbeit mit wachsendem wirtschaftlichem Reichtum auf die juristischen Verhältnisse einer Gesellschaft auswirken. Besonders stolz ist Smith auf den historischen Nachweis, daß die Surplus-Produktion und die darauf folgende Ausweitung der Konsumbedürfnisse auf dem Lande den Adel ökonomisch geschwächt und politisch entmachtet haben, wodurch die Auflösung der Leibeigenschaft der Bauern vorbereitet worden sei.[32] Darin sieht er eine Verknüpfung von Wirtschaftswachstum und Befreiung der Menschen. Komplementär dazu haben Handel und Industrie in den Städten die Freiheit der Person und die rechtliche Gleichheit gefördert.[33] Allerdings war Smith viel zu skeptisch, um an einen Selbstlauf des sozialen und politischen Emanzipationsprozesses zu glauben.

Fast gleichzeitig geht Turgot sogar so weit, aus diesem Kausalnexus Schlußfolgerungen für die Geschichte der Politik zu ziehen. Wiederum stammt das Begründungsschema von Montesquieu, der die seit Aristoteles tradierten Regierungsformen – Despotie, Monarchie, Aristokratie, Demokratie – in Beziehung sowohl zu den inneren Motiven menschlicher Handlungen als auch zu äußeren Bedingungen wie Klima und Boden gesetzt hat. Aber indem Turgot – wie gezeigt – zusätzlich

---

[32] Smith, (wie Anm. 21), Bd. V, S. 403ff.; vgl. Medick, Hans, *Naturzustand und Naturgeschichte in der bürgerlichen Gesellschaft.* Die Ursprünge der bürgerlichen Sozialtheorie als Geschichtsphilosophie und Sozialwissenschaft bei Samuel Pufendorff, John Locke und Adam Smith. Göttingen 1973, S. 272; Hirschmann, Albert O., *Leidenschaften und Interessen.* Politische Begründungen des Kapitalismus vor seinem Sieg. Frankfurt/M. 1980, S. 109ff.

[33] Smith, *Lectures on Jurisprudence*, Bd. V, S. 408ff.

noch den prosperierenden Faktor Ökonomie einführt, glaubt er eine langfristige Tendenz feststellen zu können:

> Dies sind auch die Gründe dafür, daß selbst die Monarchie nach einer gewissen Zeit in fast allen Städten, die in ihrer Ausdehnung auf die direkt angrenzenden Ländereien oder weit entfernte Kolonien beschränkt waren, durch eine Republik ersetzt wurde. [...] der Geist der Gleichheit kann aus den Städten nicht verbannt werden, weil dort der Geist des Handels herrscht.[34]

Die Ambivalenzen des Fortschritts treten vollends zutage, wenn von der technisch-ökonomischen Zivilisation eine moralische Besserung erhofft wird. Kant vertritt in diesem neuralgischen Punkt eine besonders skeptische Position: „Wir sind im hohen Grade durch Kunst und Wissenschaft kultiviert, wir sind zivilisiert, bis zum Überlästigen, zu allerlei gesellschaftlicher Artigkeit und Anständigkeit. Aber, uns für schon moralisiert zu halten, daran fehlt noch sehr viel."[35] Abgesehen davon, daß ein solcher Überdruß aus heutiger Sicht schwer nachvollziehbar ist, liegt doch das Problem in einer möglichen Wechselbeziehung zwischen Zivilisation und Moral. Aber wo findet sich ein geeigneter Maßstab für die Moral? In der französischen und englischen Spätaufklärung dient bezeichnenderweise das Verhältnis der Geschlechter zueinander als ein solcher Gradmesser humaner Umgangsformen. Das läßt sich am besten bei Condorcet und John Millar studieren.

Obwohl Condorcets Entwurf einer historischen Darstellung der Fortschritte des menschlichen Geistes üblicherweise als Inbegriff eines naiven Optimismus gilt, zeigt sich gerade hier am Ende der Aufklärungsepoche eine eigentümliche Doppeldeutigkeit. Untersucht man diesen Text genauer, stellt sich heraus, daß im Grunde zwei Geschichten erzählt werden: Auf die erste Fortschrittsgeschichte läßt Condorcet eine zweite Geschichte des Verfalls folgen. Nach anfänglichen technischen Errungenschaften, die den Hirtenvölkern eine gewisse „Muße" verschafften, verbesserten sich auch die sozialen Verhaltensweisen der Menschen: „Die Sitten mußten milder werden; die Sklaverei der Frauen war weniger hart; die Frauen der Reichen brauchten nicht länger mühselige Arbeiten zu verrichten."[36] Das gilt auch für das Stadium des Ackerbaus. Aber wenn ein gewisser Überfluß erwirtschaftet ist und eine Klasse von Kriegern heranwächst, schlägt der bisherige soziale Fortschritt in Barbarei um: „Dagegen veranschaulicht uns das Bild, das wir von den Sitten der durch Eroberung gegründeten Reiche machen, alle Spielarten der Erniedrigung und Verderbnis und zeigt, wohin Despotismus und Aberglaube das Menschengeschlecht bringen können."[37] Diese Beispiele demonstrieren, daß Ungleichzeitigkeiten innerhalb einer Kultur eingeräumt werden.

---

[34] Turgot, (wie Anm. 3), S. 180.
[35] Kant, *Idee*, (wie Anm. 22), S. 44.
[36] Condorcet, (wie Anm. 27), S. 46.
[37] Ebd., S. 58.

Insbesondere Millar hat die Beziehung zwischen den Geschlechtern zum Gradmesser sozialer Verbesserungen gemacht, die sich auf technische Fortschritte stützen. „In allen Gegenden der Erde, wo mit der Entfaltung des Ackerbaus die Inbesitznahme von Ländereien stattfand, wird man bei den Menschen Gebräuche antreffen, in denen sich wesentliche Fortschritte im Umgang der Geschlechter anzeigen."[38] Diese Tendenz setzt sich im Stadium von Handel und Industrie fort:

> Diese Errungenschaften sind Quelle bedeutender Wandlungen in der Gesellschaftsform, und zwar gerade für die Frauen. Mit zunehmender Geschicklichkeit des Menschen in gewerblichen Fertigkeiten und der Erweiterung des Handels bahnt sich auf natürlichem Wege eine Entwicklung an, wodurch jene Umstände zurücktreten, die der freien Begegnung der Geschlechter hinderlich sind.[39]

Die entscheidende Frage besteht daher darin, ob nach einer Phase der Barbarei und Despotie wieder mit einer Verbesserung der Sitten zu rechnen ist; genauer: welche Wirkungen das gegenwärtige Zeitalter der bürgerlichen Gesellschaft auf die Moral ausübt.

Diese Frage versucht Millar dadurch zu beantworten, daß er zwei gegenläufige Prozesse annimmt. Einerseits wachse die Macht des Herrschers bei Kulturvölkern, weil sich der Staat durch stehendes Heer, Beamtenapparat und hohe Steuern bereichere und zentralisiere. Andererseits schaffe der technisch-wirtschaftliche Fortschritt immer günstigere Bedingungen für die Menschen, materiell und geistig unabhängig zu werden. Unter dem Titel „Das Resultat aus dem Widerstreit dieser verschieden wirkenden Grundströmungen" versucht Millar schließlich, die allgemeine Tendenz zu formulieren, daß unter bestimmten Bedingungen des Fortschritts in Handel und Industrie doch die Chancen für mehr Freiheit und Gleichheit erhöht werden.[40] So teilt Millar die Kritik an den zu seiner Zeit herrschenden sozialen und politischen Verhältnissen. Aber er glaubt, in den technischen und ökonomischen Bedingungen Indizien dafür erkannt zu haben, daß sich die Verhältnisse im „Widerstreit" entgegengesetzter Wirkungen letztlich zum Guten regulieren.

Die Teleologie der Geschichte erfüllt also wesentlich eine normative Funktion. Bereits bei einer individuellen Handlung stellt der Zweck die Deutung bzw. Interpretation eines bereits erfolgten Ergebnisses dar – ein Zweck, der dann später als Motiv in den Ursprung einer Handlung zurückprojiziert wird. So dient er nicht selten der nachträglichen Legendenbildung. Ähnlich verhält es sich auch in der Geschichtsphilosophie. Das postulierte Ziel der Geschichte dient der Bewertung vergangener historischer Ereignisse, mit denen sich natürlich zugleich Erwartun-

---

[38] Millar, John, *Vom Ursprung des Unterschieds in den Rangordnungen und Ständen der Gesellschaft*. Frankfurt/M. 1985, S. 98.
[39] Ebd., 112. – Allerdings beschränkt sich in Millars Konzeption die Emanzipation der Frau auf den privaten Lebensbereich.
[40] Ebd., S. 226ff.

gen an die Zunkunft verknüpfen. Zu dieser Bewertung bedarf es eines allgemeinen Maßstabes, anhand dessen die einzelnen Phänomene beurteilt werden können. In diesem Sinn repräsentiert die Fortschrittsidee in erster Linie einen Bewertungsmaßstab. Das behauptete Geschichts-Telos stellt die Norm dar, an der vergangene und künftige Ereignisse beurteilt werden. Oder umgekehrt: Die eigene Norm wird zum historischen Ziel deklariert. In dieser Umkehrung bestätigt sich die Feststellung, daß die Geschichtsphilosophie der Neuzeit ungelöste moralphilosophische Inhalte fortschleppt. Die Moral wird verzeitlicht, bleibt sich aber darin treu.

## Kontingenzerfahrung

Auf die Frage, wer denn die Geschichte „mache", finden die Aufklärer seit Vico die Antwort: Die Menschen machen ihre eigene Geschichte – jedenfalls scheint festzustehen, daß kein anderer sie macht. Doch stellt sich das Problem, wie aus den Handlungszielen der Individuen ein gemeinsames Telos hervorgehen soll. Die Menschen stellen zwar Dinge her und erzeugen mit ihren Handlungen bestimmte Wirkungen, aber damit „machen" sie nicht die Geschichte im ganzen. Sie mögen zwar ihre einzelnen Zwecke verfolgen, aber den Endzweck der Geschichte können sie niemals planen. Über diesen Sachverhalt gibt es von Anfang an keinen Zweifel. Unmißverständlich werden die Individuen als planende Subjekte ausgeschlossen. Turgot schreibt:

> Mir scheint, als sähe ich eine riesige Armee, deren Bewegungen von einem Genie gelenkt werden. Beim Anblick militärischer Signale, beim tobenden Lärm der Trommeln und Trompeten geraten ganze Schwadrone in Bewegung, selbst die Pferde werden von einem unerklärlichen Feuer erfüllt; jeder Teil geht seinen Weg über alle Hindernisse hinweg, ohne zu wissen, wie es endet; allein der Feldherr sieht die Wirkung so vieler vereinter Märsche. Auf ähnliche Weise sind es die Leidenschaften, welche die Ideen vermehrt, die Kenntnisse erweitert und die Geister perfektioniert haben – in Ermanglung der Vernunft [...].[41]

Oder bei Ferguson heißt es noch pointierter:

> Jeder Schritt und jede Bewegung der Menge wird sogar in denjenigen Zeitaltern, die man aufgeklärt nennt, mit der gleichen Blindheit für die Zukunft gemacht. Die Nationen stoßen gleichsam im Dunkeln auf Einrichtungen, die zwar durchaus das Ergebnis menschlichen Handelns sind, nicht jedoch die Durchführung irgendeines Planes.[42]

Was zunächst in militärischen Metaphern, dann auch mit den Begriffen „höhere Macht" oder „Vorsehung" formuliert wird, kommt Kants Idee einer „Naturabsicht" oder Hegels Formel einer „List der Vernunft" in der Geschichte ziemlich nahe. Eine Übertragung der Zweckrationalität individueller Handlungen auf Gesellschaften oder gar auf die ganze Menschheit kommt damit nicht in Frage.

---

[41] Turgot, (wie Anm. 3), S. 176.
[42] Ferguson, Adam, *Versuch über die Geschichte der bürgerlichen Gesellschaft*. Frankfurt/M. 1986, S. 258.

Es ist das Verdienst von Kant, die unterstellte „Absicht der Natur" erkenntnistheoretisch reflektiert zu haben.[43] Der Sache nach schreibt ihr Kant die Funktion zu, die Menschen so anzuleiten, daß sie ihre rationalen Fähigkeiten entfalten und insbesondere eine vernünftige Gesellschaft bilden. „Das Mittel, dessen sich die Natur bedient, die Entwicklung aller ihrer Anlagen zu Stande zu bringen, ist der Antagonism derselben in der Gesellschaft, so fern dieser doch am Ende die Ursache einer gesetzmäßigen Ordnung derselben wird."[44] Wie Adam Smith die Ambivalenz der gesellschaftlichen Arbeitsteilung mit den Polen „Beistand" und „Beleidigung" kennzeichnet, die man mit Kooperation und Konkurrenz übersetzen kann, so läßt Kant die Natur mit Hilfe der Konkurrenz eine „ungesellige Geselligkeit" schaffen. Und wie Smith die Garantie für eine prosperierende und gerechte Gesellschaft einer „unsichtbaren Hand" anvertraut, so schreibt Kant diese Aufgabe der „Naturabsicht" zu.[45] Auch wenn in dieser Konstruktion die Denkfigur einer verzeitlichten Theodizee steckt,[46] ist doch nicht zu übersehen, daß hier ebenso das Modell eines zweckrationalen Handelns eingefügt ist. Die Natur geht in Zweck-Mittel-Kategorien zu Werke, indem sie die Interessen der Individuen als Mittel zum Zweck der Gesellschaft benutzt.

Dieser Theorietyp gipfelt in der Paradoxie, daß die Menschen mit ihren Handlungen zwar die Geschichte machen, sie aber zugleich auch nicht machen. Dieses Machen erfährt eine eigentümliche Spaltung: als Machen und als Nicht-Machen-Können; der Mensch ist dabei Täter und Opfer zugleich. Die Selbstermächtigung des Menschen erfährt bereits in den Anfängen der Moderne eine eigentümliche Brechung. Zwar sind die Aufklärer mit der Absicht angetreten, eine Ordnung in den neuen Gegenstandsbereich zu bringen und ihn nach dem Vorbild der exakten Wissenschaften zu systematisieren, aber es ist das Gegenteil dabei herausgekommen. In keiner anderen Disziplin ist so explizit von Willkür und Barbarei, Zufall und Chaos die Rede. Die Geschichte wird als kontingentes Geschehen begriffen, das für die Menschen prinzipiell unverfügbar ist. So steht die Philosophie der Geschichte für die Erfahrung der Kontingenz menschlichen Daseins.

Indessen läßt sich die geschichtsphilosophisch vermittelte Kontingenzerfahrung noch historisch präzisieren: Es geht nicht um Kontingenz überhaupt, deren Fest-

---

43 Kant beruft sich auf die „Anordnung eines weisen Schöpfers"; Kant, *Idee*, (wie Anm. 22), S. 33f.

44 Ebd., S. 37; vgl. S. 34. – Auch in der Schrift *Zum Ewigen Frieden* verzichtet er nicht auf die teleologische Rückversicherung, um plausibel zu machen, wie der Welthandel in einen friedlichen Zustand gegenseitiger Vorteile überführt werden könne. Kant, *Zum ewigen Frieden*, BA 47f.; vgl. Kittsteiner, Heinz Dieter, Kants Schrift ‚Zum ewigen Frieden' in geschichtsphilosophischer Sicht, in: *Internationale Zeitschrift für Philosophie* 6 (1997), S. 234f., 246.

45 Auf diese Analogie hat Heinz Dieter Kittsteiner aufmerksam gemacht: *Naturabsicht und Unsichtbare Hand*. Frankfurt a.M. / Berlin / Wien 1980, S. 163f., 184f.; vgl. ders., *Listen der Vernunft*. Motive geschichtsphilosophischen Denkens. Frankfurt/M. 1998, S. 12ff., 44f., 86.

46 Exemplarisch sei genannt: Marquard, Odo, *Schwierigkeiten mit der Geschichtsphilosophie*. Frankfurt/M. 1973, S. 52ff.

stellung ja trivial wäre, sondern um eine genau bestimmbare Erfahrung, die Kant
so treffend „ungesellige Geselligkeit" genannt hat. Gemeint sind damit Arbeitsteilung und Warentausch, durch die neue Formen sozialer Abhängigkeit erfahren
werden. Daraus resultiert ein Bewußtsein von Ohnmacht, das sich offenbar auf die
Geschichte übertragen hat. Wie sich der Zusammenhang der bürgerlichen Gesellschaft nur – nach einer Formulierung von Marx – als „planloser Plan" herstellt, so
scheint sich auch der historische Fortschritt nur „blind" und „hinter dem Rücken"
der Individuen durchzusetzen. Wenn diese Parallele zutrifft, dann erhält die Analogie zwischen der „unsichtbaren Hand" von Adam Smith und der „Naturabsicht" in
Kants Geschichtsphilosophie ihre Plausibilität.

Nüchtern betrachtet, handelt es sich um die keineswegs triviale Entdeckung der
Selbstregulation sozialer Systeme. Denn mit der Metapher „unsichtbare Hand"
verbindet sich die Erkenntnis, daß ökonomische Handlungszusammenhänge von
Gesetzmäßigkeiten bestimmt werden. Die Wirtschaftstheoretiker der Aufklärung
hatten eine Ahnung davon, daß die Handlungskompetenz der Individuen von einer
Kompetenz sozialer Systeme ergänzt zu werden beginnt. Für die Politik folgt aus
dieser Einsicht, daß die Rückkehr zur staatlichen Steuerung weder möglich noch
wünschenswert erscheint. Denn liberale Ökonomen wie Turgot und Smith, wie
halbherzig sie das Laissez-faire auch immer vertraten, haben ja den „Mechanismus" der arbeitsteilig produzierenden Gesellschaft ausdrücklich begrüßt und politisch propagiert. So wie das politische Handeln auf wirtschaftlichem Feld abge-
wertet wird, so hat es seine Funktion als Planungsvernunft für den technisch-ökonomischen Fortschritt im ganzen verloren.

Heute stellt sich die Frage, aus welcher Perspektive dieser Befund zu interpretieren ist. Wer die Ohnmachtserfahrung in den Vordergrund stellt, wird die
Rede von der „Naturabsicht" als Kompensation einer mißlungenen Moderne deuten. Mißlungen ist die Moderne deshalb, weil man ihr den Vorwurf machen kann,
die einmal erkannte Kontingenz der Geschichte durch die Einsetzung einer metaphysischen Instanz wieder getilgt zu haben.[47] An dieser Stelle scheint die alte Teleologie wieder aufzuerstehen.[48]

---

[47] Marquard, Odo, (wie Anm. 46), S. 52ff.; Bubner, Rüdiger, *Geschichtsprozesse und Hand-
lungsnormen.* Untersuchungen zur praktischen Philosophie, Frankfurt/M. 1984, S. 35ff.;
Habermas, *Der philosophische Diskurs der Moderne,* (wie Anm. 29), S. 9ff.; Emil Angehrn
erkennt dieses Bemühen an und sieht darin eine legitime und produktive Nähe zum Mythos:
Ursprungsmythos und Geschichtsdenken, in: Nagl-Docekal, Herta (Hg.), *Der Sinn des Historischen.* Frankfurt/M. 1996, S. 305ff.

[48] Spätestens hier scheint die bekannte These von Karl Löwith zu greifen, die Geschichtsphilosophie sei eine bloß säkularisierte Heilsgeschichte; Löwith, Karl, *Weltgeschichte und Heilsge-
schehen.* Die theologischen Voraussetzungen der Geschichtsphilosophie. Stuttgart 1953,
S. 11ff., 129ff., 168ff. – Hier ist nicht der Ort, die weit verzweigte Säkularisierungs-Debatte
aufzunehmen. Doch seien wenigstens einige Bedenken erwähnt: Betrachtet man den Vorgang
der Säkularisierung als die Übertragung einer theologischen Denkfigur in die Philosophie der
Geschichte, dann werden dadurch mehr Probleme aufgeworfen, als Löwiths These zu lösen
verspricht. Historisch gilt Bossuets *Histoire universelle* als Vorbild, an dem sich vor allem

Doch was bleibt dann von der Geschichtsphilosophie übrig? Wird ihr dadurch nicht die Legitimationsbasis entzogen? Gewiß ist die Einsicht in die Unverfügbarkeit der Geschichte ein theoretischer Gewinn. Mit Freud könnte man dies als eine „geschichtsphilosophische Kränkung der Menschheit" bezeichnen. Für Bossuet war Gott der Schöpfer der Geschichte. Im Laufe der Aufklärung setzte sich der Mensch an die Stelle Gottes als Werkmeister seiner eigenen Geschichte. Zugleich mußte er erfahren, daß er die Geschichte im ganzen gerade nicht planen kann. Wie das Unbewußte in der Psychoanalyse scheint es in der Geschichte ein kollektiv Unbewußtes zu geben.[49] Aber offensichtlich handelt es sich nur um ein negatives Resultat, das eher dafür spricht, diesen Denktyp auszumustern. Die Geschichtsphilosophie hat ihren Dienst getan; sie hat zwar ein richtiges Problem gestellt, dafür jedoch die falsche Lösung angeboten. Heute lautet die Devise, die Eigendynamik technischer und sozialer Systeme wohl oder übel anzuerkennen und damit einigermaßen vernünftig umzugehen – auch ohne teleologische Rückendeckung. Wozu also diese Geschichtsphilosophie?

Ich mache einen anderen Vorschlag. Eine Alternative bestünde darin, die Geschichtsphilosophie von der teleologischen Überlagerung zu befreien und auf ihr ursprüngliches Fundament zu stellen: Es ist die menschliche Gattung, von der es bei den Aufklärern heißt, daß sie allein Fortschritte macht und damit die Universalgeschichte ermöglicht. Unbestritten ist, daß die handelnden Individuen am historischen Prozeß beteiligt sind. Geschichtsphilosophisch interessant ist jedoch der weitergehende Versuch, den Gattungsbegriff umzuformulieren. Auf diese Weise ließe sich auch die traditionelle Frage nach dem Subjekt der Geschichte neu stellen.

---

Turgots Konzept einer säkularen Universalgeschichte orientiert hat. Aber zugleich wird deutlich, daß Bossuet seiner Heilsgeschichte längst die Fortschrittsidee untergeschoben hat. Wenn sich also die Fortschrittstheorie an Bossuets Heilsgeschichte orientiert, so liegt hier zumindest eine wechselseitige Modellübertragung vor. – Zur Diskussion dieser These seien wenigstens erwähnt: Blumenberg, Hans, *Säkularisierung und Selbstbehauptung*. Frankfurt/M. 1974, S. 60; Marquard, (wie Anm. 46), S. 15; vgl. Baumgartner, Hans Michael, Philosophie der Geschichte nach dem Ende der Geschichtsphilosophie. Bemerkungen zum gegenwärtigen Stand des geschichtsphilosophischen Denkens, in: *Der Sinn des Historischen*, (wie Anm. 48), S. 167f.; Jaeschke, Walter, *Die Suche nach den eschatologischen Wurzeln der Geschichtsphilosophie*. Eine historische Kritik der Säkularisierungsthese. München 1976, S. 13ff.

49 Bezogen auf Walter Benjamin verweist Kittsteiner auf die Analogie zwischen dem Unbewußten in der Psychoanalyse und einem „Historisch-Unbewußten"; Kittsteiner, *Listen*, (wie Anm. 45), S. 162ff.; vgl. dazu schon Troeltsch, (wie Anm. 31), S. 46f.

Subjekt der Geschichte

Bisher war von mehreren Subjekten der Geschichte die Rede, zwischen denen es genau zu unterscheiden gilt: 1. Die Individuen, die zweifellos die einzigen Handlungssubjekte sind, auch wenn sie nur partikulare Zwecke verfolgen und den Gesamtzweck der Geschichte zu steuern außerstande sind. – 2. Die menschliche Gattung, die von den Lebenszyklen der Individuen abgekoppelt wird und in der Folge von Generationen die naturale Voraussetzung für einen linearen Geschichtsverlauf darstellt. – 3. Eine sowohl über den Individuen als auch über der Gattung schwebende Planungs- und Leitungsinstanz, die wiederum wie ein Individuum agiert, um der Geschichte im ganzen ein moralisch legitimiertes Ziel zu verleihen. – 4. Zu ergänzen ist „die Geschichte", die selbst zum übergreifenden und allmächtigen Subjekt menschlicher Geschicke verabsolutiert wird. Da dieser Wortgebrauch im 18. Jahrhundert noch nicht nachweisbar ist und auch nicht zur Vorstellungswelt der Aufklärung gehört, kann diese spätere Variante, die natürlich unakzeptabel ist, unberücksichtigt bleiben.

Da die erste Position außer Zweifel steht und da die dritte und vierte Position aus den genannten Gründen ausscheiden, konzentriere ich mich, wie angekündigt, auf den zweiten Kandidaten der Geschichtsphilosophie, auf die menschliche Gattung. Die Aufklärer haben ja demonstriert, daß es durchaus möglich und sinnvoll ist, zwischen Gattung und Vorsehung zu unterscheiden, so daß die teleologische Überhöhung als Hilfskonstruktion fallengelassen werden kann.

Naturgeschichtlich besteht die Gattung in der Generationenfolge, menschheitsgeschichtlich in der Tradierung des Könnens und Wissens. Erinnert sei an Turgot, der die Geschichte der menschlichen Gattung dadurch von der Naturgeschichte unterschied, daß er den Menschen die einzigartige Fähigkeit zuschrieb, ihren Wissensvorrat mit Hilfe von „Zeichen" von einer Generation an die andere weiterzugeben.[50] Demzufolge kann die menschliche Gattung als ein zeichenvermittelter Tradierungszusammenhang definiert werden. Stand noch bei Bacon die Erfindung im Mittelpunkt, um neue Fortschritte zu garantieren, verlagerte sich das Interesse seit der Mitte des 18. Jahrhunderts auf die Tradierung des Wissens und Könnens. Hinzu kamen der häufig beschworene Welthandel und die entsprechenden Kommunikationstechniken, so daß die Gattung ebenso als ein waren- und geldvermittelter wie auch zeichenvermittelter Kooperationszusammenhang verstanden wurde.[51] Die Aufklärer begriffen die menschliche Gattung also nicht als abstraktes Ge-

---

[50]  Turgot, (wie Anm. 3), S. 140, vgl. auch 169.

[51]  Der Zusammenhang von Gattung und Kooperation wird bereits von Johann Gustav Droysen expliziert: *Historik.* Stuttgart-Bad Cannstatt 1977, S. 16f.; im Hinblick auf die Geschichte der Naturwissenschaften der frühen Neuzeit stellt Edgar Zilsel eine Verbindung zwischen Fortschritt und Kooperation her: *The Social Origins of Modern Science.* Boston 1997, S. 135ff.; in *Lebenszeit und Weltzeit* untersucht Hans Blumenberg diesen Zusammenhang am Beispiel der Geschichte der neuzeitlichen Astronomie, (wie Anm. 26), S. 99ff.

dankending, sondern als konkrete Handlungszusammenhänge mit der Tendenz wachsender Kooperation.

Nun ließe sich einwenden, daß ein derart pragmatisch gefaßter Begriff zu schwach sei, um ihn überhaupt noch sinnvoll verwenden zu können. Das demonstriert heute der soziologische Begriff der Gesellschaft, der den Aspekt der Kooperation bzw. Kommunikation aufgenommen und zugleich den alten Gattungsbegriff abgelöst hat. Doch ist damit in der modernen Soziologie eine Dimension verlorengegangen, den ich mit meinem Rekonstruktionsversuch retten möchte. Denn die aufklärerische Geschichtsphilosophie hat gezeigt, daß die Idee des Fortschritts mit dem Modell der Reproduktion verbunden war. In seiner elementaren Form bedeutet Reproduktion die Selbsterhaltung der Menschen, und zwar so, daß im Modus der Arbeit deren eigene natürliche Voraussetzungen erhalten werden.[52] Wird die Reproduktion nun zum maßgebenden Modell der Geschichte, dann erstreckt sich die Selbsterhaltung auf die menschliche Gattung. Doch dies ist kein Ziel der Geschichte, das von der Gattung oder von einer höheren Macht geplant wird. Ebensowenig kommt die Geschichte mit diesem Ziel an ihr Ende. Die Selbsterhaltung durch Reproduktion ist vielmehr die Voraussetzung dafür, daß Geschichte überhaupt möglich ist. Ich schlage also vor, den Begriff der menschlichen Gattung vor allem auch als Reproduktionszusammenhang zu fassen. Weil es keine Garantie für die Reproduktion der Gattung gibt, ist ein Scheitern der Geschichte an ihren Naturbedingungen niemals auszuschließen. Dies ist nicht nur eine Frage der Natur, sondern vor allem ein kulturelles Problem. Natur und Gesellschaft verschränken sich derart, daß von einer *Kulturgeschichte der Natur* und von einer *Naturgeschichte der Kultur* gesprochen werden kann.

Da ich eine rettende Kritik versucht habe, halte ich es für möglich, die Geschichtsphilosophie von der Teleologie abzukoppeln und die Idee einer Gattungsgeschichte im Hinblick auf gegenwärtige Problemlagen fortzuschreiben. Denkbar ist die Vorstellung von Geschichte, die weder von den Menschen geplant, noch von einer höheren Macht geleitet und gleichwohl nicht als Verhängnis empfunden wird.

---

[52] Vgl. Henrich, Dieter, Selbsterhaltung und Geschichtlichkeit, in: Koselleck, Reinhart / Stempel, Wolf-Dieter (Hg.), *Poetik und Hermeneutik V: Geschichte – Ereignis und Erzählung*. München 1973, S. 457ff.; Arndt, Andreas, Geschichte und Vernunft, in: Iber, Christian / Pocai, Romano (Hg.), *Selbstbesinnung der philosophischen Moderne*. Cuxhaven 1998, S. 52.

KARL-HEINZ SCHWABE (Halle)

# Philosophie, „science of man" und „moral sciences" in der Schottischen Aufklärung

## 1. Anthropologie und Philosophiekritik. David Humes philosophischer Neuansatz

Die Philosophie genießt im 18. Jahrhundert einen zwiespältigen Ruf: Höchste Erwartungen in ihre wissenschaftliche, kulturelle, moralische und politische Kompetenz vermischen sich mit Skepsis und mit dem Vorwurf der Selbsttäuschung und des Versagens in den wichtigsten praktischen Lebensfragen. Diese prekäre Situation bietet den Philosophen immer wieder Anlaß, ihre Theorien und methodischen Verfahren prinzipieller Kritik zu unterziehen. Das gesamte Jahrhundert von Shaftesburys *Characteristicks of Men, Manners, Opinions, Times* bis zu Kants *Kritik der Urteilskraft* ist von diesem kritischen Impetus gezeichnet.[1] Die Neubesinnung auf die Aufgaben der Zeit entsprechend den Bedürfnissen der Wissenschaften und dem Wertewandel in der Gesellschaft wird zu einem zentralen Feld philosophischer Arbeit, die zum Ziel hat, Quellen, Eigenart, Bedingungen und Grenzen der geistigen Vermögen des Menschen auszuloten. Die Aufklärung erweist sich somit als eine Epoche der Kritik,[2] die ihre eigene Selbstaufklärung betreibt. Die auf unserer Tagung zur Debatte stehende Entfaltung des Empirismus im Zusammenhang mit der Ausbildung anthropologischer Ideen und Denkhaltungen im 18. Jahrhundert kann als Ausdruck dieser kritischen Selbstreflexion der Aufklärungsphilosophie gesehen werden.

An der kritischen Selbstbesinnung der Philosophie wirkt die schottische Aufklärung nachhaltig mit. David Hume eröffnet seinen *Treatise of Human Nature*, den er von 1734–1737 in Frankreich verfaßte, mit einem wenig schmeichelhaften Urteil über die Philosophie seiner Zeit. Hatte schon Shaftesbury von der Philosophie

---

[1]  Zum Begriff der Kritik bei Shaftesbury und zu seiner Bedeutung für die Entfaltung der Philosophie der Aufklärung siehe Schmidt-Haberkamp, Barbara, *Die Kunst der Kritik*. Zum Zusammenhang von Ethik und Ästhetik bei Shaftesbury. München 2000. Als erste kritizistische Arbeit Kants noch vor der Ausarbeitung der theoretischen Prinzipien seiner kritischen Philosophie kann seine Schrift *Träume eines Geistersehers* aus dem Jahre 1766 gelesen werden. Vgl. Kant, Immanuel, *Von den Träumen der Vernunft*. Kleine Schriften zur Kunst, Philosophie, Geschichte und Politik, hg. v. Birgit und Steffen Dietzsch. Leipzig und Weimar 1979. Anmerkungen der Herausgeber, S. 564.

[2]  Kritik versteht sich in diesem Sinne nicht nur als Widerlegung von Behauptungen durch das Aufweisen von Widersprüchen. Kritisieren bedeutet vielmehr, „die Natur einer Sache freilegen." Vgl. Fischer, Harald, *Kritik und Zensur*. Freiburg 1981, S. 140. Das heißt, „Kritik besteht in der Aufdeckung von Quellen, aber vor allem in der Festsetzung von Grenzen". Ebd., S. 150.

gefordert, statt der Syllogismen den Menschen zu studieren, seiner Abstammung nachzuforschen und seine Bestimmung und Einrichtung in sich selbst zu beobachten,[3] so verschärft Hume diese kritische Haltung, indem er den Blick auf die theoretischen Fundamente der Philosophie lenkt. Leicht erkenne der Urteilsfähige und Unterrichtete die schwache Grundlage selbst solcher Lehren, welche das größte Ansehen erlangt und die höchsten Ansprüche in bezug auf Schärfe und Tiefe des Denkens erhoben haben.[4] Seine Bedenken richten sich insbesondere gegen die philosophischen Prinzipien, deren allgemeinen Geltungsanspruch er mit folgenden Worten in Frage stellt:

> Principles taken upon trust, consequences lamely deduced from them, want of coherence in the parts, and of evidence in the whole, these are everywhere to be met with in the systems of the most eminent philosophers, and seem to have drawn disgrace upon philosophy itself. [...] Amidst all this bustle 'tis not reason, which carries the prize, but eloquence.[5]

Wie schon der Titel seines philosophischen Frühwerkes anzeigt, setzt Hume zur Lösung der von ihm diagnostizierten Probleme der Philosophie auf die Erforschung der menschlichen Natur in einer von ihm intendierten „science of MAN".[6]

> Here then is the only expedient, from which we can hope for success in our philosophical researches, to leave the tedious lingering method, which we have hitherto followed, and instead of taking now and then a castle or village on the frontier, to march up directly to the capital or center of these sciences, to human nature itself; which being once masters of, we may every where else hope for an easy victory. From this station we may extend our conquests over all those sciences, which more intimately concern human life, and may afterwards proceed at leisure to discover more fully those, which are the objects of pure curiosity. There is no question of importance, whose decision is not compriz'd in the science of man; and there is none, which can be decided with any certainty, before we become acquainted with that science.[7]

Diese „science of man" versteht er – der Untertitel seines Werkes verrät es[8] – als einen Versuch, die empirische Methode in den Humanwissenschaften anzuwen-

---

[3]  Vgl. Cooper, Anthony Ashley, Third Earl of Shaftesbury, *The Moralists*, in: ders., *Standard Edition*. Bd. II/1, Stuttgart-Bad Cannstatt 1987, S. 24.

[4]  Vgl. Hume, David, *Philosophical Works*. 4 Bde, hg. v. Thomas H. Green und Thomas H. Grose. Aalen 1992 [Reprint der Ausgabe London 1882–1886], hier Bd. 1 und 2: *A Treatise of Human Nature*. Hier Bezug auf Bd. 1, S. 305.

[5]  Ebd., S. 305f.

[6]  Ebd., S. 306.

[7]  Ebd., S. 307.

[8]  Humes Untertitel lautet: „Being an attempt to introduce the experimental method of reasoning into moral subjects". Eine adäquate Übersetzung für das Wort „moral" ist schwierig, meist wird es mit „geistig" übersetzt. Entsprechend gibt Lipps „moral philosophy", die Hume von der „natural philosophy" unterscheidet, mit „Geisteswissenschaft" wieder. Vgl. Hume, David, *Ein Traktat über die menschliche Natur*. 2 Bde, hg. v. Theodor Lipps, Hamburg 1989 [Reprint der Ausgabe Hamburg 1904–1906], hier Bd. 1, S. 7. In der *Enquiry concerning Human Understanding* setzt Hume die „moral philosophy" mit der „science of human nature" gleich. In: *Philosophical Works*, (wie Anm. 4), Bd. 4, S. 3. Er spricht dort auch von „moral sciences". Ebd., S. 52. Streminger versteht „moral" jedoch in einer umfassenderen Bedeutung. Er übersetzt den Untertitel des *Treatise* mit „Versuch, die Methode der Beobachtung in die Human-

den. Erfahrung und Beobachtung seien die einzige sichere Grundlage für die Untersuchung der menschlichen Natur: „And as the science of man is the only solid foundation for the other sciences, so the only solid foundation we can give to this science itself must be laid on experience and observation."[9]

Hume beruft sich bei der Verfolgung seiner anthropologischen Intentionen auf die Tradition der englischen und schottischen Philosophie. Aber schon die Aufzählung der Namen derer, „who have begun to put the science of man on a new footing",[10] zeigt, daß sich die Verknüpfung von Anthropologie und Empirismus nicht so selbstverständlich herstellt. Unter historischem Blickwinkel sind die von Hume genannten Gewährsleute durchaus nicht in eine einheitliche Linie zu stellen: L o c k e beeinflußt Hume insbesondere durch die Kritik an der Lehre von den eingeborenen Ideen und die Grundlegung der Erkenntnis in der Erfahrung, wobei er aber anthropologische Fragestellungen nur partiell berührt. Seine Theorie der Erfahrung weist daher eine andere Argumentationsstruktur auf als Humes skeptisch-kritisches Vorgehen.[11] S h a f t e s b u r y dagegen steht der Lockeschen Methode ebenso kritisch gegenüber wie rationalistischem Systemdenken. Die vornehmsten Zöglinge der neueren Philosophie, so spottet er, seien Empiriker und pedantische Sophisten und deren auserlesenste Produkte Syllogismen und Elixiere. Auch die Politik spiele keine Rolle mehr in der Philosophie, obwohl sie ihr unleugbar angehöre.[12] Seine anthropologischen Ideen sind durch die gegen Hobbes gerichtete Hervorhebung der geselligen Natur des Menschen in seinen ethisch-ästhetischen, religionsphilosophischen und politischen Überlegungen gekennzeichnet. Sie finden auch in den literarischen Formen ihren Ausdruck, in denen er die kritischen Reflexionen über Verhaltensweisen und Moden seiner Zeit vorträgt.

M a n d e v i l l e , der sich in der Nachfolge der Philosophie von Hobbes sieht, vertritt gegenüber Shaftesbury eine entgegengesetzte Auffassung von der Natur des Menschen, dessen Moralauffassung er mit folgenden Worten charakterisiert:

> That boasted middle way, and the calm Virtues recommended in the Characteristicks, are good for nothing but to breed Drones, and might qualify a Man for the stupid Enjoyments of a

---

wissenschaft einzuführen". Streminger, Gerhard, *David Hume*. Paderborn u.a. 1994, S. 150. Dies trifft die Intention Humes genauer, die auf die Erforschung der Handlungsgrundlagen des Menschen unter Einschluß sozialer Zusammenhänge und historischer Kulturformen aus ist. Sein Blick richtet sich sowohl auf die Operationen des Geistes als auch auf die Motive des Handelns und die Ursachen des Verhaltens. Im folgenden wird daher Humes „moral philosophy" oder „moral science" entweder mit „Humanwissenschaft" oder mit dem englischen Ausdruck wiedergegeben.

[9] Hume, *Treatise*, (wie Anm. 4), Bd. 1, S. 307f.

[10] Hume nennt Locke, Shaftesbury, Mandeville, Hutcheson, Butler. Ebd., S. 308.

[11] Die Anthropologie Lockes, die er im Kontext seiner politischen Philosophie entwickelt, kann hier nicht erörtert werden. Medick zeigt, daß sie „ihrer inneren Logik nach eindeutig auf eine moderne individualistisch-rationalistische Naturrechtsauffassung hin gravitierte." Medick, Hans, *Naturzustand und Naturgeschichte der bürgerlichen Gesellschaft*. Göttingen 1981, S. 68.

[12] Vgl. Shaftesbury, *Moralists*, (wie Anm. 3), S. 183f.

Monastick Life, or at best a Country Justice of Peace, but they would never fit him for Labour
and Assiduity, or stir him up to great Atchievements and perilous Undertakings. Man's natural
Love of Ease and Idleness, and Proneness to indulge his sensual Pleasures, are not to be cured
by Precept: His strong Habits and Inclinations can only be subdued by Passions of greater
Violence.[13]

An diese Auffassung anknüpfend betont auch Hume die Macht der Gewohnheiten
und Leidenschaften gegenüber der Vernunft.

Mit der Verteidigung Shaftesburys gegen Mandeville forciert H u t c h e s o n
die Shaftesbury-Rezeption in Schottland. Gawlick sieht in dessen Philosophie eine
Anwendung des Empirismus vor dem Hintergrund der Erkenntnistheorie Lockes.[14]
Zweifellos gehört Hutcheson mit der Annahme eines natürlichen Sinns für Schönheit und Tugend, den er an die Stelle rationaler Normen setzt,[15] in die Reihe der
Rationalismuskritiker. Seine Philosophie steht aber eher in der Tradition Shaftesburys, von dem er nicht nur den Begriff des moralischen Sinns übernimmt.

Wie der Blick auf die anthropologischen Ideen der Vorgänger Humes zeigt,
treffen in der Philosophie des schottischen Denkers zwei Konzepte mit differieren-
den historischen Prämissen und systematischen Anliegen zusammen: erstens der
auf das Auffinden der elementaren Bausteine der Erkenntnis gerichtete Empirismus Lockes, den schon Berkeley einer kritischen Revision unterzogen hatte, und
die auf individuelle Interessen und Freiheiten gerichteten ethischen und sozialphilosophischen Auffassungen Mandevilles; zweitens die am Weltganzen und an der
Naturordnung orientierte und auf die menschliche Lebenspraxis gerichteten Moral-,
Schönheits- und Kunstauffassungen Shaftesburys, der mit seiner zeitkritischen
Sicht die kulturelle und politische Situation in Europa reflektiert und eine Vermittlung der Gegensätze individueller Interessen anstrebt, indem er den auf das
Wohl des Ganzen gerichteten „moral sense" ins Zentrum seiner Auffassung von
der Natur des Menschen stellt.[16]

Die Verknüpfung dieser beiden Linien gibt der Philosophie Humes ihre spezifische Gestalt. Das ist besonders gegen jene Hume-Deutungen in der Philosophiegeschichte hervorzuheben, die infolge der Verengung des Blickwinkels auf erkenntnistheoretische Fragestellungen Hume nur in seiner Beziehung zu Locke und Berkeley und in der Wirkung auf Kant betrachten und seinen philosophiekritischen
Ansatz übersehen. „Modern Philosophy has been obsessed with epistemology,"

---

[13]  Mandeville, Bernard, *A Search into the Nature of Society*, in: ders., *The Fable of the Bees*.
      2 Bde. London 1732–1733, hier Bd. 1, S. 382.
[14]  Vgl. Gawlick, Günter, Francis Hutcheson, in: G. G. (Hg.), *Empirismus*. Stuttgart 1980,
      S. 189f.
[15]  Vgl. Hutcheson, Francis, *An Inquiry into the Original of our Ideas of Beauty and Virtue.*
      Hildesheim / Zürich / New York 1990 [Reprint der Ausgabe London 1725], S. VI f.
[16]  Zu den Quellen der Philosophie Shaftesburys in der Stoa und im englischen Platonismus vgl.
      Cassirer, Ernst, *Die Platonische Renaissance in England und die Schule zu Cambridge*. Leip-
      zig 1932, und Voitle, Robert, *The third Earl of Shaftesbury, 1671–1713*. Baton Rouge / Lon-
      don 1984.

charakterisiert Livingston dieses Vorgehen und fügt hinzu: „No philosopher has suffered more from the narrowing of vision that comes from the modern habit of epistemological classification than Hume."[17] Aus historischer Sicht hat N. Kemp-Smith schon früher die Wirkung Shaftesburys auf Hume geltend gemacht und damit zur Veränderung des Hume-Bildes beigetragen.[18] Hume geht mit der Frage nach der Natur des Menschen über die Erkenntnistheorie hinaus. Seine Philosophie kann daher nicht in das Schema des Empirismus-Rationalismus-Gegensatzes gepreßt werden.[19] Er verbindet sein Erfahrungskonzept mit anthropologischen Intentionen, insofern er die Analyse der geistigen Vermögen in den Kontext der unabhängig von theologischen Prämissen definierten Natur des Menschen, seines Handelns, seiner Kultur- und Kommunikationsformen, der Gesellschaft und Geschichte stellt.

In Anlehnung an Shaftesburys und Hutchesons Moral-Sense-Theorie legt Hume gegenüber Locke und Mandeville einen stärkeren Akzent auf die geselligen Neigungen des Menschen. Entsprechend seiner auf Erfahrungstatsachen gerichteten Haltung wählt er aber als Ausgangspunkt für die Analyse der sozialen Verhaltensweisen der Menschen nicht einen vermuteten Naturzustand. Er lehnt sowohl die „*poetische* Fiktion vom *Goldenen Zeitalter*" als Stadium allgemeinen Wohlwollens als auch die „*philosophische* Fiktion vom *Naturzustand*„ als Epoche des allgemeinen Krieges ab.[20] Die Regeln der Moral und Politik hängen nach seiner Auffassung von dem besonderen Zustand ab, in denen sich die Menschen befinden, und ihren Ursprung verdanken sie dem Nutzen, den sie für das Gemeinwesen haben.[21] Auf diese Weise grenzt sich Hume von normativ-rationalistischen und statischen Positionen ab und vollzieht einen Wechsel von der Bestimmung des Menschen aus allgemeinen Vernunftprinzipien zu einem historisch-anthropologischen Standpunkt, der die Handlungen der Menschen aus den Bedingungen ihres sozialen

---

[17] Livingston, Donald W., *Philosophical Melancholy and Delirium*. Chicago and London 1998, S. 3.

[18] Vgl. Kemp-Smith, Norman, *The Philosophy of David Hume*. A Critical Study of its Origins and central doctrines. London 1941, S. 82. Vgl. dazu auch Mall, Ram Adhar, *Humes Bild vom Menschen*. Diss. Köln 1963, S. 7–9, und Joseph Martin, *Shaftesbury's und Hutcheson's Verhältnis zu Hume*. Diss. Halle 1905.

[19] Woolhouse betrachtet den systematischen Gebrauch der Labels „Empirist" und „Rationalist" als Produkte des 19. Jahrhunderts, welches das 17. und 18. Jahrhundert idealisiert als einen Konflikt zweier entgegengesetzter Schulen sah. Vgl. Woolhouse, Roger Stuart, *The Empiricists*. Oxford / New York 1988, S. 2. Engfer weist ebenfalls auf die „idealtypische Vereinfachung" dieser philosophischen Klassifikationen hin. Vgl. Engfer, Hans-Jürgen, *Empirismus versus Rationalismus?* Kritik eines philosophiehistorischen Schemas. Paderborn u.a. 1996, S. 12. Gawlick hebt dagegen hervor, daß der Empirismus über die erkenntnistheoretische Fragestellung auch ein Grundprinzip des Philosophierens für die ethische, ästhetische, religions- und geschichtsphilosophische Reflexion abgäbe. Vgl. Gawlick, Günter, Einleitung, in: *Empirismus*, (wie Anm. 14), S. 9.

[20] Hume, David, *An Enquiry concerning the Principles of Morals*, in: *Philosophical Works*, (wie Anm. 4), Bd. 4, S. 184.

[21] Vgl. ebd., S. 183.

Zusammenlebens erklärt. Auch die gesellige Neigung selbst ergibt sich für Hume aus der Lage, in der sich die Menschen gegenüber ihrer äußeren und inneren Natur befinden, die er mit folgenden Worten beschreibt:

> Of all the animals, with which this globe is peopled, there is none towards whom nature seems, at first sight, to have exercis'd more cruelty than towards man, in the numberless wants and necessities, with which she has loaded him, and in the slender means, which she affords to the relieving these necessities. In other creatures these two particulars generally compensate each other. [...] In man alone, this unnatural conjunction of infirmity, and of necessity, may be observ'd in its greatest perfection. [...] 'Tis by society alone he is able to supply his defects, and raise himself up to an equality with his fellow-creatures, and even acquire a superiority above them. By society all his infirmities are compensated; and tho' in that situation his wants multiply every moment upon him, yet his abilities are still more augmented, and leave him in every respect more satisfied and happy, than 'tis possible for him, in his savage and solitary condition, ever to become. [...] Society provides a remedy for these three inconveniences. By the conjunction of forces, our power is augmented: By the partition of employments, our ability encreases: And by mutual succour we are less expos'd to fortune and accidents. 'Tis by this additional *force, ability, and security*, that society becomes advantageous.[22]

Die Verknüpfung der anthropologisch argumentierenden Philosophie- und Kulturkritik in der Nachfolge Shaftesburys mit einem in der Lockeschen Tradition stehenden Programm zur Erneuerung der „moral sciences" nach dem Vorbild der Naturwissenschaften,[23] das auch den Blick für die Geschichte öffnet, kann als Interpretationsgrundlage für die Philosophie Humes und ihre Wirkungsgeschichte im 18. Jahrhundert dienen und helfen, Differenzen in der Hume-Deutung aufzuklären.[24] Seine Untersuchung der Natur des Menschen erhält in diesem Kontext eine doppelte Funktion:

E r s t e n s  dient sie in erkenntniskritischer Absicht dazu, im Rekurs auf die natürlichen Anlagen und Funktionen des menschlichen Geistes die Quellen der Erkenntnis in der Erfahrung aufzuspüren sowie ihre Zuverlässigkeit und Grenzen abzustecken. Sie zielt in dieser Funktion auf die theoretische Begründung des Erfahrungsbegriffs und der „experimental method" mit Blickrichtung auf die Humanwissenschaften.

Z w e i t e n s  stellt die „science of man" im Rekurs auf menschliches Handeln und auf die Geschichte selbst Erfahrungswissen als Basis für die Entfaltung der Humanwissenschaften bereit. In dieser Funktion ermöglicht sie die Verankerung des Wissens in den Erfahrungen des praktischen Lebensvollzugs.

---

[22]  Hume, *Treatise*, (wie Anm. 4), Bd. 2, S. 258f.

[23]  Daß die Anwendung der „experimental philosophy" auf die Humanwissenschaften mehr als ein ganzes Jahrhundert später als in den Naturwissenschaften einsetzt, betrachtet Hume in Analogie zur Wissenschaftsentwicklung im antiken Griechenland als einen verständlichen Fakt, da dort zwischen Thales und Sokrates etwa der gleiche Zeitraum liege wie zwischen Bacon und einigen neueren Philosophen in England. Vgl. Hume, *Treatise*, (wie Anm. 4), Bd. 1, S. 308.

[24]  Engfer nennt drei unterschiedliche Deutungen Humes in der Hume-Forschung: als Skeptiker, als Naturalist und als Empirist. Vgl. Engfer, (wie Anm. 19), S. 312–316.

In Hinsicht auf diese beiden Aspekte fungieren die anthropologischen Überlegungen Humes als Vermittlungsinstanz zwischen Philosophie und Humanwissenschaften sowie zwischen Wissenschaft und Praxis. Sie bilden also eine Klammer zwischen der erfahrungsbezogenen Kritik an den spekulativen Prinzipien der Metaphysik und den auf Verhaltenserklärung und Handlungsbegründung gerichteten Intentionen, die Hume mit den „moral sciences" verbindet und die auch die soziale und historische Dimension der menschlichen Natur in den Blick rücken.

Auf die Doppelstrategie seines anthropologischen Programms weist Hume selbst hin: „Moral philosophy, or the science of human nature, may be treated after two different manners; each of which has its peculiar merit, and may contribute to the entertainment, instruction, and reformation of mankind", heißt es in seiner ersten *Enquiry*.[25] Die eine Art der Philosophie betrachte den Menschen vornehmlich als zum Handeln geboren und in seinen Maßnahmen durch Neigung und Gefühl beeinflußt, die andere betrachte den Menschen mehr im Lichte eines vernünftigen als eines handelnden Wesens und suche mit äußerster Sorgfalt nach jenen Prinzipien, die unseren Verstand leiten, unsere Gefühle erregen und uns veranlassen, einen bestimmten Gegenstand, eine Handlung oder eine Verhaltensweise zu billigen oder zu tadeln.[26] Wie die Anatomie dem Maler, so sei die letztere, sorgfältig untersuchende Philosophie der ersteren, auf die Beobachtung des täglichen Lebens sich stützenden „leichten Philosophie" von Nutzen.[27] In seinen philosophischen und historischen Schriften ist Hume sowohl „Anatom" als auch „Maler". Seine erkenntniskritischen Analysen finden in den politischen, ethischen, ästhetischen und literarischen Essays sowie in seiner *History of England* ihre anschauliche, auf praktische Fragen der Zeit ausgerichtete Anwendung und Weiterführung.

Die spezifische Beziehung der beiden Fragestellungen nach den Quellen und Grenzen der Erkenntnis („Was kann ich wissen?") sowie nach der Natur des Menschen und seiner Stellung in der Natur und Gesellschaft („Was ist der Mensch?") macht Hume zu einer Zentralfigur im Denken der Spätaufklärung. Seine Philosophie bildet einen Ausgangspunkt und Modellfall jener Tendenz im Denken der schottischen Aufklärung, die sich in der Mitte des 18. Jahrhunderts ausprägt und die als „anthropologische Wende" bezeichnet werden kann. Diese beiden Aspekte des anthropologischen Programms David Humes bestimmen die erkenntnistheore-

---

[25] Hume, *An Enquiry concerning Human Understanding*, in: *Philosophical Works*, (wie Anm. 4), Bd. 4, S. 3f. Schon in dem 1740 veröffentlichten „Abstract" seines *Treatise of Human Nature* spricht Hume davon, daß die Wissenschaft von der menschlichen Natur uns einmal mit dem vertraut mache, was uns am nächsten liege und am meisten berühre, es seien aber auch fast alle Wissenschaften in ihr eingeschlossen. Explizit verweist er hier wie auch im *Treatise* auf Logik, Ethik („morals"), Ästhetik („criticism") und Politik. Vgl. Hume, David, *Abriß eines neuen Buches: Ein Traktat über die menschliche Natur, etc.* (1740), hg. v. Jens Kulenkampff. Hamburg 1980.
[26] Vgl. Hume, *An Enquiry concerning Human Understanding*, in: *Philosophical Works*, (wie Anm. 4), Bd. 4, S. 3f.
[27] Vgl. ebd., S. 6f.

tischen, ästhetischen, ethischen und politischen Fragestellungen Humes, die sich gegen das erkenntnistheoretische System John Lockes und gegen Thomas Reids Deutung des „common sense" abheben.[28]

## 2. Empirismus und „Science of man". Zur anthropologischen Grundlegung der „experimental method"

Der Empirismus hat – wenn man den Philosophiehistorikern glauben darf – seine Heimat in Großbritannien, und Locke, Berkeley, Hume gelten als seine klassischen Repräsentanten.[29] Zwar werden diesen „Klassikern" mitunter die philosophischen Ideen Francis Bacons und Thomas Hobbes' vorgeordnet und ihre Wirkungslinien in späteren philosophischen, politischen, ökonomischen und wissenschaftlichen Programmen weiterverfolgt.[30] Die Theorien dieser drei „Klassiker" dienen aber meist als paradigmatisch für die Grundprinzipien des Empirismus im Unterschied zum Rationalismus.[31]

In der neueren Forschungsliteratur werden jedoch, wie oben schon angedeutet, Probleme aufgezeigt, die sich aus einer solchen „klassischen" Bestimmung und historischen Einordnung des Empirismus ergeben. Livingston erinnert daran, daß die Bezeichnung „Empirismus" im Englischen erst am Ende des 19. Jahrhunderts eine positive Konnotation erhielt, die im Zusammenhang mit der Fortschrittsideologie steht, die in der industriellen Revolution des 19. Jahrhunderts wurzelt. Hume sei diese Bedeutung des Terminus „Empirismus" noch nicht bekannt gewesen. Er

---

[28]   Hume spricht dem „common sense" eine kontrollierende oder regulative Funktion gegen versehentliche Irrtümer der „leichten Philosophie" zu. Vgl. ebd., S. 5. Bei Reid hat der „common sense" dagegen eine konstitutive Funktion im Erkenntnisprozeß im Sinne eines Vermögens der Vernunft, „to judge of things self-evident". Reid, Thomas, *Essays on the Intellectual Powers of Man*, in: ders., *Philosophical Works*. Hildesheim / Zürich / New York 1983 [2. Nachdruckauflage der 8. Auflage, Edinburgh 1895], S. 425.

[29]   „Der Empirismus des 17. und 18. Jahrhunderts ist in der Philosophiegeschichte [...] zuerst und vor allem englischer und britischer Empirismus," merkt Engfer kritisch zu dieser Position an, (wie Anm. 19, S. 15f.). Vgl. auch Russell, Bertrand, *History of Western Philosophy*. London 1946, S. 666. Woolhouse, (wie Anm. 19), S. 1. Morris, Charles R., *Locke, Berkeley, Hume*. Oxford 1931, S. 7f. Dunn, John / Urmson, James O., *The British empiricists*. Locke, Berkeley, Hume. Oxford 1992. Mittelstraß, Jürgen (Hg.), *Enzyklopädie Philosophie und Wissenschaftstheorie*. 4 Bde. Bd. 1–2 Mannheim 1980–1984, Bd. 3–4 Stuttgart / Weimar 1995–1996, hier Bd. 1, korr. Nachdr. Stuttgart / Weimar 1995, S. 542. Pfeil, Hans, *Der Psychologismus im englischen Empirismus*. Meisenheim a. Glan 1973 [Reprint der Ausg. Paderborn 1934], S. 17.

[30]   Vgl. Woolhouse, *The Empiricists*, (wie Anm. 19). Gawlick (Hg.), *Empirismus*, (wie Anm. 14). Bennett, Jonathan, *Locke, Berkeley, Hume*. Central Themes. Oxford 1971.

[31]   Krüger behandelt die Probleme des Empirismus am Beispiel John Lockes. Vgl. Krüger, Lorenz, *Der Begriff des Empirismus*. Berlin / New York 1973). Gawlick wählt Hume als Modellfall empiristischer Theorien: „David Hume, die überragende Gestalt der schottischen Aufklärung, ist nach Meinung vieler Interpreten der bedeutendste Vertreter des klassischen Empirismus, denn er übertrifft Vorgänger wie Nachfolger an Scharfsinn, Radikalität und Vielseitigkeit." Gawlick, Günter, David Hume, in: *Empirismus*, (wie Anm. 14), S. 140.

habe zwar – wie auch Locke und Berkeley – in den epistemologischen Debatten seiner Zeit eine Position bezogen, die mit der von Descartes, Spinoza und Leibniz eingenommenen kontrastierte. „We may call this empiricism if we like, but we must be careful to purge the term of its latter-day ideological connotations, – something especially difficult to do in the case of Hume."[32] In der deutschsprachigen Literatur wird der heutige Gebrauch des Wortes „Empiristen" für Philosophen, die die Vernunfterkenntnis aus der Erfahrung ableiten, auf Kants *Kritik der reinen Vernunft* zurückgeführt.[33]

Die historischen Argumente gegen die Einordnung Humes in eine von einheitlichen Prinzipien bestimmte Empirismustradition werden auch durch systematische Überlegungen gestützt. Insbesondere wird geltend gemacht, daß die strikte Entgegensetzung des Empirismus zum Rationalismus von Vorstellungen eines „idealen Empiristen" ausgeht, die die historische Zuordnung einzelner Denker fragwürdig erscheinen läßt.[34] Für Engfer ergibt sich aus diesen Überlegungen eine neue Sicht auf den historischen Standort Humes: Gegen dessen Festlegung auf ein idealisiertes Empirismuskonzept wendet er ein:

> Diese heute übliche Einschätzung Humes als Hauptvertreter des sogenannten klassischen Empirismus ist nicht selbstverständlich und eher das Ergebnis der philosophiehistorischen Diskussion der letzten Jahrzehnte, in der der Neoempirismus und -positivismus des 20. Jahrhunderts sich in Hume eine Vaterfigur entdeckte oder schuf.[35]

Zu einem ähnlichen Ergebnis gelangt Livingston. Er betrachtet die Struktur der Philosophie Humes als völlig verschieden von dem, was unter Empirismus verstanden wird.

> The central idea of empiricism is that there is an unproblematic foundation of knowledge given in experience and usually identified with sense experience, from which all knowledge is derived and against which all theoretical interpretations must be tested.[36]

Die Philosophie sei bei Hume dagegen auf ihre eigene Untersuchung gerichtet, und die Frage „Was ist Philosophie?" sei mit der Frage „Was ist der Mensch?" isomorph.[37]

Diese Argumente gegen die Charakterisierung der philosophischen Position Humes als Empirismus sind nicht von der Hand zu weisen. Die allgemeine Bestimmung des Empirismus als „erkenntnistheoretische Position, die im Gegensatz

---

[32] Livingston, (wie Anm. 17), S. 4.

[33] Vgl. *Enzyklopädie Philosophie und Wissenschaftstheorie*, (wie Anm. 29), S. 542. Vgl. dazu Kant, Immanuel, *Gesammelte Schriften*. 29 Bde., hg. v. der Königlich Preußischen Akademie der Wissenschaften. Berlin 1968–1977, hier Bd. 3: *Kritik der reinen Vernunft* (1973), S. 551 und 325ff. [Reprint der Ausgabe Berlin 1911].

[34] Vgl. Engfer, (wie Anm. 19), S. 11.

[35] Vgl. ebd., S. 312

[36] Livingston, (wie Anm. 17), S. 10.

[37] Ebd., S.11.

zum Rationalismus die generelle Abhängigkeit des Wissens von der Erfahrung behauptet"[38] und die von Livingston erwähnte Identifizierung von „Erfahrung" mit „Sinneserfahrung" übersieht die skeptische Haltung Humes auch gegenüber der Sinneserkenntnis. Sie läßt offen, wie Hume „experience" bestimmt und auf welche Weise er allgemeine Prinzipien, theoretische Aussagen und wertende Urteile aus dieser Erfahrung ableitet. Sie verwischt die zwischen den „Hauptvertretern" des Empirismus sichtbaren Differenzen in den theoretischen Ansätzen zur Begründung ihrer erkenntnistheoretischen Position. Sie ist weder geeignet, die spezifische Wirkung Humes noch die in seiner Philosophie verkörperten anthropologischen Tendenzen seiner Zeit zu erfassen. Überdies ignoriert die von Livingston kritisierte Verengung der Philosophie Humes auf die erkenntnistheoretischen Probleme des Empirismus die Tatsache, daß Humes Interesse vor allem auf die „moral subjects", d.h. auf die Grundlagen menschlichen Verhaltens und Handelns gerichtet ist. Seine Leistungen auf den Gebieten der Ästhetik („Criticism"), Ethik („Morals"), Religions- und Sozialphilosophie werden aus diesem Blickwinkel gewöhnlich von der Forschung übersehen.

Trotz dieser Argumente muß eingeräumt werden, daß der Text des *Treatise of Human Nature* ausweist, welch grundlegende Bedeutung sein Verfasser erkenntnistheoretischen Erörterungen zur Begründung der „experimental method" beimißt. Er beginnt seine Überlegungen mit der Untersuchung des Verstandes und widmet ihr das gesamte erste Buch mit dem Titel *Of Understanding*. Es erweist sich daher als eine zentrale hermeneutische Aufgabe, den systematischen Ort und die spezifische Methode der Untersuchung des Verstandes in Humes Konzept der menschlichen Natur genau zu erfassen und zu entdecken, wie er den anthropologischen Ansatz bei der Bestimmung seines Erfahrungsbegriffs und bei der Lösung der damit verbundenen erkenntnistheoretischen Probleme geltend macht.

Halten wir uns an seine eigenen Worte, er verstehe seine Untersuchung als ein „attempt to introduce the experimental method into moral subjects",[39] so müssen wir die auf die Erneuerung der Humanwissenschaften gerichteten methodischen Bemühungen als Programm seiner Philosophie ernst nehmen. Die bereits in den Naturwissenschaften erprobte Methode der Erfahrung will er auf der Basis einer „science of man" auch in den Humanwissenschaften anwenden. Sein Vorgehen begründet er mit folgenden Worten:

> For to me it seems evident, that the essence of the mind being equally unknown to us with that of external bodies, it must be equally impossible to form any notion of its powers and qualities

---

[38] *Enzyklopädie Philosophie und Wissenschaftstheorie*, (wie Anm. 29), S. 542.
[39] Vgl. Anm. 8. Lipps übersetzt „experiment" mit Erfahrung im Sinne von Einzelerfahrung, „experience" mit Erfahrung als abstrakter Begriff. Vgl. Hume, *Ein Traktat über die menschliche Natur*, (wie Anm. 8), S. 7, Anm. 7.

otherwise than from careful and exact experiments, and the observation of those particular effects, which result from its different circumstances and situations.[40]

Humes Verweis auf die in den Naturwissenschaften erfolgreich angewendete Methode der Erfahrung wird oft so gedeutet, daß er diese unverändert von den Naturwissenschaften auf die „moral sciences" übertragen wolle. Pfeil meint, daß Hume, „blind für seelische Ganzheiten und Spontaneitäten, der irrigen Meinung war, das seelische Sein und Geschehen nach Analogie einer atomistisch-mechanistisch vorgestellten Körperwelt deuten zu müssen."[41] Gleich Locke führe er seine Analyse des Bewußtseins nach naturwissenschaftlicher Methode durch und gelange so zu „totaler Atomisierung und weitgehender Mechanisierung des Seelenlebens".[42] Pfeil räumt aber selbst ein, Hume scheue vor einer totalen „Mechanisierung des Seelenlebens" zurück und lasse die Möglichkeit offen, „daß der Geist auch willkürlich, also auch ohne dem Assoziationsmechanismus unterworfen zu sein, Vorstellungen miteinander verknüpfen kann".[43] Mit dieser Einschränkung stellt Pfeil seinen Mechanismusvorwurf gegen Hume jedoch selbst partiell in Frage.

Auch Kreimendahl sieht in Humes Verfahren eine direkte Übertragung der naturwissenschaftlichen Methode auf geistige Gegenstände. Nach der „soliden Durchführung des naturwissenschaftlichen Programms in einer für die Sachverständigen konsensfähigen Art und Weise" durch Newton sei es naheliegend,

daß man in der Folge versuchte, Newtons wissenschaftliche Methode von ihrem spezifischen Inhalt abzulösen und auf andere Gebiete zu übertragen, um in ihnen den gleichen Erfolg zu erzielen [...] David Hume ist das bekannteste Beispiel. Er wollte durch Einführung der ‚experimental method of reasoning into moral subjects' der Newton der Geisteswissenschaften werden.[44]

Auf ähnliche Weise spricht Kulenkampff in seinem Aufsatz über Hume in der gleichen Veröffentlichung von einem „psychologischen Atomismus" und von einer „Physik des menschlichen Bewußtseins bei Hume". Er hebt aber zugleich Humes „Naturalismus" hervor, der sich von seiner gleichsam Newtonschen Psychologie abhebe: „Er wollte den Menschen und alle seine Hervorbringungen nicht nur nach dem Vorbild der Naturwissenschaft mit der ‚experimental method of reasoning' untersuchen, sondern auch als ein Stück Natur aufgefaßt wissen."[45] Es wäre zu prüfen, ob tatsächlich ein solcher Bruch zwischen dem methodischen Anliegen und der naturalistischen Auffassung vom Menschen in Humes Philosophie auszumachen ist oder ob nicht gerade die Verknüpfung dieser beiden Aspekte

---

[40] Hume, *Treatise*, (wie Anm. 4), Bd. 1, S. 308.
[41] Pfeil, (wie Anm. 29), S. 102.
[42] Ebd.
[43] Ebd., S. 104.
[44] Kreimendahl, Lothar, Einleitung, in: ders. (Hg.), *Philosophen des 18. Jahrhunderts*. Darmstadt 2000, S. 5.
[45] Kulenkampff, Jens, David Hume. Eine neue Wissenschaft von der menschlichen Natur, in: Kreimendahl (Hg.), *Philosophen*, (wie Anm. 44), S. 125.

den Charakter seiner Philosophie bestimmt und die Ausrichtung auf die Humanwissenschaften seinem Erfahrungskonzept eine neue Gestalt verleiht, insofern
Hume die m e n s c h l i c h e   N a t u r  als eine gegenüber der äußeren Natur spezifische versteht.[46]

Vielleicht lassen Humes Worte eine Deutung seiner Absicht im Sinne einer
Übernahme naturwissenschaftlicher Methoden zu. Er betont zumindest den engen
Zusammenhang der beiden Gebiete des Wissens, wenn er ausführt:

> And indeed, when we consider how aptly *natural* and *moral* evidence cement together, and
> form only one chain of argument betwixt them, we shall make no scruple to allow, that they
> are of the same nature, and deriv'd from the same principles.[47]

Wie aus dem Kontext dieses Satzes ersichtlich, geht es Hume hier um das Prinzip
der Kausalität, das Erfahrungswissen und die Erkenntnis von Gesetzmäßigkeiten
im menschlichen Verhalten ermöglicht. Aus der Beobachtung des  n a t ü r l i -
c h e n  Laufs der Lebensvorgänge will er die Denk- und Handlungsprinzipien der
Menschen auffinden und so den Humanwissenschaften den gleichen wissenschaftlichen Anspruch sichern wie den Naturwissenschaften. Das heißt aber nicht notwendig, die Prinzipien der Humanwissenschaften müßten aus den Naturwissenschaften abgezogen werden. Als „natürlich" gilt ihm „every event, which has ever
happen'd in the world, *excepting those miracles, on which our religion is
founded*",[48] also alles, was durch Ursachen geschieht. In diesem Verständnis betrachtet er Natur zunächst als Gegensatz zum Wunder, d.h. zu der Vorstellung,
etwas könne ohne Ursache entstehen oder sei durch einen vorgegebenen Endzweck
bestimmt. Auch der Mensch als Naturwesen ist nicht durch außernatürliche Kräfte
geleitet. Das hebt Hume explizit in einem Brief an Hutcheson hervor, in dem er
gegen dessen Kritik am *Treatise* einwendet:

> I cannot agree to your sense of *Natural*. 'Tis founded on final Causes; which is a Considera-
> tion, that appears to me pretty uncertain & unphilosophical. For pray, what is the End of Man?
> Is he created for Happiness or for Virtue? For this Life or for the next? For himself or for his
> Maker?[49]

Wenn Hume mit Nachdruck behauptet, die moralischen Gefühle („sentiments of
morality") müßten als natürlich angesehen werden, und darin die Idee Shaftesburys
und Hutchesons vom „moral sense" als natürliche Anlage aufgreift, so meint er,
daß sie ihre Ursache in der menschlichen Natur selbst haben.[50]

Natürlich bedeutet für Hume aber auch, dem gewohnten Gang der Dinge entsprechend, von dem das Seltene und Außergewöhnliche („rare and unusual") ab-

---

[46] Zur Bestimmung der Philosophie Humes als „Naturalismus" in Gegenüberstellung zu Kants
kritischer Philosophie vgl. Mall, Ram Adhar, *Naturalism and Criticism*. The Hague 1975.

[47] Hume, *Treatise*, (wie Anm. 4), Bd. 2, S. 187.

[48] Ebd., S. 249.

[49] *The Letters of David Hume*, hg. v. John Young Thomson Greig. Bd. I. London 1932, S. 33.

[50] Hume, *Treatise*, (wie Anm. 4), Bd. 2, S. 250.

weicht, das dann aufgrund der Abweichung von der Erwartung als unnatürlich angesehen wird. Zwischen Häufigkeit und Seltenheit könnten aber keine genauen Grenzen gezogen werden. Daher besäßen wir hier keinen genauen Maßstab, was als natürlich oder unnatürlich gelten kann.[51]

Schließlich stellt Hume das Natürliche noch dem Künstlichen gegenüber. Darüber, ob die Vorstellungen vom Wert oder Unwert gewisser Handlungen natürlich oder künstlich sind, könne wohl gestritten werden. Die Handlungen selbst aber seien künstlich, d.h. sie werden mit Absicht und Vorsatz arrangiert.[52]

In diesen Bestimmungen des Natürlichen im Verhältnis zum Wunder, zum Außergewöhnlichen und zum Künstlichen zeigt sich, daß es Hume um das Auffinden von Denk- und Handlungsprinzipien zu tun ist. Er nimmt diesen Prinzipien aber ihren normativen Charakter, indem er sie der Wahrscheinlichkeit allen Naturgeschehens und der Planmäßigkeit menschlichen Handelns unterwirft. Regeln seien leicht aufzustellen, aber äußerst schwierig anzuwenden, meint er. Dies erfordere die genaue Beachtung aller einen Tatbestand begleitenden Umstände.

> If this be the case even in natural philosophy, how much more in moral, where there is a much greater complication of circumstances, and where those views and sentiments, which are essential to any action of the mind, are so implicit and obscure, that they often escape our strictest attention, and are not only unaccountable in their causes, but even unknown in their existence?[53]

Aus diesem Blickwinkel der hohen Komplexität der „moral subjects" erzeugt die Anwendung der „experimental method" auf die Humanwissenschaften anstelle der von Pfeil befürchteten „Mechanisierung des Seelenlebens" eher eine umgekehrte Wirkung: Die Humanwissenschaften erproben, korrigieren und erweitern die empirische Methode in einer Weise, die auch für die Naturwissenschaften von Nutzen ist, indem sie über das mechanistische Naturbild hinausweisen auf die ganzheitliche Dynamik der Naturprozesse und auf die subjektiven Bedingungen der Formulierung von Gesetzen.

In Humes eigenem Text finden wir zahlreiche Hinweise darauf, daß er die Anwendung empirischer Methoden auf „moral subjects" nicht als eine einfache Übernahme der naturwissenschaftlichen Methode versteht und er sich beim Wechsel des Gegenstandes der notwendigen Veränderungen im methodischen Vorgehen bewußt ist. In den Humanwissenschaften, so betont er, könne man keine Versuche wie in den Naturwissenschaften durchführen. Wenn man sich hier selbst in den zu beobachtenden Vorgang hineinversetze, würden die Reflexion und der Vorbedacht

---

[51] Vgl. ebd.
[52] Vgl. ebd., S. 249. An anderer Stelle erläutert Hume den Unterschied zwischen Natürlichem und Künstlichem am Beispiel eines Menschen, dem es an natürlichem Sinn für Humanität fehlt, der diesen Mangel aber durch ein sittliches Pflichtgefühl ausgleicht. Hume betrachtet also das moralische Gefühl als natürlich, das Sittengesetz hingegen als künstlich. Beide können aber den gleichen Effekt haben: moralisches Handeln. Vgl. ebd., S. 253f.
[53] Vgl. ebd., Bd. 1, S. 468.

dieser Anordnung die Operation der natürlichen Prinzipien stören.[54] Schon aus dieser negativen Abgrenzung gegen die Naturwissenschaften wird deutlich, daß Hume einen erweiterten Begriff von Erfahrung und Beobachtung verwendet und andere empirische Verfahren für die Humanwissenschaften anstrebt, sich also der Abhängigkeit der Methode vom Untersuchungsgegenstand bewußt ist.

Die Vorrangstellung, die er der Untersuchung affektiv-sinnlicher und geistiger Zusammenhänge vor physikalischen Überlegungen einräumt, hebt er im Buch II des *Treatise* (*Of Passions*) ausdrücklich hervor. Er unterteilt dort – analog zum Buch I – die „impressions" in primäre (Sinneseindrücke, körperliche Schmerz- und Lustgefühle) und sekundäre (Selbstwahrnehmung, Affekte und ihnen ähnliche Gefühlsregungen). Da aber die ersteren von physikalischen Ursachen abhängen, deren Untersuchung ihn zu weit von seinem gegenwärtigen Thema wegführe, hinein in Anatomie und Naturwissenschaft, beschränke er sich hier auf die reflexiven Eindrücke.[55] Dieses Vorgehen begründet er schon im ersten Buch des *Treatise* mit der Notwendigkeit, die natürlich scheinende Methode umzukehren, um die Natur und die Operationen des menschlichen Geistes zu erklären:

> And as the impressions of reflexion, viz. passions, desires, and emotions, which principally deserve our attention, arise mostly from ideas, it will be necessary to reverse that method, which at first sight seems most natural; and in order to explain the nature and principles of the human mind, give a particular account of ideas, before we proceed to impressions. For this reason I have here chosen to begin with ideas.[56]

Mit diesem Vorgehen grenzt sich Hume von der Übernahme der naturwissenschaftlichen Methoden der Anatomie oder Physiologie ab. Er bezieht sich auf ein anderes Erfahrungsfeld als die Naturwissenschaften. Sein Interesse gilt mehr der praktisch-geistigen und sozial-kommunikativen Verfassung des Menschen als der körperlichen.

Auf die Ausrichtung der methodologischen Überlegungen Humes auf die „moral philosophy" weisen aber vor allem die Bestimmung und die Entfaltung der „experimental method" selbst hin. Sein Augenmerk gilt hierbei nicht bloß den einzelnen Sinnesdaten, sondern vielmehr dem Beziehungsgeflecht der Eindrücke und Vorstellungen sowie dem Prinzip der Verknüpfung, das die Operationen des Geistes. In der ersten *Enquiry* schreibt er dazu:

> It is evident that there is a principle of connexion between the different thoughts or ideas of the mind, and that in their appearance to the memory or imagination, they introduce each other with a certain degree of method and regularity. In our more serious thinking or discourse this is so observable that any particular thought, which breaks in upon the regular tract or chain of ideas, is immediately remarked and rejected. And even in our wildest and most wandering reveries, nay in our very dreams, we shall find, if we reflect, that the imagination ran not alto-

---

[54]  Vgl. ebd., Bd. 1, S. 309.
[55]  Vgl. ebd., Bd. 2, S. 76.
[56]  Ebd., Bd. 1, S. 317.

gether at adventures, but that there was still a connexion upheld among the different ideas, which succeeded each other.[57]

Dieses Prinzip der Verknüpfung der Vorstellungen aufzuhellen, steht im Zentrum der Humeschen Untersuchung der Erkenntnisgrundlagen. Darauf baut er seinen Erfahrungsbegriff überhaupt auf. Für die Humanwissenschaften erlangt das aber aufgrund der Komplexität ihrer Gegenstände und des spezifischen Charakters ihrer Gesetze besondere Relevanz. Das wird unten ausführlicher erörtert.[58] Hier ist zunächst anzumerken, daß Hume, wenn er – wie Pfeil und Kulenkampff nahelegen – nach einer atomaren Struktur des Bewußtseins sucht, nach einfachen Impressionen, aus denen das Bewußtsein aufgebaut ist, so sind ihm dabei vor allem die Prinzipien wichtig, die den Beziehungen dieser Elemente zugrunde liegen. Diese erklärt er aber nicht aus einer mechanischen Zusammensetzung der Impressionen. Zwar entspreche jede einfache Vorstellung einem einfachen Eindruck, jedoch nicht allen zusammengesetzten Vorstellungen gingen entsprechende Eindrücke voraus, und viele zusammengesetzte Eindrücke würden niemals in Vorstellungen getreu nachgebildet.[59] Der Verknüpfung der Eindrücke und Vorstellungen liegen also nach Humes Auffassung nicht die mechanischen Gesetze der Körperwelt zugrunde, selbst dort nicht, wo Hume Analogien zu dieser herstellt, wie z.B. bei der Suche nach den einfachsten Elementen des Bewußtseins oder beim Assoziationsprinzip. Seine Bestimmung der Funktion der Einbildungskraft zeigt deutlich, daß er über die Naturmechanik physikalischer Gesetze hinausdenkt. Angesichts der Bedeutung, die Hume dem Ordnungsproblem und der ordnenden Tätigkeit des menschliche Geistes beimißt, bedarf es einer genaueren Untersuchung, ob Humes Theorie der Erfahrung schlechthin als passivistisch charakterisiert werden kann, wie Hoppe meint.[60]

Hume greift bei seiner Neubegründung der „moral sciences" nicht bedenkenlos auf die naturwissenschaftliche Methode zurück, sondern thematisiert die spezifische geistige, soziale und aktive Natur des Menschen. Seine Weiterführung der methodischen Überlegungen Lockes ist daher nicht nur in der schärferen und radikaleren Fassung des Empirismus zu sehen – wie Gawlick geltend macht[61] –, sondern vor allem in der auf „moral subjects" ausgerichteten Umformung seiner Methode, die auf den anthropologischen Prämissen der aktiven, geselligen und sinnlich-affektiven Natur des Menschen und des Praxisbezugs der Philosophie basiert.

Auf anthropologische Prämissen nimmt auch Kreimendahl Bezug, wenn er die Erfahrungsgrundlage der Grundprinzipien von Humes Philosophie hervorhebt und folgert:

---

[57] Hume, *An Enquiry concerning Human Understanding*, (wie Anm. 8), S. 17f.
[58] Vgl. unten, Abschnitt 4, S. 128ff.
[59] Vgl. Hume, *Treatise*, (wie Anm. 4), Bd. 1, S. 12.
[60] Vgl. Hoppe, Hans-Hermann, *Handeln und Erkennen. Zur Kritik des Empirismus am Beispiel der Philosophie David Humes*. Frankfurt / München 1976, S. 11.
[61] Vgl. Anm. 31.

So sind die fundamentalsten Sätze der Humeschen Wissenschaft vom Menschen [...] keiner anderen Legitimation fähig als des empirischen Nachweises, daß es sich bei ihnen gleichsam um anthropologische Konstanten handelt, die unauflösbar mit der menschlichen Natur verknüpft sind.[62]

Die Prinzipien dieser Wissenschaft definierten sich somit vor dem Hintergrund eines bestimmten Menschenbildes, fährt Kreimendahl fort, läßt dieses Menschenbild aber im Rahmen seiner Analyse der logischen Argumentationsstruktur Humes außer Betracht.

In der Tat spricht Hume häufig von einer Gleichförmigkeit im Verhalten der Menschen. So schreibt er in der ersten *Enquiry*:

It is universally acknowledged that there is a great uniformity among the actions of men, in all nations and ages, and that human nature remains still the same, in its principles and operations. The same motives always produce the same actions: The same events follow from the same causes. Ambition, avarice, self-love, vanity, friendship, generosity, public spirit; These passions, mixed in various degrees, and distributed through society, have been, from the beginning of the world, and still are, the source of all the actions and enterprises, which have ever been observed among mankind.[63]

Es erhebt sich allerdings die Frage, ob Hume die beobachtete Gleichförmigkeit als Wirkung „anthropologischer Konstanten" im Sinne rationaler Prinzipien versteht, die das Verhalten der Menschen normativ steuern. Eine solche Deutung, die in der Annahme zeit- und kulturübergreifender Ursachen menschlichen Verhaltens einen „verborgenen Rationalismus"[64] entdeckt und rationalistischen Restbeständen in den empiristischen Systemen et vice versa nachforscht, bleibt selbst innerhalb des kritisierten Rationalismus-Empirismus-Schemas stehen. Die von Hume behauptete Gleichförmigkeit ist nicht als Resultat wirkender Vernunftprinzipien, sondern eher als ein F e l d  v o n  M ö g l i c h k e i t e n  des Verhaltens zu deuten, die sich aus den natürlichen Anlagen der Menschen und aus den praktischen Lebenszusammenhängen ergeben. Die Gleichförmigkeit, so setzt er seinen Gedanken weiter unten fort, könne kein solches Ausmaß erreichen, daß alle Menschen unter gleichen Umständen, ohne Berücksichtigung der Verschiedenheit der Charaktere, Vorurteile und Meinungen stets genau in der gleichen Weise handeln würden. Solch eine Gleichförmigkeit gäbe es nirgends in der Natur.[65]

Diese Deutung löst den scheinbaren Widerspruch auf, daß Hume einerseits die Gleichförmigkeit und andererseits die große Verschiedenheit zwischen den Menschen hervorhebt:

---

[62] Vgl. Kreimendahl, Lothar, *Humes verborgener Rationalismus*. Berlin / New York 1982, S. 1.
[63] Hume, *An Enquiry concerning Human Understanding*, in: *Philosophical Works*, (wie Anm. 4), Bd. 4, S. 68.
[64] Von einem solchen „verborgenen Rationalismus" spricht nach Kreimendahl (vgl. Anm. 62) auch Engfer, (wie Anm. 19), S. 29f.
[65] Vgl. Hume, *An Enquiry concerning Human Understanding*, in: *Philosophical Works*, (wie Anm. 4), Bd. 4, S. 70.

The difference, which nature has placed between one man and another, is so wide, and this difference is still so much farther widened, by education, example, and habit, that, where the opposite extremes come at once under our apprehension, there is no scepticism so scrupulous, and scarce any assurance so determined, as absolutely to deny all distinction between them.[66]

Das sich den Menschen bietende Möglichkeitsfeld bedingt einen gewissen Zwang oder eine Notwendigkeit des Verhaltens. Die hierauf bezogene „uniformity" der menschlichen Natur ist Bedingung humanwissenschaftlicher Erkenntnis, bedeutet aber nicht, die menschlichen Verhaltensweisen wären immer gleich. Die „difference" der Menschen betrachtet Hume vielmehr selbst als einen Ausdruck der menschlichen Natur, insofern sich darin die Macht der Gewohnheit, der Sitten und der Erziehung zeigt. Er vollzieht damit einen Paradigmenwechsel weg von der Erklärung des menschlichen Verhaltens aus rationalistisch erklärten Naturkonstanten hin zum historischen Verständnis des Menschen, das selbst die physische Natur des Menschen in einen historisch-sozialen Kontext stellt und so die Verschiedenheit und Gleichförmigkeit im menschlichen Leben erklärt:

The skin, pores, muscles, and nerves of a day-labourer are different from those of a man of quality: So are his sentiments, actions and manners. The different stations of life influence the whole fabric, external and internal; and different stations arise necessarily, because uniformly, from the necessary and uniform principles of human nature. Men cannot live without society, and cannot be associated without government. Government makes a distinction of property, and establishes the different ranks of men. This produces industry, traffic, manufactures, lawsuits, war, leagues, alliances, voyages, travels, cities, fleets, ports, and all those other actions and objects, which cause such a diversity, and at the same time maintain such an uniformity in human life.[67]

Wie diese Ausführungen zeigen, vertritt Hume weder in physischer noch in psychischer Hinsicht ein statisches Menschenbild. Wenn von den Grundlagen des Humeschen Wissenschaftsverständnisses die Rede ist, muß dieses Menschenbild in Betracht gezogen werden. In einem Vergleich mit Locke kann gezeigt werden, daß auch sein Erfahrungsbegriff davon bestimmt ist.

## 3. Humes Konzept der Erfahrung

Hume setzt an den Beginn seiner Analyse des menschlichen Bewußtseins – auf ähnliche Weise wie Locke – die im menschlichen Geist auffindbaren Bewußtseinsinhalte. Im Unterschied zu Locke nennt er diese aber nicht „ideas", sondern „perceptions". Der Terminus „ideas" dient ihm zu einer Unterscheidung, die bei Locke nicht vorzufinden ist. Locke unterteilt die „Ideen" nach den Quellen, aus denen sie entspringen, in Ideen der „sensation" (der Objektwahrnehmung) und

---

[66]  Hume, *An Enquiry concerning the Principles of Morals*, in: *Philosophical Works*, (wie Anm. 4), Bd. 4, S. 169.
[67]  Hume, *Treatise*, (wie Anm. 4), Bd. 2, S. 183f.

Ideen der „reflection" (der Wahrnehmung der Tätigkeiten des eigenen Geistes). Diese beiden Quellen bilden das gesamte Reservoir, aus dem die Erfahrung den Verstand mit Ideen speist.[68] Hume verwendet den Terminus „ideas" dagegen in einem engeren Sinne zur Bezeichnung von spezifischen Bewußtseinsinhalten n e b e n den „impressions". Unter „ideas" (Vorstellungen) versteht er die schwachen Abbilder („the faint images") der „impressions", „wie sie in unser Denken und Urteilen eingehen". Letztere unterteilt er dann in Anlehnung an Locke in „sensations" und „reflections".[69]

Diese veränderte Terminologie zeigt die spezifische Untersuchungsrichtung Humes an. Lockes Intention war es, nachzuweisen, daß die Ideen nicht angeboren, sondern alle aus der Erfahrung entnommen sind.[70] Sein Blick ist auf die Ideen gerichtet, die der Geist durch die Sinne aus der Außenwelt erhält oder durch die Reflexion der Operationen, die der Geist in seinem Innern bei der Verarbeitung der gewonnenen Ideen vollzieht. Zur Erklärung des Ursprungs, des Wechsels, des Zusammenhangs und Übergangs der Ideen greift er jedoch auf die über die Erfahrung hinausgehenden Begriffe der Kraft („power") und der Substanzen („substances") zurück, die Hume konsequent aus dem Begründungszusammenhang von Erkenntnis ausschließt.[71] Insbesondere sieht er – anders als Hume – die Vorstellung der Kausalität mit der Idee der Kraft verbunden.[72]

Humes Untersuchung ist vor allem auf die a n t h r o p o l o g i s c h e n   B e - d i n g u n g e n der Möglichkeit von Erfahrung gerichtet, an die der Prozeß der Verarbeitung der Bewußtseinselemente gebunden ist: auf die subjektive Leistung der Vermögen, auf die Operationen des Geistes (die die Beziehungen zwischen Vorstellungen betreffen und durch die Prinzipien der Assoziation erklärt werden) und auf die Art und die Kriterien der Geltung der durch den Verstand gewonnenen Erkenntnisse. Mit seiner Klassifikation der Bewußtseinsinhalte gibt er den „sensations" und „reflections" eine andere Bestimmung: die ersteren entstehen ursprünglich in der Seele aus unbekannten Ursachen, die letzteren beruhen zum großen Teil auf ihnen vorausgehenden Vorstellungen.[73] Auf diese Weise werden die Prozesse der Sinneswahrnehmung und der Selbstwahrnehmung miteinander verknüpft. Letztere richten sich nicht nur auf die Operationen des Geistes, sondern sie können den gesamten vorgängigen Bewußtseinsinhalt reflektieren. Somit rücken die Prozesse der Selbstwahrnehmung ins Zentrum des Interesses.

---

[68] Vgl. Locke, John, *An Essay Concerning Human Understanding*, in: *The Works of John Locke*. 9 Bde. London 1997 [Reprint der Ausgabe London 1794], hier Bd. 1, S. 77f.
[69] Vgl. Hume, *Treatise*, (wie Anm. 4), Bd. 1, S. 311.
[70] Vgl. Locke, (wie Anm. 68), S. 79.
[71] Vgl. ebd., S. 221f. und 307f.
[72] Vgl. ebd., S. 221.
[73] Hume, *Treatise*, (wie Anm. 4), Bd. 1, S. 317.

Für die mit den „ideas" operierenden Tätigkeiten sind die Vermögen der Erinnerung und der Einbildungskraft zuständig. Ihre Funktion beschreibt Hume mit folgenden Worten:

> We find by experience, that when any impression has been present with the mind, it again makes its appearance there as an idea; and this it may do after two different ways: either when in its new appearance it retains a considerable degree of its first vivacity, and is somewhat intermediate betwixt an impression and an idea; or when it entirely loses that vivacity, and is a perfect idea. The faculty, by which we repeat our impressions in the first manner, is called the MEMORY, and the other the Imagination. 'Tis evident at first sight, that the ideas of the memory are much more lively and strong than those of the IMAGINATION, and that the former faculty paints its objects in more distinct colours, than any which are employ'd by the latter.[74]

Nicht die durch Abstraktion sich vollziehende Bildung allgemeiner Vorstellungen, deren Existenz Hume in nominalistischer Manier in Frage stellt,[75] konstituiert die menschliche Erkenntnis, sondern die durch die Einbildungskraft bewirkte Verknüpfung der Vorstellungen. Die Frage nach den Prinzipien dieser Verknüpfung und nach der Gewißheit und der Überprüfbarkeit der auf diesem Wege gewonnenen Erkenntnisse bildet den Kern des Erfahrungsproblems bei Hume.

Pfeil beurteilt das Ergebnis dieses Vorgehens so, daß Hume damit das Fazit der empiristischen Bewegung gezogen und den Glauben der empiristischen Philosophie an ihr eigenes Prinzip zerstört habe:

> Humes Stellung zu den Problemen der Substanz und der apodiktischen Erkenntnis hat erkennen lassen, daß dieser Denker mit ungleich größerer Konsequenz als seine Vorgänger die Grundlagen der empiristischen Philosophie zu Ende gedacht hat.[76]

Das Vorgehen Lockes sieht er dagegen als Inkonsequenz gegenüber seinem empiristischen Programm und als Zugeständnis an die Metaphysik:

> Locke hat sich nicht frei machen können von seinen mit Bacon, Descartes und der Schule von Cambridge im Grundsätzlichen übereinstimmenden metaphysischen Auffassungen über Körper und Seele, Welt und Gott; und in dieser Unfreiheit ist es begründet, daß metaphysische Überzeugungen seine Theorien von der Erkennbarkeit des Metaphysischen entscheidend beeinflußt haben.[77]

Gewiß kann man von solch einer radikaleren Fassung des Erfahrungsproblems durch Hume im Verhältnis zu Locke sprechen. Die nur graduelle Unterscheidung der beiden erkenntnistheoretischen Programme in der britischen Philosophie übersieht jedoch die grundlegende Wende, die Hume in seinem anthropologisch basierten, auf die „moral philosophy" ausgerichteten Erfahrungsbegriff vollzieht.

Hume betrachtet die Perzeptionen als Phänomene, die uns subjektiv in unserem Geist gegeben sind und als solche nichts über ihnen korrespondierende Objekte

---

[74] Hume, *Treatise*, (wie Anm. 4), Bd. 1, S. 317f.
[75] „A particular idea becomes general by being annex'd to a general term." Hume, ebd., S. 330.
[76] Pfeil, (wie Anm. 29), S. 172.
[77] Ebd., S. 52.

oder über die Existenz der Außenwelt überhaupt aussagen. Seine Gedanken über die äußere Existenz der Gegenstände des Bewußtseins resümiert er mit folgenden Worten:

> Let us fix our attention out of ourselves as much as possible: Let us chace our imagination to the heavens, or to the utmost limits of the universe; we never really advance a step beyond ourselves, nor can conceive any kind of existence, but those perceptions, which have appear'd in that narrow compass.[78]

Er verzichtet damit auf den Bezug zu einer extramentalen Welt als Voraussetzung seiner Bewußtseinsanalyse sowie auf die Lockesche Unterscheidung von primären und sekundären Qualitäten und auf die Annahme körperlicher und geistiger Substanzen. Er tut dies aber nicht mit der Absicht, die materielle Existenz der Außenwelt in Frage zu stellen. Er erkennt vielmehr an, daß materielle Körper und Bewegungen Ursache unserer Gedanken und Perzeptionen sein können und tatsächlich sind.[79] Seine Ausblendung der Seinsfrage ist eher im Sinne der Husserlschen Epoché zu verstehen. Pfeil bezeichnet dieses Verfahren als phänomenologische Deskription, die sich auf dem Boden der Berkeleyschen Loslösung der Sensationsinhalte von einer materiellen Außenwelt erhebe, aber zugleich die Berkeleysche Verkettung der Sensationsinhalte mit dem absoluten Geist vermeide.[80]

Die Loslösung der Sensationsinhalte von der materiellen Außenwelt bedeutet, daß sich für Hume die Erfahrung nicht wie bei Locke auf den Ursprung der Ideen in den „sensations" und „reflections" reduziert. Pfeil mißdeutet Humes Auffassung, wenn er schreibt, für Hume ergebe sich die gewöhnliche Anschauung von der Existenz der Außenwelt „weder durch die E r f a h r u n g [Hervorh. K.-H. S.] noch durch den Verstand".[81] Die Fehldeutung ist offensichtlich, da Pfeil als Beleg für diese Auffassung Textstellen heran zieht, in denen Hume von der Unfähigkeit der S i n n e – nicht aber der Erfahrung – spricht, jene gewöhnliche Anschauung entstehen zu lassen. Er reduziert somit Humes Erfahrungsbegriff auf die Gegebenheit der Impressionen. Hume dagegen will hier zeigen, „that our senses offer not their impressions as the images of something distinct, or independent, and external". Die Sinne gäben keine Andeutung von etwas, das über die einzelne Wahrnehmung hinaus läge.[82]

> When the mind looks farther than what immediately appears to it, its conclusions can never be put to the account of the senses; and it certainly looks farther, when from a single perception it infers a double existence, and supposes the relations of resemblance and causation betwixt them.[83]

---

[78]  Hume, *Treatise*, (wie Anm. 4), Bd. 1, S. 371.
[79]  Vgl. ebd., S. 530.
[80]  Pfeil, (wie Anm. 29), S. 103.
[81]  Ebd., S. 121
[82]  Hume, *Treatise*, (wie Anm. 4), Bd. 1, S. 479.
[83]  Ebd., S. 479f.

Wenn sich der Gedanke an eine unabhängige Existenz nicht aus den Sinnen ergäbe, müsse er demzufolge einen anderen Grund haben; und diesen sieht Hume in der Erfahrung und Beobachtung.[84]

Humes Erfahrungsbegriff weist somit über die Gegebenheit der Impressionen hinaus, aber nicht auf die der Erfahrung vorausliegenden Erkenntnisobjekte, sondern auf die Tätigkeiten des Geistes. Die Frage besteht für ihn nicht darin, ob es eine materielle Welt gebe. Die Existenz der Körper sei ein Punkt, den wir in allen unseren Überlegungen als feststehend voraussetzen müssen, führt er aus. Wir dürften aber wohl fragen, welche Ursachen uns veranlassen, an die Existenz von Körpern zu glauben.[85]

Mit der Frage nach den Gründen des Glaubens („belief") an die äußere Existenz und nach dem Weg, auf dem wir von den subjektiv gegebenen Impressionen zu Erkenntnissen gelangen, vollzieht Hume eine Wende, die das Erkenntnissubjekt ins Zentrum der Betrachtung stellt. Er will die Bedingungen der Erfahrung aus der Natur des Menschen, nicht aus dem Objektbezug oder aus einer a priori gegebenen allgemeinen Geltung von Begriffen ableiten. Er sieht aber auch, daß die Sinne allein kein Erfahrungswissen begründen. Sie liefern mit den Impressionen das Material für die Erfahrung. Die Ordnung und Verarbeitung dieses Materials ist aber nicht die Leistung der Sinne selbst, sondern anderer Vermögen.[86]

Eine solche Grundlegung des Erfahrungsbegriffs rückt das Problem in den Mittelpunkt, von welchen subjektiven Vermögen und auf welche Weise die in den Perzeptionen gegebenen Eindrücke und Vorstellungen miteinander verknüpft werden und inwiefern diese Verknüpfungen als notwendige und beständige Verbindungen betrachtet werden können, inwiefern, auf welchem Weg und in welchem Grad wir also Gewißheit in unseren Urteilen erreichen können.

Als das für diese Verknüpfungen zuständige Vermögen betrachtet Hume die Einbildungskraft. Wie das Erinnerungsvermögen reproduziert die Einbildungskraft die Ordnung der Eindrücke und Vorstellungen, verfügt dabei aber frei über die Art der Verknüpfung.

The chief exercise of the memory is not to preserve the simple ideas, but their order and position. [...] The same evidence follows us in our second principle, of the liberty of the imagina-

---

[84] Vgl. ebd., S. 481.

[85] Vgl. ebd., S. 478.

[86] Pfeil sieht hierin den von ihm kritisierten sensualistischen Psychologismus Humes, der das Gedankliche mit dem Psychischen vertausche. Vgl. Pfeil, (wie Anm. 29), S. 148. Inwiefern diese Zuordnung berechtigt ist, bedarf einer gesonderten Untersuchung. Richtig ist, daß sich Humes Interesse auf den Prozeß der Entstehung, der Verarbeitung und den Status der Geltung der Vorstellungen im Zusammenhang der Tätigkeiten des Geistes konzentriert. Durch die Ausrichtung seiner Untersuchung auf die Geschichte und Kritik des Psychologismus übersieht Pfeil aber den originären Ansatz in Humes Erfahrungsbegriff und die über das Psychische hinaus auf den Lebenszusammenhang weisenden Aspekte seines Konzepts.

tion to transpose and change its ideas. The fables we meet with in poems and romances put this entirely out of the question.[87]

Die Einbildungskraft ermögliche den Erfahrungsschluß von den Impressionen auf die Gegenstände sowie von Vergangenem auf Zukünftiges und von Gegenwärtigem auf Vergangenes, der zu einem Glauben oder Wirklichkeitsbewußtsein („belief") führe. Sie treibe uns „by a kind of instinct or natural impuls" zu den Anschauungen, die dem Geist von Natur angemessen und konform sind. So habe die gewöhnliche Auffassung von der unabhängigen und dauernden Existenz der Außenwelt in der Einbildungskraft so tiefe Wurzeln gefaßt, daß sie auch durch die künstlich gewonnenen, metaphysischen Überzeugungen nicht ausgerottet werden könne.[88] Das Problem der Erkenntnisleistung, das Hume mit der Analyse der Erfahrung zu lösen hofft, besteht also darin, die Prinzipien der Verknüpfung der Vorstellungen in der Einbildungskraft sowie die Quellen und Grenzen für die Glaubwürdigkeit der Resultate ihrer Tätigkeit aufzufinden.

Nach Humes Theorie erfolgt die Verknüpfung der Ideen durch die sanfte Macht („a gentle force") der Assoziation. Aufgrund der Ähnlichkeit („resemblance"), der raum-zeitlichen Nähe („contiguity in time and place") oder der Ursache-Wirkungs-Relation („cause and effect") vollzieht die Einbildungskraft einen Übergang von einer Perzeption zur anderen.[89] Bei der Ähnlichkeit und der Kontiguität kann der Geist aber nicht über das hinausgehen, was den Sinnen unmittelbar gegenwärtig ist. Nur bei der Kausalität vollzieht sich eine Verknüpfung, die über den gegebenen Gegenstand hinausgeht auf eine vorangegangene oder nachfolgende Existenz oder Tätigkeit.[90] Die Ursache-Wirkungs-Beziehung erhält damit eine besondere Stellung unter den Relationen, auf denen nach Hume die Erfahrungserkenntnis beruht.

Die Bedingungen der Transzendenz des Gegebenen bilden das zentrale Problem in Humes Erfahrungsbegriff, dessen spezifische Lösung ihm seine originäre Gestalt verleiht. Er überträgt der Einbildungskraft eine konstitutive Funktion für die menschliche Erkenntnisleistung, indem er ihr die Hauptkompetenz für die Verknüpfung von Bewußtseinsinhalten zuspricht. Ohne die durch die Einbildungskraft bewirkte Lebhaftigkeit der Vorstellungen können wir nach seiner Überzeugung nicht unseren Blick über jene wenigen Gegenstände, die unseren Sinnen gegenwärtig sind, hinausrichten. „The memory, senses, and understanding are, therefore, all of them founded on the imagination, or the vivacity of our ideas."[91]

---

[87]  Hume, *Treatise*, (wie Anm. 4), Bd. 1, S. 309.
[88]  Vgl. ebd., S. 501f.
[89]  Vgl. ebd., S. 319.
[90]  Vgl. ebd., S. 376.
[91]  Ebd., S. 545.

An diesem Hinausgehen über das Gegebene macht Deleuze das Problem der Subjektivität in Humes Empirismus fest. In einer sich selbst entfaltenden Bewegung der Reflexion und Transzendenz schließen wir

> aus etwas Gegebenem [...] auf die Existenz von etwas anderem, das nicht gegeben ist. [...] Zwischen den sinnlichen Eigenschaften der Natur und ihren Mächten stellen wir qua Schlußfolgerung eine Verknüpfung her, eine Verknüpfung, die nicht bekannt ist.[92]

Das Problem der Wahrheit müsse daher als das kritische Problem der Subjektivität benannt und zur Darstellung gebracht werden.

Die Humesche Lösung der Frage nach der Herkunft und dem Ort der synthetischen Erkenntnisleistungen durch den Verweis auf die Einbildungskraft hat eine große Tragweite für die Neufassung des Erfahrungsproblems in der Spätaufklärung. Erfahrung ist aus dieser Sicht als eine aktive Tätigkeit des Menschen als Erkenntnissubjekt zu verstehen, nicht nur als eine passive Aufnahme von Eindrücken. Zu der „Receptivität der Eindrücke" – wie es Kant nennt[93] – kommen bei Hume die Operationen der Einbildungskraft hinzu, die erst Erfahrungserkenntnis konstituieren.

Indem Hume Erfahrung nicht aus der mechanischen Rückprojektion auf die Sinnesdaten und die ihnen korrespondierenden Gegenstände erklärt, sondern aus der subjektiven Tätigkeit des Ordnens und Verknüpfens, verschärft er das Problem der Basis und der objektiven Geltung unseres Wissens. Um zu entdecken, wie gültiges Erfahrungswissen entsteht, müssen die Bedingungen dafür aufgefunden werden, daß aus den Verknüpfungen der Einbildungskraft eine beständige und notwendige Verknüpfung von Ursache und Wirkung hervorgehen kann. Diesen Vorgang beschreibt Hume folgendermaßen:

> 'Tis easy to observe, that in tracing this relation, the inference we draw from cause to effect, is not deriv'd merely from a survey of these particular objects, and from such a penetration into their essences as may discover the dependance of the one upon the other. [...] 'Tis therefore by EXPERIENCE only, that we can infer the existence of one object from that of another. The nature of experience is this. We remember to have had frequent instances of the existence of one species of objects; and also remember, that the individuals of another species of objects have always attended them, and have existed in a regular order of contiguity- and succession with regard to them. Thus we remember, to have seen that species of object we call flame, and to have felt that species of sensation we call heat. We likewise call to mind their constant conjunction in all past instances. Without any farther ceremony, we call the one cause and the other effect, and infer the existence of the one from that of the other.[94]

Die Beziehung von Ursache und Wirkung beruht auf der beständigen Verbindung („constant conjunction") zweier Gegenstände, also in einer gewissen Gleichförmigkeit des Naturlaufs, den wir beobachten. Diese beständige Verbindung bildet

---

92  Deleuze, Gilles, *David Hume*. Frankfurt / New York 1997, S. 101f.
93  Kant, *Kritik der reinen Vernunft*, (wie Anm. 33), S. 74.
94  Hume, *Treatise*, (wie Anm. 4), Bd. 1, S. 388.

die Grundlage für die notwendige Verknüpfung („necessary connexion"), die die Einbildungskraft vornimmt.[95]

Die kausale Verknüpfung erweist sich somit als eine Leistung des Subjekts auf der Grundlage der Erfahrung, keine objektive Beziehung:

> All those objects, of which we call the one CAUSE and the other EFFECT, consider'd in them-selves, are as distinct and separate from each other, as any two things in nature, nor can we ever, by the most accurate survey of them, infer the existence of the one from that of the other. 'Tis only from experience and the observation of their constant union, that we are able to form this inference; and even after all, the inference is nothing but the effects of custom on the imagination.[96]

Mit dem Terminus „Gewohnheit" („custom", „habit") bringt Hume eine Bedingung von Erfahrung ins Spiel, die die anthropologische Basis des empiristischen Programms Humes deutlich vor Augen führt. Auf den ersten Blick scheint Hume damit die menschlichen Erkenntnisleistungen, die Philosophie und Wissenschaft auf recht schwache Füße zu stellen. Ihm ist das wohl bewußt, denn er verwendet große Mühe darauf, das Wesen jener Evidenz zu untersuchen, die uns jedes wirklich Existierenden und jeder Tatsache jenseits des Zeugnisses der Sinne oder der Aufgaben des Gedächtnisses versichert. Dieser Teil der Philosophie sei bisher bei den Alten wie bei den Neuen wenig gepflegt worden.[97]

Seine Untersuchung führt ihn dahin, daß alle Erkenntnisse, die Tatsachen und Kausalbeziehungen betreffen, Wahrscheinlichkeitscharakter („probability") tragen.[98] Sie weisen unterschiedliche Grade von Gewißheit („evidence") auf, die von einer bloßen Wahrscheinlichkeitsvermutung („presumption or probability") bei einer noch unvollkommenen Gewohnheit bis zu sicheren Erfahrungsbeweisen („proofs") reichen.[99] Durch Gewohnheit wird der Grad der Gewißheit allmählich erhöht. Wenn die aus der Erfahrung gewonnenen Vorstellungen eine solche Stärke und Lebendigkeit erreichen, daß sie einem unmittelbaren Eindruck nahekommen, spricht Hume von einem Glauben („belief").[100] Diesen kennzeichnet er als „A LIVELY IDEA: RELATED TO OR ASSOCIATED WITH A PRESENT IMPRESSION".[101] Nach entsprechend häufiger Wiederholung der Beziehung zwischen zwei Gegenständen wird der Geist g e n ö t i g t („determined"), sich beim Auftreten des

---

[95] Vgl. ebd., S. 389.

[96] Ebd., Bd. 2, S. 186.

[97] Vgl. Hume, *An Enquiry concerning Human Understanding*, in: *Philosophical Works*, (wie Anm. 4), Bd. 4, S. 23.

[98] Vgl. Hume, *Treatise*, (wie Anm. 4), Bd. 1, S. 423. Hume betrachtet auch das Vorurteil als eine Form des Wahrscheinlichkeitsbewußtseins, das auf der vorschnellen Bildung einer Regel in der Erfahrung beruht. Es beansprucht gewissermaßen einen Grad an Gewißheit, der auf nur unvollkommener Gewohnheit beruht und daher nicht hinreichend begründet ist. Vgl. ebd., S. 443.

[99] Ebd., S. 423 und 429.

[100] Vgl. ebd., S. 418.

[101] Ebd., S. 396.

einen den anderen zu vergegenwärtigen. Diese Nötigung („determination"), der das Subjekt aufgrund der Gleichförmigkeit des Geschehens, die es bisher immer beobachtet hat, unterliegt, erzeugt die Vorstellung der Notwendigkeit.[102]

In diesem Glauben erhält das Erfahrungswissen den höchsten Grad an Gewißheit. Dennoch bleibt ihr Wahrscheinlichkeitscharakter bestehen. Im Gebiet der Tatsachen („matters of fact") ist prinzipiell nur Wahrscheinlichkeitserkenntnis möglich. Da das Gegenteil einer Tatsache jederzeit ohne Widerspruch denkbar ist, erreichen wir hier keine demonstrative Gewißheit („certainty"). Nur hinsichtlich der Vorstellungsbeziehungen („relations of ideas"), die von der Geometrie, Algebra und Arithmetik untersucht werden, ist intuitive oder demonstrative Gewißheit möglich.[103] Da aber die auf der Beziehung von Ursache und Wirkung beruhende Erfahrungserkenntnis den Hauptteil menschlichen Wissens bildet, gibt Hume den Anspruch auf apodiktisches Wissen weitgehend auf.

Husserl sieht darin einen „Bankrott der objektiven Erkenntnis", hält aber Humes *Treatise* dennoch für ein großes historisches Ereignis aufgrund der subjektiv gerichteten Überlegungen, die mit Descartes' Frage nach den letzten Geltungsquellen der wissenschaftlichen Erkenntnis gefordert waren. Bei Hume zeige sich „eine *völlig neue Art* an, die Objektivität der Welt und ihren ganzen Seinssinn und korrelativ den der objektiven Wissenschaften zu beurteilen", die den metaphysischen Anspruch einer absoluten Wahrheit angriff.[104]

Stellt man Humes Lösung des Problems der Erfahrung und ihrer Geltung in diesen von Husserl benannten Kontext der Kritik der metaphysischen Vorstellungen von den allgemeinen Prinzipien der Welt und ihrer Erkenntnis, so zeigt sich, daß er mit dem Prinzip der Gewohnheit weit über eine bloß psychologistische oder subjektiv-relativistische Grundlegung der Erkenntnis hinausgeht. Wenn er der Erfahrungserkenntnis auch keine demonstrative Gewißheit zugesteht, so findet er doch in der Gewohnheit auch für dieses Gebiet ein Prinzip, durch das die durch Erfahrung gewonnenen Erkenntnisse Gewißheit erlangen und als Grundlage für die Erfahrungswissenschaften und das Handeln dienen können. Überdies nimmt er mit seinen Überlegungen zur Wahrscheinlichkeit erkenntnistheoretische Grundlagen und methodische Ansätze vorweg, die am Ende des 19. Jahrhunderts einen Paradigmenwechsel in den Natur- und Humanwissenschaften einleiten.

---

[102] Vgl. ebd., S. 211.

[103] Vgl. Hume, *An Enquiry concerning Human Understanding*, in: *Philosophical Works*, (wie Anm. 4), Bd. 4, S. 20f. Die „relations of ideas" sind dem vergleichbar, was Kant als „reine Urteile a priori" in der Mathematik bezeichnet. Kant will eine solche Notwendigkeit der Verknüpfung und strenge Allgemeinheit der Regel auch für die Kausalität begründen. Er weist daher Humes Grundlegung der notwendigen Verknüpfung in der Gewohnheit als eine bloß subjektive Notwendigkeit zurück. Vgl. Kant, Immanuel, *Kritik der reinen Vernunft*. B 4–5.

[104] Husserl, Edmund, *Husserliana*. 34 Bde. [Hg. wechselt.] Den Haag, später Dordrecht u.a. 1950–2002, hier Bd. 6: *Die Krisis der europäischen Wissenschaften und die transzendentale Phänomenologie*, hg. v. Walter Biemel. Den Haag 1954, S. 91f.

Auf die Bedeutung des Prinzips der Gewohnheit für die anthropologische Grundlegung des Empirismus bei Hume weist auch Mall mit Nachdruck hin. Er faßt „custom" allerdings als ein von Hume neben die Erfahrung gestelltes Prinzip auf, wenn er schreibt: Hume findet heraus,

> daß die Erfahrung alleine nicht imstande ist, die letzte Erklärung für die Kausalschlüsse, für die Existenz der Außenwelt und der Seele zu geben, Erfahrung hat bisher die Rolle einer Führerin im menschlichen Leben gespielt, aber jetzt wird diese Rolle von ,custom', ,habit' und ,belief' übernommen. Was unsere Erfahrung uns nicht garantieren kann – ,custom' kommt uns zu Hilfe.[105]

Für eine solche Deutung lassen sich durchaus Belege bei Hume finden. Mall verweist auf die erste *Enquiry*, wo davon die Rede ist, daß es ein anderes Prinzip gibt, das den Menschen den Schluß von der Ursache auf die Wirkung und umgekehrt nahelegt. (Hume argumentiert hier gegen die Annahme, daß sich dieser Schluß aus Vernunfterwägungen ergebe.) Im gleichen Kontext aber bestimmt Hume Gewohnheit als

> a principle of human nature, which ist universally acknowledged, and which is well known by its effects. Perhaps we can push our inquiries no farther [...] but must rest contended with it as the ultimate principle, which we can assign, of all our conclusions from experience.[106]

Hume faßt damit Gewohnheit eindeutig als ein Basisargument innerhalb des Erfahrungszusammenhangs.

Aus der bisherigen Darstellung lassen sich bei Hume drei Bedingungen für die Erlangung von Erfahrungserkenntnissen aufzeigen: e r s t e n s die Gegebenheit von Perzeptionen, z w e i t e n s die kausale Verknüpfung der Perzeptionen durch die Einbildungskraft und d r i t t e n s die Bewährung oder fortwährende Bestätigung dieser Verknüpfung durch Gewohnheit, die einen Glauben an die immer wieder bestätigten Tatsachen und Verknüpfungen erzeugt.

Diese Humesche Bestimmung von Erfahrung wird häufig in einem rein psychologischen Sinn gedeutet. So schreibt Lipps im Sachregister seiner Hume-Übersetzung unter dem Stichwort „Psychologie": „Humes Wissenschaft von der ,menschlichen Natur' ist nichts anderes als Psychologie."[107] Auch Husserl spricht von „David Humes Psychologie als fiktionalistischer Erkenntnistheorie".[108] Zweifellos nimmt die Untersuchung psychischer Vorgänge in „Humes science of man" einen breiten Raum ein. Seine Auffassung von der Natur des Menschen umfaßt jedoch mehr als die Psychologie des Geistes. Deleuze faßt das in folgende Worte:

> Für Hume geht es darum, *an die Stelle einer Psychologie des Geistes eine Psychologie der Affekte des Geistes zu setzen.* [...] einzig eine Psychologie der Affekte vermag die wahre Wissen-

---

[105] Mall, *Humes Bild vom Menschen*, (wie Anm. 18), S. 51.
[106] Hume, *An Enquiry concerning Human Understanding*, in: *Philosophical Works*, (wie Anm. 4), Bd. 4, S. 37.
[107] Hume, *Ein Traktat über die menschliche Natur*, (wie Anm. 8), S. 378.
[108] Husserl, (wie Anm. 96), S. 88.

schaft vom Menschen zu konstituieren. Insofern ist Hume zuerst Moralist und Soziologe, erst in zweiter Linie Psychologe.[109]

Der Traktat zeige, so Deleuze weiter, daß die zwei Grundformen, unter denen der Geist a f f i z i e r t wird, die A f f e k t i v i t ä t und das S o z i a l e sind. In der Tat weisen die Humeschen Begriffe der Erfahrung, der Einbildungskraft, der Gewohnheit und des Glaubens über das Psychische hinaus auf den gesamten Lebenszusammenhang des Menschen. Hume thematisiert mit der Basierung des Erfahrungswissens in der Gewohnheit („custom") und in der „herkömmlichen Lebenspraxis" (so übersetzt Herring das Wort „habit")[110] die letztendliche Rückbindung aller Erkenntnis und geistigen Äußerungen an die Bedingungen des praktischen Lebensvollzugs: an die Sprache, die historischen Überlieferungen, die Sitten und Bräuche, die Erziehung, die Vorurteile, an soziale Haltungen des Wohlwollens oder des Egoismus, die politischen und sozialen Gegebenheiten und die affektiven Grundlagen des Handelns. Alles dies bestimmt nach seiner Theorie unser Erfahrungswissen und unsere Handlungen stärker als rationale Überlegungen.[111]

Das Hinausgehen über eine rein psychologische Betrachtungsweise zeigt sich auch in der Auffassung Humes von der Natur des Menschen. Er geht in seiner Bestimmung der Erkenntnisgrundlagen von einer gemischten Lebensweise des Menschen aus, die der Vernunft bedarf, in der allein er aber keine Befriedigung findet, die ihn zur Geselligkeit geneigt macht, für die er sich aber nicht immer die Genußfähigkeit bewahrt, und die ihn zur Tätigkeit, zu Geschäft und Arbeit treibt, von der er aber auch Entspannung sucht. Auf diese Weise bestimmt Hume den Menschen als vernünftiges („reasonable"), geselliges („sociable") und tätiges („active") Wesen.[112] Diese Bestimmungen gehen auch in seine erkenntniskritische Analyse der Erfahrung, ihrer Quellen und ihrer Grenzen ein und bringen historische, soziale und handlungsrelevante Aspekte in Anschlag.

---

[109] Deleuze, (wie Anm. 86), S. 7.

[110] Vgl. Hume, David, *Eine Untersuchung über den menschlichen Verstand*, hg. u. übers. v. Herbert Herring. Stuttgart 1982, S. 62.

[111] Den Einfluß der Affekte auf die Einbildungskraft erläutert Hume am Beispiel der Angst, die sich auch durch Vernunftgründe nicht beschwichtigen läßt. Vgl. Hume, *Treatise*, (wie Anm. 4), Bd. 1, S. 444. Seine Abhandlung über die Naturgeschichte der Religion kann insgesamt als ein Muster für seine Begründung der Erfahrung im sozialen Lebenszusammenhang gelten.

[112] Hume, *An Enquiry concerning Human Understanding*, in: *Philosophical Works*, (wie Anm. 4), Bd. 4, S. 6.

## 4. Erfahrung und Gesetzmäßigkeit in den Humanwissenschaften

Die Veränderungen, die Hume im Erfahrungskonzept gegenüber seinen Vorgängern vornimmt, zeigen den engen Zusammenhang der erkenntnistheoretischen Überlegungen mit den anthropologischen Intentionen seiner Philosophie. Sie sind darauf ausgerichtet, den Humanwissenschaften (moral philosophy, moral sciences) ein sicheres Fundament jenseits metaphysischer Prinzipien und rationalistisch begründeter Normen und Glaubensgrundsätze zu schaffen. Durch Erfahrung und Beobachtung will er diesen Wissenschaften den gleichen Fortschritt ermöglichen, den die Naturwissenschaften schon vorher erreicht haben. Diese Zielstellung begründet er mit dem Verweis auf die große Bedeutung, die die Wissenschaft vom Menschen besitzt:

> Nor ought we to think, that this latter improvement in the science of man will do less honour to our native country than the former in natural philosophy, but ought rather to esteem it a greater glory, upon account of the greater importance of that science, as well as the necessity it lay under of such a reformation.[113]

Aus diesen Worten spricht zweifellos eine hohe Anerkennung für die Erfolge der Naturwissenschaften seit Newton. Es verfehlt jedoch den Erfahrungsbegriff Humes, wenn das als Empfehlung zur Übernahme naturwissenschaftlicher Verfahren in der „moral philosophy" gelesen wird. Ein so verstandenes empiristisches Programm müßte in der Konsequenz tatsächlich als gescheitert betrachtet werden.

Der Vergleich mit den Naturwissenschaften, den Hume immer wieder heranzieht, zielt auf die Klärung der Frage, inwiefern und auf welcher Grundlage auch in den Humanwissenschaften Regeln und Gesetze formuliert werden können, welchen Geltungsstatus diese Gesetze haben und in welchem Verhältnis sie zu den eingeforderten geistigen und politischen Freiheiten stehen.

Wie oben angemerkt,[114] beruft sich Hume bei der Begründung seiner Auffassung von der Notwendigkeit im Gebiet der „moral subjects" (und ihrem Verhältnis zur Freiheit) darauf, daß auch in den menschlichen Verhaltensweisen und Beziehungen eine durch die m e n s c h l i c h e   N a t u r und den natürlichen Lebensablauf begründete Gleichförmigkeit („uniformity", „regularity") zu beobachten ist, die sich in den beständigen Verbindungen („constant conjunctions") zwischen Gegenständen zeigt und die es ermöglicht, zu der notwendigen Verknüpfung („necessary connexion") von Ursache und Wirkung überzugehen.[115] Das heißt jedoch nicht, daß er die auf das menschliche Verhalten bezogenen Gesetze im Sinne der Newtonschen Physik des 17. Jahrhunderts versteht. Darauf weist Townsend hin, wenn er schreibt:

---

[113] Hume, *Treatise,* (wie Anm. 4), Bd. 1, S. 308.
[114] Vgl. S. 116f.
[115] Hume, *Treatise,* (wie Anm. 4), Bd. 1, S. 314 und 388f.

Hume's reliance on the uniformity of human nature leads him to formulate general rules both in aesthetics and morals. The question of what kinds of rules is a thorny one. [...] As James Noxon has demonstrated, in spite of Hume's claims that he is following an experimental method, he does not produce anything approaching the natural laws of Newtonian science. Yet to some extent, one should not expect such laws in human nature, and Hume is wise enough to avoid the kinds of failed laws that some, most notably David Hartley; offered.[116]

Die Humesche Wissenschaftsauffassung kann auch nicht als „Szientismus" gedeutet werden, wie ihn Popper mit Verweis auf Hayek kritisiert. Dieser „Szientismus" als „sklavische Nachahmung der Methode und Sprache der (Natur-)wissenschaft"[117] ist eine Haltung des 19. und 20. Jahrhunderts, der – wie das Rationalismus-Empirismus-Schema – häufig ins 18. Jahrhundert zurückprojiziert wird. Gegen diese szientistische Haltung wendet Popper ein, daß umgekehrt auch geisteswissenschaftliche Methoden, wie die des Verstehens, Bedeutung für die Naturerkenntnis haben.[118]

Humes Formulierung des Erfahrungsproblems steht im Kontext der im 18. Jahrhundert sich vollziehenden Neuorientierung und Entfaltung der Humanwissenschaften, an der die schottische Aufklärung mit den Schriften von Henry Home, Thomas Reid, Adam Smith, Adam Ferguson, Gilbert Stuart, Hugh Blair, Alexander Gerard, George Campbell, William Robertson, Archibald Alison u.a. einen großen Anteil hatte und zu der Hume selbst durch Arbeiten zur Geschichte, Ökonomie, Politik, Ethik („morals") und Ästhetik („criticism") beigetragen hat. Das rege Interesse an diesen Arbeiten zeigt sich in dem kritischen Diskurs, der dazu in den wissenschaftlichen Gesellschaften und in der Öffentlichkeit Schottlands geführt wurde sowie an ihrer intensiven Rezeption innerhalb der europäischen Aufklärung.[119] Mit der Auffassung der „moral philosophy" als Erfahrungswissenschaft, die es im Unterschied zur Mathematik mit Tatsachen („matters of fact"), nicht mit bloßen Vorstellungsbeziehungen („relations of ideas") zu tun hat, bringt Hume neue Aspekte der Bestimmung von Gesetzmäßigkeit und Kausalität sowie ihrer Erfahrungsgrundlagen ins Spiel. Zwei Gesichtspunkte sind hierbei besonders hervorzuheben:

---

[116] Townsend, Dabney, *Humes Aesthetic Theory – Taste and Sentiment*. London / New York 2001, S. 158.

[117] Popper, Karl R., *Objektive Erkenntnis. Ein evolutionärer Entwurf*. Hamburg 1973, S. 206, Anm.

[118] Ebd., S. 204ff. Hume beabsichtigt keine methodologische Trennung der Geisteswissenschaften von den Naturwissenschaften, wie sie später von Dilthey intendiert ist. Aus dem Blickwinkel der science of man reflektiert er vielmehr die Relevanz der Humanwissenschaften für die Grundlagen der Wissenschaften und der geistigen Tätigkeit überhaupt. In der empiristisch-positivistischen Hume-Interpretation des 19. und 20. Jahrhunderts wird dieser spezifische Ansatz oft übersehen.

[119] Zum Platz Humes in den philosophisch-literarischen Debatten der wissenschaftlichen Gesellschaften Edinburghs und zur Diskussion seiner philosophischen Auffassungen in Aberdeen vgl. Streminger, *David Hume*, (wie Anm. 8), S. 401ff. und 413, und *The Minutes of the Aberdeen Philosophical Society 1758–1773*, hg. v. H. Lewis Ulman. Aberdeen 1990, z.B. S. 190 (Nr. 12) und S. 192 (Nr. 42).

Erstens stellt Hume seinen Begriff von Kausalität und gesetzmäßigem Zusammenhang auf eine neue Grundlage, indem er die Auffassung zurückweist, die
Notwendigkeit der kausalen Beziehungen liege in einer der Ursache innewoh-
nenden Kraft. Alle Versuche, eine solche Kraft näher zu bestimmen und in den
Dingen selbst aufzuzeigen, seien fehlgeschlagen:

> The small success, which has been met with in all the attempts to fix this power, has at last
> oblig'd philosophers to conclude, that the ultimate force and efficacy of nature is perfectly
> unknown to us, and that 'tis in vain we search for it in all the known qualities of matter.[120]

Hume folgt aber nicht den Konsequenzen, die andere Philosophen aus diesem
Mißerfolg zogen, indem sie die Kraft von der leblosen Materie in einen aktiven
Geist – eine Gottheit oder einen subjektiven Willen – verlagerten.[121] Er verzichtet
vielmehr völlig auf die Vorstellung einer Kraft und erklärt den notwendigen Zusammenhang zwischen Ursache und Wirkung auf andere Weise, nämlich als Nötigung oder Hang („determination", „propensity") des Geistes, von dem einen Gegenstand zu dem anderen überzugehen, die sich durch die beständige Verbindung
der Gegenstände und die Ähnlichkeit der zwischen ihnen bestehenden Beziehungen ergibt. Die Notwendigkeit der Verknüpfung bestimmt er demzufolge als „something, that exists in the mind, not in objects," und daher sei es uns auch nicht
möglich, „to form the most distant idea of it, considered as a quality in bodies".[122]
In der Konsequenz betrachtet er also die notwendige Verknüpfung von Objekten
als einen geistigen Akt, nicht als etwas, das uns durch die Sinne zugänglich ist.
Seine Position dazu drückt er mit folgenden Worten aus:

> Before we are reconciled to this doctrine, how often must we repeat to ourselves, *that* the sim-
> ple view of any two objects or actions, however related, can never give us any idea of power,
> or of a connexion betwixt them: *that* this idea arises from the repetition of their union: *that* the
> repetition neither discovers nor causes any thing in the objects, but has an influence only on
> the mind, by that customary transition it produces: *that* this customary transition is, therefore,
> the same with the power and necessity; which are consequently qualities of perceptions, not of
> objects, and are internally felt by the soul, and not perceiv'd externally in bodies?[123]

Mit der Auffassung der notwendigen Verknüpfung von Ursache und Wirkung als
Art und Weise des Vorstellens, nicht als Eigenschaft der Objekte, ersetzt Hume
das objektive K r a f t p r i n z i p durch ein O r d n u n g s p r i n z i p des erkennenden
Subjekts. Er grenzt sich damit von der mechanistischen Deutung der Kausalität als
endlose Verkettung physischer oder psychischer Kräfte ab und folgt in diesem
Punkt der Shaftesburyschen Kritik an mechanistischen Auffassung der Welt als
„*Mere Matter, Chaos, and a Play of Atoms*".[124] Allerdings löst er das Ordnungs-

---

[120] Hume, *Treatise*, (wie Anm. 4), Bd. 1, S. 453.
[121] Vgl. ebd., S. 454f.
[122] Vgl. ebd., S. 460.
[123] Ebd., S. 460f.
[124] Shaftesbury, *Moralists*, (wie Anm. 3), S. 264.

problem auf andere Weise als sein englischer Vorgänger. Hatte Shaftesbury die äußere Natur und die Natur des Menschen in eine harmonische Weltordnung eingebunden, die ein für das Wohl des Ganzen wirkender Geist („genius", „universal mind") nach einem weisen Plan („design") erschafft und aufrecht erhält und die er den Menschen seiner Zeit als normatives Gegenbild vorhält,[125] so kann Hume in einem solchen Endzweck keinen Grund für kausale Beziehungen und Erfahrungswissen finden. Er lehnt daher die Unterscheidung zwischen wirkenden Ursachen und Zweckursachen überhaupt ab.[126]

Im Unterschied zu den mechanistischen und teleologischen Konzepten erklärt Hume die natürliche Ordnung der Dinge nicht aus objektiven Weltprinzipien, sondern aus den subjektiven Bedingungen der Erkenntnis, d.h. aus der Arbeitsweise und Leistungsfähigkeit der menschlichen Vermögen und aus den natürlichen Voraussetzungen und Prinzipien ihrer Tätigkeit. Während Shaftesbury in den Bewunderung heischenden Schauspielen der irdischen Natur und des gestirnten Himmels die Ordnungsprinzipien der Welt zu erblicken glaubt,[127] führen Humes Entdeckungsfahrten in den Kosmos des menschlichen Geistes. Sein Interesse gilt der „mental geography".[128] Über diese, so meint er, können wir nicht hinaus. Er hofft aber, auf diesem Wege die geheimen Triebfedern und Prinzipien zu entdecken, durch welche die Operationen des menschlichen Geistes ausgelöst werden.[129] In der geistigen Ordnung, die eine gewisse Konstanz aufweist, sucht er den Grund der Gesetze, durch die wir einen hohen Grad an Gewißheit in unserem Wahrscheinlichkeitswissen über die äußere Natur und die Natur des Menschen gewinnen können. Folgerichtig gilt sein Interesse in der Hauptsache nicht dem durch die Sinne gelieferten Stoff, sondern der durch die Operationen des Geistes erzeugten Form. Sie zu erfassen ist die eigentliche Arbeit des Geistes:

> But though our thought seems to possess this unbounded liberty [die phantastischsten Vorstellungen hervorzubringen, K.-H. S.], we shall find, upon a nearer examination, that it is really confined within very narrow limits, and that all this creative power of the mind amounts to no more than the faculty of compounding, transposing, augmenting, or diminishing the materials afforded us by the senses and experience. [...] In short, all the materials of thinking are derived either from our outward or inward sentiment: The mixture and composition of these belongs alone to the mind and will.[130]

---

[125] Vgl. ebd., S. 42 und 44.
[126] Vgl. Hume, *Treatise,* (wie Anm. 4), Bd. 1, S. 464.
[127] Einen Einblick in Shaftesburys Vorstellungen von einer harmonischen Naturordnung, die in die Gestaltungsprinzipien des englischen Landschaftsparks Eingang gefunden haben, gibt uns der Naturhymnus in den *Moralists.* Darin läßt der Autor den Naturenthusiasten Theokles und seinen skeptischen Gegenspieler Philokles die gegensätzlichsten Regionen der Welt durchstreifen, um in den eisigen Zonen der Erdpole und in den heißen Sandwüsten, an den fruchtbaren Ufern des Nil und in dem Felsmassiv des Atlas, in dem ewigen Lauf der Planeten und in den Systemen der Sonnen die Zweckmäßigkeit der Weltordnung zu entdecken. Vgl. Shaftesbury, *Moralists,* (wie Anm. 3), S. 282–312 (part III, sect. I).
[128] Hume, *An Enquiry concerning Human Understanding,* (wie Anm. 8), S. 10.
[129] Ebd., S. 11.
[130] Ebd., S. 14.

Lipps glaubt, in dieser Hinwendung zu den geistigen Ordnungsprinzipien und in dem damit verbundenen „allgemeinen Prinzip der Konstanz des Geistes" einen Schritt hin zur Erfassung der „apriorischen Gesetzmäßigkeit des Denkens" zu erkennen.[131] Humes Ansatz kann aber nicht als ein inkonsequenter Apriorismus gedeutet werden. Er sucht den Zusammenhang der Perzeptionen weder in allgemeinen Vorstellungen noch in apriorischen Prinzipien des reinen Verstandes. Vielmehr betrachtet er die Ordnung als ein Geflecht von R e l a t i o n e n , die durch die assoziative Tätigkeit der Einbildungskraft hervorgebracht werden und die den Inhalt aller Denkvorgänge („all kinds of reasoning") ausmachen.[132] Unter einer Relation versteht er, sofern sie nicht Ergebnis des willkürlichen Vergleichs beliebiger Gegenstände, also eines künstlichen Arrangements ist, ein Band der Vereinigung („bond of union") zwischen Vorstellungen, als Prinzip, durch das zwei Vorstellungen in der Einbildungskraft auf n a t ü r l i c h e Weise miteinander verknüpft werden und komplexe Vorstellungen entstehen.[133]

Von den drei Relationen, die nicht an die Vorstellungsinhalte gebunden sind (Hume nennt an dieser Stelle „identity", „the situations in time and place" und „causation"),[134] interessiert ihn besonders die Kausalität, da diese – wie oben angeführt – die Transzendenz des Gegebenen ermöglicht. Seine Überlegungen sind darauf gerichtet, die Bedingungen dieser Möglichkeit für diesen Übergang aufzufinden, also auf die Frage, ob und auf welche Weise die E r w a r t u n g oder der G l a u b e an die Existenz eines früheren oder zukünftigen Ereignisses aus der Kenntnis eines gegebenen Faktums gerechtfertigt ist, wenn uns doch unsere Sinne von der Existenz dieses assoziierten Objekts keine Kenntnis geben. Er sieht diesen Übergang weder durch die Annahme einer wahrnehmbaren physischen Kraft noch durch einen logischen Schluß gerechtfertigt. Für ihn ergibt sich die notwendige Verknüpfung der Vorstellungen vielmehr aus der menschlichen Natur, die den aus der G e w o h n h e i t bekannten Lauf der Dinge als gesetzmäßige Ordnung annimmt. Sie garantiert keine mathematische Gewißheit, sondern nur einen mehr oder minder hohen Grad an Wahrscheinlichkeit.[135]

Diese Auffassung von Notwendigkeit gilt, wie Hume ausdrücklich betont, für die Erkenntnis sowohl der äußeren Natur als auch moralischer Gegenstände:

---

[131] Vgl. Hume, *Traktat*, (wie Anm. 8), S. 264, und dazu Lipps' Anm. 282.
[132] Ebd., S. 372 u. 375.
[133] Hume, *Treatise*, (wie Anm. 4), Bd. 1, S. 319 u. 322.
[134] Ebd., S. 375.
[135] Auf die doppelte Fragestellung Humes hinsichtlich des Induktionsproblems weist Popper hin. Die logische Frage, ob es gerechtfertigt ist, von wiederholten Einzelfällen, die in der Erfahrung vorliegen, auf noch nicht vorliegende erfahrbare Einzelfälle zu schließen, beantworte Hume mit nein. Die zweite Frage sei die nach dem Grund für den Glauben an die Wiederholbarkeit vorliegender Erfahrungen, den Hume in der Gewohnheit suche. Die Rechtfertigung der Erwartung durch Erfahrung behandle Hume daher als p s y c h o l o g i s c h e s Problem, nicht als logisches. Vgl. Popper, *Objektive Erkenntnis*, (wie Anm. 117), S. 16.

The same course of reasoning will make us conclude, that there is but one kind of *necessity*, as there is but one kind of cause, and that the common distinction betwixt *moral* and *physical* necessity is without any foundation in nature. This clearly appears from the precedent explication of necessity. 'Tis the constant conjunction of objects, along with the determination of the mind, which constitutes a physical necessity: And the removal of these is the same thing with *chance*.[136]

Er behauptet also für moralische Gegenstände die gleiche Notwendigkeit und Kausalität wie für die Objekte der äußeren Natur, deren Ordnungsgefüge er ebenfalls in den geistigen Zusammenhang der beständigen Verbindung von Perzeptionen einbettet. Mit der Erklärung der Notwendigkeit aus der menschlichen Natur schafft er den Humanwissenschaften ein Fundament, ihre spezifischen Gesetze zu formulieren. Ihm geht es insbesondere um die Begründung der Notwendigkeit im Handeln der Menschen und in diesem Kontext um die Kritik der Lehre von der Willensfreiheit: Dieselbe aus der Erfahrung bekannte Verbindung habe dieselbe Wirkung auf den Geist, gleichviel ob die verbundenen Dinge Motive, Willensakte und Handlungen, oder Raumgestalten und Bewegungen sind, führt er dazu aus und schließt daraus: „According to my definitions, necessity makes an essential part of causation; and consequently liberty, by removing necessity, removes also causes, and is the very same thing with chance."[137] Es ist also nicht die physische Kraft, sondern die geistige Ordnungsstruktur, die aus der Gewohnheit resultiert, durch die wir bestimmte Erwartungen an das Denken und Handeln der Menschen richten. Mit dieser Auffassung von Gesetzmäßigkeit reflektiert Hume auch die anthropologischen Erkenntnisbedingungen der Naturwissenschaften.

Die Erklärung des Kausalitätsprinzips aus der in der Gewohnheit begründeten geistigen Ordnung lenkt den Blick auf einen z w e i t e n Gesichtspunkt, der die humanwissenschaftlichen Intentionen seines Erfahrungskonzepts betrifft: Er greift auf Erfahrungsfelder zurück, die über die Ordnung der äußeren Natur und der Körpereigenschaften hinausgehen, und die Selbstwahrnehmungen des Menschen als Hauptgebiet der „science of man" ins Zentrum rücken.

Diesen anthropologischen Ansatz verfolgt Hume zunächst damit, daß er die Entstehung von Ordnungsvorstellungen und die Erkenntnis von Regeln und Gesetzen p s y c h o l o g i s c h aus der assoziativen Tätigkeit der Einbildungskraft im Zusammenwirken mit dem Erinnerungsvermögen erklärt. Schon hier konstatiert er aber eine Differenz zwischen der Ordnung der äußeren Dinge, die durch wiederholte gleichförmige Sensationen gegeben sind und denen wir eine dauernde Existenz zuschreiben, und der Ordnung derjenigen Eindrücke, deren Existenz an den Wahrnehmungsakt gebunden ist, also der flüchtigen Selbstreflexionen, die die Notwendigkeit auf dem Gebiet menschlichen Verhaltens bestimmen:

---

[136] Vgl. Hume, *Treatise*, (wie Anm. 4), Bd. 1, S. 465.
[137] Ebd., Bd. 2, S. 187f.

After a little examination, we shall find, that all those objects, to which we attribute a continu'd existence, have a peculiar constancy, which distinguishes them from the impressions,
whose existence depends upon our perception. Those mountains, and houses, and trees, which
lie at present under my eye, have always appear'd to me in the same order; and when I lose
sight of them by shutting my eyes or turning my head, I soon after find them return upon me
without the least alteration. My bed and table, my books and papers, present themselves in the
same uniform manner, and change not upon account of any interruption in my seeing or per-
ceiving them. This is the case with all the impressions, whose objects are suppos'd to have an
external existence; and is the case with no other impressions, whether gentle or violent, vo-
luntary or involuntary.[138]

Selbst in jenen Körpern, die eine Veränderung ihres Ortes oder ihrer Eigenschaften
aufweisen, könne man eine gewisse Beständigkeit in dieser Veränderung erkennen.
Dies sei ein charakteristisches Merkmal der Gegenstände der Außenwelt, ergänzt
Hume seine Unterscheidung.[139]

Aufgrund der größeren Beständigkeit und Faßbarkeit der Ordnung der Außenwelt im Vergleich mit der inneren Ordnung der Gefühle, der Affekte, der Motive
und des Handelns erhalte das Ordnungsproblem bei der Untersuchung geistiger
Vorgänge eine besondere Relevanz:

It becomes, therefore, no inconsiderable part of science barely to know the different operations
of the mind, to separate them from each other, to class them under their proper heads, and to
correct all that seeming disorder, in which they lie involved, when made the object of reflexion
and enquiry. This talk of ordering and distinguishing, which has no merit, when performed
with regard to external bodies, the objects of our senses, rises in its value, when directed towards the operations of the mind, in proportion to the difficulty and labour, which we meet
with in performing it.[140]

Diese größere Bedeutung des Ordnungszusammenhangs für die „moral philosophy" leitet Hume daraus ab, daß man hier die Wege und Grenzen („lines and
boundaries"), die die Operationen des Geistes charakterisieren, nicht auf den ersten
Blick finden könne: „The objects are too fine to remain long in the same aspect or
situation; and must be apprehended in an instant, by a superior penetration, derived
from nature, and improved by habit and reflection."[141] Die Beobachtung der Ordnung der äußeren Natur und der physischen Eigenschaften, auf der das naturwissenschaftliche Wissen beruht, genügt demzufolge nicht, um Voraussagen über das
Verhalten der Menschen treffen zu können. Daher richtet Hume seine Aufmerksamkeit, wie oben bereits erwähnt, auf die Eindrücke der Selbstwahrnehmung, die
„passions, disires, and emotions". Die Untersuchung der Sinneswahrnehmung falle
mehr den Anatomen und Naturwissenschaftlern zu.[142]

---

[138] Ebd., S. 484.
[139] Vgl. ebd., S. 485.
[140] Hume, *An Enquiry concerning Human Understanding*, (wie Anm. 8), S. 9f.
[141] Ebd., S. 9.
[142] Vgl. S. 114.

Hume vollzieht also schon auf der Ebene der psychologischen Untersuchung der geistigen Vermögen einen Wechsel der Blickrichtung von der Außenerfahrung auf die Selbsterfahrung des Menschen. Damit werden neue Aspekte des Erfahrungszusammenhangs sichtbar, die die Selbstbezüglichkeit des Subjekts in der geistigen Tätigkeit, die affektiv-emotionale Grundlage der Handlungsmotivation und Werthaltungen und die spezifischen Bedingungen des Zeitbewußtseins betreffen. In den vermögenstheoretischen Erklärungen der Denk- und Verhaltensregeln erschöpft sich jedoch Humes empirischer Ansatz der Humanwissenschaften nicht. Sein Erfahrungskonzept ist über die Psychologie hinaus auch an andere humanwissenschaftliche Disziplinen methodisch angekoppelt. Mit der Begründung der Notwendigkeit in den Operationen des Geistes durch „custom" und „habit" stellt er die Erfahrung in den Kontext der L e b e n s p r a x i s , der G e s c h i c h t e , K u l t u r und S p r a c h e . Explizit hebt er die empirische Basis der Erfahrung in der Lebenstätigkeit mit folgenden Worten hervor:

> We must therefore glean up our experiments in this science from a cautious observation of human life, and take them as they appear in the common course of the world, by men's behaviour in company, in affairs, and in their pleasures. Where experiments of this kind are judiciously collected and compared, we may hope to establish on them a science which will not be inferior in certainty, and will be much superior in utility to any other of human comprehension.[143]

In diesem Erfahrungsfeld des praktischen Lebensvollzugs, der Sitten und Bräuche sowie des Alltagsbewußtseins sieht Hume die Erkenntnisgrundlage der „moral philosophy" und eine Kontrollinstanz gegen übertriebene Spekulation. Auf dieser Basis begründet er politische Rechte, wie die des Widerstandes gegen den Mißbrauch der politischen Macht:

> Our general knowledge of human nature, our observation of the past history of mankind, our experience of present times; all these causes must induce us to open the door to exceptions, and must make us conclude, that we may resist the more violent effects of supreme power, without any crime or injustice. Accordingly we may observe, that this is both the general practice and principle of mankind, and that no nation, that cou'd find any remedy, ever yet suffered the cruel ravages of a tyrant, or were blamed for their resistance.[144]

Die allgemeine Ansicht („general opinion") der Menschen habe in allen Fällen einige Autorität, aber wo es sich um Sittlichkeit handelt, sei sie unfehlbar. Das gelte auch dann, wenn sich die Menschen über die Grundsätze, auf denen sie beruht, keine genaue Rechenschaft geben können, resümiert er seine Überlegungen. Über die Fragen der Moral und des Geschmacks sei die allgemeine Ansicht die einzige Richterin, heißt es in seiner Abhandlung zur Widerlegung der Theorie vom „ursprünglichen Vertrag":

---

[143] Vgl. Hume, *Treatise*, (wie Anm. 4), Bd. 1, S. 309f.
[144] Vgl. Hume, *Treatise*, (wie Anm. 4), Bd. 2, S. 315f.

We shall only observe, [...] that, though an appeal to general opinion may justly, in the specu-
lative sciences of metaphysics, natural philosophy, or astronomy, be deemed unfair and incon-
clusive, yet in all questions with regard to morals, as well as criticism, there is really no other
standard, by which any controversy can ever be decided. And nothing is a clearer proof, that a
theory of this kind is erroneous, than to find, that it leads to paradoxes, repugnant to the common sentiments of mankind and to the practice and opinion of all nations and ages.[145]

Die Berufung auf die allgemeine Meinung oder auch auf den gesunden Menschenverstand („common sense")[146] hinsichtlich der Bewertung des menschlichen Handelns und Fühlens gibt einer Denkhaltung Raum, die den Lebensvollzug nicht
normativ-rationalistischen Prinzipien unterwirft. Die Bewährung der Denk- und
Handlungsprinzipien ergibt sich letztendlich im Leben selbst als einem natürlichen, der Gewohnheit und Übung („custom and habit") unterworfenen Prozeß.

Die Überlegungen Humes zur empirischen Methode korrelieren auf diese Weise
mit einem liberalen Gesellschafts- und Politikkonzept. E r s t e n s  betrachtet er
nicht die physische Macht des Staates als Grundlage des Handelns der Menschen,
sondern das natürliche Ordnungsgefüge der Gesellschaft, das sich in der öffentlichen Meinung, in der Kultur und Sprache niederschlägt. Auch die Erziehungsgrundsätze orientieren sich an der menschlichen Natur, nicht an normativen Mo-
ralauffassungen. Die Gesellschaft wird eher als selbstregulierender Organismus
gesehen denn als gewalttätige Staatsmaschine. Z w e i t e n s  betrachtet Hume die
Gesellschaft mit ihren Institutionen als ein historisches Phänomen. Die Geschichte
wird so zu einem Erfahrungsfeld und zu einem methodischen Instrument der Untersuchung der menschlichen Natur. Den hauptsächlichen Nutzen der Geschichte
sieht er darin,

to discover the constant and universal principles of human nature, by showing men in all va-
rieties of circumstances and situations, and furnishing us with materials from which we may
form our observations and become acquainted with the regular springs of human action and
behaviour. These records of wars, intrigues, factions, and revolutions, are so many collections
of experiments, by which the politician or moral philosopher fixes the principles of his
science, in the same manner as the physician or natural philosopher becomes acquainted with
the nature of plants, minerals, and other external objects, by the experiments which he forms
concerning them.[147]

Hume vollzieht damit eine grundlegende Wende in den Humanwissenschaften.
Lüthe nennt es die „Formulierung der systematischen Funktion der *historischen*
Erkenntnis für die empirische anthropologische Forschung".[148] D r i t t e n s  ist Humes Erfahrungskonzept mit einer offenen Gesellschafts- und Geschichtsauffassung
verbunden, die mit der Ablehnung eines idealen Naturzustandes oder eines utopischen Endzustandes der Gesellschaft einhergeht, wie sie sich in dem teleologi-

---

[145] Hume, *Of the Original Contract.* In: *Philosophical Works,* (wie Anm. 25), Bd. 3, S. 460.
[146] Vgl. Hume, *An Enquiry concerning the Principles of Morals,* (wie Anm. 20), S. 170.
[147] Hume, *An Enquiry concerning Human Understanding,* (wie Anm. 8), S. 68.
[148] Lüthe, Rudolf, *David Hume.* Historiker und Philosoph. Freiburg / München 1991, S. 102.

schen Naturbild Shaftesburys finden. „The state of society without government is one of the most natural states of men,"[149] schreibt Hume im *Treatise* und deutet damit die auf natürlichen Prinzipien des Verhaltens beruhende Verfassung früher Gesellschaften an, der er die Rechtsordnung späterer Gesellschaftsformen entgegenstellt. Die Regeln dieser Rechtsordnung seien künstlich, wenn auch nicht willkürlich, und könnten in einem bestimmten Sinn durchaus als Naturgesetze („Laws of Nature") bezeichnet werden.[150]

## 5. Anthropologie und Kritik des Geschmacks

Die Untersuchung der Verhaltensweisen und Lebensformen der Menschen in alten wie neuen Zeiten veranlaßt Hume immer wieder, die große Mannigfaltigkeit und Variabilität hervorzuheben, die er darin entdeckt und die er sowohl auf natürliche Prinzipien als auch auf künstliche Institutionen zurückführt. Ein anschauliches Beispiel dafür ist seine Theorie des Geschmacks. Den Essay *Of the Standard of Taste* beginnt er mit folgenden Worten:

> The great variety of taste, as well as of opinion, which prevails in the world, is too obvious not to have fallen under every one's observation. Men of the most confined knowledge are able to remark a difference of taste in the narrow circle of their acquaintance, even where the persons have been educated under the same government, and have early imbibed the same prejudices. But those, who can enlarge their view to contemplate distance nations and remote ages, are still more surprised at the great inconsistence and contrariety.[151]

Unter Geschmack versteht Hume ein natürliches Vermögen, von dem das Gefühl für Schönheit und Häßlichkeit sowie für Laster und Tugend herrührt. Er unterscheidet ihn deutlich von den Fähigkeiten des Verstandes, der über Wahrheit oder Falschheit unseres Wissens entscheidet.[152] Die Tatbestände und Relationen, die Gegenstand des Verstandes sind, besagten nichts über den moralischen Wert oder über die Schönheit von Gegenständen und Handlungen. Sie könnten uns zwar über schädliche oder nützliche Tendenzen von Eigenschaften und Handlungen aufklären, also über die Zweckdienlichkeit der Mittel. Das genüge jedoch nicht, um eine moralische Ablehnung oder Zustimmung hervorzurufen. Die Beurteilung des Wertes ergäbe sich auch nicht durch den Vergleich der Handlung mit einer Norm („by the comparision of actions to a rule"). Nach seiner – Humes – Hypothese werde die Moralität vielmehr durch das Gefühl bestimmt. Sie definiere Tugend „to be *whatever mental action or quality gives to a spectator the pleasing sentiment of approbation*; and vice the contrary".[153]

---

[149] Vgl. Hume, *Treatise*, (wie Anm. 4), Bd. 2, S. 306. Vgl. auch oben, Anm. 20.
[150] Vgl. ebd., S. 258.
[151] Hume, David, *Of the Standard of Taste*, in: *Philosophical Works*, (wie Anm. 4), Bd. 3, S. 266.
[152] Vgl. Hume, *An Enquiry concerning the Principles of Morals*, (wie Anm. 20), S. 265.
[153] Ebd. S. 260f.

Mit dieser Bestimmung bindet Hume die Tugend und Schönheit zunächst an die individuelle Gefühlsäußerung, die keiner Norm unterworfen ist und sehr verschieden ausfallen kann, und an die Affekte, Bedürfnisse und Triebe, die situations- und zeitabhängig sind. Lüthe sieht in der Anerkennung der Unbeständigkeit des Geschmacks einen scharfen Kontrast zu „Humes Theorie der Menschheitsgeschichte, die [...] an einer strikt stabilen Korrelation bestimmter Ursachen mit bestimmten Wirkungen festhält". Er bezeichnet Hume daher als einen „Historiker ohne historisches Bewußtsein".[154] Auch Kulenkampff, der Humes Abhandlung über den Geschmack als ein Beispiel für die „Tatsachenwissenschaft von der menschlichen Natur" betrachtet, fragt, wie weit die Variabilität der menschlichen Natur gehen kann, wenn von ihren Gesetzen mehr bleiben soll „als gewisse Daumenregeln und ungefähre Allgemeinheiten, die mit fast beliebigen individuellen Abweichungen verträglich sind".[155]

Tatsächlich zieht sich durch Humes gesamtes Werk diese Spannung zwischen der vermuteten Konstanz der menschlichen Natur und der Beobachtung einer kulturellen und historischen Vielfalt. Diese Spannung kann geradezu als das Grundproblem der Humeschen Anthropologie angesehen werden. Sie ergibt sich mit Notwendigkeit aus seiner Fragestellung und Methode, will er doch auf dem Wege der Erfahrung in der Vielfalt der menschlichen Lebensäußerungen und Lebensformen gewisse Regeln und Gesetze auffinden. Das bezieht sich explizit auch auf die Gebiete der Moral und des Geschmacks. Er konstatiert für diese nicht bloß die Verschiedenheit der Gefühlsäußerungen, sondern sucht auch nach ihren Grundlagen, aus denen sich allgemeine Tendenzen und Wertgeltungen erklären lassen.

In der zweiten *Enquiry* legt Hume nahe, die Beständigkeit der menschlichen Natur in einer gewissen Disposition zu suchen, die den Rahmen abgibt für die vielfältigen individuellen Lebensäußerungen. Im Kontext eines Vergleiches zwischen Vernunft und Geschmack schreibt er dort:

> The standard of the one, being founded on the nature of things, is eternal and inflexible, even by the will of the Supreme Being: The standard of the other, arising from the eternal frame and constitution of animals, is ultimately derived from that Supreme Will, which bestowed on each being its peculiar nature, and arranged the several classes and orders of existence.[156]

An anderer Stelle hebt er hervor, daß ein moralisches Urteil über einen Menschen Gefühle ausdrücke, von denen der Urteilende Übereinstimmung mit seinen Zuhörern erwarte, und er schließt daraus:

---

[154] Lüthe, Rudolf, *Geschmack und menschliche Natur*. Aspekte der Ästhetik der schottischen Aufklärung, in: *Schottische Aufklärung*. ‚A Hotbed of Genius' hg. v. Daniel Brühlmeier, Helmut Holzhey und Vilem Mudroch. Berlin 1996, S. 40.

[155] Kulenkampff, Jens, Nachwort, in: Hume, David, *Vom schwachen Trost der Philosophie*. Essays, hg. v. Jens Kulenkampff. Göttingen 1997, S. 128ff.

[156] Hume, *An Enquiry concerning the Principles of Morals*, (wie Anm. 20), S. 265f.

He must here, therefore, depart from his private and particular situation, and must choose a point of view, common to him with others; he must move some universal principle of the human frame, and touch a string to which all mankind have an accord and symphony.[157]

In dem Bild der mitschwingenden Saite sieht Kulenkampff eine Reduktion der moralischen Disposition des Menschen auf einen als „konstanten, an sich aber stummen Resonanzapparat". Der Begriff der menschlichen Natur sei hier nichts anderes als der „Begriff eines speziestypischen Ensembles von mentalen Verhaltens- und Reaktionsdispositionen", in dem die Erlebnisse selbst, die Empfindungen und Gefühle, unwichtig würden.[158]

Diese Deutung unterstellt ein statisches Natur- und Geschichtsmodell. Hume macht aber bei seiner Bestimmung der menschlichen Natur immer wieder Aspekte geltend, die über die körperliche und geistige Disposition hinaus auf sozial-kommunikative Anlagen und historische Bedingungen menschlichen Verhaltens verweisen und die Humes Menschenbild eine gewisse Dynamik verleihen. Das wird aus seinen Untersuchungen zu den Grundlagen der Moral und des Geschmacks ersichtlich. Hinsichtlich der Handlungsziele und ihrer moralischen Bewertung findet er ein allgemeines Richtmaß in dem Gefühl für das Glück der Menschheit und in der Empörung über ihr Elend. Wenn der Verstand alle Tendenzen von Handlungen aufgezeigt habe, entscheide die Menschlichkeit („humanity"), welcher Handlung wir den Vorzug geben.[159] Diese Neigung zur Menschlichkeit liege aber ebenso in der Natur des Menschen begründet wie der Egoismus, wendet er gegen die Anhänger Hobbes' ein.[160]

Die Spannung zwischen Gleichförmigkeit und historischer Wandelbarkeit der Menschen macht Hume in dem seine Untersuchung über die Prinzipien der Moral abschließenden Dialog selbst zum Gegenstand der Debatte. Als Grund der Verschiedenheit nennt er dort die in der Geschichte zu beobachtende Abhängigkeit des Verhaltens der Menschen von den nationalen Sitten („national manners") sowie von verschiedenen Bräuchen und Umständen („different customs and situations"), von Regierungsformen, von allgemeinem Reichtum und Armut, von Parteienstreit und Bildungsgrad.[161] Außerdem bringt er Lebensformen ins Spiel, die von den Prinzipien des gewöhnlichen Lebens abweichen und die er als künstliche Lebensweise („*artificial* lives and manners") bezeichnet.[162] Er insistiert aber auch auf allgemeine Prinzipien menschlichen Verhaltens, die auf Menschlichkeit und andere solidere Eigenschaften des Geistes gerichtet sind als willkürliche und beliebige Sitten. Im Grundtenor dieses Dialogs wird deutlich, daß sein Verfasser alle die Verschiedenheiten der Menschen, ihre Veränderungen und die Abweichungen

---

[157] Ebd., S. 248.
[158] Kulenkampff, Nachwort, (wie Anm. 155), S. 130f.
[159] Vgl. Hume, *An Enquiry concerning the Principles of Morals*, (wie Anm. 20), S. 259.
[160] Ebd., S. 268.
[161] Vgl. ebd., S. 302f.
[162] Ebd., S. 303.

vom gesunden Menschenverstand („common reason") als Charakterzug der menschlichen Natur selbst betrachtet, daß er aber dabei auf allgemeine, in der Humanität verankerte Werte setzt.

Bei der Suche nach einem Maßstab des Geschmacks verfährt Hume auf ähnliche Weise wie bei der Bestimmung der Handlungsprinzipien. Er beschreibt zunächst die in der natürlichen Anlage individueller Fähigkeiten und Charaktereigenschaften liegenden Grundbedingungen für die Beurteilung des Schönen:

> Strong sense, united to delicate sentiment, improved by practice, perfected by comparison, and cleared of all prejudice, can alone entitle critics to this valuable character; and the joint verdict of such, wherever they are to be found, is the true standard of taste and beauty.[163]

Scharfsinn, Übung, Vorurteilsfreiheit, vergleichende Betrachtung und gesunde Vernunft geben die Disposition oder den Rahmen für die Entfaltung des Geschmacks ab. Die spezifische Ausfüllung dieses Rahmens beruht aber auf der Erfahrung im Umgang mit dem Schönen in Natur und Kunst. Neben den Differenzen in der Ausbildung der individuellen Anlagen ergeben sich für Hume daher, trotz der prinzipiellen Gleichförmigkeit der menschlichen Natur, zwei Quellen der Verschiedenheit des Geschmacks. Sie bestehen e r s t e n s in der verschiedenen Gemütsart („the different humours of particular men") und z w e i t e n s in den besonderen Sitten und Meinungen der historischen Zeiten und Regionen („the particular manners and opinions of our age and country").[164] Der Geschmack ist somit nicht nur an die individuelle Anlage, sondern auch an die historische Zeit gebunden. Zum Richtmaß der Schönheit taugt daher keine überhistorische Norm, die aus Verstandesregeln, aus bestimmten dinglichen Eigenschaften oder aus unveränderlichen physischen Anlagen des Menschen abgeleitet wird. Was aber im geschichtlichen Wandel über die Mode der Zeit hinaus Bestand hat, kann als Muster für den Geschmack gelten. Die Veränderung der Sitten und Bräuche ist geradezu Bedingung des Bestandes der Kunstwerke und ihres Wertes über ihre Zeit hinaus:

> The poet's *monument more durable than brass*, must fall to the ground like common brick or clay, were men to make no allowance for the continual revolutions of manners and customs, and would admit of nothing but what was suitable to the prevailing fashion. Must we throw aside the pictures of our ancestors, because of their ruffs and fardingales?[165]

Wie die kritische Anspielung auf die flüchtige Modeerscheinung zeigt, vertritt Hume, trotz der Anerkennung der großen Verschiedenheit und Wandelbarkeit des Geschmacks, keine Theorie der Beliebigkeit. Er hält daran fest, daß auch in diesem

---

[163] Hume, *Of the Standard of Taste*, (wie Anm. 151), Bd. 3, S. 278.
[164] Ebd., S. 280.
[165] Hume, *An Enquiry concerning the Principles of Morals*, (wie Anm. 20), S. 282.

Gebiet nicht alle Grenzen aufgehoben werden können und es einen Maßstab des Geschmacks geben müsse.[166] Alle natürliche Schönheit beruht nach Humes Auffassung auf Proportion, Beziehung und Anordnung der Teile. Ihre Wahrnehmung erschöpfe sich aber nicht in der Wahrnehmung einzelner Relationen, und es gehe auch nicht wie bei den Wissenschaften darum, auf der Grundlage bekannter Relationen unbekannte zu entdecken. Vielmehr lägen hier alle Beziehungen schon vorher klar zutage; und erst danach entsteht ein Gefühl des Gefallens oder Mißfallens („a sentiment of complacency or disgust"). Die Schönheit sei nicht in irgendeinem Teil des Gegenstandes enthalten, sondern sie ergebe sich aus dem Ganzen, wenn die komplizierte Gestalt von einem für die feineren Empfindungen empfänglichen Geist wahrgenommen wird.[167]

Hume hebt damit die spezifische Ordnung hervor, die die Gegenstände des Geschmacks und die Gestalten der Kunst auszeichnet. Der Verstand entdeckt Gegenstände, „as they really stand in nature, without addition and diminution", er ist also an eine vorgegebene Ordnung von Relationen gebunden. Der Geschmack hingegen „has a productive faculty, and gilding or staining all natural objects with the colours, borrowed from internal sentiment, raises in a manner a new creation". Er ist auf eine ganzheitliche Ordnung des Seins gerichtet, aus deren Betrachtung er uns ein neues Gefühl des Tadels oder der Billigung empfinden läßt („makes us feel from the whole a new sentiment of blame or approbation").[168] Dieses Gefühl ist auch nicht mit der moralischen Beurteilung von Handlungen identisch, sondern läßt Raum für fremde Sitten und Gewohnheiten, wenngleich ein Mangel an Menschlichkeit in den Charakteren den Wert des Kunstwerkes verringert.[169]

In dieser Bestimmung der Ordnung, die dem Geschmacksurteil zugrunde liegt, vollzieht Hume eine Wendung, die Bachmann-Medick auch als Merkmal der deutschen Popularphilosophie erkennt und mit folgenden Worten beschreibt:

> Der psychologische und anthropologische Blick der Popularphilosophen im späten 18. Jahrhundert rückt dagegen [gegen das Vollkommenheitsprinzip der rationalistischen Ästhetik, K.-H. S.] immer stärker ein ausgesprochen wahrnehmungs- und handlungsbezogenes Verständnis von Ästhetik in den Vordergrund. [...] Dem traditionellen ästhetischen Darstellungsprinzip einer „Mannigfaltigkeit in der Einheit" wird das „Prinzip" einer ästhetischen Ordnung im Sinne einer Angemessenheit der Darstellung an die Empfindungs- und Denkvermögen der Subjekte gegenübergestellt.[170]

Auch Hume gibt als Grund, weshalb etwas gewünscht und geschätzt wird, seine unmittelbare Harmonie und Übereinstimmung mit dem menschlichen Gefühl und menschlicher Neigung („its immediate accord or agreement with human sentiment

---

[166] Vgl. Hume, *Of the Standard of Taste*, (wie Anm. 151), S. 280.
[167] Vgl. Hume, *An Enquiry concerning the Principles of Morals*, (wie Anm. 20), S. 263f.
[168] Vgl. ebd., S. 265f.
[169] Vgl. Hume, *Of the Standard of Taste*, (wie Anm. 151), Bd. 3, S. 282f.
[170] Bachmann-Medick, Doris, *Die ästhetische Ordnung des Handelns*. Moralphilosophie und Ästhetik in der Popularphilosophie des 18. Jahrhunderts. Stuttgart 1989, S. 47.

and affection") an.[171] Im Hinblick auf die Schönheit geht er aber noch einen Schritt weiter über die durch die Natur der Dinge und den gewohnten Umgang mit ihnen gegebene Angemessenheit hinaus. Wie aus dem angeführten Vergleich zwischen Verstand und Geschmack hervorgeht, versteht er den Geschmack als eine produktive Kraft, die neue Schöpfungen hervorbringt. Dieser schöpft die Farben und Formen aus dem inneren Gefühl. Die Ordnung, die er hervorbringt, ist subjektiv bestimmt und entspringt aus der menschlichen Natur und ihrer historischen Ausbildung. Hier verfährt die Einbildungskraft frei nach dem ihr eigenen Prinzip der Assoziation von Eindrücken, ohne an die Ordnung und Form der ursprünglichen Eindrücke gebunden zu sein. Die Dichtung liefert ihm dafür den Beweis:

> The fables we meet with in poems and romances put this entirely out of the question. Nature there is totally confounded, and nothing mentioned but winged horses, fiery dragons, and monstrous giants. Nor will this liberty of the fancy appear strange, when we consider, that all our ideas are copy'd from our impressions, and that there are not any two impressions which are perfectly inseparable.[172]

Die Schönheit ist also an eine subjektiv durch das freie Spiel der Einbildungskraft erzeugte und mit dem Gefühl der Lust und Unlust („pleasure and pain") verbundene Ordnung geknüpft. Durch Gewohnheit, Übung, Sitten, Sprache und historische Überlieferung erhält sie eine allgemeine, zeitübergreifende Geltung. Ihr Maßstab ist keine allgemeinverbindliche Norm, die an materiale Eigenschaften gebunden oder aus rationalen Prinzipien abgeleitet werden kann. Er entfaltet sich in der kommunikativen Tätigkeit und in der Geschichte, die das subjektive Erleben an eine ganzheitliche Ordnung bindet. Die Entdeckung der Prinzipien des Geschmacks ist daher nicht Sache logischer Deduktion aus allgemeinen Verstandesprinzipien. Insofern der Criticism als Theorie des Geschmacks die K r i t i k , d.h. die Auffindung und Prüfung der Quellen der Erkenntnis sowie die Beachtung der Bedingungen ihrer Geltung und ihres Deutungsspielraumes, zum methodischen Prinzip erhebt, kann er als Paradigma einer erfahrungsgestützten, auf den natürlichen Prinzipien der geistigen Tätigkeit und historischen Lebenspraxis des Menschen basierenden Wissenschaft angesehen werden. Das unkritische Festhalten an rationalistischen Prinzipien – so hatte schon Shaftesbury gewarnt – verführt leicht zu Irrtümern und dient oft dem Betrug als willkommenes Mittel. So wie für Shaftesbury daher die Freiheit der Kritik („freedom of censure"), die sich selbst in den ernstesten Angelegenheiten des Lebens des Spottes bedienen darf, und das Lachen über gekünstelte Lebensformen und fanatischen Enthusiasmus die der Wahrheit angemessene Art und Weise philosophischer Untersuchung ist,[173] findet Hume in der kritischen Haltung gegenüber den spekulativen Spitzfindigkeiten des Verstandes und im praktischen Bezug auf die alltäglichen Angelegenheiten des

---

[171] Hume, *An Enquiry concerning the Principles of Morals*, (wie Anm. 20), S. 265.

[172] Hume, *Treatise*, (wie Anm. 4), Bd. 1, S. 318f.

[173] Vgl. Shaftesbury, *A Letter concerning Enthusiasm*, in: ders., *Standard Edition*, (wie Anm. 3), Bd. I.1, S. 316f.

Lebens ein wirksames Mittel gegen den Skeptizismus. Am Ende seiner philosophischen Reise durch die Regionen des Verstandes fühlt er sich angesichts des elenden Zustandes, der Schwäche und Gesetzlosigkeit der geistigen Vermögen als Schiffbrüchiger,

> who having struck on many shoals, and having narrowly escap'd shipwreck in passing a small frith, has yet the temerity to put out to sea in the same leaky weather-beaten vessel, and even carries his ambition so far as to think of compassing the globe under these disadvantageous circumstances.[174]

So bleiben ihm nur Fragen, die er selbst durch intensivstes Nachdenken nicht auflösen kann. Erst die Besinnung auf das Leben kommt ihm zu Hilfe:

> Most fortunately it happens, that since reason is incapable of dispelling these clouds,- nature herself suffices to that purpose, and cures me of this philosophical melancholy and delirium, either by relaxing this bent of mind, or by some avocation, and lively impression of my senses, which obliterate all these chimeras. I dine, I play a game of backgammon, I converse, and am merry with my friends; and when after three or four hours' amusement, I wou'd return to these speculations, they appear so cold, and strain'd, and ridiculous, that I cannot find in my heart to enter into them any farther.[175]

Mit dem auf die Humanwissenschaften ausgerichteten Erfahrungsbegriff greift Hume nicht nur die Traditionen Lockes und Berkeleys auf, sondern er reformiert und erweitert die Grundlagen der Wissenschaften. Seine historisch ausgerichtete Bestimmung der Natur des Menschen, der auf die Lebenspraxis und Geschichte gerichtete Blick und seine im moralischen Gefühl und im subjektiv allgemeinen Geschmack verankerten Moral- und Kunstauffassungen ebneten neue Wege im Denken der europäischen Aufklärung. Aber mit seiner Vernunftkritik und seiner skeptischen Haltung gegenüber normativen Lebens- und Kunstprinzipien war er auch ein Störenfried gegen gewisse Tendenzen seiner Zeit, aber ein friedvoller, denn „le bon David", wie er in Paris genannt wurde, war ein ausgeglichener Mann von ruhigem Gemüt und liberaler Gesinnung. Und so würde er wohl trotz des skeptischen Scheiterns seiner methodologischen Bemühungen dem Rat Wielands zustimmen, den dieser in dem Aufsatz *Was ist Wahrheit?* im Anklang an Shaftesburys „Philosophische Rhapsodie" gibt:

> In metaphysischen und ästhetischen Dingen, das ist in Sachen, wo das meiste auf Einbildung und Sinnesart ankommt, wäre das billigste, einen jeden im Besitz und Genuß dessen, was er für Wahrheit hält, ruhig und ungekränkt zu lassen, solange er andre in Ruhe läßt [...] Anstatt miteinander zu hadern, wo die Wahrheit sei, wer sie besitze, wer sie in ihrem schönsten Lichte gesehen, die meisten und deutlichsten Laute von ihr vernommen habe – lasset uns in Frieden zusammen gehen oder, wenn wir des Gehens genug haben, unter den nächsten Baum uns hinsetzen und einander offenherzig und unbefangen erzählen, was jeder von ihr gesehen und gehört hat oder gesehen und gehört zu haben glaubt, und ja nicht böse darüber werden, wenn sich's von ungefähr entdeckt, daß wir falsch gesehen oder gehört haben.[176]

---

[174] Hume, *Treatise*, (wie Anm. 4), Bd. 1, S. 544.

[175] Ebd., S. 549.

[176] Wieland, Christoph Martin, *Was ist Wahrheit?*, in: *Wielands Werke in 4 Bänden*, hg. v. d. Nationalen Forschungs- und Gedenkstätten der Klassischen Deutschen Literatur in Weimar. Ausgewählt und eingeleitet v. Hans Böhm. Berlin / Weimar 1984, hier Bd. 4, S. 142ff.

HEINZ THOMA (Halle)

# Anthropologische Konstruktion, Wissenschaft, Ethik und Fiktion bei Diderot

„Wer zum Teufel bin ich denn eigentlich?"[1]

## 1. Einführung: Der „neue Mensch" in der Literatur der Spätaufklärung

Die normativ operierende Literatur der zweiten Hälfte des 18. Jahrhunderts in Frankreich erwies sich für die spätere, im Zeichen der Autonomie der Literatur operierende Kritik als recht sperrige Materie.[2] Mit einer aus der Epoche geschöpften Semantik von „galant", „philosophisch" bzw. „empfindsam" wurden schließlich Klassifizierungen gefunden, mittels derer man glaubte, sowohl Distinktions- und auch Periodisierungsleistungen für ein Quellenkorpus zu erbringen, dessen konfliktuelle sozialanthropologische Finalität jedoch erst noch zu deuten war. Ist doch auch die Literatur Teil und Funktion einer ab 1750 einsetzenden anthropologischen Wende, für die Rousseaus Begründung der Kulturkritik im *Discours sur les sciences et les arts* sowie die den Menschen in die auf Beobachtung basierende Naturgeschichte integrierende *Histoire naturelle* (1748ff.) Buffons wichtige Zäsurdaten darstellen.[3]

Etwa um die Jahrhundertmitte läßt sich in der zeitgenössischen Verhaltensliteratur schon vor Rousseau ein deutlicher normativer Bruch beobachten. Die bereits geschwächten Leitbilder des „honnête homme" bzw. des „homme galant" werden zurückgedrängt. An ihre Stelle tritt der „homme doux" bzw. der „homme de vertu", der in der zweiten Jahrhunderthälfte, zumindest vom verlegerischen Gesichtspunkt her, als Verhaltensmodell dominieren wird.[4] Im enger literarischen Bereich entsteht das auf Katharsis in der Alltäglichkeit basierende Drama und die

---

[1]  „Que le diable m'emporte si je sais au fond ce que je suis", die Formulierung stammt aus dem *Neveu de Rameau*, zit. nach Denis Diderot, *Œuvres romanesques*, hg. v. Henri Bénac. Paris 1962, S. 395–492, hier S. 444. – Es werden nur die im Haupttext erscheinenden Zitate übersetzt. Ich danke Frau Wortmann für mannigfache Hilfe.

[2]  Eines der deutlichsten Symptome dieser Verlegenheit ist Bernardin de Saint-Pierres *Paul et Virginie*, ein erfolgreicher Roman der Spätaufklärung, der zum Bestseller der Kinderliteratur des 19. Jahrhunderts mutiert.

[3]  Die folgenden Ausführungen sind Bestandteil der Forschungsergebnisse eines Projekts „Anthropologie – Erzählen – Verhalten. Narrativik und Verhaltensschrifttum 1750–1800" im Rahmen der DFG-Forschergruppe „Selbstaufklärung der Aufklärung" (1998–2003).

[4]  So löst die Schrift *Les mœurs* (1748) von François Vincent Toussaint den von 1671 stammenden höfischen Zivilitätraktat Courtins *Nouveau traité de la civilité qui se pratique en France parmi les honnêtes gens* in der Meinungsführerschaft ab und erreicht in der zweiten Hälfte des 18. Jahrhunderts 38 Auflagen. – Vgl. hierzu Verf., Politesse und Kulturkritik: Rousseaus ‚Erster Discours' im Kontext, in: Amend-Söchting, Anne u.a. (Hg.), *Das Schöne im Wirklichen – Das Wirkliche im Schönen*. Festschrift für Dietmar Rieger zum 60. Geburtstag. Heidelberg 2003, S. 391–404.

alternatives Verhalten vorstellende „moralische Erzählung". Man erzeugt nicht nur dadurch Aufklärung, daß man die scheinbar beste aller Welten im Medium eines ganzen Themenkatalogs der Gesellschaftskritik delegitimiert, so Voltaire in *Candide*. Aufklärung geschieht auch da, wo Verhalten in der wirtschaftlichen und der mit ihr zu dieser Zeit noch eng verbundenen Intimsphäre metapolitisch besetzt wird.[5] Der „neue Mensch", der in diesen Konstellationen erzeugt werden soll, ist so etwas wie die sinnlich-praktische Formulierung eines Hegemonieanspruchs mittels einer sozialanthropologischen Konstruktion.

Zentrales Element dieser Konstruktion ist, im Anschluß an Rousseaus *Discours sur les sciences et les arts*, der Rekurs auf „Natur", wobei die als voraussetzungslos unterstellte Reformulierung menschlicher Basiseigenschaften selbstverständlich nicht ohne Anleihen bei der antiken und christlichen Tradition auskommt.[6] Die Bindung an das höfische Modell bzw. zur Kultur der Salons hält stärker die moralische Erzählung eines Marmontel. Hier ist die Herausforderung Rousseaus dahingehend entschärft, daß sie dessen „Botschaft der Natur" zwar als Thema bestätigt, sie jedoch in den Formen der Politesse artikuliert. Ebenso versucht die *Encyclopédie*, aus Gründen der Elitenkohäsion, die Semantik zwischen beiden Verhaltensmodellen übergängig zu halten.[7] Rousseau wiederum, der seine Kritik an der Unnatur der Sitten von Hof und Salon zu befestigen sucht, kann nicht umhin, sein Gegenmodell einer vernunftgeprägten, naturnahen ökonomisch autarken Familienordnung aus der *Nouvelle Héloïse* scheitern zu lassen und ist gezwungen, den gewünschten naturkonformen neuen Menschen einer erneuten politik- bzw. erziehungstheoretischen Begründung zu unterziehen.[8]

Als die inhaltlichen Festlegungen überlagernder Indikator von „Natur" im kommunikativen Handeln fungiert in den Quellen der Zeit die Empfindsamkeit („sensibilité"),[9] die nicht nur schöne Seelen befällt und die bis zur Revolution persi-

---

[5]  Insofern sind natürlich auch Voltaires unternehmerischer Gärtner aus *Candide* oder der zivilisierte Hurone aus dem *Ingénu*, der seine Geliebte wegen ihres Konventionsbruchs in den Tod treibt, in unseren Kontext gehörende anthropologische Konstruktionen. Zum inneren Dialog zwischen Voltaire, Rousseau und Diderot vgl. Verf., Philosophie – Anthropologie – Erzählen. Der Roman als Instrument der Selbstaufklärung der Aufklärung, in: *Romanistische Zeitschrift für Literaturgeschichte* 21 (1997), Heft 1–2, S. 55–77; zum *Ingénu* siehe ebenfalls Verf., Vorurteil und Urteilsbildung in der Narrativik der französischen Spätaufklärung, in: Bach, Reinhard / Desné, Roland / Haßler, Gerda (Hg.), *Formen der Aufklärung und ihrer Rezeption*. Festschrift für Ulrich Ricken. Tübingen 1999, S. 551–564.

[6]  Dies zeigt bereits ein erster Blick in das Verhaltensschrifttum. Hierzu und zum grundsätzlichen habituellen Defizit der bürgerlichen Schichten Verf., (wie Anm. 4), S. 398.

[7]  Vgl. Scheffers, Henning, *Höfische Konventionen und die Aufklärung*. Wandlungen des honnête-homme-Ideals im 17. und 18. Jahrhundert. Bonn 1980.

[8]  Der gegen die Welt der Politesse argumentierende Saint-Preux verkörpert zugleich den Egoismus, der die stillgestellte Natürlichkeit von Clarens zerbrechen läßt. – Siehe Verf., Utopie und Erzählen: Rousseaus ‚Nouvelle Héloïse', in: Neugebauer-Wölk, Monika / Saage, Richard (Hg.), *Die Politisierung des Utopischen im 18. Jahrhundert*. Tübingen 1996, S. 56–69.

[9]  Die neuere Forschung unterscheidet zwei Phasen der „sensibilité": eine schon im 17. Jahrhundert einsetzende und mit Marivaux befestigte Phase, welche die „tendresse" zentral stellt und

stente „galanterie" neu tönt, sondern die auch die in Metier und Familie herrschende, bisweilen enge Vernunft und Tugend anziehender machen soll, so bei der
nicht geringen Zahl von Kaufleuten oder Familienvätern, die Roman und Theater
bevölkern und sich nicht selten als von adliger Herkunft erweisen, was wiederum
der Elitenkohäsion dienen kann. Wo sich mit dieser Semantik von Tugend, Geld
und Tränen die vorgeführten Konflikte nicht lösen lassen – dies gilt besonders für
Fragen des Eigentums –, kann Versöhnung in der Regel durch eine Überdosierung
der Rührung erfolgen, ein Verfahren, das sich schon im frühen 19. Jahrhundert als
besondere Rezeptionssperre erweisen wird.[10]

Das Werk Diderots steht sichtbar im Kontext der hier skizzierten Fragestellung.
Wer etwa den *Fils naturel* in die Hand nimmt oder zur *Eloge de Richardson* greift,
wird unschwer Züge der oben angezeigten Semantik von Empfindsamkeit, Pathos
und Tugend wiederfinden. Indes war derselbe Autor mit dem *Neveu de Rameau*
auch Anlaß für die Beschreibung des modernen „zerrissenen Bewußtseins" bei
Hegel, gilt Diderot nicht zu Unrecht auch als einer der frühen Vorläufer der Psychoanalyse. Er verwendet zwar noch nicht deren Begriffe, jedoch sind ihm Trieb-
steuerung, Unbewußtes und Assoziation geläufige Sachverhalte. Spätestens ab
dem Ende der fünfziger Jahre kennt sein Werk das Paradox eines normativen Realismus, der von einer sich zunehmend in die Fiktion selbst einschreibenden theoretischen Reflexion begleitet wird. Schließlich gehört zu den Spezifika von Diderots
anthropologischem Denkmodell, daß es den Menschen keineswegs nur in seiner
Sozialität zu definieren sucht, sondern ihn zuallererst in den Zusammenhang mit
der Natur bzw. der Naturwissenschaft stellt. Insofern beerbt er Buffon[11] *und* Rousseau. Physische und sittliche Anthropologie sind bei ihm immer in mehr oder minder expliziter Weise miteinander verknüpft.

Auf die mit der Aufklärung wieder neu gestellten Fragen,[12] was der Mensch sei,
warum er so handle, wie er es grundsätzlich und jeweils tut und inwieweit neben
den physiologischen auch gesellschaftliche Prägungen dieses Handeln bestim-

---

auf Empathie und Liebesfähigkeit abhebt und jene ab 1750 einsetzende Phase, in der sie stär-
ker als angeborene, d.h. natürliche Quelle der Sozialität gesehen wird. Siehe hierzu Sauder,
Gerhard, Artikel ‚Sensibilité', in: Delon, Michel (Hg.), *Dictionnaire européen des Lumières.*
Paris 1997; dort auch die weitere Literatur zu einem noch nicht erschöpften Problemfeld.

[10]  Dies zeigt etwa die abständlich gemeinte Formel von den „pleureurs bourgeois" des Historikers und Literaturgeschichtsschreibers Villemain aus der Zeit der Restauration an.

[11]  Zum anfänglich großen Einfluß Buffons auf Diderot siehe Mayer, Jean, *Diderot, homme de
science.* Rennes 1959, S. 12.

[12]  Zur Auffassung von der Antike als erster Form der Aufklärung im Medium anthropologischer
Konzepte siehe neuerdings pronociert: Müller, Reimar, *Die Entdeckung der Kultur.* Welt-
und Menschenbild der Antike. Düsseldorf 2003. – Zu Diderots Verhältnis zur Antike vgl.
Marchal, France, *La culture de Diderot.* Paris 1999, S. 17: „Dans son panthéon culturel [...]
les maîtres anciens ou modernes, ont un même socle et figurent en marbre. Pour admirer Locke
il n'est pas besoin de renier Aristote".

men,[13] gibt Diderot im Verlauf seiner intellektuellen Biographie und der oft für die Schublade geschriebenen Werke unterschiedlich gestaffelte Antworten, die, ex post gesehen, alle auf die genauere Fassung eines philosophischen Materialismus hinauslaufen.[14] Hierzu bedient er sich dreier Denkstile:

- der naturwissenschaftlichen Betrachtungsweise und naturphilosophischen Verallgemeinerung, die ihn im Extremfall auch das Verschwinden der menschlichen Gattung ins Auge fassen läßt.
- der ethisch-anthropologischen Reflexion, die er zur Sozialpsychologie entwickelt, gelegentlich auch mit geschichtsphilosophischen Fragestellungen verbindet.
- der literarischen Darstellung, die Menschen systematisch in gesellschaftlichen Widerspruchslagen aufsucht und vorführt.

In Diderots Werk kommen damit zugleich die zentralen Aspekte der anthropologischen Wende und ihrer Denkweise (Naturalisierung, Empirisierung, Historisierung) zum Tragen. Bei der literarischen Darstellung, die hier im Zentrum steht und bei der Diderot zu vielfältigen Gattungsformen bzw. -traditionen greift (Dialog, Traktat, Satire, Moralistik, Theater, Erzählung und Roman), ist ein wesentliches Ziel, die Aporien einer rein naturmonistischen Sicht auf den Menschen zu vermeiden. Die literarische Auflösung naturphilosophischer Begründungsparadoxien vollzieht sich meist mittels einer zwischen Normativität und Analytik oszillierenden, das Spannungsfeld von physischer und sittlicher Anthropologie praktisch vorführenden Inszenierung, deren Unabschließbarkeit jene sozialanthropologisch zu verstehende Verunsicherung erzeugt, wie sie im Motto zu diesem Beitrag in der Frage Rameaus erscheint. Gleichwohl bleiben die Betrachtungsweise und Methode der Naturwissenschaften, deren Verständnis im Werk Diderots immer komplexer wird, Vorbild und Fluchtpunkt seiner gesamten Denkform. Wo die drei Denkstile glücklich zusammenwirken, entsteht neben dem Werk Sternes und Wielands die modernste Erzählpraxis im Zeitalter der Aufklärung.[15]

---

[13] Siehe hierzu Verf., Die gesellschaftlichen Verhältnisse zwischen den Verhaltensweisen: Materialistische Psychologie und Erzählen bei Diderot, in: Jüttner, Siegfried (Hg.), *Présence de Diderot*. Frankfurt a.M. / Bern / New York / Paris 1990, S. 264–275.

[14] Zu Diderots wissenschaftlicher und kultureller Entwicklung vgl. u.a. Venturini, Franco, *Jeunesse de Diderot (1713–1753)*. Paris 1939; Mayer, (wie Anm. 11); Varloot, Jean, Genèse et signification du ‚Rêve de d'Alembert', in: Diderot, Denis, *Le Rêve de d'Alembert*, hg. v. J. V. Paris 1971, S. VII–CXXXVIII; Winter, Ursula, *Der Materialismus bei Diderot*. Genf / Paris 1972; Fontenay, Elisabeth de, *Diderot ou le matérialisme enchanté*. Paris 1981; Chouillet, Jacques, *Diderot poète de l'énergie*. Paris 1984; Marchal, (wie Anm. 12).

[15] Angesichts Diderots asystematischer Vorgehensweise sind im folgenden nur große Tendenzen, keinesfalls strenge Hierarchisierungen oder zwingende Ableitungen im einzelnen sichtbar zu machen.

## 2. Die eine Wahrheit der Natur und die tausend Gesichter der Erfahrung: libertines Erzählen und philosophischer Empirismus in den *Bijoux indiscrets*

Diderots literarischer Erstling, die *Bijoux indiscrets* (1748),[16] ist in vielerlei Hinsicht noch eine Fort- und Umschreibung von Montesquieus *Lettres Persanes*.[17] Hier wie dort wird ein besonderer Modus der Perspektivierung zur Entfaltung einer Fülle von Themen der Aufklärungskritik genutzt (Kriegsführung, Hofkritik, Staatshaushalt, Kirche, Pedanteriekritik usw.) und bildet eine Liebesgeschichte den äußeren Rahmen.[18] Zugleich springt ein wesentlicher Unterschied ins Auge: die weit stärkere Anlehnung an die philosophisch-naturwissenschaftlichen Paradigmen der Zeit.[19] In dieser Perspektive erscheint der Text geprägt von einem naturalistisch gefärbten Empirismus bzw. einer reduktiven physischen Anthropologie. Erzählerischer Ausdruck dieser wissenschaftlichen Einstellung ist die narrative Anordnung einer Experimentreihe zur Prüfung der sittlichen Verfaßtheit des weiblichen Geschlechts.[20] Das Gattungsmuster und die repetitiven Verfahren der libertinen „philosophischen Erzählung" („conte philosophique") werden genutzt, um, will man eine erste Absicht des Werks festhalten, den Primat der Triebnatur zu postulieren und jenen der Erfahrung gegenüber dem philosophischen Systemgeist („esprit de système") zu behaupten.

---

[16] Zuvor hatte Diderot eine Übersetzung von Shaftesburys *Inquiry concerning virtue and merit* (*Principes de la philosophie morale ou Essai sur le mérite et la vertu*, 1745) und die vom Parlement verurteilten *Pensées philosophiques* (1746) vorgelegt sowie 1747 den Vertrag für die künftige *Encyclopédie* unterschrieben. Zeitgleich redigiert er noch die *Promenade du sceptique*, in der er Atheismus, Pyrrhonismus, Deismus und Spinozismus einander konfrontiert, sowie die *Mémoires sur différents sujets de mathématique*.

[17] In den *Bijoux* wird Paris in den Congo verlagert. Vgl. den über den Signifikanten laufenden Hinweis: „Tout Banza, l'eut été de paris [sic, H. T.] pour et contre, si la promesse du Sultan se fût divulguée." (*Les Bijoux indiscrets*, in: *Œuvres romanesques*, hg. v. Bénac, wie Anm. 1, S. 1–233, hier S. 125). Der Sérail, der in den *Lettres Persanes* am Romanende gegen den Despotismus Usbeks revoltiert, ist hier bereits geöffnet.

[18] Die Lesereinsicht öffnende Perspektive des fremden Blicks übernimmt hier die sittenkritische Rede der Kleinode.

[19] Die Verbindung von Galanterie und Szientismus pflegte schon im Geiste des Cartesianismus Fontenelle. – Zu Diderot vgl. u.a. Vartanian, Aram, From deist to atheist. Diderot's philosophical orientation, 1746–1749, in: *Diderot Studies* 1 (1949), S. 46–63; Fellows, Otis, Metaphysics and the ‚Bijoux Indiscrets'. Diderot's debt to Prior, in: *Studies on Voltaire and the Eigteenth Century*, Bd. 56 (1967), S. 509–540; David Adams, Experiment and experience in ‚Les Bijoux indiscrets', in: *Studies on Voltaire and the Eighteenth Century*, Bd. 182 (1979), S. 303–317.

[20] Der Erzähler präsentiert sich als Mittelsmann eines „afrikanischen Autors". Das Anonymat schützt Diderot nicht. Als er mit den *Lettres sur les aveugles* (1749) einen weiteren Brandsatz legt, wird er in Vincennes eingekerkert und kann den bereits geschlossenen Vertrag für die Enzyklopädie nur durch eine Ergebenheitsbezeugung erhalten.

Jedoch ist der Ausgangspunkt des Erzählens und der empirischen Proben zunächst nicht ein philosophisches System,[21] sondern ein anthropologischer Sachverhalt: die für das Märchen topische Langeweile eines Herrschers, hier des aufgeklärten,[22] aber absolut regierenden Sultans Mangogul. Die Langeweile ist, wie der
Erzähler zu verstehen gibt, psychologisch motiviert, d.h. Ergebnis der sich ein-
schleichenden Gewohnheit in die seit mehreren Jahren währende Beziehung zur
Favoritin Mirzoza, und sie findet ihren symbolischen Ausdruck in deren trotz ihrer
Erzählkunst nachlassendem Vermögen, den Sultan noch länger mit der skandalrei-
chen Sittengeschichte der Hauptstadt („histoire scandaleuse de Banza") zu fesseln.
Das geläufige Motiv der Halsnovelle wird dahingehend abgewandelt, daß Mirzoza
nicht um ihr Leben erzählen muß, sondern den Herrn und Liebhaber zum Magier
des Congo sich nennenden Reiches schicken kann. Dieser verschafft der Neugier
des Herrschers Abwechslung durch einen Ring, dessen Drehung seinen Besitzer
unsichtbar werden läßt und in dieser Unsichtbarkeit die Kleinode („bijoux") der
Frauen zum Sprechen bringt.[23]

Den Spannungsbogen gibt indes nicht in erster Linie die nur gelegentlich ge-
stillte Befriedigung libertiner Leserinteressen ab, sondern die ungestillte Neugier
Mangoguls, ob Mirzoza ebenso triebabhängig, d.h. auch potentiell untreu sei wie
jene Frauen, von denen er im Romanverlauf insgesamt dreißig Erfahrungsproben
nimmt.[24] Vor allem nach dem ersten (und einzigen) positiven Befund ehelicher
Treue (Probe 14) und der sich daran anschließenden Wette zwischen dem Sultan
und seiner Favoritin, im Rahmen derer zugleich eine philosophisch-naturwissen-
schaftliche Debatte ausgefochten wird, geht es noch stärker als zuvor um die Hegemonie in dieser Beziehung. In dieser Debatte legitimiert Mirzoza, die dem Sultan verboten hatte, den Ring auf sie selbst zu richten, ihre Hoffung auf die letztin-
stanzliche Ehrbarkeit des weiblichen Geschlechts mit jener einzig günstig ausfal-
lenden, jedoch aus ihrer Sicht eine verallgemeinerbare Erfahrungstatsache darstellenden vierzehnten Probe (Eglé).[25] Der Sultan dagegen spricht von einem isolier-

---

[21] Wenngleich die Polemik gegen das Systemdenken Thema des Textes ist.
[22] Er hat die Eunuchen verjagt und der Treue der Frauen selbst vertraut, wie es heißt.
[23] „Par la partie la plus franche qui soit en elles, et la mieux instruite des choses que vous désirez
savoir, dit Cucafa, par leurs bijoux", (*Les Bijoux indiscrets*, in: *Œuvres romanesques*, hg. v.
Bénac, wie Anm. 17, hier S. 9). – Das Motiv des „bijou parlant" stammt schon aus einem
mittelalterlichen Fabliau (*Du chevalier qui fist les cons parler*).
[24] Die Probe 20 hat keine textuelle Entsprechung, es sei denn der zwischen Probe 19 und 21
liegende Traum Mirzozas über die Querelle des Anciens et des Modernes solle, was wenig
wahrscheinlich ist, deren Äquivalent darstellen. Die aktuelle kritische Ausgabe (Denis Diderot,
*Œuvres complètes*. Éd. critique et annotée. 36 vol. prévus. Paris [Éd. Hermann], hier Bd. 3
[1978], hg. v. Jean Macary, Aram Vartanian, Jean-Louis Lutrat) vermutet ohne Belege eine
nicht völlig geglättete „version primitive" des Romans. Die Einbeziehung der an Eglé vorgenommenen zweiten, numerisch nicht festgehaltenen Probe (im Kontext der Probe 28) würde
die Zählung insgesamt stimmig machen.
[25] „[...] je pars d'un fait, d'une expérience.", *Les Bijoux indiscrets*, in: *Œuvres romanesques*, hg.
v. Bénac, (wie Anm. 17), hier S. 125.

ten, deswegen noch nicht tragfähigen Beispiel, dessen Validität durch eingehen-
dere Belastung obendrein noch zu prüfen sei. Er verspricht jedoch für den Fall, daß
sich das Ergebnis der ersten Probe binnen vier Wochen bestätigen sollte, die Anerkennung von Mirzozas Raisonnement samt dessen Publikation.[26]
Den Streit und seine Lösung überlagert insgesamt ein ästhetisches Problem, ist
es doch evident, daß, wo das Ergebnis der Befragung substantiell identisch ist, es
sehr auf die Inszenierung ankommt, soll sich das Leserinteresse nicht schnell er-
schöpfen. Dies geschieht durch häufigen Situationswechsel, durch die Extravaganz
der Beispiele und durch Komik. Versucht man die Proben zu gruppieren, so hat
man zunächst das Grundmuster des authentischen Sprechens gegenüber der gesellschaftlich verordneten Norm. Hierhin gehören die verheirateten Frauen, die in
Wirklichkeit Liebhaber besitzen, dies aber nie zugeben würden (Proben 1, 3, 11),
ebenso enthemmte Frauen im Kloster (Probe 3) und die falsche Prüde (Probe 15).
In diesem Rahmen fällt auch die Befriedigung oder Verdeckung eines anderen
Lasters, wie Spielschulden (Probe 5) oder Geldgier (Probe 9). Bei einer zweiten
Gruppe liegt der Akzent auf der als deviant dargestellten sexuellen Praxis, so die
weibliche Homosexualität (Proben 21, 22), die Sodomie (Probe 10), die durch
Kinderlosigkeit motivierte Nymphomanie (Probe 27). Rein pornographisch ist
allein das Exempel des Kleinods auf Reisen („bijou voyageur") (Probe 26). Nur
gelegentlich verlagert sich das Terrain hin zu speziellen rechtlichen bzw. ethischen
Problemstellungen, wenn etwa durch die „enthüllende" Probe die Todesstrafe
eines der Vergewaltigung zu Unrecht Beschuldigten (Probe 12) verhindert oder
eine gefährdete Freundschaft gerettet werden kann (Probe 25). Schließlich finden
sich auch zahlreiche Elemente der Unterhaltung, so in den Parodien auf das System Descartes' (Probe 18) und den Stil des libertinen Konkurrenten Crébillon fils
(Probe 19), oder in jenen burlesken Inszenierungen, bei denen Kleinode im Chor
auftreten (Proben 2, 6, 24) bzw. sie durch mechanische Vorrichtungen, sogenannte
Maulkörbe („muselières") am Reden gehindert werden sollen (Probe 7).[27] Von
grundsätzlicher Natur ist das bereits erwähnte einzige Exempel weiblicher Tugend,
deren schließliche Hinfälligkeit durch die Wirkung der Hofsitten an einer Zweit-
probe veranschaulicht wird (Kap. 51). An diesem Beispiel droht sich die Prekarität
der sittlichen Verfaßtheit vom Einzelnen auf die Gesellschaft zu verlagern, ohne
daß der Roman dies jedoch weiter entfaltete. Von der Konstellation der aus-
nahmslosen Untreue wird schließlich auch die Interpretation der Tugendhaftigkeit

---

[26] Diese hatte behauptet, eine einzige ehrbare Frau rechtfertige die Annahme tausend anderer:
„[...] or, s' il y a une femme sage, il peut y en avoir mille." (ebd., S. 124).

[27] Mitgeführt ist in den sogenannten „essais" selbstverständlich auch allgemeine Sittenkritik, so
an der Erschleichung von Staatsrenten (Probe 11), an der üblen Nachrede der Stutzer (Probe 16), an den Gelehrten (Probe 13). Vgl. zur Gelehrtenkritik auch die vergeblichen Versuche
der internationalen Gelehrtenrepublik, das Stenogramm der Bekenntnisse des Kleinods der
Stute des Sultans zu entziffern, wozu man schließlich den pferdekundigen Gulliver (sic) heranzieht.

Mirzozas berührt, die als einzige die – im Schlußkapitel wider ihren Willen vorgenommene – Probe besteht.[28]

Die über das Experiment vorgebrachte Kritik an der Sittenlosigkeit des weiblichen Geschlechts macht vor keinem Stand und keinem Umstand halt. Von der Hofdame bis zur bürgerlichen Ehefrau, von der Frömmlerin bis zur Nonne und Äbtissin: alle Frauen – dies sollen auch die zur Auflockerung eingestreuten weiteren Erzählungen bestätigen – scheinen nichts anderes im Sinne zu haben denn die permanente Stillung ihrer physischen Begierde. Bereits nach neun Versuchen drängt es den Sultan zur Systematisierung und Typenbildung. Er entwirft eine geschlechtsspezifisch gehaltene physische Anthropologie, nach welcher der Sitz der Seele der Frauen, wenn er ihnen denn überhaupt eine zusprechen wolle, nur in ihrem Kleinod anzusiedeln sei, zumindest müsse man dort ihren eigentlichen Handlungsantrieb vermuten.[29] Aus der jeweiligen Triebstärke leitet er einen Katalog von Frauentypen ab: die ehrbare Frau, deren Kleinod stumm bleibe; die Prüde, welche so tue als ob sie es nicht höre; die Galante, welche zu sehr darauf höre; die Wollüstige, die dies mit Lust tue; die Kurtisane, die ihm nichts verweigere; schließlich die Kokette, deren Kleinod stumm sei, jedoch allen Männern den Eindruck des Gegenteils vermittle.

Der letzte Typus, der in gewissem Sinn Diderots spätere Konzeption der Hysterie vorwegnimmt,[30] sowie einige tastende Ansätze zu einer Theorie des Unbewußten im fünfundzwanzigsten Kapitel mildern etwas den Eindruck einer wesentlich

---

[28]  Das mit der Übersetzung von Shaftesbury, (wie Anm. 16), bereits markierte, für Diderot zentrale Problem der Ethik hat hier seinen Platz. Zu einer Selbstprüfung des Prüfenden kommt es allerdings noch nicht.

[29]  Der Sultan bleibt in mancher Hinsicht noch Cartesianer: „Un grand philosophe plaçait l'âme, la nôtre s'entend, dans la glande pinéale. Si j'en accordais une aux femmes, je sais bien, moi, où je la placerais.", *Les Bijoux indiscrets*, in: *Œuvres romanesques*, hg. v. Bénac, (wie Anm. 17), hier S. 83 – Zum positiven Frauenbild des cartesischen Rationalismus und dessen Umschichtung durch demographische Intentionen sowie die stärkere Empirisierung des physiologischen Wissens siehe Steinbrügge, Lieselotte, *Das moralische Geschlecht*. Stuttgart 1992.

[30]  Zu Diderots Auffassungen über das Verhältnis von Physis und Psyche bei den Frauen vgl. seine kritische Rezension von Antoine-Léonard Thomas' *Essai sur les femmes* (1772), aufgenommen in die Werkausgabe Naigeon (1798). Sie ist bequem zugänglich, zusammen mit der Schrift von Thomas sowie einer Kritik von Mme d'Epinay, in: *Qu'est-ce qu'une femme?* Un débat préfacé par Elisabeth Badinter. Paris 1989. Siehe hier S. 171: „C'est de l'organe propre à son sexe que partent toutes ses idées extraordinaires. [...] Sa tête [sc. de la femme hystérique, H. T.] parle encore le langage de ses sens, lorsqu'ils sont muets." Diderot bleibt in dieser Schrift jedoch keineswegs nur bei einem energetischen Biologismus stehen, sondern gibt auch einen Abriß der jeweiligen Stellung der Frau im Wandel der Gesellschaftsformationen (Urzustand, Hirten, Ackerbauer, Händler), welcher die Kontinuität des Zusammendenkens von Mensch und Menschheitsgeschichte aus dem *Supplément* belegt und der für die Gesellschaft der Gegenwart, so bei der Diagnose der Lage der alternden Frauen, nicht besonders schmeichelhaft ausfällt. („Qu'est-ce qu'alors qu'une femme? Négligée de son époux, délaissée de ses enfants, nulle dans la société, la dévotion est son unique et dernière ressource. Dans presque toutes les contrées la cruauté des lois civiles s'est réunie contre les femmes à la cruauté de la nature", ebd., S. 174).

mechanisch bleibenden, den Sexualtrieb als Parameter überdeterminierenden Denkform. Diese rückt umgekehrt aus dem durch das Experiment semantisch induzierten naturwissenschaftlichen Paradigma dadurch heraus, daß die ans Licht gebrachte, an die (Leib)Natur gebundene „Wahrheit" ja mit dem Beweis der Untreue zusammenfällt. So entsteht zugleich eine Nähe zur Sittenkritik, wo nicht zur Tradition der christlich geprägten Frauensatire, in der die ausgeprägte Triebleitung des weiblichen Handelns zu den hergebrachten Topoi gehört. Eine solche Sichtweise scheint der Umstand zu verstärken, daß der Sultan sich nicht etwa als Konkurrent Buffons versteht,[31] sondern er die von ihm vorgenommene Verallgemeinerung seines nunmehrigen Wissens in die Nachfolge Montaignes, La Bruyères und Charrons gestellt wissen will. Die tiefere Wahrheit der Dinge kommt zwar semantisch als Experiment daher, wird als inhaltlicher Befund jedoch auf die ahistorisch verfahrende Tradition der Moralistik bezogen. Deren analytisch-künstlerisches Verfahren hatte kurz zuvor Vauvenargues der Konkurrenz eines stärker philosophisch-wissenschaftlichen Deutungsversuchs ausgesetzt.[32] Das Oszillieren zwischen moralistischer und wissenschaftlicher Denkform gehört also ganz in die Zeit.

Diderot läßt die libertin gefärbte und durch gelegentliche misogyne Ausfälle geprägte unilateral-physiologistische Deutung Mangoguls so nicht stehen. Mirzoza greift zu einem von ihr als weiblich deklarierten Gegenentwurf,[33] den sie in der Sache jedoch geschlechtsneutral und stärker vom Aspekt der Tätigkeit als vom Impulsgeber her anlegt. Der Ort der Seele, so ihre Hypothese, sei nicht, wie allgemein angenommen, im Kopf, sondern zuerst in den Füßen, von denen aus sie sich erst den Leib erobere. Die Entwicklung des Kleinkinds sei der Beweis. Die Fixierung eines Talents hänge von dem Ort ab, wo sich die Seele schließlich niederlasse, was sich wiederum nach Alter, Gemütslage und Umständen ändern könne. Bei einem Tänzer sitze sie gleichsam im Fuß. Aus solchen Annahmen resultiert auch eine andere Typologie der Frauen: Bei der wollüstigen stecke die Seele für immer im Kleinod; bei der galanten bald dort, bald in den Augen; bei der zärtlichen meistens im Herzen, bisweilen aber auch im Kleinod; bei der tugendhaften nur im Kopf. Auch diese Klassifikation, welche die Prüde und die Hure wegläßt und die sich wohlverhaltende Frau („femme sage") in die tugendhafte („femme

---

[31] Dieser hatte 1748 den ersten Band seiner *Histoire naturelle, générale et particulière* vorgelegt. – Vgl. indes die Konfrontation der mit geometrischen Geschlechtsorganen unterschiedlicher Form versehenen und dadurch inflexiblen Insulaner mit den „natürlich" gebauten und dadurch anpassungsfähigen Congolesen (Kap. 19), in der sich der Biologismus Raum zu schaffen scheint.

[32] Vgl. die *Maximes et réflexions* von 1746 sowie die zeitgleiche *Introduction à la connaissance de l'esprit humain*.

[33] „Je ne me pique pas d'argumenter. Je parle sentiment; c'est notre philosophie à nous autres femmes […]", (*Les Bijoux indiscrets*, in: *Œuvres romanesques*, hg. v. Bénac, wie Anm. 17, hier S. 107). – Vgl. Diderots analoge Semantik in seiner Kritik an Antoine-Léonard Thomas' *Essai sur les femmes*, S. 165: „Il a beaucoup pensé, mais il n'a pas assez senti;", (wie Anm. 30).

vertueuse") umtauft, vor allem aber als neuen Typ die „femme tendre" einführt,
verfährt wie jene Mangoguls im Grundsatz physiologisch – so ist die Beschreibung
der wollüstigen Frau mit der des Sultans identisch –, jedoch führt sie insgesamt
eine Differenzierung in Körper, Geist und Herz ein, aus der erst sie ihre Typdomi-
nanz ableitet. Der physiologische Ausgangspunkt öffnet sich derart in ein individuell und sozial staffelbares Erklärungssystem, in dem die „Seele" sozusagen das
Prinzip der Tätigkeit vertritt, welches physiologisch zentriert sein kann, aber nicht
muß.

Diese im Gegensatz zum ins Biologische gewendeten Cartesianismus Mangoguls stärker an Aristoteles bzw. an Bacon[34] anknüpfende Denkform führt Mirzoza
zu einer auf geschlechtliche Konstruktionen verzichtenden Seelenlehre und innerhalb dieser zur Annahme dreier Menschenklassen: solche, bei denen die Seele im
Herzen sitze, d.h. empfindsame, mitfühlende, wahrhaftige, edelmütige Charaktere;
solche, bei denen sie ausschließlich im Kopf sitze, d.h. hartherzige, undankbare,
schurkische und grausame Menschen, und schließlich unstete Menschen, bei denen
sie den Kopf nur zeitweilig, wie ein Landhaus, bewohne (Stutzer, Kokette, Musiker, Dichter, Romanciers, Höflinge).

Das insgesamt stärker den Einzelfall und die Moral mit der Grundannahme
einer physiologischen Gesetzlichkeit verbindende Modell wird von Mirzoza
schließlich in die Formel einer experimentellen Metaphysik („métaphysique expérimentale") gefaßt. Das Gegenmodell einer planenden, allwissenden und dem Gesetz der Nützlichkeit folgenden Natur (natura saltus non facit), das der Großwesir
Selim vorträgt,[35] kritisiert sie als leere Übergeneralisierung der Philosophen,[36] die
es verabsäumten, die Natur mit den Augen der Erfahrung („avec les yeux de l'expérience") zu betrachten. Die Kaskaden von Mirzozas auf Physiognomik und Charakteristik hinauslaufenden Beispielen lassen den Sultan perplex, die Favoritin
verfügt überhaupt im gesamten Verlauf dieser Debatte, wo nicht über die schlag-
kräftigeren Argumente, so doch über die komplexere Denkweise und eine hohe
Anschaulichkeit der Exempla. Ihr vorläufiger Sieg rührt Mirzoza derart, daß sie
dem verstummten Sultan eine Beischlafofferte macht, die er annimmt. Die erpreßte
Versöhnung kann indes nicht verhindern, daß er am nächsten Tag bei der Fortsetzung des Gesprächs ihre Argumentation nun völlig bestreitet, gar zu rüden Aus-
fällen gegen die Frauen greift und schließlich unter dem tollen Gelächter der Ge-
liebten[37] hilflos das Weite sucht.

Die Debatte um die richtige Form der empirischen Beweisführung ist, wie man
sieht, in ein Psychodrama eingekleidet, in dem Mirzoza einen klugen Despoten
bzw. despotisch strukturierten Mann zu verlieren droht und zurückzuerobern sucht.

---

[34]  Marchal, (wie Anm. 12), S. 50, spricht von einer Mirzoza „baconienne".
[35]  „Nos sages tiennent toutefois pour constant qu'elle [la nature, H. T.] n'a rien produit en vain",
      *Les Bijoux indiscrets*, in: *Œuvres romanesques*, hg. v. Bénac, (wie Anm. 17), hier S. 108.
[36]  „[…] vos sages et leurs grands mots […]", ebd.
[37]  „Puis elle se mit à rire comme une folle.", ebd., S. 112.

Aus diesem Psychodrama bezieht der Text, wie schon angedeutet, seine innere Einheit. Die immer wieder in Erinnerung gerufene und zeitweilig offen gehaltene Frage der Ehrbarkeit Mirzozas[38] wird am Ende positiv aufgelöst. Somit erweist sich die Möglichkeit einer Sinne und Gefühl in Balance haltenden zärtlichen Frau als „tatsächlich". Dergestalt moralisiert der Schluß des Textes in gewisser Hinsicht auch dessen libertinen Inhalt.[39]

Die märchenhafte Leichtigkeit des Finales läßt nicht übersehen, daß die *Bijoux indiscrets* einen wichtigen und trotz der spielerischen Aufbereitung durchaus ernstgemeinten Aufmarschplatz von für Diderot typischen Themen, Verfahren und Problemstellungen darstellen.[40] So kündigt Mirzozas noch bizarr anmutende Beispielkette schon die nüchternere empiristisch-assoziationistische Theoriebildung der beiden folgenden Briefe über die Blinden und Taubstummen an;[41] der in den Beispielen zur Gelehrsamkeitskritik häufig bemühte Vergleich Descartes – Newton stellt die später wichtige Denkfigur mittelbarer Wirkungen bereit; die Erörterungen über die Natur der Träume wie auch das Verfahren der Assoziation über den Signifikanten werfen das Problem des Unbewußten auf; schon hier steht zentral die Signifikanz des Einzelfalls; hier bereits korreliert dem Physiologismus die Frage nach der Möglichkeit ethischen Verhaltens.

Als den Text überwölbendes naturwissenschaftliches Denkmuster fungiert die Rolle der Erfahrung, deren Material die Ringproben abgeben sollen. Ihr ist mit dem Traum Mangoguls aber auch ein aus dem libertinen Zusammenhang völlig herausfallendes Kapitel gewidmet. An diesem nicht selten zitierten allegorischen Traum, in dem sich der Sultan – gleich Astolfo im *Orlando furioso* – auf einen Hippogryphen schwingt, der ihn in die brüchige Säulenhalle der Hypothesen verbringt, interessiert uns besonders der Hinweis auf die bei der Entwicklung vom Kind zum Riesen hundertfach wechselnde Gestalt der „expérience".[42] Die Wandlungsfähigkeit der mit materiellen Zeichen versehenen Allegorie (Fernrohr, Gali-

---

[38] Mancher Hinweis der Narration (Erbleichen, Erröten usw.) hatte den Verdacht gegen die Favoritin genährt.

[39] Vgl. die Ambivalenz der letzten Probe, wo der Sultan die tot geglaubte Geliebte durch das Drehen des Rings gleichsam wieder lebendig machen will und in diesem ethisch motivierten Handeln („[...] qui vous rend à mes vœux [...]", ebd., S. 233) zugleich seine Neugierde befriedigt wie seine latente Angst ablegt, die Langeweile in der Beziehung rühre aus einem Betrug seitens Mirzozas.

[40] Man hat auch zu zeigen versucht, daß manche der subvertierenden Dialogverfahren sich bereits hier andeuteten (Thomas, Ruth P., ,Les Bijoux indiscrets' as a laboratory for Diderot's later Novels, in: *Studies on Voltaire and the Eighteenth Century*, Bd. 135 (1975), S. 199–211.

[41] „Sous son apparence paradoxale, ce chapitre contient une vive critique de la philosophie innéiste et annonce les théories empiristes et associationnistes développées par Diderot dans ses *Lettres sur les Aveugles* et sur *les Sourds et Muets*. Ces théories étaient alors forts à la mode, mais l'originalité de Diderot consiste, comme souvent, à laisser galoper son imagination à leurs propos et à les pousser, pour le plaisir de son esprit, jusqu'à leurs conséquences extrêmes." Bénac, in: Diderot, *Œuvres romanesques*, (wie Anm. 1), S. 843, Anm. 84.

[42] Vgl. die Anverwandlung dieses Bilds an den eigenen Körper in der Reflexion auf die Arbeit an der *Encyclopédie*.

leis Pendel, Torricellische Röhre) zeigt an, daß Diderot keineswegs nur an einem
einfachen philosophischen Substanzwechsel interessiert ist, über den etwa der zeitgleich schreibende La Mettrie kaum hinausgelangt, sondern daß die von Mirzoza
beanspruchte experimentelle Metaphysik noch ihre allgemeine Formel sucht.[43]

Daß in der Denk- und Schreibweise Diderots sich noch manches erst im Stadium des Entwurfs befindet, enthüllt nicht zuletzt die Wahl der ästhetischen Form.
Das Gattungsmuster des libertinen bzw. pornographischen Romans, auf das Diderot hier rekurriert,[44] bildet mit seinen repetitiven Mechanismen ein zwar nicht
unpassendes Gerüst zur statistischen Befestigung empirischer Befunde, jedoch
tendiert der zugrundeliegende physiologische Unilateralismus wie die Einlinigkeit
der zu seinem Nachweis gewählten Methode letztlich zur ästhetischen Sterilität.
Mirzozas Theorie hat noch keine erzählerische Entsprechung. Allein die Zahl der
skurrilen Einfälle und gelegentliche psychologische Tiefeneinsichten verhindern,
daß den Leser dieselbe Langeweile überkommt wie den Sultan zu Beginn der
Erzählung.

## 3. Die Institution als Feind der Natur:
## der Realismus der Unmittelbarkeit in *La Religieuse*

Diderot, der sich in den folgenden Jahren auf die Herausgabe der *Encyclopédie*
konzentriert,[45] ist kein berufsmäßiger Romancier. Zu Recht wurde darauf hingewiesen, daß bei ihm die Ästhetik von Theater und Roman nicht weit auseinander
liegt und bereits der *Fils Naturel* unter Einschluß der dazugehörigen Poetik Positionen bereitstellt, die sich dann mit *La Religieuse* auch in der Prosagattung wiederfinden: das Verweben von Realitätselementen mit der Fiktion, welches die Faktizität des Geschilderten unterstreicht; die Intensität der dialogischen Partien, die
ebenfalls diese Illusion befördert; das Ziel einer völligen Identifikation seitens des
Rezipienten.[46] In diesen „realistischen" Kontext gehört auch die Konzeption der
„conditions", d.h. die Instrumentierung des theatralischen Personals als soziale
Typen (Familienvater, Richter, Kaufmann usw.), mit der zugleich das uns schon
bekannte Problem von Einzelfall und Verallgemeinerung ästhetisch gelöst werden

---

[43] Jean Mayer, (wie Anm. 11), S. 11, verweist darauf, daß Diderot in den fünfziger Jahren
„philosophie expérimentale" und „physique expérimentale" noch synonym verwendet.

[44] Vgl. Anm. 23 sowie u.a. die erzählende Sitz- bzw. Ruhegelegenheit in Crébillons *Le sopha*
(1742).

[45] Pierre Lepape (*Denis Diderot*, Frankfurt / New York, 1994 [frz., Paris 1991], S. 83) vermutet,
daß die libertine Form des Romans, wie die unkluge Radikalität der *Lettre sur les Aveugles*,
die Diderot ins Gefängnis bringen werden, ein vermutlich unbewußtes Zurückweichen vor der
Riesenaufgabe der durch diese Kühnheiten gefährdeten *Encyclopédie* signalisieren.

[46] Fontius, Martin, Diderot und der Roman, in: Diderot, Denis, *Das erzählerische Werk*, hg. von
Martin Fontius. 4 Bde. Berlin 1978–1984, hier Bd. 1: *Die geschwätzigen Kleinode*. 1978,
S. 5–34, hier S. 33.

soll, ohne daß jedoch das erst später im *Paradoxe sur le Comédien* entwickelte wirkungsästhetische Theoriepotential von Einfühlung und Distanz schon bereitstünde.

Den Anspruch auf eine die Realität erschließende Typizität, verrät in gewissem Sinn auch der Titel des nächsten hier behandelten Textes, *La Religieuse*. Der Gegenstand des von der Forschung auf den Beginn der 60er Jahre datierten Romans,[47] die Klosterkritik, ist ein beliebtes Sujet der Aufklärung. Diderot hatte es, wie wir sahen, bereits in den *Bijoux indiscrets*, wenngleich nur am Rande, thematisiert. Hier nun verzichtet er auf oberflächliche Effekte und entwirft einen grundsätzlichen Gegensatz von Natur und Institution. Waren in den *Bijoux indiscrets* die herrschenden Sitten, welche die Eindämmung der physischen Begierde verlangten, im wesentlichen noch nicht hinterfragt, so nimmt Diderot nun eine Einrichtung aufs Korn, mittels derer kirchliche Macht und Zivilgesellschaft zusammenwirken und die Natur des Menschen auf unheilvolle Weise zurichten. Die Schärfe der Kritik führt hierbei zu einer völlig anderen Stillage: von einem in der Faktur noch Rokoko und Frühaufklärung angehörigen und mit naturwissenschaftlichen Theoremen eher spielenden philosophisch-moralistischen Unternehmen, wie es die *Bijoux indiscrets* darstellten, wechselt Diderot nun zu einem Realismus der Beglaubigung, der seine theoretischen Annahmen in der Hauptsache über die sozialpsychologische Fundierung der Darstellung abbildet.

Die Heldin, genealogisch ein vermuteter Fehltritt ihrer Mutter während der Ehe, wird unter nachhaltigem Druck eines abweisenden Vaters und unter Duldung einer von Gewissensbissen geplagten Mutter zum Nutzen der Mitgift ihrer beiden älteren Schwestern im Alter von sechzehn Jahren zwangsweise ins Kloster verbracht. Sie durchläuft drei Etablissements mit insgesamt fünf Oberinnen, an deren Person und Regiment je unterschiedliche religiöse Verarbeitungsformen der physischen Repression und sozialen Abgeschiedenheit einschließlich der daraus resultierenden Unterordnungs- bzw. Herrschaftsmechanismen vorgeführt werden:

- die auf den materiellen Vorteil des Hauses bedachte namenlose Scheinheilige, welche die renitente Postulantin ruhig zu stellen hat, auch zum Zwang greift, als die Überredung nichts fruchtet;
- die gütige, dem Tod bereits nahe, jansenistisch geprägte und zur mystischen Ekstase neigende Oberin von Longchamps, deren Temperament jenem der Heldin noch am nächsten steht;
- ihre sadistische, mit Sulpizianern und Jesuiten paktierende Nachfolgerin, welche die ihr Gelübde widerrufende Heldin mit Psychoterror und körperlicher Folter an den Rand des Todes bringt;

---

[47] Der Text bleibt wegen der Radikalität der Kritik einstweilen in der Schublade. Eine reduzierte Öffentlichkeit erreicht er in der nur an den europäischen Fürstenhöfen in Abschriften zirkulierenden *Correspondance littéraire* Grimms (1780f.). Der Erstdruck ist von 1796.

– die hedonistische Lesbierin in Sainte-Eutrope, deren Verführungsversuchen die
  unerfahrene Heldin[48] beinahe erliegt;
– sowie schließlich deren nur schemenhaft gezeichnete abergläubische Nachfolgerin, welche die Heldin der Verhexung ihrer Amtsvorgängerin beschuldigt.

Unter den Abirrungen im Verhalten besonders scharf moduliert sind Ekstase, Sa-
dismus und Homosexualität als gleichsam zwangsläufig dargestellte Devianz-
erscheinungen einer von der Welt getrennten und auf der Unterdrückung der
Sexualität basierenden Lebensführung. Das spezifische Leid und die Schwankungen des Opfers rühren nicht etwa, wie in analogen Texten der Zeit, aus einem
Glaubenskonflikt, sondern aus einem absoluten Bedürfnis nach Freiheit und
dessen dauernder Unterdrückung und Gefährdung.[49] Selbst die schließliche Flucht
aus dem Kloster bringt keine Sicherheit, und der Leser bleibt im Ungewissen, ob
Suzanne Simonin, so der Name der Hauptfigur, letztendlich in der Gesellschaft
wird überleben können.

In der Fiktion schreibt die Nonne einem interessierten Gönner ihren Erlebnisbe-
richt, in der Hoffnung, er werde sie bei sich aufnehmen. Durch diese Form der Ich-
Erzählung hat der Text eine ganz andere narrative Statur als die *Bijoux indiscrets*.
War dort das dargestellte Geschehen der Reflexion unterzogen – jene des Erzählers
über seinen Mittelsmann, die nachbereitenden dialogischen Passagen zwischen
Sultan und Mirzoza – bzw. über die Verfremdung ins Unverbindliche gebracht, so
behält das Geschehen hier seine Unmittelbarkeit durch die Naivität einer zur
Schreibzeit circa Zwanzigjährigen. Zwar hatte der Text zunächst ganz andere
kommunikative Implikationen, indem die Erfindung einer hilfsbedürftigen geflo-
henen Nonne ursprünglich den Marquis de Croixmare, einen von Paris in die Provinz gegangenen guten Gesellschafter des Diderot-Kreises, nach Paris zurückbrin-
gen sollte,[50] die Auslagerung dieser Umstände in das Vorwort belassen der Erzählung jedoch eine so hohe „Echtheit", daß Diderot sie anläßlich ihrer Veröffentlichung in der *Correspondance littéraire* von 1780 wegen ihrer pathetischen Bilder
(„tableaux pathétiques") zu Recht als Gegenstück („contre-partie") zu *Jacques le
fataliste* bezeichnen konnte.[51]

Die auf den Widerspruch von Bedürfnis und institutionellem Zwang abhebende
anthropologische Konstruktion des Textes kennt nur negatives Beispielmaterial. Es
beginnt exemplarisch mit einer verrückt gewordenen und aus der internen Einsperrung entflohenen Nonne. Deren einer Tragödienheldin ähnelnde Physis bzw. Be-
nehmen (halbnackt, zerzaust, irren Blicks, sich die Haare raufend und sich auf die

---

[48] Deren sexuelle Orientierung bleibt unklar, jedoch scheint sie einer gleichgeschlechtlichen
   Orientierung spontan nicht abgeneigt.
[49] Dies gibt dem Text seine subkutane politische Note.
[50] Als der Marquis die Nonne in die Provinz holen will, müssen Diderot und sein Freundeskreis
   sie sterben lassen.
[51] Hierauf weist Bénac zu Recht hin, in: Diderot, *Œuvres romanesques*, (wie Anm. 1), S. 868.

Brust trommelnd, heulend rennend und fluchend, ein Fenster suchend, um sich hinaus zu stürzen) sind der Novizin Menetekel ihres künftigen Schicksals. Auch die Heldin selbst erfährt mit der Ablegung des Gelübdes beinahe ihre Zerstörung als Person: „[...] von jenem Augenblick an war ich, was die Naturwissenschaft geistesgestört nennt. Es brauchte Monate, um mich aus diesem Zustand zu lösen; und der Länge dieser Genesung schreibe ich das tiefe Vergessen des Geschehenen zu.“[52] Indes wird ihr Freiheitswille bzw. die Kraft ihres jugendlichen Organismus sie psychisch und physisch überleben lassen. Die Tragödie einer solchen Persönlichkeitszerstörung wiederholt sich dagegen an der Oberin von Sainte-Eutrope, die ihre ungestillte Leidenschaft zur Heldin mit einem ähnlich gelagerten und semantisch analog beschriebenen Verfallsprozeß bezahlt, schließlich sogar an dieser Versagung stirbt.

Das Klosterleben zerstört nicht nur die einzelnen Individuen, sondern auch das Leben in Gemeinschaft. Es findet nur mehr in pathologischer Form statt, wie der Hinweis auf die Versessenheit zu schädigen, zu quälen, die in der Welt irgendwann ablasse, nie jedoch in den Klöstern, deutlich machen soll.[53] Diese etwas überkluge Schlußfolgerung der Protagonistin verallgemeinert das Schreckensregiment der fanatischen Oberin, welche die ihr hörigen Zöglinge zum Psychoterror bis hin zur körperlichen Folter der widerspenstigen Nonne gegenüber veranlaßt hatte.

Diderot ist durch die Wahl der Erzählweise aus dem Mund der jugendlichen Heldin gezwungen, seine Kritik mehr durch Rührung denn durch kognitive Verallgemeinerung zu formulieren. Nur selten tritt der Roman aus diesem Modus der Einfühlung heraus, so z.B. im groß angelegten Plädoyer gegen die verderbliche Macht der Institution.[54] Da ist die Rede von Gelübden, die gegen alle natürlichen Triebe verstoßen; davon, daß man ein vertrocknetes Monster sein müsse, um einen solchen Triebverzicht auszuhalten;[55] von der übergroßen Wirkung der sexuellen Bedürfnisse in einem Leben in Abgeschiedenheit im Verhältnis zu einem Leben in der Sphäre der Zerstreuung der Leute von Welt;[56] von der Revolte der Natur, die sich in den Physiognomien der Menschen niederschlage; von der Vernichtung sozialer Eigenschaften („qualités sociales“) durch die Störung des physischen Haus-

---

[52] Diderot, Denis, *Das erzählerische Werk*, (wie Anm. 46), hier Bd. 2: *Die Nonne* (1978, Übersetzung Christel Gersch). – „[...] depuis cet instant j'ai été ce qu'on appelle physiquement aliénée. Il a fallu des mois entiers pour me tirer de cet état; et c'est à la longueur de cette espèce de convalescence que j'attribue l'oubli profond de ce qui s'est passé [...]“, (*La Religieuse*, in: *Œuvres romanesques*, hg. v. Bénac, wie Anm. 1, S. 235–393, hier S. 264).

[53] „L'acharnement à nuire, à tourmenter, se lasse dans le monde; il ne se lasse point dans les cloîtres.“ (ebd., S. 270).

[54] Ebd., S. 310–311.

[55] Mit der die Pertinenz der Problematik des Unbewußten belegenden Einschränkung, die Bezeichnung Monster sei nur legitim, kenne man die „structure intérieure de l'homme“ ebenso gut wie „forme extérieure“ (ebd., S. 310).

[56] Diese Einspannung des sexuellen Bedürfnisses in eine Gesamtlogik des Verhaltens relativiert die noch unilaterale Position aus den *Bijoux indiscrets*.

halts („économie animale") usw. usf. Schließlich wird zur Sentenz erhoben, daß die Gelübde des Klosterlebens nicht nur allen gesellschaftlichen Pflichten, sondern auch dem Schöpfungsplan zuwiderliefen.

Die Zuschreibung dieser soziologisch bzw. sozialpsychologisch angelegten Ausführungen an die erst zwanzigjährige Heldin ist ein ebenso problematischer Aspekt des Erzählens[57] wie die quantitative Häufung der sie ereilenden Verfolgungen[58] und nicht zuletzt auch die ihr zugeschriebene extreme Naivität in sexueller Hinsicht. Dies erzwingt die explizite Reflexion der Briefschreiberin auf Wahrscheinlichkeit und Wahrheit ihres Erlebens[59] ebenso wie zahlreiche Beteuerungen der eigenen Ahnungslosigkeit, die angesichts der häufig nur durch den Zufall nicht erfolgreichen Verführungskünste der lesbischen Oberin nicht recht plausibel wirken bzw. den Text der Gefahr des Pornographischen aussetzen. Schließlich ist auch die sehr späte Beglaubigung dieser Naivität durch das Belauschen der Beichte der Oberin nicht ohne Künstelei.[60] Die Selbstthematisierung der natürlichen Unschuld ist kein einfaches Geschäft.[61]

Was das Verhältnis von anthropologischer und wissenschaftlicher Konstruktion angeht, so knüpft Diderot an seine Schriften zur Blindheit bzw. zu den Taubstummen insofern an, als auch hier eine Abweichung am Anfang steht. Während dort die Abweichung von der Natur dazu gedient hatte, theologische und wissenschaftliche Dogmen zu unterlaufen, nimmt hier der narrative Realismus eine nun gesellschaftlich bedingte Deformation zum Ausgangspunkt, um eine soziale Institution zu erschüttern. Als Problem bleibt, daß die „wahre" Natur des Menschen als unbehinderte Physis sich nicht eigentlich erzählen läßt. Verändert hat sich die Bewertung der Sexualität. Erschien sie in den *Bijoux indiscrets* als auch zerstörerische Kraft, die sich gegen die Moralanforderungen der Gesellschaft hinterrücks durchsetzt, so erscheint sie in *La Religieuse* nun mit dem deutlich positiveren Akzent eines in der Natur wie dem göttlichen Heilsplan angelegten Bedürfnisses, dessen Unterdrückung soziales Handeln pervertiert.

---

[57] Daß Diderot selbst sich in diesem Punkt nicht eindeutig festgelegt hatte, zeigt sich daran, daß ein ungeklärter narrativer Übergang von der Erzählerin zu einem zuvor erwähnten, aber inhaltlich nicht ausgewiesenen Plädoyer ihres Anwalts stattfindet: „On ne sait pas l'histoire de ces asiles, disait ensuite M. Manouri dans son plaidoyer, on ne sait pas", (*La Religieuse*, in: *Œuvres romanesques*, hg. v. Bénac, wie Anm. 52, hier S. 311).

[58] Nicht stimmig gezeichnet ist auch ihre Nähe zur Oberin Moni in der Anlage zu Mystik und Charisma bei der Menschenführung, die zur anderwärts behaupteten grundsätzlichen Abneigung gegen den Klosterstand im Widerspruch steht.

[59] „ ,Cela n'est pas vraisemblable', diront-ils, dites vous. Et j'en conviens, mais cela est vrai […]." (*La Religieuse*, in: *Œuvres romanesques*, hg. v. Bénac, wie Anm. 52, hier S. 307).

[60] „[...] je n'en avais que trop entendu. Quelle femme, monsieur le marquis, quelle abominable femme! […]" (ebd., S. 384).

[61] Gelegentlich wandelt die Heldin auch in den Spuren der pseudonaiven Reflexivität von Marivaux' Marianne, so, wenn sie, ihrem Beichtvater folgend, die nunmehrige Vermeidung eines engen Kontakts mit der lesbischen Oberin durch die Unterschiede in der respektiven Anziehungskraft erleichtert sieht: „Et puis, il s'en manquait beaucoup que je sentisse pour elle tout l'attrait qu'elle éprouvait pour moi." (ebd., S. 373).

Die in diesen beiden erzählerischen Konstellationen angelegten Gegensätze von Konvention und Trieb bzw. Natur und Institution sind, soviel ist bis hierhin festzuhalten, sozialanalytisch noch wenig differenziert und, wie ihre ästhetische Umsetzung, von mancher Inkonsequenz. Der Zusammenhang von physischer und sittlicher Anthropologie, von „monde physique" und „monde moral", wie es später in *Jacques le fataliste et son maître* heißen wird, ist noch in unterkomplexen Dichotomien abgebildet.[62] Unilateraler Physiologismus und Realismus der Unmittelbarkeit sind noch auf dem Niveau des Materialismus der *Pensées sur l'interprétation de la nature*.

## 4. Die Überformung von Natur durch Gesellschaft: Der *Neveu de Rameau* und der reflexive Realismus der Novellistik

Weit dialektischer zu geht es in einem Text, der etwas später als *La Religieuse* konzipiert sein dürfte, der jedoch, vom Gros der Zeitanspielungen her gesehen, in guten Teilen ebenfalls in die sechziger Jahre gehört,[63] der zu Lebzeiten Diderots unpublizierte *Neveu de Rameau*. Hier wendet sich Diderot jener grundsätzlichen Frage zu, die in der Bemerkung der Nonne von der dem Menschen eigenen „Versessenheit zu schädigen" nur angeklungen war: der Frage nach dem konkreten Zusammenhang von Natur des Menschen und gesellschaftlicher Verfassung.

Je näher Diderot der Gesellschaft gedanklich auf den Leib rückt, desto komplizierter wird das Verhältnis von physischer und sittlicher Anthropologie. Statt der noch recht wohlfeilen Ausstellung eines Skandals wie dem der Einsperrung in ein Kloster wird die Problemstellung nun komplexer, indem sie sich deutlich hin zum Handeln in gesellschaftlichen Normallagen verlagert, eine Akzentverschiebung, die Pathos wie Utopie tendenziell ausschließt. Zurückgedrängt ist auch die Bedeutung der Sexualität, ausgeblendet bleibt die naturwissenschaftliche Semantik.

Allerdings dient die Natur zum Vergleich für den allgemeinen Zustand der Gesellschaft: Wie dort die Arten einander auffressen, so tun es hier die Stände.[64] Diese Diagnose trifft der Neffe des großen Rameau, mäßiger Musiker, aber be-

---

[62] Wie in den *Bijoux indiscrets* sind Sexualität und Gesellschaftskritik auch hier erzählerisch noch nicht schlüssig miteinander vermittelt. War dort Sexualität den unpolitischen Frauen gleichsam Zwangsnatur, wird sie hier bei der nach Freiheit strebenden Nonne fast zwanghaft suspendiert.

[63] Die Nachweisbarkeit von in die siebziger Jahre gehörenden Zeitanspielungen zwingt zur Vorsicht, was die Genealogie der Diderotschen Ideen angeht, könnte doch manche der hier geäußerten Überzeugungen auch erst in den Kontext von *Jacques le fataliste et son maître* gehören.

[64] „Dans la nature, toutes les espèces se dévorent; toutes les conditions se dévorent dans la société." (*Le Neveu de Rameau*, in: *Œuvres romanesques*, hg. v. Bénac, wie Anm. 1, S. 395–492, hier S. 427). Gemeint sind: Hofleute, Financiers, Großkaufleute, Banquiers, Geschäftsleute und die Arbeitswelt, die an diesen Kämpfen verdient bzw. von ihnen lebt.

gabter Schauspieler und deswegen in der Lage, alle sozialen Rollen, hier Pantomimen oder Posen genannt,[65] so vorzuagieren, daß dem Betrachter die Gesellschaftlichkeit von Körperlichkeit sofort evident wird. Es ist kein Paradox, daß sich
hierzu gerade der von den Brosamen der Mächtigen lebende Parasit eignet, gelingen ihm doch die zur Sicherung seines Freitischs notwendigen Späße erst durch
akribische Beobachtung des Sozialverhaltens seiner Konkurrenten sowie der
Schicht, die ihn aushält. So konzentriert und kondensiert er über Beobachtung
gewonnene soziale Erfahrung in Mimik und Gesten, gibt den gesellschaftstheoreti-
schen Erörterungen des mit ihm konversierenden Philosophen gleichsam physische
Unterfütterung.[66]

Der von Histörchen und Anekdoten durchsetzte und gelegentlich auch, wie der
Untertitel es will,[67] in die Satire verfallende Dialog zwischen dem als Lui bezeichneten Neffen und dem als Ich bezeichneten Erzähler dieses im Café de la
Régence stattfindenden Zwiegesprächs entfaltet ein breites und gewichtiges The-
menspektrum: Genie, Erziehung, Rollenverhalten, Musik, Moral. Der in der neueren Forschung opinio communis gewordene Sachverhalt, daß die beiden Dialogpartner Diderots Positionen in einer Art Ich-Spaltung repräsentieren, wird auch
dadurch unterstrichen, daß sie sich auf der sozialen Achse in ähnlicher Position
befinden: zum Zeitpunkt des Dialogs hat der Neffe für den Augenblick jede Pro-
tektion verloren, wodurch er unfreiwillig unabhängig ist, während der Philosoph –
als solcher adressiert ihn der Neffe – für sich als Standort die Tonne des Diogenes
gewählt hat. Beide sind sie als Außenseiter markiert und haben oft ähnliche Auffassungen.[68]

Dissens entsteht jedoch vor allem an einem Punkt, der zugleich den äußeren
Habitus der beiden Dialogpartner berührt. Er betrifft die Möglichkeit zum rechten
Handeln. Das im schlichten, fast ärmlichen Habit auftretende erzählende Ich
schreibt sich Verhaltensweisen zu, die einer Idylle von Greuze oder Geßner bzw.
einer moralischen Erzählung entnommen sein könnten (den Unglücklichen helfen,
die Pflichten erfüllen usw.).[69] Im Kontrapunkt zu dieser Konzeption von Glück
durch ein ehrenhaftes Leben verweist der im äußeren Erscheinungsbild auf Repräsentation angewiesene, jedoch etwas heruntergekommene Neffe darauf, gerade
seine einzige ehrenhafte Tat, d.i. einmal nicht zu Kreuze gekrochen zu sein, habe
ihn dem Hunger ausgesetzt. Zudem gelte in der Gesellschaft generell, daß die

---

[65] „[…] les différentes pantomimes de l'espèce humaine." (ebd., S. 486).
[66] Die physische und soziale Physiognomik gehört ganz in die Zeit. Vgl. etwa Lavater und Hogarth.
[67] Satire seconde.
[68] So in der Musik, so in der Kritik am Haushalt Bertinhus, zum Genie u.a.
[69] „[…] il m'est infiniment plus doux encore d'avoir secouru le malheureux, d'avoir terminé une
affaire épineuse, donné un conseil salutaire, fait une lecture agréable, une promenade avec un
homme ou une femme chère à mon cœur, passé quelques heures instructives avec mes enfants,
écrit une bonne page, rempli les devoirs de mon état, dit à celle que j'aime quelques choses
tendres et douces qui amènent ses bras autour de mon col." (ebd., S. 431).

Tugend zwar in abstractis gelobt, de facto aber gehaßt werde.[70] Der Philosoph besteht umgekehrt auf der grundsätzlichen Möglichkeit zur Ehrbarkeit, dies erfordere jedoch, sich zuallererst einen von der Sklaverei unabhängigen Unterhalt zu schaffen („se faire une ressource indépendante de la servitude"). Da er aber einstweilen die Antwort schuldig bleibt, wie diese Unabhängigkeit aussehen könnte, gerade bei einem, der, wie es heißt, als einziger die Pantomime nicht mitmacht,[71] kann ihn der Neffe letztlich unwidersprochen einen Schwärmer („visionnaire") nennen.

Dieser Dissens unterstreicht eine zentrale Problemstelle in Diderots anthropologischem Denken,[72] jene der Begründbarkeit und Schlüssigkeit rechten Handelns in einer zwar noch ständisch gegliederten, jedoch bereits als Konkurrenzmechanismus erkannten Gesellschaft. Bei der Klärung dieser Frage wird Diderot zwar immer einen mechanischen Determinismus zu vermeiden suchen, zugleich ist er jedoch zunehmend von der gesellschaftlichen Bedingtheit des Handelns überzeugt und an den spezifischen Mechanismen dieser Konditionierung um so mehr interessiert, je klarer und abgeschlossener ihm der Materialismus in physiologischer Hinsicht wird.

Mit dem *Neveu de Rameau* befinden wir uns in dieser Hinsicht noch in einer Übergangsphase. Einige der Diderot auch später grundsätzlich beschäftigenden Fragen erscheinen hier im Entwurf:

- das Genie, das, am Beispiel Racines, tendenziell aus der Moral entlassen wird;[73]
- das „allgemeine Gewissen" („conscience générale"), das einer soziologischen Relativierung unterzogen wird, indem die eigentlich als Abweichung beschriebenen beruflichen Verhaltensprägungen („idiotismes de métier") auch derart zentrale gesellschaftliche Rollen bzw. Handlungsfelder betreffen,[74] daß eine allgemeine sittliche Norm gegenstandslos zu werden droht;[75]
- die hohe Veränderlichkeit der Sitten überhaupt;[76]
- die Binnenbeziehung von Herrscher und Beherrschten;[77]

---

[70] Ebd., S. 433.

[71] „[...] mais il y a pourtant un être dispensé de la pantomime. C'est le philosophe qui n'a rien et ne demande rien." (ebd., S. 488).

[72] Sie ist hier ganz Sozialanthropologie: Neffe und Philosoph sind sich einig in der Vorbildfunktion von Theophrast, La Bruyère und Molière.

[73] Als der Neffe einen genialen Verbrecher bewundert, wird indes Widerwille des Ich laut.

[74] Souverän, Minister, Finanzier, Richter, Militär, Literat, Advokat, Prokurator, Kaufmann, Bankier, Handwerker, Gesangslehrer, Tanzmeister (ebd., S. 425). – Das Ich folgert, daß es wenig ehrenhaft ausgeübte Metiers oder wenig in ihren Metiers ehrenhafte Leute gibt (ebd.).

[75] Zum Rollenverhalten treten Reichtum und Macht, die ethische Fragestellungen, wie z.B. die Ehre, nichtig werden lassen.

[76] „[...] dans un sujet aussi variable que les mœurs, il n'y a d'absolument, d'essentiellement, de généralement vrai ou faux [...]" (ebd., S. 449).

[77] „Mais si le protégé n'était pas vil par lui-même, rien ne donnerait au protecteur cette autorité." (ebd., S. 454). Vgl. unten die Bemerkung in *Jacques le fataliste et son maitre*, daß jeder seinen Hund habe, an den er den gesellschaftlichen Druck weitergebe.

– schließlich die extreme Formbarkeit von Natur: Beispiel im Tierreich ist der Hund, der seinem Herrn durch diesen selbst entwöhnt wird,[78] Beispiel im Menschenreich ist der Neffe, der klagt, er wisse überhaupt nicht, wer er denn im Grunde sei.[79]

All dies konnte Goethe zu Recht veranlassen, den Text, der im übrigen mit leichter Hand Rousseaus Kulturkritik banal aussehen läßt, eine Zeitbombe zu nennen. Er ist von der Form her kein traditioneller philosophischer Dialog, sondern als Erzählung eines Dialogs entwickelt, dessen Argumente oft abbrechen, in dem Repliken ausbleiben können, und schließlich eingelegte Portraits, Pantomimen sowie exempelartige Geschichten ihren Platz finden, so daß das Unternehmen gelegentlich in die Nähe der Moralistik rückt, hierbei im kritischen Gehalt La Bruyère jedoch weit hinter sich läßt.[80] Einer der erzählten moralischen Casus handelt von einem Mann, der seine eigene Frau einem Juden gegen Geld zum zeitweiligen Gebrauch abtritt. Zahlungsmittel ist ein ursprünglich für eine Hure vorgesehener hoher Wechsel, dessen Einlösung nach erfolgtem Beischlaf vom Juden verweigert wird, in der Hoffnung, der Ehemann werde seine Unmoral nicht publik machen wollen. Dieser geht indes vor Gericht, worauf schließlich Beischläfer und Kuppler der öffentlichen Verdammung anheimfallen und die im Wechsel genannte Geldsumme einem sozialen Zweck zugeführt wird. Solche Muster der Problematisierung von extremem Verhalten im Spannungsfeld von Normbefolgung und Normübertretung wird Diderot in der Folge weiterentwickeln. Vom Gehalt her geht es in dieser Textart um Fragen der Begründung menschlichen Handelns im Spannungsfeld von Eigentum und Moral, von Determination und Freiheit. Hierbei interessieren ihn nicht zuletzt auch scheinbar nicht herleitbare Verhaltensweisen wie etwa jene, die sich im nur punktuellen Stolz Rameaus offenbart.[81]

Die Irrationalität und Schicksalhaftigkeit von Verhalten thematisieren etwa *Ceci n'est pas un conte* und *Madame de la Carlière*. Die erste Erzählung führt die Asymmetrie von Liebesbeziehungen vor, die zweite thematisiert einen unbeugsamen und dadurch auch dem Untergang geweihten Charakter, für den der Begriff des Bizarren geprägt wird. Es sind, wie es im *Supplément au Voyage de Bougainville* heißen wird, in beiden Novellen Unglückliche ohne eigenes Verschulden, die hier vorgeführt werden. Werden hier Charaktere gezeigt, die resistent gegenüber

---

[78] Als bisheriger Herr straft er den Hund, in der Maske des künftigen Besitzers, dem er mit dem Geschenk des Tieres dienlich sein will, lobt er es.

[79] Siehe Anm. 1.

[80] Diderot nimmt in den sechziger Jahren Abstand von dieser, wie er andeutet, gezähmten Form der Menschenkunde: „La Bruyère et La Rochefoucauld sont des livres bien communs, bien plats en comparaison de ce qui se pratique de ruses, de finesse, de politique, de raisonnements profonds, un jour de marché à la halle." (*Correspondance littéraire* du 1er octobre 1769, zit. nach Marchal, wie Anm. 12, S. 21).

[81] In diesem Kontext ist von einer „certaine dignité attachée à la nature de l'homme" (*Le Neveu de Rameau*, in: *Œuvres romanesques*, hg v. Bénac, wie Anm. 64, hier S. 411) die Rede, welche durch keine Umstände zu unterdrücken sei.

den Umständen sind und keinem Erklärungsmodus zugänglich scheinen,[82] so werden mit den *Entretiens d'un père avec ses enfants* und den *Deux Amis de Bourbonne* auf der anderen Seite Geschichten erzählt, die in extremer Weise die gesellschaftliche Bestimmtheit von Handeln vorführen. Sie binden sich semantisch explizit an den Prozeß der Aufklärung, deren Grenzen sie zugleich deutlich hervorheben.

Das sozialanthropologische Problem, das in den beiden letztgenannten Texten erscheint, ist das des spontanen Mitleids, der nach Rousseau wesentlichen Eigenschaft des Menschen und Grundlage der Sozialität bereits im Naturzustand. Diese Eigenschaft kommt, dies ist die Botschaft, in der Gesellschaft der Gegenwart nicht zur Geltung. In den *Entretiens d'un père avec ses enfants*[83] wird dies am Beispiel des Vaters des Erzählers artikuliert, der geneigt ist, ein (zeitlich weit zurückliegendes) Testament zu unterschlagen, in dem ein Pfarrer sein Vermögen reichen Neffen aus Paris anstatt seinen armen Verwandten vermacht hatte. Statt „der Stimme des Mitgefühls, die aus seinem Herzen schrie",[84] zu folgen, befallen ihn Zweifel über die Rechtmäßigkeit einer solchen Tat. Er läßt sich von einem Oratorianer, einer „aufgeklärten Person" („personne éclairée"), wie es heißt, belehren, mit dem Ergebnis, daß die Norm des positiven Rechts gegenüber dem Mitleid obsiegt.

Während Diderot in dieser Erzählung, in der noch eine Reihe ähnlicher problematischer Fälle thematisiert wird,[85] als Sohn und direkter Gesprächspartner auftritt und dabei rein naturrechtlich argumentiert, jedoch das von ihm geforderte Zuwiderhandeln gegen das positive Recht allein dem Philosophen vorbehalten wissen will, tritt mit den Protagonisten aus *Les deux Amis de Bourbonne* erstmals literarisches Personal aus dem niederen Volk deutlicher nach vorne. Die sich gegen die in der Anthropologie der Spätaufklärung beliebte Idealisierung des edlen Wilden[86] wendende Erzählung zeigt die beiden Freunde und Milchbrüder Félix und Olivier gleichsam als Wilde im eigenen Land: sie sind wie stumm, realisieren ihre Wertentscheidungen archaisch durch plötzliches Handeln, lieben einander, wie

---

[82] In Wirklichkeit ist auch in diese Fälle gesellschaftliche Logik eingebaut: vgl. z.B. den Weg vom Verhalten von Madame de la Carlière, welche die gesellschaftlichen Normen völlig internalisiert hat und deswegen paradoxerweise asozial handelt, obwohl der Ehemann den Normbruch bereut, zu Mme de la Pommeraye aus *Jacques le fataliste*, deren Rache an sie verschmähenden Liebhaber ebenso gnadenlos ausfällt wie das jener am untreuen Ehemann, in diesem Fall, weil der Liebhaber das Opfer ihres Normbruchs nicht gebührend achtet.

[83] Diese Novelle wird zitiert nach: Diderot, Denis, *Œuvres*, Paris (Éd. de la Pléiade), S. 729–751.

[84] „[...] la voix de la commisération qui criait au fond de mon cœur", (wie Anm. 83, S. 731).

[85] Ob man Verbrecher ärztlich behandeln soll; ob der Hutmacher, der sich über die Pflege seiner kranken Frau ökonomisch ruiniert hat, nach ihrem Tod deren Mitgift den Verwandten wiederzugeben hat; ob Selbstjustiz legitim ist, wenn die Ordnungsmächte versagen usw.

[86] Vgl. hierzu Recknagel, Anne Christel, Diderots Erzählung ‚Les deux amis de Bourbonne', in: Brockmeier, Peter / Wetzel, Hermann H. (Hg.), *Französische Literatur in Einzeldarstellungen*. 3 Bde. Stuttgart 1981–1982, hier Bd. 1: *Von Rabelais bis Diderot* (1981), S. 401–420.

man da ist, wie man atmet, ohne sich's bewußt zu machen („[...] comme on existe, comme on vit, sans s'en douter [...]").[87]

In dieser durch vielfältigste Kunstmittel als wirklich beglaubigten Erzählung fallen in der Logik der normativen anthropologischen Konstruktion Ethik und Natur zusammen und kommen im „Volk" zur Erscheinung. Diderot gibt so etwas wie eine radikale Antwort auf Rousseau. Sicher nicht unreflektiert, wie sich daran zeigt, daß er das Problem in eine kulturelle Dimension einbettet, gehört doch dem Volk nur die Sphäre der Mündlichkeit, die Schriftlichkeit hingegen der Oberschicht.[88] Wie oben im Rat des Geistlichen an den Vater Diderots, so obsiegt auch hier die Gegenaufklärung in Gestalt eines konservativen Geistlichen. Er setzt sich mit seinem Rat durch, ein ursprünglich aus Rührung über das schreckliche Schicksal der Freunde und ihrer Familie intendiertes Almosen zurückzuziehen, weil sie sich nicht der Religion unterwerfen. Im Unterschied zu den *Entretiens* ruft die Mitleidsverweigerung in diesem Fall nicht die abstrakte naturrechtliche Empörung des Philosophen auf den Plan. Die Deutung der Geschichte erfolgt hier durch einen zuvor nicht aufgetretenen Erzähler bzw. Kommentator, der in einer der Novelle nachgetragenen Poetik der historischen Erzählung („conte historique")[89] im scheinbar leichten Ton meint:

> Und jetzt, nach ein bißchen Poetik, ein bißchen Moral, das paßt so gut zusammen. Félix war ein armer Schlucker; Olivier war ein armer Schlucker: [...] und schließen Sie daraus, daß es im allgemeinen echte, haltbare Freundschaften beinahe nur zwischen Menschen gibt, die nichts haben. Dann nämlich ist der Mensch der ganze Schatz seines Freundes und umgekehrt. Daher die Erfahrungsweisheit, daß Unglück alle Bande fester knüpft, und der Stoff für einen kleinen Zusatz zur Erstausgabe des Buches *Vom Geist.*[90]

---

[87] *Les deux Amis de Bourbonne*, in: *Œuvres romanesques*, hg v. Bénac, (wie Anm. 1), S. 781–792, hier S. 781. – Als der eine (Félix) merkt, daß der andere (Olivier) dieselbe Frau liebt, zieht er sich sofort zurück und geht unter die Schmuggler. Als er in Not gerät, rettet ihn der andere ohne Rücksicht auf Leib und Leben und kommt dabei um. Der begnadigte Überlebende gerät unschuldig in einen Rechtshändel seines Herrn, tötet aus Gerechtigkeitssinn und muß ins Exil.

[88] Die aus den höheren Ständen stammende Erzählerin versucht, die beiden Freunde den Gebildeten mit dem Hinweis auf Orest und Pylades nahezubringen.

[89] Er nennt es so, nicht zuletzt wohl in Absetzung gegen den „conte moral". Das neue Verfahren soll in einer auf Identifikation („émouvoir", „toucher", „intéresser" etc.) angelegten Illusionserzeugung bestehen, die der Verbindung von „éloquence" bzw. „poésie" und „vérité" bedarf (*Les deux Amis de Bourbonne*, in: *Œuvres romanesques*, hg v. Bénac, wie Anm. 87, hier S. 791).

[90] Diderot, *Das erzählerische Werk*, (wie Anm. 46), Bd. 4 (1979), S. 124 – „Et puis un peu de morale après un peu de poétique, cela va si bien! Félix était un gueux qui n'avait rien; Olivier était un autre gueux qui n'avait rien [...] et concluez qu'en général il ne peut guère y avoir d'amitiés entières et solides qu'entre des hommes qui n'ont rien. Un homme alors est toute la fortune de son ami et son ami toute la sienne. De là la vérité de l'expérience, que le malheur resserre les liens; et la matière d'un petit paragraphe de plus pour la première édition du livre de *l'Esprit*." (*Les deux Amis de Bourbonne*, in: *Œuvres romanesques*, hg v. Bénac, wie Anm. 87, hier S. 792). – Der hier kritisierte Helvétius hatte über die Annahme der produktiven

Empört waren indes die Leser: nicht über die Hartherzigkeit der religiöser Indoktrination folgenden Madame de\*\*\*, sondern über die ihnen zutiefst fremde Darstellung der Unterschicht.[91] Sie mögen geahnt haben, daß Diderot dem Volk bald deutlicher eine Stimme leihen wird, befand sich zum Zeitpunkt der Veröffentlichung der Novelle (1772) doch schon in Arbeit eine erste Fassung von *Jacques le fataliste et son maître.*

## 5. Die Kette des Seins („chaîne des êtres") und die Unvorhersehbarkeit der Geschichte: naturwissenschaftliche, soziologische und narrative Denkform im Spätwerk

Gegen Ende der sechziger Jahre hatte Diderot seinen physiologischen Materialismus mit der ersten Fassung des *Rêve de d'Alembert* (1769)[92] auf eine neue Stufe gestellt. Er überwindet den Buffonismus der *Pensées sur l'interprétation de la nature*[93] und definiert jetzt Sensibilität, Heterogenität und kontinuierlich-diskontinuierliche Bewegung in der Zeit als zentrale Eigenschaften der Materie. Damit ist die scholastische Definition von der „Kette des Seins" mit neuem Inhalt gefüllt.[94] Diderot begreift nun das menschliche Hirn als Funktion, löst sich damit aus mechanistischer Enge und kann seine bis dahin noch vorwiegend naturmonistische Anthropologie,[95] die er in den siebziger Jahren zu einer Evolutionstheorie weiterentwickeln wird, zunächst einmal abtrennen von der ihn nachhaltig interessierenden Fragestellung, wie das Handeln der Menschen in der Gesellschaft erklärt bzw. von welchem Punkt aus es legitimiert werden kann.

Es beginnt jetzt, zunächst via Erzählen, ein im Verhältnis zu früheren Ansätzen im Inhalt sozioanalytisch präziserer und, wie das Ende dieser Darlegung zeigen wird, paradoxerweise stärker als zuvor mit der Denk*form* von Naturphilosophie und Naturwissenschaft in Beziehung stehender Suchprozeß nach den dem Menschen eigentümlichen Beweggründen („causes propres à l'homme").[96] Zu dieser Suche hatten bereits die oben beschriebenen narrativen Kurzformen gehört. In ihnen hielt Diderot das unerklärliche Bizarre ebenso präsent wie er begann, das

---

Funktion der Leidenschaften eine optimistische Verbindung von Anthropologie und Geschichtsprozeß in Aussicht gestellt.

[91] „Personnages grossiers", „mœurs dégoutantes et sauvages", „détails de mauvais goût" (Belege bei Recknagel, wie Anm. 86).

[92] *Œuvres complètes*, Éd. Hermann, (wie Anm. 24), Bd. 17: *Le Rêve de d'Alembert* (1987), hg. v. Jean Varloot, S. 87–207.

[93] Deren Unterscheidung in tote und lebende Materie: vgl. Diderot, Denis, *Œuvres*, hg. v. Laurent Versini. 5 Bde. Paris 1994–1997, hier Bd. 1: *Philosophie* (1994), S. 598.

[94] Varloot, (wie Anm. 14), S. LXXXI.

[95] Vgl. hierzu Ursula Winter, (wie Anm. 14), 1972.

[96] *Réfutation suivie de l'ouvrage d'Helvétius intitulé ‚L'homme'*, in: *Œuvres*, hg. v. Versini, (wie Anm. 93), Bd. 1, S. 796.

Eigentum bzw. die herrschende ökonomische Rationalität als Verhaltensbestim-
mungen ins Zentrum zu rücken.

Letzteres geschieht auch in dem zu den Erzählungen in etwa zeitgleichen
*Supplément au Voyage de Bougainville*,[97] wo er gegen die Idealisierung gesellschaftlicher Frühstufen argumentiert.[98] Hier wird die mit zivilisationskritischen
Topoi gespickte Rede eines Tahitianers als im Ton „europäisch"[99] der „mise en
abîme" ausgesetzt und die tahitianische Gesellschaft einer nüchternen wie ernüch-
ternden Analyse unterzogen: die den Europäer faszinierende sexuelle Freizügigkeit
folgt in Wirklichkeit einem klaren demographischen Kosten-Nutzen-Kalkül, und
die scheinbar natürliche Ordnung kennt bereits Sklaverei und Krieg. Der edle
Wilde ist damit kein Gegenbild mehr, sondern Teil einer frühen Stufe der Zivilisationsentwicklung, deren unterentwickelte Gleichzeitigkeit zu Europas Zivilisation
keine Überlebensaussicht besitzt.[100]

Der eigentumskritische Impuls der *Deux Amis* bzw. der geschärfte sozialanalyti-
sche Blick des *Nachtrags zu Bougainvilles Reise* verweist auf einen Wandel von
Diderots theoretischen gesellschaftspolitischen Überzeugungen.[101] Inzwischen ist
er vom einstigen Physiokratismus abgerückt, verlangt die Freiheit von Dogmen
auch in der Politischen Ökonomie („économie politique") und fordert die Gültigkeit der experimentellen Methode ebenso für die Humanwissenschaften („sciences
humaines").[102] Eine Reise nach Holland forciert den schon illusionslosen Blick auf
den Kaufmann und läßt das Mitleid, das er in den *Deux Amis de Bourbonne* noch
durch religiöse Indoktrination nicht hatte zur Geltung kommen lassen, an beruf-
lich-funktionaler Hartherzigkeit scheitern.[103] Von der Befestigung einer in der
Novelle aufscheinenden Renaturalisierung der gesellschaftlichen Beziehungen
kann indes nicht die Rede sein, wie eine ungefähr zeitgleiche Bemerkung belegt,
die eine radikale Verwerfung der gegenwärtigen Zivilisation erst dann legitimiert
sehen will, wenn es in ihr nachweislich weniger Glück gebe als im Naturzustand

---

[97] *Œuvres*, (wie Anm. 83), S. 963–1002.

[98] Vgl. die in diesem Text getroffene pessimistische Prognose für Tahiti angesichts der zivili-
satorischen und waffentechnischen Überlegenheit der Franzosen. Auch in Diderots sich über
die Jahre 1772–1783 erstreckenden, nicht gezeichneten Beiträgen zu Raynals *Histoire des
deux Indes* (vgl. Goggi, Gianluigi, *Contributions à l'Histoire des deux Indes*. 2 Bde. Siena
1976–1977) wird dem Mythos vom Edlen Wilden kein Platz mehr eingeräumt und statt dessen
Kolonialismuskritik geübt.

[99] *Œuvres*, (wie Anm. 83), S. 974: „[...] il me semble y [in der Rede des Eingeborenen] retrouver
des idées et des tournures européennes."

[100] Was die Kritik an Europa nicht entlastet. Vgl. Benot, Yves, *Diderot: de l'athéisme à
l'anticolonialisme*. Paris 1991 (1970 ) und Goggi, (wie Anm. 98).

[101] Vgl. die Einleitung von Yves Benot zu den *Textes politiques*. Paris 1971 und Strugnell, Anthony, *Diderot's politics*. The Hague 1973.

[102] So in seiner *Apologie pour Galiani* (1770).

[103] *Voyage en Hollande* (1774); hier spricht er dem Kaufmann wegen dessen Gewinnstreben die
Eigenschaft des Mitbürgers („compatriote") ab (*Œuvres complètes*, hg. v. Jules Assézat u.
Maurice Tourneux, Bd. XVII, S. 423).

(„état sauvage").[104] Daß Diderot seine materialistische Grundposition eher bestärkt, verrät auch die Widerlegung von Helvétius' *De l'homme*, in der er dessen Annahme einer durch Erziehung modifizierten, aber ursprünglich gleichen menschlichen Natur als metaphysisch verwirft und auf der Unterschiedlichkeit der menschlichen Anlagen besteht.[105] Ebenso deutlich kritisieren die *Observations sur Hemsterhuis* (1773/1774) jeden abstrakten Freiheitsbegriff und bestehen auf der materialen Determination im Handeln der Menschen.[106]

Die hier skizzierten Impulse bündelt der nächste wichtige Erzähltext, der 1771 begonnene und wie schon *La Religieuse* zu Lebzeiten nur in der *Correspondance littéraire* erscheinende Roman *Jacques le fataliste et son maître,*[107] der so etwas wie eine Summe des Diderotschen Werkes darstellt. Er ist hier im wesentlichen auf unser Thema der anthropologischen Konstruktion bzw. die Problematik der Denk- und Schreibform hin zu befragen.[108]

In einer vereinfachten Darstellung handelt es sich bei diesem Text um eine aus Gründen der Alimentenzahlung unternommene Reise von Herr und Knecht von Paris in die Provinz. Der den Fatalismus vertretende Knecht ist dem den freien Willen vertretenden Herrn sowohl im Erzählen wie im Handeln zunächst überlegen, was in einen diese Überlegenheit besiegelnden Vertrag mündet, wohingegen im zweiten Teil der Herr sowohl die erzählerische Oberhand gewinnt als auch mit seiner einzigen selbständigen Handlung, einem Duell, den hierfür fälschlich wegen Mord angeklagten Diener ins Gefängnis bringt.[109]

Der in dieser kargen Strukturskizze fast unkenntliche Roman einer doppelten Verkehrung des Verhältnisses von Herr und Knecht unternimmt es, das zwischen dem dürftigen Hauptstrang der Handlung reichlich ausgebreitete, in den vorausgegangenen Texten jedoch eher isoliert gebliebene Beispielmaterial menschlicher Verhaltensweisen stärker in ein gesamtgesellschaftliches Koordinatensystem einzuordnen, das einfache Antinomien wie Natur – Institution konsequenter als zuvor

---

[104] So in der Widerlegung von *De l'homme* (in: *Œuvres*, hg. v. Versini, wie Anm. 93, Bd. 1, S. 786).

[105] [...] chaque homme est entraîné par son organisation, son caractère, son tempérament, son aptitude naturelle à combiner de préférence telles et telles idées plutôt que telles ou telles autres." (ebd., S. 805).

[106] „L'homme libre est un être abstrait, un ressort isolé. Restituez-le de cette abstraction dans le monde et sa prétendue liberté s'évanouit", (in : *Œuvres*, hg. v. Versini, wie Anm. 93, Bd. 1, S. 721).

[107] 1778–1780; Erstpublikation im Buchhandel 1796. Ausgaben: Diderot, Denis, *Jacques le fataliste et son maître*. Edition critique par Simone Lecointre et Jean Le Galliot. Textes et variantes établis sur le manuscrit de Léningrad. Genève 1977; Diderot, Denis, *Jacques le fataliste*, éd. critique et annotée, hg. v. Jacques Proust, in: *Œuvres complètes*, (wie Anm. 24), hier Bd. 23 (1981), S. 3–291. Im folgenden wird zitiert nach der leicht zugänglichen Garnier-Flammarion-Ausgabe, chron. et préface par Paul Vernière. Paris 1970.

[108] Vgl. ausführlich meinen Artikel: ,Jacques le fataliste et son maître', in: Rieger, Dietmar (Hg.), *18. Jahrhundert*. Roman. Tübingen 2000, S. 204–253, aus dem hier einzelne Passagen übernommen werden.

[109] Die Nachträge zu anderen Romanausgängen sind gleichermaßen unglaubwürdig.

vermeidet, nun auch Entwicklungshypothesen durchspielt und den Determinismus damit der Geschichte aussetzt. Hierzu wird alles Erzählte, vor allem die eingelegten, die Gesellschaft in ihren vielfältigen Facetten zeigenden Geschichten, gruppiert um den Gegensatz von Herr und Knecht. Die große Leerstelle in diesem Universum bleibt das Bürgertum bzw. dessen über den Rekurs auf Natur, Tugend und Empfindsamkeit definierter ideologisch-normativer Habitus. Stark gemacht wird statt dessen die Rolle des ebenfalls einzelne Geschichten beitragenden Erzählers.[110] Er ist in vielfache Überschneidungen mit der Position des dem Spinozismus verpflichteten Dieners gebracht, so daß so etwas wie eine zeitweilige Allianz bzw. Überblendung von Volk und Philosoph entsteht.[111] Dadurch wird auch die Gleichung Natur / Volk / Ethik aus den *Deux Amis* wieder reflexiv eingeholt.[112] In der normativen Konstruktion dieser Novelle waren die Aktanten aus dem Volk letztlich im Objektstatus geblieben. Nun tritt ein zwar ebenfalls eigentumsloser, aber sprach- und erzählbegabter Protagonist auf, der, im Verbund mit den ihm über das semiallegoretische Verfahren zuzurechnenden Personen,[113] nur noch gelegentlich als Natur-Zeichen erscheint. Zwar hat das „Volk" ein unverkrampfteres Verhältnis zur Sexualität als das Personal des Adels, jedoch ist ihm selbst auf dieser Ebene, von jener des Geldes ganz zu schweigen, List und gar Betrug keineswegs fremd. Selbst da, wo normative Residuen aus den *Deux Amis* noch aufscheinen, so im spontanen Mitgefühl des Bauernehepaars in der Eingangssequenz des Romans, wird am Umstand, daß es den verwundeten Jacques zwar pflegen will, aber aus Not nicht kann, deutlich, daß die bürgerliche Gesellschaft („état policé") letztlich keines ihrer Mitglieder im Stand der Unschuld läßt.

In der Vielzahl der erzählten Geschichten erkennt man durch Vergleich mit früheren Texten leicht rekurrente Themen und Motive. So das Kloster, das mit dem sittenlosen Abt Hudson und dem Bruder von Jacques zwei sozial gegensätzliche Perspektivierungen findet. Es kehrt wieder das Bizarre, das nun einerseits im Verhalten von Mme de la Pommeraye einer soziologischen, auf die Lage der Frau in

---

[110] Während die Poetik der Illusionserzeugung in den *Deux amis de Bourbonne* einem konsistent auf Illusion setzenden Text nachgetragen ist, wird die Poetik in *Jacques le fataliste* zum integralen Verfahren eines auf Illusionszerstörung angelegten Textes selbst.

[111] Die innere Grammatik des scheinbar heterokl021en Textes hat die Forschung seit rund 30 Jahren nachhaltig beschäftigt. So suchte man in ihm die Bestätigung für Diderots zunehmende Skepsis bzw. für einen weniger strikten Determinismus, hielt ihn für einen Parcours vom Naturzustand zum Gesellschaftszustand, deutete ihn als Antiroman, als Inszenierung einer neuartigen Episteme zwischen Newtons Determinismus und der mathematischen Wahrscheinlichkeitsrechnung usw. usf.

[112] Den Roman in eine vorwiegend ethische Perspektive plaziert Crocker, Lester G., ‚Jacques le fataliste'. An ‚expérience morale', in: *Diderot Studies* 3 (1961), S. 73–99.

[113] Der Bruder; Bigre der Freund; die weiblichen Figuren aus Jacques' Liebesleben (Suzanne, Marguerite, Denise); die Magd, die den Ölkrug zerbricht; das Bauernehepaar, das ihn zunächst pflegt; der Schuldner des Wirts vom „Großen Hirschen" usw. – Zum Herrn gehören der Marquis des Arcis, Mme de la Pommeraye, der Abt Hudson, der Schloßherr Desglands, die Ordnungsmächte.

der Gesellschaft abhebenden Begründung zugeführt, andererseits auch als Real-sachverhalt der Natur objektiviert wird.[114] Es erscheint erneut das Problem der Pantomime, so wenn Jacques den Sekretär des Marquis des Arcis an seiner Kör-perhaltung als ehemaligen Mönch erkennt oder er das gestohlene Pferd seines Herrn schon von weitem an dessen unpassenden Bewegungsabläufen bei der Feld-arbeit ausmacht. Schließlich wird auch die zur Machterhaltung notwendige wech-selseitige Disposition von Herrschendem und Beherrschtem, die wir aus dem *Ne-veu de Rameau* bereits kennen, wieder aufgenommen und nun grundsätzlich abge-handelt. Dazu dient das aus den *Bijoux indiscrets* und dem *Neveu de Rameau* geläufige Motiv des Hundes. Symptomatisch für die Übergängigkeit von soziolo-gischem und physiologisch-psychologischem Denkansatz ist die vom Diener auf-gestellte Sozialpyramide, in der jeder der Hund des anderen ist.[115] Vom König und Minister ausgehend mündet sie indes in elementare anthropologische Konfigura-tionen (Mann / Frau, der Starke / der Schwache). Das Eigentum, das in den *Deux amis* ausnahmsweise, wenn auch vermittelt über die Ethik, stärker belichtet wurde, bleibt in diesem Text als Thema wieder eher randständig,[116] jedoch ist gerade an diesem Punkt zugleich am stärksten auch eine normative, wo nicht utopische Di-mension spürbar: sie ist in die Allegorie jenes Schlosses gefaßt, dessen beste Räume von zwanzig Tollkühnen okkupiert sind, wiewohl es die Inschrift trägt, daß es allen gehöre.[117]

Das zentrale Thema des Romans ist jedoch die Determiniertheit des Handelns im Spannungsfeld von Macht und Herrschaft.[118] Hiermit scheint der Text zunächst weit entfernt von naturwissenschaftlichen Fragestellungen. Es kann so aussehen, als gehe es Diderot hier vor allem darum, mittels der Narration als divinatorischer Krücke seine gesellschaftlichen Einsichten voranzubringen. Hierzu paßt auch in gewissem Sinn, daß der Erzähler den dem Spinozismus verhafteten Diener da kritisiert, wo dieser einem mechanischen Determinismus das Wort redet und physi-sche und sittliche Welt nicht genügend auseinanderhält. Umgekehrt zeigt jedoch die Parallelität von philosophisch-naturwissenschaftlichen und gesellschaftlich-

---

[114] „[...] la nature est si variée, surtout dans les instincts et les caractères, qu'il n'y a rien de si bizarre dans l'imagination d'un poète dont l'expérience et l'observation ne vous offrissent le modèle dans la nature." (*Jacques le fataliste*, hg. v. Vernière, wie Anm. 107, S. 86).

[115] „D'où il conclut que tout homme voulait commander à un autre; [...] Le ministre est le chien du roi, le premier comis est le chien du ministre, la femme est le chien du mari, ou le mari le chien de la femme. [...] que suis je autre que son chien [du maître, H. T.]? Les hommes faibles sont les chiens des hommes fermes." (ebd., S. 201–202).

[116] Wenngleich die ökonomische Vermitteltheit des Handelns permanent präsent ist, s.o. zum Mitleid des Bauernehepaars.

[117] „Je n'appartiens à personne et j'appartiens à tout le monde. Vous y étiez avant que d'y entrer et vous y serez quand vous en sortirez" (ebd., S. 45). – Die Erde, die allen gehören soll und auf der sich das Schicksal der Menschen vollzieht und erschöpft, nach der Interpretation von Francis Pruner, *L'unité secrète de Jacques le fataliste*. Paris 1970.

[118] Die allgemeine Konkurrenz erscheint noch in der Metaphorik des den Text motivlich durchzie-henden Duells.

politischen Texten in Diderots Spätwerk,[119] daß der naturwissenschaftliche Denkansatz keineswegs marginal wird. Und in der Tat finden zwischen beiden Denkstilen mittels der Narration weiterhin Interferenzen statt, jedoch weniger auf inhaltlicher Ebene als auf jener der Form.

Den Stand der Reflexion auf den unterschiedlichen Schwierigkeitsgrad einer
materialistischen Analyse der Natur und der Gesellschaft dokumentierte die im
*Rêve de d'Alembert* vorgenommene Unterscheidung in strenge Wissenschaften
(„sciences rigoureuses"), wie z.B. Mathematik und Physik, und sogenannte Kon-
jekturalwissenschaften („sciences conjecturales"), wie z.B. Ethik und Politik. Diese Unterscheidung zielt nicht auf eine protohermeneutische Trennung in Geistes-
und Naturwissenschaften, sondern macht auf die spezifischen Schwierigkeiten der
Wahrnehmung bzw. des Nachweises der Determinationskette in der Welt des Sozialen aufmerksam.[120]

Daß der Roman sich über weite Strecken als eine Art Konjekturalwissenschaft
mit anderen Mitteln lesen läßt, zeigen seine zahlreichen, als Geschichten erzählten
Beweisketten, die den Text leicht als einen einzigen Großbeweis für einen richtig
verstandenen Determinismus lesen lassen.[121] Die Probe des höchsten Schwierig-
keitsgrads auf gesellschaftlichem Feld bildet die Ethik. Sie hatte im von Jacques
bemühten System Spinozas keine Applikation auf das Handeln gefunden und war
auch in den *Deux Amis*, gleichsam in der Natürlichkeit der Besitzlosen
aufgehoben, ohne spezifische Qualität geblieben. Die metaphysikabweisende Ver-
kürzung der Moral auf eine Frage von Schädlichkeit („malfaisance") und Nützlichkeit („bienfaisance") im *Rêve de d'Alembert*[122] hatte sie auf ein Ordnungsproblem der Gesellschaft reduziert.[123] Das Erzählen kontrolliert diese Hypothese noch
einmal auf komplexeren Wegen, besonders sprechendes Material hierfür sind die
Geschichten von Gousse und dem zerbrochenen Ölkrug.

---

[119] So die *Eléments de physiologie*, die Überarbeitung des *Rêve de d'Alembert*, die Beiträge zur
*Histoire des Deux Indes* von Raynal, der *Essai sur les règnes de Claude et de Néron*.

[120] „D'Alembert. Est-ce que la liaison des phénomènes est moins nécessaire dans un cas que dans
un autre?
Diderot. Non. Mais la cause subit trop de vicissitudes particulières qui nous échappent, pour
que nous puissions compter infailliblement sur l'effet qui s'ensuivra. La certitude que nous
avons qu'un homme violent s'irritera d'une injure n'est pas la même que celle qu'un corps qui
en frappe un plus petit le mettra en mouvement." Diderot, *Œuvres complètes*, Éd. Hermann,
Bd. 17: *Le Rêve de d'Alembert*, (wie Anm. 92 u. 24), S. 110).

[121] Vgl. Starobinski, Jean, Diderot et l'art de la démonstration, in: *Recherches sur Diderot et sur
l'Encyclopédie* 18–19 (1995), S. 171–190.

[122] „Mademoiselle de Lespinasse. – [...] La vertu, ce mot si saint dans toutes les langues, cette
idée si sacrée chez toutes les nations. – Bordeu.– Il faut le transformer en celui de bienfaisance
et son opposé en celui de malfaisance [...]", Diderot, *Œuvres complètes*, Éd. Hermann, Bd. 17:
*Le Rêve de d'Alembert*, (wie Anm. 92 u. 24), S. 186.

[123] Siehe bereits ähnlich der Brief an Landois vom 29.6.1756: „Le malfaisant est un homme qu'il
faut détruire et non punir; la bienfaisance est une bonne fortune, et non une vertu." Zit. nach
Varloot, (wie Anm. 14), S. CXI/CXII.

Gousse, ein prinzipienloses Unikat („original sans principes"), handelt zunächst großzügig und freigebig gegenüber einem in Not geratenen Liebespaar. In der dadurch verursachten Geldnot wird er zum Wechselfälscher und Betrüger gegenüber dem Erzähler, was er alsbald durch ein großzüges Büchergeschenk kompensiert, das wiederum auf einem Diebstahl bei einem Docteur der Sorbonne basiert, der das Buch hatte verstauben lassen, wohingegen es dem Erzähler sehr dienlich ist. In der Geschichte vom zerbrochenen Ölkrug[124] hilft Jacques großzügigerweise einer Magd, was ihm jedoch die Ressourcen für die weitere Pflege seines kranken Knies entzieht. Er bewertet sein von Mitleid („commisération") geprägtes Spontanverhalten desto mehr als Dummheit („sottise"), je mehr seine Schmerzen im Knie zunehmen.[125] Sein Standpunkt wechselt, als ihn eine Räuberbande überfällt und ihm seine Hilfsbereitschaft gleichsam belohnt scheint, war die größere Summe doch bei der Magd verblieben. Die Perspektive wechselt wiederum, als er gewahr wird, daß erst sein Großmut die Räuber auf seine Fährte gelockt hatte, und sie wechselt noch einmal, als der Schloßherr Desglands, dem die Magd zugehört, ihn für seine gute Tat belohnt und zur Pflege seines Knies neben dem Hausarzt auch jene Denise abstellt, die Gegenstand der Liebesgeschichte sein wird, die er seinem Herrn auf der Reise erzählt. Der Ausgang dieser Liebesgeschichte, der angesichts dreier, erzähltheoretisch gleichermaßen desavouierter Schlußvarianten des Romans offen bleibt, könnte eine letzte Perspektive auf das Ausgangshandeln von Jacques abgeben.

Im Fall von Gousse zwingt das Experiment den Leser zur Suche nach einer einheitlichen Perspektive auf verschiedene „Fakten", bei der Ölkrug-Episode steht er vor dem Problem der Deutung *eines* „Fakts" aus wechselnden Perspektiven. Im ersten Fall ermöglicht es Gousses Bemerkung von seiner ausgleichenden Gerechtigkeit („justice distributive"),[126] Schlüssigkeit in einem im einzelnen widersprüchlichen Gesamthandeln zu erkennen. Im zweiten Fall folgert Jacques, daß das Gute und das Schlechte sich wohl wechselseitig herbeiführen („Le bien amène le mal, le mal amène le bien.").[127] Handeln, so kann man die Botschaft der beiden Beispiele praktischer Aufklärung verstehen, unterliegt einem anarchisch verlaufenden Prozeß von widersprüchlichen Interessen und wechselnden Deutungen, so daß seine ethische Qualität im einzelnen unentscheidbar wird. Als normativer anthropologischer Rest bleibt indes auch hier das nicht weiter thematisierte Mitleid,[128] das den Ausgang der Handlungs- bzw. Bewertungsketten abgegeben hatte.

---

[124] Diderot, *Jacques le fataliste*, hg. v. Vernière, (wie Anm. 107), S. 103ff.

[125] Der Schmerz am Knie war bereits im ersten Teil des Romans Anlaß zu epistemologischer Reflexion (ebd., S. 41f.).

[126] Ebd., S. 89.

[127] Ebd., S. 106.

[128] Es befällt den Intellektuellen, den Diener, aber auch den von der Gesellschaft für verrückt erklärten Reichen, der sein Vermögen durch Almosengaben aufbraucht und für die Armen bettelt.

Kommen wir zur Ebene der Gesamtkomposition. Auf naturphilosophischem Feld hatte Diderot das allgemeine Problem der Bewegung zwar mit der Grundannahme von der Empfindungsfähigkeit der Materie soweit gelöst, jedoch blieb deren Organisations- und Bewegungsgesetz im Verlauf der siebziger Jahre immer neuer Hypothesenbildung unterworfen. Die Denkfigur des Aggregats verbindet sich jener der Kette des Seins[129] zu mehr oder minder empirisch untermauerten Vermutungen, die ihre Beweise mit dem *Rêve* und danach mit den *Eléments de physiologie*[130] zunehmend aus der Biologie, Chemie und der Medizin ziehen. Während der *Rêve* noch häufig vom Molekül zum Ganzen springt, öffnen sich die *Eléments de physiologie* (1774f.) zur Evolutionstheorie. Der Roman steht in gewissem Sinne zwischen diesen beiden Denkweisen.

Definiert man mit Jean Varloot Diderots Konzeption vom Aggregat als provisorische Organisation von Molekülen, als distinkten Seinsbereich mit eigener Entwicklung („être distinct continu, qui a son propre développement") und die Bündelung der heterogenen Aggregate als dauernde Transformation unter der Wirkung innerer, in Gärung befindlicher, untereinander notwendig interagierender Kräfte („transformation perpétuelle sous l'effet de forces internes [en „fermentation"] et soumis aux interactions entre eux"),[131] so läßt sich diese Denkfigur unschwer auch im Struktur- und Vernetzungsprinzip der eingelegten Geschichten wiedererkennen. Auf der Ebene der Makroentwicklung ist mit der naturphilosophischen Vorstellung der Zeitlichkeit der Materie in die Kette des Seins nicht nur Heterogenität, sondern auch Diskontinuität eingelassen, d.h. dauernde Transformation bis hin zur Möglichkeit des schon früh vermuteten Verschwindens der menschlichen Gattung.[132] Unterstellt man, Diderot erzähle die Organisation einer sozialen Materie im Medium der Denkformen der Analyse der Natur (Geschichte),[133] so hätten Heterogenität und Diskontinuität der Materie sehr wohl ihre Entsprechung in der Textorganisation, wäre die große Schicksalsrolle („grand rouleau") das Äquivalent zur sogenannten Kette des Seins.[134] In dieser Sicht bilden Herr und Knecht ein Axialsystem, auf das sich die gleichsam molekularen bzw. sich aggregierenden Handlungen der Subjekte und die Frage des Determinismus beziehen lassen, allerdings

---

[129] Varloot, (wie Anm. 14), S. CXV.

[130] Abfassungszeit ab 1774; zur Datierung cf. Jean Mayer, (wie Anm. 11), S. XIV.

[131] Varloot, (wie Anm. 14), S. CV, in Diderots Text ist von einem Gewebe („tissu") die Rede.

[132] *Pensées sur l'interprétation de la nature*, in: *Œuvres*, hg. v. Versini, (wie Anm. 93), Bd. 1, S. 597).

[133] Selbstverständlich könnte man auch die Hypothese eines Transfers der Denkform in umgekehrter Richtung ins Auge fassen, jedoch scheint dies angesichts der naturwüchsigen „Interdisziplinarität" von Diderots Arbeitsweise und Schreibprozeß letztlich eine wenig weiterführende Fragestellung.

[134] Varloot, (wie Anm. 14), S. LXXXI. Beide Möglichkeiten relativieren sich wiederum gegenüber der Ewigkeit des Universums. Diese Einsichten schließen jedoch eine politische Radikalisierung Diderots nicht aus, wie etwa seine nach der Erfahrung mit Katharina II. zunehmende Gleichgültigkeit gegenüber dem bürgerlichen Reformismus von Turgot bzw. Necker zeigt, die zugleich mit einem verstärkten antikolonialen Engagement einhergeht.

auch hier mit der Möglichkeit der Verkehrung vorher geschaffener Verhältnisse. Insofern kennen sowohl die physische Anthropologie mit der Vernichtung der Gattung wie die sozialanthropologisch basierte Konstruktion gesellschaftlicher Entwicklung mit der Niederlage des Knechts die Möglichkeit der Krise bzw. der Katastrophe.[135]

Verstummt ist Diderot deswegen nicht. Anfang der siebziger Jahre hatte er noch die Absicht gehegt, mit einem Traktat des Titels *De vita bona et beata* die im *Neveu de Rameau* behauptete Möglichkeit eines glücklichen Lebens der Überprüfung auszusetzen. Die Absicht verwies auf Seneca, jenen nach Sokrates und Diogenes dritten, von Diderot zur Selbstthematisierung bemühten antiken Typus des Philosophen.[136] An die Stelle des philosophischen Traktats trat jedoch ein Romanprojekt mit einem Protagonisten aus dem Volk, *Jacques le fataliste*,[137] eine Art erzählter Soziologie bzw. Sozialanthropologie und zugleich eine fiktive Machtprobe auf die geschichtliche Entwicklung, deren Prognose einer vom Intellektuellen sekundierten Herrschaft des Knechts, wie wir sahen, keinen narrativen Bestand hatte.

Am Ende eines langen, Ethik und Natur in immer neue Verhältnisse setzenden Denk- und Schreibprozesses, der mit *Jacques le fataliste* zugleich eine neue Form der Wirklichkeitsabbildung und der Leserpartizipation entwickelt, hat sich, wie man sehen konnte, die den Libertinismus des Romanerstlings ablösende normative, noch im Banne Rousseaus stehende Anthropologie fast vollständig verbraucht.[138] Dem Tugenddiskurs des Theaters und der gegen die verderbliche Macht der Institution des Klosters aufgerufenen „Natur" war das zerrissene Bewußtsein von Philosoph und Parasit gefolgt. In einem neuen normativen Anlauf ging „Natur" dann im eigentumslosen Volk auf, das zugleich als einziger verläßlicher Träger einer Ethik erschien, deren Bestimmungen immer fragwürdiger geworden waren. Der Blick auf Tahiti dagegen verwarf die Idee einer möglichen Idealnatur im Raum der Geschichte. Ob das „Volk" im Raum der entwickelten Zivilisation eine andere Geschichte haben könne als der zum Untergang verurteilte Wilde, blieb als offenes Problem. Vorangetrieben wurde es in *Jacques le fataliste et son maître* in einer sozialanalytischen und zugleich machtpolitischen Perspektive, mit zunächst pro-

---

[135] Zur in der Spätaufklärung nicht ungewöhnlichen Vorstellung eines Verschwindens der Gattung hatten nicht zuletzt auch die Fossilienfunde beigetragen. – Eine Deutung des Textes im Gefolge Foucaults versucht neuerdings: Wagener, Guy, ‚Jacques le fataliste‘: pathways towards a new science, in: *Papers on language and literature* 25/2 (1989), S. 151–164.

[136] Seneca war Verfasser von *De vita beata*.

[137] Vgl. den Brief von Meister (père) an Bodmer vom 12.9.1771: „Diderot n'a pas encore commencé son traité *De vita bona et beata*, mais il a fait un conte charmant, *Jacques le fataliste* [...]"; zit. nach Fabre, Jean, *Jacques le fataliste*: problèmes et recherches, in *Studies on Voltaire and the eigteenth century*, Bd. 56 (1967), S. 485–499, hier S. 488.

[138] Die Kontinuität eines rein naturrechtlich begründeten ethischen Impulses sucht mit wenig überzeugenden und die Narrativik ignorierenden Argumenten zu unterstreichen Domenech, Jacques, *L'éthique des lumières*. Paris 1989, S. 99–110.

phetisch-optimistischer Tendenz und schließlicher Skepsis, wobei der Text zugleich die Gesetze seiner Konstruktion offenlegte – bis auf die stillschweigende Ausklammerung des Bürgertums, die dem Roman seine letztlich pessimistische Perspektive innerhalb der Aufklärungstexte einschrieb, aber auch seine Anschließbarkeit in die Moderne ermöglichte.

Idealreferenzen jeglicher Art sind nun suspendiert. Die menschliche Natur ist physisch als so vielfältig unterstellt wie als gesellschaftlich geformt erkannt. Wer er denn eigentlich sei, das wußte, wie wir oben sahen, schon der Neffe Rameaus nicht mehr zu erkennen.[139] Allein die Grunddisposition zu Mitleid und Würde[140] scheint noch gelegentlich als anthropologisches Fixum und als Widerstandspotential auf, und auch dieses wird immer wieder ausgelöscht in einer Gesellschaft, deren wesentliche Bezugsachsen für das Handeln Eigentum und Herrschaft darstellen.[141]

In dieser Gesellschaft steht der Aufklärer, der uns diese Erkenntnisse vorführte, jetzt weitgehend allein. Seneca kommt nun doch noch zu seinem Recht. Ins Bild gesetzt wird er jedoch nicht als Referenz für einen neuen Entwurf glücklichen Lebens, sondern in der Konfrontation mit der politischen Macht.[142] Vielleicht unfreiwillig macht Diderot mit dieser, seinen geistigen Lebensweg beschließenden Figuration deutlich, daß auch der Philosoph, modern gesprochen der Intellektuelle, nun seine Pantomime gefunden hat.[143]

---

[139] Auch Jacques findet nur noch in der Form nostalgischer Klage zur gelobten Existenz des Bauern, für den sein Name als Symbol steht, zurück.

[140] Sie erscheint nur beim Volk, dem Schmarotzer, dem Intellektuellen und dem für verrückt erklärten Reichen.

[141] Vom „état de crime et de guerre" spricht Diderot in der *Réfutation suivie de l'ouvrage d'Helvétius intitulé ‚L'homme'.* Diderot, in: *Œuvres,* hg. v. Versini, (wie Anm. 93), Bd. 1, S. 786.

[142] *Essai sur les Règnes de Claude et de Néron.* Préface par Jean Ehrard. Introduction et commentaire par Jean Deprun. Texte établi par Jeannette Lorenceau, in: Diderot, *Œuvres complètes,* Éd. Hermann, (wie Anm. 24), Bd. 25 (1986), S. 3–441.

[143] Daß der ‚Geist' noch keinen Selbstzweck darstellt, deutet sich da an, wo an das Lob der „retraite du sage" unvermittelt eine wort- und pathosreiche Adresse an die Aufständischen Amerikas angefügt ist (ebd., S. 355). – Die Funktion der kritischen Selbstthematisierung der eigenen Praxis als Aufklärer, vor allem die der Abrechnung mit der Illusion des aufgeklärten Absolutismus, unterstreicht Lepape, (wie Anm. 45), S. 420.

Werner Nell (Halle)

# Konstruktionsformen und Reflexionsstufen des Fremden im Diskurs der Spätaufklärung bei Diderot und Forster

Wenn im Sinne des von Bernhard Waldenfels aufgestellten „Antwortregisters" das Aufkommen von Fragen eine systemsprengende und eine systemstabilisierende Funktion hat,[1] ein Neueinsatz des Fragens also in konstruktiver wie in kritischer Funktion verstanden werden kann, dann kommt der Beschäftigung mit dem Zeitraum der Spätaufklärung,[2] als einem Zeitalter der „Fragen ohne Antwort"[3] hinsichtlich der Bezugnahme auf das, den oder die Fremde,[4] ebenfalls eine doppelte Funktion zu: Zunächst werden unter dem Eindruck wachsender Datenmengen und vertiefter Klassifikationsbemühungen bereits vorhandene bzw. aus Erfahrungen und Alltagsroutine entworfene Zuordnungen fragwürdig. Der damit in Erscheinung tretende Zwiespalt, die mit dem Zweifel aufkommende Fragwürdigkeit bestehender Kategoriensysteme und Selbstverständnisse[5] geben dann einen Raum weitergehender, auf die Grundlagen von Kategorien und Erkenntnissen zielender Reflexion frei, ja zeigen bereits den Konstruktionscharakter der jeweils in Rede stehenden Möglichkeiten, Eigenes und Fremdes zu bestimmen.[6] In dem Maße, wie sich hieraus theoriegeleitete und systembezogene Reflexivität und Elastizität für eine vernunftgeleitete Beschäftigung mit dem Fremden ergeben, bietet der Diskussionszusammenhang der Spätaufklärung eine Vorlage, ggf. auch Anknüpfungsmöglichkeit für die aktuelle wissenschaftliche und gesellschaftliche Diskussion, in deren

---

1   Vgl. Waldenfels, Bernhard, *Antwortregister*. Frankfurt/M. 1994, S. 22ff.
2   Aktualisierende Akzente hierzu bei Zimmermann, Harro, Aufklärung – Epochendiskurs und Projekt der Moderne. Aspekte einer ausgebliebenen Debatte, in: ders., *Aufklärung und Erfahrungswandel. Studien zur deutschen Literaturgeschichte des späten 18. Jahrhunderts*. Göttingen 1999, S. 9–63, hier S. 22–32.
3   Schönert, Jörg, Fragen ohne Antwort. Zur Krise der literarischen Aufklärung im Roman des späten 18. Jahrhunderts: Wezels ,Belphegor', Klingers ,Faust' und die ,Nachtwachen von Bonaventura', in: *Jahrbuch der deutschen Schillergesellschaft* 14 (1970), S. 183–229.
4   Unterschiede und gemeinsame Perspektiven dieser Genera werden angesprochen bei Schäffter, Ortfried, Modi des Fremderlebens. Deutungsmuster im Umgang mit Fremdheit, in: ders. (Hg.), *Das Fremde. Erfahrungsmöglichkeiten zwischen Faszination und Bedrohung*. Opladen 1991, S. 11–42.
5   Auf diesen produktiven Aspekt des Zweifels ist bereits Ernst Cassirer im ersten Kapitel seiner noch heute grundlegenden Studie von 1932, *Die Philosophie der Aufklärung*, zit. 3. Auflage Tübingen 1973, S. 28ff. (zu Hume) nachdrücklich eingegangen. Näherhin zu Diderot vgl. Dieckmann, Herbert, Themen und Struktur der Aufklärung, in: ders., *Diderot und die Aufklärung. Aufsätze zur europäischen Literatur des 18. Jahrhunderts*. Stuttgart 1972, S. 1–29, hier S. 12ff.
6   Vgl. dazu Hahn, Alois, Die soziale Konstruktion des Fremden, in: Sprondel, Walter M. (Hg.), *Die Objektivität der Ordnungen und ihre kommunikative Konstruktion*. Frankfurt/M. 1994, S. 140–163.

Zentrum freilich nicht mehr die Suche nach möglichst exakter Bestimmung des Verhältnisses von Eigenem und Fremdem steht, sondern das aus der Unschärfe gewonnene Bewußtsein für die Unbestimmtheit[7] und die Standort- und Rahmengebundenheit[8] jeweiliger Zuordnungen.

Epistemologisch werden damit schon in der Spätaufklärung – wie später im Zuge der Moderne bis hin zur Postmoderne noch radikaler erkennbar[9] – jeweils aktuelle Bestrebungen zur Bestimmung des Fremden[10] und seiner Integration in bestehende Ordnungs- und Erklärungssysteme[11] überlagert bzw. konterkariert durch die in diesen Bestimmungsversuchen jeweils auftretende Erscheinung der Mehrdeutigkeit von Begriffen und Bezugsfeldern sowie erst recht durch die Unangepaßtheit der jeweils vorliegenden Erfahrungen, Fakten und Individuen.[12]

## I.

Läßt sich zunächst der historische Gang der Aufklärung über das Fremde im Duktus des 18. Jahrhunderts auch als eine Art mentaler, epistemologischer Kolonisation bestimmen,[13] so gehört die Sichtbarkeit des Zweifels an unbefriedigenden Ordnungsversuchen,[14] aber auch an den Entwürfen zur Fiktionalisierung[15] von

---

[7] Vgl. dazu grundlegend Baecker, Dirk, *Wozu Kultur?* Berlin 2000, S. 113ff.

[8] Vgl. dazu Waldenfels, Bernhard, Phänomenologie des Eigenen und Fremden, in: Münkler, Herfried (Hg.), unter Mitarb. v. Bernd Ladwig, *Furcht und Faszination.* Facetten der Fremdheit. Berlin 1997, S. 65–83.

[9] Vgl. dazu Fuchs, Martin / Berg, Eberhard, Phänomenologie der Differenz. Reflexionsstufen ethnographischer Repräsentation, in: Eberhard Berg / Martin Fuchs (Hg.), *Kultur, soziale Praxis, Text.* Die Krise der ethnographischen Repräsentation. Frankfurt/M. 1993, S. 11–108, hier S. 15ff.

[10] Vgl. Bitterli, Urs, *Die ,Wilden' und die ,Zivilisierten'.* Grundzüge einer Geistes- und Kulturgeschichte der europäisch-überseeischen Begegnung. München 1982, S. 35ff.

[11] Vgl. Lepenies, Wolf, *Das Ende der Naturgeschichte.* Wandel kultureller Selbstverständlichkeiten in den Wissenschaften des 18. und 19. Jahrhunderts. Frankfurt/M. 1978, S. 16ff.

[12] So etwa der Streit um die Entstehung und Ausbreitung der menschlichen Rasse (Monogenisten gegen Polygenisten), die Suche nach dem „Homme naturel" (vgl. Bitterli, [wie Anm. 10], S. 327ff. und 280ff.) oder auch nach dem „riesenhaften Patagonier", die noch im 18. Jahrhundert die Aufmerksamkeit der Menschen fesseln konnte; vgl. zum Letzteren die Abbildung eines solchen „Riesen" aus dem Jahr 1772 in: Kohl, Karl-Heinz (Hg.), *Berliner Festspiele.* Mythen der neuen Welt. Zur Entdeckungsgeschichte Lateinamerikas. Berlin 1982, S. 239.

[13] Pointiert der Foucault-Schüler Leclerc, Gérard, *Anthropologie und Kolonialismus.* Frankfurt a.M. / Berlin / Wien 1976, S. 17ff.; Moravia, Sergio, *Beobachtende Vernunft.* Philosophie und Anthropologie in der Aufklärung. Frankfurt a.M. / Berlin / Wien 1977, S. 58ff.

[14] Zu Linné, dessen erste Klassifikation neben den Menschen auch die Faultiere den „Menschengestaltigen" zurechnen wollte, vgl. Demel, Walter, Wie die Chinesen gelb wurden. Ein Beitrag zur Frühgeschichte der Rassentheorien, in: *Historische Zeitschrift* 255 (1992), S. 625–666, hier S. 644f.

[15] Vgl. dazu Osterhammel, Jürgen, Distanzerfahrung. Darstellungsweisen des Fremden im 18. Jahrhundert, in: König, Hans-Joachim / Reinhard, Wolfgang / Wendt, Reinhard (Hg.), *Der*

Fremderfahrungen schon vor dem Stadium einer sich selbst reflexiv verstehenden Moderne[16] zu den beachtenswerten Leistungen und Problemstellungen einer ihre eigenen Grenzen erkundenden Spätaufklärung.[17] Deren Widersprüchlichkeiten, Verwirrungen und auch Monstrositäten[18] können auch als Impulse gesehen werden, an denen sich in den „historisch spezifischen Strukturen der Wahrnehmung" ebenso wie in den „historisch spezifischen Konventionen und Strategien der Darstellung" des Fremden die „kulturellen Problemlagen und die Konfigurationen des Wissens in der okzidentalen Zivilisation"[19] ablesen und erkunden lassen. Wie nötig diese in der historischen Forschung gewonnene Reflexivität von Objektkonstitution und Wahrnehmungsprozeß, von Interpretation und Rahmensetzung ist, belegt ein Blick in die aktuellen gesellschaftlich und politisch ausgerichteten Debatten[20] um die Figur des „Fremden" in fortgeschrittenen Industriegesellschaften ebenso wie die kulturwissenschaftliche Bestandsaufnahme der in den Medien von Kulturtheorie, Wissenschaften und Künsten präsentierten Figuren des Fremden[21] selbst.

Hatte Georg Simmel am Beginn des letzten Jahrhunderts in seinem zu Recht immer wieder herangezogenen „Exkurs über den Fremden" aus der *Soziologie* von 1908[22] zunächst die Grenzstellung, die Vielgestaltigkeit und die Multifunktionalität des Fremden herausgestellt, so tritt in seiner weiteren Betrachtung auch die Funktion des Fremden als Mittel der Gestaltung von „Distanzerfahrung"[23] in den Vordergrund. Es handelt sich dabei im besonderen um die Relativität und Relationalität des Fremden hinsichtlich der Gruppenzugehörigkeit, auf die bezogen erst die Gegenüberstellung von Eigenem und Fremdem soziologisch – wenn auch in einem Vexierbild – bestimmbar wird: „Als solches [im Hinblick auf seine Gruppenzugehörigkeit, W. N.] ist er vielmehr zugleich nah und fern [...]".[24] Gerade der

---

*europäische Beobachter außereuropäischer Kulturen.* Zur Problematik der Wirklichkeitswahrnehmung. Berlin 1989, S. 9–42, hier S. 14–16.

[16] Vgl. dazu immer noch grundlegend Beck, Ulrich, *Risikogesellschaft. Auf dem Weg in eine andere Moderne.* Frankfurt/M. 1986, S. 251ff.

[17] Bereits in dieser kritischen, selbstreflexiven Funktion, nicht erst aus dem antiaufklärerischen, reaktionär gewendeten Scheitern der spätaufklärerischen Impulse begründen sich Aktualität und Ertrag einer gegenwärtigen Beschäftigung mit Erfahrungen und Modellen dieser Zeit; vgl. dazu Zimmermann, (wie Anm. 2), S. 27f.

[18] Aus der Sicht einer rassismuskritischen Lektüre im Sinne Demels (wie Anm. 14) erscheint die Rede vom „Aufschwung der deutschen Anthropologie", so eine Kapitelüberschrift in Wilhelm E. Mühlmanns *Geschichte der Anthropologie* (Wiesbaden 1984), durchaus fragwürdig.

[19] Osterhammel, (wie Anm. 15), S. 42, S. 41.

[20] Z.B. Münkler, Herfried und Ladwig, Bernd, Dimensionen der Fremdheit, in: Münkler (Hg.), (wie Anm. 8), S. 11–44, hier S. 32f.

[21] Vgl. Janz, Rolf-Peter (Hg.), *Faszination und Schrecken des Fremden.* Frankfurt/M. 2001.

[22] Simmel, Georg, *Soziologie. Untersuchungen über die Formen der Vergesellschaftung* (1908). Berlin ⁵1968. Zum wissenschaftstheoretischen Stellenwert von Simmels Analyse vgl. Stichweh, Rudolf, Der Fremde – Zur Evolution der Weltgesellschaft, in: *Rechtshistorisches Journal* 11 (1992), S. 295–316, hier S. 295f.

[23] Vgl. Osterhammel, (wie Anm. 15), S. 34ff.

[24] Simmel, (wie Anm. 22), S. 512.

Umstand, daß alle Zuordnungsversuche der jeweiligen Besonderheit stets in der erneuten Aussage eines Allgemeinen enden, bringt für die Erfahrung (Wahrnehmung) des Fremden die in den jeweiligen Zuordnungsversuchen enthaltene Anspannung und Gewaltsamkeit immer wieder zu Bewußtsein[25] und beleuchtet damit auch die jeweiligen kulturellen, wissenschaftsbezogenen und erfahrungsgeleiteten Präsentations- und Wahrnehmungsformen in jeweiligen Situationen als fremd Erscheinende oder Gestaltete selbst.[26]

Man kann hier also auch von einem Prokrustes-Bett der Zuordnung des Fremden im Hinblick auf ein ebenso gewaltsam und willkürlich bestimmbares Eigenes sprechen, das freilich weniger allein anthropologisch als vielmehr in jeweiligen historischen politischen, gesellschaftlichen und sozialpsychologischen Rahmenbedingungen gesehen werden muß[27] und gerade im Überschwang von Signifikanten[28] freiwillig oder unfreiwillig seine Künstlichkeit und seinen Konstruktionscharakter erkennbar werden läßt. Noch einmal Simmel:

> Zwischen jenen beiden Elementen aber erhebt sich eine besondere Spannung, indem das Bewußtsein, nur das überhaupt Allgemeine gemein zu haben, doch gerade das, was nicht gemeinsam ist, zu besonderer Betonung bringt. Dies ist aber im Falle des Land- [...] fremden auch wieder nichts Individuelles, sondern eine fremde Herkunft, die vielen Fremden gemeinsam ist oder sein könnte.[29]

---

[25] Ein Blick auf eine der im 18. Jahrhundert verbreiteten, zur Orientierung der Reisenden geschaffenen Völkertafeln kann dies bestätigen; so finden sich in einer mitunter auch in Schulbüchern dokumentierten Tafel aus der Steiermark, frühes 18. Jahrhundert, unter dem Titel „Kurze Beschreibung der in Europa befindlichen Völckern und ihren Eigenschaften" solche aussagekräftigen Attribute wieder wie: „ganz gut" (Natureigenschaft der Deutschen), „gut" (Gottesdienst der Franzosen) oder „ehrbar" (Kleidung der Spanier). Vgl. *Das IGL-Buch*. Gesellschaftslehre an Gesamtschulen Bd. 3. Stuttgart u.a. 1997, S. 100f. Zum kulturgeschichtlichen Hintergrund und zur anthropologischen, auch moralphilosophischen Bedeutung der Reisekunst im 18. Jahrhundert vgl. Stagl, Justin, Der wohl unterwiesene Passagier. Reisekunst und Gesellschaftsbeschreibung vom 16. bis zum 18. Jahrhundert, in: Krasnobaev, Boris I. / Robel, Gert / Zeman, Herbert (Hg.), *Reisen und Reisebeschreibungen im 18. und 19. Jahrhundert als Quellen der Kulturbeziehungsforschung*. Berlin 1980, S. 353–384.

[26] Vgl. Osterhammel, (wie Anm. 15), S. 42. Theoretisch grundlegender noch Stichweh, Rudolf, Der Fremde – Zur Soziologie der Indifferenz, in: Münkler (Hg.), (wie Anm. 8), S. 45–64, hier S. 47f.

[27] Vgl. „Fremdheit ‚gibt' es nicht unabhängig von der sprachlichen Bezugnahme auf Fremdheit, nicht einmal als notwendige Unterstellung. [...] Unsere These ist, daß das Wort ‚Fremdheit' besonders viele Freiheitsgrade für die Definition von Beziehungen bietet, weil die allgemeinen Regelungen seiner Verwendung sehr unscharf sind." Münkler / Ladwig, (wie Anm. 20), S. 14f.

[28] In diesem Sinne kommt den in den Künsten und ebenso in den elektronischen Medien transportierten Fremdheitsbildern eine ggf. ideologisierende oder auch kritische Funktion zu, gleichviel ob es sich hierbei um die Gestaltung „edler Wilder" oder „primitivster Barbaren" handelt; vgl. dazu Diamond, Stanley, *Kritik der Zivilisation*. Anthropologie und die Wiederentdeckung des Primitiven. Frankfurt/M. 1976; Kohl, Karl-Heinz, *Entzauberter Blick*. Das Bild vom Guten Wilden und die Erfahrung der Zivilisation. Berlin 1981, S. 101ff.

[29] Simmel, (wie Anm. 22), S. 512.

Es ließe sich bereits hier zwanglos zu Diderots Kritik der essentiell ausgerichteten anthropologischen Annahmen seiner Zeit[30] und der ihren Vorstellungen und Formulierungen zugrunde liegenden Begrifflichkeit[31] übergehen, etwa so, wie sie in den Reflexionen zu Sprache und Anthropologie in der Schrift *Pensées sur l'Interprétation de la Nature* von 1754 zur Sprache kommen.[32] Ebenso ist in diesem Rahmen auf die von Diderot postulierte Kritik der Vorstellungen einer „von jeglicher Situiertheit gereinigten Metasprache"[33] im Umgang mit Menschen und Natur hinzuweisen, wie sie Klaus Dirscherl anhand einer Interpretation des *Rêve de d'Alembert* herausgearbeitet hat.[34] Bevor wir jedoch auf Diderot (und dann auf Forster) genauer eingehen, sei noch der zweite Aspekt angesprochen, der gerade im Hinblick auf die Erstellung einer reflexiven Ebene in der gegenwärtigen Diskussion und Erforschung des Umgangs mit dem Fremden den Bezug zu den Erfahrungen und zum Diskussionsstand der Spätaufklärung begründen kann.

Kann man den ersten, bisher angesprochenen Komplex als einen unter den Systematisierungs- und Legitimierungszwängen der nationalstaatlich sich entwickelnden Industriemoderne verloren gegangenen Vorgang der Reflexivierung und Relationierung des Fremdheitsbegriffs beschreiben, so wäre der zweite Aspekt so zu bestimmen, daß es den besonderen Charakter des spätaufklärerischen Zweifelns und Entwerfens von Mustern ausmacht, daß sie vor dem Hintergrund der vorhergehenden rationalistischen Zuordnungsmodelle (Naturgeschichte, Universalgeschichte, Klassifikationsmuster nach dem Modell Linnés)[35] Konstruktionsformen des Fremden aufstellen und erproben, die zugleich das Prinzip oder die Prinzipien der Konstruktion zeigen.

Diesen zweiten Aspekt belegt aufs deutlichste Georg Forsters berühmte Vorrede zur *Reise um die Welt* vom März 1777, in der – moralisch getönt – das Grundproblem einer aufs Empirische gerichteten philosophischen Anthropologie angesprochen wird: „[...] denn da ich von menschlichen Schwachheiten nicht frey bin, so

---

[30] Zur Anthropologie der Aufklärung, namentlich zu ihrer Suche nach Gesetzförmigkeiten und universalisierbaren Sachverhalten, vgl. noch immer Harris, Marvin, *The Rise of Anthropological Theory*. New York 1968, S. 24ff.

[31] Zu Rolle und Eigenart der Terminologie im Fortgang der europäischen Aufklärung vgl. Campe, Rüdiger: Bezeichnen, Lokalisieren, Berechnen, in: Schings, Hans-Jürgen (Hg.), *Der ganze Mensch. Anthropologie und Literatur im 18. Jahrhundert*. DFG-Symposion 1992. Stuttgart / Weimar 1994, S. 162–186.

[32] Diderot, Denis, *Pensées sur l'interprétation de la nature*; im Folgenden Zitate nach der deutschen Ausgabe: *Gedanken zur Interpretation der Natur*, in: Diderot, Denis, *Über die Natur* [1753/1754], hg. und mit einem Essay von Jochen Köhler. Frankfurt/M. 1989, S. 7–65, hier insb. S. 42ff., S. 59ff.

[33] Dirscherl, Klaus, Diderot auf der Suche nach einem Diskurs über den Menschen, in: Gumbrecht, Hans Ulrich / Link-Heer, Ursula (Hg.), *Epochenschwellen und Epochenstrukturen im Diskurs der Literatur- und Sprachhistorie*. Frankfurt/M. 1985, S. 126–140, hier S. 131.

[34] Ebd. S. 134ff.

[35] Vgl. dazu Lepenies, Wolf, Eine Moral aus irdischer Ordnungsliebe: Linnés Nemesis Divina, in: Linné, Carl von, *Nemesis Divina*. Frankfurt a.M. / Berlin / Wien 1983, S. 321–358, hier S. 341ff.

mußten meine Leser doch wissen, wie das Glas gefärbt ist, durch welches ich gesehen habe."[36] Es mag der Jugend des Verfassers, den schwankenden Lebensumständen in der Zeit des Schreibens und Übersetzens dieses Buches,[37] auch dem Anspruch einer auf universale Modelle und Konstruktionen ausgehenden wissenschaftlichen Aufnahme,[38] der sich der junge Autor durchaus auch stellen wollte, geschuldet sein, daß sich im selben Text – nur einige Zeilen vorher – auch eine eher objektivierende Konzeption findet:

> Ein Reisender, der nach meinem Begriff alle Erwartungen erfüllen wollte, müßte Rechtschaffenheit genug haben, einzelne Gegenstände richtig und in ihrem wahren Lichte zu beobachten, aber auch Scharfsinn genug, dieselben zu verbinden, allgemeine Forderungen daraus zu ziehen, um dadurch sich und seinen Lesern den Weg zu neuen Entdeckungen und künftigen Untersuchungen zu bahnen.[39]

Die Situierung dieser Formulierung zwischen Aufklärung und Spätaufklärung hängt davon ab, wie sich der letzte Teil dieses Satzes verstehen läßt: Ist der Weg zu „neuen Entdeckungen und künftigen Untersuchungen" ein gerader in progressiver Perspektive, so verweist er auf das Selbstverständnis der Aufklärung; sollte die Fragwürdigkeit der eigenen Erfahrungen und Kategorienbildung ebenfalls zu den „neuen Entdeckungen" zählen und künftige Untersuchungen bestimmen, so wird mit diesem spätaufklärerischen Text einem Wissenschaftsverständnis vorgearbeitet, das sich in der Gegenwart im Modell epistemologischer Forschungen wiederfinden läßt[40] und sich als reflexives Wissen[41] darstellt. Vielleicht ist das in Forsters Text offenkundige Schwanken[42] als zentrales Merkmal spätaufklärerischer Texte

---

[36] Forster, Georg, *Reise um die Welt* [1778/1780], hg. v. Gerhard Steiner. Frankfurt/M. 1983, S. 18.

[37] Die Belastungen des jungen Georg Forster und deren Folgen für sein Schreibmodell werden bereits in der „Charakteristik" angesprochen, die Georg Gottfried Gervinus 1843 im siebten Band der ersten erschienenen Ausgabe der *Sämtlichen Schriften* gegeben hat. Zit. Gervinus, Georg Gottfried, *Johann Georg Forster*, in: ders., *Schriften zur Literatur*. Berlin 1962, S. 317–403, hier S. 332. Vgl. auch Uhlig, Ludwig, *Georg Forster*. Einheit und Mannigfaltigkeit in seiner geistigen Welt. Tübingen 1965, S. 228ff. sowie Harpprecht, Klaus, *Georg Forster oder Die Liebe zur Welt*. Eine Biographie. Reinbek bei Hamburg 1990, S. 72f.

[38] Zur Wissenschaftsgeschichte und Wissenschaftstheorie der Zeit, auf die Georg Forster sich beziehen konnte, vgl. Berg, Eberhard, *Zwischen den Welten*. Über die Anthropologie der Aufklärung und ihr Verhältnis zu Entdeckungs-Reise und Welt-Erfahrung mit besonderem Blick auf das Werk Georg Forsters. Berlin 1982, insb. S. 30ff. und S. 62ff. Ferner Braun, Martin, *‚Nichts Menschliches soll mir fremd sein'* – Georg Forster und die frühe deutsche Völkerkunde vor dem Hintergrund der klassischen Kulturwissenschaften. Bonn 1991, S. 108ff.

[39] Forster, *Reise*, (wie Anm. 36), S. 17.

[40] Vgl. Canguilhem, Georges, Der Gegenstand der Wissenschaftsgeschichte, in: ders., *Wissenschaftsgeschichte und Epistemologie*. Gesammelte Aufsätze. Frankfurt/M. 1979, S. 22–37, hier S. 27ff.

[41] Vgl. dazu Luhmann, Niklas, Europäische Rationalität, in: ders., *Beobachtungen der Moderne*. Opladen 1992, S. 51–91, S. 65ff.

[42] Vgl. dazu Braun, (wie Anm. 38), S. 121ff. Pickerodt, Gerhart, Wahrnehmung und Konstruktion. Elemente der Ästhetik Georg Forsters, in: *Georg Forster in interdisziplinärer Perspektive*. Beiträge des Internationalen Georg Forster-Symposions in Kassel, 1. bis 4. April 1993,

und Denkbewegungen zu verstehen, in denen zwei einander entgegenstehende Positionen zunächst aufeinanderstoßen, erkundet werden, ohne klare Synthese bleiben und deshalb bis in die Gegenwart produktiv weiter wirken können.[43]

## II.

Diderot war freilich bereits 1754 auf dieses Schwanken der Modelle und Wahrheitsansprüche gestoßen, indem er deren Widersprüchlichkeit und den Hang des Systemdenkens zur Selbstabschließung in seinen *Gedanken zur Interpretation der Natur* anspricht:

> Sobald ein Methodiker in seinem System den Menschen an die Spitze der Vierfüßer gestellt hat, sieht er ihn in der Natur nur noch mit vier Füßen. [...] Der Mensch, sagt Linnaeus, sei weder ein Stein noch eine Pflanze; also sei er ein Tier. Er habe nicht nur einen Fuß, sei also kein Wurm. Er sei auch kein Insekt, da er keine Fühler habe. Er habe auch keine Flossen, sei also kein Fisch. Er sei kein Vogel, denn er habe keine Federn. Was sei also der Mensch? Er habe den Mund des Vierfüßers. Er habe vier Füße; die zwei Vorderfüße dienten ihm zum Befühlen, die zwei Hinterfüße zum Gehen. Also sei er ein Vierfüßer. ‚Allerdings‘, fährt unser Methodiker fort, ‚konnte ich auf Grund meiner naturgeschichtlichen Prinzipien den Menschen niemals vom Affen unterscheiden; denn es gibt gewisse Affen, die weniger behaart sind als gewisse Menschen [...]‘.[44]

Diderot spitzt diese Kritik der systematischen Zuordnung zum Ende dieses 49. Stücks seiner *Interpretation* noch zu, indem er beide Positionen unvermittelt einander gegenüberstellt: „‚Also ist ihre Methode falsch‘, sagt die Logik.“ „‚Also ist der Mensch ein Tier mit vier Füßen‘, sagt der Naturforscher.“[45]

Angesichts des Zeitpunkts und des Kontexts seiner Überlegungen kann man Diderots Position als eine der Selbstvergewisserung, als eine bereits bei Montaigne vorgezeichnete „erschließende Skepsis“[46] im Rahmen des aufklärerischen Diskurses[47] bestimmen.

> Das ist die Art zu informieren, die man zu Recht als generelles Charakteristikum aufklärerischen Schreibens ansieht. Diderot führt vertraute Gedankengänge vor, die nur der naive Leser für bare Münze nimmt – konventionelle Konzeptionen in unserem Fall – um sie dann durch Verfahren impliziter Kritik und Infragestellung von innen her auszuhöhlen. Man sagt nein, be-

---

hg. im Auftrag der Georg Forster-Gesellschaft e.V. von Claus-Volker Klenke in Zusammenarbeit mit Jörn Garber und Dieter Heintze. Berlin 1994, S. 275–285, insb. S. 275, Anm. 1.

[43] Diese Verknüpfung zur Gegenwart diskutiert Harro Zimmermann, (wie Anm. 2), S. 38ff.

[44] Diderot, *Gedanken*, (wie Anm. 32), S. 48.

[45] Ebd.

[46] So Hugo Friedrich über Montaignes Skepsis in seiner großen Studie; Friedrich, Hugo, *Montaigne*. Bern / München ²1967, S. 123: „Sie ist ein Teil der lockeren Gedankenbewegung, die zwischen seiner Scheu vor dem verborgenen Weltprinzip und seinem Studium menschlichimmanenter Begrenztheit hin und her läuft.“ Und ebd., S. 125: „Indem sie sich der Parteinahme für eine der überlieferten Weltdeutungen enthält, entdeckt sie die Produktivität des Menschengeistes.“

[47] Vgl. Cassirer, (wie Anm. 5), S. 36ff.

vor man ja sagen kann. Die positive Füllung des so entstehenden Begriffsvakuums muß auf später verschoben werden.[48]

Mit dieser Verfahrensweise, die den aufgeworfenen Fragen die „positive Füllung" verweigert – zumindest kommt keine abschließende Lösung in Sicht, wozu das Erzählmodell des Romans *Jacques le fataliste et son maître* das Modell hinausgeschobener Antworten schlechthin bietet[49] –, steht Diderot aber auch ganz im Fragehorizont der Spätaufklärung.[50] Sein Bewußtsein vom Konstruktionscharakter anthropologischer Unterscheidungen[51] bietet zugleich die Chance eines sich seiner Fragwürdigkeit in den Setzungen bewußten Bezugs auf das, die oder den Fremden. Eine fast aktuelle Warnung vor „schneller" Vereinfachung und Zuordnung findet sich in einer Nebenbemerkung des *Rêve de d'Alembert*: „Warten Sie ab und urteilen Sie nicht voreilig über die gewaltige Arbeit der Natur",[52] heißt es dort, und in der Art des Räsonnierens, gerade in diesem Text, lassen sich durchaus Muster der Aufsplitterung von Identität nach Identitätsdiskursen wiederfinden, die sich wie ein Prädiskurs zur „Hybridisierung der Strukturen und Identitäten" in der postkolonialen afroamerikanischen Literaturwissenschaft lesen lassen.[53] So d'Alembert im Bericht des Fräuleins von L'Espinasse: „[...] ein Ganzes, ein System, das *eines* ist, ein Selbst, welches das Bewußtsein seiner Einheit hat, das sehe ich nicht, nein, das nicht [...]".[54] „Dieser vielstimmige und polyvalente Text", schreibt Klaus Dirscherl zu *D'Alemberts Traum*,

> steigert die Verfahren der Dramatisierung und Destabilisierung der ‚wissenschaftlichen' Rede um ein Erhebliches gegenüber dem, was der Artikel ‚Animal' vorführt. [...] Der rational argumentierende Autor als souveräner Darsteller eindeutig abbildbarer Wirklichkeit wird [...] in die logisch nicht kontrollierte, historisch-empirische Vielheit konfligierender und unvollständiger, sich einander aber auf neue Weise ergänzender Meinungen unterschiedlicher Sprecher aufgelöst.[55]

---

[48]  Dirscherl, (wie Anm. 33), S 129.
[49]  Vgl. Köhler, Erich, ‚Est-ce que l'on sait où l'on va?' – Zur strukturellen Einheit von Diderots ‚Jacques le Fataliste et son maître', in: Schlobach, Jochen (Hg.), *Denis Diderot*. Darmstadt 1992, S. 245–273; Thoma, Heinz, Denis Diderot, ‚Jacques le Fataliste et son maître' (1778–1796), in: Rieger, Dietmar (Hg.), *18. Jahrhundert: Roman*. Tübingen 2000, S. 205–251, insb. S. 239ff.
[50]  Zu dieser auf einen unabschließbaren, auch paradoxalen Dialog hinauslaufenden Sichtweise der Spätaufklärung vgl. Zimmermann, (wie Anm. 2), S. 22–32.
[51]  Vgl. den Artikel ‚Animal' im ersten Band der *Encyclopédie ou Dictionnaire raisonné des Sciences, des Arts et des Métiers, par une société de gens de lettres mis en ordre et publié par M. Diderot*. Bd. I. Paris 1751, S. 468–474.
[52]  Diderot, Denis, *Gespräche mit d'Alembert*, in: ders.: *Über die Natur*, (wie Anm. 32), S. 94.
[53]  Vgl. Bhabha, Homi K., *Die Verortung der Kultur*. Tübingen 2000, S. 309ff.
[54]  Diderot, *Gespräche*, (wie Anm. 52), S. 85.
[55]  Dirscherl, (wie Anm 33), S. 136; entsprechend auch Starobinski, Jean, Le philosophe, le géomètre, l'hybride, in: *Poétique* 21 (1975), S. 8–23, hier S. 14f.

Dabei tritt, ähnlich zu Forsters Nachdenken über die Färbung des Glases, durch das die jeweilige Wahrnehmung und Interpretation des Fremden geschieht, auch bei Diderot die Subjektgebundenheit der Betrachtung in den Vordergrund:

> Da jeder seine eigenen Augen hat, sieht und erzählt jeder anders. Jede Idee ruft andere Ideen hervor, und man hält sich je nach seiner Denkweise oder seinem Charakter entweder an die Ideen, die die Tatsache genau wiedergeben, oder führt in sie andere, gleichzeitig hervorgerufene Ideen ein [...].[56]

ohne daß damit jedoch – wie kurz vor der zitierten Stelle im Zwiegespräch der beiden Akteure erörtert wird – der Anspruch auf Wahrheit aufgegeben werden müßte.

Im Verhältnis zu *D'Alemberts Traum* wird dadurch freilich der Text, der fraglos als erster im Werk Diderots eine xenologische Betrachtung nahelegt, in ein vergleichbar zwiespältiges Licht gerückt: Der *Supplément au voyage de Bougainville*, (1772–1775 geschrieben, veröffentlicht 1796) vereinigt in sich zwei gegenläufige Tendenzen: dem Lehrbuchcharakter einer Abhandlung über Bevölkerungspolitik (im Gewande der Beschreibung eines auf fremden Inseln gelegenen Gesellschaftsmodells vernünftiger „Wilder") und einer ideologiekritischen Betrachtung der Lücke zwischen moralischen Vorstellungen („des idées morales") und körperlichen Handlungen, die diesen nicht entsprechen („qui n'en comportent pas"),[57] stehen in der vermeintlichen Fortsetzung der Beschreibungen der pazifischen Freizügigkeiten Bougainvilles (1766)[58] Passagen gegenüber, die als kulturkritische Parteinahme für die europafremden Insulaner gelten können:

> Der ‚Supplément [...]' enthält den bis dahin vielleicht schärfsten Angriff, der von einem Vertreter der Aufklärung gegen den europäischen Kolonialismus vorgetragen worden war. Diderot kritisiert mit einer für einen Mann seines Jahrhunderts erstaunlichen Entschiedenheit die Verschränkung von wissenschaftlichen und kolonialpolitischen Interessen; er erkennt darüber hinaus die destruktiven Auswirkungen, die sich selbst aus anfänglich friedlichen Kontakten für das innere Gefüge der von den Europäern entdeckten Gesellschaften ergeben sollten [...].[59]

Zugleich sind diese Fremden erkennbar als Projektionen der eigenen Vorstellungen und Ansprüche; der Konstruktionscharakter und die Empirieferne als Bedingungen dieser Lehrmeinung werden gerade in dem vielfach als zentrale Kulturkritik angesprochenen Teil, in dem der Tahitianer Orou seine Vorstellungen von sexueller Freiheit und einem glücklichen Leben formuliert, von Diderots Gesprächspartnern

---

[56] Diderot, *Gespräche*, (wie Anm. 52), S. 133.
[57] Diderot, Denis: *Supplément au Voyage de Bougainville ou Dialogue entre A et B*, in: Diderot, *Œuvres*. Édition établie et annotée par André Billy. Paris 1951, S. 964–1002, hier S. 964. Vgl. dazu Hinterhäuser, Hans, *Utopie und Wirklichkeit bei Diderot*. Studien zum ‚Supplément au voyage de Bougainville'. Heidelberg 1957, insb. S. 89ff., S. 117ff., der dort allerdings auf tiefergehende Überlegungen zu Diderots „Unverbindlichkeit" verzichtet.
[58] Erste Hinweise zu Bougainville ebd., S. 46ff.
[59] Kohl, *Entzauberter Blick*, (wie Anm. 28), S. 229.

A und B aufgenommen und so thematisiert: „A.: ‚J'estime cet aumônier poli.' B.: ‚Et moi, beaucoup davantage les mœurs des Taïtiens, et le discours d'Orou.' A.: ‚Quoique un peu modelé à l'européenne' B.: ‚Je n'en doute pas.'„[60] Auch hier finden wir somit die Verschränkung von modellhaft entworfenen Bildern des Fremden mit der Anregung zum Nachdenken über die kulturelle Bedeutung der Fremdbilder zum einen, über den inhaltlichen Stellenwert und den Realitätsgehalt der im Bild der Fremden entworfenen Projektionen und Vorschläge zum anderen.

Damit stellt dieser Text – in geordneterer, d.h. auch in weniger die Reflexivität durch Verwirrung anstiftender Weise als der *Rêve* – die Fragwürdigkeit einer festen Vorstellung des Fremden zur Diskussion, wobei in einer vielfach bei Diderot angewendeten Inszenierung von Skepsis die Gegenüberstellung bzw. das Nebeneinander-gelten-Lassen zweier Grundsätze das letzte Wort bilden. In dieser Hinsicht stellt der vielfach als Leitmotiv interkultureller Begegnungen zitierte Schluß: „Man ziehe den Rock des Landes an, das man besucht, und bewahre den Rock des Landes auf, aus dem man stammt."[61] auch in epistemologischer Hinsicht einen relativierten, auf Zeitumstände und Zielsetzungen beschränkten Beitrag zum Umgang mit den Setzungen und Erfahrungen des Fremden dar.[62]

Affirmative Setzung und dialogische Auflösung dieser Setzungen, sowohl in berichteten Fragwürdigkeiten als auch in diskursiv entwickelten Zweifeln, bestimmen so Diderots Beitrag zu einem reflexiven Umgang mit dem Fremden:

> So wenig dieses seiner eigenen Imagination entsprungene und von der gesellschaftlichen Erfahrung seiner Zeit geprägte Bild der tahitischen Gesellschaft der Wirklichkeit entsprach, so modern mutet das Moment an kulturrelativistischer Reflexion an, das sich hinter Diderots Zeichnung einer fremden Kultur verbirgt.[63]

## III.

In anderer, zum Teil vergleichbarer, zum Teil sich überlagernder Weise erscheinen der Umgang mit dem Fremden und die Probleme einer interkulturellen Hermeneutik bei Georg Forster. Während er in der frühen *Reise um die Welt* nach Ordnungskriterien und Anordnungsmodellen sucht, die – entsprechend der Vorrede – ebenso

---

[60] Diderot, *Supplément*, (wie Anm. 57), S. 992.
[61] Diderot, Denis, *Nachtrag zu ‚Bougainvilles Reise' oder Gespräch zwischen A. und B. über die Unsitte, moralische Ideen an gewisse physische Handlungen zu knüpfen, zu denen sie nicht passen.* Nachwort von Herbert Dieckmann. Frankfurt 1965, S. 69; Original: „Prendre le froc du pays où l'on va, et garder celui du pays où l'on est." (Supplément, [wie Anm. 57], S. 1002).
[62] Gerade hier bleibt Diderot statischer, als es sein eigenes Konzept ermöglicht; die Möglichkeit eines produktiven „dritten" Neuen als Resultat des Wechsels und als Vermögen eines durch den Wechsel veränderten, erfahreneren Reisenden wird hier nicht gesehen; vgl. dazu aus der heutigen Migrationsforschung Badavia, Tarek, *Der dritte Stuhl*. Frankfurt/M. 2002.
[63] Kohl, *Entzauberter Blick*, (wie Anm. 28), S. 234.

häufig empirisch fundiert wie sentimental gebrochen werden, lassen sich in späteren Arbeiten deutlicher geschichtsphilosophische oder anthropologische Modelle finden, die auf eine Einordnung der Fremderfahrungen bzw. auf eine Einschließung der vom „Stachel des Fremden"[64] gerissenen Wunden zielen. Dies geschieht allerdings auf der Basis einer Vorstellung, die, wie programmatisch in dem kleinen Aufsatz *Über lokale und allgemeine Bildung* von 1791 formuliert, „uneingeschränkte Herrschaft der Vernunft bei unverminderter Reizbarkeit des Gefühls" anstrebt.[65] „Diese Vereinigung", so führt Forster – seinen eigenen Ansatz damit ebenfalls dem Zweifel aussetzend – den Gedankengang fort, „ist das große bis jetzt noch nicht aufgelöste Problem der Humanität".[66]

Wolf Lepenies hat im Hinblick auf Forsters Ansatzpunkte zu einer Theorie des Fremdverstehens von einer „Systematik dessen, was ich die ,Erfahrung des Nicht-Identischen' nennen möchte" gesprochen und diese Brechung allgemein bezogener Aussagen durch jeweils individuelle, eben auch sentimentalisch getönte Erfahrungen, Irritationen und Stimmungen als Grundlage der ethnographischen Arbeiten Forsters und der damit verbundenen erkenntniskritischen Selbstreflexion herausgestellt:[67]

> An diesen Hinweisen zeigt sich, daß Forster den Vorgang der Fremderfahrung nach dem Muster des Identitätsbildungsprozesses begreift: wir werden nicht wir selbst, wenn wir nichts weiter sein wollen, als wir sind, vielmehr bedarf es zur Ausbildung unseres Selbst der Erfahrung eines Anderen, indem wir diesen Anderen als Selbst und gleichzeitig als unser Selbst begreifen.[68]

Dem wäre zweierlei hinzuzufügen: Zum einen handelt es sich bei Forsters Modell nicht um einen Identitätsbildungsprozeß entlang einer – wie bei E. H. Erikson entwickelten – durchgängigen, das Eigene und das Fremde jeweils synthetisierenden Linie, die Reifung, Rundung oder organisches Wachstum verspricht,[69] wenn auch der Einfluß klassischer Bildungsvorstellungen für Forster eine maßgebliche Orientierungsgröße beschreibt.[70] Charakteristisch für Forsters, auch in seinem in biographischen Bezügen und Briefen geäußerten Selbstverständnis erscheint vielmehr die Reihung nicht weiter hierarchisierter Zuschreibungen; so etwa im Brief

---

[64] Vgl. Waldenfels, Bernhard, *Der Stachel des Fremden.* Frankfurt/M. 1990.
[65] Forster, Georg, *Über lokale und allgemeine Bildung* [1788/92] in: ders.: *Werke in vier Bänden*, hg. v. Gerhard Steiner. Frankfurt/M. 1967–1970, hier Bd. 3: *Kleine Schriften zu Kunst, Literatur, Philosophie, Geschichte und Politik* (1970), S. 275–286, hier S. 280.
[66] Ebd.
[67] Lepenies, Wolf, Eine vergessene Tradition der deutschen Anthropologie. Wissenschaft vom Menschen und Politik bei Georg Forster, in: *Saeculum* 24 (1973), S. 50–78, hier S. 55.
[68] Ebd., S. 71.
[69] Vgl. Erikson, Erik H., Wachstum und Krisen der gesunden Persönlichkeit, in: ders., *Identität und Lebenszyklus. Drei Aufsätze.* Frankfurt/M. 1973, S. 55–122, hier S. 118ff.
[70] Vgl. Rasmussen, Detlef, Georg Forsters Stil als Beschreibung der Dinge und gegenständliches Denken, in: ders. (Hg.), *Goethe und Forster.* Studien zum gegenständlichen Dichten. Bonn 1985, S. 20–53, hier S. 25.

an Voß vom 8.11.1793: „Sagen Sie [...], daß ich Ihrer wert sei [...] als Mensch, als Weltbürger, als Europäer, als Deutscher, als Franke",[71] die sich in der anthropologisch ausdeutbaren Trias „Vernunft, Gefühl und Phantasie, im schönsten Tanz vereint",[72] wiederfinden läßt und die in ihrer jede substantialistische Konstruktion von Identität in Frage stellenden Betrachtung den eigentlichen Gewinn der perspektivischen, multiplen Betrachtung des Fremden bei Forster ausmacht.[73]

Das Fremde erscheint – dem Bienenschwarm in Diderots *Rêve de d'Alembert* vergleichbar – als eine Sammelbezeichnung für eine Menge individueller Elemente, die für einen Betrachter möglicherweise ein Ganzes bilden. In ihren Bezügen und Handlungen aber geben sie gerade nicht ihre jeweils eigentümliche Selbständigkeit auf, und daher sind sie als einzelne Erscheinungen und Erfahrungen, Individuen vergleichbar, auch nicht als Ganzes einer Interpretation oder einem Akt des Verstehens zugänglich, der auf ein jeweils einheitliches Ganzes (Identität) der gesamten Erscheinung zielt. „Das Fremde", so lautet die These des Philosophen Stefan Majetschak,

> ist das unbewältigte, unbewältigbare Andere. Wenn es uns in einer anderen Kultur oder durch den Fremden innerhalb der eigenen begegnet, dann ist es solches, welches sich der identifizierenden Integration ins eigene Verständnis prinzipiell entzieht. Das Fremde manifestiert so besehen die bleibende, nicht aufhebbare Andersheit.[74]

Forster hat diese Unzugänglichkeit wohl am intensivsten angesichts der bei der Rückfahrt aus dem Pazifik vor der Küste Südamerikas beobachteten „Pesseräh" empfunden,[75] und wenn Majetschak im Anschluß an die oben zitierte Stelle schreibt:

> Der Fremde ist entsprechend derjenige, der uns durch seine lebendige Gegenwart in unserem Lebensumfeld beständig mit seiner radikalen Unverständlichkeit konfrontiert. Durch seine Andersheit, die sich unseren Begriffen entzieht, führt er uns unsere eigene horizontale Begrenztheit, gewissermaßen die Besonderheit unseres eigenen kulturellen Standpunkts vor Augen. Er bleibt das ständige Ärgernis, und damit das, was ,eigentlich' nicht sein soll [...].[76]

so trifft er den verächtlich aggressiven Ton Forsters an dieser Stelle seiner *Reise* ziemlich genau, wobei Forster hier bezeichnenderweise den eigenen Unverstand projektiv auf die unzugänglich Fremden überträgt:

---

[71] Forster, *Werke*, (wie Anm. 65), hier Bd. 4: *Briefe*, S. 925.

[72] Forster, *Werke*, (wie Anm. 65), Bd. 3, S. 286.

[73] Den Versuch, eine biographische Skizze aus dieser nicht hierarchisierten Konstruktion von Teilstücken zu gewinnen, habe ich unternommen in: Nell, Werner, Georg Forster. Wunderkind und Weltgelehrter. Leben und Werk eines zu Unrecht vergessenen Schriftstellers, in: *Brockhaus*. Die Infothek. Infothek-Faxservice 2001(www.lexikon-auskunft@bifab.de).

[74] Majetschak, Stefan, Der Fremde, der Andere und der Nächste. Zur Logik des Affekts gegen das Fremde, in: *Universitas* 48/1 (1993), S. 1–24, hier S. 15.

[75] Vgl. zur Interpretation dieser Stelle Neumann, Michael, Philosophische Nachrichten aus der Südsee. Georg Forsters ,Reise um die Welt', in: Schings (Hg.), (wie Anm. 31), S. 517–544, hier S. 539f.

[76] Majetschak, (wie Anm. 74), S. 16.

Überhaupt war ihr Charakter die seltsamste Mischung von Dummheit, Gleichgültigkeit und Unthätigkeit! [...] Mit unserer Zeichensprache, die doch sonst überall gegolten hatte, war bei diesen Leuten nichts auszurichten; Geberden, die der niedrigste und einfältigste Bewohner irgend einer Insel in der Südsee verstand, begriff hier der Klügste nicht. Eben so wenig fiel es ihnen ein, uns ihre Sprache beyzubringen; da auf dem Schiff nichts ihre Neugierde oder Verlangen erregte, so war ihnen auch gleich viel, ob wir verstunden, oder nicht.[77]

Daß es sich an dieser Stelle sozusagen um den Nullpunkt der Forsterschen Menschenbeobachtung handelt, wird schon an der entindividualisierenden Darstellung der Inselbewohner deutlich, erst recht im Vergleich zu den farbigeren und anteilnehmenderen Schilderungen anderer Inseln. Dazu gehört etwa die Schilderung religiöser Rituale auf Tasmanien, in deren Zusammenhang ebenfalls Unverständliches beschrieben, aber individuell zugeordnet und damit (vielleicht mißverständlich) einem sinnhaft orientierten Verstehensprozeß zugeführt wird.[78]

Aber noch in einer zweiten Hinsicht verweisen die Ausfälle an dieser Stelle auf eine Eigenschaft des Forsterschen Textes, der dem Umgang mit dem Fremden in Ergänzung zu Lepenies' Beobachtungen eine weitere Dimension hinzufügt: Es handelt sich hier um die schärfsten Äußerungen einer Erzählerstimme, die sich ansonsten gerade durch ihre Empathie, ihre Schwankungen, ihre Wandelbarkeit und ihre Übergänge von beschreibenden zu reflektierenden, stärker noch durch den Wechsel von sachlichen und sentimentalischen Tönungen auszeichnet.[79] Es ist dies die eigentlich relativierende und die Begrenztheit des Fremdverstehensprozesses reflektierende Dimension des Textes, die im Sinne des oben im Hinblick auf Diderot entwickelten Umgangs mit dem Fremden Georg Forsters Position kennzeichnet. Denn im Gegensatz zu dieser Härte in Schilderung und Abwehr der Lebensformen und Verhaltensweisen der Inselbewohner im Südatlantik schlägt der Erzähler im folgenden Kommentar zu einem Geschenk von „Coco-Nüssen und Bananen" auf der Insel Ulietea in anderen Zusammenhängen einen ebenso verständnissinnigen wie selbstbewußten Ton an:

---

[77] Forster, *Reise*, (wie Anm. 36), S. 922.

[78] Vgl. ebd., S. 408ff. Dazu Neumann, (wie Anm. 75), S. 524: „Im Zeichen des auf die Empfindung gebauten Individualismus sind die Unterschiede der fachlichen Ausbildung nur mehr ein Moment in der viel grundsätzlicheren Differenz der ‚Köpfe und Herzen', die zur Differenz des gesamten Erkenntnisprozesses führt – von den sinnlichen Wahrnehmungen über deren rationale Verarbeitung bis zur sprachlichen Formung."

[79] Zu denken ist etwa an die vielzitierte Ankunft auf Tahiti: „Ein Morgen war's, schöner hat ihn schwerlich je ein Dichter beschrieben, an welchem wir die Insel O-Tahiti, 2 Meilen vor uns sahen. Der Ostwind, unser bisheriger Begleiter hatte sich gelegt; ein vom Lande wehendes Lüftchen führte uns die erfrischendsten und herrlichsten Wohlgerüche entgegen und kräuselte die Fläche der See. Waldgekrönte Berge erhoben ihre stolzen Gipfel in mancherley majestätischen Gestalten und glühten bereits im ersten Morgenstrahl der Sonne." Forster, *Reise*, (wie Anm. 36), S. 241.

> Man kann sich vorstellen, wie sehr uns eine so uneigennützige Gutherzigkeit gefallen haben müsse, denn für einen Menschenfreund kann es wohl kein größeres Vergnügen geben, als wenn er an seines gleichen gute und liebenswürdige Eigenschaften findet.[80]

In Verbindung mit der oben angeführten Abwertung der „Pesseräh" bezeichnet die vorliegende Stelle die ganze Bandbreite möglicher Konstruktionen des Fremden in Forsters Reisebeschreibung, die vom „Monster" bis zum „edlen Wilden" reichen kann.[81]

Forsters Beitrag zur Diskussion und Reflexion dieser Konstruktionen von Fremdheit besteht nun eben darin, daß er beide Perspektiven bringt, beide Stimmen zu Wort kommen läßt, und damit die Frage nach der Gültigkeit von Zuordnungen selbst ins Zentrum der Überlegungen rückt. Damit tritt Forster nicht mehr nur als Ethnograph, sondern auch als Schriftsteller (Erzähler) in Erscheinung und nimmt so eine Doppelrolle ein, der Wolf Lepenies ebenfalls eine kleine Studie gewidmet hat. Dort heißt es im Hinblick auf den hier in Rede stehenden ethnographisch-anthropologischen Zusammenhang:

> Forster konnte in Panoramen denken [...]. Auf die Steigerung der Fähigkeit zur Reflexion kommt es dabei an; auf die Herausbildung einer Erzählweise, die das Geschehene weder pittoresk verzerrt noch ins Allgemeinmenschliche hin ebnet, sondern die Balance zwischen Fremdem und Vertrautem spannungsvoll aufrechterhält.[82]

Forster tut dies als ein Erzähler, der sich um eine Darstellung in Tönen bzw. Tonlagen und um eine Gestaltung der Erfahrungen nach Ordnungsmodellen bemüht; er zeigt sich als der zuverlässige, mitunter weniger reflexive, d.h. aber für heutige Zugänge unzuverlässige Beobachter und als ein in einzelnen Fällen auch widerwilliger Vermittler schwankender Fremdheitserfahrungen.

In dieser Verobjektivierung von Subjektivität durch eine anteilnehmende und gestaltende Erzählerstimme, der exemplarisch auch die Zurücknahme der eigenen, das Erzähler-Leser-Verhältnis tragenden gemeinsamen Menschenfreundlichkeit[83] als Register zur Verfügung steht, wird eine Gegenposition zur Verobjektivierung des Fremden in den zeitgenössischen anthropologischen Diskursen des 18. Jahrhunderts (Meiners, Camper)[84] und in den seit dem 19. Jahrhundert vorherrschenden wissenschaftlichen und politischen Diskursen sichtbar, die immer auch eine

---

[80]  Forster, ebd. S. 349.
[81]  Zu entsprechenden Passagen in Georg Forsters *Ansichten vom Niederrhein* vgl. Fischer, Rotraut, *Reisen als Erfahrungskunst. Forsters ‚Ansichten vom Niederrhein'. Die ‚Wahrheit' in den ‚Bildern des Wirklichen'.* Frankfurt/M. 1990, S. 78ff.
[82]  Lepenies, Wolf, Georg Forster als Anthropologe und als Schriftsteller, in: *Akzente* 31 (1984), S. 557–575, hier S. 562f.
[83]  Vgl. dazu Nell, Werner, *Reflexionen und Konstruktionen des Fremden in der europäischen Literatur.* Literarische und sozialwissenschaftliche Studien zu einer interkulturellen Hermeneutik. St. Augustin 2001, S. 145–148.
[84]  Zu Meiners, Camper und anderen frühen Anthropologen vgl. Demel, (wie Anm. 14), S. 657ff. sowie Mühlmann, (wie Anm. 18), S. 52ff.

Verdinglichung bedeuten und das uneinholbar Individuelle von Menschen und Erfahrungen zugunsten „höherer" Ordnungskriterien aufheben bzw. unsichtbar zu machen suchen.[85] Forsters Text bietet dagegen ein Schwanken, das im Vorgriff auf die Wahrnehmung und Interpretation des Fremden bei Georg Simmel,[86] Helmuth Plessner[87] und Theodor W. Adorno[88] Nicht-Identität als Humanum[89] begreift.

Gerade unter den Perspektiven einer Diskussion der Moderne, die ihre eigenen Grundlagen und Rahmensetzungen reflexiv und selbstreflexiv erkundet,[90] können Diderots und Forsters Texte als anschlußfähige Modelle des Zweifelns und der Mehrdeutigkeiten gesehen werden.[91] Noch für eine durch aktuelle Gewaltsamkeiten erneut entzündete Diskussion um die beschreibende Kraft und den Geltungscharakter „asymmetrischer Gegenbegriffe"[92] ist aus den bewußt konträren und paradoxen Setzungen Diderots und aus den erzählerisch entwickelten Perspektivierungen von Forsters *Ansichten* etwas zu lernen. Doch schließen sich Konstruktionen des Fremden und die Reflexion eben dieser Konstruktionen und ihrer Rahmenbedingungen aus, so lange sie nicht in einem hermeneutischen, d.h. auch kritisch-vergleichenden Prozeß miteinander in Beziehung gebracht werden. Der Einsatzpunkt der Anthropologie im späten 18. Jahrhundert, so hat es Wolf Lepenies beschrieben, ist selbst eine Lücke, die jeweils im Übergang von naturgeschichtlichen zu geschichtsphilosophischen und dann zu biologischen Modellen[93]

---

85 Vgl. Bauman, Zygmunt, *Moderne und Ambivalenz. Das Ende der Eindeutigkeit.* Hamburg 1992, S. 77ff.

86 Simmel, (wie Anm. 22), S. 512 spricht von der besonderen Art der „Zugehörigkeit" des Fremden zur Gruppe: „[...] nur daß wir die eigenartige Einheit dieser Stellung nicht anders zu bezeichnen wissen, als daß sie aus gewissen Maßen von Nähe und gewissen von Ferne zusammengesetzt ist, die, in irgendwelchen Quanten jedes Verhältnis charakterisierend, in einer besonderen Proportion und gegenseitigen Spannung das spezifische, formale Verhältnis zum ‚Fremden' ergeben."

87 Plessner, Helmuth, Mit anderen Augen, in: ders., *Zwischen Philosophie und Gesellschaft.* Ausgewählte Abhandlungen und Vorträge. Frankfurt/M. 1979, S. 233–248, hier insb. S. 237.

88 Adorno, Theodor W., Erziehung nach Auschwitz, in: ders., *Stichworte.* Kritische Modelle 2. Frankfurt/M. 1969, S. 85–101, hier S. 99.

89 Vgl. dazu Lévinas, Emmanuel, Ohne Identität (1970), in: ders., *Humanismus des anderen Menschen.* Hamburg 1989, S. 85–104.

90 Vgl. zu einer reflexiven Theorie der Moderne Luhmann, Niklas, Das Moderne der modernen Gesellschaft, in: ders., *Beobachtungen der Moderne.* Opladen 1992, S. 11–49, hier S. 42ff.

91 Vgl. bereits Groethuysen, Bernhard, La Pensée de Diderot, in: *La Grande Revue* 82 (1913), S. 322–341; vgl. auch Groethuysens Ausblick auf die Entwicklung der Anthropologie der Neuzeit in *Philosophische Anthropologie* [1931]. München 1969, S. 203–207.

92 Vgl. Koselleck, Reinhart, Zur historisch-politischen Semantik asymmetrischer Gegenbegriffe, in: ders., *Vergangene Zukunft.* Zur Semantik geschichtlicher Zeiten. Frankfurt/M. 1979, S. 211–259, insb. S. 211–218.

93 Lepenies, Wolf, Naturgeschichte und Anthropologie im 18. Jahrhundert, in: *Deutschlands kulturelle Entfaltung.* Die Neubestimmung des Menschen, hg. v. Bernhard Fabian, Wilhelm Schmidt-Biggemann u. Rudolf Vierhaus. München 1980, S. 211–226, hier S. 221. Lepenies, Wolf, *Wandel der Disziplinkonstellationen in den Wissenschaften vom Menschen,* in: Frey, Gerhard / Zelgar, Josef (Hg.), *Der Mensch und die Wissenschaften vom Menschen.* Die Beiträge des XII. Deutschen Kongresses für Philosophie in Innsbruck vom 29. September bis 3. Ok-

in Erscheinung trat. Sie nicht überzeugend geschlossen, sondern ästhetisch gestal-tet[94] bzw. als Paradoxie ausgeführt zu haben, scheint mir der anknüpfenswerte Beitrag der Spätaufklärung zu einer gegenwartsbezogenen Erkundung des Um-gangs mit dem Fremden.

---

tober 1981. 2 Bde. Innsbruck 1983, hier Bd. 1: *Anthropologie der Gegenwart*, S. 67–82, hier S. 68.

[94] Dabei wären unter der Perspektive eines reflektierten Umgangs mit den Figuren der Fremdheit von seiten Diderots *Le rêve de d'Alembert* und *Le neveu des Rameau* die maßgeblichen Texte, während an Forsters Reisebeschreibung zu erkennen ist, wie der Reichtum ungebändigter Wahrnehmung gegen die eigenen angeführten Konstruktionsmodelle auf einem über tausend Seiten langen Text die Oberhand gewinnt.

ULRICH GAIER (Konstanz)

# Anthropologie der Neuen Mythologie

## Zu Funktion und Verfahren konjekturalen Denkens im 18. Jahrhundert

### 1. Begriffe

Die Forderung einer Neuen Mythologie, die im letzten Drittel des 18. Jahrhunderts Hamann, Herder, Hölderlin, das *Älteste Systemprogramm*, Friedrich Schlegel, Novalis artikulierten und zu erfüllen suchten, scheint gegenaufklärerisch die romantische Naturphilosophie vorzubereiten; tatsächlich aber ist sie im Zentrum der Aufklärung entstanden und bezeichnet einerseits das Programm einer Erfindungskunst, andererseits den Versuch der Behebung des auf allen Ebenen des Erkennens und Lebens sich zeigenden Grundwiderspruchs der Aufklärung zwischen empirischer Individualisierung und rationaler Universalisierung. Hölderlin nannte diesen Versuch „höhere Aufklärung" und stellte sich die Frage, warum sich die Menschen

> den Zusammenhang zwischen sich und ihrer Welt gerade v o r s t e l l e n, warum sie sich eine Idee oder ein Bild machen müssen, von ihrem Geschik, das sich genau betrachtet weder recht denken ließe noch auch vor den Sinnen liege?[1]

Diese Frage nach der Funktion der Mythologie und ihre anthropologische Begründung möchte ich durch das 18. Jahrhundert hindurch verfolgen und in verschiedenen disziplinären Zusammenhängen berühren.[2] Dadurch sollen die zugrundeliegende anthropologische Problematik und Not, die durchgängige Anwendung der konjekturalen Denkform zu ihrer Lösung und, angesichts beginnender disziplinärer Differenzierung, Neue Mythologie als Projekt transdisziplinärer Erkenntnis und Rede sichtbar gemacht werden.

    Anthropologie als Reflexion des Menschen auf sich selbst ist nicht nur Kernfrage der Wissenschaften im 18. Jahrhundert, sondern wird als zweite kopernikanische Wendung des neuzeitlichen Denkens verstanden.[3] Der Mensch wird sich nicht

---

[1]  Hölderlin, Friedrich, *Sämtliche Werke und Briefe*, hg. von Michael Knaupp. 3 Bde. München / Wien 1992, hier Bd. 2 (1992), S. 55, 53.

[2]  Das Thema des Aufsatzes ist zugleich Gegenstand eines Forschungsprojekts, das ich im Rahmen des Sonderforschungsbereichs 511 „Literatur und Anthropologie" mit meinen Mitarbeitern Dr. Stefan Metzger und Dr. Wolfgang Rapp mit interdisziplinärem Ansatz durchführe. Ohne ihre Arbeiten im einzelnen zu tangieren (Stefan Metzger, *Die Konjektur des Organismus. Wahrscheinlichkeitsdenken und Performanz im späten 18. Jahrhundert*. München 2002; Wolfgang Rapp, *Zeugungskunst. Heuristik und Rhetorik im 18. Jahrhundert* [in Vorbereitung]), versuche ich hier aus der Perspektive des Teilprojekts eine Überschau zu geben.

[3]  Kant, Immanuel, *Kritik der reinen Vernunft*. Nach der ersten und zweiten Original-Ausgabe neu hg. v. Raymund Schmidt. Hamburg 1952. S. B XVI. Herder, Johann Gottfried, *Werke in zehn Bänden*, hg. v. Günter Arnold u.a. Frankfurt/M. 1985–2000, hier Bd. 1: *Frühe Schriften 1764–1772*, hg. v. Ulrich Gaier (1985), S. 134.

nur Thema als biologische Gattung, als Gesellschafts- und Kulturwesen in seiner
Geschichtlichkeit, als juristisches und religiöses Subjekt; der Mensch ist sich durch
die Geschichtlichkeit, Individualität und Jeweiligkeit seines Gesichtspunkts bei
gleichzeitiger Forderung nach Allgemeingültigkeit der Erkenntnis auch Bedingung
seines Erkennens. Aus England verkündete Alexander Pope: „The proper study of
mankind is man" (*Essay on Man* II 2), in Frankreich stellte Rousseau im ersten
Satz des Vorworts zum zweiten *Discours* fest: „La plus utile et la moins avancée
de toutes les connoissances humaines me paroît être celle de l'homme."[4] Und
schon Christian Thomasius hatte argumentiert:

> Wenn der Mensch nicht weiß, worinnen seine V e r n u n f t bestehet, wie will er dieselbe
> brauchen die W a h r h e i t zu erforschen. Wie will er aber wissen, was seine Vernunft
> sey, wenn er nicht vorher weiß, was d e r g a n z e M e n s c h sey.[5]

Dieses Problem des ganzen Menschen durchzieht als der erste der uns begegnen-
den Mythen das ganze Jahrhundert und ist vielseitig erforscht worden.[6]

Ohne mich auf die breite Diskussion des Begriffs Mythos einlassen zu können,[7]
möchte ich eine denkstrukturelle Definition dessen vorschlagen, was im folgenden
„Mythos" heißen soll: bestmögliche Konjektur über eine unerkennbare Macht oder
Wirkkraft. Der Entwurfscharakter der Konjektur bedingt, daß die Vermutung modifiziert oder ersetzt werden kann; daraus resultiert die Bewegbarkeit der Mythen.
Er bedingt ferner, daß der Entwurf auf die Probe gestellt werden muß. So sind die
Mythen über Götter von Kulten begleitet (oder umgekehrt: Mythen begleiten Kul-
te), in denen die Wirk- und Verhaltensweisen der durch die Mythen vermu-
tungsweise erklärten Mächte erprobt und für einen bestimmten Fall oder Zweck
gerufen werden. Wie bei den Konjekturen über Götter und andere heilige Wesen
gehört zu einer praktischen oder wissenschaftlichen Konjektur das Experiment,
durch welches der vermutete Zusammenhang in seiner Wirksamkeit erprobt wird.
Ein gescheitertes Experiment falsifiziert die Konjektur, ein gelungenes bekräftigt
sie, ohne den Konjekturcharakter zu tilgen. So verfährt z.B. Rousseau in seinem
*Discours sur l'origine de l'inégalité parmi les hommes*:

> J'ai commencé quelques raisonnemens; J'ai hazardé quelques c o n j e c t u r e s, moins dans
> l'espoir de resoudre la question que dans l'intention de l'éclaircir et de la reduire à son vérita-
> ble état. [...] Car ce n'est pas une légère entreprise de démêler ce qu'il y a d'originaire et
> d'artificiel dans la Nature actuelle de l'homme, et de bien connoître un Etat qui n'existe plus,

---

4   Rousseau, Jean-Jacques, *Œuvres complètes*, hg. v. Bernard Gagnebin u. Marcel Raymond.
    5 Bde. Paris 1959–1995, hier Bd. 3: *Du contrat social*. Ecrits politiques (1964), S. 122.
5   Thomasius, Christian, *Einleitung in die Vernunftlehre*. Hildesheim 1968 [Neudruck d. Ausg.
    Halle 1691], S. 95.
6   Z.B. Schings, Hans-Jürgen (Hg.), *Der ganze Mensch*. Anthropologie und Literatur im 18.
    Jahrhundert. DFG-Symposion 1992. Stuttgart 1994.
7   Ausführlicher in Gaier, Ulrich, Hölderlin und der Mythos, in: Fuhrmann, Manfred (Hg.), *Ter-
    ror und Spiel*. Probleme der Mythenrezeption. München 1971, S. 295–340, insb. 295–312. –
    Gaier, Ulrich, Mythos und Mythologie, in: *Kritische Revisionen*. Gender und Mythos im lite-
    rarischen Diskurs. München 1998, S. 185–204.

qui n'a p e u t – ê t r e point existé, qui p r o b a b l e m e n t n'existera jamais, et dont il est pourtant n e c e s s a i r e d'avoir des Notions justes pour bien juger de notre état présent.

Es brauche dann ganz besondere Vorsichtsmaßnahmen, um „de solides o b - s e r v a t i o n s " über diesen Gegenstand zu machen, und er schlägt als Preisaufgabe für eine Akademie vor: „Welche Experimente (e x p é r i e n c e s) wären notwendig, um den natürlichen Menschen erkennen zu können, und welche Verfahren, um diese Experimente inmitten der Gesellschaft durchführen zu können?"[8] Welche Wirkung der Mythos vom Naturmenschen gehabt hat, braucht nicht betont zu werden. Die jungen Genies, die Stürmer und Dränger haben an sich selbst das Gesellschaftsexperiment vorgenommen, das Rousseau für nötig hielt und das etwa Herder veranlaßte, den scheiternden Mythos vom Naturmenschen durch die Idee der Humanität zu ersetzen. Davon später.

Authentische und neue Mythologie unterscheiden sich nicht in ihrem konjekturalen Charakter, wohl aber hinsichtlich der Reflexivität der Konjektur. In Sophokles' *König Oidipus* stellt der Chor Vermutungen über die Herkunft des Oidipus an, die sämtlich mythologische Alternativen in Erwägung ziehen: „Wer hat dich, Kind, wer geboren? / Welche Nymphe, ewigjung, / Machte den Bergwandrer Pan zu / deinem Vater? Oder war der Loxier / ihr gesellt? Denn / alle beweideten Fluren sind ihm lieb. / Oder hat Kyllenens Herrscher, / hat der Gott, der bakchische, der / wohnt auf den Höhen der Berge / dich zum Sohn von einer / der Nymphen des Helikon, mit / denen er meist spielt?"[9] Jede dieser Vermutungen ist möglich, relativiert die anderen und zeigt einen Mythos im Entstehen – falsch sind sie alle, wie der Fortgang des Stücks erweist. Auf das Vermuten selbst wird nicht reflektiert; es gibt hier keine Alternative zum mythischen Denken. Im 18. Jahrhundert dagegen steht die neue Mythologie in Konkurrenz zu anderen Denkformen, läßt sich hinsichtlich ihrer Leistung mit ihnen vergleichen und wird zu bestimmten Zwecken gewählt. Die authentische Mythologie ist zweistellig: hier die unbekannte Wirkkraft, da die konjekturale Erzählung darüber. Die neue Mythologie ist dreistellig: hier die unbekannte Wirkkraft, da das seinen Erkenntniszugang wählende Subjekt, dort die gewählte Konjektur – Rousseau z.B. verwirft ja explizit den Zugang über die Fakten und kulturanthropologischen Erkenntnisse zugunsten seiner Konjekturen und „raisonnemens hypothétiques et conditionnels". Neue Mythologie und die ihr entsprechenden Phänomene – wissenschaftliche Konjekturen, moralische und ästhetische „Ideen", poetische Erdichtungen – sind Erscheinungen

---

8   Rousseau, *Discours*, (wie Anm. 4), S. 123f.; Sperrungen und Übers. U. G. Der Konjekturbegriff, erläutert durch „des raisonnemens hypothétiques et conditionnels", erscheint noch einmal, begleitet von einem souveränen „Fangen wir also an, indem wir alle Fakten beiseite räumen", am Beginn der Rede (S. 132f.).

9   Sophokles, *Dramen*. Griechisch und deutsch, hg. u. übers. v. Wilhelm Willige, überarb. v. Karl Bayer. Mit Anm. u. e. Nachwort v. Bernhard Zimmermann. München und Zürich [2]1985, S. 350f. (V. 1098–1109).

eines seit Leibniz rhetorisch seine Form wählenden Denkens.[10] Hier wird sinnvoll, die anthropologische Begründung dieser Spaltung des Denkens und die besondere Leistung des konjekturalen Denkens zu erfragen.


## 2. Anthropologie des Widerspruchs

Marsilio Ficino, der große Renaissancephilosoph, dessen Lehre unter dem Namen „Plato" die Neuzeit bis zum Ende des 18. Jahrhunderts beeinflußte – er hatte Platons Dialoge übersetzt und so kommentiert, daß seine neuplatonischen Interpretationen die Originale „ersetzten" –, Ficino schilderte in seinem Werk *Theologia platonica de immortalitate animorum* Gott als einen Handwerker, der tausend Spiegel fertigt und um sich herum aufstellt; in jedem Spiegel erscheint ein durch die veränderte Position und, vom Spiegel her gesehen, Perspektive ein einmaliges Bild immer desselben Gottes.[11] Damit ist, analog der perspektivischen Malerei, das Bild des Gegenstandes Funktion zweier Kriterien, einmal der unendlich wechselnden individuellen Perspektiven, zum andern des einen objektiven Blicks, der alle individuellen umfaßt, auf den alle bezogen sind und dessen Totalität keiner erreicht. Dies ist das dreistellige Verhältnis, von dem oben anläßlich des Mythos-Begriffs gesprochen wurde und das für das Denken der Neuzeit fundamental ist.[12] Das Spiegel-Bild leitet ja später die Monadenlehre Leibniz', der in der *Metaphysischen Abhandlung* denn auch „Platon" anerkennend zitiert.[13]

Diese doppelte Funktionalität des Sehens und Erkennens ist Erscheinung einer anthropologischen Verfassung, die durch den Widerspruch zwischen dem Bewußtsein der irreduziblen Individualität einerseits und dem Bewußtsein des unerreichbaren Absoluten andererseits gekennzeichnet ist. Das Verhältnis zwischen den zwei Seiten dieses Widerspruchs ist unendlich variabel und bewegt sich zwischen den Haltungen der frechen Selbstbehauptung und dem Versuch der totalen Auslöschung der Individualität vor dem Absoluten. Diese widersprüchliche anthropologische Verfassung drückt sich auf den verschiedenen Ebenen des menschlichen Daseins aus und wird in kontroversen Theorien reflektiert. Ich bringe die entgegengesetzten Positionen auf einigen dieser Ebenen in Erinnerung:

Kosmologisch wird dem geozentrischen Weltbild, in dem der Blick Gottes auf dem Menschen ruht, durch Kopernikus das heliozentrische entgegengestellt und

---

[10]  Vgl. Gaier, Ulrich, Rhetorisierung des Denkens, in: Metzger, Stefan / Rapp, Wolfgang (Hg.), *homo inveniens*. Heuristik und Anthropologie am   Modell der Rhetorik. Tübingen 2003, S. 19–31.

[11]  Ficin, Marsile, *Théologie platonicienne de l'immortalité des âmes*. Texte critique établi et traduit par Raymond Marcel. 3 Bde. Paris 1964–1970, Bd. 2, S. 166f.

[12]  Vgl. die Rekonstruktion in Gaier, Ulrich, *System des Handelns*. Eine rekonstruktive Handlungswissenschaft. Stuttgart 1986, S. 420–444.

[13]  Vgl. den in Anm. 10 genannten Aufsatz, der die *Metaphysische Abhandlung* als erste grundlegende Formulierung von Leibniz' Philosophie im Sinne einer Rhetorisierung des Denkens analysiert.

dadurch das geozentrische zum naiven, aus der Menschenperspektive gefaßten
erklärt, während das heliozentrische die hypothetische Einnahme einer Außensicht
auf den Menschen und die Erde fordert, die sich in ihrer Fremdheit einem vermutbaren Blick Gottes nähert. Biologisch wird der Mensch aus seiner fraglos angenommenen Sonderstellung gegenüber den Tieren herausgenommen durch die Erkenntnis der Ähnlichkeiten in Tier- und Menschenkörpern; demgegenüber wird die
Sonderstellung des Menschen weiterhin behauptet und stellt nun den partikularen
Standpunkt gegenüber dem universalistischen der allgemeinen Tierheit dar; ähnliches läßt sich zwischen Organismus und Mechanismus, Seele und Körper, res
cogitans und res extensa beobachten und erzeugt die nach Descartes über ein Jahrhundert umstrittenen Probleme des commercium zwischen Seele und Körper.
Theologisch bildet sich die Opposition zwischen dem persönlich eingreifenden
Gott und dem Pan-Theos Spinozas; im Verhältnis zwischen Gott und Mensch
variieren die Haltungen zwischen der freigeisterischen Leugnung Gottes und seiner
Aufsicht über den Menschen einerseits und der völligen Unterwerfung des durch
die Erbsünde im Kern faulen und von der Erlösung abhängigen Menschen andererseits. Daraus entstehen dann die verschiedenen Haltungen bezüglich des Leides,
der Widrigkeiten und Ungerechtigkeiten der Lebensumstände: sich wehren, die
Verantwortung selbst übernehmen und die Dinge ändern oder im Extrem quie-
tistisch sich in alles schicken und das Leid als Prüfung Gottes ansehen. Das spiegelt sich soziologisch im individualistischen Handeln des Freibeuters einerseits
und der absoluten Monarchie andererseits, die kein unkontrolliertes Handeln der
Individuen zuläßt; wirtschaftlich steht der merchant adventurer gegen die gelenkte
Staatswirtschaft des Merkantilismus, im kleineren Rahmen nochmals die auf eigenes Risiko handelnde Kaufmannschaft gegen das Zunftwesen mit seinen engen
Beschränkungen. Juristisch steht die Etablierung des individuellen Rechtssubjekts
und Anspruchs auf Selbstvertretung gegen die bis ins 19. Jahrhundert währende
Leibeigenschaft oder zumindest Abhängigkeit von einem Vormund. Fallrecht steht
gegen kodifizierte Gesetze, gewachsene Privilegien und Rechtsprechungspraxis
gegen allgemeine Gesetzgebung. Die Forderung des mächtigen Einzelnen nach
freier Entfaltung und Ausnahmeberechtigung steht der Forderung nach Gleichheit
aller vor dem Gesetz gegenüber – liberté und égalité sind Widersprüche und
schließen einander, ernst genommen, aus. Individualpsychologisch tut sich ein
Widerspruch auf zwischen dem oft unbändigen Willen zur Selbstbehauptung und
Erfüllung seiner Triebwünsche einerseits und dem Aufrichten einer Vater- und
Polizeigewalt im eigenen Innern andererseits – Anlaß zur Häufung der Melancho-
liefälle im 18. Jahrhundert, zu Rührung, Tränen und Lob der Tugend.

Die Erkenntnis endlich findet ihre Gewißheiten aus der kontingenten individuellen Empirie und im Gegensatz dazu aus dem Postulat einer allgemeinen
Vernunft, sie steht zwischen der Annahme eines aus der Wiederholung von Indivi-
dualerfahrungen sich sukzessive verallgemeinernden Wissens und der Annahme
angeborener Ideen. Empiristische und sensualistische Wissenschaft stehen gegen

rationalistische Philosophie, Induktion aus Beobachtung und Experiment gegen Deduktion aus Verstandesbegriffen und Vernunftsätzen. Einzeldisziplinen bilden sich mit eigener Terminologie, Methodik und Theoriekonzepten; dagegen steht das Ideal einer Universal- oder Einheitswissenschaft, der Enzyklopädie und des göttlichen Wissens. Die z.b. in den Monaden Leibniz' angenommene individuelle Perspektivität des Erkennens und seiner spezifischen, auch historischen Bedingungen steht gegen die Behauptung einer allgemeinen, immergleichen Vernunft und der universalen Geltung ihrer Erkenntnis. Ebenso im Handeln: das individuelle Fürguthalten und Wollen, Rousseaus volonté particulière, steht gegen das von der Vernunft als gut Festgesetzte, die volonté générale. Im Absolutismus ist dies der Wille des Gott repräsentierenden Monarchen, im aufgeklärten Absolutismus der Wille des Monarchen, der die Vernunft für sich gepachtet hat. Johann Georg Hamann legte in einem Brief an Christian Jacob Kraus vom Dezember 1784 den Finger genau auf die später so bezeichnete „Dialektik der Aufklärung":[14] Sogenannte aufgeklärte Monarchen wie Friedrich II., Philosophen wie Kant maßen sich die Rolle eines Vormunds an, „der sich für sehend ausgibt" und selber blind ist, der jedoch eine „Armee" selbst unmündiger, „aber mit couteaux de chasse und Dolchen versehner Vormünder" zur Durchsetzung einer Ordnung des gebrochenen Eigenwillens und Selbstdenkens im aufgeklärten Staate Preußen beschäftigt.[15]

Ließen sich die Gegensätze auf diesen Ebenen bis zum letzten Drittel des 17. Jahrhunderts auf verschiedene Instanzen verteilt neutralisieren, so treten sie im 18. Jahrhundert gleichwertig nebeneinander und damit gegeneinander in jedem einzelnen Subjekt. Beanspruchte der absolute Monarch höchste Erkenntnis und unumschränkten Willen gegenüber den Einsichten und Absichten seiner Untertanen, so tritt mit dem Anspruch der allgemeinen Vernunft in der aufgeklärten Monarchie ein Prinzip auf, das einerseits die Einsicht des Monarchen unter das Kriterium der überindividuellen Geltung stellt und vieles daran im Prinzip kritisierbar macht, das andererseits bei jedem Untertan ebenso vorhanden ist und die Entscheidungen des Herrschers kritisierbar zeigt. Im 18. Jahrhundert, natürlich immer ganz pauschal genommen, tritt in jedem Menschen das Individuelle neben das Generelle, das Partikulare neben das Universale. So lehrte schon Christian Weise, einer der bedeutenden Frühaufklärer in Deutschland, dem von ihm ausgebildeten „politischen", d.h. auf die öffentlichen Ämter vorbereiteten Schüler die bewußte Unterscheidung und gleichmäßige Berechtigung von sermo privatus und sermo publicus, der im privaten Bereich und in der Öffentlichkeit vertretenen Meinung.[16] Vor dieser Verlagerung der widersprüchlichen Positionen in das jeweilige Subjekt können

---

[14] Horkheimer, Max / Adorno, Theodor W., *Dialektik der Aufklärung.* Philosophische Fragmente. Frankfurt/M. 1971.
[15] Hamann, Johann Georg, *Briefwechsel*, hg. v. Walther Ziesemer und Arthur Henkel. 7 Bde. Wiesbaden 1955–1978, hier Bd. 5, S. 289.
[16] Vgl. Barner, Wilfried, *Barockrhetorik.* Untersuchungen zu ihren geschichtlichen Grundlagen. Tübingen 1970, S. 167–171.

professionelle Vermittler zwischen die Vertreter der Gegensätze treten – die Geistlichen zwischen Gott und das Individuum, die Richter zwischen den absoluten Herrscher und den Untertan, die Vormünder zwischen die Richter und den Unmündigen. Wenn nun die Widersprüche in das einzelne Subjekt rücken, bleiben zwar diese Vermittler mit neuer Aufgabe als geistliche und juristische Beistände erhalten, aber immer unabweisbarer wird die Notwendigkeit, die oft quälenden Widersprüche und Gegensätze durch eigene Maßnahmen zu vermitteln. Haltungen, Verhaltens- und Handlungsweisen, Denkformen werden ausgebildet, die diese Vermittlung leisten; wir finden sie auf allen Ebenen, auf denen sich die aufgezeigten Gegensätze gebildet haben.

## 3. Anthropologie der vermittelnden Mythen

Kosmologisch läßt sich die Vermittlung durch die „Natur" konjizieren. Kant beschrieb die wichtigen Stationen seit Kopernikus: Die „Natur" habe einen Kepler hervorgebracht, „der die exzentrischen Bahnen der Planeten auf eine unerwartete Weise bestimmten Gesetzen unterwarf; und einen Newton, der diese Gesetze aus einer allgemeinen Naturursache erklärte".[17] Bei Kepler werden die für den naiven Betrachter und das ptolemäische Weltsystem „exzentrischen", d.h. unregelmäßigen Schleifen der Planetenbahnen unter Voraussetzung des kopernikanischen Systems in ihrer besonderen elliptischen Bahnform um die Sonne gesetzmäßig beschreibbar gemacht; die Gesetze können hier noch Regeln sein, die individuell vom Schöpfer den Planeten vorgeschrieben sind. Damit bleiben die Instanzen, Gott als Schöpfer und die geschaffenen Planetenbahnen, sauber getrennt. Wenn Newton die von Kepler ermittelten Gesetze „aus einer allgemeinen Naturursache erklärte", so war das schaffende Prinzip mit dem Geschaffenen identisch, nämlich „Natur", und die Gesetze der Planetenbahnen sind auf Zentrifugal- und Zentripetalkraft zurückzuführen, die überall in der Natur gelten. Es ist deutlich, daß „Natur" hier eine vermittelnde Position zwischen dem Schöpfer (der nun zurücktreten und ein verborgener Gott werden kann) und dem Geschaffenen einnimmt: gegenüber dem einzelnen die schaffende natura naturans, gegenüber Gott die geschaffene natura naturata. Auch das übliche Schwanken im Gebrauch von „Natur" als mütterliche Personifikation und als Summe des Daseienden, als Umgebung des Menschen zeigt die Mittlerposition. So redet etwa Goethes Faust von „der lebendigen Natur, / Da Gott die Menschen schuf hinein" (V. 414f.); gleich darauf heißt es: „Und wenn Natur dich unterweist" (V. 423), und später liest man gar: „Als die Natur sich selbst gegründet" (V. 10 097) – hier ist nicht einmal mehr die Vermutung der in Stellvertretung schaffenden Natur nötig, sondern sie ist nach dieser von Mephistopheles

---

[17] Kant, Immanuel, *Schriften zur Anthropologie, Geschichtsphilosophie, Politik und Pädagogik*, hg. v. Wilhelm Weischedel. Darmstadt 1964, S. 34.

heftig bestrittenen Meinung ihr eigener Grund und Ursprung. Der mythische Charakter im oben beschriebenen Sinne liegt bei „Natur" auf der Hand: es ist eine Konjektur, wahrscheinlichste Vermutung zur Erklärung einer prinzipiell unerkennbaren Wirkmacht, Platzhalterin für das, was in seiner Wirkung, aber nicht in seinem Wesen erfaßbar ist. Hier erkennen wir nun auch die Funktion des Neuen Mythos, nämlich zwischen Empirie und Vernunftidee zu vermitteln. So ist die „Natur" als Umgebendes in ihren Erscheinungen und Wirkungen unmittelbar zu erfahren, zugleich aber nimmt ihr Begriff mehr und mehr von den früher Gott zugeschriebenen Eigenschaften an. Die Personifikation – „Wie ist Natur so hold und gut, / Die mich am Busen hält", so Goethe in *Auf dem See* – nähert sie dem individuellen Lebensgefühl, die Vernunftidee – „Die Ehre Gottes aus der Natur", so Gellert in dem so betitelten Gedicht – entfernt sie ins Unendliche.

Der Mythos „Natur" läßt sich ohne weiteres für das biologische Problem des Verhältnisses zwischen Tier und Mensch einsetzen. Herder schreibt in der Abhandlung *Über den Ursprung der Sprache* von der „Haushaltung der Natur" und setzt ihr Verhalten gegenüber dem Menschen im Vergleich zu den mit ausreichenden Instinkten ausgestatteten Tieren argumentativ ein: „Lücken und Mängel können doch nicht der Charakter seiner Gattung sein; oder die Natur war gegen ihn die härteste Stiefmutter, da sie gegen jedes Insekt die liebreichste Mutter war."[18] Das ist nicht der einzige argumentative Zugang Herders,[19] aber er benutzt ihn, wie wir unten zeigen werden, als transdisziplinäre Aufhebung widerstreitender empirischer und rationaler Ansätze. Natur ist es auch, in deren Händen das Tier eine „unfehlbare Maschine" ist, die aber auch dem Menschen eine besondere „Organisation des Körpers" verleiht und die diesen Körper wie auch die „ganze Einrichtung aller menschlichen Kräfte; die ganze Haushaltung seiner sinnlichen und erkennenden, seiner erkennenden und wollenden Natur" möglich macht.[20] Auch theologisch steht Natur zwischen dem persönlichen Gott und dem Pan-Theos, wobei Spinoza allerdings mit „Deus sive natura" eine logische, nicht mythische Gleichung postuliert. Um nicht in diesen Naturbegriff zu verfallen, entwickeln die Physikotheologen die Vorstellung einer vom schaffenden Gott nach vernünftigen Zwecken eingerichteten Natur, an der die Macht, Weisheit und Güte Gottes ablesbar ist. Diese Vorstellung schwankt zwischen der bloßen Funktion, einen Rückschluß auf Gott zuzulassen, und einer eher selbständigen, ihre innere Zusammenstimmung und Zweckmäßigkeit organisierenden Natur, nähert sich hier also wieder der mythischen Vorstellung, während Gott immer weiter aus dem Blickfeld rückt. Wiederaufnahme einer alttestamentlichen Tradition ist der Begriff der Herrlichkeit Gottes, der bei Autoren wie Friedrich Christoph Oetinger und Goethe mythische Qualität

---

[18] Herder, *Frühe Schriften*, (wie Anm. 3), S. 715.
[19] Analyse des „dreiköpfigen" argumentativen Zugangs in Gaier, Ulrich, *Herders Sprachphilosophie und Erkenntniskritik*. Stuttgart-Bad Cannstatt 1988.
[20] Herder, *Frühe Schriften*, (wie Anm. 3), S. 717.

annimmt. Herrlichkeit ist, was die Himmel nach Ps. 19, 2 erzählen und rühmen, nämlich die Offenbarung und zugleich Verhüllung der Gottheit;[21] diese Struktur ist genuin mythisch und erscheint in der Integumentum-Lehre der Mythologie. Die Herrlichkeit Gottes wird im 18. Jahrhundert im gleichen Maße wichtiger, wie die Vorstellung des persönlichen, in die Geschehnisse eingreifenden Gottes von der fortschreitenden Naturwissenschaft zurückgedrängt wird. Oetinger und Goethe gehen in ihrem Gebrauch der Herrlichkeits-Vorstellung so weit, Herrlichkeit nicht nur als Raum der göttlichen Machtentfaltung zu verstehen, sondern als Inbegriff der Ordnung und der schaffend-zerstörenden Kräfte, im *Faust* z.B. als Makrokosmos und Erdgeist.[22] Wenn es sich bei der Herrlichkeit auch nicht um einen neuen, wohl aber neu gebrauchten Mythos handelt, so ist der Erdgeist als Weber des lebendigen Kleides der Gottheit – eben der verhüllend-offenbarenden Herrlichkeit – eine neue, von Goethe erfundene mythische Gestalt eines Schöpfers unter Gott.

Die Mittelstellung der Herrlichkeit zwischen Gott und Mensch bedingt, daß der Mensch sich, als Teil der Herrlichkeit und als aktive Kraft in ihr, an ihrer geschichtlichen Konstitution und Umwälzung zu beteiligen fähig ist. Schon Ficino hatte den Menschen aufgrund seiner Mittelstellung im Kosmos verpflichtet gesehen, durch seine Kulturleistung ein Messias der gefallenen Natur und Materie zu werden und sie zu ihrem Ursprung in der Gottheit zurückzuführen;[23] auch Hölderlin etwa weist nach,

> daß der Kunst- und Bildungstrieb mit allen seinen Modifikationen und Abarten ein eigentlicher Dienst sei, den die Menschen der Natur erweisen [und warnt, daß] der Mensch, den sie, als ein m ä c h t i g   T r i e b r a d, in ihrer unendlichen Organisation enthält, [...] sich nicht als Meister und Herr derselben dünke und sich in aller seiner Kunst und Thätigkeit bescheiden und fromm vor dem Geiste der Natur beuge, den er in sich trägt, den er um sich hat, und der ihm Stoff und Kräfte giebt, denn die Kunst und Thätigkeit der Menschen, so viel sie schon gethan hat und thun kann, kann doch Lebendiges nicht hervorbringen, den Urstoff, den sie umwandelt, bearbeitet, nicht selbst erschaffen, sie kann die schaffende Kraft entwikeln, aber die Kraft selbst ist ewig und nicht der Menschenhände Werk.[24]

Hier ist der Mensch selbst Teil eines Mythos, der sein Dasein kosmologisch und anthropologisch sinnvoll macht. Bei Hölderlin ist es nicht nur die Kultur, die die Gottheit herrlich rühmt, sondern in seinen späteren Dichtungen ist es das Leid der Individuation, durch welches das fühllose, alles durchströmende Sein gespalten,

---

[21] Umfassend dargestellt in Balthasar, Hans Urs von, *Herrlichkeit*. Eine theologische Ästhetik. 3 Bde. 1961–1967. Vgl. Minder, Robert, ‚Herrlichkeit‘ dans le monde des pères Souabes, in: *Etudes germaniques* 6 (1951), S. 275–290. Piepmeier, Rainer, *Aporien des Lebensbegriffs seit Oetinger*. Freiburg und München 1978, S. 158–164. Großmann, Sigrid, *Friedrich Christoph Oetingers Gottesvorstellung*. Versuch einer Analyse seiner Theologie. Göttingen 1979, S. 138–151.

[22] Gaier, Ulrich, Nachwirkungen Oetingers in Goethes *Faust*, in: *Pietismus und Neuzeit* 10 (1984), S. 90–123, hier 114–123. Goethe, Johann Wolfgang, *Faust-Dichtungen*, hg. u. komm. v. Ulrich Gaier, 3 Bde. Stuttgart 1999, hier Bd. 3, S. 233–240.

[23] Theologia, (wie Anm. 11), Buch XIII.

[24] Hölderlin, (wie Anm. 1), Bd. 2, S. 770 (Brief an den Bruder, 4.6.1799).

begrenzt, sich selbst entgegengesetzt und so zum Gefühl seiner selbst, zum Bewußtsein kommt:

> Denn weil
> Die Seeligsten nichts fühlen von selbst,
> Muß wohl, wenn solches zu sagen
> Erlaubt ist, in der Götter Nahmen
> Theilnehmend fühlen ein Andrer,
> Den brauchen sie; jedoch ihr Gericht
> Ist, daß sein eigenes Haus
> Zerbreche der und das Liebste
> Wie den Feind schelt' und sich Vater und Kind
> Begrabe unter den Trümmern,
> Wenn einer, wie sie, seyn will und nicht
> Ungleiches dulden, der Schwärmer.[25]

Soziologisch und gesellschaftspolitisch bilden sich zwischen dem in mehr und mehr Menschen wachsenden Bewußtsein der irreduziblen Individualität und monadischen Existenz einerseits, dem total regulierenden Zwangsstaat des Absolutismus andererseits von den Fürsten her die aufgeklärten Monarchen, die sich wie etwa König Friedrich Wilhelm I. von Preußen als oberster Diener des Staats verstehen, Herrscher und Untertan zugleich sein wollen und durch vernünftige Begründung ihrer Beschlüsse um die Zustimmung ihrer Untertanen werben. Von den Untertanen her entstehen teils durch Gründung innerhalb bestehender Staaten (Herrnhut), teils durch Auswanderung und Ansiedlung in staatsfreien Gebieten (Philadelphier schon von 1683 an) oder unter Zusicherung politischer Selbständigkeit (Banater Schwaben seit 1718) eigenständige, nach freigewählten Prinzipien geführte Staaten im Staate, in denen die Bürger ihr Leben entweder demokratisch regeln oder in denen sie zumindest die Möglichkeit haben, freiwillig in die Gemeinschaft ein- oder aus ihr auszutreten. Formen des Parlamentarismus wurden durchgesetzt, Geheimbruderschaften wie die Freimaurer, die Gold- und Rosenkreuzer, später die Illuminaten breiteten sich im 18. Jahrhundert aus. Alle diese politischen Formen verbinden die Selbstbestimmung des Individuums, liberté, mit der Forderung nach Gleichheit aller, égalité, durch freiwillige Einschränkung der Selbstverwirklichung bis zu einem Maß, das dem Mitmenschen dasselbe Maß an Selbstverwirklichung gestattet: fraternité. Die gewaltigen inneren Widersprüche, die in solchen Gemeinwesen zusammengespannt sind, bei den geringsten Anlässen aufbrechen können, täglich in der Lebenspraxis die Entscheidung zur Entsagung und freiwilligen Einschränkung erneut fordern, bedürfen starker, immer wieder erzählbarer und durch jeden Gemeinschafts-Erfolg zu bestätigender Mythen. Oft ist es die religiöse Überzeugung einer Sekte wie bei den Quäkern in Philadelphia oder der Herrnhuter Brüdergemeinde; bei den Freimaurern sind es die Logengeheimnisse und die aufsteigenden Grade der Einweihung, die immer wieder ergänz-

---

[25]  Ebd., Bd. 1 (1992), S. 345 (*Der Rhein*, V. 109–120).

ten und modifizierten Urgeschichten der Maurerei (z.B. Einführung der „ägypti-
schen" Maurerei, die etwa Mozarts *Zauberflöte* zugrundeliegt, auf der Basis eines
Romans von Abbé Jean Terrasson); bei den Rosenkreuzern sind es die von Johann
Valentin Andreae entworfenen Utopien und Allegorien – alle diese Mythen geben
den spirituellen Halt und die gemeinsame konjekturale Grundlage, die durch jeden
Moment des Zusammenlebens ihre experientielle Erprobung und Bestätigung finden soll. Bei den parlamentarischen Demokratien und dem damit verbundenen
Parteiwesen handelt es sich ebenfalls um die freiwillige Zugehörigkeit zu einer
Gruppierung, die auf ursprünglich religiöser Basis (z.B. Whigs puritanisch, Tories
anglikanisch) die Konjektur einer bestimmten Lebens- und Staatseinrichtung mit
ihrem liberalen oder konservativen Wertsystem in die Praxis umzusetzen suchen.
Die parlamentarisch regierte Nation bedarf im 18. Jahrhundert zudem eines Natio-
nalmythos: die von Milton und den Puritanern gelehrte Auserwähltheit der englischen Nation trug die Kolonialpolitik von „God's own Englishmen";[26] in Frankreich stellte Leclerc nach der Revolution fest, daß „l'hymne des Marseillais crée
des bataillons",[27] was Novalis scharfsinnig auf den Mythos der Freiheit zurück-
führte – „Ein Kommandowort bewegt Armeen; das Wort Freiheit Nazionen"[28] –,
mit dem dann Frankreich seine Weltmission antrat. Das deutsche Wesen, an dem
nach Geibel die Welt genesen sollte,[29] wurde von Herder wohl erstmals unter der
Idee der Humanität formuliert, die den Deutschen gewissermaßen angeboren sei:

> Was alle [deutschen] Dichter singen, wohin sie wider Willen streben, was ihnen am meisten
> glückt, was bei denen, die sie lesen und hören, die größte Wirkung hervorbringt das ist Cha-
> rakter der Nation, wenn er auch als eine unbehauene Statue noch im Marmorblock daläge.
> Dies ist Vernunft, reine Humanität, Einfalt, Treue und Wahrheit. Wohl uns daß uns dies sittli-
> che Gefühl ward, daß dieser Charakter gleichsam von unsrer Sprache unabtrennlich ist, daß
> uns nichts gelingen will, wenn wir aus ihm schreiten. Lehrgeld in erzwungenen Nachäffungen
> haben wir gnug gegeben.[30]

Nationalmythen wurden sogar regional gepflegt; so gab es im 18. Jahrhundert, verstärkt durch den Nord-Süd-Konflikt zwischen der Gottsched-Schule und den Zü-
richer Kunstrichtern und Herausgebern von mittelalterlichen Texten „aus dem
schwäbischen Zeitpuncte", einen Schwabenmythos, der die Verherrlichung des
staufischen Herzogtums Schwaben zum Gegenstand hatte und seine Wiederauf-

---

26  Vgl. z.B. Kohn, Hans, *Nationalism. Its Meaning and History*, rev. ed. New York 1971.

27  Ozouf, Mona, *La fête révolutionnaire 1789–1799*. Paris 1976, S. 243.

28  Novalis, *Schriften*. Die Werke Friedrich von Hardenbergs, hg. v. Paul Kluckhohn und Richard
Samuel. 4 Bde. Stuttgart ²1960–1975, hier Bd. 2: *Das philosophische Werk* (1965), S. 413
(*Blüthenstaub* Nr. 2).

29  Geibel, Emanuel, *Deutschlands Beruf* (1861).

30  Herder, Johann Gottfried, *Werke in zehn Bänden*, hg. v. Günter Arnold u.a. Frankfurt/M.
1985–2000, hier Bd. 7: *Briefe zur Beförderung der Humanität*, hg. v. Hans D. Irmscher
(1991), S. 571f.; vgl. Gaier, Ulrich, Epidemischer Zeit- und Nationalwahnsinn. Herder zwischen geläutertem Patriotismus und Kritik am Nationalismus, in: Kohnen, Joseph (Hg.), *Kö-
nigsberg-Studien. Beiträge zu einem besonderen Kapitel der deutschen Geistesgeschichte des
18. und angehenden 19. Jahrhunderts*. Frankfurt/M. u.a. 1998, S. 179–189.

richtung betrieb; viele Dichter – Conz, Stäudlin, der junge Schiller, Neuffer, Höl-
derlin, später Uhland und Mörike – beteiligten sich mit Dichtungen auf Suevia; der
Kyffhäuser-Mythos von Barbarossa und seiner Wiederkehr hängt damit zusammen.
Noch die Gründung des Schwäbisch-Alemannischen Vereins nach dem zweiten
Weltkrieg und in der Gegenwartspolitik die sog. Südschiene der süddeutschen
Bundesländer sind späte Echos dieser politischen Idee, die mit den staufischen
Kaisern, mit bedeutenden Dichtern, Denkern und Erfindern ihren Ursprungs- und
Wesensmythos hatte und pflegte.

Ökonomisch wird nicht nur mit der sog. Verlagswirtschaft eine Form gefunden,
die das individuelle und das verplante merkantilistische Wirtschaften widersprüchlich verbindet, sondern sogar eine mythische Wirtschaftsutopie in Gestalt der Physiokratie wird entworfen, die die Volkswirtschaft als großen Organismus wie einen
Tierkörper betrachtet; bekanntlich scheiterten die Experimente in Frankreich und
im Herzogtum Baden. Die weitgehend autarke Wirtschaft der Herrnhuter und der
Halleschen Stiftungen August Hermann Franckes, die Ansiedlung feinmechani-
scher Industrie und mechanischer Weberei in den landwirtschaftlich ungünstigen
Gebieten der Schwäbischen Alb und des Schwarzwaldes vor allem durch die
großteils pietistischen Pfarrer waren gelebtes praktisches Christentum, in dem die
Nachfolge Christi nicht nur das ewige, sondern das irdische Heil der Seele, des
Leibes, der Familien- und Gemeindebeziehungen anleitete und damit vom ge-
glaubten Dogma zum mythischen Entwurf umgewandelt wurde, der seine Gültigkeit erst durch die tägliche Erprobung unter Beweis stellt. Ein solches Gemeinde-
leben ermöglicht psychologisch die Brüderlichkeit, sofern es jedes Mitglied verantwortlich für das Gelingen macht und zugleich den Regeln des Zusammenlebens
und -arbeitens unterwirft. Jedes Mitglied ist beaufsichtigt und führt Aufsicht, ist
Subjekt und Objekt der Gemeinde und lebt diese Lebensform um des Mythos eines
auf der Erde zu stiftenden Reichs Gottes willen. „Reich Gottes" war die „Loosung", mit der sich Hölderlin und Hegel im Tübinger Stift voneinander getrennt
hatten: „An dieser Loosung würden wir uns nach jeder Metamorphose, wie ich
glaube, wiedererkennen."[31] Der Freundschaftsbund zwischen Neuffer, Magenau
und Hölderlin im Stift wurde mit einer richtigen Feier eröffnet, man schrieb Gedichte zum hohen Anlaß, so Hölderlin ein *Lied der Freundschaft. Am Tage der
Einweihung geschrieben* (1790), in dem er die „Helden der Vergangenheit" auffor-
dert: „Kommt in unsern Krais hernieder, / Staunt und sprecht: Da ist sie wieder /
Unsre deutsche Herzlichkeit."[32] So steht noch in der Elegie *Stutgard. An Siegfried
Schmidt* (1800) das „tiefere Freundesgespräch" unter dem Mythos des schwäbischen Vaterlandes mit seinen „Landesheroën" Barbarossa, Christoph, Konradin:

---

[31] Hölderlin, (wie Anm. 1), Bd. 2, S. 540 (Brief an Hegel, 10.7.1794).
[32] Ebd., Bd. 1, S. 87.

> Eins nur gilt für den Tag, das Vaterland und des Opfers
> Festlicher Flamme wirft jeder sein Eigenes zu.
> Darum kränzt der gemeinsame Gott umsäuselnd das Haar uns,
> Und den eigenen Sinn schmelzet, wie Perlen, der Wein.
> Diß bedeutet der Tisch, der geehrte, wenn, wie die Bienen,
> Rund um den Eichbaum, wir sizen und singen um ihn,
> Diß der Pokale Klang und darum zwinget die wilden
> Seelen der streitenden Männer zusammen der Chor.[33]

In diesem Zitat ist auch die spezifische Leistung von Freundschaft und Brüderlichkeit exakt angesprochen, den „eigenen Sinn" der „wilden Seelen" zu schmelzen, das Opfer des Eigenen für das mythische Vaterland zu bewirken. Was zwischen den Fremden entsteht und erfahrbar wird, ist „der gemeinsame Gott"; ihre Freundschaftsfeier ist kultische Praxis für diesen Mythos – die Theorie werden wir unten besprechen.

Erkenntnistheoretisch endlich wird eine Vermittlung zwischen der Gewißheit der privaten Erfahrung und der Gewißheit der Vernunfterkenntnis, zwischen Empirie und Rationalität, induktivem und deduktivem Verfahren gesucht: es ist der sensus communis, common sense, bon sens, der gesunde Menschenverstand. Die mythische Qualität des sensus communis arbeitet z.B. Friedrich Christoph Oetinger in seiner Abhandlung *Inquisitio in sensum communem et rationem* (1752) heraus.

> Gegenüber Leibniz, der den Monaden Vorstellungskraft (vis repraesentativa) zuerkennt, sowie gegenüber Shaftesbury, der alle Seelenregungen aus der Sympathie und Harmonie des Alls ableitet, macht Oetinger geltend: man fühlt sich nicht bestimmt, sei es durch das Vorstellen anderer, sei es durch den Zusammenhang mit anderen, sondern man fühlt sich selbst die Kräfte, durch die man auf Äußeres wirken kann.[34]

Diese Kräfte sind zugleich die Kräfte der göttlichen Herrlichkeit, die das Wesen und die Gestalt der Dinge bestimmen. Gelingt es dem Menschen, seine Kräfte zu „simplifizieren", d.h. in ihrem Zusammen- und Gegeneinanderwirken dem Leben Gottes zu nähern, in dem diese Kräfte wie eine Kraft sind und aus dem heraus sie wie viele Kräfte wirken, dann kann er zur „Zentralerkenntnis" gelangen. Das bedeutet, daß er die in ihm wirkenden Kräfte in der Weise konstelliert, in der sie in dem wahrgenommenen Gegenstand konstelliert sind und sein Wesen bilden, daß er also in einem tropus seiner selbst sich in das Objekt verwandelt und das Objekt sich zueignet. Diese „lebendige und durchdringende Wahrnehmung" führt eine „innere Evidenz", Freude und Zufriedenheit mit sich und kann trotz dieser scheinbar bloß gefühlsmäßigen Gewißheit durch Vergleichsverfahren, vor allem durch die Beobachtung von Maß, Zahl und Gewicht, in distinkte Bemerkungen, Verhält-

---

[33]  Ebd., Bd. 1, S. 311.
[34]  Gadamer, Hans-Georg, Einleitung zu: Oetinger, Friedrich Christoph: *Inquisitio in sensum communem et rationem*. Stuttgart-Bad Cannstatt 1964 (Neudruck d. Ausg. Tübingen 1753), S. XVII.

nisse und Proportionen ausgeformt werden.[35] Daß der sensus communis, wenn der Mensch ihn für sich erarbeiten könnte, eine gottähnliche Erkenntnis ermöglichen würde, liegt auf der Hand. Wie die ganze Lehre Oetingers vom Leben und von den sieben Geistern Gottes handelt es sich um eine mythische Konjektur (der sensus communis ist selbst Voraussetzung für die ars inveniendi, sogar nach dem Zeugnis Christian Wolffs),[36] die am Experiment des Lebens ständig erprobt und bei Oetinger zudem durch eine intensive Lektüre und Interpretation der Bibel überprüft wird.

Es läge hier nahe, die von Alexander Gottlieb Baumgarten eingeführte Ästhetik und die Zielvorstellung des ganzheitlich wahrnehmenden felix aestheticus in ähnlicher Weise als vermittelnden Mythos einer den Menschen mit dem neuen Kosmos und seinen Wirkungen verbindenden Erkenntnisform zu analysieren; auf entsprechende Studien können wir jedoch verweisen.[37]

Wir haben in diesem dritten Kapitel auf allen Gebieten und Ebenen, auf denen im zweiten Kapitel die den Menschen in existentielle Not führenden Widersprüche festgestellt wurden, den Entwurf, die konjekturale inventio von Vorstellungen, Betrachtungsweisen, Haltungen und Handlungsweisen beobachtet, die zwei Leistungen erkennen lassen: sie vermitteln zwischen den Widersprüchen so, daß die widersprechenden Positionen in den Entwurf konstitutiv aufgenommen werden und die vorher von außen an den Menschen herangetragenen entgegengesetzten Forderungen nun in den Menschen internalisiert werden (z.B. liberté und égalité als Willensorientierungen). Diese im 18. Jahrhundert konstitutive anthropologische Dialektik bedingt psychische Instabilität und Melancholie als Signaturen des Zeitalters – das Jahrhundert der Tränen und der Rührung – und verlangt als innere Not nach der unbekannten, aber die Not wendenden und heilenden Transzendenz, deren wahrscheinlichste und hilfreichste Erklärung und Offenbarung der vermittelnde Entwurf ist. Dieser erhält dadurch die Qualität des Mythos und erfüllt die für das 18. Jahrhundert notwendige anthropologische Funktion.

## 4. Reflexion auf den Mythos

Die Forderung einer Neuen Mythologie wurde explizit erst seit dem letzten Drittel des 18. Jahrhunderts erhoben, aber es gab einerseits umfassende Bemühungen um überlieferte Mythologien, so etwa Benjamin Hederichs *Gründliches mythologisches Lexikon* (1724, überarbeitet von Schwabe 1770), das „so wohl die fabelhaffte, als wahrscheinliche und eigentliche Geschichte der alten römischen, grie-

---

[35] Ebd., S. 18f. (Übersetzung U. G.).

[36] Ebd., S. 1f.

[37] Adler, Hans, *Die Prägnanz des Dunklen*. Gnoseologie, Ästhetik, Geschichtsphilosophie bei Johann Gottfried Herder. Hamburg 1990, S. 26–48.

chischen und ägyptischen Götter und Göttinnen" darstellt (Titelblatt), oder etwa Paul Henry Mallets *Monumens de la mythologie et poésie des Celtes et particulièrement des anciens Scandinaves* (1756). Andererseits gab es Theoretiker, die den Charakter und die Funktion des Mythos zu bestimmen und ihn für die anthropologische Dialektik des 18. Jahrhunderts fruchtbar zu machen suchten. Hier muß man sich vor allem erinnern, daß die lateinische Übersetzung des griechischen *mythos fabula* heißt und *fabula* keineswegs auf die Gattung der äsopischen Tierfabel beschränkt ist. Vielmehr ist *mythos* schon in Aristoteles' *Poetik* der Stoff und komponierte Handlungsverlauf eines Dramas;[38] Gottsched definiert: „Sie sei eine unter gewissen Umständen mögliche, aber nicht wirklich vorgefallene Begebenheit, darunter eine nützliche moralische Wahrheit verborgen liegt" und fragt sich dann, „ob ich Lust habe, eine aesopische, komische, tragische oder epische Fabel daraus zu machen?".[39] Theorien über die Fabel, selbst wenn sie die aesopische Fabel in den Mittelpunkt stellen, betreffen im 18. Jahrhundert immer auch den literarischen Stoff im allgemeinen und sind in dieser Hinsicht Literaturtheorien; sie beziehen sich ferner auf die überlieferte Mythologie, bezüglich derer gerade im Jahrhundert der Aufklärung oft von Götterfabeln geredet wurde.

Nun hatte Aristoteles in seiner *Poetik* dem Philosophen das Denken des Notwendigen, Immerseienden zugewiesen, dem Historiker das annalistische Notat des von Tag zu Tag sich Ereignenden, Kontingenten, dem Dichter aber das, was nach den Gesetzen der Wahrscheinlichkeit oder Notwendigkeit möglich ist. Der Historiker berichte wirklich Geschehenes, der Dichter erfinde, was geschehen kann: „Darum ist auch die Poesie philosophischer und edler als die Geschichtschreibung."[40] Sie ist, so darf man hinzufügen, auch historischer als die Philosophie. Was geschehen kann und wahrscheinlich ist, das weiß „man", so denken die meisten oder urteilen die Weisen und die Alten. Es ist die öffentliche Meinung über das Gute und Richtige, der common sense, das kulturelle Wissen und Werten.

Christian Wolff erneuert in seiner *Philosophia practica universalis II* (1738/39) die bei Aristoteles vorgedachte Dreiteilung der Erkenntnis und der Gewißheit, nur daß sie schon beim einzelnen Menschen auftritt und nicht auf Berufsgruppen verteilt ist. Die gründliche Verstandeserkenntnis erarbeitet notwendige, unumstößliche Aussagen, die private sinnenhafte Erfahrung bezieht sich auf Faktisches, aber Zufälliges und vielleicht nie wieder so Geschehendes. Da gründliche Erkenntnis nur in Logik und Mathematik erworben werde, nicht aber in den Wechselfällen der täglichen Praxis, da außerdem der Wille eher durch arationale Triebwünsche, Affekte, Leidenschaften bestimmt werde als durch einen moralischen Satz, will Wolff dem Menschen mehr Gewißheit verschaffen und vor allem eine „lebendige Er-

---

[38] Aristoteles, *Poetik*, Kap. 6.
[39] Gottsched, Johann Christoph, *Schriften zur Literatur,* hg. v. Horst Steinmetz. Stuttgart 1972, S. 86, 97 (*Versuch einer critischen Dichtkunst*, Teil I, Kap. 4).
[40] Aristoteles, *Poetik*, Kap. 9. Die Dreigliederung findet sich in Kap. 3 und 25.

kenntnis" erzeugen, die die Affekte einbezieht, aufhebt und deshalb sieghaft den
Willen bestimmt. Da die von Wolff so genannte apriorische Vernunfterkenntnis
und die aposteriorische Individualerfahrung wegen ihrer prinzipiell verschiedenen
Herkunft und Form der Gewißheit widersprüchlich und nicht untereinander sub-
sumierbar seien, sondern allenfalls in einer „Ehe" (connubium) zur gegensätzlichen Übereinstimmung gebracht werden könnten, bedürfe es einer Vermittlung,
eines „Kindes" in dieser Ehe. Dies ist die aus der imaginatio entstehende, Anschauung und begriffliche Erkenntnis in der „anschauenden Erkenntnis" vermittelnde Dichtung mit der Gewißheit des „im Volk Bestand habenden" topischen
Wissens. Stimmen diese drei Formen der Erkenntnis und Gewißheit zusammen,
entsteht „lebendige Erkenntnis" (cognitio viva), deren inneres Zusammenspiel von
Verstand, Sinnlichkeit und anschauend erkennender Einbildungskraft die „Lust"
erzeugt, aus der die Bereitschaft zum Handeln erwächst.[41] Die in den Kapiteln 2
und 3 aufgezeigte anthropologisch gegründete Struktur des Widerspruchs und
seiner Vermittlung ist hier exemplarisch erkennbar; die „Fabel" mit ihrer auf das
(unter anderem in Literatur) tradierte topische Wissen der Menschen fundierten
Gewißheit liefert philosophisch durchdrungene Modelle für die Fälle der wirklichen Erfahrung und verlangten Entscheidungen. Ihre Modellhaftigkeit wird oft
durch ostentative Fiktivität wie bei den sprechenden Tieren der aesopischen Fabel
hervorgehoben. Daß Wolff nicht nur die notwendige Funktion der Vermittlung der
Widersprüche in der Erkenntnis im Sinn hat, sondern die die Erkenntnis vollen-
dende Fabel als Mythos versteht, der die unbekannte Gottheit „herrlich" offenbart
und verhüllt, geht daraus hervor, daß er die zusammenstimmende Erkenntnis nach
Lk 10, 25–28 mit der von Jesus geforderten Hermeneutik der Liebe in Beziehung
setzt, die dem Lesenden das ewige Leben erwirbt. Die auf solcher Basis lebendig
gewordene Erkenntnis ist vollkommen[42] und damit die menschlich eingeschränkte,
d.h. verhüllende Offenbarung der unzugänglichen göttlichen Vollkommenheit,
mithin Mythos: „Das letzte Ziel menschlicher Handlungen besteht in ihrer Eig-
nung, die höchste Vollkommenheit Gottes zu repräsentieren, d.h. seine Herrlichkeit zu offenbaren."[43] Einige der Fernwirkungen dieser Mythopoetik und Literatur-
theorie werden wir im folgenden streifen.

Im vierten Kapitel seines bereits zitierten *Versuch einer critischen Dichtkunst
vor die Deutschen* (1730) unterscheidet Johann Christoph Gottsched drei Gattungen der poetischen Nachahmung der Natur, erstens „die bloße Beschreibung oder
sehr lebhafte Schilderung von einer natürlichen Sache", zweitens „wenn der Poet
selbst die Person eines andern spielet oder einem, der sie spielen soll, solche

---

[41]  Wolff, Christian, *Gesammelte Werke*, hg. v. Jean Ecole u.a. Hildesheim 1962–2002, hier
      Abt. 2, Bd. 11: *Philosophia practica universalis methodo scientifica pertractata pars poste-
      rior*, m. e. Nachwort v. Winfried Lenders (1979, Nachdruck d. 11. Ausg. Frankfurt a.M. /
      Leipzig 1739), § 244–249, 301–323.
[42]  Ebd., § 301, 323.
[43]  Ebd., § 29.

Worte, Gebärden und Handlungen vorschreibt und an die Hand gibt, die sich in solchen und solchen Umständen vor ihn schicken".[44] Die dritte Nachahmung der Natur ist die Fabel, mit Aristoteles der „Ursprung" und die „Seele" der Dichtung. Gottsched geht über ihn hinaus mit seiner Forderung, die Fabel müsse eine mögliche Welt beschreiben.

> In der Tat muß eine jede Fabel was Wahres und was Falsches in sich haben: nämlich einen moralischen Lehrsatz, der gewiß wahr sein muß, und eine Einkleidung desselben in eine gewisse Begebenheit, die sich aber niemals zugetragen hat und also falsch ist. [...] Philosophisch könnte man sagen, sie sei ein Stücke aus einer andern Welt.[45]

Daß Tiere sprechen können, ist ja „unter gewissen Bedingungen möglich". Gottsched fordert nur, daß diese Bedingungen und Voraussetzungen, einmal angenommen, auch konsequent durchgehalten werden. Dies ist die Nachahmung der Natur, von der Gottsched konjektural annimmt, daß sie ein vernünftig, d.h. widerspruchsfrei produzierendes Prinzip ist: der Dichter mit seiner aus anderen Bedingungen als die Natur, aber widerspruchsfrei wie sie eine mögliche Welt herstellenden Fabel produziert demnach einen vernünftigen Mythos, der auf die unzugängliche göttliche Natur und ihre konjizierte Vernunft verweist. Auch die funktionale Mittelstellung der Poesie wird aus Rezeptionssicht erläutert:

> Es ist aber auch leicht daraus abzunehmen, mit wie vielem Grunde Aristoteles von der Dichtkunst sagen können, daß sie philosophischer sei als die Historie und angenehmer als die Philosophie. Ein Gedichte hält in der Tat das Mittel zwischen einem moralischen Lehrbuche und einer wahrhaften Geschicht. Die gründlichste Sittenlehre ist vor den großen Haufen der Menschen viel zu mager und trocken. [...] Die Historie aber, so angenehm sie selbst den Ungelehrten zu lesen ist, so wenig ist sie ihnen erbaulich. [...] Die Poesie hergegen ist so erbaulich als die Moral und so angenehm als die Historie; sie lehret und belustiget und schicket sich vor Gelehrte und Ungelehrte: darunter jene die besondre Geschicklichkeit des Poeten, als eines künstlichen Nachahmers der Natur, bewundern; diese hergegen einen beliebten und lehrreichen Zeitvertreib in seinen Geschichten finden.[46]

Alexander Gottlieb Baumgarten hat in seinen *Meditationes philosophicae de nonnullis ad poema pertinentibus* (1735) drei Erkenntnisverfahren unterschieden. Einige Vorstellungen schließen sich aneinander an „wie Prämissen und Schlußfolgerungen, einige wie Ähnliches und Ähnliches oder Verwandtes mit Verwandtem, einige nach dem Gesetz der Sinneswahrnehmung und der Einbildung"; daraus ergeben sich die Methode der Vernunft, die Methode des Witzes und die Methode der Historiker.[47] Man erkennt hier wieder die zwei gegensätzlichen Erkenntnisquellen der Vernunft und der sinnlichen Wahrnehmung und ihre Vermittlung im

---

44  Gottsched, (wie Anm. 39), S. 79, 81.
45  Ebd., S. 85f.
46  Ebd., S. 101f.
47  Baumgarten, Alexander Gottlieb, *Meditationes philosophicae de nonnullis ad poema pertinentibus. Philosophische Betrachtungen über einige Bedingungen des Gedichtes*, übers., eingel. u. hg. v. Heinz Paetzold. Hamburg 1983, § 72.

„Witz", der vergleichenden und produktiven Einbildungskraft, Wolffs imaginatio.
Diese Erkenntnisformen wirken in der Dichtung und ihrer von Horaz so genannten
„lichtvollen Methode" zusammen:

> Die allgemeine Regel der lichtvollen Methode ist folgende: die poetischen Vorstellungen sol-
> len sich so aneinander anschließen, daß das Thema allmählich immer extensiv klarer vorge-
> stellt wird. [...] folglich müssen die nachfolgenden Vorstellungen das Thema klarer wiederge-
> ben als die früheren. [...] Übrigens läßt sich eine dieser Regel analoge Regel der Ordnung be-
> merken, mit der in der Welt die Dinge aufeinander folgen, um die Herrlichkeit des Schöpfers
> zu entwickeln, das höchste und letzte Thema dieses ungeheuren Gedichts, wenn man sie [die
> Welt] so nennen darf.[48]

Die Welt ist ein Gedicht, aber ein ungeheures, dem Menschensinn unzugängliches;
deshalb ist die kleine Welt des menschlichen Gedichts ein Mythos, der in konjekturaler Nachahmung der großen Welt eine wahrscheinlichste Vermutung ihrer
Vollkommenheit herstellt. Derselbe Gedanke wird von Lessing im 34., 70. und
79. Stück der *Hamburgischen Dramaturgie* erörtert und im Sinne der mythischen
Qualität und Funktion erklärt: „das Ganze dieses sterblichen Schöpfers sollte ein
Schattenriß von dem Ganzen des ewigen Schöpfers sein; sollte uns an den Gedanken gewöhnen, wie sich in ihm alles zum Besten auflöse, werde es auch in jenem
geschehen".[49] Keineswegs, wie man aus der Stelle entnehmen könnte, handelt es
sich da um eine naiv harmonistische Weltvorstellung, sondern um die Begründung
der vollen Wirkung des tragischen Unheils, das sich mitten in diesem wohlgeord-
neten Kosmos unwiderstehlich und natürlich entfaltet, „daß uns nichts dabei be-
fremdet als die unmerkliche Annäherung eines Zieles, von dem unsere Vorstellungen zurückbeben".[50] Jean Paul endlich, im § 1 der *Vorschule der Ästhetik* (1804),
faßt den Gedanken dieser Mythos-Funktion der Dichtung noch einmal prägnant
zusammen: „die Poesie ist die einzige z w e i t e Welt in der hiesigen".

Lessing ist es auch, der Wolffs Argumente von der topischen Natur der Fabel-
stoffe wieder aufgreift, und zwar unter ausdrücklicher Berufung auf Wolffs oben
referierte Fabeltheorie in der ersten, dritten und fünften seiner fünf *Abhandlungen
über die Fabel* (1759) – eine durch Anfang, Mitte und Ende signalisierte Anerkennung, wie viel er dem Philosophen verdankt. Gleich anfangs macht er deutlich, daß
er von der Fabel als literarischem Stoff überhaupt nur die aesopische Fabel behandeln will, aber z.B. Herder hat ohne weiteres Lessings Gedankengänge auf Mythologie und Literatur überhaupt übertragen. Auf die Frage nach dem Gebrauch der
Tiere in der Fabel antwortet Lessing mit dem Argument von der „allgemein bekannten Bestandheit der Charaktere" – hier nimmt er Wolffs Definition der Topik
auf: „quod in vulgus constat" – diese erspare dem Fabulisten die Charakterisierung
seiner Akteure und mache durch die schon damit assoziierte anschauende Erkennt-

---

[48]  Ebd., § 71 und nota.
[49]  Lessing, Gotthold Ephraim, *Gesammelte Werke*, hg. v. Wolfgang Stammler. 2 Bde. München
      1959, hier Bd. 2, S. 667 (79. Stück).
[50]  Ebd., S. 464 (32. Stück).

nis eine solche Dichtung „zu einer Fabel für das ganze menschliche Geschlecht", lenke überdies wegen der Fiktionalität der Tierakteure den Leser nicht von der „anschauenden Erkenntnis des moralischen Satzes" ab. Wie Wolff bezieht Lessing bei der Erfindung der Fabeln die drei Erkenntnisformen ein: ein allgemeiner moralischer Satz wird auf einen besonderen Fall reduziert, der wirklich sein soll; für diesen wird eine modellhafte Geschichte entworfen, z.b. mit Hilfe der Tiercharaktere, die anschauende Erkenntnis vermittelt. Wie Wolff geht es Lessing um den höchsten Grad der anschauenden Erkenntnis, da sie dann am mächtigsten auf den Willen wirkt; man kann getrost annehmen, daß Lessing auch hier schon wie Wolff den Zustand der lebendigen willensbestimmenden Erkenntnis als den Moment versteht, in dem der Mensch die Herrlichkeit Gottes repräsentiert und damit selbst zum Mythos wird. Jedenfalls wird, so die fünfte Abhandlung, der Schüler ein „Genie",[51] der den Aufstieg vom Besonderen zum Allgemeinen und den Abstieg vom Allgemeinen zum Besonderen am vorhandenen Fabelmaterial übt und darin neue Bedeutungen zu finden lernt, bevor er selbst erfindet – Lessing erklärt, daß er im zweiten Buch seiner Fabeln diese Stufen vom Finden zum Erfinden didaktisch vorgeführt habe.[52] Wenn man durch diese Übungen ein Genie werden kann, so deshalb, weil sie durch konsequente Schulung des Konjizierens und Erfindens, als der schwierigsten der drei Denkoperationen der Fabelherstellung, den Schüler zur Vollkommenheit des Erkennens und Handelns erziehen, aus der heraus er dann wie Gott oder die Natur „Herrlichkeit" erschafft oder, wie zitiert, einen mythischen „Schattenriß von dem Ganzen des ewigen Schöpfers".

In meinem Aufsatz über *Formen und Gebrauch Neuer Mythologie bei Herder*[53] habe ich die Forderung nach Neuer Mythologie aus den Erkenntnissen der zeitgenössischen Naturwissenschaft bei Hamann und beim jungen Herder sowie Herders Aufnahme der Lessingschen Fabel-Argumentation in seiner Fragment-Gruppe „Vom neuern Gebrauch der Mythologie" in den Fragmenten *Über die neuere deutsche Literatur III* beschrieben, so daß ich hier darauf verweisen kann. Ich habe dort eine inspiratorische und eine topische Tradition der Mythologie unterschieden[54] und ihre Zusammenführung bei Herder in dem Begriff der „poetischen Bestandheit"[55] analysiert. Unter dem anthropologischen Aspekt der gegenwärtigen Frage ist dem dort Ausgeführten hinzuzufügen, daß nach Herder schon die Sprache im tiefsten Grund mythologisch und das Denken prinzipiell bildhaft ist,[56] daß ferner

---

[51] Ebd., S. 880.
[52] Ebd., S. 882.
[53] Gaier, Ulrich, Formen und Gebrauch Neuer Mythologie bei Herder, in: *Herder-Jahrbuch* 5 (2000), S. 111–133.
[54] Graevenitz, Gerhart von, *Mythos. Geschichte einer Denkgewohnheit*. Stuttgart 1987, unterscheidet symbolische und topische Mythologie-Tradition.
[55] Herder, *Frühe Schriften*, (wie Anm. 3), S. 433.
[56] Ebd. S. 737–739 (*Über den Ursprung der Sprache* I 3); Herder, Johann Gottfried, *Werke in zehn Bänden*, hg. v. Günter Arnold u.a. Frankfurt/M. 1985–2000, hier Bd. 4: *Schriften zu*

die dadurch vermittelte Topik der gesellschaftlichen Weltsicht, des Meinens und
Fürguthaltens das Individuum auch in seinen „abweichenden" Positionen umfängt
und tendenziell im Feld der Sprach- und Kulturgemeinschaft festhält: die Topik
der sprachlichen Überlieferung, der in den Mythen, Fabeln, literarischen Stoffen
enthaltene „sensus communis totius antiquitatis" (Oetinger)[57] sind ja keineswegs
systematisch durchdachte monologische Denkgebäude, sondern vielstimmige
streitermöglichende Konjekturalräume, die auch individuelle Positionen schon immer zur Ausarbeitung bereitstellen, metasprachliche und metamythologische Überlegungen zulassen, aber es dem Menschen tendenziell erschweren, Denk- und Vor-
stellungsgewohnheiten fremder Kulturen sich zuzueignen. Herder suchte deshalb
mit seinem Lehrer Johann Georg Hamann „Poesie [als] die Muttersprache des
menschlichen Geschlechts"[58] sowohl in ihrer möglichst ursprünglichen Form in
den *Volksliedern*, als auch in ihrer durch die Bedingungen der Moderne modifizierten Form. Denn Poesie kehrt nicht nur schöpferisch an den Beginn der topischen Tradition zurück, sondern sie hält die inspiratorische Tradition der Mythologie wach und bringt nach der Analyse des Sokrates in Platons *Ion* die Seele zum
Tanzen,[59] so daß sie über die übliche Beschränkung weit hinausgetragen wird. Die
Verbindung des topischen mit dem inspiratorischen Aspekt des Mythos in Herders
Formel von der „poetischen Bestandheit" der Mythologie zeigt also an, daß Herder
schon im neueren Gebrauch der überlieferten Mythologie wie Lessing (auf dessen
Fabel-Abhandlungen er sich deutlich bezieht) den Menschen in den Status der
Natürlichkeit, Ganzheit und Genialität zurückzuführen sucht; die poetische Bege-
isterung, die er über Lessing hinaus anvisiert, kann diesen „ganzen Menschen"
dann mit der geheimnisvollen Quelle der Urbilder und Urgeschichten in Beziehung
bringen, aus der die großen Mythen der Menschheit kommen. Damit wird der
Mensch als Produzent und Rezipient von Mythen selbst zum Mythos, zur verhül-
lenden Offenbarung und Herrlichkeit der verborgenen Transzendenz.

Ähnlich argumentiert Hölderlin in dem *<Fragment philosophischer Briefe /
Über Religion>* (1797). Er unterscheidet in der „Welt", der „Sphäre" des einzelnen
Menschen eine „(physische und moralische) Nothdurft" (Zwänge, Gesetze, Zusammenhänge unter den raumzeitlichen Gegebenheiten einerseits und Verbindlichkeiten, Rechts- und Pflichtverhältnisse unter Menschen andererseits) von einer

mannigfaltigern und innigeren Beziehung mit ihrer Welt [...], so daß ein höherer mehr als mechanischer Z u s a m m e n h a n g, daß ein höheres G e s c h i k zwischen ihnen und ihrer

---

*Philosophie, Literatur, Kunst und Altertum 1774–1787*, hg. v. Jürgen Brummack u. Martin
Bollacher (1994), S. 631–677 (*Über Bild, Dichtung und Fabel*).
[57] Zitiert von Gadamer, (wie Anm. 34), S. XIV.
[58] Hamann, Johann Georg, *Sokratische Denkwürdigkeiten. Aesthetica in nuce*, hg. u. komm. v.
Sven-Aage Jørgensen. Stuttgart 1968, S. 81.
[59] Platon, *Ion* 536 b, 533 e – 534 d.

Welt sei, [und] auch wirklich dieser höhere Zusammenhang ihnen ihr heiligstes sei, weil sie in ihm sich selbst und ihre Welt, und alles, was sie haben und seien, vereiniget fühlen.[60]

Ein solcher Zusammenhang übersteigt die Zulänglichkeit der theoretischen und der praktischen Vernunft und ist deshalb „ein höherer, unendlicherer Zusammenhang" (ebd.). Da dieser „sich genau betrachtet weder recht denken ließe noch auch vor den Sinnen liege" – rationale und empirische Erkenntnis wie schon bei Wolff –, müsse der Mensch ihn sich „v o r s t e l l e n , [...] sich eine Idee oder ein Bild machen" (ebd.). Dieses Bild kann nur aus den „intellectualen moralischen rechtlichen Verhältnissen einestheils, [den] physischen mechanischen Verhältnissen anderntheils" der jeweiligen Sphäre stammen, in der der höhere Zusammenhang gefühlt wurde; ferner müssen, da die Erfahrung des höheren Zusammenhangs alles vereinigt fühlbar machte, die intellektuellen Verhältnisse die Materialität der historischen, die historischen die Geistigkeit und Moralität der intellektuellen Verhältnisse vorweisen, die Dinge personalisiert und der Geist konkret erscheinen,

so daß die religiösen Verhältnisse in ihrer Vorstellung weder intellectuell noch historisch, sondern intellectuell historisch, d.h. M y t h i s c h sind, sowohl was ihren Stoff, als was ihren Vortrag betrifft. [...] So wäre alle Religion ihrem Wesen nach poëtisch.[61]

Hier tritt in reinster Ausprägung die Mythos-Konzeption und -Funktion des 18. Jahrhunderts hervor: anthropologisch die Zwanghaftigkeit und „Nothdurft" des sinnlichen und des intellektuell-moralischen Lebens – das sind die im Kap. 2 besprochenen Widersprüche, ins Existentielle verallgemeinert – und die Vermittlung und Aufhebung dieser Zwänge im konjekturalen Mythos, der die bestmögliche, aus der Sphäre sich speisende Vorstellung dessen ist, was in einer Epiphanie als unendlicher, durchgängiger, alle Zwänge beseitigender Zusammenhang dieser Sphäre zur Erfahrung kam. Hölderlins Dichtung mit ihren personalisierten Strömen, der „ausdrüklichen Bauart" der Landschaft einerseits, den imaginären Zeit- und Raumreisen des sprechenden Ich in fremde historische Kulturräume andererseits ist Mythologie im beschriebenen Sinne. Sie ist Neue Mythologie, denn sie geht in jedem Gedicht von der zeitgenössischen Sphäre aus, die der Dichter stellvertretend für die Rezipienten mythisiert, um ihnen die Möglichkeit des unendlichen Zusammenhangs in ihr fühlbar zu machen und sie in den Mythos aufzunehmen.

Ähnlich Friedrich Schlegel in der *Rede über die Mythologie* (1800), wo er explizit „die Möglichkeit einer neuen Mythologie" erörtert.[62] Auch bei ihm ist Poesie die Vermittlung eines „grenzenlosen Realismus" und eines ebenso grenzenlosen

---

[60] Hölderlin, Friedrich, *Sämtliche Werke*, hg. v. Friedrich Beißner. 8 Bde. Stuttgart 1943–1985, hier Bd. 4: *Der Tod des Empedokles*. Aufsätze (1961), S. 275.
[61] Ebd., S. 280f.
[62] Schlegel, August Wilhelm und Friedrich, *Athenäum*, ausgew. u. bearb. v. Curt Grützmacher. 2 Bde. Reinbek bei Hamburg 1969, hier Bd. 2, S. 175.

Idealismus, weil Poesie „ja auf der Harmonie des Ideellen und Reellen beruhen soll".[63] Auch die verhüllend-offenbarende Funktion des Mythos ist bedacht:

> Soll das höchste Heilige immer namenlos und formlos bleiben, im Dunkel dem Zufall überlassen? [...] Ihr müßt es oft im Dichten gefühlt haben, daß es Euch an einem festen Halt für Euer Wirken gebrach, an einem mütterlichen Boden, einem Himmel, einer lebendigen Lust.

Die alte Mythologie entstand als

> die erste Blüte der jugendlichen Phantasie, sich unmittelbar anschließend und anbildend an das nächste, lebendigste der sinnlichen Welt. Die neue Mythologie muß im Gegenteil aus der tiefsten Tiefe des Geistes herausgebildet werden; es muß das künstlichste aller Kunstwerke sein, denn es soll alle andern umfassen, ein neues Bette und Gefäß für den alten ewigen Urquell der Poesie und selbst das unendliche Gedicht, welches die Keime aller andern Gedichte verhüllt.[64]

Daß die Neue Mythologie durch den Dichter künstlich erarbeitet werden muß und ihn in die Gefahr der Hybris bringt, hat Hölderlin eindringlich etwa in „*Wie wenn am Feiertage* [...]" dargestellt. Schlegel kommt es mehr auf die Aufhebung der Ratio an als Hölderlin; deshalb betont er die Arabeske als „indirekte Mythologie":

> Denn das ist der Anfang aller Poesie, den Gang und die Gesetze der vernünftig denkenden Vernunft aufzuheben und und wieder in die schöne Verwirrung der Natur, in das ursprüngliche Chaos der menschlichen Natur zu versetzen, für das ich kein schöneres Symbol bis jetzt kenne als das bunte Gewimmel der alten Götter.[65]

Hölderlin geht in diesem Sinne weiter als Schlegel, dem es in dieser Rede mehr um vielfältige Anstöße zur Überwindung des Rationalismus der Aufklärung geht als um die theoretische Bestimmung der Neuen Mythologie. So viel ist jedoch deutlich, daß beide Autoren wieder, wie schon die Reihe der in diesem Kapitel besprochenen, die Neue Mythologie als offenbarend-verhüllende Konjektur über eine unzugängliche Transzendenz verstehen und als die Not der anthropologischen Widersprüche des 18. Jahrhunderts wendende Vermittlung betrachten und praktizieren.

## 5. Ideen

„Alles Denken ist ein Divinieren, aber der Mensch fängt erst eben an, sich seiner divinatorischen Kraft bewußt zu werden."[66] Der ahnende, konjizierende Charakter des mythischen Entwerfens der bestmöglichen Vorstellung oder Denkmöglichkeit für die unerkennbare Transzendenz wird von Schlegel am Ende seiner *Rede über*

---

[63] Ebd., S. 176.
[64] Ebd., S. 174.
[65] Ebd., S. 178.
[66] Ebd., S. 180.

*die Mythologie* auf das Denken überhaupt ausgedehnt, angesichts der z.B. auch von Herder gelehrten Bildhaftigkeit allen Denkens eine plausible Behauptung, wenngleich den Zeitgenossen die Verallgemeinerung provokativ gewesen sein mag und so gemeint war. In dem Terminus der „Idee" hatten die Philosophen jedoch ein Konzept, das dem Schlegelschen Gedanken eingeschränkten Raum zubilligte. Kant verstand

> unter der Idee einen notwendigen Vernunftbegriff, dem kein kongruierender Gegenstand in den Sinnen gegeben werden kann. [...] Sie [die Ideen] sind nicht willkürlich erdichtet, sondern durch die Natur der Vernunft selbst aufgegeben [...]; daher kann man von der Weisheit nicht gleichsam geringschätzig sagen: s i e i s t n u r e i n e I d e e, sondern eben darum, weil sie die Idee von der notwendigen Einheit aller möglichen Zwecke ist, so muß sie allem Praktischen als ursprüngliche, zum wenigsten einschränkende Bedingung zur Regel dienen.[67]

Der konjekturale Charakter der Idee in dieser Definition ist deutlich; sie wird als Forderung aus der Natur der Vernunft erschlossen, ohne jemals in der erfahrbaren Welt verwirklicht werden zu können; aber sie gibt Richtung und Beurteilungsmaßstab. Auch Mythen sind nicht „willkürlich erdichtet", sondern stellen unter Berücksichtigung aller Bedingungen die plausibelste Erklärung für ein staunenswertes Phänomen, die verhüllende Offenbarung einer transzendenten Wirkkraft auf, die ebenfalls Richtung und Beurteilungsmaßstab des experientiellen Handelns gibt. Mythen sind, analog zu Kants Argument formuliert, nicht willkürlich erdichtet, sondern durch die Natur der Einbildungskraft aufgegeben, nicht mit der Notwendigkeit der Vernunft, sondern mit der größtmöglichen Wahrscheinlichkeit auf der topischen Basis gesellschaftlich-kulturellen Meinens und Fürguthaltens. Mythen können wegen dieser analogen Struktur auch in Fälle und Situationen eintreten, wo Ideen ebenfalls operieren. Kant gibt ein Beispiel für eine notwendige Idee:

> Eine Verfassung von der g r ö ß t e n m e n s c h l i c h e n F r e i h e i t nach Gesetzen, welche machen, d a ß j e d e s F r e i h e i t m i t d e r a n d e r e n i h r e r z u s a m m e n b e s t e h e n k a n n [...], ist doch wenigstens eine notwendige Idee, die man nicht bloß im ersten Entwurfe einer Staatsverfassung, sondern auch bei allen Gesetzen zum Grunde legen muß.[68]

Wir haben im Kapitel 2 festgestellt, daß die von Kant gemeinten widersprüchlichen Forderungen der liberté und der égalité in unzähligen Freundschaftsdichtungen und dem experientiellen Zusammenleben in fraternité vermittelt werden.

Kant selbst verwendet den Terminus Idee auch außerhalb der diskutierten Definition, z.B. in der ästhetischen Idee; darunter versteht er

> diejenige Vorstellung der Einbildungskraft die viel zu denken veranlaßt, ohne daß ihr doch irgend ein bestimmter Gedanke, d. i. B e g r i f f adäquat sein kann, die folglich keine Sprache völlig erreicht und verständlich machen kann. – Man sieht leicht, daß sie das Gegen-

---

[67] Kant, *Kritik der reinen Vernunft*, (wie Anm. 3), S. B 383–385.
[68] Ebd., S. B 373.

stück (Pendant) von einer V e r n u n f t i d e e sei, welche umgekehrt ein Begriff ist, dem keine A n s c h a u u n g (Vorstellung der Einbildungskraft) adäquat sein kann.[69]

Mit einem Titel wie *Idee einer allgemeinen Geschichte in weltbürgerlicher Absicht* nähert er sich – wahrscheinlich mit einer Herders *Ideen* parodierenden Absicht – dem Gebrauch des Terminus in der wissenschaftlichen Welt, wo „Idee" einen Einfall, die konjekturale Konstitution eines Denkmodells oder Denkbildes zur Lösung eines Problems, zur Benennung einer unbekannten, aber aus einer Wirkung vermutbaren Wirkkraft oder Gesetzmäßigkeit bedeutet. Eine solche Idee konnte, wie heute entworfene Denkmodelle, die bekannten und wiederholbaren Wirkungen bei bestimmten Experimenten bündeln und eine vorläufige Erklärung bieten, die die Richtung weiterer Experimente und Untersuchungen angab, etwa bei Phäno-menen wie Magnetismus oder Elektrizität. Eine solche Idee konnte vor allem auch so gefaßt sein, daß sie die in einer anderen Wissenschaft gewonnenen Forschungs-ergebnisse in einer Disziplin brauchbar machte, die z.B. weniger exakte Untersu-chungs- und Experimentiermethoden hatte; in diesem Fall diente die Idee dazu, transdisziplinär gegen die sich formierenden und abgrenzenden Wissenschaftsdis-ziplinen nach übergreifenden Gesetzmäßigkeiten zu suchen.

Ein hervorragendes Beispiel dieses Verfahrens ist Herders Abhandlung *Liebe und Selbstheit* (1781), in der er dem von Hemsterhuis in der *Lettre sur les désirs* (1770) beschriebenen Verlangen den Trieb zur Selbsterhaltung, der Liebe den Haß gegenübersetzt wie Empedokles und schreibt:

> Man sahe, daß diese b e i d e n Kräfte, die in der geistigen Welt das sind was in der körperli-chen A n z i e h u n g und Z u r ü c k s t o ß u n g sein möchten, zur Erhaltung und Festhal-tung des Weltalls gehören.[70]

Indem er auf einem „doppelten Spaziergang" diese beiden Kräfte des Weltalls in der geistigen Welt verfolgt, arbeitet er wohl die erste dyadische Psychologie aus, denn auf sieben Stufen des Zusammenlebens werden nicht nur die beiden Kräfte in ihrem Zusammenspiel, sondern auch die in dyadischen Systemen wie Freundschaft und Ehe miteinander lebenden Menschen ins Auge gefaßt. Hier wird also konjek-tural Newtons Himmelsmechanik auf das Feld der Psychologie übertragen und erprobt, wie weit diese Übertragung zu Vermutungen verhilft, die dann in der Er-fahrungsseelenkunde ihre Bestätigung oder Korrektur finden können. Zugleich werden die disziplinären Grenzen geöffnet und die Weisheit dieser Doppeltendenz des Weltalls erkannt, „weil der Schöpfer hiedurch eben so sehr für den f e s t e n B e s t a n d e i n z e l n e r W e s e n gesorgt hat, wie er durch Liebe und Sehn-sucht für die V e r e i n i g u n g und das m i l d e B e i s a m m e n s e i n

---

[69] Kant, Immanuel, *Kritik der Urteilskraft*, hg. v. Karl Vorländer. Hamburg 1954, S. 192f. der Orig.-Ausgabe.
[70] Herder, *Schriften*, (wie Anm. 56), S. 407.

mehrerer Geschöpfe sorgte."[71] Der Mythos vereinigt damit auch die Disziplinen, ohne sie in ihrer Selbständigkeit aufzulösen.

Zwei einflußreiche Werke, die die transdisziplinäre Plausibilisierung einer konjekturalen Idee zum Gegenstand haben und den dargestellten Vernunftbegriff nicht nur empirisch zu belegen und rational zu begründen suchen, sondern in einem zweiten konjekturalen Verfahren mythisch als verhüllende Offenbarung der Transzendenz glaubhaft machen, seien noch kurz charakterisiert. Friedrich Christoph Oetingers *Theologia ex idea vitae deducta* (1765) ist ganz auf der Idee des Lebens aufgebaut, die als Leben Gottes und des Kosmos, ausgedrückt in gestaltenden und organisierenden, auflösenden und aufbauenden Kräften, in unendlich vielen charakteristischen Wirkungskombinationen zunächst eine Welt aus Kraftfeldern und Verhältnissen bildet, die sich dann materielle Körper baut. Leben und lebendige Kräfte werden in Naturwissenschaften (Biologie, Chemie, Physik), in der Gesellschaft als Formen des Zusammenlebens, im geisteswissenschaftlichen Bereich als Leben des Geistes angesprochen (andere Werke Oetingers gehen der Idee in den einzelnen Disziplinen ausführlicher nach). Das Werk ist als Lehrbuch nach den theologischen loci aufgebaut und untersucht jeden Topos hinsichtlich des sensus communis, der Belege in der Schrift und der kirchlichen Dogmatik. Das sich offenbarende Leben Gottes ist die „Herrlichkeit", die oben bereits angesprochen wurde und deren konjekturaler Charakter sie zum Mythos des unerkennbaren Gottes macht. Das Buch ist vor allem im schwäbischen Pietismus, für Herder und Goethe, Hölderlin, Hegel und Schelling wichtig geworden.

Der Ideen-Begriff in Herders Hauptwerk *Ideen zur Philosophie der Geschichte der Menschheit* (1784–1791) ist vielleicht von Oetingers idea vitae übernommen.[72] Hier ist die Vernunftidee der Humanität ein rein formaler, transzendentaler Begriff der Zusammenstimmung des Menschen mit sich selbst in seinem Denken und Handeln, mit dem Denken und Handeln anderer, vieler, aller Menschen und mit der umgebenden Welt. Aus dieser Beschreibung der Vernunftidee ist der Forderungscharakter und die konjekturale Unerfüllbarkeit ersichtlich. Welche Gestalt Humanität jeweils annimmt, wo sie doch jedem Menschen unter den verschiedensten Bedingungen aufgegeben ist, muß historisch festgestellt werden, denn im Grunde ist die Geschichte der Humanität mit einer Geschichte der Inhumanität zu begleiten. Menschheit bedeutet nun nicht die Einschränkung auf die Menschen und ihre Geschichte, sondern Herder nimmt mit Ficino und Pico della Mirandola mythologisch an, der Mensch sei Mittelring zwischen der geistigen und der materiellen Welt, Leitgattung aller Lebewesen, ja des Kosmos. Erkenntnistheoretisch ist er sich über die konjekturale Qualität dieser Mythen durchaus im klaren,[73] aber sie

---

[71] Ebd.
[72] Vgl. Gaier, Ulrich, Herder und Oetinger, in: *Pietismus und Neuzeit* 28 (2002), S. 213–236.
[73] Vgl. Gaier, Ulrich, Poesie oder Geschichtsphilosophie? Herders erkenntnistheoretische Antwort auf Kant, in: Martin Bollacher (Hg.), *Johann Gottfried Herder. Geschichte und Kultur.* Würzburg 1994, S. 1–18.

erschließen die Welt als Herrlichkeit, als sinnvolle, den Menschen in die Verantwortung übergebene und nicht zu einer zerstörerischen Ausbeutung überlassene
Erde, wie wir sie heute fast zu Ende gebracht haben. Herders Neue Mythologie
wird vielleicht erst heute in ihrer Weisheit wieder erkennbar.

Jörn Garber (Halle)

# Von der „anthropologischen Geschichte des philosophierenden Geistes" zur *Geschichte der Menschheit* (Friedrich August Carus)

Die vorliegende Studie verläßt den Königsweg der Suche nach Anfängen, Krisen, Paradigmenwechseln und Endpunktbestimmungen der „Anthropologischen Wende", sie analysiert bislang unbekannte philosophische, psychologische und historische Texte, die ein Höchstmaß an Kenntnissen anthropologischer Themen und Quellen vereinen. Es handelt sich um eine integrativ ausgerichtete Philosophie, die Wissensbestände im Einflußfeld von Psychologie, Anthropologie und Historie untersucht. Diese Texte markieren eine Neuordnung der Wissenschaftssysteme im Übergang von der Spätaufklärung zum Idealismus bzw. zum Neuhumanismus. Es kommt zu neuen Verbindungen von Geschichtswissenschaft und Philosophie, aus denen eine Menschheitsgeschichte der Kulturen und des Geistes entsteht. Diese werden bezogen auf das Spannungsfeld zwischen Anthropologie (Psychologie), Philosophie und Geschichte. In der Ablösung metaphysischer Begründungsformen wird den Einzelwissenschaften eine Methodenautonomie zugeschrieben, die wiederum die Selbständigkeit von akademischen Einzelfächern ermöglicht. Die Wissenschaftsgeschichte nimmt solche Neuformierungen von Wissenschaftsdisziplinen zumeist erst dann wahr, wenn diese zu Universitätsdisziplinen werden. Allenfalls untersucht man die „Geschichte der Ideen" von Wissenschaftstheorien, und man unterläuft damit die Rekonstruktion von Wissenschaftsfeldern, die sowohl die ‚Ideen' als auch die Institutionengeschichte prägen.

Die bisherigen Forschungen zur „Anthropologischen Wende" betonen, daß seelisch-geistige Vorgänge ab 1750 in das Interpretationsfeld naturalisierender (physiologisierender) Untersuchungsformen geraten. Die in der anthropologischen Literatur nachweisbaren Empirisierungspostulate führen zur Aufwertung der körperlich-affektiven gegenüber den seelisch-geistigen Formen, die Hierarchie zwischen Physis und Pneuma verkehrt sich zugunsten ersterer. Zugleich findet im Sinne Bacons, Humes und der französischen Frühmaterialisten eine Abkehr von der Systemphilosophie und ihrer Metaphysikfixierung statt, der Empirismus als Eklektizismus verdrängt die umfassenden holistischen metaphysischen Philosophiekonstruktionen. Ausgelöst wird dieser Empirisierungsschub durch die Adaption medizinischer Deutungs- und Darstellungsformen. Unbekannt blieb demgegenüber die Gegenbewegung zu dieser „Verkörperlichung" seelischer Prozesse, die allererst formulierbar wurde, nachdem die Aufklärungsgeschichtswissenschaft den Zusammenhang von Ereignis, Spezialhistorie und Allgemeingeschichte in den Gegenbegriffen „Aggregat" und „System" bestimmt hatte. Diese innerhistoriographische Diskussion wurde anschließend von Kant intensiv vorangetrieben, als er die Bestimmung von Aggregat und System durch eine apriorische Geschichtskonstruktion ergänzte, die sich löst von der Ereignisgeschichte und diese ersetzt durch eine Bedeutungsgeschichte. Dieses Konstrukt einer ‚apriorischen Geschichte' ist nicht gleichzusetzen mit Kants geschichtsphilosophischen Entwürfen, das apriorische Methodenkonzept dient der Bestimmung von Fortschritt im Rahmen einer „Geschichte der Philosophie". Diese Fortschrittskonzeption Kants basiert auf aufklärerischen Diskussionszusammenhängen der theologischen Hermeneutik. Hier wird gefragt, welche Ausdrucksformen die menschliche Kultur bzw. der menschheitliche Geist im Verlauf seiner Geschichte hervorgebracht hat. Kant diskutiert im Einklang mit der Aufklärungshermeneutik, wie die Historie, wenn sie sich mit „Ideen" befaßt, von einer Wissenschaft mit kontingenzgeprägten Gegenstandsfeldern zu einer Wissenschaft werden kann, die Kausalität und Pragmatik innerhalb der Geschichte nachweist. Kant spricht von einer „Philosophischen Archäologie", die die Prinzipien der Vernunft aus den vorliegenden Werken der Philosophie „philosophisch" herauszuarbeiten habe und zwar so, als sei die Philosophie in ihren geschichtlichen Modifikationen eine Bestimmungsform von Vernunft. Die Autoren nach Kant haben diesen Interpretationsmodus übernommen, nunmehr aber den Anfang der Geschichte der Philosophie gleichgesetzt mit einer ‚sinnlichen' Stufe der Menschheitsgenese und das Ende der Geschichte mit dem vollendeten Zustand der Ausbildung der Vernunft identifiziert. Damit konnte die Philosophiegeschichte zu einem Teil der Menschheitsgeschichte werden mit der Pointe, daß sie die Entstehung und Vollendung des „menschlichen Geistes" aus dessen Historie nachweist. Diese Geistgeschichte der Menschheit behandelt ebenso die ‚primitive' Ursprungsgeschichte (Zeitalter des Mythos) wie die sich anschließende Bewußtseinsgeschichte des Menschen. Diese Geistgeschichte dominiert fortan die physiologische Interpretation von Geist und Seele, sie findet ihre Quellenzeugnisse in den überlieferten Texten von Philosophie, Religion und Wissenschaft.

Bereits die Hermeneutik der Spätaufklärung hatte behauptet, daß die Menschheits- und Kulturgeschichte jene Darstellungsform sei, innerhalb derer die stadialen Ausbildungsprozesse des menschlichen Geistes zu bestimmen seien. Der folgende Aufsatz rekonstruiert in einem dreiteiligen Durchlauf die Vorgeschichte der Psychologiehistorie von Carus. Zunächst wird danach gefragt, wie Geschichte in der Historiographie des späten 18. Jahrhunderts als „System" dargestellt wird (I, 1). Diese Diskussion innerhalb der Geschichtswissenschaft des ausgehenden 18. Jahrhunderts ist bislang nicht bezogen worden auf den Paralleldiskurs innerhalb der Gattung „Geschichte der Philosophie", obwohl beide Textsorten zahlreiche Autoren-, Themen- und Methodenüberschneidungen aufweisen (I, 2). Im engeren anthropologischen Diskussionsfeld werden die hier behandelten Fragestellungen im Konzept einer „Geschichte des menschlichen Geistes" behandelt, wie sie in der anthropologischen Psychologie ab 1770 entfaltet worden war (I, 3). „Geist" wird zum vermittelnden Begriff zwischen Anthropologie, Philosophie und Historie, über seine Analyse werden die Selbstdeutungen der Menschheit im

Prozeß ihrer Bewußtwerdung nachgewiesen. Carus hat diese Probleme im Rahmen seiner *Geschichte der Philosophie* in methodisch vorbildlicher Weise behandelt (I, 4). Dieser Traditionshintergrund ist von Carus auch in seiner *Geschichte der Menschheit* ausführlich analysiert worden (II). Bis zum Erscheinen von Carus' „Psychologie" bzw. *Geschichte der Psychologie* ist die „philosophische Anthropologie" nicht als eigene Wissenschaftsgattung konzipiert und dargestellt worden. Selbst heute sind die meisten der von ihm behandelten Autoren und Denksysteme unbekannt. Die immer noch sehr kurzschlüssig geführte Forschungsdebatte zur „Anthropologischen Wende" in Deutschland läßt sich mit den von Carus bearbeiteten Quellenmaterialien erheblich differenzieren. Er analysiert die ideelle Entwicklung der Menschheit in der Einheit ihrer „sinnlichen", „geistigen", „religiösen" und „sittlichen" Kulturen. Die gesellschaftlichen Entwicklungsstufen werden den geistigen Bewußtseinsformen analogisiert, so daß eine parallele Körper- und Geistgeschichte formuliert wird. Die beiden elliptischen Pole „Sinnlichkeit" (Soma) und „Geist" (Pneuma) werden durch den Kulturalisierungsprozeß der Menschheit gleichsam miteinander verbunden. Carus benutzt die Kulturkonzeption der deutschen Aufklärungshermeneutik, die man wiederum als eine Antizipation des Spätwerkes von Ernst Cassirer über die „symbolischen Formen" bezeichnen könnte (III). Ich habe diese beiden Positionen der Aufklärungshermeneutik und der Theorie der symbolischen Formen gesondert dargestellt, da hier das Verhältnis von „Mythos" und „Logos" intensiv diskutiert wird. Diese beiden Begriffe prägen die Struktur der Psychologiegeschichte von Carus (IV). Die labyrinthische Struktur dieser bahnbrechenden, gleichwohl vergessenen Studie von Carus habe ich paraphrasierend vorgestellt und insbesondere die antiken, frühmodernen und modernen Positionen der Psychologiegeschichte nachgezeichnet. Dies war deswegen schwierig, weil Carus gleichsam Hunderte von Rezensionen bietet und in diese eine Konzeption der allgemeinen Bewußtseinsgeschichte der Menschheit einschreibt. Er selbst identifiziert sich mit einigen (für ihn normativen) Leitautoren bzw. Ideenrichtungen von Aristoteles, der schottischen Schule, der apriorischen Geschichtskonstruktion Kants bis zu den Dreistadientheorien der ‚Ideologen' sowie der Naturphilosophie Schellings. Dieses 770 Seiten umfassende Werk macht deutlich, in welcher Weise Anthropologie, Psychologie, Geisttheorie und allgemeine Kulturgeschichte im Kontext der „Anthropologischen Wende" eine Synthese eingehen. Carus geht von der modern anmutenden Hypothese aus, daß nur mit einer Untersuchungsmethode der „langen Dauer" (von der Antike bis zum Idealismus) Einzelelemente der anthropologischen Bewußtseinskonzeption bestimmbar werden.

# I. Historie und philosophische Systembildung

## 1. Systembildung im Horizont pragmatischer Geschichtsschreibung

Ab 1770 gibt es innerhalb der deutschen Geschichtswissenschaft eine im Umkreis
von August Ludwig von Schlözer ausgelöste Diskussion über „Aggregat" und
„System" bzw. über das Verhältnis der Spezialhistorien zur Allgemeingeschichte
(Universalgeschichte, Weltgeschichte, Menschheitsgeschichte, Kulturgeschichte).
Bereits Gatterer hatte den Systembegriff auf den Ereignisbegriff angewandt und
das „System von Begebenheiten" verglichen mit dem „System von Begriffen".[1] Es
geht darum, die Teile des Geschichtsprozesses bzw. die einzelnen Erzählvorgänge
so zu ordnen, daß sie als ein System von Ursache und Wirkung erscheinen. In der
älteren Literatur wird das System als „Mechanismus" bezeichnet und zumeist im
Bilde der Uhr definiert. Relativ früh erscheint der Begriff der „Idee" als Voraussetzung für die Bildung eines Systems, dessen Einzelteile sich koordinieren lassen
nach Maßgabe der sie zur Einheit ordnenden „Idee". Für den Geschichtsschreiber
stellt sich die Frage, in welcher Weise Abstraktion, Selektion und Anordnung der
Teile im System bzw. zur Herstellung des Systems vorgenommen werden sollen.
Der Historiker geht davon aus, daß die Fakten in Gestalt einer „Spezialgeschichte"
vorliegen, die aber nicht „insularisch",[2] sondern zu einem Ganzen geordnet darzustellen sind. Insofern ist das System eine Abstraktion aus bzw. von Spezialgeschichten, es repräsentiert lediglich die „Hauptfakta",[3] diese werden ermittelt
durch das Prinzip der inneren Ähnlichkeit, die dann zu einer „Kette" der Begebenheiten bzw. der Hauptcharakteristika zusammenzuschließen sind. Schiller hat, mit
Berufung auf Kant, diesen Prozeß der Systembildung durch Philosophie innerhalb
der Geschichtswissenschaft so dargestellt: „Jetzt also kommt ihr [der Geschichte]
der philosophische Verstand zu Hilfe, und indem er diese Bruchstücke durch

---

[1]  Pandel, Hans-Jürgen, *Historik und Didaktik*: Das Problem der Distribution historiographisch
erzeugten Wissens in der deutschen Geschichtswissenschaft von der Spätaufklärung zum
Frühhistorismus (1765–1830). Stuttgart-Bad Cannstatt 1990, S. 60ff. Meine Ausführungen
folgen der Analyse von Pandel zu „System und Aggregat". Vgl. zu Gatterer ebd., S. 61. Vgl.
auch Fulda, Daniel, *Wissenschaft aus Kunst.* Die Entstehung der modernen deutschen
Geschichtsschreibung 1760–1860. Berlin / New York 1996 (Europeen Cultures. Studies in
Literature and the Arts 7); grundlegend: Dreitzel, Horst, Die Entwicklung der Historie zur
Wissenschaft, in: *Zeitschrift für historische Forschung* 8 (1981), S. 257–284; Blanke, Horst
Walter, *Historiographiegeschichte als Historik.* Stuttgart-Bad Cannstatt 1991 (Fundamenta
historica 3); Hardtwig, Wolfgang, *Geschichtskultur und Geschichtswissenschaft.* München
1990; Acham, Karl / Schulze, Winfried (Hg.), *Teil und Ganzes.* Zum Verhältnis von Einzel-
und Gesamtanalyse in Geschichts- und Sozialwissenschaften. München 1990 (Beiträge zur Historik 6).
[2]  Vgl. Schlözer, August Ludwig von, *Vorstellung seiner Universalhistorie.* 2 Teile. Göttingen
1772/1773, Teil 1, S. 34.
[3]  Ebd., S. 27.

künstliche Bindungsglieder verkettet, erhebt er das Aggregat zum System, zu einem vernunftmäßigen zusammenhängenden Ganzen."[4]

Die Begründung der Einheit der Spezialgeschichten zur Allgemeingeschichte erfolgt im Rekurs auf einen kantischen Vernunftbegriff bzw. im Rückgriff auf die „Idee" des jeweilig zu ordnenden Zusammenhangs. Die ältere Theorie geht von einer mechanistisch zu ordnenden Teil-Ganze-Relation aus: „das große Bild [muß man] in Teile zerschneiden, aus jedem Bild ein eigenes Bild, ein kleineres Ganzes machen [...]".[5] Seit den 80er Jahren des 18. Jahrhunderts kann man sich auf Kants Systemtheorie berufen, die er in unterschiedlichen Schriften entfaltet hat. Kant will aus einem Aggregat der Ereignisse ein System der erzählten Ereignisse und aus diesem ein System des Wissens konstruieren. Aus einer „Rhapsodie" der Erkenntnisse soll ein System, ein Zusammenhang mit Kausalitätsrelationen werden: „Ein System ist, wenn die Idee des Ganzen vor den Teilen vorhergeht, wenn die Teile dem Ganzen vorhergehen, so entsteht daraus ein Aggregat".[6] Kant nennt dieses Ganze einen „Plan", ein „Schema", ein „apriorisches Prinzip des Zwecks", eine „Idee", ein „System", einen „Leitfaden", eine „Absicht", durch die die Einheit und Zweckhaftigkeit einer Allgemeinhistorie erstellt werden kann. Diese Bildung eines „Systems der Geschichte" ermöglicht allererst pragmatische Geschichtsschreibung.[7]

1802 stellt Pöschmann im Rückblick auf die Verwissenschaftlichung der Aufklärungshistorie fest, „daß die Universalgeschichte eine Erzählung von den Schicksalen und Begebenheiten des Menschengeschlechts werden möchte".[8] Die „aggregierende Methode"[9] soll abgelöst werden durch eine Geschichtsschreibung des „Zusammenhangs" der Ereignisse. Dem Leser wird ein „System von Ursachen und Wirkungen" von Begebenheiten angeboten, so daß ,hinter' der Narration kausale Zusammenhänge des Geschichtsprozesses deutlich werden. Die Geschichte wird nicht länger geordnet nach Raum und Zeit, sondern jede Tatsache ist Teil einer pragmatischen und systematischen Darstellung von Geschichte.[10] Die Ursache und Wirkung von Geschichte wird von einer äußeren Rekonstruktion zur Bestimmung des ,inneren Verhältnisses' von Begebenheiten. Geschichtsfakten und Geschichts-

---

[4]   Schiller, Friedrich, *Was heißt und zu welchem Ende studiert man Universalgeschichte?* Eine akademische Antrittsrede, in: ders., *Sämtliche Werke*. Säkularausgabe, hg. v. Eduard von der Hellen. Bd. 13. Stuttgart / Berlin 1905, S. 50.

[5]   Vgl. Schlözer, *Vorstellung*, (wie Anm. 2), Teil 1, S. 307.

[6]   Kant, Immanuel, *Vorlesungen über Enzyklopädie und Logik*. Bd. 1: *Vorlesungen über philosophische Enzyklopädie*. Berlin 1961, S. 31.

[7]   Die vorstehenden Begriffe sind Kants *Kritik der reinen Vernunft* entnommen, werden aber nicht im einzelnen nachgewiesen.

[8]   Pöschmann, Georg Friedrich, *Einleitung in die allgemeine Menschengeschichte als Leitfaden zu akademischen Vorlesungen*, 1. Teil. Riga 1802, S. 144.

[9]   Vgl. Breyer, Karl Wilhelm Friedrich, *Rezension von Bredow, Gottfried Gabriel, Drey Tabellen zur Literaturgeschichte* (1804), in: *Jenaische Allgemeine Literatur-Zeitung* 4, Nr. 26, Spalte 207f.

[10]  Köster, Heinrich Martin Gottfried, *Über die Philosophie der Historie*. Gießen 1775.

system befinden sich gleichsam im Verhältnis von „sensation" und „reflection",
wie man mit Locke sagen könnte. Die inneren Verknüpfungsformen des äußeren
Geschehens dienen dazu, das Verhältnis von Absichten und Mitteln, von Ursache
und Wirkung (Kausalität) freizulegen. Nunmehr wird aus einer Erzählung eine Begründung der Verkettung von Ereignissen, die Absicht der Handelnden und die
Folgen ihrer Handlungen werden allererst erkennbar. Bereits Gatterer hatte 1767
dieses Verfahren als „historische Philosophie"[11] bezeichnet, spätere Autoren sprechen von einer „Philosophie der Geschichte". Diese ist nicht identisch mit der
gleichzeitigen Geschichtsphilosophie, die man als eine Konstruktion aus ‚reinen‘
Hypothesen bezeichnen könnte. Die Philosophie der Geschichte ist ein Struktu-
rierungsprinzip von tatsächlicher Geschichte in der Absicht, aus einem Aggregat
von Ereignissen ein System von kausalen Aussagemodalitäten zu machen. Der
Historiker und nicht der Philosoph fungiert als Transformator der Aggregatge-
schichte zur Systemgeschichte. Er konstruiert die Kausalbeziehungen im Rahmen
einer Gesamtdarstellung eines historischen Problemfeldes. Kant bezeichnet dieses
Verfahren als Bestimmung der „Absicht" der Geschichte. Diese muß so dargestellt
werden, als folge sie einem „Plan", dieser Plan garantiert, daß Ereignisse im System von Ursache und Wirkung analysiert werden können. Diese „Absicht" von
Geschichte wird von den beteiligten Individuen, von Gruppen, von Gesellschaften
selbst formuliert, dennoch muß der Geschichtsschreiber unabhängig von den Quellen deren „Ordnung" im System der Ursachen bestimmen. Die Erzählform soll die
Begründung für das, was geschieht, ausweisen. Kant meint, daß der Erzeuger von
Geschichte der ideale Interpret dessen sei, was er „erzeugt" hat. Insofern ist die
anthropologische Geschichtsschreibung die angemessene Darstellungsform für
jene Geschichte, die aus der „Einsicht in die Natur des Menschen, seine Neigungen, Leidenschaften, Sitten, Gesetze"[12] die ‚Notwendigkeit‘ des Geschehenen erklärt. Wer die Geschichte macht, weiß um die „Absicht der Geschichte", insofern
ist der Mensch, wie ihn die Anthropologie zur Darstellung bringt, das Richtmaß
der intentionalen und funktionalen „Handlungen" des Menschen. Das „System"
der Anthropologie wird gleichsam in seinen Einzelelementen durch Geschichte
aktualisiert, die anthropologische Ordnung wird zum Entwicklungsprinzip der
Allgemeingeschichte. Orts- und Zeitbestimmungen werden entwertet, relevant sind
ausschließlich anthropologische Universalien. Das Inventar menschlicher „facul-
tates" dient der Darstellung von Geschichte als *anthropologisches* Ordnungs-
system. Diese anthropologische Geschichtsschreibung kombiniert die physischen
und die sittlichen Bestimmungselemente des Menschen und beschreibt den Weg

---

[11]  Gatterer, Johann Christoph, *Vom historischen Plan, und der darauf sich gründenden Zusam-*
      *menfügung der Erzählungen*, in: *Allgemeine historische Bibliothek* 1 (1767), S. 15–89, insb.
      S. 84.
[12]  Köster, (wie Anm. 10), S. 13.

von der sinnlichen zur sittlich-geistigen Natur der Menschheit.[13] Im Kategorialgefüge der Anthropologie wird bestimmt, wie ein Systemaustausch innerhalb der Geschichte erfolgt. Die Struktur von Geschichtszuständen findet in der anthropologischen Bedeutungszuschreibung ihre Bestimmung. Insbesondere die anthropologische Psychologie wird zur Referenzwissenschaft der Menschheitsgeschichte.

Kant bringt die Differenz von Beschreibung und Systembestimmung auf den Begriff, wenn er die Naturgeschichte als genetisches Erklärungsprinzip (Begriff der Veränderung innerhalb eines Systems) unterscheidet von der Naturbeschreibung.[14] Das System erklärt Geschichte bzw. die Genese der Veränderungen innerhalb von Geschichte, die Deskription bildet Geschichte lediglich ab. Die Anthropologie benennt die inhaltlichen Komponenten struktureller Veränderungsprozesse, als „Anthroponomie" wird die Anthropologie so gedeutet, als seien ihre Prinzipien nach Maßgabe einer gesetzgebenden Vernunft gestaltet. Nur in dieser Konstruktionsvariante läßt sich die Gesetzlichkeit der Abfolge von historischen Systemstufen begründen, wenn man nicht, wie die ‚naturalistische' Menschheitsgeschichte (Meiners, Herder, G. Forster), die ‚Natur' als Bestimmungsmoment des Menschen heranzieht. Die konstruktive Leistung des Menschheitshistorikers besteht darin, die Veränderbarkeit des Menschen innerhalb der Geschichte nach Kausalitätserklärungen erfolgen zu lassen, wobei Geschichte wiederum als *anthropologische* Systemgeschichte gedeutet wird.

## 2.　Das Konzept einer „Geschichte der Philosophie"

Der einflußreichste Philosophiehistoriker der deutschen Spätaufklärung, Dietrich Tiedemann, hatte davor gewarnt, ein *System* der Philosophie als normative Folie für die Beurteilung philosophiehistorischer Texte zu benutzen. Diese Warnung vor einer dogmatischen Bevorzugung bestimmter Gegenwartsphilosopheme bedeutet aber nicht, daß der Gegenstandsbereich der Philosophie nicht definiert werden müsse, bevor deren Geschichte zu behandeln sei. Die „Idee" der Philosophie soll im Vorfeld der genetischen Rekonstruktion ihrer Methoden und ihrer Themen benannt werden: „Ohne alle Idee von der Philosophie ist es freilich nicht möglich,

---

[13]　Wenn ich recht sehe, dann gibt es bislang keine Untersuchungen zum Verhältnis von Anthropologie und Geschichtsschreibung, wie es in der *Menschheitsgeschichte* der Spätaufklärung formuliert wird. Die Wissenschaftsgattung *Anthropologie* listet das Inventar der menschlichen Eigenschaften auf, aus diesem Inventar wählt der Menschheitshistoriker jene Bestimmungen aus, die die jeweilige anthropologische Charakteristik einer Epoche der Menschheitsgeschichte bezeichnen soll. Der entscheidende Strukturwechsel innerhalb der Menschheitsgeschichte ist der Übergang von der physischen zur sittlichen Anthropologie, gleichsam im Prozeß der Menschheitsgenese.

[14]　Vgl. hierzu Kant, Immanuel, *Von den verschiedenen Rassen der Menschen* (1775), in: ders., *Gesammelte Schriften*, hg. von der Preußischen Akademie der Wissenschaften […]. Berlin 1922, Bd. 11, S. 18.

ihre Geschichte zu schreiben [...]".[15] Die Geschichte der Philosophie ordnet ihre Gegenstandsfelder nicht nur „äußerlich" nach Ort und Zeit der Entstehung, nach Autoren, Schulen, Wirkungsformen, sondern „innerlich" nach dem ‚Geist der Philosophie' und dessen Modifikationen. ‚Geschichte' meint hier keine Aufzählung von vereinzelten, faktischen Wissensbeständen, sondern die Einheit von System und Geschichte im Unterschied zu der infiniten Vielzahl unverbundener Aggregatformen.[16] Im genetischen Nachvollzug ihrer Methoden und Themen betreibt die Philosophiegeschichte eine Art Selbstaufklärung über die Aufgaben der Philosophie. Insofern ist die Geschichte der Philosophie auch Teil der systematischen Philosophie, die mit den Methoden und Praktiken der historischen Wissenschaften im engeren Sinn nur bedingt vereinbar ist. Die Philosophiegeschichte erstellt im Horizont philosophischer Traditionen, Schulen, Systeme und Hauptvertreter einen Kanon der Denkformen, deren Bearbeitung allererst verdeutlicht, was Philosophie sei. Die Philosophiegeschichte verfährt systematisch und konstruktiv, sie ordnet ihre Materialien zu Epochen des Geistes, die wiederum den Charakter eines in sich geschlossenen Systems aufweisen. Die Geschichte der Philosophie als „Ganzes" dominiert die Vielheit ihrer Einzelsysteme und Epochen. Erst wenn „Geschichte" bezogen wird auf Geist, Organisation, Organismus, Leben, Kultur, Bildung, Mensch und Menschheit, Idee und Vernunft, erst dann konstituiert sich ein einheitlicher Gegenstandsbereich der Philosophie trotz der historischen Vielfalt des Philosophierens. Insofern verliert die ‚Geschichte' als Wissensform ihren Bezug zum Besonderen, zum Faktisch-Empirischen und unterwirft sich dem Anspruch der Philosophie, das Allgemeine aller einzelnen Wissensformen darzustellen.

Bereits Walch hatte einen Ausweg aus der Unvereinbarkeit der Prinzipien von Philosophie und Historie gewiesen, als er das Konzept einer „natürlichen Geschichte" entwickelte, die von der Einheit von Geist- und Körpergeschichte ausgeht.[17] Diese ist zu unterscheiden von der „künstlichen Geschichte" (gelehrte, politische und mechanische Geschichte). Die Einheit von Körper- und Geistgeschichte erlaubt es, die Spezialhistorien mit der allgemeinen Menschheitsgeschichte zu verbinden. Die so entstehende ‚pragmatische Geschichte' der Philosophie stellt zwischen den Einzelwerken eine kausale, systematische Beziehung her. In Gestalt einer „idealen Darstellung des Geschehenen"[18] erfolgt die Gegenstands-

---

[15]  Tiedemann, Dietrich, *Geist der spekulativen Philosophie*. Bd. 4. Marburg 1795, S. VIII.

[16]  Vgl. zur Philosophiegeschichtsschreibung der deutschen Spätaufklärung die anregende Studie von Schneider, Ulrich Johannes, *Die Vergangenheit des Geistes*. Eine Archäologie der Philosophiegeschichte. Frankfurt/M. 1990, S. 129ff.; vgl. auch ders., *Philosophie und Universität*. Historisierung der Vernunft im 19. Jahrhundert. Hamburg 1998; Braun, Lucien, *Geschichte der Philosophie*, übers. von Franz Wimmer, bearb. von Ulrich Johannes Schneider. Darmstadt 1990.

[17]  Walch, Johann Georg, *Philosophisches Lexicon*, Leipzig 1726, Sp. 1453.

[18]  Vgl. Zimmer, Patritius Benedikt, *Untersuchungen über den Begriff und die Gesetze der Geschichte, über die vorgeblichen Mythen im ersten Buch Mosis, und über Offenbarung und Heidenthum, als Einleitung in die Geschichte des menschlichen Geschlechtes [...]*. München

bestimmung so, als folge die Geschichte des Geistes einer ihr immanenten Gesetzlichkeit. Die „Naturgeschichte" stellt ihre Gegenstandsfelder so dar, wie sie „ehedem gewesen sind", „welche Reihe und Veränderungen sie durchgegangen" und
welchen „gegenwärtigen Zustand sie erreicht" haben (Kant).[19] Grohmann hatte in
diesem Sinne der Philosophie die Aufgabe zugesprochen, das Allgemeine der
Geschichte in Form einer „philosophischen Geschichte" zur Darstellung zu bringen, die dann ab ca. 1800 auch als ‚pragmatische Geschichte' bezeichnet wird.
Entwicklung wird als Kausalnexus gedeutet im Rahmen einer „begründenden" Geschichtswissenschaft.[20] Fülleborn erklärt in diesem Sinne: „[...] wir verlangen kein
Inventarium von Stellen, sondern Raisonnement über den Sinn des Ganzen, keine
Aufzählung einzelner Meinungen, sondern allgemeine Resultate".[21] Thorbecke
sagt über die ‚Geschichte', sie sei „ihrem Wesen nach ein Organismus, ein ganzes,
sich organisch in der Zeit bildendes Wesen".[22] Die organizistische Geschichtsauffassung akzentuiert den Parallelismus von Natur- und Menschheitsgeschichte.
Diese folge einer „natürlichen Gedankenfolge, wie sie sich nach und nach aus der
menschlichen Vernunft hat entwickeln müssen [...]".[23] Die Konstruktion eines
logischen Leitfadens der Abfolge philosophischer Systeme wird gleichgesetzt mit
einer vorausgesetzten „Naturabsicht" innerhalb der philosophischen Geschichte.[24]
Carus nennt ein solches Rekonstruktionsverfahren eine „Naturgeschichte der denkenden menschlichen Vernunft".[25]

---

1817, S. 2; vgl. hierzu Kühne-Bertram, Gudrun, Aspekte der Geschichte und der Bedeutungen
des Begriffs ‚pragmatisch' in den philosophischen Wissenschaften des ausgehenden 18. und
des 19. Jahrhunderts, in: *Archiv für Begriffsgeschichte* 27 (1983), S. 158–186.

[19] Vgl. Kant, (wie Anm. 14), S. 434 Anm.

[20] Grohmann, Johann Christian August, *Über den Begriff der Geschichte der Philosophie.*
Wittenberg 1797, S. 57.

[21] Fülleborn, Georg Gustav, *Kurze Geschichte der Philosophie*, in: *Beiträge zur Geschichte der
Philosophie* 3 (1793), S. 3f.

[22] Thorbecke, Johan Rudolf, *Über das Wesen und den organischen Charakter der Geschichte.*
Göttingen 1824, S. 12.

[23] Vgl. den Brief von Immanuel Kant vom 14.8.1795 an Karl Morgenstern, in: Kant, *Gesammelte
Schriften*, (wie Anm. 14), Bd. 12, Berlin 1922, S. 36.

[24] Vgl. Kants Diktum, daß die „Idee[n] uns doch zum Leitfaden dienen, ein sonst planloses
Aggregat menschlicher Handlungen wenigstens im Großen als ein System darzustellen", in:
Kant, *Gesammelte Schriften*, (wie Anm. 14), Bd. 8. Berlin 1923, S. 29.

[25] Vgl. hierzu die ausgezeichnete Studie von Geldsetzer, Lutz, *Die Philosophie der Philosophiegeschichte im 19. Jahrhundert*. Zur Wissenschaftstheorie der Philosophiegeschichtsschreibung und -betrachtung. Meisenheim am Glan 1968 (Studien zur Wissenschaftstheorie 3),
S. 142. Die vorausgehenden und nachfolgenden Analysen verdanke ich durchgehend dieser
Studie.

## 3. „Anthropologische Geschichte des philosophierenden Geistes"

Um 1800 wandelt sich die ‚Geschichte der Philosophie' zu einer ‚Geschichte des Geistes'. Da die Anthropologie der Spätaufklärung die Einheit von Soma und Pneuma betont,[26] ist eine solche Geschichte des Geistes zugleich eine Geschichte des „ganzen Menschen" in seiner seelisch-körperlichen Verfaßtheit. Diese genetische Anthropologiekonstruktion wird ausgeweitet zu einer „kulturellen Anthropologie", mit einer „sinnlichen" Anfangsphase und einer geistbezogenen Endphase. Es werden nicht länger philosophische Schulen, philosophische Epochen oder einzelne Philosophen mit ihren Werken unverbunden dargestellt, vielmehr werden diese eingebettet in eine Geschichte des „Geistes", des „Lebens", der Sprache, der Kultur, der Bildung, der Ideen bzw. der Menschheitsgeschichte.[27] Die Entwicklungsgesetzlichkeit (Kausalität) dieser Geistgeschichte übergreift einzelne Epochen und bezeichnet die ‚innere' Entwicklungsform der Menschheit. In den kanonischen philosophischen und wissenschaftlichen Texten einer Epoche spiegelt sich die jeweilige Geistgeschichte der Menschheit. Der Mensch interpretiert sich in seinen Werken, diese erscheinen als Objektivationen der menschheitlichen Bewußtseinsgeschichte. In dem Augenblick, in dem sich erstmals abgrenzbare philosophische Denkformen in Griechenland herausbilden (Platonismus, Aristotelismus, philosophischer ‚Idealismus' bzw. ‚Realismus'), in diesem Augenblick mutiert die allgemeine Kulturgeschichte des Geistes zu einer Dogmengeschichte der Philosophie, die auch dem Einfluß von Wissenschaftstheorien auf die Philosophie nachgeht. Philosophische Werkzusammenhänge werden verallgemeinert zu einer „apriorischen Geschichte" des Geistes. Das Verfahren einer „Geschichte des menschlichen Geistes" ähnelt methodisch den gleichzeitigen Konstruktionen des „Geistes des Zeitalters".[28]

Die Einzelepochen bilden in ihrer Gesamtheit das „Wachstum der allgemeinen Kultur" ab, dieses indiziert wiederum die Fortschritte des menschlichen Geistes. Zurückgegriffen wird auf ältere Diskussionen, wie z.B. auf die „Querelle des An-

---

[26]  Vgl. hierzu die Ausführungen von Wolfgang Riedel in diesem Band, S. 1ff.

[27]  Welche Bezugspunkte in der Menschheitsgeschichte dominant berücksichtigt werden, prägt die Intention dieser Disziplin. Die Menschheitsgeschichte wird in Gestalt einer psychologischen Geschichtsschreibung (Iselin) so gestaltet, daß der Entwicklungsweg vom sinnlichen zum vernünftigen Menschen als Telos der Geschichte erscheint. Erst nach Ausbildung des Kulturbegriffs können unterschiedlichste Bestimmungsfaktoren des Menschen und seiner Geschichte berücksichtigt werden. Gleichwohl ist die Menschheitsgeschichte eine Form der anthropologischen Geschichtsschreibung, die nicht umstandslos mit der Kulturgeschichtsschreibung der Spätaufklärung identifiziert werden darf. Vgl. Garber, Jörn, Selbstreferenz und Objektivität: Organisationsmodelle von Menschheits- und Weltgeschichte in der deutschen Spätaufklärung, in: Bödeker, Hans Erich / Reill, Hanns / Schlumbohm, Jürgen (Hg.), *Wissenschaft als kulturelle Praxis, 1750–1900.* Göttingen 1999 (Veröffentlichungen des Max-Planck-Instituts für Geschichte 154), S. 137–185.

[28]  Vgl. Jenisch, Daniel, *Universalhistorischer Überblick der Entwickelung des Menschengeschlechts, als eines sich fortbildenden Ganzen.* Eine Philosophie der Culturgeschichte in zwei Bänden. Berlin 1801.

ciens et des Modernes", um die Fortschritte der Menschheit durch Epochenvergleich (Kultur der „Alten" – Kultur der „Modernen") in einer gegenwartszentrierten Geschichtskonstruktion darzustellen. Diese Form der Philosophiegeschichte handelt „von den Anlagen menschlicher Natur und den Bildungsmitteln derselben".[29] Zunächst wird die „sinnliche Natur" (Haupttriebe) des Menschen erfaßt, sodann werden die Geistestriebe als Voraussetzung für die Befreiung des Menschen von der Naturdetermination untersucht. Diese fungieren als „Entwickelungsmittel menschlicher Anlagen".[30] Bereits Jenisch proklamiert eine „psychologisch-moralische" Methode bei der Untersuchung des „allgemeinen Gangs der Cultur".[31] Ausgangspunkt der menschheitlichen Entwicklung ist die „Thiermenschheit", die in der ‚Naturgeschichte' dargestellt wird. Dieser folgen die Epochen der ‚Vermenschlichung', der Verfeinerung und Versittlichung, so daß alle menschlichen Anlagen in ihrer sukzessiven Entfaltung ‚geschichtlich' dargestellt werden.[32] In der „idealen Kulturgeschichte" wird die Menschheit demgegenüber aus der Perspektive der totalen *Harmonie* der menschlichen Anlagen geschildert. Die „reale Culturgeschichte" verzeichnet demgegenüber die Hindernisse, die Widerstände, die Antagonismen und Besonderheiten der Menschheitsgeschichte. Gleichwohl gilt auch für diese: „Cultur ist natürlicher Fortschritt der menschlichen Ausbildung".[33] Die Kulturgeschichte benennt also nicht nur die Determinanten des menschlichen Fortschritts, sondern sie verzeichnet zugleich auch die „äußren Ursachen, Verhältnisse, temporellen und localen Umstände".[34] Am Ende der Geschichte wird der „Gang der philosophierenden Vernunft" erkennbar. Der „Geist" objektiviert sich in „verschiedenen Epochen der Wissenschaften":[35] „Alle Systeme, Ideen und Meinungen sind Offenbarungen Eines Geistes und durch diesen sich selbst verbunden".[36] Diese Konstruktion des *einen* Geistes, der sich in einer Vielzahl von Wissenschaften objektiviert, ist der Garant dafür, daß zeitliche und räumliche Faktoren zu einem ideellen Ganzen verschmolzen werden können. Im „Geist" sind die höheren Vermögen des Menschen zusammengefaßt. „Geist" meint:

1. den Begriff des Inneren eines Gegenstandes, welches man im Gegensatz zu der äußeren Form die Materie nennen könnte. 2. des Allgemeinen oder Ganzen, welches durch die besonderen Teile verbreitet oder hervorgebracht wird. 3. des Wesentlichen in einem Gegenstand, im Gegensatz des Zufälligen. 4. des Hauptsächlisten, Vornehmsten, Wichtigsten. 5. des Reinen, welches nach der Absonderung alles Fremdartigen übrig bleibt oder vor jedem Zusatze schon

---

[29] Vgl. ebd., Bd. 1, S. 37.

[30] Ebd., Bd. 1, S. 21ff.

[31] Ebd., Bd. 2, S. XI.

[32] Vgl. ebd., Bd. 1, S. 361ff.

[33] Ebd., Bd. 2, S. 397.

[34] Tennemann, Wilhelm Gottlieb, *Geschichte der Philosophie*. Bd. 1. Leipzig 1789, S. XLIII. Zu Tennemann vgl. Schneider, *Philosophie und Universität*, (wie Anm. 16), S. 160f. und ders., *Vergangenheit des Geistes*, (wie Anm. 16), S. 10ff.

[35] So der Titel von Neeb, Johannes, *Über den in verschiedenen Epochen der Wissenschaften allgemein herrschenden Geist und seinen Einfluß auf dieselben*. Frankfurt 1795.

[36] Ast, Friedrich, *Grundriß einer Geschichte der Philosophie*. Landshut 1807, S. 3.

da war. 6. des Lebendigen in und durch sich selbst wirkenden. 7. des Belebenden, welches seine Kraft außer sich mitteilt.[37]

Kant bezeichnet dieses Verfahren der Deutung des „Ganzen" aus dem „Geist" der Geschichte als „philosophische Archäologie" bzw. als „philosophische Geschichte der Philosophie".[38] Diese zieht ihre Prinzipien „aus der Natur der menschlichen Vernunft", wenn sie die Epochen des menschlichen Geistes darstellt. Es handelt sich um eine Entwicklungsgeschichte der Vernunft, die jenes „Schema" angibt, innerhalb dessen die (philosophische) Selbstauslegung der Menschheit erfolgt. Dieses „Ideal" ist nach Kant eine „in der Menschenvernunft liegende Quelle der reinen Vernunft".[39] Die Philosophiegeschichte folgt nicht der „Zeitfolge der Bücher", sondern sie richtet sich nach der „natürlichen Gedankenfolge", und diese folgt der „sich aus den Begriffen entwickelnden Vernunft".[40] Die Fortschritte und die Irrtümer innerhalb der Philosophiegeschichte werden erst erkennbar im Einflußfeld einer „wahrsagenden Geschichtsschreibung", die als Vernunftschema die Realität in ihrer Bedeutung für die „Geschichte a priori" benennt.

Die Kant-Schule hat versucht, eine Geschichte des „ursprünglichen Vermögens des menschlichen Geistes"[41] zu konstruieren, in welcher der Einfluß des menschlichen Geistes auf Wissenschaft, Leben und Meinungen dargestellt wird. Letztlich muß sich die Geschichte der Philosophie, nunmehr transponiert zum „Gang der philosophierenden Vernunft" (Tennemann), dem Tribunal des kantischen Kritizismus stellen. Der Rekurs auf die Gesetzmäßigkeit und auf das Ganze des menschlichen Geistes eröffnet den Blick auf die „Systeme des menschlichen Wissens".[42] Der menschliche Geist ist das übergreifende Strukturschema aller Einzelsysteme des Philosophierens, die auf ihre apriorische Struktur zu beziehen sind. Erst im Verlauf der Operationen des menschlichen Geistes entfalten sich die Attribute der „philosophischen Systeme". Der Stoff der Geschichte ist identisch mit der vollendeten Entwicklungsform des menschlichen Geistes, der seinerseits alle Kulturstufen der Menschheit fundiert. Erst wenn die Anthropologie als Wissenschaft vom sinnlichen und vom sittlichen Menschen auf die Philosophieentwicklung bezogen wird, erscheint sie als „System in Entwicklung":[43] „Jede Philosophie ist Philosophie ihrer Zeit, sie ist ein Glied der ganzen Kette der geistigen Entwick-

---

[37] Fülleborn, Georg Gustav, *Was heißt den Geist einer Philosophie darstellen?*, in: ders. (Hg.), *Beiträge zur Geschichte der Philosophie*, 5. Stück (1795), S. 200f.

[38] Vgl. hierzu die Mitteilungen aus Kants handschriftlichem Nachlaß in der Akademie-Ausgabe, (wie Anm. 14), Bd. 20, Berlin 1942, S. 333–351; die folgenden Zitate und Begriffe sind diesem Textkorpus entnommen.

[39] Vgl. ebd., S. 343.

[40] Vgl. ebd., S. 343.

[41] Vgl. Goess, Georg Friedrich Daniel, *Über den Begriff der Geschichte der Philosophie und über das System des Thales*. Zwo philosophische Abhandlungen. Erlangen 1794, Bd. 1, S. 24.

[42] Vgl. zu dieser Formulierung Tennemanns den Kommentar von Geldsetzer, (wie Anm. 25), S. 41 (mit Zitatnachweis).

[43] Vgl. hierzu die Nachweise bei Geldsetzer, ebd., S. 50.

lung; sie kann also nur Befriedigung für die Interessen gewähren, die ihrer Zeit angemessen sind."[44] Friedrich Ast konkretisiert diese Verschmelzung von „Geist" und „Geschichte", wenn er dem Philosophiehistoriker die Aufgabe zuspricht: „Der Philosoph muß die Ideen durch die Facta der Natur- und Menschheitsgeschichte realisieren."[45] Die Philosophiegeschichte ist Teil der Geschichte der Menschheit, sie repräsentiert deren „ideale Geschichte". Die Ursprungsgeschichte der Menschheit ist gekennzeichnet von der Einheit von Sinnlichkeit und Geist, die in einer zweiten Stufe in die Entzweiung beider übergeht, um dann in einer dritten Stufe wiederum in eine Synthese von Körper und Geist einzumünden. In diesem dreistufigen Prozeß kommt es zur Entfaltung aller äußeren und inneren Strukturmerkmale des Menschen. Am Beginn der Menschheitsgeschichte steht das mythische Zeitalter der östlichen Kulturen (Prinzip der Einheit), dieses geht über in das Zeitalter des Idealismus, gefolgt vom Zeitalter des neuzeitlichen Rationalismus (Descartes). Am Ende dieser Entwicklung verschmelzen Empirismus und Idealismus zu einer neuen Einheit.[46] Die Abfolge der philosophischen Systeme vollzieht sich wie ein organizistischer Entwicklungsprozeß. Die Geschichte des Geistes umfaßt nicht nur die Geschichte der Vernunft, sondern auch die Geschichte der Sinnlichkeit, die Geschichte der Psychologie und die Geschichte der Kultur. Tiedemann nennt sie deswegen zutreffend eine „zusammenhängende Cultur-Geschichte in Rücksicht auf die Philosophie".[47] Natur- und Geistesgeschichte werden als Einheit dargestellt, wobei die „sittliche Cultur" auch die „sinnliche Cultur" umfaßt. Der Geist erscheint als die Wirkungskraft („lebendige Organisation") des Allgemeinen. Interessant ist, daß sich die Philosophiegeschichte durchaus auf die „Fakten" der nach Zeit und Ort gegliederten realen Historie beziehen soll, daß sich aber erst im Bezug dieser realen Historie auf den „Geist" die „äußren Ursachen" („temporelle und locale Umstände") im Medium der *allgemeinen* Geschichte interpretieren lassen.

## 4. Carus' *Ideen zur Geschichte der Philosophie*

Vor diesem philosophiegeschichtlichen Hintergrund formuliert der Leipziger Philosoph Friedrich August Carus seine *Ideen zur Geschichte der Philosophie*,[48] die in Leipzig 1809 posthum ediert wurden. Carus folgt der apriorischen Geschichtsauf-

---

[44]  Vgl. den Nachweis dieses Hegel-Zitats, ebd., S. 52.
[45]  Vgl. Ast, (wie Anm. 36), S. 8.
[46]  Vgl. ebd. S. 10ff., wo Ast das Entwicklungsprinzip der Bewußtseinsstufen des Menschen im Spiegel der Philosophiegeschichte formuliert.
[47]  Vgl. Tiedemann, (wie Anm. 15), Bd. 3, S. V.
[48]  Vgl. Carus, Friedrich August, *Ideen zur Geschichte der Philosophie* (Carus, *Nachgelassene Werke*, Bd. 4). Leipzig 1809. Nach dieser Ausgabe wird zitiert, Seitenangaben erfolgen in Klammern im Text nach dem Zitat. Bislang gibt es nur einen Hinweis auf Carus als Philosophiehistoriker bei Geldsetzer, (wie Anm. 25), S. 59ff.; Carus verbindet die Philosophiekonzeption der Spätaufklärung mit dem Kantianismus, die beide ab ca. 1785 eine neue Form der Geschichte der Philosophie forderten. Vgl. hierzu Geldsetzer, Lutz, Der Methodenstreit in der

fassung Kants, wenn er die Geschichte der Philosophie unter die „allseitigste Idee der Vernunft" („Ideal") stellt, die in der Spezialgeschichte der Philosophie die jeweilige „Normalidee" zu berücksichtigen hat. Die Vielzahl divergierender philosophischer Ansätze wird reduziert auf *eine* „Geschichte der Denkarten" (10). Philosophie entfaltet sich im Prospekt einer Geschichte der Wahrheit. Die Erkenntnis von Wahrheit ist ein Ergebnis der ‚Geschichte der Philosophie'. Carus berücksichtigt bewußt das ‚Denken vor der Philosophie', wenn er den Mythos, den Volksgeist und den Zeitgeist darstellt. Es handelt sich um „Gedankenstoffe", die in ihrer jeweiligen Zeit die „Hauptgedanken" repräsentieren (92). Der Philosophiehistoriker untersucht den „Ideenumtausch" einer jeden Epoche und analysiert diesen im System der „Ordnung der Entstehung eines Gedankensystems", indem er den logischen Zusammenhang überlieferter Texte rekonstruiert. Die „Intension" des Autors bzw. dessen intellektuelle Individualität werden zurückgeführt auf den „Geist" der jeweiligen Epoche. Carus bezeichnet dieses Verfahren als „genetisch-systematisch", das dem Ziel dient, Wissen „objectiv" darzustellen (95). Diese „objektive" Zeitgeistanalyse wird wiederum zurückgeführt auf eine „Naturgeschichte der denkenden menschlichen Vernunft" bzw. auf eine „Weltgeschichte [...] der handelnden menschlichen Vernunft" (106). Carus spricht von einer „Universalgeschichte der Philosophie" im Sinne einer Gesamtgeschichte der menschlichen Vernunft. „Philosophische Geschichte" ist nicht bedeutungsgleich mit „geschichtlich" oder „historisch", sondern bezeichnet genetisch-kausale Erklärungsformen. Über die „Ordnung der Entstehung eines Gedankensystems" soll die Vielheit der Systemelemente zu einer logischen Einheit verbunden werden, so daß die „apriorische" Genesis des menschlichen Geistes erkennbar wird. Diese logische Form der Geschichtsbetrachtung konstituiert die „Anthropologische Geschichte des philosophierenden Geistes" (110).[49] Carus erklärt dieses „anthropologische" Verfahren

---

Philosophiegeschichtsschreibung 1791–1820, in: *Kant-Studien* 56 (1966), S. 519–527. Der einflußreichste Aufsatz aus der Feder eines Kantianers zur Philosophie der Geschichte stammt von Reinhold, Karl Leonhard, *Über den Begriff der Geschichte der Philosophie. Eine akademische Vorlesung*, in: Fülleborn, Georg Gustav (Hg.), *Beiträge zur Geschichte der Philosophie*. Bd. 1, 1. St. (1791), S. 3–36. Fülleborn hat in seiner Zeitschrift eine Vielzahl eigener Beiträge zur Methode der Philosophiegeschichte publiziert. Vgl. dazu die bibliographischen Nachweise bei Geldsetzer, (wie Anm. 25), S. 232.

49   Carus erklärt seine Auffassung von „Geschichte" wie folgt: „Das Geschäft der allgemeinen Geschichte ist durchaus philosophisch, nicht historisch, höchstens empirisch-psychologisch. Es geht hinaus auf eine mehrfache Bestimmung, nemlich: der Möglichkeit des Philosophierens überhaupt und jeder Philosophie insbesondere, des Ganges, des Geistes und der Ursachen (Denkarten), der Form des Philosophierens." (109) An anderer Stelle hat Carus die doppelte Form der allgemeinen und speziellen Geschichtsschreibung in ihrem wechselseitigen Verhältnis so definiert: „Die allgemeine Geschichte geht vom Ganzen zum Einzelnen hinab; die besondere Geschichte vom Einzelnen zum Ganzen. – Diese könnte also von Dogmengeschichte erst zu Systemgeschichte, bis hinauf zum dem vollkommensten architectonischen System, das wir haben, fortschreiten, und mithin nicht ethnographisch, sondern der wissenschaftlichen Rücksicht untergeordnet seyn. Jene sieht mehr auf das Object, diese mehr auf das philosophierende Subject. Je fragmentarischer die Objecte ergriffen wurden, desto flacher findet sich die

wie folgt: Es gab in der Urgeschichte ein „Bedürfnis" nach Philosophie, ausgelöst von Krisenzeiten („Noth"). Zunächst gibt es keine philosophische Sprache, keine Reflexion, keine „Ideen", keinen Vernunftgebrauch, die Menschheit befand sich gleichsam im Vorstadium menschlichen Selbstbewußtseins. Die Religion, und hier insbesondere die Mythologie, prägen eine Art erster Philosophie aus, die dominiert wird von Phantasie und Glaube, die in einem langen Entwicklungsprozeß übergehen zur „menschlichen Vernunft". Auf diese erste Phase des *symbolischen* Denkens folgt eine *dogmatische* Phase des übersteigerten (begrifflichen) Wissens, die überleitet zu einer skeptizistischen Epoche, die wiederum von einer *synthetischen* Periode des Philosophierens abgelöst wird (109).

Die Philosophie läßt sich folglich einteilen in die Systeme des Mythos, des Dogmatismus, des Skeptizismus und des Kritizismus, wobei letzterer die beiden vorhergehenden Systeme in sich vereint. Diese „philosophischen Hauptsysteme" integrieren die „Ideen" und die „Stoffe" der bewußtseinsgeschichtlichen Menschheitsentwicklung. Diese zerfällt (methodisch betrachtet) in die Strömungen Realismus, Idealismus und Synthesismus, man kann mithin die Welt monistisch oder aber pluralistisch interpretieren. In Hinblick auf Kausalitätsanalysen sind kosmologischer und anthropologischer Standpunkt zu unterscheiden, die entweder mit deterministischen oder indeterministischen Annahmen operieren. In Hinblick auf die theologischen Denkarten unterscheidet Carus zwischen dem Supranaturalismus, dem Theismus, dem Atheismus und dem Deismus, denen wiederum jeweils unterschiedliche Moralsysteme zuzuordnen sind. Die metaphysische Betrachtungsweise differenziert sich aus in eine dogmatische, skeptische und kritizistische Richtung (133ff.). Die „anthropologische Geschichte des menschlichen Geistes" (110)[50] ordnet die philosophischen Systeme gemäß der zunehmenden Perfektibilität des menschlichen Geistes. Die Philosophiegeschichte wird gegliedert nach Denkstilen, beginnend mit den „poetischen", „rhetorisch dialektischen", genetischen, syllogistischen, mathematisch-logischen und endlich „kritischen" Denkformen (136). Die *allgemeine* Geschichte der Philosophie deutet die Philosophie in ihrer Fortschrittsbewegung, die Spezialgeschichte der Philosophie widmet sich

---

subjective Philosophie. Jene liefert eine Geschichte der Philosophie in dem freien Aufstreben der reinern Geister; diese eine Geschichte der Philosophien in vielfältigen Schranken der Zeit, des Orts, der Menschen, wobei die Wiederholungen gleicher Bemühungen eintreten. Bei der allgemeinen Geschichte wird der Historiker minder an die Menge und Vielartigkeit des Stoffs gebunden; daher sie selbst kürzer ist, ohne Umwege aufzeichnen zu müssen" (107). Carus benutzt den Terminus „Geist" im Sinne von Fülleborn, Georg Gustav, *Was heißt den Geist einer Philosophie darstellen?*, in: ders. (Hg.), *Beiträge zur Geschichte der Philosophie*. Bd. 1, 4. St. (1794), S. 191–201.

[50]  Dieses Konzept einer „Anthropologischen Geschichte des philosophierenden Geistes" wird ebd. S. 110ff. entwickelt, indem die „Bedürfnisse" und die „Fähigkeiten" des Menschen als Bezugspunkte der Philosophie der Geschichte gewählt werden. S. 115 entwickelt Carus die anthropologischen Entwicklungsstufen: 1. „Thierheit" (Status der Sinnlichkeit), 2. „Vermenschlichung" (Erwachen der Vernunft), 3. „Philosophischer Culturzustand" (systematische Begriffsanalyse), 4. Zeitalter der spekulativen Erkenntnis (Vernunftzeitalter).

hingegen den Entwicklungsformen im Rahmen von Zeit und Ort, im Horizont von Einzelautoren und epochalen Denkstilen, sie verfolgt eine „ethnographische" Sichtweise und klassifiziert die einzelnen Autoren gemäß ihrer Zugehörigkeit zu Völkern, Nationen und Sprachräumen.

Die „allgemeine Geschichte der Philosophie" tilgt diese Differenzierungen der Spezialgeschichte der Philosophie, indem sie die Entwicklungsformen des „menschlichen Geistes" in unterschiedlichen Perioden darstellt. Sie beginnt mit der „Kindheit" der Menschheit (Zeitalter des Mythos), dem die Entwicklung der Menschheit von der „Thierheit" über die „Barbarei" zur „Cultur" folgt, dieser schließt sich das Zeitalter der Wissenschaften und der Philosophie an. In diesem Entwicklungsverlauf erfolgt die Ablösung des „sinnlichen" durch den „sittlichen" Menschen, der Physik durch die Metaphysik, des Materialismus durch den Idealismus. Es handelt sich gleichsam um einen ideellen Leitfaden zu einer psychologischen Entwicklungslehre der Menschheit. Jeder Einzelabschnitt der Philosophiegeschichte bildet eine „Lebensgeschichte" mit einem je eigenen psychologischen Entwicklungsmodus ab. In besonderer Weise soll das Verhältnis von Wissenschaften und Philosophie dargestellt werden. Zwischen den Epochen der Wissenschaften und der Philosophie gibt es keine strukturellen Unterschiede. Die „sinnlichen" Epochen der Frühzeit werden abgelöst durch die Epochen des Verstandes und der Vernunft. Dieser stufenförmige Entwicklungsprozeß des Geistes und der Menschheit prägt auch die Geschichte der Psychologie.

## II. Die *Geschichte der Menschheit*[51]

Carus entfaltet eine genetische Anthropologiekonzeption, in die eine Wissenschaftsgeschichte der Anthropologie, der Psychologie sowie eine Geistesgeschichte des Menschen eingeschrieben wird. Zunächst rekonstruiert er in der Philosophiegeschichte die Geschichte der Operationen des menschlichen Geistes. Die „Psychologie" umfaßt die Vermögenslehre des Menschen, während in der Menschheitsgeschichte der gesamte Kulturalisierungsprozeß der Menschheit dargestellt wird. Die Menschheitsgeschichte ist die übergreifende „allgemeine" Wissenschaftsgattung aller historischen Wissensformen. Sie ist der allgemeinste Typus der anthropologischen Geschichtsschreibung, die nicht von Hypothesen, Urteilen und Systemkonstruktionen ausgeht, sondern die historische Allgemeinentwicklung im Bezug auf die Vermögensformen des Menschen analysiert.

Carus diagnostiziert den Status der Kultur eines Volkes, einer Epoche bzw. einer Stufe der Menschheitsentwicklung im Spiegel der jeweiligen literarischen,

---

[51]  Carus, Friedrich August, *Ideen zur Geschichte der Menschheit*. Leipzig 1809 (Friedrich August Carus, *Nachgelassene Werke*. Bd. 6). Nach dieser Ausgabe wird zitiert, Seitenangaben erfolgen in Klammern im Text nach dem Zitat.

wissenschaftlichen und philosophischen Zeugnisse eines Zeitalters. Die erste Stufe der „physischen Cultur" der Menschheit ist identisch mit den frühen „Fantasie-dichtungen". Diese formulieren im Genus des Mythologischen erste Zeugnisse der Selbstdeutung der Menschheit.[52] Das mythische Denken entwickelt Weltaltertheo-rien, in denen die Sphäre zwischen Menschen und Göttern noch ungeschieden ist, der Mensch deutet sich gleichsam im Spiegel der Götterwelt. In den semitischen Sagenkreisen bzw. in der frühen Literatur der Griechen wird eine allegorische Selbstdeutung der „sinnlichen" Kulturen formuliert. Man unterscheidet zwischen Epochen der Verbesserung bzw. Verschlechterung der Geschichte, man entwirft lineare und / oder zyklische Verlaufsstrukturen, man beobachtet das Verhältnis von sinnlicher und vernünftiger Geschichte. Der Mythos benutzt diese „Sinnbilder" zur Charakterisierung von Geschichtsepochen. Das Zeitalter des Mythos wird abgelöst durch jenes der Dichterphilosophen, der „Redner" und der „praktischen Lebens-weisen" (12ff.) Nunmehr findet eine Trennung zwischen höheren und niederen Geschichtsstufen statt, und man erkennt erstmals in den Gottesvorstellungen menschliche Projektionen. Die Sophisten unterscheiden bereits zwischen Natur- und Kulturzuständen, sie bestimmen die Ursachen der Kulturentstehung und ent-wickeln Zukunftsprognosen in Hinblick auf einen möglichen Endzustand der Weltgeschichte. Daß Geschichte in Form von hypothetischen Geschichtszuständen gedeutet werden kann, läßt sich an der Denkfigur des „Naturzustandes" exempla-risch aufweisen. Die Stoa denkt Geschichte im Zwischenbereich von philosophi-schen und psychologischen Denkformen (15ff.). Die „Menschenkunde" ist die Voraussetzung einer jeden Geschichtsdeutung bzw. einer „Philosophie der Ge-schichte". Im Unterschied zum Stoizismus untersucht der Skeptizismus die *Vielheit* der Einzelkulturen. Diese unterschiedlichen *antiken* Geschichtsinterpretationen werden von der frühneuzeitlichen Geschichtsdeutung intensiv rezipiert und disku-tiert. Seit der Entdeckung der „Neuen Welt" liest man in der fremden die eigene Geschichte, man entfaltet erstmals eine vergleichende Kulturgeschichtsschreibung. Die Selbstdeutungsgeschichte der Menschheit wird zum bevorzugten Quellenmate-rial für die Analyse der Kulturen. Die *Philosophen* betreiben die „innere Ge-schichtsschreibung", die *Historiker* die „äußere Geschichtsschreibung" der Menschheit (18), relativ spät werden unter dem Einfluß der Psychologie diese beiden Geschichtsdeutungen zu *einer* Menschheitsgeschichte vereint. Isaak Iselin führte (nach Carus) erstmals die Entwicklungspsychologie in die Menschheitsge-schichte ein, um den Riß zwischen der physischen und der sittlichen Geschichte „historisch-psychologisch" überbrücken zu können. Die Aufklärungshistorie greift zurück auf Bacons Konzeption einer „historia hominis" (21f.), die die Einheit von

---

[52] Carus folgt in der Bestimmung des Mythos der Religionsphilosophie von David Hume. Vgl. Hume, David, *Die Naturgeschichte der Religion*, hg. v. Lothar Kreimendahl. Hamburg 1984 (Philosophische Bibliothek 341). Vgl. hierzu Weber, M. Andreas, *David Hume und Edward Gibbon*. Religionssoziologie in der Aufklärung. Frankfurt/M. 1990 (Athenäum Mono-grafien: Philosophie 263).

Körper- und Geistgeschichte betont.[53] Die Psychologie des Menschen – beginnend mit den Sinnen, endend mit Verstand und Vernunft – wird zum Leitfaden der Interpretation von Natur- und Geistgeschichte.

Der Mensch, so Carus, ist nur als Mitglied von gesellschaftlichen Verbänden fähig, sich zu perfektibilisieren. Im Unterschied zum Naturrecht, das ausschließlich hypothetische Analysen vornimmt, rekurriert die Menschheitsgeschichte auf die tatsächliche „Natur" des Menschen. Die Autoren der ‚schottischen Schule' bezeichnen diese Art der nicht-naturrechtlichen Menschheitsgeschichte als „Natural history of moral Phenomenon" (John Bruce) (22).[54] Die Geschichte vollzieht sich als langsame Moralisierung der Menschheit im Prozeß ihrer Zivilisierung. Zugleich entwickelt sich in Deutschland eine ethnologische Menschheitsgeschichtsschreibung (22),[55] die die „Geschichte der menschlichen Natur" modifiziert nach „Ort" und „Zeit" (23). Bevorzugt wird eine Naturgeschichte des Menschen, die die Geschichte der äußeren Verhältnisse der jeweiligen Vergesellschaftungsformen beschreibt. Herder bezeichnet diese Form der Geschichtsschreibung als „pragmatische Naturgeschichte der Menschheit" (25). Villaume hingegen kombiniert die „beschreibende Seelenlehre" mit den „verschiedenen Zeiten des Lebens" (25) und leitet hieraus die Epochen der Menschheitsgeschichte ab.[56] So entstehen Geschichtsdeutungen aus „anthropologischem Geist", die anzusiedeln sind zwischen Natur- und Geistgeschichte. Sie benennen die „allgemeine und notwendige Entwicklung der menschlichen Anlagen" im Spannungsfeld von „Sinnlichem" und „Intellectuellem".

Carus unterscheidet die „Geschichte der Philosophie" von der „Geschichte der Menschheit", letztere entsteht im unmittelbaren Einflußfeld von Anthropologie und Psychologie. Die äußeren, materiellen Bedingungen der Geschichte werden bezogen auf die inneren, formalen Prinzipien der Kulturbildung. Sinnlichkeit, Verstand und Vernunft prägen die jeweiligen Epochen der Menschheitsentwicklung. Am Beginn der Geschichte stehen die mythisch-religiösen Vorstellungsweisen des Menschen, diese benutzen überwiegend bildlich-allegorische Sprachformen. Aus dem „allgemeinen Naturgang" konstituiert sich die „Culturgeschichte der Menschheit", die das Chaos, das Insulare, das Einmalige, das Unbegreifliche der Geschichte gemäß eines linearen Entwicklungsprinzips der sich zivilisierenden Menschheit ordnet. Jenisch spricht von einer „idealischen Bildungsgeschichte unserer Gattung", die die „universelle menschliche Entwicklung" (37) aufzeigt.[57]

---

[53] Carus bezieht sich auf Bacons *Neues Organon*, dessen Wissenschaftssystematik auf die Menschheitsgeschichte übertragen wird. Bacon hatte erheblichen Einfluß auf die methodischen Konzeptionen der europäischen Naturhistorie ab 1750.

[54] Carus bezieht sich auf Bruce, John, *First Priciples of Philosophy* (1780, deutsch 1788).

[55] Carus bezieht sich auf Adelung, Johann Christoph, *Versuch einer Geschichte der Cultur des menschlichen Geschlechts*. Leipzig 1782.

[56] Villaume, Peter, *Geschichte des Menschen*, zweite verbesserte Aufl. Leipzig 1788.

[57] Carus bezieht sich auf Jenisch, Daniel, *Universalhistorischer Überblick der Entwicklung des Menschengeschlechts als eines sich fortbildenden Ganzen. Eine Philosophie der Culturge-*

Carus trennt mit Gotsch[58] den Bereich der subjektiven von der objektiven Kultur. Erstere ist eine Entwicklungslehre des *Menschen*, letztere ist eine Zivilisationsgeschichte der *Menschheit*. Erst im Ordnungshorizont der ‚sittlichen' Kultur werden die Strukturen der materiellen Kultur erkennbar. Die Anthropologie stellt die Parameter für die Kulturdeutung bereit. Ein französischer Titel faßt die Bestimmungselemente von Kulturen wie folgt zusammen: „Histoire naturelle du genre humain ou recherches sur les principaux fondements physiques et moraux" (40).[59] Die Menschheitsgeschichte ist nach Maßgabe der tatsächlichen Perfektibilisierung des Menschen zu schreiben. Es handelt sich um eine „erzählende Beschreibung" des Menschen „nach seinen wesentlichen thierischen und geistigen Anlagen" (43). Die „Idee" der Menschheit wird hingegen in einer ausschließlich apriorischen Vernunftgeschichte dargestellt oder aber in Form einer Naturgeschichte gemäß den Prinzipien der physischen Anthropologie. Als Vermittlungsbegriff zwischen beiden fungiert der Begriff der „Humanität" (48), dieser wird gedeutet als Realisierungsform der Vernunftfähigkeit des Menschen. Der Mensch verwirklicht sich durch Kultur, diese ist einerseits die Selbstausbildung des Menschen, sie ist andererseits die Bearbeitung der Außennatur durch den Menschen. Die „unwillkürliche" Entwicklung des Menschen führt zur „Rohheit", die willkürliche hingegen zur „Cultur" (55). Damit wird der Kulturbegriff vom Biologischen („Thierheit") abgelöst, er wird semantisch auf die „sittliche Cultur" eingeschränkt: „Die wahre Cultur hat die eigentlich menschliche, d.i. die moralische Anlage zum Hauptzweck [...]" (57). Diese garantiert den Prozeß der objektiven Kulturbildung. Carus unterscheidet zwischen der Entwicklung menschlicher Naturanlagen, d.h. der Selbstdisziplinierung des Menschen im Prozeß der Befriedigung seiner körperlichen Bedürfnisse einerseits und seiner geistigen und intellektuellen „Cultur" andererseits. Letztere entfaltet sich durch „Civilisation, Policierung und Politur" (58). Erst im Zustand der Vervielfältigung der menschlichen Bedürfnisse findet die Entwicklung der physischen Natur statt, auf diese folgt die Entwicklung der intellektuellen und moralischen Kultur. Die Theorie der Vernunftkultur als Ziel der Menschheitsentwicklung bleibt allerdings eine reine Vernunftidee (59): Die „sinnlich-ästhetische [Kultur] soll den Naturgesetzen der Körperwelt, die geistigwissenschaftliche den Naturgesetzen des Gemüths, die religiös-moralische dem Freiheitsgesetzen der Geister gemäß seyn" (59).

Carus unterscheidet sodann zwischen Menschheits- und Kulturgeschichte: Die Menschheitsgeschichte bezeichnet den objektiven Zweck der historischen Dar-

---

schichte. 2 Bde. Berlin 1801; Jenisch kombiniert Anthropologie, Psychologie und Geschichte zu einer „idealischen Bildungsgeschichte" der Menschheit.

58 Carus bezieht sich auf Gotsch, Marc Anton, *Geschichte der Cultur des Menschengeschlechts im Allgemeinen und jedes einzelnen welthistorischen Volkes insbesondere*. 3 Bde. Wien 1803. Gotsch bekennt sich zur pragmatischen Anthropologie Kants als methodischer Grundlage seiner Welt- und Menschheitsgeschichte.

59 Verfasser dieser Schrift ist J. J. Virey, das Werk erschien in zwei Bänden 1802 in Paris.

stellung, die Kulturgeschichte bezeichnet die Perfektibilität des Menschen bzw. die Mittel zu deren Erreichung („Zucht und Erziehung"). Die Menschheitsgeschichte schildert zunächst in Gestalt der ‚Urgeschichte' „blinde Thätigkeiten", d.h. den Zustand des Menschen vor aller Kulturausbildung. Die eigentliche Kulturgeschichte[60] beginnt erst im Augenblick der „Besonnenheit" der Menschen (61). Carus kritisiert die Begrenzung der Kulturgeschichte auf eine „empirische Geschichte der Cultivierung des gesellschaftlichen Zustandes" (61), wie sie von der Göttinger bzw. Leipziger Kulturgeschichtsschreibung (Meiners, Adelung) praktiziert wurde. Die Kulturgeschichte soll sich vornehmlich auf den „moralischen" Menschen beziehen. Die Menschheitsgeschichte untersucht die objektive Geschichtsstruktur im Hinblick auf die Verwirklichungsmodalitäten der Vernunftnatur des Menschen.

Die Kulturgeschichte analysiert nach Carus insbesondere die Formen der Selbstauslegung des Menschen im Spiegel mythischer, religiöser und poetischer Texte. Die frühesten Quellen, die der Historiker zu interpretieren hat, sind die „Mythen der Epiker und Dramatiker, gefolgt von den Memoires oder Beschreibungen der ersten Prosaiker" (62). Diese „Naturalisten" und „pragmatischen Historiker" (62) reflektieren nicht die Geschichte als solche, nicht den Wahrheitsgehalt des Erzählten, sondern ausschließlich die *Handlungen* der Menschen. Dies ändert sich erst mit der zunehmenden Komplexität und Verdichtung von Geschichte, nunmehr entsteht eine „Bildungsgeschichte der Verhältnisse und Verfassungen der Nationen; – Darstellung von Begebenheiten, die ein Ganzes bilden, eine Einheit der Begebenheiten in Causalzusammenhang und mit einem Zweck" (63). Die dritte und letzte Stufe ist die Geschichte als „Entwicklungsgeschichte des menschlichen Geschlechts zu seiner [des Menschen] Bestimmung" (63). Vom Standpunkt des Kosmopolitismus wird beschrieben, wie sich das Ganze der Menschheitsgeschichte im Spannungsfeld von Natur- und Kulturgeschichte entfaltet hat.

Carus schließt sich der Kantischen Geschichtstheorie an, wenn er die *Idee* und nicht die *Empirie*, d.h. wenn er die Vernunftbezogenheit des Geschichtsbegriffs akzentuiert. Er fragt nach den „notwendigen Gesetzen" der Menschheitsentwicklung (64). Geschichte wird so zu einer „Thatsache des Bewußtseyns", sofern *objektive* Erkenntnisse gewonnen werden sollen. Es handelt sich um eine „Philosophie der Geschichte", die die empirische Anthropologie auflöst in eine allgemeine Natur- bzw. Kulturgeschichte. Es geht nicht um singuläre Ereignisse bzw. um die Darstellung der Geschichte bestimmter Zeiten und Räume, sondern um die „Darstellung einer naturgemäßen zusammenhängenden Reihe von Veränderungen":

---

[60] Carus (S. 57ff.) unterscheidet sinnliche (animalische, technische, ästhetische) von geistiger (intellektueller) Kultur und diese von religiöser und sittlicher Kultur. In der Kultur der Weltbürger sind alle drei Formen vereint. Zum parallelen Begriff „Menschheit" vgl. S. 46ff. Ich übergehe diese äußerst aufschlußreichen Begriffsdifferenzierungen von Menschheit durch Carus.

Es gehört die sinnliche Zeitbedingung nicht zu den nothwendigen Merkmalen der Geschichte. Das Chronologische ist nichts als eine der möglichen Darstellungsarten und dabei ein Wiederhalt für das (durch einzelne Zeitdata und Zeitfolgen erleichterte) Bewußtseyn, mithin immer nur untergeordnet dem höhern Begriff des Werdens an dem Seyn. Der Gegenstand der Geschichte ist nicht das Bleibende, sondern das in der Zeit Fortschreitende, Veränderliche, also nur das Zufällige. Doch dieses Zufällige muß auch als nach nothwendigen Gesetzen erfolgend gedacht werden. (65f.)

Die Menschheitsgeschichte ist der unendliche, progredierende, gesetzesbestimmte Prozeß der menschheitlichen Gattungsentwicklung. Der Menschheitshistoriker geht bewußtseinskonstruktiv vor, wenn er die naturalen Elemente der Geschichte deutet wie „nothwendige Gesetze". Die Kontingenzgeschichte findet in dieser strukturellen Entwicklungsgeschichte keine Berücksichtigung, weil allererst im Konstitutionsprozeß des Fortschritts die *Einheit* der Geschichte erfaßbar wird (66).

Es gibt mithin keine zeitanaloge Kontinuität des Fortschritts, dieser Fortschritt ist ausschließlich eine Bewußtseinstatsache, die aus den Selbstauslegungsformen des Menschen in Poesie, Theologie, Historie abzuleiten ist. Nicht die Anthropologie als empirische Wissenschaft vom Menschen wird zur Norm der Geschichtsschreibung, sondern die „Idee des Menschen" (philosophische Anthropologie). Insofern ist die Menschheitsgeschichte eine heuristische Entwicklungshypothese der genetischen Gattungsbestimmung des Menschen. Die Menschheitsgeschichte berücksichtigt nur jene Entwicklungsfaktoren, die die Perfektibilisierung der Gattung konstituieren. Der Historiker konstruiert ein „Ende" aller Geschichte, durch das das erreichbare „Ideal" der Geschichte erkennbar wird: „Wurde die Totalität des Geschehenen nicht als Streben nach Realisierung einer Idee dargestellt, so lieferte der Geschichtsschreiber nichts als ein bloßes (!) Mannichfaltige in Reih und Glied gestellt." (66). Das übliche Verfahren des Historikers, eine „cognitio ex datis" (67) vorzunehmen, findet in der Menschheitsgeschichte keine Anwendung, es geht vielmehr um ein „Sezzen der Vernunft" (67). Die Philosophie nimmt eine Deduktion der „innern Natur" der Geschichte vor. Tatsachen („Induktion") können über Analogien auf das System der Menschheit bezogen werden, sofern sie in den Perfektibilitätsgang der Menschheitsgattung integrierbar sind. Zu unterscheiden ist die „subjective Cultur" („Disciplinierung und Civilisation", „Versittlichung") von der „objectiven Cultur" (Vernunftgenese der Menschheit). Während die Psychologie und die Anthropologie die Hauptkräfte und die ursprünglichen Anlagen des Menschen bezeichnen, zeigt die Geschichte der Menschheit, wie sich diese Anlagen und Kräfte „in verschiedenen innern und äußern Verhältnissen" entwickeln (73). Die Menschheitsgeschichte kombiniert die Geschichte des Wirklichen mit der Geschichte des Möglichen. Sie zeigt die „Bildungsmittel" der Menschheit auf und konstruiert die Entstehung der Selbsttätigkeit des Menschen durch die Kultivierung seiner Naturtriebe (79). Dennoch müssen auch die „Anstalten der Natur" berücksichtigt werden, wenn die Entwicklung der menschlichen Eigenschaften kombinatorisch in ihrem *wirklichen* und in ihrem *idealen* Bezugsfeld benannt werden soll.

Die Gesellschaftlichkeit des Menschen basiert auf dem Antagonismus von Selbsterhaltungs- und Geselligkeitstrieb. Der Gesellschaftstrieb vermittelt zwischen Selbsterhaltungstrieb und Sympathietrieb. Durchgehend ist ein „Antagonismus zwischen Instinct, Sinnlichkeit und Vernunft" vorhanden (85). Zunächst dominiert die „Natur" das Verhalten des Menschen, indem sie ihn im Prozeß der physischen Entwicklung auf Abstammung, Ort, Ernährung und Erhaltung festlegt. Erst wenn der Mensch Gottesvorstellungen (Religion) ausbildet, vermag er seine eigene Stellung innerhalb des Universums zu bestimmen. Zuvor folgt er ausschließlich der naturhaften „Nothwendigkeit":

> Die fremde und äußere Nothwendigkeit erkennen wir:
> 1) in der Natur an den Menschen (Abstammung und physische Entwicklung);
> 2) in der Natur für den Menschen (Ernährung und Erhaltung desselben);
> 3) in der Natur um den Menschen (Anschmiegung der Menschenstämme an einen bestimmten Punkt der Erde und der Sonnennähe [Klima]);
> 4) in der Natur über dem Menschen (Schicksal) (88f.).

Carus entwickelt die Anfänge der Menschheitsgeschichte im Rekurs auf die Naturgeschichte zunächst aus der Tiergeschichte, er zeigt anschließend, wie die animalische Natur des Menschen „entthiert" wird in Form einer „dynamischen Stufenfolge der Organisation" des Menschen (94). Der Mensch ist innerhalb der Naturgeschichte der „höchste Typus auf Erden" (94). Carus behauptet einen durchgehenden „Parallelismus des Geistigen und des Körperlichen" (104). In dem Maße, in dem sich der Mensch von den klimatologischen Vorgegebenheiten durch Kulturausbildung befreien kann, in dem Maße vermag er sich selbstbestimmt zu entfalten: „Sonach gibt es eigentlich nur zwei Hauptentwicklungsmittel: Natur und Freiheit [...]" (141). Der ‚natürliche Mensch' beugt sich dem Recht des Stärkeren, erst unter den Bedingungen des „natürlich willkürlichen Rechts" kann eine freie Entwicklung der Menschheit einsetzen. Der Mensch tritt aus der „Sinnlichkeit" heraus und entwickelt Vernunftprinzipien als Regulativ für freie Handlungsbestimmungen.

Trotz der starken Betonung der „Idee" bzw. des „Ideals" einer menschheitlichen Geschichtsentwicklung durch Carus ist dessen Menschheitsgeschichte methodisch besonders innovativ in der Bestimmung der Urgeschichtsformen. Carus entwickelt in Konkurrenz zur Göttinger Hermeneutik (Michaelis, Eichhorn) eine präzise Vorstellung über die kulturelle Differenz der jeweiligen Quellenformen der Menschheitsentwicklung. Er geht aus von einer gesetzlosen, nicht zweckregulierten Stufe der tierischen Sinnlichkeit des Urmenschen. Er unterscheidet zwischen einer anthropologischen Zustandstheorie, die die Anlagen des Menschen vor aller Entwicklung fixiert, und einer philosophischen Ursprungsbestimmung des Menschen, die aus der „Idee" der getrennt vorzunehmenden Analyse von sinnlicher und vernünftiger Struktur des Menschen abzuleiten ist (158). Carus unterscheidet sieben

‚Epochen' der Ursprungsgeschichte der Menschheit, die zunächst von Poeten, sodann von Theologen und schließlich von Philosophen formuliert worden sind.[61]
Diese hypothetische Entwicklungsgeschichte des menschlichen Geschlechts wird gleichermaßen geprägt von der Naturgeschichte (Sinnlichkeit des Menschen) und der Freiheitsgeschichte (Vernunftgeschichte des Menschen) (157):

1. Die früheste Epoche der Menschheitsgeschichte ist das „Goldene Zeitalter". Im Rahmen der Entwicklung des Bewußtsein vom „Zeitganzen" (168) kann der Mensch erstmals die Temporalstufen Vergangenheit, Gegenwart und Zukunft unterscheiden. Das Goldene Zeitalter ist die Chiffre für eine vergangene Ursprungsepoche der Einheit von Göttern, Menschen und Natur.

2. Das Gegenmodell zum Mythos der Goldenen Zeit ist eine realistisch-pessimistische Bestimmung der Bewegungsstruktur der Menschheitsgeschichte (166f.). Diese „tragische" Geschichtsinterpretation deutet die Menschheitsgeschichte als Teil der Naturgeschichte, der Mensch vermag keine rationalen Organisationsformen im Rahmen der Naturgeschichte / Menschheitsgeschichte zu entfalten.

3. Die dritte Anschauungsform der Menschheitsgeschichte kombiniert philosophische Begründungstheorien des „Goldenen Zeitalters": Ausgehend vom platonischen Prometheus-Mythos wird der Mensch als „Künstler" geschildert, der seine „Welt" selbsttätig erschaffen muß. Dieser Mythos der Schöpferkraft des Menschen begründet die Geschichtstheorien mit dem Telos der Selbstbestimmung der Menschen (172ff.).

4. Erst mit der jüdischen Religion vermag sich der „religiöse Glaube an einen vollendeten Urzustand" herauszubilden. Diese Geschichtsdeutung ist zentriert um das Modell des verlorenen Unschuldzustandes und der Erwartung eines erneuten Paradieseszustandes (178f.).

5. Die Annahme eines strukturellen „Zustandes der Rechtlosigkeit" (179) am Anfang der Geschichte und deren Aufhebung durch ein doppeltes Vertragsmodell mit dem Ziel der Verrechtlichung des Zivilzustandes, ist erstmals im Vernunftrecht von Thomas Hobbes formuliert worden (179ff.).

6. Relativ spät wurde die Menschheitsgeschichte im Rahmen einer sie übergreifenden Naturgeschichte entfaltet. Diese naturhistorischen Hypothesen sind in negativer Form von Rousseau und in positiver Absicht von Montesquieu im 18. Jahrhundert alternativ diskutiert worden (180ff.).

---

[61] Leider hat Carus den letzten Teil seiner Menschheitsgeschichte nicht mehr ausarbeiten können, deswegen werden die Epochen der Menschheit fragmentarisch dargestellt. Er interessiert sich insbesondere für die Urzeitmythologien, im Unterschied zur Geschichte der Philosophie wird die jeweilige Menschheitsentwicklungsstufe als Einheit von Gesellschaftsformation und als Epoche der vorherrschenden Denkungsart vorgestellt. Es handelt sich um eine Parallelisierung von materialer und formaler Strukturbestimmung des Menschen, die in Form einer Kulturgeschichte die Gesellschafts- und die Ideenbewegung der Menschheit charakterisiert.

7. Ebenfalls spät hat sich die ‚anthropologische Geschichtsschreibung' als Wissenschaft etablieren können. Nunmehr werden Mythen als Begründungsformen der uranfänglichen Geschichte ersetzt durch die konsequente Parallelisierung von menschlichen Vermögensformen mit historischen Epochenstrukturen. Dieses Verfahren begründet die moderne Konzeption der „Geschichte der Menschheit" (184ff.).

Carus schließt sich der Kritik Kants am geschichtsmythologischen Denken an, das lediglich eine „dichterische allegorische Erklärung" (184) ermöglicht. Der Mensch soll „in seiner ausgebildeten Größe" (184) dargestellt werden, sofern man über die Gesetzmäßigkeit seiner historischen Entwicklung gesicherte Aussagen machen will. Kant versteht unter der Naturgeschichte des Menschen nicht die Ableitung der Menschen aus der uranfänglichen Naturgeschichte, sondern die Bestimmung der naturanalogen Gesetzlichkeit geschichtlicher Prozesse. Der Mensch ist ausgezeichnet durch Zeitbewußtsein (Erinnerung, Gegenwarts- und Zukunftsbewußtsein) und durch Vernunftfähigkeit. Zwei Grundmodelle der Urgeschichte sind nach Carus zu unterscheiden: ein „Unschuldsgemälde" der Urzeit und eine „empirische Ansicht der Wirklichkeit" des Beginns der Menschheit (188). Auch die uranfängliche Geschichte weist bereits historische Entwicklungsepochen auf: den Zustand des Urmenschen, des Wilden, des Barbaren und des Verwilderten (191ff.). Während der empirische Naturzustand nur unzureichend die Bestimmungselemente des Urzustands erkennen läßt, wird in der „Idee" des außergesellschaftlichen Naturzustandes eine Hypothese über den Menschen im Vorfeld der Verrechtlichung von Gesellschaften gegeben. Präziser ist die Theorie des außerbürgerlichen Naturzustandes als „Symbol aller ersten Entwicklung" (196). Diese Theorie geht von der Hypothese aus, daß Naturzustand entweder als Freiheitszustand oder als Zustand der Notwendigkeit zu definieren ist. Erst als die Geschichtsepochen „aus der Natur des Menschen selbst" „anthropologisch" abgeleitet wurden (210), entstand durch „Erfahrung" bzw. durch „analogische Schlüsse" eine wissenschaftliche Entwicklungsgeschichte der Menschheit. Die Wildheit ist ein Zustand der „Noth" und der „Furcht" (217f.), der den Menschen im Zustand von Abhängigkeit, Hunger und Todesfurcht, d.h. von „Gefühlen schreiender Bedürfnisse" (219), zeigt. Erst wenn der Mensch lernt, Pflanze und Tier für seine sinnlichen Bedürfnisse systematisch auszubeuten, entsteht die Gesellschaftsstufe der Jäger und Nomaden. In der Ackerbauepoche konstituiert sich erstmals dauerhafte Herrschaft in Gestalt institutioneller Regelungsformen sowie das Rechtsinstitut des Privateigentums. Man entwickelt jetzt Wissensformen über Pflanzen, über Tiere, über Witterung, über Gesundheit und über den sinnlichen Menschen. Es lassen sich „Parallelismen der religiösen und der moralischen Cultur des Menschen" (254) nachweisen. Die Religion der Ackerbaugesellschaften ist eine „Geisterkunde", die gleichwohl auf moralischen Verhaltensprinzipien beruht. Die Religion bleibt spiritualistisch, sie entfaltet „anthropomorphische" Vorstellungsweisen über die Götter (261). Carus bezeichnet diese Bewußtseinsepoche als „Fetischperiode" (262).

Die Ackerbaugesellschaft führt zur Zähmung von Haustieren und damit zu einer dauerhaften Regelung der menschlichen Subsistenzformen. Diese frühen Gesellschaften werden geprägt von der jeweiligen Art des Nahrungserwerbs, insbesondere der Tierhaltung, der Einführung von Sondereigentum, der Ausbildung von Leibeigenschaft und Sklaverei. In der Ackerbaugesellschaft entsteht ein Gleichgewicht von Selbsterhaltungs- und Geselligkeitstrieb, der Mensch bildet symphathetische Charakterformen aus, er kann sich dem Müßiggang hingeben und beginnt „Traditionen" zu pflegen. Erst seit diesem Epochenumbruch, dessen Auswirkungen bis in die Gegenwart reichen, kommt es zu verdichteten Formen von Vergesellschaftung, zur Ausbildung von Rationalität und zum vermehrten Einsatz von Anwendungswissen. Zunächst wird durch eine Intensivierung der Bodenbearbeitung, durch Agrartechnik, durch die Einführung des privaten Grundeigentums, durch die Anlegung von Dörfern und Städten, durch die Entstehung von Stammes- und Staatsverbänden, durch die Erziehung des Menschen zu „Fleiß, Geduld, Arbeitsamkeit, Betriebsamkeit und Industrie" (286) die „technische Cultur" entfaltet. Neben die technische tritt die „merkantilische Kultur". Im Aufbau eines internationalen Handelssystems werden universalistische rechtliche Regelungssysteme entwickelt, zugleich kommt es zur politischen Machtkonzentration, jenseits der älteren Privilegienstände entsteht die neue „industriöse Klasse" des Bürgertums (294). In der Aufklärungsepoche entwickelt sich die „Idee" einer Vernunftepoche der „Weltbürger" und der „freien Sittlichkeit" (296ff.). Diese Weltbürgergesellschaft ermöglicht die Dynamisierung der menschheitsgeschichtlichen Zivilisationsentwicklung. Parallel zu dieser vernunftgemäßen Durchdringung und Organisation der äußeren Weltverhältnisse ereignet sich eine Revolution der Selbsterkenntnis des Menschen und des „reinen Denkens", durch die eine allgemeine „Versittlichung" der Menschheit erfolgt. Die neue ,bürgerliche Gesellschaft' basiert auf einer „allgemeinen organischen Entwicklungsgeschichte" der Menschheit (303). Die Wissenschaftsrevolutionen ermöglichen Gesellschaftsrevolutionen, die wiederum den Kulturfortschritt der Menschheit bewirken, so daß ein Kreislauf sich wechselseitig bedingender Fortschritte entsteht.

## III.  Hermeneutik, Theorie der ,symbolischen Formen',  Psychologiegeschichte der Menschheit

Die Entdeckung, daß der Mensch im Verlauf seiner Geschichte auch seine Selbstdeutung verändert, wird wissenschaftlich erst in dem Augenblick produktiv, in dem die Geschichte der kulturellen Selbsterzeugung des Menschen thematisiert wird. Kants Theorie einer „apriorischen Geschichte" bestimmte das „Ganze" der

Geschichte nach Maßgabe von deren „Idee" bzw. „System". Die Geschichte tritt
nur insoweit in das Blickfeld des Philosophen, wie sie Ausdrucksform der
strukturellen Veränderungsformen des „ganzen Menschen" ist. Diese „apriorische
Geschichte" ist ein Konstrukt zum Zweck der Selbstverständigung des Menschen.
Parallel zu diesem kantischen, ‚ideellen' Geschichtskonzept, das in Einklang und
in Abweichung zur kantischen Geschichtsphilosophie entworfen wird, läßt sich
eine Hermeneutisierung des Denkens in der zweiten Hälfte des 18. Jahrhunderts
beobachten, in deren Zentrum die Kulturalisierungstheorie des Menschen steht.[62]
Diese hermeneutischen Forschungen werden von den Theologen, von den Professoren der Orientalischen Sprachen und Literaturen sowie von den Philosophen
verstärkt ab 1750 in den universitären Unterricht eingeführt. Die Hermeneutik
transformiert innertheologische in historisch-kulturelle Diskurse. Vermittelt durch
den Begriff des „Mythos" wird die Heilige Schrift zu einer Quelle der „Urgeschichte" der Menschheit. Die Bibel transportiert kulturelle Vorstellungen über die
Entstehung der Erde bzw. über die Anfänge der Menschheitsgeschichte. In einer
Synthese der philologischen Mythosforschung (Heyne),[63] der theologischen Hermeneutik (Semler und seine Schule)[64] und der Diskussionen über die mythische
Urpoesie (Herder, Hamann)[65] wird ein Verfahren der Bestimmung biblischer Texte
entwickelt, die als kulturelle Ausdrucksformen des hebräischen und orientalischen
Altertums gedeutet werden. Die Bibel wird nunmehr der philologischen und
historischen Kritik unterzogen. Im Zentrum stehen die Real- und Sprachkritik, die
Hermeneutik, die Geschichtswissenschaft, die Philologie und die empiristische
bzw. skeptizistische Philosophie. Programmatisch hatte der Göttinger Hermeneuti-
ker Johann Gottfried Eichhorn in seiner „Urgeschichte" die Bibel ohne „dogmati-

---

[62]  Vgl. zur deutschen Aufklärungshermeneutik Bühler, Axel (Hg.), *Unzeitgemäße Hermeneutik.*
    Verstehen und Interpretation im Denken der Aufklärung. Frankfurt/M. 1994; Alexander,
    Werner, *Hermeneutica Generalis.* Zur Konzeption und Entwicklung der allgemeinen Verste-
    henslehre im 17. und 18. Jahrhundert. Stuttgart 1993; Schnur, Harald, *Schleiermachers Her-
    meneutik und ihre Vorgeschichte im 18. Jahrhundert.* Studien zur Bibelauslegung, zu Ha-
    mann, Herder und F. Schlegel. Stuttgart / Weimar 1994; Bultmann, Christoph, *Die biblische
    Urgeschichte in der Aufklärung.* Johann Gottfried Herders Interpretation der Genesis als
    Antwort auf die Religionskritik David Humes. Tübingen 1999 (Beiträge zur historischen
    Theologie 110).
[63]  Vgl. zu Heyne: Marino, Luigi, *Praeceptores Germaniae; Göttingen 1770–1820.* Göttingen
    1995 (Göttinger Universitätsschriften, Serie A: Schriften, Bd. 10), S. 267ff., ein Verzeichnis
    der lateinischen Schriften Heynes zur Mythologie ebd., S. 269, Anm. 9.
[64]  Vgl. hierzu Barth, Ulrich, Hallesche Hermeneutik im 18. Jahrhundert. Stationen des Über-
    gangs zwischen Pietismus und Aufklärung, in: Beetz, Manfred / Cacciatore, Giuseppe (Hg.),
    *Die Hermeneutik im Zeitalter der Aufklärung.* Köln / Weimar / Wien 2000, S. 69–98.
[65]  Zum Mythosbegriff im Umfeld Herders vgl. jetzt Metzger, Stefan, *Die Konjektur des Organis-
    mus.* Wahrscheinlichkeitsdenken und Performanz im späten 18. Jahrhundert. München 2000,
    S. 156ff. Zur Mythostheorie der Spätaufklärung vgl. Graevenitz, Gerhart von, *Mythos.* Ge-
    schichte einer Denkgewohnheit. Stuttgart 1987; Gockel, Heinz, *Mythos und Poesie.* Zum
    Mythosbegriff in Aufklärung und Frühromantik. Frankfurt/M. 1981; Hübner, Kurt, *Die Wahr-
    heit des Mythos.* München 1985; Frank, Manfred, *Der kommende Gott.* Vorlesungen über die
    Neue Mythologie. 1. Teil. Frankfurt/M. 1982.

sche Brillen" (135) und ohne „rabbinischen Geschmack" untersucht als Emanation des „Geistes der Zeiten", der „localen und temporellen" Bedingungen bzw. der „Sitten und Gewohnheiten" des Orients.[66] Die Genesis schildert die Urgeschichte der Menschheit:

> Jedes Buch des A. T. sollte seine eigene kritische Geschichte bekommen, in der, so weit es möglich wäre, gezeigt würde, wie es entstanden und erhalten worden, und welche Veränderungen es im Laufe der Zeit erlitten habe usw.; dadurch würde die Theologie Materialien zu bestimmten Begriffen von den biblischen Büchern, die ihr bisher noch immer fehlen, und Kritik und Auslegung würden einen haltbaren Grund bekommen.[67]

Wie zuvor Herder in seinem *Geist der hebräischen Poesie* deutet Eichhorn die biblische Genesis-Erzählung als Mentalitäts- und Ausdrucksform der orientalischen Urgeschichte. Die Rekonstruktion der Ursprungsgeschichte des menschlichen Geschlechts ist für den hermeneutisch arbeitenden Interpreten die Voraussetzung für das Verständnis einer ‚fremden' Epoche:

> Je weiter wir in die Zeit der Vorwelt zurückgehen, desto geringer finden wir die Kenntniß der Menschen von der Natur der Dinge, und den Ursachen ihrer Veränderungen, ihrer Zerstörung, Erneuerung und Wiederkunft. Es kostete Jahrtausende bis die Menschheit zu der Einsicht kam, daß alle Veränderungen, als Glieder einer langen Kette, an einander hängen, und bis sie den Begriff von ewig unveränderlichen Gesetzen, nach welchen alles in der Natur bewirkt werde, fassen konnte. Sie leitete vielmehr alles von der Dazwischenkunft eines unsichtbaren, in jedem sich verändernden Dinge innewohnenden, mächtigen Wesen her, und beseelte die ganze Natur mit Geistern, Dämonen, oder wie jeder Völkerstamm sonst noch diese unsichtbaren Wesen nennen konnte und mochte.[68]

Die Poesie, die Mythologie, wie überhaupt alle „Geisteswerke" seien „Urkunden für die Geschichte der menschlichen Entwickelung", sie konstituieren ein „Gemählde" der jeweiligen „Cultur".[69] Der Interpret ordnet Einzeltexte ein in die „Sitten- und Weltgeschichte", er bedient sich der „Begriffe und Vorstellungen" des untersuchten Zeitalters in Gestalt einer „allgemeinen Auslegung" ihrer kulturellen Objektivationen.[70] Der „Geist der Auslegung" erfordert das „Eindringen in das Eigenthümliche der alten Sprache, und in den Gang, und die Verbindung der Ideen einer Schrift; Entwickelung derselben aus dem Geist der Zeiten, aus ihrer Sinnes-Art, und den in jeder Periode geläufigen Ideen" (144).[71] Die theologische Herme-

---

[66] Zu Eichhorn vgl. D'Alessandro, Giuseppe, *Die historische Hermeneutik Johann Gottfried Eichhorns.* in: Beetz / Cacciatore, (wie Anm. 64), S. 131–153; Marino, Luigi, Der ‚Geist der Aufklärung'. Aspekte der Göttinger Hermeneutik (am Beispiel Eichhorns), in: *Aufklärung* 8, 2 (1994), S. 71–89; ders., *Praeceptores*, (wie Anm. 63), S. 288–299. Die Zitate entstammen der Schrift von Eichhorn, Johann Gottfried, *Einleitung in das Alte Testament.* Drei Theile. Leipzig 1780–1783, Zitat 3. Theil, S. 281.
[67] Ebd., 3. Theil, S. 281.
[68] Ebd., 1. Theil, 3. Aufl. Leipzig 1803, S. 44.
[69] Ebd., S. 15.
[70] Eichhorn, Johann Gottfried, *Die hebräischen Propheten.* 3 Bde. Göttingen 1816–1819, 2. Bd., S. V.
[71] Zitat von Eichhorn nach D'Alessandro, *Historische Hermeneutik*, (wie Anm. 66), S. 144.

neutik folgt philologischen Interpretationsmethoden, wenn sie die „grammatische Interpretation" „historisch aus dem Geist der alten Zeiten, aus Geschichte, Alterthümern, Sitten, Meynungen, und alter Denk-Art" entwickelt (145).[72] Inbegriff dieser Kombination von philologischen und zeitgeistbezogenen Deutungen früherer Epochen ist die Erstellung der kulturellen Determinanten eines bestimmten Textes. Der zeit- und ortsresistente Wahrheitsbegriff der dogmatischen Philosophie verliert für den hermeneutisch verfahrenden Interpreten an Bedeutung.

Dieses Programm der kulturell orientierten Hermeneutik verweist in der Kritik an der Erkenntnisobjektivität der Philosophie voraus auf die Deutungsprinzipien der „Philosophie der symbolischen Formen" von Ernst Cassirer.[73] Nach Cassirer berücksichtigt die Philosophie nicht ausschließlich wissenschaftliche, z.B. mathematische Erkenntnisformen, sondern Ausdrucksmittel des ‚menschlichen Geistes', insbesondere von Sprache und Mythos. Alltägliche Formen der Deutung von „Welt" ergänzen die „Logik" wissenschaftlicher „Erfahrung". Die affektiven und mentalen Auslegungshorizonte einer Kultur treten ergänzend neben die engeren „philosophischen" Quellen. Cassirer verbindet seine Symbolphilosophie mit einer anthropologisch ausgerichteten Erkenntnistheorie. Die „reine" Erkenntnistheorie wandelt sich vom Primat der naturwissenschaftlichen Logik (Mathematik, Physik) zu einer allgemeinen Kulturwissenschaft. So läßt sich ein ‚Körper' in seinen Bewegungsformen durchaus in abstrakten Raum- und Zeitbestimmungen mathematisch oder aber über seine lebensweltlichen, kulturellen Konnotationen bestimmen:

> Neben der reinen Erkenntnisfunktion gilt es, die Funktion des sprachlichen Denkens, die Funktion des mythisch-religiösen Denkens und die Funktion der künstlerischen Anschauung derart zu begreifen, daß daraus ersichtlich wird, wie in ihnen allen eine bestimmte Gestaltung nicht sowohl *der* Welt, als vielmehr eine Gestaltung *zur* Welt, zu einem objektiven Sinnzusammenhang und einem objektiven Anschauungsganzen sich vollzieht.[74]

Die menschliche Wahrnehmung wird zugleich als kultureller Organisationsprozeß von kollektivem Bewußtsein betrachtet. Umgekehrt erscheint der Mensch in seinem Wahrnehmungsfeld immer schon als kulturell strukturiert. Die jeweilige symbolische Form wird in einem dynamischen Schema ermittelt, das den Bedeutungsgehalt von Zeichen fixiert: „Unter einer ‚symbolischen Form' soll jede Energie des Geistes verstanden werden, durch welche ein geistiger Bedeutungs-

---

[72] Ebd., S. 145.
[73] Die folgenden Ausführungen beziehen sich auf Cassirer, Ernst, *Philosophie der symbolischen Formen*. Erster Teil: *Die Sprache*; Zweiter Teil: *Das mythische Denken*; Dritter Teil: *Phänomenologie der Erkenntnis*. Darmstadt 1973–1975 (1. Aufl.: 1923, 1925, 1929). Vgl. hierzu Paetzold, Heinz, *Ernst Cassirer zur Einführung*. Hamburg 1993, S. 38ff.; ders., *Ernst Cassirer – von Marburg nach New York. Eine philosophische Biographie*. Darmstadt 1995, S. 46ff.; Ferretti, Sylvia, *Cassirer, Panofsky and Warburg*. Symbol, Art and History. New Haven / London 1989; Jesinghausen-Lauster, Marlies, *Die Suche nach der symbolischen Form*. Baden-Baden 1985 (Saecula Spiritualia 13); Krois, John Michael, *Cassirer*. Symbolic forms and History. New Haven / London 1987.
[74] Cassirer, *Symbolische Formen*, (wie Anm. 73), Bd. 1, S. 11.

gehalt an ein konkretes sinnliches Zeichen geknüpft und diesem Zeichen innerlich zugeeignet wird".[75] Jedes Zeichen ist die Objektivation der Energie des menschlichen Geistes, wie Cassirer in Anlehnung an Wilhelm von Humboldts dynamische Sprachphilosophie formuliert. Die Symbole erscheinen als ‚Organe' für eine fortlaufende Produktion kultureller Bedeutung, symbolische Formen bilden die Grundformen des Verstehens von Welt. Sie fungieren wie menschliche ‚Organe', durch die sich kulturelle Lebenswelten konstituieren. Mythos, Religion, Sprache, Geschichte, Sitte und Recht bilden sich im Einklang mit den jeweiligen synchronen kulturellen Kontexten. Die Symbole haben kulturelle Ausdrucks- und Darstellungsfunktion. In der Ausdrucksfunktion sind Bezeichnung und Bezeichnetes noch nicht voneinander getrennt, die Ausdrucksfunktion hat ihren Ursprung in der Einheit von Leiblichem und Seelischem des Menschen.[76] Der Mythos ist eine symbolische Synthesis, durch die das Ganze eines Objektbereichs intuitiv erfaßbar wird.

Das Mythische wird als eine spezifische, nicht-wissenschaftliche oder philosophische Weise der Interpretation von Kultur gedeutet, deren Semiotik sich nur in einer kombinatorischen Wissenschaftsanalyse von Ethnologie, Psychologie, Literaturwissenschaft und Religionsgeschichte erschließt. In der Kulturgeschichte offenbart sich das „Ganze des Seins".[77] Eine Philosophie, die z.B. ausschließlich mit reinen Verstandesbegriffen die Raum- und Zeitbegriffe des Mythos erfassen will, verfehlt dessen symbolische Veranschaulichungsformen von Lebensordnungen. Die gegenständlich erfahrbare Wirklichkeit wird über ‚Praktiken' gesteuert, diese sind Ausdrucksmittel einer distinkten sozialen bzw. religiösen Semantik. Dem heutigen Forscher erschließen sich symbolische Formen allererst durch die Kombination allegorischer, tropologischer bzw. anagogischer Deutungen von ethisch-metaphysischen Aussagen bzw. Phänomenen.[78] Das Einzelne wird immer im Kontext des Ganzen gedeutet, stofflich-dingliche Phänomene sind zugleich Ausdrucksformen metaphysischer Wesenheiten. Die Pragmatik des alltäglichen Lebens ‚benutzt' rituelle Praktiken als soziale Ausdrucksfunktion.[79] Cassirer hat seine Theorie der symbolischen Formen im Sinne von Aby Warburgs Theorie des kollektiven Gedächtnisses entfaltet. Diese Symboldeutungen werden auf Quellen des Mythos, der Kunst und der Wissenschaften angewendet.

Die umfassenden Mythosforschungen von Spätaufklärung und frühem Idealismus lassen sich am besten aufschließen, wenn man sie als Vorformen der Konzeption der „symbolischen Formen" von Ernst Cassirer liest. Insbesondere der Begriff des ‚kulturellen Ganzen' bewirkt eine radikale Veränderung von zentralen wissenschaftlichen Begriffen wie „Geschichte", „Kultur", „Mensch" – „Menschheit"

---

[75] Cassirer, Ernst, *Wesen und Wirkung des Symbolbegriffs*. Darmstadt 1959, S. 175.
[76] Cassirer, *Symbolische Formen*, (wie Anm. 73), Bd. 3, S. 117.
[77] Ebd., Bd. 2, S. 47.
[78] Paetzold, *Einführung*, (wie Anm. 73), S. 66.
[79] Eine vorzügliche Zusammenfassung zur Symboltheorie von Cassirer gibt Schneider, Norbert, *Erkenntnistheorie im 20. Jahrhundert*. Klassische Positionen. Stuttgart 1998, S. 87–94.

usw. Am Beispiel der ‚Geschichte der Psychologie' von Friedrich August Carus
läßt sich zudem die Wirkung der „anthropologischen Wende" auf die Wissen-
schafts-, Philosophie- und Kulturkonzeptionen der Spätaufklärung exemplarisch
darstellen.

IV.  „Seelenlehre" als historische Menschenkunde: Carus' *Geschichte
der Psychologie* im Spannungsfeld von „Mythos" und „Logos"[80]

Die Einzelwissenschaften sind nach Friedrich August Carus Derivate einer „Geschichte der Menschheit", die ihrerseits die Totalität der Kulturentwicklung des
Menschen darzustellen hat. Der Mensch ist zu deuten nach der Gesetzmäßigkeit
der ihm von „Natur" aus zukommenden physischen und geistigen Vermögen. Er ist
(physisches) Naturwesen *und* Geistwesen. Zunächst wird er der „Idee" nach be-

---

[80] Carus, Friedrich August, *Geschichte der Psychologie*, eingeleitet von Rolf Jeschonnek. Berlin
[u.a.] 1990 (Erstdruck: Leipzig 1808 = Carus, Friedrich August, *Nachgelassene Werke*,
3. Theil). Nach dieser Ausgabe wird zitiert, Seitenangaben erfolgen in Klammern im Text nach
dem Zitat. – Die Einordnung und Analyse von Carus' Psychologiegeschichte ist bislang unter-
blieben, da nicht die Konzeption, sondern nur die bibliographischen Nachweise dieses Werkes
in der Forschung zur Geschichte der Psychologie benutzt wurden. Carus selbst hatte präzise
den Aufgabenbereich der Psychologiegeschichte definiert. Sie soll 1. die bislang vorliegenden
Definitionen der Menschennatur vollständig abbilden, 2. eine Begriffsgeschichte (Philo-
sopheme) von „Seele" erstellen, 3. die einzelnen Seelenkräfte im Zusammenhang darstellen,
4. die Darstellungsmethoden und Analysekonzepte, also die Methodik der Seelenanalyse,
erforschen (S. 9ff.). Interessant ist, daß Carus (wie bereits in seiner Philosophiegeschichte) in
den doxographischen Rekonstruktionsprozeß eine kulturgeschichtliche Entwicklungsanalyse
des Menschen einschreibt, die die Quellen zur Psychologiegeschichte als Elemente einer
Bewußtseinsgeschichte der Menschheit deutet. In dem Maße, in dem sich die philosophischen
Quellen der Psychologiegeschichte zu einer Systematik verdichten, wird der kulturgeschichtliche Aspekt der Analyse durch einen dogmengeschichtlichen verdrängt. Vielleicht hat
in der neueren Forschung nur K. Sachs-Hombach eine ähnliche Methode der Psychologiegeschichte vertreten, er hat sich zudem auf Carus als Vertreter einer philosophisch orientierten
Psychologiegeschichte berufen: Sachs-Hombach, Klaus, *Philosophische Psychologie im
19. Jahrhundert*. Entstehung und Problemgeschichte. Freiburg 1993. Einen anderen, nicht-
philosophischen Ansatz vertritt Pongratz, Ludwig, *Problemgeschichte der Psychologie*.
München [2]1994. Methodisch interessanter ist die Rekonstruktion der Psychologiegeschichte
mit philosophischen Fragestellungen durch Schönpflug, Wolfgang, *Geschichte und Systematik
der Psychologie*. Ein Lehrbuch für das Grundstudium. Weinheim 2000. Psychologiegeschichte wird von Schönpflug in die allgemeine Kulturgeschichte eingebettet. Einen ähnlichen
Ansatz vertritt Allesch, Christian Gerd, *Geschichte der psychologischen Ästhetik*. Göttingen
1987. Carus will die Psychologie als philosophische Wissenschaft klassifizieren und nicht als
Teil der neueren Naturwissenschaften um 1800. Zu diesem Gegenkonzept einer physiologischen Psychologie vgl. Ziche, Paul, Anthropologie zwischen Psychologie und Naturphilosophie. Wissenschaftssystematische Aspekte der Fachgebiete Anthropologie und Psychologie um
1800, in: Breidbach, Olaf / Ziche, Paul (Hg.), *Naturwissenschaften um 1800*. Wissenschafts-
kultur in Weimar-Jena. Weimar 2001, S. 96–106. Eine methodisch überzeugende, insbesondere die wissenschaftsdisziplinären Aspekte berücksichtigende Studie zur Psychologiegeschichte haben vorgelegt: Eckardt, Georg / John, Matthias / van Zantwijk, Temilo / Ziche,
Paul (Hg.), *Anthropologie und empirische Psychologie um 1800*. Ansätze einer Entwicklung

schrieben, sodann erfolgt eine praktische bzw. pragmatische Analyse seiner Stellung in der „Welt". Während Physik und Metaphysik das „Unveränderliche" untersuchen, findet die Veränderbarkeit des Menschen ihre Darstellung in der Klassifikation von „verschiedensten Zuständen und Verhältnissen" der Menschheit in der „Zeit". Die psychologische Rekonstruktion von Gedanken und Urteilen von Erfahrungen und Denkungsarten ist nur möglich in einer Kombinationsanalyse von Sprache, Historiographie, Biographie sowie der Geschichte von Religion (Theologie), Recht und Moral bzw. der Geschichte der Physik (im weiteren Wortsinn) (5f.). Mit Kant fragt Carus: „Was hat der Mensch aus sich, was aus Andern gemacht? Wie stellte die Menschheit sich selbst vor, in ihren verschiedenen Zuständen?" (6). Carus entwirft eine Universalgeschichte der „Menschen-Naturkunde" (7), die auch und gerade eine wissenschaftliche Bearbeitung der Entwicklungsgesetze des Geistes einschließt. Die anthropologisch-psychologische Universalgeschichte bietet ein Panorama der inneren und äußeren Strukturmerkmale der Menschheit. Im engeren Sinne umfaßt die „psychologische Geschichte" der Menschheit[81] folgende Methoden bzw. Gegenstandsbereiche:

zur Wissenschaft. Köln 2001. Im Zentrum dieser Studie stehen die mitteldeutschen Universitäten, insbesondere Jena, dogmengeschichtlich und disziplinengeschichtlich wird insbesondere der philosophische und wissenschaftliche Kantianismus untersucht, dem man auch Carus zurechnen könnte. Einen allgemeinen instruktiven Überblick zur Psychologiegeschichte bieten Jüttemann, Gerd / Sonntag, Michael / Wulf, Christoph (Hg.), *Die Seele. Ihre Geschichte im Abendland*. Weinheim 1991. Vgl. auch Galle, Roland, Entstehung der Physiologie, in: Glaser, Horst Albert / Vajda, György M. (Hg.), *Die Wende von der Aufklärung zur Romantik 1760–1820*. Epoche im Überblick. Amsterdam 2001, S. 315–335; Jahnke, Jürgen, Psychologie im 18. Jahrhundert. Literaturbericht 1980 bis 1989, in: *Das Achtzehnte Jahrhundert*. Mitteilungen der Deutschen Gesellschaft für die Erforschung des achtzehnten Jahrhunderts 14, 2 (1990), S. 253–278; Jüttemann, Gerd (Hg.), *Die Geschichtlichkeit des Seelischen. Der historische Zugang zum Gegenstand der Psychologie*. Weinheim 1986; Scheerer, Eckart, Artikel ‚Psychologie', in: Ritter, Joachim u.a. (Hg.), *Historisches Wörterbuch der Philosophie*. Bd. 7 (1989), Sp. 1599–1653; Sommer, Robert, *Grundzüge einer Geschichte der deutschen Psychologie und Aesthetik von Wolff-Baumgarten bis Kant-Schiller*. Würzburg 1892. Die folgenden Ausführungen nehmen diese Forschungen nur begrenzt auf, es interessieren vornehmlich anthropologisch-bewußtseinsgeschichtliche Konzepte der Psychologiegeschichte von Carus im engeren Sinne. Nicht berücksichtigt wurde Carus' „Psychologie". Vgl. ders., *Psychologie*. 2 Bde. Leipzig 1808 (*Nachgelassene Werke*, Bd. 1 und 2). Vgl. auch ders., *Die Psychologie der Hebräer*. Leipzig 1809 (*Nachgelassene Werke*, Bd. 5).

[81] Bislang ist die Geschichte der Psychologie von Carus nur von Rolf Jeschonnek analysiert worden in der Einleitung zum Neudruck dieses Werkes (vgl. Anm. 80). Hier wird zunächst die Biographie von Carus rekonstruiert (ebd., S. 13ff.) und sodann ein Vergleich der „Geschichte der Psychologie" mit der „Geschichte der Menschheit" von Carus vorgenommen (ebd., S. 21ff.). Carus teilt die Psychologie in Universal-, Spezial- und Individualpsychologie ein, von denen im folgenden nur die Geschichte der Universalpsychologie als Bewußtseinsgeschichte der Menschheit („Anlagen und Hauptkräfte" des Menschen) berücksichtigt wird. In der Psychologiegeschichte analysiert Carus die Menschheit am Leitfaden der Selbstbeobachtung („innere Wahrnehmung") und der Selbstreflexion. Diese psychologische Geschichte der Menschheit ist eingebettet in eine allgemeine Kulturgeschichte des Menschen. – Zur Leipziger Tradition der Psychologie und ihrer universitären Institutionalisierung vgl. Meischner, Wolfram, Zur Entwicklungsgeschichte psychologischen Denkens an der Universität Leipzig

1. Den Entwicklungsgang des menschlichen Geistes.
2. Die Genese des menschlichen Bewußtseins von der Ursprungsstufe des „Selbst-
   findens und Selbstverständigens" bis zu frühen Entwicklungsstufen des „sich
   selbst reflektierenden Menschen".
3. Die Geschichte der Beobachtungsregeln des Menschen zur Erlangung von Menschenkenntnis.
4. Die allgemeine Menschen- und Seelenkunde. Diese bestimmt den gesamten
   Entwicklungsweg von der „Physik" (Äußeres) bis zur „Metaphysik" (Inneres)
   des Menschen. Zudem wird die „Menschen-Seelenlehre" in bezug auf „Leben,
   Seyn und Schein, Substanz, Kraft und Gesetz" entfaltet (10).
5. An diese Totalbestimmung der Seele schließen sich die Theorien über einzelne
   Seelenkräfte des Menschen an.
6. Die Geschichte der Seelenkunde, insbesondere die rationale und die empirische
   Psychologie, werden in ihrer Bedeutung für die allgemeine philosophische
   Entwicklung bestimmt. Es folgt eine Analyse des Verhältnisses von Psychologie und Hermeneutik.
7. Die sprachlichen Darstellungsmittel der ‚Psychologie' (Mythen, Allegorien, Fabeln, Metaphern, allgemeine Deskriptionsmittel) werden vorgestellt.
8. Die vorstehend genannten allgemeinen Bestimmungsformen der Psychologie
   werden anschließend angewandt auf die Analyse von herausragenden Individuen, Zeitaltern, Nationen. Es handelt sich um eine Geschichte der Selbstinter-
   pretation der Menschheit im Spiegel ihrer geistigen Hervorbringungen. Aus den
   Einzelepochen der Menschheitsentwicklung wird sodann der „Totalumriß" der
   Fortschritte des „allgemeinen Geistes" abgeleitet. Carus deutet psychologische
   Quellen im Rahmen einer Selbstauslegungsgeschichte der Menschheit (18).

Carus' ‚Geschichte der Psychologie' ist die erste ausgearbeitete Konzeption einer
Ursprungsgeschichte des menschlichen Bewußtseins, die in Deutschland publiziert
wurde.[82] Am Anfang dieser psychologischen Bewußtseinsgeschichte steht die
Deutung der toten und der lebendigen Natur in Gestalt von mythischen Naturana-
logien. Die Poesie versucht den ‚Schein' des Allgemeinen durch Anschaulichkeit
und Lebendigkeit beim Leser zu erzeugen. Die Gattungen des Lyrischen, des Epi-
schen und des Dramatischen stellen die Vermögenskräfte des Menschen in jeweils

---

bis zur Gründung des ersten psychologischen Instituts, in: *Psychologie an der Alma mater
Lipsiensis.* Standpunkte und Perspektiven, wissenschaftliche Beiträge der Karl-Marx-
Universität-Leipzig. Leipzig 1986. Die von Carus benutzten Werke lassen sich leicht
nachweisen über: *Verzeichnis der von Friedrich August Carus hinterlassenen Bibliothek.*
Leipzig 1807 (Versteigerungskatalog).

[82] Vgl. hierzu Jaeger, Siegfried, Zum Verhältnis von Aufklärung, Psychologie und Geschichte in
Deutschland zur Zeit der französischen Revolution, in: *Studies in the History of Psychology
and the Social Sciences* 5 (1988), S. 165–182; Steuble, Irmingard, Concepts of the Historicity
of Man and the Project of a Historical Psychology, in: *Studies in the History of Psychology
and the Social Siences* 4 (1987), S. 40–51.

eigenständiger Form vor. In einer ausschließlich die Wirklichkeit durch Erzählen aufschließenden Psychologie präsentiert der Historiker die Wirkung der „localen Verhältnisse" und „des bürgerlichen Lebens" auf den Menschen. Der Universalhistoriker benutzt diese Erkenntnisse der Spezialhistorien sodann für sein allgemeines „Menschenstudium" (29). Die empirische Anthropologie orientiert sich methodisch an den praxisbezogenen Nachbarwissenschaften wie Naturphilosophie, Medizin, Pädagogik und praktischer Philosophie (29).

Carus möchte die gesamte „neueuropäische Cultur" im Methodenfokus einer psychologischen Menschheitskunde untersuchen. Es gibt hierfür zwei große Quellengruppen, die eine Archäologie des frühen menschlichen Bewußtseins verfügbar halten: das Alte Testament und die Dichtungen Homers. Beide überliefern eine „lange Erfahrung" (36), der eine allseitige Beobachtung der psychologischen Dispositionen des Menschen im Zustand der Urgeschichte zugrundeliegt. Diese frühen Bewußtseinsstufen verweisen auf den „allgemeinen und nothwendigen Gang der psychologischen Kultur der Menschheit" (39). Die Geschichte der Menschheit bzw. der Kultur der Menschheit ist nur in Kombination mit der Geschichte der Religionen, der Sprachen, der Moral und der ‚Physik' (im aristotelischen Wortsinn) zu schreiben (40). Die Perioden der menschlichen Bewußtseinsgeschichte lassen sich nach dem Kriterium der Entwicklung vom „Sichtbaren zum Unsichtbaren, vom Sinnlichen zum Übersinnlichen, vom Körperlichen zum Geistigen" ordnen (40f.).

Zunächst reagiert das menschliche Bewußtsein auf die Außenobjekte, indem es diese anthropomorphisiert. Die Kategorien der Ähnlichkeit und der Verschiedenheit führen zu Individualurteilen, die ausschließlich durch Analogieschlüsse gewonnen werden. Subjektiv werden erste Konstruktionen von Erfahrung zum Zweck der Erfassung divergenter Gefühle und Anschauungen entfaltet, die dazu dienen, Begriffsunterscheidungen vorzunehmen. Erst im Zustand der „Besonnenheit", wie Carus mit Herder formuliert, kommt es zum „synthetischen Vereinen des getrennten Mannichfaltigen in ein gesetzmäßiges Ganzes" (43). In einem zweiten Durchgang vermag der Betrachter eine analytische Begriffsunterscheidung vorzunehmen, die anschließend durch Synthesis zu einem Ganzen zusammengefügt wird. Dem dogmatischen folgt das kritische und diesem das metaphysische Bewußtseinszeitalter. Der anfängliche Realismus mutiert zum Idealismus, der den geschichtlichen Erscheinungen eine teleologische Gesetzlichkeit unterlegt. Der Weg der menschlichen Erkenntnis führt von der Entdeckung des „NichtIch" zum Bewußtsein des „Ich" (45). Zunächst formt der Mensch „mythisch-psychologische Elementar-Begriffe" (46), er definiert sich selbst in einem gleichsam traumartigen Bewußtseinszustand über die Objekte seiner Wahrnehmung. Traum und Phantasie verdecken die Wirklichkeit, der Mensch produziert Bilder, die er identifiziert mit den jeweils sinnlich wahrgenommenen Gegenstandsfeldern.[83] Er verhält sich indifferent-passiv gegenüber der äußeren Natur, er beobachtet lediglich deren Bewegung bzw. die Veränderlichkeit von „Bildern", er betrachtet diese als „reelle, außer sich wirkende Objekte". Die menschliche Vorstellungsform öffnet sich „bezaubernden und wundervollen" Mächten (48). Carus spricht von einem Seelenzustand, der „Fetisch"-Charakter hat. Verliert der Mensch die Kraft der Aufmerksamkeit, dann wird seine Seele „weggezaubert, weggebannt, geschwächt oder getödtet" (49), die Menschen versuchen sich gegen ‚beseelte' Gegenstände durch Wahrsagungen der Priester bzw. durch „Inspiration" vor den „Geistern" der dämonisierten Gegenstandswelt zu schützen. Religion ist

> Glaube an äußere Bilder seines noch unbelauschten innern Göttlichen, welches er jedoch träumt, dichtet und annimmt als eine Reihe von wirklichen Wesen im Raume mit örtlichen Säzzen und zwar als starke, ungeheure, furchtbare Substanzen, als Gegenstände seiner Sinne, die freilich noch nicht aufgestellt und geschärft genug seyn können, da der Geist in ihm noch nicht gehörig aufgegangen ist (50).

Es handelt sich um einen substantiellen Materialismus, der die Gegenstände nach Maßgabe ihrer Wirkungsintensität auf den Beobachter deutet.[84]

Die Psychologie ist Teil einer älteren Psychotheologie, die die inneren (seelischen) Bewegungen des Menschen zu Eigenschaften der Götter hypostasiert.[85] Das ‚Lebendige' ist die Ursache aller Empfindungen, dieses wird vorgestellt in Form personifizierter Geister mit Empfindungsvermögen (Schmerz, Lust). Die Götter haben Triebe und Affekte, sie weisen gleichwohl eine besondere Form der „Inspiration" auf, aus der sich das höhere (geistige) Leben entwickeln kann. Die Götter personifizieren die Idealität von Seelenzuständen. Sie zeigen Gefühle wie Schmerz, Furcht, Mut und Unerschrockenheit, sie repräsentieren übernatürliche Kräfte. Der Mensch „vergöttlicht" seine inneren Erfahrungen bzw. „vergöttlicht" die „Natur" als Gegenstand seiner äußerer Erfahrungen: „Daher war die erste Psychologie gleichsam eine Psychotheologie und eben daher schon einigermaßen

---

[83]  Vgl. zu dieser Ursprungsgeschichte des Bewußtseins Jagow, Bettina von (Hg.), *Topographie der Erinnerung*. Mythos im strukturellen Wandel. Würzburg 2000. Die Bildtheorien (Metaphorologie) werden von Carus zumeist in Anlehnung an Lambert gedeutet, der intensiv von Herder, G. Forster, Novalis und Jean Paul rezipiert wurde. Vgl. hierzu Schiewer, Gesine Lenore, *Cognitio symbolica*. Lamberts semiotische Wissenschaft und ihre Diskussion bei Herder, Jean Paul und Novalis. Tübingen 1996. Zum weiteren Kontext einer symbolischen Semiotik vgl. Meier-Oeser, Stephan, *Die Spur des Zeichens*. Das Zeichen und seine Funktion in der Philosophie des Mittelalters und der frühen Neuzeit. Berlin / New York 1997, S. 350–425 (18. Jahrhundert). Zur Funktion des „Bildes" in wissenschaftlichen Texten vgl. Danneberg, Lutz / Graeser, Andreas / Petrus, Klaus (Hg.), *Metapher und Innovation*. Die Rolle der Metapher im Wandel von Sprache und Wissenschaft. Bern 1995.

[84]  Zu dieser Erkenntnisform im Vorfeld der Trennung von Subjekt und Objekt vgl. Hogrebe, Wolfram, *Metaphysik und Mantik*. Die Deutungsnatur des natürlichen Erkennens (Système orphique de Jéna). Frankfurt/M. 1992.

[85]  Zur Deutung dieser poetologischen Semiotik im Umkreis von Mendelssohn und Herder vgl. zusammenfassend Metzger, (wie Anm. 65), S. 186ff.

ihrem eignen Materialismus entgegen wirkend" (66). Der Mensch begegnet in der Götterwelt seinen Empfindungen, d.h. er erlebt seine Affekte in der Anschauungs- und Gefühlswelt der Götter. Die sinnliche Erfahrung des Menschen äußert sich im Medium des Übernatürlichen, der Mensch erklärt sich zum „heiligen Werkzeug des Göttlichen und Gottes-Vertrauten" (71). Es entsteht eine „religiöse Psychago- gie als eine empirische Psychologie" (72), diese ist die Ursprungsform der Seelen- kunde:

> In der Mythologie der Völker verräth sich nicht nur eine reiche, sondern auch eine reine Men- schenkunde. Ja ihre Dichter schöpften aus ihrem Innern sogar allmählich die erste Geschichte des Menschen, da ihre Bilder zu reellen äußern Thatsachen übergingen und sich als Sage immer mehr verewigten [...] Die Dichter waren die ersten Interpreten der Gottheit und der Menschheit (73).

Sie formulieren nach Carus eine Theorie der ‚Vermenschlichung der Götter'.

In dem Augenblick, in dem sich die menschlichen Leidenschaften ‚ablösen' von ihrer Gegenstandsbezogenheit, in diesem Augenblick entsteht nach Carus dauer- haftes Bewußtsein (Geist). Nunmehr trennen sich Irdisches und Übernatürliches. Die Entwicklung des theoretischen Vermögens (Verstand) führt zu einer Verstetti- gung der „Besonnenheit" (76). Der Mensch deutet den „Geist" als „Organ" dauer- hafter Erkenntnis. Carus verortet diesen Bewußtwerdungsprozeß der Menschheit in der Hirtengesellschaft: Der Mensch erkennt die Differenz zwischen Tier und Mensch, er entfaltet Selbstgefühl, er entwickelt Freiheitsliebe, er empfindet Sym- pathie und Antipathie sowie Mitleid mit anderen Menschen. Der Selbsterhaltungs- trieb wird ergänzt durch den Geselligkeitstrieb. Erst in der Ackerbaugesellschaft werden aus materiellen Fortschritten „die Fortschritte der Humanisation" (78), weil die zur Regelmäßigkeit tendierende Lebensgestaltung Beobachtung und Reflexion ermöglicht. Zugleich findet eine Hierarchisierung der Gesellschaft durch die „Verschiedenheit gewisser Kasten" (78) statt, die „Ungleichheit der Menschen" verfestigt sich. Gesetze werden eingeführt, in der Auseinandersetzung mit der Gesellschaft entdeckt der Mensch seine Subjektivität, wenn er Stände, Alter, Le- bensarten und Geschlechter in ihrer Übereinstimmung und Differenz erkennt. Durch die Einführung des Handels erweitert sich sprunghaft das Wissen, Vorur- teile werden weitgehend durch den sich entwickelnden Verstand sowie durch vergleichende Beobachtungen eingeschränkt.[86] Langsam schwindet der Schein der „Idealität des Seyns" (79), die „technische Welt" erzwingt ein System „praktischer Lebenszwecke" (79), Theorie und Praxis beginnen sich wechselseitig zu fördern, die innergesellschaftliche Spezialisierung führt zur Entfaltung einer Vielzahl von „Special-Seelenkunden" (79), die Menschheit steht am Beginn ihrer „Verfeine-

---

[86] Diese Deutungen von Carus erfolgen in Anlehnung an die französischen Aufklärungstexte zur „Geschichte des Geistes" (Condorcet, Volney u.a.). Vgl. hierzu Rohbeck, Johannes, *Techno- logische Urteilskraft. Zur Ethik technischen Handelns.* Frankfurt/M. 1993, S. 68ff. (Turgot, Condorcet).

rung" (80). Der theoretische Vernunftgebrauch führt zu einer Vereinheitlichung des Systems der anthropomorphen Götterwelt, diese wird von einem gleichsam regionalen Symbolsystem zu einem Weltsystem der symbolischen Darstellung der „Seele des Menschen" (80). Der Mensch erkennt die Seele als Substanz, als inneres Naturvermögen, er deutet sich im Mythos mittels einer „psychologischen Kunstsprache" (80), er vermag zwischen Wirklichkeit und Möglichkeit zu unterscheiden und entwirft eine „erste Universalpsychologie" bzw. eine „erste Philosophie", die nicht mehr abhängig ist vom sinnlichen Ersteindruck: „Der Mensch fand also erst spät *eine* Seele und zunächst nur außer sich in andern Wesen, später *seine* Seele [...]" (80). Die Übertragung von inneren Empfindungen auf äußere Erfahrungsgegenstände wird in dem Augenblick als Fetischbildung erkannt, in dem die Natur als eigenständiges Gegenstandsfeld, d.h. als Objekt wahrgenommen wird, und der Mensch Selbstwahrnehmung praktiziert. Der Geist erlangt eine „selbstständige Subjectivität" (81): Die ursprüngliche Einheit der Weltanschauung geht verloren, Geist und Natur treten auseinander, dieser Trennungsprozeß bedingt zugleich die Separation von ‚Physik' und ‚Metaphysik'.

Carus entwickelt ein Schema der bis 1800 vorliegenden Klassifikationsbestimmungen der menschheitlichen Seelenentwicklung.[87] Die erste Epoche ist geprägt von der Einheit des Menschen mit seinen Lebensformen und der Vorstellung „lebendiger Götter". Der Mensch vermag noch nicht zwischen Subjekt und Objekt zu unterscheiden, er verschmilzt bewußtseinsmäßig mit der Objektsphäre. In der zweiten Epoche erkennt sich der Mensch als Subjekt bzw. Objekt. Zugleich entsteht das Bewußtsein der ‚Vergänglichkeit des Subjekts'. Selbsterfahrung und Fremderfahrung werden ausschließlich in Kategorien einer Körperempfindungslehre (materiale Seelenlehre) formuliert. In einer dritten Bewußtseinsbildungsepoche kommt es zur Trennung von Innen und Außen, von Körper- und Seelenempfindungen. Es entsteht eine spiritualistische Metaphysik (Pneumatologie), die man auch als Erfahrungsseelenlehre bezeichnen könnte. Die Wechselwirkung zwischen Seele und Leib wird noch nicht reflektiert. Die vierte Bewußtseinsepoche ist geprägt von der Erkenntnis der Einheit von Geist und Materie, von Freiheit und Natur, von Universalität und Individualität. Die menschlichen Kräfte erscheinen als lebendige Energien. Das Innere und das Äußere des Menschen treten dank der „Besonnenheit" und der „Freiheit" des Menschen in ein harmonisches Verhältnis (S. 84ff.).

Dieser Universalgeschichte der Menschenkunde (allgemeine Psychologie) läßt Carus eine Spezialgeschichte der menschenkundlichen Seelenlehre (spezielle Psychologie) folgen.[88] Carus differenziert die Psychologietheorien nach Zeit und

---

[87]  Immer noch grundlegend Grau, Kurt Joachim, *Die Entwicklung des Bewußtseinsbegriffs im 17. und 18. Jahrhundert*. Halle 1916 sowie Sommer, Robert, *Grundzüge einer Geschichte der deutschen Psychologie*, (wie Anm. 80).

[88]  Zum Kontext der Spezialhistorie der Psychologie von Carus vgl. die Bibliographie von Gräße, Johann Georg Theodor, *Bibliotheca Psychologica*. Leipzig 1845. Vgl. zum Kontext der Psy-

Raum, nach Ländern und Völkern, der Mensch wird definiert aus seiner Wechselwirkung mit der jeweils erreichten Kulturstufe. Zunächst ist der Mensch ‚Objekt‘ der allgemeinen Naturentwicklung, deren Einheit er sich in poetisch-religiösen Bildern ausmalt, die abgelöst werden von praktischen Lebensregeln bzw. von Klugheitslehren (90ff.). Allererst die Griechen entwerfen eine Seelenlehre, die die Individualität und Universalität des Menschen in Gestalt einer Humanitätstheorie erfaßt. Die Menschheitsentwicklung erscheint ihnen als „Bildungsgeschichte" der Menschen (94ff.). Am Beginn der Geschichte steht der Antagonismus zwischen Mensch und Natur, sukzessive findet eine Vermenschlichung der Natur statt, der Mensch entwickelt „historischen Sinn" (98), wenn er sich von den Heroen und Göttern ableitet. Im Spiegel der Götterbilder entdeckt er sein sinnliches bzw. theoretisches Vermögen. Nach einer Dominanzphase der Phantasie setzt sich seit der homerischen Zeit eine Theorie der Selbsterhaltung durch, so daß der Antagonismus von Egoismus und Geselligkeit zum Gegenstand einer dramaturgisch gestalteten Götter- und Menschheitsgeschichte wird. Im Zentrum stehen die Handlungen der Halbgötter und Götter sowie die „Embleme der innern Bewegungen des Gemüths" (126). Der Mensch trennt sich symbolisch von der ‚Unreinheit‘ des Menschlichen, er personifiziert und idealisiert sich in Gesang und Mysterienspielen. Zugleich erkennt er die Differenz zwischen Mensch und Tier. Dieser Bewußtwerdungsprozeß wird von Carus als Geschichte der „anthropologischen und moralischen Mythen der vorhomerischen Welt" in eine allgemeine Geschichte der „Fortschritte des Menschen in der Cultur" (129ff.) eingebettet. Homer verweist auf die Unsterblichkeit der Götter im Unterschied zur Sterblichkeit der Menschen, dennoch erscheinen Götter und Menschen als ähnlich bezüglich ihrer körperlichen Konstitution, ihrer Lebensweise, ihrer Affekte, ihrer Bedürfnisse und Neigungen. Die körperlichen und seelischen Eigenschaften der Götter repräsentieren Steigerungsformen des Menschen. Die Menschen unterscheiden sich durch Abstammung, durch regionale, gesellschaftliche und historische Unterschiede. Insofern muß eine Geschichte der Psychologie die „verschiedenen praktischen Bildungsstufen, Beschäftigungs- und Lebensarten der Menschen" berücksichtigen (137).

Das klassische Griechenland bildet eine bis dahin unbekannte Städte- und Politikkultur aus, die eine Welterfahrung und Weltklugheit ermöglicht, die auch die Menschenkunde prägt. Die erste Geistesperiode Griechenlands wird von den großen Dichtern bestimmt, die die subjektive Weltansicht akzentuieren; die zweite Epoche prägt die Philosophie, die das Materielle (Physik) mit dem Ideellen (Metaphysik) verbindet. Zunächst ging die Physik von medizinischen Grundsätzen aus und beschrieb den Geist im Konzept einer „äußern Naturlehre" (166). Die Körperwelt wird auf Urstoffe und Elementarteile zurückgeführt, die immaterielle Seele wird wie ein Körper beschrieben, d.h. die Substanz der Seele erscheint als gleich-

---

chologiegeschichte von Carus: Vidal, Fernando, The Eighteenth Century as ‚Century of Psychologie‘, in: *Jahrbuch für Recht und Ethik* 8 (2000), S. 407–436.

artig mit den materiellen Grundstoffen der Dinge. Allmählich wird die Natur ‚entseelt', die Seele wird zum transzendenten Gegenbereich der Materie, dennoch werden die Grenzen zwischen dem empirisch-physikalischen Bereich und der Menschenseele als gleitend angesehen, wobei die Menschenseele ausgezeichnet ist durch ‚lebendige' Selbstbewegung (169). Erst bei Sokrates kommt es zur Autonomie des „moralischen" Menschen, die Philosophie wird zur Theorie des „ganzen Menschen". Sokrates führt (nach Carus) die Seele zurück auf das Selbst des Menschen, durch Selbstbeobachtung gewinnt der Mensch Selbstkenntnis, diese ist die Grundlage der wissenschaftlich-philosophischen Anthropologie (259).

Die Erkenntnislehre wird durch Platon und durch den Platonismus, ausgehend von der Theorie der Unsterblichkeit der Seele, zur Grundlage der ‚rationalen Psychologie'. Die Dominanz der Seele über den Körper, die Unkörperlichkeit der Seele, ihre Nichtanschaulichkeit, die Ausschließung körperlicher Erfahrungen aus der Selbsterfahrung der Seele, die Unveränderlichkeit und die Selbstbewegtheit der Seele als Substanz präludiert bereits alle späteren philosophischen Positionen des anthropologischen „Idealismus".

Den Gegenentwurf zu Platon legte (nach Carus) Aristoteles vor, der sich der Arzneikunde verschrieb und eine ‚natürliche Anatomie' von Körper und der Seele proklamiert. Der Mensch wird im Kontext und im Vergleich zu den niedrigeren Naturwesen bestimmt (307ff.). Von Bedeutung ist die ‚Psychologie' des Aristoteles, die auch die Ethik und die Metaphysik umfaßt. Es handelt sich um eine „Topik für die empirische Psychologie, welche die Gesichtspuncte und Vermögen angibt, unter welche einzelne Wahrnehmungen zu ordnen wären" (309). Die Psychologie behandelt das Gefühls- und das Begehrungsvermögen des Menschen. Da Aristoteles dem seelischen Vermögen des Menschen erheblichen Einfluß auf den Körper einräumt, betrachtet Carus Aristoteles als den maßgeblichen Anreger der modernen Psychomedizin. Es ist charakteristisch für Aristoteles, daß er die Unsterblichkeitslehre der Seele verwirft und den Menschen bevorzugt in naturbeschreibender Methode analysiert. Die Seelenlehre des Aristoteles prägt alle jene späteren philosophischen Systeme, die den Menschen im Rahmen der Naturlehre (Physik) behandeln. Insbesondere das Verhältnis von Seele, Sinnlichkeit und Körper, die Vermögenslehre der Seele, die Empfindungstheorie sowie die Sinnesphysiologie, das Verhältnis von Gemüt und Erkenntnisvermögen, von Empfinden und Denken, von Einbildungskraft, Verstand und Vernunft, die Spezialbestimmungen der „ernährenden, empfindenden und vergleichenden Seele" (312) prägen seit dem Humanismus entscheidend die Herausbildung der neuzeitlichen anthropologischen Psychologie. Carus kritisiert, daß die Erklärung für die Tätigkeit der Seele bei Aristoteles „metaphysisch" sei, daß aber die Erklärungen von Seelenerscheinungen „physiologisch" ausfallen. Gleichwohl sei Aristoteles der erste gewesen, der eine psychologische Topik entwarf (314). Die Theorie der Bewegung der Seele, die Einführung des Kraftbegriffes anstelle theologischer Erklärungsversuche, die Vorstellung einer lebendigen und tätigen Kraft des bewegten Naturkörpers, die Behauptung, die Seele sei nicht nur Körper, sie könne aber nicht ohne Körper sein, die Entfaltung des Begriffs des Lebens und dessen Verhältnis zu den Seelenvermögen, die Vorstellung einer menschlichen Denkkraft, die Begriffe von Materie und Form, werden zu zentralen Kategorien jener frühneuzeitlichen Psychologien, die im wirkungsgeschichtlichen Einflußfeld der aristotelischen Physik *und* Psychologie entstehen. Aristoteles' Unterscheidung zwischen der inneren Möglichkeit (Grund) der Erscheinungen, der Vermögenslehre, der Theorie der Gemütszustände und Gemütsveränderungen, der Leidenschaften, der erworbenen und der angeborenen Fertigkeiten erfolgen durchweg im Grenzbereich von Psychologie und Moral. Das Verhältnis von Vernunft und Sinnlichkeit, die Theorie der Kraft, des Wachsens und der Ernährung, die Annahme von sinnlichen Empfindungen und Begierden sowie die Vorstellung, die vernünftige Seele sei durch sich selbst vernünftig bzw. die Theorie, es gäbe eine Affinität von Körper und Seele bzw. der Körper sei der sinnliche Teil der Seele, die Unterscheidung von tätigem und leidendem Verstand dominieren nach Carus alle späteren „psychologischen" Sinnlichkeits- und Vernunftvorstellungen. Die Philosophiegeschichte *nach* der Antike wird nachhaltig geprägt von den Konflikten zwischen den Anhängern Platons und des Aristoteles, beide dominieren in Europa über Jahrhunderte den „metaphysischen Rationalismus" bzw. den „physischen Empirismus" (343).

Auch der deutsche Späthumanismus knüpft an die aristotelische Psychologie als *Psychologia anthropologica, sive animae humanae doctrina* [so Otto Casmann, Hannover 1594] wieder an.[89] Diese zerfällt in die beiden Teile „ Psychologia" und „Somatologia" (454). Die Wissenschaft der Psychologie umfaßt auch die Lehre von den Sinnen des Menschen sowie von dem geistig-körperlichen „commercium". Carus entdeckt und beschreibt ein bis dahin unbekanntes Quellenkorpus anthropologischer und psychologischer Theorien, das bis heute von der Forschung größtenteils nicht zur Kenntnis genommen worden ist. Er untersucht die anthropologisch-psychologischen Publikationen der deutschen, englischen, französischen und italienischen Gelehrtenliteratur vom späten 16. bis zum frühen 19. Jahrhundert. Besonders interessant sind seine Ausführungen zu Francis Bacon (478ff.), der die drei Vermögensformen des Gemüts in Gedächtnis, Phantasie und Vernunft bzw. in die zugehörigen Lehrformen Geschichte, Poesie und Philosophie einteilt. Bacon war der erste, der die Seelenerscheinungen ausschließlich naturwissenschaftlich deutete. Erst spät haben die Franzosen die Psychologie und das Menschenstudium in das Philosophiestudium integriert. Descartes wurde zum eigentlichen Zerstörer der aristotelischen Psychologie bzw. des Unitarismus von Geist und Körper (486ff.). Carus verfolgt die Geschichte des Cartesianismus in Europa,

---

[89]  Casmann ist Antiaristoteliker. Vgl. zum argumentativen Kontext Keßler, Eckhard / Park, Katherine, The Concept of Psychology, in: Schmitt, Charles B. (Hg.), *The Cambridge History of Renaissance Philosophy*. Cambridge / New York 1992, S. 455–463. Zur aristotelischen ‚anima'-Konzeption vgl. Nußbaum, Martha C. / Oksenberg Rorty, Amélie (Hg.), *Essays on Aristotele's De anima*. Oxford 1992.

benennt die Gegenströmungen und zeigt auf, welche Wirkungen die neuzeitliche Philosophie insgesamt auf die Anthropologie ausübt. Seine Ausführungen zur deutschen Philosophie nach Leibniz (Tschirnhaus, Thomasius, Christian Wolff und dessen Schule) sind trotz neuerer Spezialforschungen keinesfalls überholt (529ff.). Seine Analyse von Wolffs rationaler und empirischer Psychologie mit Blick auf die Entwicklung einer eigenständigen akademischen Disziplin ‚Psychologie' war um 1800 ohne Vorbild. Die Wolffschule vertrat im Unterschied zu Wolff eine Stärkung der empirischen gegenüber der rationalen Psychologie. Im Vorfeld der Autonomisierung der psychischen Anthropologie haben die deutschen Eklektiker wichtige Deutungen zum Verhältnis von „Physik und Pneumatologie" entfaltet (568ff.) Diese wurden ergänzt von den „philosophischen Ärzten", insbesondere der Halleschen Stahl-Schule (575f.).

Carus verlegt den Beginn einer wissenschaftlichen Anthropologie in Deutschland auf das Jahr 1753 und erklärt die Schrift von Friedrich Engel: *Versuch einer Theorie von dem Menschen und dessen Erziehung* (Berlin 1753) zum Einsatzpunkt einer empirischen Anthropologie in Deutschland (591ff.). Die englisch-schottische Philosophie seit David Hume (607ff.) legt den Grundstein für eine kompromißlose Erfahrungsphilosophie und damit zugleich für eine empirische Menschenkunde. Hume kritisiert den Substanzendualismus der Cartesianer, er geht davon aus, daß die ‚Organe des Körpers' auch die ‚Organe der Seele' (und umgekehrt) seien. Die Psychologie des Erkenntnisvermögens wird kritisch gegen die idealistischen Philosophiesysteme gewendet. Die Engländer haben mit Reid, Beattie, Hartley, Priestley, Hutcheson, Smith, Price, Ferguson, Home, die Franzosen mit Buffon, Condillac, Helvétius, La Mettrie, Maupertuis, D'Alembert, Diderot, Holbach, Bonnet, Robinet und Rousseau eine Anthropologietradition im Rahmen empiristischer und materialistischer Systembildungen entwickelt, die nachhaltig auf die deutsche Philosophie nach Wolff einwirkt.

Die Ablösung der Schulphilosophie Wolffs erfolgt unter dem Einfluß der in Deutschland rezipierten Aufklärungs-Philosophen Frankreichs und Englands. Die Erfahrungsseelenlehre wird, so Carus, ab 1780 zu einem Modestudium, weil die Metaphysik durch neue empiristische Wissenschaftstheorien ersetzt werden soll. Insbesondere die Lockesche Philosophie bewirkt eine Psychologisierung philosophischer Fragestellungen, und seit Montesquieu wird der Einfluß der Umwelt auf die Menschheitsentwicklung (Klimatheorie) umfassend thematisiert. Im deutschen Sprachraum hatte Isaak Iselin erstmals die psychologische Betrachtung des Menschen auf die Menschheitsgeschichte übertragen (655). Verstärkt wird diese Tendenz durch die Begründung der Ästhetik (Baumgarten, Meier), die allerdings erst durch die Empfindungsschrift vom Mendelssohn (1755) eine zureichende philosophische Fundierung bekam. Der Spinozismusstreit hat dann das Verhältnis von Natur- und Kulturentwicklung ins Zentrum der Aufklärungsdiskussionen gestellt (656). So fordert Riedel die unitaristische Betrachtung des Verhältnisses von Geist und Körper und betont den wechselseitigen Einfluß des sichtbaren Ich (Körper) auf das unsichtbare Ich (Seele) (658). Die wenig schulgerechte Behandlung der psychologischen Menschenkunde durch Garve wird von Carus gleichwohl als Durchbruch der neueren undogmatischen Betrachtungsweise der Philosophie im Zwischenbereich von Psychologie und Moral begrüßt (659ff.). Relativ skeptisch werden hingegen die psychologisch-physiologischen Studien von Unzer, Meiners, aber auch von Platner, dem vermeintlichen Begründer bzw. Namensgeber der modernen Anthropologie, betrachtet. Die Nähe Platners zur medizinischen (organologischen) Seelenlehre (Stahl) wird als medizinischer Empirismus ohne philosophische ‚Tiefe‘ abgelehnt.

Carus bietet eine eindrucksvolle Literaturgeschichte der Psychologie, deren bibliographische Vollständigkeit bis heute nicht wieder erreicht worden ist. Interessant ist seine Untersuchung der Psychologie Kants mit Blick auf dessen Erkenntniskritik.[90] Kant gliedert nach Carus die empirische Psychologie aus der Metaphysik aus, führt eine strikte Trennung der ‚psychologia rationalis‘ von der ‚psychologia empirica‘ durch und ordnet letztere der Naturlehre zu. Dies gilt nicht für die pragmatische Anthropologie, die das erforschen soll, was „der Mensch als freihandelndes Wesen und als Weltbürger aus sich selber macht" (698). Carus kann den Nachweis führen, daß bereits vor der Publikation der Anthropologie Kants (also vor 1798) Vorlesungsmitschriften veröffentlicht wurden, so die *Originalideen über die empirische Anthropologie nach Kantischen Grundsätzen* (Leipzig 1796) (700). Abschließend werden die Kompendien der Seelenlehre, die unter dem Einfluß Kants entstanden sind, ausführlich gewürdigt. Neben Reinholds Elementarphilosophie wird insbesondere die empirische Psychologie von Karl Christian Erhard Schmid als herausragende philosophisch-wissenschaftliche Anthropologie eingestuft (704ff.). Eine neue Qualität erreichte die Psychologiediskussion aber erst mit dem Erscheinen der Naturphilosophie von Schelling (737ff.). An diese Psychologie Schellings schließt auch die Psychologie von Carus an, allerdings mit einer bewußten Rückwendung einerseits zu Kant und andererseits zur Kulturphilosophie der ‚Ideologen‘ (Cabanis, Destutt-Tracy und Degérando) (754ff.).[91] Umfassend werden die Aktivitäten der 1799/1800 in Paris gegründeten *Société des Observateurs de l'homme* gewürdigt (756ff.). Die ethnologische Kulturtheorie der ‚Ideologen‘ und deren Transformation der Geschichte der Philosophie in eine ‚Geschichte des menschlichen Geistes‘ werden von Carus als wegweisende Neuerungen begrüßt. Die ‚Ideologen‘ betteten die Psychologie ein in eine

---

[90] Vgl. hierzu Brandt, Reinhard, *Kritischer Kommentar zu Kants Anthropologie in pragmatischer Hinsicht* (1798). Hamburg 1999 (Kant-Forschungen 10).

[91] Carus kannte die ethnologischen Kulturtheorien sowie die Konzeptionen einer Geschichte des menschlichen Bewußtseins, wie sie von Joseph Marie Degérando und den ‚Ideologen‘ entworfen worden waren. Vgl. hierzu zuletzt Chappey, Jean-Luc, *La société des Observateurs de l'Homme (1799–1804): Genèse, personel et activité d'une societé savante sous le Consulat.* Lille 2000. Zum Werk Degérandos vgl. Köster, Wilhelm, *Joseph Marie Degérando als Philosoph.* Paderborn 1933 (Geschichtliche Forschungen zur Philosophie der Neuzeit 2).

menschheitsgeschichtliche Kulturtheorie, die die räumlichen und zeitlichen Entwicklungsmodalitäten der menschlichen Natur ‚physisch' und ‚geistig' berücksichtigt. Nach diesen Grundsätzen organisiert Carus seine eigenen Geschichtsdarstellungen der Philosophie, der Menschheit und der Psychologie. Er kann dabei u.a. auf die Ergebnisse der Göttinger Spätaufklärung in den Forschungsfeldern empirische Psychologie, Geschichte des Geistes, Geschichte der Hermeneutik, Geschichte der Ethnologie bzw. der Kulturgeographie zurückgreifen.

## V. Zusammenfassung

Im letzten Drittel des 18. Jahrhunderts kommt es zu einer neuen Form der Systematisierung von Wissensformen, gleichsam als Antwort auf die Ablösung der Systemstrukturen der rationalistischen Philosophic. In dem Maße, in dem die Philosophie als dominierendes Ordnungsprinzip der einzelnen Wissensformen in Frage gestellt wird, in dem Maße müssen die teilautonomisierten Wissenschaften Methoden der Verallgemeinerung des speziellen Fachwissens anbieten. Auch die Philosophie, sofern sie wie eine Wissenschaft des Allgemeinen definiert wird, muß ausweisen, wie sie die bislang von ihr erzeugten Wissensbestände ordnet und darstellt. Insbesondere die ältere Philosophiegeschichte wird von einer Eklektik des Wissens zu einer Geschichtsdarstellung verändert, die die Philosophie als Bestandteil der kulturellen Objektivationen der Menschheit deutet. Dieser Prozeß verläuft parallel zu der Ausbildung einer anthropologischen „Geschichte der Menschheit" und einer „Geschichte der Psychologie" als ‚äußere' und ‚innere' Geschichtstheorie des Menschen. Bislang ist, wenn ich nicht irre, dieses Wissensdreieck zwischen der Geschichte der Philosophie, der Geschichte der Menschheit und der Geschichte der Psychologie noch nicht dargestellt worden. Verständlich wird der innere Zusammenhang dieser drei „historischen" Disziplinen erst, wenn man als Bezugspunkte die Anthropologie und die Kulturgeschichte heranzieht, die wiederum verbunden sein können mit der Naturgeschichte. Vermutlich ist dieses „Feld" des Wissens über den Menschen und seine kognitive Struktur zugleich ein Zentrum der sogenannten „philosophischen Anthropologie", die bislang von der Spätaufklärungsforschung nur unzureichend zur Kenntnis genommen worden ist. In Anlehnung an Platner wurde zumeist die physiologische (physische) Anthropologie der „philosophischen Ärzte" erforscht, die in Halle vorbereitet wurde, in Leipzig mit Platner einen prominenten Vertreter fand und mit Moritz ihren bedeutendsten Literaten hervorbrachte. Im ersten Jahrzehnt des 19. Jahrhunderts zeichnet sich dann eine Neugruppierung des Wissens innerhalb der Philosophie mit Wirkungen auf nicht-philosophische Disziplinen ab. Die „Geschichte der Philosophie" ist keine im engeren Sinne ‚historische' Disziplin, sie ist vielmehr eine anthropologische Disziplin mit dem Schwerpunkt „Geschichte des menschlichen Geistes".

Ihre Zielstellungen verlaufen parallel zur Psychologie, die ebenfalls eine philosophische *und* eine von dieser autonome Wissensform sein kann sowie mit der Menschheitsgeschichte als einer Art historischer Makrostruktur der „Anthropologie". Im Spiegel der Werke von Friedrich August Carus läßt sich erkennen, welche neuen Gebiete in diesem Wissensdreieck erschlossen werden, wobei man auf gleichgerichtete Bestrebungen in der Philosophie (von Kant über Schelling zu Hegel), in der Historie (besonders der Göttinger Aufklärungshistorie um Schlözer) und in der Theologie, insbesondere in der (theologisch-kulturellen) Hermeneutik (Semler, Michaelis, Eichhorn) trifft. Gemeinsames Band dieser Autoren bzw. der von ihnen entfalteten Disziplinen ist die Vorstellung, daß der Mensch im Verlauf seiner intellektuellen (geistigen) Entwicklung die objektiven Kulturparadigmata erzeugt, die man als ideale Verwirklichungsformen des Menschen in einer „anthropologischen" Bewußtseinsgeschichte darstellt.[92]

---

[92] Im 19. Jahrhundert ist dieses Projekt weiterentwickelt worden. Vgl. die Bibliographie bei Schneider, *Philosophie und Universität*, (wie Anm. 16), S. 327ff. Besonders instruktiv wäre die Auswertung dieser Tradition der „Geschichte des menschlichen Geistes" bei Michelet, Karl Ludwig, *Geschichte der letzten Systeme der Philosophie in Deutschland von Kant bis auf Hegel*. Berlin 1837.

MANFRED BEETZ (Halle)

# Wunschdenken und Realitätsprinzip

## Zur Vorurteilsanalyse in Wielands *Agathon*

Die zeitgenössische Rezeption von Wielands bekanntestem Roman präsentiert sich auch dort, wo seine Leistung erkannt wird, in einem divergenten Urteilsspektrum. Ist er für Lessing „der erste und einzige Roman für den denkenden Kopf", so verspricht sich Iselin „Vergnügen und Nuzen" aus der „Reihe von psychologischen Beobachtungen", die der *Agathon* dem „denkenden Menschen" vermittelt.[1] Moses Mendelssohn bescheinigt dem Verfasser „wahre Weisheit und Kenntnis des Herzens", der junge Goethe erkennt den entscheidenden Durchbruch in der „Verfeinerung des Gefühls" und Caroline Herder macht sich vollends eine empfindsame Lektüre des Romans zu eigen.[2] Von ihm fühlen sich Wielands Zeitgenossen je nach Lebensform und Leitvorstellungen eher intellektuell oder emotional angezogen. Wie dieser anthropologische Roman Kopf und Herz der Leser beschäftigt, soll an der Behandlung von Vorurteilen präzisiert werden.[3] Die Forschung hat *Agathon* überzeugend als Roman einer Desillusionierung interpretiert, der den Helden und Leser in objektivierende Distanz zu einem verstiegenen, subjektiven Idealismus bringt.[4] Wielands scharfsichtige Analysen subtiler Selbsttäuschungen wurden von

---

[1] Lessing, Gotthold Ephraim, *Hamburgische Dramaturgie*, 69. Stück, in: ders., *Werke*, hg. v. Herbert G. Göpfert. 8 Bde. München 1973. Bd. 4, S. 555; Iselin, Isaak, in: *Allgemeine deutsche Bibliothek* 6 (1768), S. 192.

[2] Vgl. Wieland, Christoph Martin, *Geschichte des Agathon*, hg. v. Klaus Manger. Frankfurt 1986, S. 866. Erhart, Walter, *Entzweiung und Selbstaufklärung*. Christoph Martin Wielands „Agathon"-Projekt. Tübingen 1991, S. 182f.

[3] Schings, Hans-Jürgen, Der anthropologische Roman. Seine Entstehung und Krise im Zeitalter der Spätaufklärung, in: Fabian, Bernhard u.a. (Hg.), *Deutschlands kulturelle Entfaltung*. Die Neubestimmung des Menschen. Studien zum achtzehnten Jahrhundert, Bd. 2/3. München 1980, S. 247–275, hier S. 248, 255–259; Wieland, Christoph Martin, *Geschichte des Agathon*. Erste Fassung, hg. v. Fritz Martini u. Reinhard Döhl (1979). Stuttgart 1997, S. 643–646, 661, 667 [im folgenden zit. als *A*]; Erhart, (wie Anm. 2), S. 89–92, 95, 101, 136f., 182, 274, 316, 338f.; Jørgensen, Sven-Aage u.a. (Hg.), *Wieland*. Epoche – Werk – Wirkung. München 1994, S. 128; Esselborn, Hans, Der anthropologische Roman als Alternative zum Bildungsroman am Beispiel von Wielands ‚Agathon', in: Paul, Jean Marie (Hg.), *Images de l'homme dans le roman de formation ou Bildungsroman*. Nancy 1995, S. 89–102, hier S. 89–92, 95, 101; Alt, Peter-André, *Aufklärung*. Stuttgart / Weimar 1996, S. 295; Budde, Bernhard, *Aufklärung als Dialog*. Wielands antithetische Prosa. Tübingen 2000, S. 16, 34.

[4] Groß weist dabei schon auf Shaftesburys Warnung vor Mystizismus in seinem *Letter concerning enthousiasm* hin. Groß, Erich, *C. M. Wielands ‚Geschichte des Agathon'*. Entstehungsgeschichte. Berlin 1930, S. 16, 58f.; Buddecke, Wolfram, *C. M. Wielands Entwicklungsbegriff und die Geschichte des Agathon*. Göttingen 1966, S. 189f.; Schings, Hans-Jürgen, *Melancholie und Aufklärung*. Melancholiker und ihre Kritiker in Erfahrungsseelenkunde und Literatur des 18. Jahrhunderts. Stuttgart 1977, S. 197ff.; Schings, (wie Anm. 3), S. 253; *A*, (wie Anm. 3), S. 655, 657, 664; Grimminger, Rolf (Hg.), *Hansers Sozialgeschichte der deutschen Literatur*. Bd. 3: *Deutsche Aufklärung bis zur Französischen Revolution*. München 1984, S. 694;

neueren Arbeiten in die Sprache der Tiefenpsychologie übersetzt, mit Freud und Lacan erschlossen.[5] Haben wir es hier mit modischen Theorieadaptionen zu tun oder lassen sich einige der psychoanalytischen Deutungen historisch absichern? Wir diskutieren sie vor der bisher kaum beachteten Folie der aufklärerischen Vorurteilsdiskussion und ihren Interferenzen mit dem Anthropologiediskurs. Als Forschungskonsens kann gelten, daß die Kenntnis der menschlichen Natur im Roman unerläßliche Voraussetzung für die Demaskierung überzogener Einstellungen durch den Erzähler und für Agathons Revision eigener Auffassungen bleibt. Ob Wieland allerdings dabei von einer ahistorischen, sich gleich bleibenden Menschennatur ausgeht, wie es ihm die Forschung teilweise unterstellt, kann durchaus bezweifelt werden.[6] Wielands Rezeption der Milieu- und Klimatheorie verweist immerhin auf ein formbares, unter Umwelteinflüssen sich profilierendes und veränderndes Menschenbild, dessen etappenweise Entwicklung offensichtlich narrativ am besten beschreibbar ist.

## 1. Roman und Gespräch als Medien anthropologischer Vorurteilsreflexion

Im Roman der Spätaufklärung werden Vorurteile einerseits als inhaltliche Problemstellungen aufgegriffen und andererseits als Anstöße aufgefaßt, die adäquate Maßnahmen auf der formalen Ebene des Erzählvorgangs fordern und so die Rezeption steuern. Auf den Reflexionsstand der Vorurteilstheorie reagieren Romanciers mit der eingenommenen Erzählhaltung und -strategie im Roman, der Figuren- und Handlungsführung, mit Techniken des Polyperspektivismus, und der Pro-et-Contra-Argumentation, oder der Selbsttherapie durch monologische Aufarbeitung der Lebensgeschichte.[7] Der anthropologische Roman der deutschen Spätaufklärung erobert sich neue Argumentations- und Präsentationsformen der Vorurteilsbehandlung, die in ihrer Wirkung auf den Leser die rationale Argumentationslogik philosophischer Traktate überschreiten, sie ergänzen und sich ihnen ge-

---

Frick, Werner, *Providenz und Kontingenz*. Untersuchungen zur Schicksalssemantik im deutschen und europäischen Roman des 17. und 18. Jahrhunderts. Tübingen 1988, S. 435f.; Erhart, (wie Anm. 2), S. 101, 143f., 234, 339–341, 347f.; Esselborn, (wie Anm. 3), S. 91, 95, 101; Kahlcke, Thomas, *Lebensgeschichte als Körpergeschichte*. Studien zum Bildungsroman im 18. Jahrhundert. Würzburg 1997, S. 133.

5  Erhart, (wie Anm. 2), S. 127, 196, 339–341, 348f. Zur Analyse der vom Begehren getriebenen Einbildungskraft vgl. Wellbery, David E., Die Enden des Menschen. Anthropologie und Einbildungskraft im Bildungsroman, in: Stierle, Karlheinz / Warning, Rainer (Hg.), *Das Ende*. Figuren einer Denkform. München 1996, S. 600–639, hier S. 606f.; Kahlcke, (wie Anm. 4), S. 9–33, 97–207.

6  Thomé, Horst, *Roman und Naturwissenschaft*. Eine Studie zur Vorgeschichte der deutschen Klassik. Frankfurt / Bern 1978, S. 132ff., 148, 182, 190, 195, 200, 268. Martini / Döhl in *A*, (wie Anm. 3), S. 646f., 652; Erhart, (wie Anm. 2), S. 191.

7  Erhart, (wie Anm. 2), S. 343, 345, 347.

genüber durchaus überlegen erweisen können. Der deutschen Aufklärung kamen seit Thomasius mit dem Ziel, die Autonomie des Menschen zu befördern, zugleich auch deren Hindernisse in den Blick. Vorurteile wurden als Symptome des Heteronomen im Autonomen, des Fremden im Eigenen aufgefaßt.[8] Für Thomasius war die Verankerung von Vorurteilen in prärationalen Schichten der Psyche eine These, die Macht und Hartnäckigkeit der *praejudicia*, ihre Immunisierung gegenüber berichtigenden Erfahrungen erklärte.[9] Wie die Vorurteilsdiskussion wesentliche Impulse von neuen anthropologischen Untersuchungen und Reflexionen erhielt, erkannte auch der Roman der Spätaufklärung die Interdependenz anthropologischer und vorurteilserhellender Untersuchungen. Seine Simulationsmodelle unterzogen gängige philosophische Annahmen einer experimentellen Überprüfung. Über die Inszenierung von Vorurteilen und deren Wirkung erzielt der Romancier Distanz zu ihnen und übt den Leser in die kontrollierende Selbstreflexion ein. Der Roman der Spätaufklärung präsentiert sich als Modell der Einübung in eine den Lektüreprozeß wachsam begleitende Vorurteilsreflexion. Die implizite Relativierung philosophischer Positionen durch die Bindung an spezifische, kulturell und biographisch bedingte Figurenperspektiven dokumentiert durch den empirischen Bezug, daß philosophische System-Deduktionen sich in der Spätaufklärung dem Verdacht des Dogmatismus und dezisionistischer Beliebigkeit aussetzen.

Selbst strenge Philosophen versprechen sich im 18. Jahrhundert von der Literatur Erkenntnisgewinne für die Anthropologie. Kant führt in seiner *Anthropologie in pragmatischer Hinsicht* als „Hülfsmittel zur Anthropologie" neben historischen Werken und Biographien auch „Schauspiele und Romane" an.[10] Nach Platner, dem Namengeber einer Wissenschaft, die Körper und Seele in ihren wechselseitigen Beziehungen untersucht, fördert die dichterische Behandlung der Themen durchaus die begrifflich-philosophische.[11] Seine Anthropologie legt er bewußt in „aphoristischer Schreibart" an – um eines experimentellen Diskurses willen, der definitive Festlegungen eher meidet.[12]

---

[8]  Beetz, Manfred, Transparent gemachte Vorurteile. Zur Analyse der *praejudicia auctoritatis et praecipitantiae* in der Frühaufklärung, in: *Rhetorik* 3 (1983), S. 7–33; Sauder, Gerhard, Aufklärung des Vorurteils – Vorurteile der Aufklärung, in: *DVjs* 57 (1983), S. 259–277.

[9]  Beetz, (wie Anm. 8), S. 9, 17, 19–21.

[10]  Kant, Immanuel, *Anthropologie in pragmatischer Hinsicht*, in: ders., *Werke in zehn Bänden*, hg. v. Wilhelm Weischedel. Darmstadt 1968, Bd. 10, S. 401. Nicht die Schule, sondern das Leben ist Gegenstand der Anthropologie. Vgl. Brandt, Reinhard, Ausgewählte Probleme der Kantischen Anthropologie, in: Schings, Hans-Jürgen (Hg.), *Der ganze Mensch*. Anthropologie und Literatur im 18. Jahrhundert. Stuttgart / Weimar 1994, S. 14–32.

[11]  Platner, Ernst, *Anthropologie für Aerzte und Weltweise*. Erster Theil. Leipzig 1772, Vorrede, S. XVII; Platner in den Leipziger ästhetischen Vorlesungen, nach Pfotenhauer, Helmut, *Literarische Anthropologie*. Selbstbiographien und ihre Geschichte – am Leitfaden des Leibes. Stuttgart 1987, S. 9.

[12]  Platner, *Anthropologie*, (wie Anm. 11), S. XVIII.

Auch wenn uns Agathon nicht als „abstrakter Prototyp der Menschheit" entge-
gentritt,[13] soll der Erzählvorgang gleichwohl als anthropologischer Erkundungs-
prozeß aufgefaßt werden, der simulativ erprobt, wie Menschen in verschiedenen
Situationen reagieren, welche Erziehungs- und Umweltbedingungen ihr Denken
und Fühlen bestimmen. Unter dem Aspekt der Menschenkunde führt er vor Augen,
in welch komplexer Vielfalt Individuen unter fiktiven Bedingungen handeln und
welche Ambivalenzen ihre Reaktionen aufweisen. Spekulative Hypothesen über
tradierte Sinngebungen stehen insofern auf dem empirischen Prüfstand, als Fragen
nach der Natur des Menschen ihre Antwort nicht innerhalb von Systementwürfen
finden, sondern durch narrative Konkretisierungen beispielhafter Erfahrungen. Nur
als erzählte regen Hypothesen zur Überprüfung an, während sie innerhalb von
Systemkonstruktionen an die axiomatische Beliebigkeit konkurrierender Systeme
gebunden bleiben. Anthropologische Fragestellungen und Verhaltensmodelle werden für den Leser existentiell spürbar und nachprüfbar am eigenen Erfahrungs-
horizont.

Herder nennt in der Abhandlung *Vom Erkennen und Empfinden der menschlichen Seele* 1778 an anthropologischen Erfahrungsquellen neben Selbstbeobachtun-
gen, Lebensbeschreibungen, ärztlichen Dossiers auch „geheime Ahndungen der
Dichter", die Psychisches intuitiv erfassen, oder gar wie Shakespeare als veritable
Physiologen durchgehen können.[14] Lichtenberg zufolge können Romanciers und
Dramatiker von Rang ausdrücken, was die meisten Menschen denken und fühlen,
ohne es zu wissen.[15] Christian Garve sieht in der Fähigkeit zur Psychologisierung
das überzeugendste Unterscheidungskriterium zwischen moderner und antiker
Literatur: „Unsere Dichter sind schon eine Art Metaphysiker und müssen es fast
für uns seyn. Sie zergliedern die Empfindung, die der Alte ganz einfach durch ein
Wort ausgedrückt hätte, in die Summe der einzelnen Bewegungen, aus denen sie
sich erklären läßt".[16] Die wechselseitige Angewiesenheit von Literatur auf Anthropologie wie umgekehrt der Anthropologie auf konkrete Fallstudien der Literatur

---

[13]  Für Esselborn ist Thema des Romans „nicht das Leben einer Einzelperson, sondern die Be-
     stimmung des Menschen schlechthin, ,was der Mensch an sich ist und sein soll' [...]. Agathon
     ist also ein eher abstrakter Prototyp der Menschheit" (Esselborn, [wie Anm. 3], S. 92). Von
     dem aus dem Kontext gelösten Zitat aus Wieland, C. M., *Romane*, hg. von Friedrich Beißner.
     München 1964, S. 387, setzt sich der Erzähler mit seinem Protagonisten gerade ab: Agathon
     dachte am Hof von Syrakus nicht mehr so erhaben von der menschlichen Natur, nachdem er
     den Unterschied zwischen dem metaphysischen, natürlichen und sozial und politisch
     geprägten Menschen viel zu gut kennen gelernt hat. (Die *Agathon*-Textfassung Beißners wird
     von uns mit *C* zitiert.).

[14]  Herder, Johann Gottfried, *Vom Erkennen und Empfinden der menschlichen Seele*, in: ders.,
     *Werke*, hg. v. Wolfgang Proß. Bd. 2. Darmstadt 1987, S. 679.

[15]  Lichtenberg, Georg Christoph, *Schriften und Briefe*. 4 Bde., hg. von Wolfgang Promies.
     München 1968. Bd. 1: *Sudelbücher* J 222, S. 684f.

[16]  Garve, Christian, *Betrachtung einiger Verschiedenheiten in den Werken der ältesten und
     neuen Schriftsteller*, in: *Neue Bibliothek der schönen Wissenschaften und der freyen Künste*.
     Bd. 10 (1770), 2. Stück, S. 190f.

wird gerade von Autoren nachdrücklich betont, die wie Wezel auf beiden Feldern – dem der Literatur und Anthropologie – publizistisch hervorgetreten sind. Dem vielseitigen Schriftsteller zufolge, der mit Wieland von 1773–1776 in freundschaftlicher Korrespondenz stand, muß der „erzählende und dramatische Dichter" Anthropologe sein; dies setze konkret „philosophische, physiologische und anatomische Kenntniß des Menschen" voraus. Für die intendierte Wirkung auf den Rezipienten bedarf es wiederum psychologischer Kenntnisse vom „Gang der menschlichen Empfindungen".[17] Wezel mißt die gesamte abendländische Wissenschaftsgeschichte von der Kenntnis des Menschen an einer Wende zur Empirie: Nach Jahrtausenden der Spekulation fand im 18. Jahrhundert der entscheidende Paradigmenwechsel statt: Die neue Denkfigur vom „Ganzen Menschen" beschritt „den Weg der Beobachtung und Erfahrung".[18] In der Tat geht die Entfaltung der Anthropologie in Deutschland Hand in Hand mit der Entstehung des modernen Romans; er wird nach Schings zum ausgezeichneten Praxisfeld der Anthropologie.[19] Die nützlichste Wissenschaft ist für einen Autor nach Wieland „die Wissenschaft des Menschen", deren Kenntnis „nach allen ihren Beschaffenheiten, Verhältnissen und Umständen".[20] Konkret umfasse dies historische Kenntnis der Erd- und Völkerkunde, der Verfassungsgeschichte, der Sitten, Wissenschaften und Künste in ihrer kulturellen Entwicklung: „Im Grunde ist also alle ächte Menschenkenntniss historisch."[21] Mit dem fachübergreifenden Programm natur- und kulturwissenschaftlicher Anthropologie von Bonnet über die französischen Materialisten bis Zimmermann war Wieland vertraut.[22] Sein enger Freund Johann Georg Zimmermann ist ‚philosophischer Arzt', sein Werk *Von der Erfahrung in der Arzneykunst* (Zürich 1787) wurde Wielands „Leibbuch". Auf den Schweizer Psychomediziner, der die „Kenntniß des Menschen" für die nützlichste Wissenschaft hielt, beziehen sich hallesche Psychomediziner und Platner aufgrund seiner innovativen Therapie, stets Leib und Seele in ihrer Wechselwirkung zu berücksichtigen.[23]

Seelenzergliederung, Probleme der Identitätsfindung, autotherapeutische Verfahren sind Stichwörter, die Wieland gerade während des Schreibprozesses am *Agathon* fesselten.[24] In Briefen an Zimmermann nimmt Wieland anthropologische

[17] Wezel, Johann Karl, *Versuch über die Kenntniß des Menschen*. 2 Bde. (1784/85). Frankfurt/M. 1971. Bd. II, S. 138.

[18] Ebd., Bd. I, S. 11 u. 47.

[19] Schings, (wie Anm. 3), S. 257, 267.

[20] Wieland, Christoph Martin, *Über die Rechte und Pflichten der Schriftsteller*, in: ders., *Sämmtliche Werke* [im folgenden zitiert als *SW*], hg. v. der Hamburger Stiftung zur Förderung von Wissenschaft und Kultur. 39 Bde. u. 6 Supplement-Bde. Hamburg 1984, Bd. 39, S. 140.

[21] Ebd., S. 141, 143.

[22] Groß, (wie Anm. 4), S. 67f., 110ff.; Thomé, (wie Anm. 6), S. 121, 131ff., 148–151, 220f. konzentriert sich auf die naturwissenschaftliche Anthropologie; Frick, (wie Anm. 4), S. 387, 393, 428, 444.

[23] Zit. nach Thomé, (wie Anm. 6), S. 173f.

[24] Vgl. Zenker, Markus, ‚Kenne den Menschen muss man freilich dem Menschen ohne Aufhören zurufen!' Anthropologie und Medizin bei Johann Georg Zimmermann im Kontext der deut-

Thesen auf, führt seine schöpferische Kreativität auf „sehr reitzbare Fibern, und eine daraus entspringende Lebhaftigkeit der Empfindungen u: Imagination [...]" zurück.[25] Darüber hinaus befaßte er sich professionell auch mit Menschheitsgeschichte: Seine Vorlesungen zum Sommersemester 1769 begann Wieland in Erfurt mit „Vorträge[n] über die Geschichte der Menschheit im Anschluß an Isaak Iselin".[26]

In theoretischen Beiträgen Wielands, J. J. Engels, Eschenburgs, Sulzers oder Wezels reflektieren die Autoren über die Vorzüge des Gesprächs, das der situativen Überprüfung von Auffassungen dient, den Leser zum Zeugen von Auseinandersetzungen über moralische, philosophische, politische Fragen macht.[27] In der Romantheorie Engels und von Blanckenburgs soll der Roman die „innre Geschichte des Menschen" in seiner genetischen Entwicklung darstellen und erklären: dies auf der Basis einer ganzheitlichen Anthropologie:

> Das Innre und das Aeußere des Menschen hängt so genau zusammen, daß wir schlechterdings jenes kennen müssen, wenn wir uns die Erscheinungen in diesem, und die ganzen Aeußerungen des Menschen erklären und begreiflich machen wollen.[28]

Eine kausalgenetische Verbindung zwischen den Ereignissen wird nach Blanckenburg durch die Beschreibung ihrer Rückwirkung auf den Protagonisten möglich: Der Erzähler selbst verfährt in der kompositionellen Strukturierung von Teil und Ganzem wie die Natur.[29] Wenn in der Romantheorie die Handlung die kausalgenetische Entwicklung psychischer Prozesse vorführt und durch Gespräche veranschaulicht, soll der Leser die Zusammenhänge einerseits emotional nachvollziehen können; ist doch der Mensch nach Auffassung der Theoretiker „mehr zum Empfinden als zum Begreifen" geschaffen.[30] Andererseits fordert die modellhafte Profilie-

---

schen Spätaufklärung. Vortrag auf der Jahrestagung der DGEJ 2003 in Halle „Physis und Norm". Vgl. auch Frick, (wie Anm. 4), S. 383ff.

[25] Wieland an Zimmermann, 18. u. 19.10.1756 u. 24.2.1758 (frz.), in: *Wielands Briefwechsel*, hg. v. Hans Werner Seiffert. Bisher 17 Bde. Berlin 1963ff., 1. Bd., S. 286 u. 324.

[26] Starnes, Thomas C., *Christoph Martin Wieland. Leben und Werk.* 3 Bde. Sigmaringen 1987, Bd. I, S. 347; Bd. II, S. 568, 589.

[27] Wieland, Christoph Martin, *Gespräche unter vier Augen*, Vorbericht, in: *SW*, (wie Anm. 20), Bd. 31, S. 7ff.; Engel, Johann Jakob, *Fragmente über Handlung, Gespräch und Erzählung* (1774), in: ders., *Schriften*. 12 Bde. Frankfurt 1971, 4, S. 101ff.; Eschenburg, Johann Joachim, *Dramatische Dichtungsarten*, in: ders., *Entwurf einer Theorie und Literatur der schönen Wissenschaften*. Berlin/Stettin 1783, S. 144–149; Sulzer, Johann Georg, *Gespräch*, in: ders., *Allgemeine Theorie der schönen Künste*. 4 Teile. Leipzig 1773–1775, Neudruck Hildesheim / Zürich 1994, Teil II, S. 407ff.; Wezel, Johann Carl, *Herrmann und Ulrike* [1780]. 4 Bde. Neudruck hg. v. Eva D. Becker. Stuttgart 1971, Vorrede S. VI. Vgl. auch Heinz, Jutta, *Wissen vom Menschen und Erzählen vom Einzelfall*. Berlin 1996, S. 145ff.

[28] Blanckenburg, Friedrich von, *Versuch über den Roman* [1774]. Faksimiledruck hg. von Eberhard Lämmert. Stuttgart 1965, S. 263. Engel, (wie Anm. 27), S. 114–132.

[29] Blanckenburg, ebd., S. 160f., 317ff.

[30] Heinz, (wie Anm. 27), S. 156.

rung des Geschehens zur Sinnkonstruktion und Interpretation von Zusammenhängen heraus.[31]

Für Blanckenburgs Poetologie des Romans stellte Wielands *Agathon* das einzig in Frage kommende deutsche Muster dar. Im romantheoretischen „Vorbericht" zur *Geschichte des Agathon* unterstreicht der „Herausgeber" selbst den Anspruch psychologischer Wahrheit für die Charaktere und ihre Entwicklung aus „der Natur" gegenüber der Phantastik des Barockromans (*A* 5ff.). Im pragmatischen Roman der Spätaufklärung werden aus der pragmatischen Geschichtsschreibung, auf die Wielands Romantitel anspielt, die Gesichtspunkte naturwissenschaftlicher Kausalität der psychologischen Entwicklung der Charaktere unter gegebenen Umständen übernommen – in Übereinstimmung mit erfahrungsseelenkundlicher Gesetzmäßigkeit. Auch dem Geschichtsschreiber empfiehlt Wieland eine anthropologische Perspektive: Um die Kenntnis der menschlichen Natur zu erweitern, soll er hervorragende Persönlichkeiten der Geschichte beschreiben.[32] Warum im Roman die Ermittlung der Wahrheit über die Natur des Menschen in einen aporetischen Diskurs mündet, ist noch zu erörtern.

Wieland stellt in den *Briefen an einen jungen Dichter* anthropologische Bedingungen für einen Poeten zusammen, die die produktionsästhetischen Kriterien Gottscheds und der Schweizer sozialethisch und psychologisch vertiefen: erhöhte Sensibilität, eine scharfe Beobachtungsgabe, menschenfreundliche Empathie und eine Einfühlsamkeit, die „mit der behendesten Leichtigkeit andre in sich, und sich in andre verwandelt", das „feine Gefühl für die Schönheiten in den Werken andrer, und für die Mängel in seinen eigenen" neben Vorzügen, wie sie Shakespeare eignen „an Stärke aller Seelenkräfte, an innigem Gefühl der Natur, an Feuer der Einbildungskraft, und der Gabe sich in jeden Karakter zu verwandeln, sich in jede Situation und Leidenschaft zu versetzen".[33] Die „getreuen Abdrücke der Natur" Shakespeares gewinnen allenthalben Modellcharakter.[34]

Einen psychologischen Realismusbegriff „zur Beförderung der Menschenkenntnis, der Selbsterkenntnis, der Lebensklugheit" entwickelt Wieland in den *Unterredungen mit dem Pfarrer von* \*\*\*.[35] Die zweite Unterredung skizziert Grundprinzipien einer auf den anthropologischen Roman – insbesondere auf *Agathon* – zugeschnittenen Romantheorie. Wenn der Roman individuellen Lesern vorführen will, „wie sie – in jedem Zeitpunkt ihres Lebens – in dem besondern Zusammenhang der innern und äußern Umstände" unter dem Einfluß auf sie wirkender physischer und geistiger Kräfte sich verhalten, ist „eine Kenntniß der menschlichen

---

[31] Ebd., S.162.
[32] Wieland, *Unterredungen mit dem Pfarrer von* \*\*\*, in: *SW*, (wie Anm. 20), Bd. 30, S. 511.
[33] Wieland, *SW*, (wie Anm. 20), Bd. 24, S. 4–7, 10; *Supplemente*, (wie Anm. 20), [im folgenden zitiert als *S*], Bd. 6, S. 274.
[34] Wieland, *S*, Bd. 6, S. 276.
[35] Wieland, *SW*, (wie Anm. 20), Bd. 30, S. 516.

Natur und des Laufs der Welt erfordert".[36] Nur durch vorurteilslose, geduldige und genaue Beobachtung lernen wir Wieland und Wezel zufolge „den Menschen kennen wie er ist, die Welt kennen wie sie ist; lernten begreifen, wie dieser Zustand die nothwendige Folge dieser Ursachen ist".[37] Damit aber „die Abschilderung eines Individual-Karakters für das Menschen-Studium" ergiebig sei, genügt nicht ein Datenprotokoll, sondern

> man muß uns begreiflich machen, wie sie das, was sie waren, geworden sind; unter welchen Umständen, in welcher innern und äußern Verfassung, durch welche verborgenen Triebfedern, bey welchen Hindernissen und Hülfsmitteln, sie gerade so, und nicht anders wurden, so und nicht anders handelten.[38]

Um wirklichkeitsnahe Darstellungen der Genese, Dynamik und Beruhigung „von Leidenschaften und Verwirrungen des Kopfes und Herzens" unter jeweils veränderten Umständen schichten-, geschlechts- und altersspezifisch leisten zu können, um feinen Sclbsttäuschungen und Mischungen von Wahrheit und Irrtum im dunklen „Labyrinth des Herzens" auf die Spur zu kommen, sind Vorurteile zu überwinden; dabei strebt Wieland die kühle, naturwissenschaftliche Distanz eines Biologen zu seinem Untersuchungsobjekt an.[39]

In seinen *Betrachtungen über J. J. Rousseaus ursprünglichen Zustand der Menschen* legt Wieland am zeitgenössischen Exempel die sozialen und anthropologischen Bedingungen der Auseinandersetzung zwischen Rousseau und Voltaire bloß. Kulturtheoretische und philosophische Annahmen der Kontrahenten werden ideologiekritisch auf ihre sozialen und anthropologischen Befindlichkeiten zurückgeführt: Der mittellose und gallige Rousseau projiziert mit einer „schwärmerischen Einbildungskraft" seine eigene Situation ebenso auf die kulturkritische Folie wie umgekehrt der vermögende Schloßherr und Ländereienbesitzer Voltaire, der mit seiner beneidenswerten Verdauung nicht zufällig die kulturtheoretische Gegenposition vertritt.[40]

Zu einem abwägenden Urteil über den Nutzen und die Wirkung von Vorurteilen regt Wieland den Leser im ersten seiner *Gespräche unter vier Augen* an. Zur Diskussion der Vor- und Nachteile von Vorurteilen ist ein Dialog zwischen einem älteren Monarchisten mit dem sprechenden Namen Geron und einem jungen Aufklärer und Republikaner Sinibald über die Frage inszeniert „Was verlieren oder gewinnen wir dabey, wenn gewisse Vorurtheile unkräftig werden?"[41] Das platonische Gespräch leitet von erkenntnistheoretischen Problemen der Wahrheitsbe-

---

[36] Ebd., S. 496, 511.
[37] Ebd., S. 142ff. u. 511. Vgl. Wezel, Johann Carl, *Kritische Schriften*, hg. von Albert R. Schmitt. 3 Bde. Stuttgart 1971–1975, Bd. I, S. 256; ders., *Robinson Krusoe* (1779). Berlin 1979, S. 10.
[38] Wieland, *SW*, ebd., S. 512.
[39] Ebd., S. 514ff.
[40] Wieland, *SW*, (wie Anm. 20), Bd. 14, S. 127f.; vgl. Erhart, (wie Anm. 2), S. 195f.
[41] Wieland, *SW*, (wie Anm. 20), Bd. 31, S. 11–55.

stimmung im Kontext der Preisfrage über Volksbetrug über zu Fragen der Volksaufklärung, der „verhältnißmäßigen" Aufklärung sowie der Rehabilitierung des
Vorurteils und sucht im Rahmen ihrer Selbstreflexion die politischen und sozialen
Konsequenzen einer Eliminierung tragender Vorurteile zu verdeutlichen.[42] Geron,
der „an einer Apologie der Vorurtheile" arbeitet, wendet sich zu Beginn gegen die
Illusion naiver Aufklärer, das „reine Gold der Wahrheiten" jemals durch Prüf-
verfahren ermitteln zu können. Im Wandel der Zeiten und Umstände begegnen uns
wie bei Münzen stets nur Legierungen von edleren und unedleren Metallen,
unauflösliche Mischungen von Wahrheit und Vorurteil.[43] Sinibald räumt ein, daß
analog zur Geldzirkulation für wahr gehaltene Vorurteile die nämlichen Wirkungen wie Wahrheiten erzielen können – bis Analytiker der Aufklärung auftreten, die
dem Volk die Differenz zwischen der minderwertigen Münze des Vorurteils und
dem Goldgehalt der Wahrheit zeigen.[44] Den entscheidenden Zeitpunkt der Aufgeklärtheit verlagert der skeptische Geron ausdrücklicher noch als Kant in eine ferne
Zukunft, von deren Utopie der Vorurteilslosigkeit wir noch weit entfernt seien.[45]
Als Beleg für positive Wirkungen von Vorurteilen und für negative Folgen ihrer
Bekämpfung führt der Greis das Beispiel sich selbst erfüllenden Vertrauens gegenüber einem Arzt an, dessen Renommee durch die Satire eines vorwitzigen
Aufklärers Schaden leidet und im Gesundheitswesen einer Kommune letztendlich
dem Quacksalbertum wiederum Vorschub leistet.[46] Sinibald erkennt das Ver-
gleichsmodell in der Politik und gesteht zu, daß Regenten ihre eigene Herrschafts-
basis unterminieren, wenn sie einerseits

> das Fundament der Vorurtheile, worauf der Glaube des Volks an ihr Ansehen und die Unver-
> letzlichkeit ihrer Personen, nebst seinem Glauben an die eingeführte Religion, an eine göttliche
> Bestätigung des Unterschieds zwischen Recht und Unrecht, und an Verantwortlichkeit in ei-
> nem künftigen Leben für das Böse, das wir in diesem gethan haben, beruhet, theils praktisch
> selbst untergraben, theils ungehindert von andern theoretisch untergraben lassen

und andererseits das Volk auf antiquierte Vorurteile, an die niemand mehr glaubt,
einschwören wollen.[47] Selbst der junge Aufklärer pflichtet der Auffassung des
Greises bei, daß es für den größten Teil der Menschheit notwendig sei, zahlreiche

---

[42] Vgl. Sauder, (wie Anm. 8), S. 268f.; Sauder, Gerhard, Verhältnismäßige Aufklärung, in: *Jahrbuch der Jean-Paul-Gesellschaft* 9 (1974), S. 102–126. Zur Rehabilitierung des Vorurteils
siehe Schneiders, Werner, *Aufklärung und Vorurteilskritik. Studien zur Geschichte der Vorurteilstheorie*. Stuttgart-Bad Cannstatt 1983, S. 203ff.; Delon, Michel, Réhabilitation des préju-
gés et crise des Lumières, in: *Revue germanique internationale* 3 (1995), S. 143–156; Adler,
Hans, Aufklärung und Vorurteil oder: Philosophie und Volksbetrug, in: *Literatur im Zeu-
genstand*: Beiträge zur deutschsprachigen Literatur- und Kulturwissenschaft. Frankfurt/M.
2002, S. 661ff.; zur 1780er Preisfrage der Preußischen Akademie, ebd., S. 666–676.
[43] Wieland, *SW*, (wie Anm. 20), Bd. 31, S. 16–21.
[44] Ebd., S. 26.
[45] Ebd., S. 30; Kant, *Beantwortung der Frage: Was ist Aufklärung*, in: ders., *Werke*, (wie Anm.
10), Bd. 9, S. 59.
[46] Wieland, *SW*, (wie Anm. 20), Bd. 31, S. 32ff.
[47] Ebd., S. 36f.

Vorurteile zu respektieren, „um so mehr, da sie nur subjektiv betrachtet Vorurtheile sind, im Grunde aber, sobald man sie zu deutlichen Urtheilen entwickelt, wahr befunden werden, oder auf Wahrheit beruhen".[48] Der Vorurteilsbegriff wird hier im Sinne der ‚ungeprüften Auffassung‘ bzw. ‚Einstellung‘ thematisiert. Hinsichtlich grundlegender Vorurteile stimmt Sinibald zu, daß sich für den unaufgeklärten Teil der Untertanen Religion, Sittlichkeit und bürgerliche Ordnung bloß auf „Gefühl und Vorurtheil" gründen. „Sein Glaube ist [...] ein blinder Glaube. [...] Er kann ihn nicht verlieren, ohne an seiner Sittlichkeit, der Ergebung in sein Schicksal und der Hoffnung einer bessern Zukunft sehr gekränkt zu werden".[49] Bemerkenswert erscheint hier Wielands psychologische Analyse der Wirkung von Vorurteilen, deren Aufgabe eine Kränkung des Selbstwertgefühls herbeiführte, so daß deren Hartnäckigkeit eine hellsichtige Erklärung findet. Am Ende des Dialogs gehen die Meinungen der Gesprächspartner noch immer über die zentrale Rolle der öffentlichen Meinung und über die Dynamik des Aufklärungsprozesses auseinander: Der lebenserfahrene Greis kann sich wahre Aufklärung nur durch eine unmerkliche Zunahme des Lichts vorstellen, ohne daß es je zur totalen Helligkeit kommen könnte, weil wir als Menschen die „wohlthätigen Vorurteile" nicht entbehren können, während Sinibald auf die Beschleunigung des Geschichtsprozesses setzt: Die „Zeit der Vorurteile" sei vorbei, die „alten Dogmen, die der Obrigkeit ein göttliches Recht beylegen und die Unterthanen zu leidendem Gehorsam verpflichten" seien passé, das Rad der Geschichte lasse sich nicht zurückdrehen.[50] Die Abwägung der Argumentepositionen im offen gehaltenen Disput ist dem Leser anheimgestellt. Beide Positionen gewinnen Plausibilität. In *Meine Erklärung* charakterisiert Wieland sein Bemühen um Objektivität und einen möglichst vielseitigen Blickwinkel:

> Meine natürliche Geneigtheit, Alles (Personen und Sachen) von allen Seiten und aus allen möglichen Gesichtspunkten anzusehen, und ein herzlicher Widerwille gegen das nur allzu gewöhnliche einseitige Urtheilen und Partheynehmen, ist ein wesentliches Stück meiner Individualität.[51]

Grenzen setzt der tendenziellen Unvoreingenommenheit eine erkenntnistheoretische Skepsis. Sie spricht gleichermaßen aus Wielands Theoriediskurs wie aus seinen Romanen. Im Essay *Was ist Wahrheit?* nimmt er von ihrer Relativität seinen Ausgangspunkt: „Die Wahrheit ist, wie alles Gute, etwas Verhältnißmäßiges". Was der eine für wahr hält, stellt für den anderen einen Irrtum dar.[52] Die Wahrheit entzieht sich dem, der ihr auf der Spur zu sein glaubt: „Keinem offenbart

---

[48] Ebd., S. 39.
[49] Ebd., S. 40f.
[50] Ebd., S. 43–54.
[51] *Neuer Teutscher Merkur* 1 (1800), S. 256, in: *Wielands Werke,* hg. von Heinrich Düntzer. 40 Teile in 16 Bdn. Berlin 1879, Teil 34, S. 373.
[52] Wieland, *SW*, (wie Anm. 20), Bd. 24, S. 42.

sie sich ganz; jeder sieht sie nur stückweise, nur von hinten oder nur den Saum ihres Gewandes – aus einem andern Punkt, in einem andern Lichte".[53] Als Folgerungen ergeben sich für Wieland daraus die Postulate der Toleranz und des offenen Meinungsaustausches, in dem jeder die eigene „Wahrheit" nicht für unumstößlich ausgibt und den harten „Ton der Unfehlbarkeit" vermeidet.[54] Mit der unablösbaren Perspektivengebundenheit von Weltansichten verknüpfte Wieland die konstruktivistische These, daß Menschen weniger von Fakten als von Ansichten über sie sich bestimmen lassen. In der *Geschichte des weisen Danischmend* (1775) erkennt der Titelheld in bemerkenswerter Schärfe den weithin hypothetischen, weil perspektivegebundenen Status von „Tatsachen": „Fakta sind alles, was man daraus machen will, sagte Danischmend: aus jedem neuen Augenpunkte scheinen sie etwas anders; und in zehn Fällen gegen Einen ist das vermeinte Faktum [...] im Grunde eine bloße Hypothese".[55]

Die Divergenz humaner Lebensauffassungen schreiben philosophische Ärzte in Deutschland wie französische Sensualisten und Materialisten dem unterschiedlichen Einfluß des Körpers auf das intellektuelle und moralische Profil eines Menschen zu.[56] Nach d'Holbach hängt das Schicksal des Menschen von der Beschaffenheit seines Körpers und psychophysischen Apparats ab.[57] Der menschliche Körper mit seinem individuellen Nervensystem und Gehirn bestimmt die Spezifik seines Denkens und Fühlens: Sinneswahrnehmungen und Empfindungen beruhen Krüger zufolge in ihrer Besonderheit physiologisch auf dem Nervensystem, das nach Erfahrung der Ärzte wiederum bei jedem Menschen anders ausgebildet ist.[58] Platner zieht hieraus eine erkenntnisskeptische Konsequenz, die sich eng an Hume anschließt und mit Wielands Auffassung konvergiert: Wir nehmen nicht die Dinge wahr, wie sie sind, sondern wie sie auf unsere Organe wirken: „Die Seele erkennt also die Objekte nicht selbst, sondern nur die Verhältnisse in denen sie, ihrer Natur nach, mit ihnen steht."[59] Schon Adam Bernd entwickelte an der Erfahrung der Melancholie eine Anthropologie der Vorurteile, für die er wie Lessing die Metapher des gefärbten Glases einsetzt, das unsere Sichtweise determiniert: „Wie unser Leib beschafft, so sehen uns die Dinge aus, die um uns sind."[60] Erkenntnis ist immer

---

[53] Ebd., S. 49f.
[54] Ebd., S. 50f.
[55] Wieland, *SW*, Bd. 8, S. 103.
[56] Wieland kannte u.a. J. B. Robinets *De la nature*, in dem eine physiologische Psychologie entwickelt wird wie bei Charles Bonnet und Helvétius; vgl. Groß, (wie Anm. 4), S. 66, 80, 109.
[57] Vgl. Futterknecht, Franz, Physiologie und Anthropologie. – Johann Carl Wezels Menschenbild im philosophischen Kontext seiner Zeit, in: Laufhütte, Hartmut (Hg.): *Literaturgeschichte als Profession*. Tübingen 1993, S. 163.
[58] Krüger, Johann Gottlob, *Versuch einer Experimental-Seelenlehre*. Halle / Helmstedt 1756, S. 246f.
[59] Platner, (wie Anm. 11), S. 95.
[60] „In Wahrheit, wir sehen durch unsern Leib bey solchen Umständen alle Dinge an, wie diejenigen, so die gelbe Sucht haben, und denen alles gelbe vorkommt, was sie sehen; oder wie diejenigen, die durch ein grün, oder roth Glas sehen, und denen alles grün, oder roth vorkommt [...]

an sinnliche Wahrnehmungen gebunden und unlösbar mit den Interessen, Leidenschaften, Emotionen des Erkennenden verflochten. Wieland führt anthropologische Bedingungen an, denen auch das Bemühen um objektive Bestandsaufnahme
und unvoreingenommene Schilderung unterliegt:

> Ein Augenzeuge kann, ohne Schuld seines Willens, unrichtig sehen [...] aus dunkeln Vorstel-
> lungen und Neigungen, die ohne sein Wissen auf seinen Willen wirken, (zum Beispiel aus
> Vorliebe für sein eigenes Vaterland) zuweilen unrichtig sehen und urtheilen.[61]

Mit dem ästhetisch-anthropologischen Schlüsselbegriff der ,dunklen Vorstellung'
eröffnet Wieland ein Problemfeld, das – wie die Forschung herausgearbeitet hat –
für die Selbstaufklärung der Aufklärung und für die Vorurteilsdiskussion von
kaum zu überschätzender Bedeutung ist.[62] Die anthropologische Beschäftigung mit
dem Unbewußten beginnt bei Leibniz und Thomasius und führt über Baumgarten,
Meier, Sulzer, Mendelssohn zur Konzentration auf den dunklen Seelengrund in der
Spätaufklärung insbesondere bei Herder, aber auch bei Platner, J. J. Engel. Riedel
betrachtet es für ein Charakteristikum der „anthropologischen Rede vom Menschen" im 18. Jahrhundert, „daß sie von seiner Vernunft und vom ,Anderen' dieser
Vernunft [...] zugleich spricht".[63] Von herausragender Bedeutung sowohl für die
Vorurteilstheorie wie für die Behandlung des ,Anderen der Vernunft' ist Wielands
Weimarer Freund Herder: Er situiert Vorurteile – sowohl im kritischen Sinn wie im
neutralen der Voraussetzung – im dunklen Seelengrund und reflektiert den Zusammenhang von Sprache und Vorurteil; er unterstreicht die perspektivische Gebundenheit von Denken und Fühlen und entwirft eine historische Hermeneutik, die
ihm zum Instrument auch der Aufklärungskritik dient.

## 2. Zur Reflexion von Vorurteilen in Wielands *Agathon*

Im zentralen Disput zwischen Agathon und Hippias geht es um Konzepte des
richtigen Lebens, also vordergründig um ethische Fragen. Moralische Richtlinien
setzen jedoch für Ferguson, dessen *Grundsätze der Moralphilosophie* Wieland re-

---

wir stecken, so zu reden, mit der Beschaffenheit unsers Leibes die Dinge außer uns an". Bernd,
Adam, *Abhandlung von Gott und der Menschlichen Seele, und deroselben natürlichen, und
sittlichen Verbindung mit dem Leibe* [...]. Leipzig 1742, S. 307. Vorurteil als gefärbtes Glas
bei Lessing, *Freigeist* V, 3, in: Lessing, *Werke*, (wie Anm. 1), Bd. 1, S. 546.

61  Wieland, *SW*, (wie Anm. 20), Bd. 30, S. 153.
62  Adler, Hans, *Die Prägnanz des Dunklen*. Gnoseologie, Ästhetik, Geschichtsphilosophie bei
Johann Gottfried Herder. Hamburg 1990; Sauder, Gerhard, ,Dunkle' Aufklärung, in: *Das
Achtzehnte Jahrhundert* 21/1 (1997), S. 61–68; Godel, Rainer, ,Eine unendliche Menge
dunkeler Vorstellungen'. Zur Widerständigkeit von Empfindungen und Vorurteilen in der
deutschen Spätaufklärung, in: *DVjs* 76 (2002), S. 542–576; Oberhausen, Michael, Dunkle
Vorstellungen als Thema von Kants Anthropologie und A. G. Baumgartens Psychologie, in:
*Aufklärung* 14 (2002), S. 123–146.
63  Riedel, Wolfgang, Anthropologie und Literatur in der deutschen Spätaufklärung. Skizze einer
Forschungslandschaft, in: *IASL*, 6. Sonderheft (1994), S. 93–157, hier S. 95.

zensiert hat, Kenntnisse anthropologischer Zusammenhänge und der „Geschichte der menschlichen Natur" voraus.[64] Auf dieser Linie ersetzt der Erzähler die moralische Bewertung der Handlungen und Motive durch eine psychologisierende Betrachtung. Die ethischen und sozialen Qualitäten der Handlungsträger werden aus den psychosomatischen Bedingungen der Sozialisation und aus den verborgenen Triebfedern der Natur entwickelt.[65]

Mit seiner Begeisterung für die „Tugend" verfehlt Agathon permanent die Wirklichkeit.[66] Sein Optimismus, „daß die Tugend nur ihre eigene Stärke gebrauche, um über ihre Hässer obzusiegen", wird ihm selbst angesichts der Erfahrungen in Athen als „Vorurteil" bewußt (*A* 476). „Tugend" und „Weisheit" bleiben in Wielands Roman nicht länger abstrakte Ideale, sondern werden in ihren Facetten, Situationsvarianten konkretisiert und in ihrem Wechselverhältnis problematisiert. Zwar korrigiert Agathon in einem Lernprozeß jugendliche Idealvorstellungen aufgrund empirischer Erfahrungen und Rückschläge, ohne daß freilich ein Ausgleich aporetischer Lebenskonzepte in Sicht käme. Trotz mancher Annäherungen Agathons an die Position von Hippias werden keine Problemlösungen für die Begründungsdefizite aufklärerischer Moral angeboten. Doppelt unvereinbar bleiben die Positionen von Agathon und Hippias: Auf Hippias' Seite steht der richtigen Erkenntnistheorie und einer erprobten Psychologie eine verfehlte Moralpraxis gegenüber; auf seiten Agathons kontrastiert eine ethische Praxis, der die Sympathie des Erzählers gilt, einer hochfliegenden, allzu spekulativen philosophischen Theorie.[67] Die „schöne Harmonie von Weisheit und Tugend" (*A* 551) wird als ästhetische Wunschprojektion des Lesers vom Erzähler in die Welt der Mythen verwiesen.[68] Die Hoffnungen der ersten Fassung des Romans (1766/67) auf ein harmonisches Ende unter der Zielvorstellung der Kalokagathia werden fast drei Jahrzehnte später in der dritten Fassung (1794) enttäuscht. Die ursprünglich angestrebte Integration erotischer Körperlichkeit und schöner Seele wird nicht erreicht: Die ehemalige Geliebte findet am Ende wie Psyche an einer schwesterlichen Beziehung zu Agathon ihr Genüge. Ganzheitlichkeit von Kopf und Herz wird als empfindsames Harmoniekonstrukt von Tugend und Glück entlarvt und dekonstruiert.[69]

Neben der thematischen Problematisierung verfügt der anthropologische Roman über Erzählstrategien, die einen nicht nur gedanklichen Prozeß der Auseinandersetzung mit Vorurteilen im Leser in Gang zu setzen vermögen. Wie reagiert der Roman in seiner formalen Erzählstruktur auf Probleme der Vorurteilsbehandlung?

---

[64] Zit. nach Erhart, (wie Anm. 2), S. 136.
[65] Kahlcke, (wie Anm. 4), S. 170.
[66] Müller, Jan-Dirk, *Wielands späte Romane*. München 1971, S. 83.
[67] Vgl. Thomé, Horst, Menschliche Natur und Allegorie sozialer Verhältnisse, in: *Jahrbuch der Deutschen Schillergesellschaft* 22 (1978), S. 214.
[68] Erhart, (wie Anm. 2), S. 163.
[69] Ebd., S. 157.

Mit welchen erzähltechnischen Mitteln transformiert Wieland Ansätze zu einer Vorurteilsanalyse in den literarischen Diskurs?

1. Der Erzähler macht Vorurteile von Figuren dem Leser als spezifische Vorurteilstypen kenntlich und führt deren Instrumentalisierung vor.
2. Er relativiert geäußerte Auffassungen und ist bemüht, einseitige Perspektiven und dogmatische Fixierungen durch Polyperspektivität zu überwinden. Illusionsstörende Erzähltechniken und die Ironie der Erzählhaltung setzen den Leser in Distanz gegenüber dem Plot und den Argumentationspositionen von Figuren.
3. Der Erzähler stellt Vorurteile auf eine anthropologische Basis und erklärt aus ihr deren Entstehung.
4. Er offeriert psychologische Erklärungshypothesen für die Wirkung von Vorurteilen.
5. Als Vorurteilstherapie bietet sich die monologische Verarbeitung ihrer Lebensgeschichte durch Romanfiguren an.
6. Der Lektüreprozeß übt den Leser ein in die Revision von Vorurteilen und macht ihm unbewußte Einstellungen bewußt.

1.

Der Erzähler thematisiert sowohl Vorurteile von Romanfiguren und ‚historischen‘ Kommentatoren als auch die des Lesers. Der Materialist Hippias etwa gibt Agathon zu bedenken, ob dessen Grundsätze nicht teilweise auf Vorurteilen beruhen (*A* 98). Umgekehrt wird dem Leser auch vermittelt, wo der skeptische Epikureer Hippias selbst Vorurteilen unterliegt, indem Agathon durch seine Lebensweise den empirischen Gegenbeweis antritt, daß Menschen aus altruistischen Motiven handeln können.[70] Der Erzähler stellt Vorurteile gegen Aristipp bei griechischen Gewährsmännern richtig (*A* 449f.). Der „Herausgeber" warnt schon im „Vorbericht" den Rezipienten vor dem Vorurteil der Übereilung (*A* 6) und riskiert als Erzähler bei „gewagten Gedanken", sich „von den verschiedenen Classen unserer Leser [...] ungünstige Vorurteile zuzuziehen" (*A* 169). Zeitgenössische Vorurteile gegen den Materialismus von Hippias greift Wieland in einem Brief an Riedel an.[71] Er kennt den neutralen und den kritischen Vorurteilsbegriff. So spricht er von „Vorurteilen der gesitteten Völker" im Sinn von ‚kulturellen Konventionen‘ (*A* 40; vgl. *C* 102).[72] Ein liberaler und kluger Mann wie Hippias läßt sich „die Vorurteile und Torheiten gefallen", die er antrifft (*A* 105f.). Illusionen werden von

---

[70] Thomé, *Roman und Naturwissenschaft*, (wie Anm. 6), S. 192.
[71] „Alles, was ich Ihnen hierüber schreiben könnte, habe ich den Hippias, (der nicht allezeit Sophist ist) sagen lassen. Entre nous, der Discurs dieses nämlichen Hippias ist nicht unwürdig, ein wenig studiert zu werden; [...] es ist gar viel Wahres darin, das unsere guten Deutschen noch nicht recht verstehen." *Briefwechsel*, (wie Anm. 25), Bd. 3, S. 551.
[72] Textfassung Beißners, (wie Anm. 13).

Wieland nicht nur ernüchtert, sondern durchaus in ihrer aktivierenden Motivationskraft anerkannt.[73] In produktiver Rezeption des frühaufklärerischen Vorurteilsdiskurses unterscheidet der Erzähler positive Voreingenommenheiten für eine Person und ihr Renommee (*A* 50, 274, 279, 437, 459), für bestimmte Lieblingsideen oder Vorlieben für bestimmte Künste (*A* 456, *C* 372) von Ressentiments gegen eine Person, einen Stand (*A* 506f.), eine Denkrichtung oder Haltung (*A* 51, 196, 480).

Erläutert wird, wie Figuren positive Voreingenommenheiten potentieller Gönner zu nutzen suchen: Da Plato bei Dionys in großem Ansehen steht, wird die hübsche Cleonissa Platons eifrigste Verehrerin – bis Agathon ungewollt ihre Sinnlichkeit weckt (*A* 496f.). Politisches Charisma setzt sich aus dem Vorurteilen anderer zusammen. Wie man sie durch Rhetorik und Auftreten in den Köpfen festigt, lehrt das Beispiel des Dionys: „Das meiste, wo nicht alles, kömmt auf die Meinung an, die ein großer Herr von sich erweckt; nicht auf seine Handlungen selbst, sondern auf die Gestalt und den Schwung, den er ihnen zu geben weiß" (*A* 437). Der politische „Schutz eines Vorurteils" ist es nach Hippias, der Despoten das Privileg der Machtausübung und Ausbeutung der Untertanen sichert (*A* 92). Auch die herrschaftsstabilisierende Funktion der Religiosität, die den Untertan in Respekt vor der gottgewollten Obrigkeit hält, wird im Sinn der radikalen französischen Aufklärung reflektiert.[74] Wie selbst die Maxime der Vorurteilslosigkeit instrumentalisiert werden kann, dokumentiert der Radikalaufklärer Hippias, der mit dem „Ton der Unfehlbarkeit" (*C* 70) für seine Beobachtungen und Erfahrungen die eigene Vorurteilslosigkeit reklamiert (*A* 58f., 62, 64, 68) und sie als aristokratischer Libertin bis zur Prinzipienlosigkeit treibt (*A* 105f.).

## 2.

Hippias stellt bezeichnender Weise statt der ontologischen Frage nach dem Wesen des Schönen und Guten eine metaethische, die auf empirische Lösungswege vertraut: „Was ist das, was die Menschen schön und gut nennen?" (*A* 98). Ausgehend vom Sprachgebrauch entdeckt der Ordinary Language-Philosoph unterschiedliche kulturelle Vorstellungen der Ästhetik, Moral und des Rechts (*A* 98ff., *C* 96ff.). Die platonischen Begriffe des Guten und Schönen erweisen sich als kulturspezifisch und relativ.

> Die Begriffe von Tugend und Laster gründen sich also eines Teils auf den Vertrag den eine gewisse Gesellschaft unter sich gemacht hat, und in so ferne sind sie willkürlich; andern Teils auf dasjenige, was einem jeden Volke nützlich oder schädlich ist; und daher kommt es, daß ein so großer Widerspruch unter den Gesetzen verschiedner Nationen herrschet (*A* 103).

---

[73] Wieland, *Don Sylvio von Rosalva*, in: *SW*, (wie Anm. 20), Bd. 11, S. 85.
[74] Vgl. Wieland, *Gespräche unter vier Augen*, *SW*, (wie Anm. 20), Bd. 31, S. 38; Jørgensen, (wie Anm. 3), S. 126.

Der Erzähler relativiert Auffassungen und Vorurteile, indem er die Ambivalenz und Komplexität moralischer und sozialer Phänomene sorgfältig beschreibt und aus einer polyperspektivischen Sichtweise bestrebt ist, Perspektivenverengungen aufzubrechen. Im Beschlußkapitel der dritten Fassung resümiert der Erzähler Agathons Erkenntnisse von Ambivalenzen: So könne die Religion einesteils mit Aberglauben und Laster einhergehen, andererseits aber auch zur moralischen Verbesserung der Nationen beitragen (*C* 576). Er sieht beides, Gebrechen und Vorteile in der „Gesetzgebung, Staatsverwaltung und [...] Polizei"; die Kulturleistung und die mögliche Dekadenzgefahr der Künste (*C* 577).

Frick bestreitet, daß im *Agathon* bereits „jener skeptische und gleichsam proteische Relativismus" des Wielandschen Spätwerks vorliege. Dem stehe die Sympathie und „die normative Präferenz des Erzählers für Agathons Streben nach verwirklichter Tugend gegenüber".[75] Demgegenüber erscheint uns mit anderen Interpreten die Standortgebundenheit menschlichen Erkennens auch für den Erzähler zu gelten, der in perspektivischer Mobilität und ironischem Standpunktwechsel konträre Positionen in Aporien münden läßt, die dem Leser Beweglichkeit im rekursiven Überprüfen von Standpunkten abverlangen.[76] Gedankenstriche in der Erzähler- oder Figurenrede verdeutlichen einen Gedanken- oder Redewechsel.

Relativiert werden überzogene Wissensansprüche. Die Beschäftigung mit empirischen Wissenschaften führen Agathon zu einem „bescheidnen Skeptizismus" (*C* 469). Der Erzähler relativiert Relativierungen. Auch politische Verfassungsmodelle läßt er in ihren Vorzügen und Nachteilen diskutieren und relativiert wiederum Diskussionsbeiträge: Der Fangfrage der Sophisten in Syrakus „Welche Regierungsform einen Staat glücklicher mache, die republikanische oder monarchische?" stellt sich Agathon mit einem glänzenden Plädoyer für die Monarchie. Als routinierter Rhetoriker verstärkt er zunächst die gegnerischen Argumente für die republikanische Staatsform, um schließlich über sich selbst durch schlagende Argumente für die Monarchie zu triumphieren. Der Erzählerkommentar relativiert wiederum das Ergebnis von Agathons sophistischer Relativierungstechnik: „Indessen müssen wir gestehen, daß er ein wenig grausam mit den Republiken umging. Er bewies, oder schien [...] zu beweisen: Daß diese Art von Gesellschaft ihren Ursprung in dem wilden Chaos der Anarchie genommen [...]" (*C* 376).

Der Erzähler unterbricht wiederholt die fiktive Romanhandlung, um den Erzählvorgang selbst und seine Strategien zu thematisieren. Im achten Kapitel des fünften Buches greift er in einer immanenten Poetik der Digression auf Überlegungen des romantheoretischen „Vorberichts" zurück und macht gegen andersartige Lesererwartungen die Schwierigkeiten bewußt, die für ihn das Programm einer psychologisch genauen und wahren Schilderung „ohne Vorurteil oder Parteilichkeit" auf-

---

[75] Frick, (wie Anm. 4), S. 407.
[76] Vgl. Buddecke, (wie Anm. 2), S. 10f., 132; Martini / Döhl, in: *A* 670ff. Erhart, (wie Anm. 2), S. 107–109; Budde, (wie Anm. 3), S. 1f.

wirft (*A* 166f.). Die unmittelbare Kommunikation zwischen Erzähler und fiktivem Leser bringt den realen Leser über die spielerische Offenlegung der Fiktion in Distanz zu ihrer Illusionswirkung. Dabei ist eine zweifache Distanzierung angezielt, deren beide Varianten der Objektivierung der Romanrezeption dienen:

a) Dem realen Leser sollen die Rollenzuschreibungen bewußt werden, mit denen ihn der Erzähler als kritischer oder tugendhafter Leser bzw. als schöne Leserin anspricht. Die angestrebte Rollendistanzierung möchte den Leser zur Selbsterforschung eigener Normen und psychologischer Antriebe anleiten.

b) Der Leser wird dem Strom der Illusion entrissen und zu einer aktiven Rezeptionshaltung angeleitet, die eher auf Beobachtung als auf Teilnahme hinauswill. Auf den Vorzug der Beobachtung im Unterschied zur Teilnahme macht der Erzähler an anderer Stelle aufmerksam: Wer in das Geschehen involviert ist wie eine Romanfigur hat keine Chance, „so gelassen und uneingenommen davon zu urteilen, wie entfernte Zuschauer" (*A* 411). Das distanzierte Urteil des Betrachters kann sich sowohl dem Verhalten der Figuren wie dem Erzählmodus selbst zuwenden.

In der Kommunikation zwischen Erzähler und Leser werden dessen Gattungserwartungen, die ihm vertrauten Erzählschemata von Romanen ebenso aufgerufen wie herkömmliche Tugendnormen der Narrativik. Zu ihrer Überprüfung leitet die ironische Offenlegung der Fiktion an. Als Stilmittel lenkt Ironie die Aufmerksamkeit des Lesers auf den Kontrast zwischen scheinbarer und wahrer Semantik: Wielands Ironie gelingt es, Scheinwerte als Vorurteile aufzudecken. In strittigen politischen Fragen, die ihre Beantwortung in lebensgeschichtlichen Kontexten und Erfahrungen finden, billigt der tolerante Erzähler jedem Leser wie sich selbst das Recht auf freie Meinungsäußerung zu (*C* 381). In der dritten Romanfassung stoppt er zuvor nach Agathons Philippika gegen die demokratische Verfassungsform demonstrativ den Erzählfluß und hebt so die Bedeutung des Lektürmoments hervor: Es geht um die „Französische Republik" und die prompt sich dabei einstellenden Vorurteile: „Wir machen hier eine kleine Pause, um dem Leser Zeit zu lassen, dasjenige zu überlegen, was er sich selbst in diesem Augenblick für oder wider unsern Helden zu sagen haben mag." (*C* 380).

## 3.

Auch wenn Wieland anthropologische und ästhetische Harmonievorstellungen im *Agathon* als Bedürfnisprojektionen entlarvt, unterstreicht er gleichwohl das enge psychophysische Wechselverhältnis zwischen Körper und Seele. Diätetische Prämisse für ein glückliches Leben ist nach Aristipp, „daß Seele und Leib sich im Stande der Gesundheit befinden" (*A* 452). Moralische Vorurteile gegenüber männ-

lichen bzw. weiblichen Kommunikationspartnern beeinträchtigen anthropologisch
stimmig die Entfaltung ihrer körperlichen Reize (*A* 344).

Die Leere, die Dionys nach bacchantischen Exzessen schuldbewußt in sich
fühlt, wird von Dion vorschnell als Wendung zum Platonismus interpretiert. Der
Erzähler lastet Dion dabei zwei Vorurteile an: einmal das verbreitete und seit der
Frühaufklärung oft diskutierte Vorurteil der Übereilung, „die Seele eines andern
nach seiner Eigenen" zu beurteilen; zweitens wird die platonische Verkennung der
anthropologischen Ganzheit dezidiert den „Vorurteilen" zugeordnet, „die einer
Philosophie eigen sind, welche gewohnt ist die Seele [...] allzusehr von der Maschine, in welche sie eingeflochten ist, abzusondern" (*A* 404f.). Der religiöse Fun-
damentalismus Theogitons abstrahiert in der Delphi-Episode von den psychosomatischen Bedingungen der menschlichen Natur.[77] Archytas folgert aus der utopischen, gleichwohl anzustrebenden Harmonie der animalisch-geistigen Doppelnatur
des Menschen ein einseitiges Unterdrückungspostulat: „daß der tierische Teil meines Wesens von dem geistigen [...] regiert werde" (*C* 561f.). Für die Gegenwart
des 18. Jahrhunderts lassen sich die Fragwürdigkeiten der heroischen Autonomie-
erklärung der Vernunft an der verinnerlichten Selbstdisziplinierung ablesen. Formen repressiver Aufklärung, Zivilisationszwänge, die tiefgreifenden Folgen verin-
nerlichter Tugendstrenge vermag der literarische Diskurs so zu entlarven.

Zur Erklärung der Stärke religiöser Vorurteile wird im *Agathon* auf die „Stärke
der Eindrücke" hingewiesen, die wir in der Kindheit empfangen, wo wir noch unfähig zur Unterscheidung zwischen Aberglaube und Vernunft sind (*A* 217). Spezifische Denkhaltungen und Mentalitäten, besondere ästhetische und sittliche Wert-
vorstellungen werden auf unterschiedliche Erziehung und die kulturelle Sozialisation zurückgeführt (*A* 218). Wie in Deutschland die Thomasiusschule wiesen in
Frankreich Helvétius und d'Holbach nachdrücklich darauf hin, welche Folgen für
die intellektuelle Entwicklung die Erziehung in der Kindheit hat.[78] Falsche Ideen,
die in der Kindheit eingepflanzt und verinnerlicht werden, können Katastrophen
heraufbeschwören.[79] Helvétius unterstreicht nicht anders als in seinem Gefolge
Karl Philipp Moritz, daß gerade die frühesten Erfahrungen und Behandlungen die
psychischen Grunddispositionen des Kindes formen.[80] Die französische Milieutheorie wird von Hippias für seine kulturgeschichtliche Betrachtung des Rechts
und der Moral herangezogen:

> Das Klima, die Lage, die Regierungsform, die Religion, das eigne Temperament und der Na-
> tionalcharakter eines jeden Volks, seine Lebensart, seine Stärke oder Schwäche, seine Armut
> oder sein Reichtum, bestimmen seine Begriffe von dem, was ihm gut oder schädlich ist. Daher

---

[77] Vgl. Kahlcke, (wie Anm. 4), S. 133.
[78] Beetz, (wie Anm. 8), S. 18.
[79] Holbach, Paul Thiry d', *System der Natur oder von den Gesetzen der physischen und der
moralischen Welt*. Frankfurt/M. 1978, S. 206f.
[80] Helvétius, Claude Adrien, *Vom Menschen, seinen geistigen Fähigkeiten und seiner Erziehung*. Frankfurt/M. 1977, S. 192.

diese unendliche Verschiedenheit des Rechts oder Unrechts unter den policierten Nationen; daher der Kontrast der Moral (*C* 100f., *A* 103).

Zeit, Umstände, Lebensform und individuelle Anlagen modifizieren die philosophische Denkrichtung: „ein Mensch, der so lebt wie Hippias, muß so denken" (*C* 70). Dieser wiederum erkennt die individuelle Bedingtheit des Idealismus von Agathon (*A* 545).

Neben den geographischen und ökonomischen Umständen werden historische Veränderungen namhaft für einen Einstellungswandel gemacht: „Andre Zeiten erfordern andre Sitten; andre Umstände eine andre Bestimmung und Wendung unsers Verhaltens" (*C* 382).[81] Danae spricht aus Erfahrung: „Drei oder vier Olympiaden, mein lieber Freund, können den Gesichtspunkt, woraus wir die Sachen ansehen, sehr verrücken" (*C* 538). Die an der Entwicklung eines Menschen dokumentierte Historizität seiner Vorurteile und Einstellungen wird im narrativen Prozeß der erzählten Geschichte vermittelt. Unter dem Einfluß der Milieutheorie benennt der Erzähler scheinbare Metamorphosen Agathons vom Schwärmer, Platoniker, Republikaner, Stoiker, zum Wollüstling, die er wie ein Anthropologe studieren will, um „die wahren Triebräder seiner Handlungen so genau als uns möglich sein wird auszuspähen, keine geheime Bewegung seines Herzens" entwischen zu lassen (*A* 471).

4.

Im *Agathon* sind Ansätze zu einer sozial- und tiefenpsychologischen Analyse der Wirkung von Vorurteilen erkennbar. Wechselseitige Vorurteile von Interaktionspartnern können zum Kommunikationsabbruch führen (*A* 146). Agathon verbirgt aus Ressentiments Hippias gegenüber seine Empfindungen (*A* 149). Im Dialog mit dem Sophisten hält er hartnäckig an fixen Ideen von der Würde der menschlichen Natur fest und überschätzt die Geltungsmacht der Tugend.[82] Er geht darüber hinweg, daß die naturalistischen Lehren seines Gegenspielers der üblichen Handlungsmotivation von Menschen exakter entsprechen als die eigenen hehren Moralgrundsätze. Archytas reflektiert in einem autosuggestiven Therapiegespräch die Ansteckungsgefahr von Vorurteilen (*C* 565).

Dem Erzähler geht es um die psychologische Erhellung „gewisse[r] dunkle[r] Gegenden der Moral-Philosophie" (*A* 353). Er illustriert, wie Leidenschaften zu einseitigen Stellungnahmen verleiten und Vorurteile stabilisieren; ebenso führen Depressionen Agathons eine Verdüsterung seines Menschenbildes herauf (*C* 426). Umgekehrt weiß Hippias, daß die Eigenliebe „nichts zärtlicher liebt" als die eigenen Irrtümer (*A* 106). Welche psychologischen Motive zur gesellschaftlichen Aus-

---

[81] Vgl. Wieland, *Gespräche unter vier Augen*, in: *SW*, (wie Anm. 20), Bd. 31, S. 27.
[82] Buddecke, (wie Anm. 2), S. 177.

breitung von Vorurteilen beitragen, illustriert eine politische Szene in Syrakus. Aristipps Erzählung von Platons fehlgeschlagenen Plänen weckt Agathons eigene Ambitionen: Seine Eigenliebe läßt ihn sich zutrauen, worin Platon kläglich scheiterte. Durch Understatement ist Agathon bemüht, die eigenen ehrgeizigen Ziele zu verbergen, erreicht aber beim Volk damit die unvermutete Wirkung,

> daß die Meisten, welche mit einem Erwartungs-vollen Vorurteil für ihn gekommen waren, sich für betrogen hielten, und mit der Meinung weggingen, Agathon halte in der Nähe nicht, was sein Ruhm verspreche: Ja, um sich dafür zu rächen, daß er nicht so war, wie er ihrer Einbildung zu lieb hätte sein sollen, liehen sie ihm noch einige Fehler, die er nicht hatte, und verringerten den Wert der schönen Eigenschaften [...]; gewöhnliches Verfahren der kleinen Geister, wodurch sie sich unter einander in der tröstlichen Beredung zu stärken suchen, daß kein so großer Unterscheid, oder vielleicht gar keiner, zwischen ihnen und den Agathonen sei (*A* 446).

Weil Agathon nicht das lieb gewordene Bild bestätigt, das von ihm in Syrakus in Umlauf ist, kränkt er die Eigenliebe und das Selbstbild seiner Bürger. Eine Kränkungsabfuhr erreichen sie durch eine Nivellierung der Unterschiede zwischen ihrem Format und dem von Agathon.

Im *Gespräch unter vier Augen* analysiert Wieland, welch tiefe Kränkung die Aufhebung zentraler Vorurteile der Religion, Moral und bürgerlichen Ordnung für das Identitätskonzept ihrer Anhänger bedeutet.[83] Transhistorische Sinnstiftungen werden auf dauerhafte kompensatorische Sinnbedürfnisse von Subjekten zurückgeführt; Religion wird auf ihre therapeutische Funktion reduziert (*C* 566ff.).[84]

Der Erzähler leuchtet in Bereiche des Dunklen, des Unbewußten, um im eigenen Kommentar oder in Selbstanalysen der Figuren „geheime Triebfedern" von Motiven (*A* 233) zu erforschen oder die „geheime Geschichte" zentraler Figuren als Geschichte ihrer Selbsttäuschungen, Triebe, dunklen Affekte ins Bewußtsein zu heben. Wielands Modernität in der Geschichte des Romans liegt nicht zuletzt darin begründet, wie er das Spannungsverhältnis von Bewußtem und Unbewußtem auslotet und Unterschwelliges, latente Wünsche für den literarischen Diskurs erobert. Er kündigt „Geheime Nachrichten" über die „Psyche" an, um „tiefere Blicke in das Inwendige der Menschen" zu ermöglichen (*C* 130f.). Agathons Schwester heißt „Psyche", weil sie die Projektion seiner Seele ist. Die Forschung hat Psyche zurecht als komplementäres Spiegelbild Agathons identifiziert, in deren Vollkommenheit er narzißtisch seine eigene phantasiert.[85]

---

[83]  Wieland, *SW*, (wie Anm. 20); Bd. 31, S. 41.
[84]  Vgl. auch Erhart, (wie Anm. 2), S. 385.
[85]  Erhart, (wie Anm. 2), S. 339. Kahlcke, (wie Anm. 4), S. 128f. Wellbery, (wie Anm. 5), S. 606; Budde, (wie Anm. 3), S. 88. Kahlckes originelle Lacan-Interpretation läßt sich am *Agathon*-Text nicht immer verifizieren. So wird als „Grundgesetz der Gesellschaft" das Inzesttabu mit Lacan dingfest gemacht, während es im Kontext sehr allgemein um das Sittengesetz und die Freiheit der Hetäre geht. Ebenso erklärt der Verfasser ungenügend, wie innerhalb einer Ödipus-Konstellation die Vaterfigur Hippias den ödipalen Inzest der ‚Mutter' Danae mit dem ‚Sohn' Agathon fördern kann, statt ihn zu verbieten.

Die für den Roman wichtige Tagebuchfiktion gewinnt in der Mitteilung intimer Bewußtseinsvorgänge ihren Sinn. Im sechsten Kapitel des ersten Buches – überschrieben mit „Ein Selbstgespräch" – reflektieren sehr persönliche Aufzeichnungen Agathons über Selbsttäuschungen, Traumgesichte den Realitätsbezug von Einbildungen (C 45ff.).

5.

Wiederholt werden Vorurteile in eine Verbindung mit der „Eigenliebe" gebracht (*A* 47, 220, 445, 536f.). Die feinen Schlingen der Eitelkeit und Selbstverliebtheit setzen uns einer „gefährlichen Täuschung" aus (C 443). Schon in der Frühaufklärung wurde übersteigertes Selbstvertrauen als eine der psychischen Prädispositionen für Vorurteile erkannt.[86] Die Eigenliebe macht auch der Erzähler des *Agathon* als Quelle von Vorurteilen namhaft. Sein Therapiekonzept erschöpft sich nicht wie in der Frühauklärung im Appell zum „Gnothi seauton!", einem Titel, den auch Karl Philipp Moritz seinem *Magazin zur Erfahrungsseelenkunde* gab,[87] sondern gerade die Schwierigkeiten der Selbsterkenntnis werden immer wieder thematisiert. Mit der zentralen „Erkenne dich selbst"-Maxime ist angesichts der Barrieren von Vorurteilen und affektgeleiteten Wunschprojektionen der „Einbildungskraft" wenig mehr als eine ehrwürdige Losung gewonnen, stellen diese doch der Selbsterkenntnis unüberwindliche Hindernisse in den Weg. Dem „subtilen Selbstbetrug" von Täuschungen (*A* 367) ist jeder ausgeliefert – noch dann, wenn er sich schonungslose Rechenschaft über seine jeweiligen Motive abverlangt. Auch auf das moralische Gefühl ist für Agathon kein Verlaß: Es bleibt „nur ein sehr zweideutiges Kennzeichen der Wahrheit" und kann nach Belieben den Materialismus ebenso wie die Theosophie legitimieren (*A* 369f.). Der Geltungsverlust des „moral sense" geht bei Agathon so weit, daß er „die Stimme seines Herzens" als „Stimme der Eigenliebe oder des Vorurteils" verdächtigt (*A* 536f.). In Archytas' autobiographischem Rückblick enthält die Inschrift am Delphischen Apollotempel ein Programm, das nur stufenweise realisiert werden kann (C 564, 570). Skepsis gegen ein „unbesonnenes Selbstvertrauen" in die Herrschaft der Vernunft ist angesagt und Wachsamkeit gegen die Wunschprojektionen der Eigenliebe (C 558, 565). Agathons Erkenntnis im nachgeholten Lebensrückblick läßt sich generalisieren und bleibt auch für das 18. Jahrhundert gültig. Eine jugendgemäße Begeisterungsphilosophie der Theodizee und Physikotheologie ist „zu schmeichelhaft für unsern Stolz, unsern innersten Wünschen und wesentlichsten Trieben zu angemessen", als daß wir es in einem begeisterungsfähigen Alter nicht für wahr halten sollten (*A* 220). Philosophische Systeme wie die der Orphiker oder das von Leibniz ziehen

---

[86] Vgl. Beetz, (wie Anm. 8), S. 19.
[87] Moritz, Karl Philipp, *Werke*, hg. v. Horst Günther. 3 Bde. Frankfurt/M. 1981, hier Bd. 3, S. 101.

uns an, weil sie unserem Stolz schmeicheln und Projektionen unserer Wünsche darstellen (*A* 220).

Auch das Projekt der Fürstenerziehung wird von ihm selbst als Wunschphantasie, als „eine zu lebhafte Empfindung meines eignen Werths" eingestuft (*C* 443). Darum konnte Erhart die *Geschichte des Agathon* als Geschichte der „fehlgeschlagenen Projektionen eines verdrängten Wunschdenkens" interpretieren: Die Titelfigur hat seine latent narzißtischen Illusionen im Erzählprozeß dem Realitätsprinzip auszusetzen.[88] In den zahlreichen Erzählungen ihrer Lebensgeschichte – Agathon holt im siebten Buch die Geschichte seiner Jugend nach, Danae im 14. und 15. Buch ihre „geheime Geschichte", Archytas unternimmt einen autobiographischen Abriß (*C* 565) – sprechen die Figuren von ihren Selbsttäuschungen und verlorenen Idealen. Die monologische Verarbeitung der Lebensgeschichte wird als Analysevorgang kenntlich, der mit der Vorurteilstherapie auf eine Selbsttherapie zielt.

6.

Im Prozeß der Lektüre wird der Leser bei Wieland stets von neuem angehalten, unbefragte Annahmen einer Revision zu unterziehen, sie als vorläufige Urteile zu behandeln.

Wandlungen, die Romanfiguren an sich und ihren Partnern wahrnehmen, führen sie zu Revisionen ihrer Bilder voneinander und ihrer Vorurteile. Sie demonstrieren dem Leser, was er im Lektüreprozeß erfährt: daß es verfehlt sein kann, sich von Menschen und Prinzipien allzu feste Vorstellungen zu machen, anderen und sich selbst nicht die Chance einer Entwicklung einzuräumen. In seiner Schutzrede vor Hippias im 12. Buch konstatiert etwa Agathon, daß er sein Urteil über Dion einer deutlichen Modifikation unterziehen mußte, weil sich die Umstände geändert hatten (*C* 442). Änderungen der Strategie entsprächen dem Verhalten desjenigen, „der sein Urteil von Personen und Sachen, nach Maßgabe des Wachstums seiner durch Erfahrung, Nachdenken oder bessern Unterricht berichtigten Kenntnis derselben, genauer zu bestimmen sucht" (*C* 442f.). Aufgrund eigener Neuerkenntnisse unterziehen die Figuren auch wechselseitige Perspektiven einer Revision. Als sich Agathon und Aristipp nach fast vierjähriger Trennung wiedersehen, deckt sich für jeden das gegenwärtige Bild, das er sich vom andern macht, nicht mehr mit dem Bild von früher:

> Das sollte Agathon – das sollte Aristipp sein? Dachte jeder bei sich selbst, war überzeugt, daß es so sei, und hatte doch Mühe, seiner eigenen Überzeugung zu glauben. Aristipp suchte im Agathon den Enthusiasten, welcher nicht mehr war; und Agathon glaubte im Aristipp den Sybariten nicht mehr zu finden; vielleicht allein, weil seine eigene Weise, Personen und Sachen ins Auge zu fassen, seit einiger Zeit eine merkliche Veränderung erlitten hatte (*C* 362).

---

[88] Erhart, (wie Anm. 2), S. 339.

Die Appelle an den Leser reichen vom stoischen Ratschlag der Urteilsenthaltung (bis zusätzliche Kenntnisse eine abgewogenere Urteilsfindung eröffnen) zu Ermunterungen, eigene Überzeugungen mutig einer Revision zu unterziehen.[89] Einen Konsens mit dem Leser setzt hier der Erzähler voraus:

> Wir haben unsern Helden bereits in verschiedenen Situationen gesehen; und in jeder, durch den Einfluß der Umstände, ein wenig anders als er würklich ist. Er schien zu Delphi ein bloßer speculativer Enthusiast; und man hat in der Folge gesehen, daß er sehr gut zu handeln wußte. Wir glaubten [...], daß ihm die Verführungen der Wollust nichts anhaben könnten, und Danae bewies, daß wir uns betrogen hatten; [...] Er schien nach und nach ein andächtiger Schwärmer, ein Platonist, ein Republicaner, ein Held, ein Stoiker, ein Wollüstling; und war keines von allen, ob er gleich in verschiedenen Zeiten durch alle diese Classen ging, und in jeder eine Nuance von derselben bekam. [...] Ohne also eben so voreilig über ihn zu urteilen, wie man gewohnt ist, es im täglichen Leben alle Augenblicke zu tun – wollen wir fortfahren, ihn zu beobachten, die wahren Triebräder seiner Handlungen so genau als uns möglich sein wird auszuspähen [...] und unser Urteil über das Ganze seines moralischen Wesens so lange zurückhalten, bis – wir es kennen werden (*A* 470f.).

In der dritten Fassung geht der Erzähler auf typische Romanerwartungen einer Heirat zwischen Danae und Agathon ein, die dieser auch wünscht. Überraschender Weise handelt es sich jedoch bei Danaes Liebe um „eine höhere Art von Liebe [nämlich um, M. B.] die Leidenschaft der Tugend", die ihr „einen so heldenmütigen Widerstand" gegen Agathons Heiratspläne eingibt (*C* 481f.). Hier setzt erneut das Gespräch mit dem Leser ein: „Aber welche neue Schwierigkeiten! – Die Tugend einer Danae!" (*C* 482). Damit sich der Leser von fixen Vorstellungen bezüglich der Tugend einer Hetäre freimache, leistet der Erzähler gründliche Überzeugungsarbeit:

> Wir gestehen es, insoweit ein Vorurteil gerecht heißen kann, ist nichts gerechter, als das Vorurteil, welches der schönen Danae entgegen steht. Allein dem ungeachtet würde es sehr ungerecht sein, wenn wir sie zum Opfer eines allgemeinen Satzes machen wollten, der unstreitig einige Ausnahmen leidet. Eine schöne Seele [...] kann durch einen Zusammenfluß ungünstiger Zufälle an ihrer Entwicklung gehindert, oder an ihrer ursprünglichen Bildung verunstaltet werden [...]. Die Umstände können der Tugend eben sowohl beförderlich als nachteilig sein (*C* 483).

Weder Menschen in ihren wechselvollen Biographien noch die Grundsätze, nach denen sie leben, erweisen sich als unveränderlich. Wie weit die Zumutungen des Erzählers gegenüber dem Leser zur Verabschiedung von Einstellungen und zur Revision voreiliger Fixierungen reichen, wird deutlich, wenn selbst der zentrale Desillusionierungsprozeß Agathons und seine Annäherung an eine realistische Betrachtung der Empirie am Ende kritisch hinterfragt wird. Erschöpfte sich sein Idealismus in einem bloßen Vorurteil? Agathon ist anderer Auffassung:

---

89  Vgl. Beetz, (wie Anm. 8), S. 22.

ich fühlte, daß in jenen Ideen, – die dem sinnlichen Menschen nichts besseres als ausschweifende Träume scheinen, wiewohl ihre Übereinstimmung mit unsern edelsten Neigungen der echte Stempel ihrer Wahrheit ist, – daß selbst in jenen Träumen mehr Wirklichkeit, mehr Unterhaltung und Aufmunterung für unsern Geist, eine Quelle reinerer Freuden, und ein festerer Grund der Selbstzufriedenheit liege, als in allem was uns die Sinne Angenehmes anzubieten haben (*C* 551f.).

Könnte der literarischen Illusion in einem Roman wirksamer zu ihrem Recht verholfen werden?

MARTIN DISSELKAMP (Berlin)

# Ohnmacht und Selbstbehauptung der Vernunft

## Zu Christoph Martin Wielands *Goldnem Spiegel*

### 1. Utopie und Satire

Wer eine utopische Geschichte erzählen möchte, hat zwei Blickrichtungen zur Verfügung: Utopien entfalten ein satirisches Potential und fällen ein negatives Urteil über das zeitlich und räumlich Naheliegende; gleichzeitig wenden sie sich in die Ferne oder in die Zukunft, um der chaotischen Welt anschaulich den kritischen Spiegel des Allgemeingültigen und Gesetzmäßigen entgegenzuhalten.[1] Zu beiden Perspektiven hat die Aufklärung eine gewisse Affinität: Die Vernunft beansprucht eine normative Kompetenz; da sie Selbstbestätigung in der Wirklichkeit sucht, setzt sie das Gegebene einem ebenso prinzipiellen Rechtfertigungsdruck aus.

Wielands Staatsroman *Der goldne Spiegel* bedient sich beider Verfahrensweisen. Die Erstfassung erschien 1772, eine überarbeitete Version mit erweitertem Schluß 1794.[2] Vergegenwärtigen wir uns im Überblick die Romanstruktur. Im Mittelpunkt steht die „Chronik der Könige von Scheschian", (*GS* 24) einem inzwischen untergegangenen Reich in Asien. Diese Herrschergeschichte umfaßt zunächst eine Reihe unvollkommener oder sogar tyrannischer Regierungen und gipfelt schließlich in der Periode des vorbildlichen Sultans Tifan, die die Stelle eines Idealstaatsentwurfs vertritt. Um die Chronik legt Wieland einen Ring von mehreren erzählerischen Vermittlungsstationen. Adressat des Berichts ist der Sultan Schach-Gebal von Hindostan, dessen Mätresse Nurmahal sich mit dem Philo-

---

[1] Für eine gattungstheoretische Diskussion des Verhältnisses von Utopie und Satire vgl. Stockinger, Ludwig, *Ficta Respublica*. Gattungsgeschichtliche Untersuchungen zur utopischen Erzählung in der deutschen Literatur des frühen 18. Jahrhunderts. Tübingen 1981, S. 76–87; Baudach, Frank, *Planeten der Unschuld – Kinder der Natur*. Die Naturstandsutopie in der deutschen und westeuropäischen Literatur des 17. und 18. Jahrhunderts. Tübingen 1993, S. 35–37. Zur Problematisierung des Utopischen in der zweiten Hälfte des 18. Jahrhunderts Garber, Jörn, Utopiekritik und Utopieadaption im Einflußfeld der „anthropologischen Wende" der europäischen Spätaufklärung, in: Neugebauer-Wölk, Monika / Saage, Richard (Hg.), *Die Politisierung des Utopischen im 18. Jahrhundert*. Vom utopischen Systementwurf zum Zeitalter der Revolution. Tübingen 1996, S. 87–114.

[2] Wieland, Christoph Martin, *Der Goldne Spiegel und andere politische Dichtungen*. Anmerkungen und Nachwort von Herbert Jaumann. München 1979 (fortan: *GS*). Zu den Entstehungsumständen Seuffert, Bernhard, Wielands Berufung nach Weimar, in: *Vierteljahrschrift für Litteraturgeschichte* 1 (1888), S. 342–435; Naumann, Dietrich, *Politik und Moral*. Studien zur Utopie der deutschen Aufklärung. Heidelberg 1977, S. 162; Wilson, W. Daniel, Intellekt und Herrschaft. Wielands ‚Goldner Spiegel', Joseph II. und das Ideal eines kritischen Mäzenats im aufgeklärten Absolutismus, in: *MLN* 99 (1984), S. 479–502; Jørgensen, Sven Aage, Vom Fürstenspiegel zum Goldenen Spiegel, in: Garber, Klaus (Hg. in Verbindung mit van Ingen, Ferdinand / Kühlmann, Wilhelm / Weiß, Wolfgang), *Europäische Barock-Rezeption*. 2 Teile. Wiesbaden 1991, hier Teil 1, S. 366.

sophen Danischmend das Amt des Erzählers teilt; beide stützen sich schon auf ältere Quellen. Der vorgebliche Ursprung des *Goldnen Spiegels* in der vorliegenden Form ist ein indisches Manuskript. Es sei seinerseits, so will es die Konstruktion, zunächst ins Chinesische, dann ins Lateinische und schließlich ins Deutsche übertragen worden.

Das Verhältnis von Utopie und Satire in der Aufklärung ist allerdings, wie der Roman zeigt, nicht das einer reibungslosen Kooperation, sondern kann durchaus einen inneren Zwiespalt der Vernunft abbilden. Um die Wirklichkeit in eine sinnvolle Ordnung zu überführen, will die Vernunft den Schleier heben, der den Blick auf die grundlegenden Gesetzlichkeiten und Kausalitäten trübt. Doch je mehr sich das empirische Interesse in Vielfalt, Zufälligkeit, Bedingtheiten und Unzulänglichkeiten des Daseins vertieft, um so fremdartiger müssen ihm der normative Anspruch der Vernunft und die Vorstellung von einer wahrscheinlichen Utopie vorkommen. Wie sehr sich im *Goldnen Spiegel* die Erfahrungswelt einer verbindlichen Ordnung verweigert, demonstriert die „Literaturpolitik" des Sultans Schach-Gebal. Gewiß, die idealen Züge des Tifan-Regiments nötigen ihm Anerkennung und den Wunsch nach Nachahmung ab, und er stimmt in die Kritik an unfähigen, uneinsichtigen und unmoralischen Regenten ein. Doch sieht er sich veranlaßt, sofort einzuschreiten, wenn der Status quo seines eigenen Regiments in Frage steht. Aus diesem Grund weist Schach-Gebal die Utopie als roman- und märchenhaft zurück, bricht ausführlichere Negativdarstellungen ab, verbittet sich die Satire und läßt in der Zweitfassung den Erzähler schließlich in das Gefängnis werfen. Dem Roman als ganzem scheint deshalb nur die satirische Option offenzustehen.

Wenn es also der Vernunft nicht gelingen will, einen Weg anzugeben, auf dem sich allgemeine Leitwerte und empirische Befunde vereinbaren lassen, welche Möglichkeiten bleiben ihr dann, dennoch die Wirklichkeit vor dem völligen Amoralismus zu bewahren und an der eigenen Zuständigkeit für diese Aufgabe festzuhalten? Ich entfalte zunächst genauer die Problemstellung, die dieser Frage zugrunde liegt, wende mich dann der Tifan-Episode zu und stelle schließlich die Konsequenzen dar, die Wieland mit der Romanstruktur zieht.

## 2. Der aufgeklärte Berater

Für den Lehrgehalt des Staatsromans ist im *Goldnen Spiegel* der Philosoph Danischmend zuständig. Um die Problematik dieser Figur zu beschreiben, greife ich auf Fénelons *Télémaque* (entstanden 1694–1696) als Kontrastfolie zurück, mit dessen Grundanlage sich der *Goldne Spiegel* auseinandersetzt: Die Rolle des Fürstenlehrers war mit Mentor prominent besetzt, der als Inkarnation der Göttin Minerva selbst eine Personifikation von Weisheit und Staatsklugheit ist.[3] Fénelon beschreibt, wie die Titelfigur sich fortschreitend einem Tugendideal annähert, und hält dem Protagonisten in der Salente-Utopie bereits im Verlauf der Handlung einen (durchaus absolutistischen) Idealstaat vor Augen, der unter Staatsbedingungen die „simplicité" der Naturstandsutopie der Baetica wiederherstellen soll.[4]

Da Vernunfttätigkeit und Entwicklungsfähigkeit Eigenschaften des Fürsten werden,[5] deutet Fénelon eine Zeitperspektive wenigstens an: Die vorbildliche Fürstenherrschaft auf Ithaka wird in eine – wenn auch zum Greifen nahe – Zukunft verschoben. Zwischen dem Gegebenen und dem erst Anzustrebenden liegt aber nur eine durch Arbeit verkürzbare Distanz, keine unüberwindliche Differenz. Um dem Ausbildungsgang des Fürsten und der zielstrebigen Bewegung auf den Idealstaat hin Halt zu verschaffen, besteht Fénelon auf einer providentiellen Führung, die vor allem in Gestalt der Göttin Minerva wirksam ist und allen Mißhelligkeiten einen funktionalen Sinn im Gesamtplan gibt.[6] Den verläßlichen Orientierungsrahmen praktischen Handelns symbolisiert schließlich die Figur des Ulysses: Der Weg zum exemplarischen Bild des Fürsten ist zugleich der zum Vorbild des Vaters.[7]

Da der künftige König, aber auch die Geschichte insgesamt sich einer vernunftgemäßen Tugendherrschaft annähern, kann der weise Ratgeber die maßgebende Rolle bei der Erziehung, aber auch bei Grundentscheidungen über die Verfassung übernehmen. Als Autorität im Hintergrund richtet er die Politik an den eigenen Maßstäben aus. Dabei muß er allerdings in der Rolle des Statthalters allgemeingültiger Prinzipien mit Blick auf die Unvollkommenheit des schon Erreichten unter Umständen eine Randexistenz in Kauf nehmen. Der rehabilitierte Philokles erbittet vom König die Erlaubnis

de se retirer auprès de Salente, dans une solitude où il continua à vivre pauvrement comme il avait vécu à Samos. Le roi allait avec Mentor le voir presque tous les jours dans son désert.

---

[3] Fénelon, François de Salignac de La Mothe, *Die Abenteuer des Telemach*. Aus dem Französischen übersetzt von Friedrich Fr. Rückert. Mit einem Nachwort herausgegeben von Volker Kapp. Stuttgart 1984, Nachwort, S. 483f.

[4] Für eine Interpretation der Baetica-Utopie vgl. Baudach, (wie Anm. 1), S. 477–485.

[5] Zur Perfektibilität des Fürsten Fénelon, François de Salignac de La Mothe, *Les Aventures de Télémaque*. Édition présentée, établie et annotée par Jacques Le Brun, o.O. [Paris] 1995, S. 383: „il [Télémaque] ne pouvait s'empêcher, en ces occasions, d'être fort touché, mais la raison était en lui au-dessus du sentiment, et ce n'était plus ce même Télémaque qu'une passion tyrannique avait autrefois captivé dans l'île de Calypso." Zur (gleichwohl mit Zensurmaßnahmen verbundenen) Belehrung der Untertanen, mit der sich Fénelon von der negativen Anthropologie der Barockzeit abwendet, ebd., S. 227.

[6] Vgl. ebd., S. 375: „Les dieux vous aiment et vous préparent un règne plein de sagesse. Tout ce que vous voyez ici est fait, moins pour la gloire d'Idoménée, que pour votre instruction."

[7] Vgl. ebd., S. 177: Um den Preis der Hilfe für den bedrängten König Idomeneus werde Telemach „jugé digne de votre père. Quand même les destinées rigoureuses l'auraient déjà fait descendre dans le sombre royaume de Pluton, toute la Grèce charmée croira le revoir en vous." Zur Einschätzung des Ulysses auch ebd., S. 405f.

C'est là qu'on examinait les moyens d'affermir les lois et de donner une forme solide au gouvernement pour le bonheur public.[8]

Mit diesem Vorbehalt beschreibt der Roman die Unterordnung des Staats unter die Maßstäbe der Vernunft.[9]

Dagegen kennzeichnet bei Wieland den „Philosophen des Hofes" (*GS* 27) zugleich eine unaufhebbare Fremdheit am Hof.[10] Doch halten wir zunächst fest, daß Wieland den *Télémaque* durchaus selbstbewußt kommentiert hat. Aus seiner Perspektive erscheint dieser Roman als wirklichkeitsfremde Idealisierung. An ihm war, so schreibt Wieland in seiner Selbstanzeige des *Goldnen Spiegels*, „die Vergoldung mehr wert als der Spiegel".[11] Für dieses Überlegenheitsgefühl dürfte Wielands empirischer Anspruch ausschlaggebend sein. Sein Roman prüft die Beschaffenheit, am Ende aber auch die Möglichkeit eines Idealregiments im Rahmen von Kausalitätsverkettungen, die er in der primär sinnlichen Konstitution des Menschen begründet sieht. Der *Goldne Spiegel* tritt daher im Vergleich zu Fénelon mit der Absicht an, menschliche Wirklichkeit in einem umfassenderen Sinn zu berücksichtigen. Damit verlangen auch die Ansprüche des Einzelnen und seine Erziehung nach größerer Aufmerksamkeit. Zugleich will das Buch einen Beitrag zur Kritik an überkommenen politischen und theologischen Autoritäten leisten. Die „Philosophen" des *Goldnen Spiegels* streben in diesem Sinn eine Zuständigkeit für moralische „Grundsätze" von allgemeiner Geltung an. Auch das Buch als ganzes verfolgt die Absicht, willkürliche Normierungen durch allgemeingültige Gesetzlichkeiten abzulösen. Im Hinblick sowohl auf die Frage nach den empirischen Bedingungen als auch auf die nach den universalen Normen darf man die „Philosophen" als Vertreter der aufgeklärten Vernunft betrachten.

Danischmend erzählt jedenfalls die Geschichte von Scheschian mit dem Ziel, dem Sultan Schach-Gebal „mit guter Art Wahrheiten beizubringen, die man, auch ohne Sultan zu sein, sich nicht gern geradezu sagen läßt" (*GS* 23). Zu diesen Wahrheiten gehören die grundlegenden „Pflichten eines Königs" (*GS* 85). Über die Erziehung des Despoten Isfandiar liest man:

---

[8]  Ebd., S. 253.

[9]  Das wichtigste Exemplum für diesen Vorgang ist die Reintegration des durch eine Intrige selbstsüchtiger Fürstendiener aus seinem Amt vertriebenen Philokles in den Staat von Salente (ebd., S. 230–257).

[10]  Grundsätzliches zum Thema der Fremdheit des Aufklärers in der Erfahrungswelt: Wiedemann, Conrad / Charlier, Robert, ‚Fremdling im eigenen Land' – zur Genealogie eines Intellektuellen-Attributs, in: Münkler, Herfried (Hg. unter Mitarbeit von Meßlinger, Karin und Ladwig, Bernd), *Die Herausforderung durch das Fremde*. Berlin 1998, S. 545–610. Wiedemann, Conrad, Montesquieu, Hölderlin und der freie Gebrauch der Vaterländer. Eine französisch-deutsche Recherche, in: Florack, Ruth (Hg.), *Nation als Stereotyp*. Fremdwahrnehmung und Identität in deutscher und französischer Literatur. Tübingen 2000, S. 79–113.

[11]  Abgedruckt in *GS*, Kommentar, S. 734. Vgl. auch die Rezension im *Magazin der deutschen Critik* (gezeichnet: A.C.R.), ebd., S. 738: Der „Télémaque" sei „in einem zu übermenschlichen fabelhaften Gewande" vorgetragen.

Kurz, der höfische Mentor hatte keinen Begriff davon, daß man einem jungen Fürsten die Ausübung aller Tugenden, von welchen das Wohl seiner Untergebenen und die möglichste Vollkommenheit seines Staates abhängt, unter der Gestalt von Verbindlichkeiten vorstellen müsse,
deren Forderungen eben so dringend als unverletzlich sind (*GS* 159).

Jeder „Zeitpunkt, worin jene großen Grundbegriffe mit Dunkel bedeckt gewesen"
seien, so heißt es an einer anderen Stelle, sei „ein Zeitpunkt des öffentlichen
Elends, der sittlichen Verderbnis, der Unterdrückung und der allgemeinen Verwirrung" (*GS* 209). Der Idealstaat, den der Sultan Tifan errichtet, fußt überhaupt auf
einem Katalog naturrechtlicher Grundbegriffe (*GS* 209f.).[12] Der Belehrungsinten-
tion ordnen sich Spuren einer optimistischen Anthropologie[13] und die Überzeugung von der Wirksamkeit der Providenz zu: Der Himmel, so Danischmend, werde
mit Grund „einer verbrecherischen Welt so lange zusehen", (*GS* 194) und in kritischer Lage greife der „Schutzgeist der Menschheit" ein (*GS* 203).

Doch tatsächlich sind Wielands „Philosophen" ihrer Wirksamkeit, ihrer Botschaft und ihrer Identität weniger gewiß als Mentor und Philoktet. Die postulierte
Sinnordnung der Geschichte kann nicht mehr glaubwürdig vermittelt werden.
Versuche, die Geschichte als Bild von „Ordnung und Harmonie im Ganzen" zu
vermitteln, enden, wie auch in der Zweitfassung der Roman insgesamt, auf fatale
Weise immer wieder bei Bosheit und Eigennutz und schlagen gegen die Absichten
der Erzähler aus.[14] Dabei genügt es nicht, in Übereinstimmung mit den Ansichten
zeitgenössischer Rezensenten[15] die Ursache für ihre schwächere Position in der
Verstocktheit der Welt und in der Unzugänglichkeit der politischen Praxis für das
moralisch Grundsätzliche zu suchen. Es wird nicht allein fraglich, ob die philosophischen Lehren das anvisierte Publikum auch erreichen und hier einen Effekt
erzielen, sondern ebenso, auf welchem Weg sie ihren Anspruch auf Verbindlichkeit begründen können.[16] Als Beispiel für das Fragwürdigwerden allgemeiner

---

[12] Vgl. auch *GS*, S. 186, 215f.

[13] Vgl. *GS*, S. 169: „Aber deshalb bin ich [Danischmend] versichert, daß es [der Materialismus
des Eblis], wenn unser Herz uns nicht, wider Willen unsrer Köpfe, zu bessern Leuten machte,
die Moral aller Erdenbewohner wäre."

[14] Beispiele bieten die „Zueignungsschrift des sinesischen Übersetzers an den Kaiser Tai-Tsu"
(*GS*, S. 7–11) und eine ausführliche Anmerkung des deutschen Übersetzers (*GS*, S. 149f.,
Anm. 13). Zur Diskussion Naumann, (wie Anm. 2), S. 174–176. Zu Fragen der Verzeitlichung
Fohrmann, Jürgen, Utopie, Reflexion, Erzählung: Wielands ‚Goldner Spiegel', in: Voßkamp,
Wilhelm (Hg.), *Utopieforschung*. Interdisziplinäre Studien zur neuzeitlichen Utopie. 3 Bde.
Stuttgart 1982, hier Bd. 3, S. 35–41; Hohendahl, Peter Uwe, Zum Erzählproblem des utopischen Romans im 18. Jahrhundert, in: Kreuzer, Helmut (Hg. in Zusammenarbeit mit Hamburger, Käte), *Gestaltungsgeschichte und Gesellschaftsgeschichte*. Literatur-, Kunst- und Musik-
wissenschaftliche Studien. Stuttgart 1968, S. 79–114. Zu den Danischmend-Romanen unter
dem Aspekt der Geschichtsmodelle Erhart, Walter, *Entzweiung und Selbstaufklärung – Christoph Martin Wielands ‚Agathon'-Projekt*. Tübingen 1991, S. 219–225.

[15] In diesem Sinn hat vor allem Isaak Iselin den Text verstanden. Ein gekürzter Abdruck seiner
Rezension in der *Allgemeinen deutschen Bibliothek* von 1773 in *GS*, S. 748–756.

[16] Mit der Relativierung der Position des idealistischen Moralisten unterscheide ich mich z.B.
von Baudach, (wie Anm. 1), S. 562, der zwar Danischmends schwärmerischen Charakter

moralischer Prinzipien mag der satirische Schriftsteller Kador gelten, dem Danischmend „eine kleine Digression" widmet und in dem er Voltaire ein Denkmal
setzt.[17] Der Schriftsteller verschreibt sich der satirischen Entlarvung der Tugend-
heuchelei: „je erhabener die Beweggründe waren, aus welchen jemand zu handeln
vorgab, desto größer war das Mißtrauen, welches er entweder in die Redlichkeit
dieses Jemands oder in die Gesundheit seines Gehirnes setzte" (*GS* 164f.). Von
dieser Skepsis ist der normative Anspruch der übrigen romaninternen „Philosophen" indirekt mitbetroffen, und darüber hinaus sogar sein eigener. Denn um sich
der Möglichkeit moralischen Handelns und der allgemeinen Geltung von Tugend-
kategorien zu vergewissern, muß Kador selbst, im Widerspruch zu seinem Empirismus, am Glauben an die Vorsehung in Form des Zufalls oder, eher noch, in
Gestalt der „Veranstaltungen einer wohltätigen Gottheit" festhalten (*GS* 165f.).

Offenbar ist das anthropologische Wissen, dem Wielands Selbstanzeige ihre
Selbstgewißheit im Vergleich mit Fénelon verdankt, um einen hohen Preis erkauft;
denn gerade die gewandelte Perspektive, die die Figuren den Einflüssen der eigenen Sinnlichkeit und der Außenwelt aussetzt, steht der Absicht im Weg, moralische „Grundsätze" von allgemeiner Geltung als Basis des gesellschaftlichen Zusammenlebens zu lehren. Daß sich hieraus auch eine Art Krise der Literatur ergibt,
mag man dem Umstand entnehmen, daß Schach-Gebal über den Lehren des Philosophen immer wieder einschläft. Dem Werk als ganzem gelingt es deshalb nicht,
dem Fürstenspiegelprogramm gerecht zu werden.


## 3. Skeptische Beobachtungen

Der „Philosoph" übernimmt, wie schon deutlich geworden sein mag, nicht nur die
Rolle des gemeinnützigen Lehrers nach Mentors Muster, sondern gleichzeitig die
des distanzierten „unbefangenen Beobachter[s]".[18] Danischmend läßt sich weder
durch weltliche Versuchungen beeindrucken noch durch Illusionen verführen.
Einen ähnlichen Status schreibt Wieland den Kosmopoliten zu: Diese „entziehen
sich aller Theilnehmung an einer Staatsverwaltung", die mit ihren „Gesinnungen"
in Konflikt geraten könnte, weshalb man kaum etwas Selteneres finden werde als
einen kosmopolitischen Minister – es sei denn einen solchen, der zehn Jahre lang

---

      wahrnimmt, darin aber keine Problematisierung seiner Lehren erkennt, sondern den Philoso-
      phen nur vor praktischen Umsetzungsproblemen sieht.

[17]  Cadore ist eine Figur aus Voltaires Erzählung *Zadig*. Der *Goldne Spiegel* nähert sich Voltaires
      Text allerdings weniger hinsichtlich dieser Gestalt an als in Hinblick auf religionssatirische
      Züge.

[18]  Wieland, Christoph Martin, *Über die Rechte und Pflichten der Schriftsteller*, in: *Sämmtliche
      Werke*, hg. von der Hamburger Stiftung zur Förderung von Wissenschaft und Kultur in Zu-
      sammenarbeit mit dem Wieland-Archiv, Biberach/Riß, und Hans Radspieler. 45 Bde. Ham-
      burg 1984, hier Bd. 34, S. 146.

ohne Unterbrechung dieses Amt innehabe.[19] Der romaninterne Erzähler entspricht
so gesehen dem von Wieland geforderten Typus des Schriftstellers, dessen „we-
sentlichste Eigenschaft" darin besteht, „daß er den aufrichtigen Willen habe die
Wahrheit zu sagen, folglich keiner Leidenschaft, keiner vorgefassten Meinung,
keiner interessierten Privatabsicht wissentlich einigen Einfluss in seine Nachrichten und Bemerkungen erlaube".[20]

Die „moralische Wirklichkeit" zeigt sich dieser Figur nicht als schon bekannt,
sondern als ein Feld, das erst erkundet werden muß. Als Suche nach einer empirischen Fundierung moralischer Prinzipien gehört das Beobachten, wie sich schon
andeutete, ebenfalls zum Geschäft der Vernunft. Die Frage, auf welche Weise die
Haltung des auf Besserung zielenden Lehrers mit der des kritischen Betrachters auf
der Suche nach der Wahrheit oder auch die des Schwärmers mit der des Skeptikers
und Empirikers vereinbart werden kann, ist eine der Formen, in die sich die Problemstellung des Romans bringen läßt.

Als Zuschauer wenden sich die „Philosophen" von der Annahme eines „moral
sense" ab[21] und gehen statt dessen von der Perfektibilität des Menschen als ursprünglich ungerichteter Entwicklungsoffenheit aus:

> ,Der Mensch', antwortete Dschengis, ,kommt unvollendet, aber mit einer Anlage zu bewun-
> dernswürdigen Vollkommenheiten aus den Händen der Natur. Die nämliche Bildsamkeit
> macht ihn gleich fähig, sich die Form eines Gottes – oder die Mißgestalt eines Ungeheuers
> aufdrucken zu lassen' (*GS* 223).

Danischmend legt in dieser Perspektive nicht mehr eine für sich bestehende Cha-
raktertypologie zugrunde, wie man sie zum Beispiel noch in der satirischen und
überhaupt der moralisch-didaktischen Literatur der Frühaufklärung antrifft.[22] Die
Beschaffenheit von Charakteren kann insofern auch nicht in Form einer einschlägigen Topik abgerufen, sondern muß unter Berücksichtigung von anthropologischen
Grundgegebenheiten und des Prinzips von Ursache und Wirkung rekonstruiert
werden.[23] Danischmend gibt sich also nicht damit zufrieden, das Äußere der Hand-

---

[19] Wieland, Christoph Martin, *Das Geheimnis des Kosmopoliten-Ordens*, ebd., S. 178. Zur Haltung reflektierender Distanz in der Politik Jaumann, Herbert, Politische Vernunft, anthropologischer Vorbehalt, dichterische Fiktion. Zu Wielands Kritik des Politischen, in: *MLN* 99
(1984), S. 461–478.

[20] Wieland, *Über die Rechte und Pflichten der Schriftsteller*, (wie Anm. 18), S. 144. Auch die
Mitglieder des „Kosmopolitenordens" zeichnen sich weiter dadurch aus, daß „sie im Urtheilen
von keinen Vorurtheilen und Wahnbegriffen, im Handeln weder von Nebenabsichten noch
Leidenschaften getäuscht und irre geführt werden." (Wieland, *Das Geheimnis des Kosmopoliten-Ordens*, [wie Anm. 19], S. 176. Vgl. auch ebd., S. 184f.).

[21] Zur Moral-Sense-Theorie Sprute, Jürgen, Der Begriff des Moral Sense bei Shaftesbury und
Hutcheson, in: *Kant-Studien* 71 (1989), S. 221–237.

[22] Vgl. z.B. Rabener, Gottlieb Wilhelm, Versuch eines deutschen Wörterbuchs; Beytrag zum
deutschen Wörterbuche, in: *Satiren der Aufklärung*, hg. v. Gunter Grimm. Stuttgart 1979,
S. 28–66.

[23] In dieser Hinsicht kommt der *Goldne Spiegel* der Forderung des Romantheoretikers Blanckenburg entgegen, der Erzähler müsse auf Kausalität, Motivation und psychologische Konsequenz

lung zu betrachten, sondern sieht seine Aufgabe im Aufdecken ihrer Triebfedern. Bezogen auf historische Dimensionen versteht sich das Werk bereits als fiktionaler Beitrag zur „Filosofie der Menschengeschichte", wie Wieland sie später in seinem Aufsatz _Über die Rechte und Pflichten der Schriftsteller_ (1785) gefordert hat – als

> Geschichte der Völker, nach ihrer ehemahligen und gegenwärtigen Beschaffenheit, in derjenigen Verbindung der Thatsachen und Begebenheiten, woraus man sieht wie sie zusammen hangen, und wie die Wirkung oder der Erfolg des einen wieder die Veranlassung oder Ursache des andern wird.[24]

Das notwendige Erklärungs- und Analyseinstrumentarium kann eine Verwandtschaft mit materialistischen Annahmen nicht leugnen. Danischmend benennt als Vertreter dieser Sichtweise den bereits erwähnten Schriftsteller Kador, der „die meisten praktischen Urteile und Handlungen der Menschen aus den mechanischen Wirkungen physischer Ursachen, oder aus den geheimen Täuschungen der Einbildung und des Herzens her[leitet]" (_GS_ 164–166).[25] – Zwar führt der „Philosoph" dem Sultan zunächst eine Serie unaufgeklärter Regierungen vor. Doch die Idee des Zusammenhangs zwischen der moralischen Beschaffenheit einer Person, ihren sinnlichen Antrieben und ihren Lebensumständen gibt Danischmend zugleich das

---

bedacht sein und zu diesem Zweck die einschlägigen Umstände einbeziehen (Blanckenburg, Friedrich von, _Versuch über den Roman_. Faksimiledruck der Originalausgabe von 1774. Mit einem Nachwort von Eberhard Lämmert. Stuttgart 1965, S. 261–264 u.ö.). Zur Annäherung von Staatsroman und anthropologischem Roman bei Wieland Schings, Hans-Jürgen, _Der Staatsroman im Zeitalter der Aufklärung_, in: Koopmann, Helmut (Hg.), _Handbuch des deutschen Romans_. Düsseldorf 1983, S. 151–169, insb. S. 164–169; Fohrmann, (wie Anm. 14), S. 43. Zu den Problemstellungen des anthropologischen Romans bei Wieland und Jean Paul überhaupt, speziell auch mit Hinweisen zur Charakter-Thematik, Schings, Hans-Jürgen, _Der anthropologische Roman. Seine Entstehung und Krise im Zeitalter der Spätaufklärung_, in: Fabian, Bernhard u.a. (Hg.), _Deutschlands kulturelle Entfaltung_. Die Neubestimmung des Menschen. München 1980, S. 247–275. Weniger ergiebig: Höhle, Thomas, _Wieland und die verpönte Gattung des Staatsromans_, in: ders. (Hg.), _Wieland-Kolloquium Halberstadt 1983_. Halle 1985, S. 41–60. Walter, Torsten, _Staat und Recht im Werk Christoph Martin Wielands_. Wiesbaden 1999, S. 123–153, interpretiert den _Goldnen Spiegel_ ausschließlich mit Hilfe staats- und verfassungstheoretischer Kategorien und vernachlässigt Wielands anthropologische Problemstellungen ebenso wie die erzähltechnischen Komplikationen. Der Selbstreflexionsgrad des Romans ist in dieser methodisch wenig überzeugenden Darstellung völlig verkannt.

[24] Wieland, _Über die Rechte und Pflichten der Schriftsteller_, (wie Anm. 18), S. 141. Zur historischen Rekonstruktion von Charakteren Thomé, Horst, _Religion und Aufklärung in Wielands Agathodämon_, in: _IASL_ 15 (1990), S. 102–106.

[25] Dazu auch die Lehre des Fürstenerziehers Dschengis, _GS_, S. 223: „Alles hängt von den Umständen ab, in welche er [der Mensch] beim Eintritt in die Welt versetzt wurde, und von den Eindrücken, die sein wächsernes Gehirn in der ersten Jugend empfing." Je nach seiner Umgebung werde der Mensch „gut oder schlimm, aufrichtig oder falsch, sanft oder ungestüm, blödsinnig oder witzig, träg oder tätig". Für das Fallbeispiel des Sultans Azor vgl. _GS_, S. 82, für das des Prinzen Isfandiar _GS_, S. 163. Zu Wielands Auseinandersetzung mit materialistischen Theorien seit seiner empiristischen Wendung in den fünfziger Jahren des 18. Jahrhunderts Thomé, Horst, _Roman und Naturwissenschaft_. Eine Studie zur Vorgeschichte der deutschen Klassik. Frankfurt/M. u.a. 1978, vor allem S. 117–169; Erhart, (wie Anm. 14), S. 140–144. Zum philosophiegeschichtlichen Kontext Kondylis, Panajotis, _Die Aufklärung im Rahmen des neuzeitlichen Rationalismus_. Stuttgart 1981, S. 490–536.

Rüstzeug an die Hand, mit dem er *allgemeine* Zerfallstendenzen in differenzierten Gesellschaften beschreiben kann. Der Mangel an selbstverständlichen, allgemeinverbindlichen Orientierungsmarken, wie er unter den Bedingungen eines zivilisierten Großstaats herrscht, setzt die Willkür der Leidenschaften frei. Unter diesen Umständen wird die Festigung moralischer Allgemeinbegriffe unwahrscheinlich.[26]

Daß ein solches Konzept als Theorie des gesellschaftlichen Zusammenlebens und als politische Ideologie in eine Katastrophe führt, zeigt Danischmend an der Figur des Fürstenberaters Eblis. Da dessen Politik ihrerseits ein spätzeitliches Verfallssymptom ist, kann sie ohnehin keine allgemeine Verbindlichkeit beanspruchen; hingegen dient sie gleichzeitig als Demonstrationsobjekt für die Depravationstendenz, der große Gesellschaften grundsätzlich unterworfen sind. Eblis begnügt sich nicht damit, bestimmte Tugendkonzepte auf eigennützige Neigungen zurückzuführen, sondern erklärt die Tugend schlechthin für eine listige „Übereinkunft der feinern Köpfe", die dem Zweck diene, „das Ziel unserer Leidenschaften desto sicherer zu erhalten, je behutsamer wir es den Augen der Welt zu entziehen wissen". An die Stelle allgemeiner Tugendprinzipien treten ein subjektivistischer Werterelativismus – „Alles ist wahr [...] je nachdem wir es ansehen" – und eine Theorie des Eigennutzens: Eblis' Herz hatte „keine Vermutung [...], daß es eine höhere Art von Wollust gebe als die Befriedigung der Sinne und das eigennützige Vergnügen des gegenwärtigen Augenblicks" (*GS* 168–170). Der Ratgeber nimmt dabei an, daß es möglich sei, die Selbstliebe zur Grundlage einer Herrschafts- und Gesellschaftsordnung zu machen. Diese verzichtet als das „Vorhaben ohne Grundsätze zu regieren" (*GS* 172) konsequent auf alles Normative und ist in der Praxis ein Machterhaltungs- und Unterdrückungssystem, dessen letzter Zweck im Schutz fürstlicher Genußprivilegien besteht (*GS* 174–176). Doch Eblis' Programm führt unter der Regierung des Sultans Isfandiar zu Sittenverderbnis, wirtschaftlichem Verfall, sozialer Desintegration und einem allgemeinen Niedergang des Staats. Der schließlich ausbrechenden „Anarchie" (*GS* 202) und dem nachfolgenden Umsturz fallen Eblis und Isfandiar selbst zum Opfer. Denselben Erscheinungen verdanken sich, wie der chinesische Übersetzer weiß, in der zweiten Fassung des *Goldnen Spiegels* von 1794 der gänzliche Untergang von Scheschian und das fast vollständige Verschwinden dieses Staats aus der Erinnerung (*GS* 329).

Zusammenfassend ergibt sich folgendes Bild:[27] Auf der einen Seite nähren die „Weisen" als Beobachter Zweifel an der Vermittelbarkeit allgemeingültiger Tu-

---

[26] Vgl. dazu die Ausführungen zur Differenz zwischen idyllischem Kleinstaat („Kinder der Natur") und Großstaat, *GS*, S. 75: „Ein sehr kleines Volk kann durch Gesinnungen und Sitten in den Schranken der Mäßigung und des Mittelstandes erhalten werden, woran seine Glückseligkeit gebunden ist. Aber ein großes Volk hat Leidenschaften vonnöten, um in die starke und anhaltende Bewegung gesetzt zu werden, welche zu seinem politischen Leben erfodert wird. Alles was der weiseste Gesetzgeber dabei tun kann, ist, den Schaden zu verhüten, welchen das Übermaß oder der unordentliche Lauf dieser Leidenschaften dem ganzen Staate zuziehen könnte."

[27] Die folgenden Bemerkungen orientieren sich an Erhart, (wie Anm. 14), S. 104–116.

gendnormen, entziehen auf der andern aber gleichzeitig der denkbaren Konsequenz die Grundlage, man dürfe sich auf die Integrationskraft der Selbstliebe verlassen, und sehen sich mit der Frage konfrontiert, ob der menschlichen Gesellschaft ein Selbstzerstörungsmechanismus innewohne. Gerade deshalb müssen die „Philosophen" andererseits auf der Notwendigkeit allgemeingültiger moralischer Prinzipien bestehen, können jedoch dieses Postulat mit den Gegebenheiten nicht vereinbaren, die sie vorfinden. So unterminiert die Vernunft das Vertrauen in die „Prinzipien", die sie doch gleichzeitig lehren will und an deren Allgemeinverbindlichkeit der Erzähler auch festhält.

## 4. Zur Tifan-Utopie

Wenn der Erzähler kein überzeugendes Wirklichkeitsmodell und keine verbindliche Handlungsleitlinie anbieten kann, wenn es daher schließlich Grund gibt, an seiner Lehrbefähigung zu zweifeln, von welcher Art kann dann sein utopisches Konzept sein? Als ideales Gegenbild einer komplexen Gesellschaft führt Danischmend die Naturstandsutopie der „Kinder der Natur" ein, die Fénelons Baetica-Utopie aufgreift. Diese Einlageerzählung hält dem Leser die Versöhnung von moralischem Gesetz und anthropologischen Konditionen vor Augen. Für die Kontrastwirkung der „Kinder der Natur" ist entscheidend, daß deren Gesellschafts- und Lebensordnung in der Religion verankert ist und unter Umgehung der Reflexion rituell tradiert wird:

> Diese wohltätigen Ausflüsse der Gottheit sind es, was ihr unter den Bildern vorgestellt sehet, denen euer gemeinschaftlicher Tempel heilig ist. Betrachtet sie als Sinnbilder der Liebe, der Unschuld und der Freude. So oft der Frühling wieder kommt, so oft Ernte und Herbst angehen und geendigt sind, und an jedem andern festlichen Tage versammelt euch in dem Myrtenhaine; bestreuet den Tempel mit Rosen, und kränzet diese holden Bilder mit frischen Blumen; erneuert vor ihnen das unverletzliche Gelübde, der Natur getreu zu bleiben; umarmet einander unter diesen Gelübden, und die Jugend beschließe das Fest, unter den frohen Augen der Alten, mit Tänzen und Gesang (*GS* 58).[28]

Die Voraussetzung dafür, daß ein überschaubares Gemeinwesen durch vernunftgemäße Normen dauerhaft gefestigt werden kann, ist daher deren Einführung durch einen Fremden, in diesem Fall den weisen Psammis. Die Utopie des Tifan-Staats steht im Zeichen der Frage, welche Maßnahmen geeignet sind, Moralität und Stabilität des Naturstandsmodells auch unter den Bedingungen moralischer Selbstorganisation im Großstaat zu verwirklichen.

---

[28]   Vgl. ferner zur Schönheit der Natur *GS*, S. 60f. Meine Bemerkungen zur Naturstandsutopie der „Kinder der Natur" fußen auf Baudach, (wie Anm. 1), S. 564–606. Vgl. auch Dedner, Burghard, *Topos, Ideal und Realitätspostulat.* Studien zur Darstellung des Landlebens im Roman des 18. Jahrhunderts. Tübingen 1969, S. 109–137.

Der Staatsentwurf des Sultans Tifan[29] setzt sich in seinem Kern mit der Auflösung sozialer Bindungen auseinander und verfolgt die Absicht, einen patriotischen Gemeingeist zu etablieren. Als Ziel der moralischen Bildung der Scheschianer gelten „Liebe zum Vaterlande, zu den Gesetzen, zur Ordnung" (*GS* 272). Die legislativen, institutionellen und pädagogischen Maßnahmen des Projekts suchen die hierfür erforderliche Allgemeingültigkeit zu gewährleisten, indem sie sich als Analogon der Schöpfungsordnung präsentieren und sich an höchsten moralischen Werten orientieren.[30] Entsprechend verzichtet Tifan nicht auf eine aufgeklärte Religionskritik. Dazu gehört der Kampf gegen den jesuitenähnlichen Orden der Yafaou (*GS* 277–280) und gegen die abergläubische Verehrung des blauen bzw. des feuerfarbenen Affen (*GS* 283). Anders als die materialistischen Religionsspötter umgeht Tifan dabei die Gefahr, alle transzendenten Höchstwerte um ihre Autorität zu bringen, und ersetzt vorsichtig und schrittweise die geoffenbarten Religionen durch eine überkonfessionelle Naturreligion (*GS* 286).[31] Letztlich erlangen die Gesetze selbst, die als das Allgemeingültigste im Staat gelten, die Würde des

---

[29] Die neueste Interpretation dieser Utopie findet sich bei Budde, Bernhard, *Aufklärung als Dialog*. Tübingen 2000, S. 205–240, im Rahmen einer der bislang umfangreichsten Interpretationen des *Goldnen Spiegels* überhaupt. Ich diskutiere nicht diese Interpretation insgesamt, sondern begnüge mich mit einigen abgrenzenden Hinweisen zur Deutung des Staatsprojekts. Grundsätzlich sieht Budde die Zielrichtung des Romans in der kritischen Auseinandersetzung mit dem Absolutismus; das entscheidende Problem ist aus dieser Perspektive die Uneinsichtigkeit der Fürsten, die den vernünftigen Rat der Philosophen nicht annehmen wollen. Die Widersprüche und das Unglaubwürdige der Tifan-Utopie, soweit sie die Stellung des Fürsten betreffen, haben nach Budde offenbar ihren Grund im Kompromiß mit den gegebenen politischen Bedingungen (S. 228–233). Erst am Ende des Romans, in der Depravationsszenerie der Zweitfassung, mache sich die grundsätzliche „sittliche Verderbnis der menschlichen Natur" (S. 238) geltend. Im Verein mit einer Wendung auch gegen den Reformabsolutismus überhaupt führe sie vor dem Hintergrund der französischen Revolution eine katastrophale Wendung herbei, für deren Bewältigung Wieland kein staatstheoretisches Konzept mehr zur Verfügung habe. Auch Budde erkennt den Zusammenhang zwischen „Fortschritt" und Anarchie (S. 239), wertet diese Darstellung aber offenbar, anders als ich, als Signal für die Not der Philosophen, eine „,postabsolutistische' Lösung des Souveränitätsproblems" herbeizuführen. Die Nachteile dieser Interpretation sehe ich in folgenden Punkten: Sie zielt nur auf den Absolutismus, nicht auf die grundsätzlichere Frage sozialer Kohärenz in differenzierten Gesellschaften; die anthropologischen Bedingungen, die doch schon die Problemstellung der Naturstandsutopie bestimmen, kommen erst am Ende des Romans ins Spiel und werden nicht weiter begründet, so daß der in bezug auf Wieland gewiß unzutreffende Eindruck einer negativen Anthropologie entsteht; daß auch der Fürst ihnen unterworfen ist, bleibt deshalb unerkannt; die Widersprüche der Tifan-Utopie können nur auf die Verderbnis der Fürsten zurückgeführt werden, nicht auf anthropologische und moralphilosophische Problemstellungen überhaupt; der Überlieferungsrahmen spiegelt nur den Umstand, daß weiter nach einer Lösung gesucht werden muß, nicht die erkenntnistheoretisch begründete Notwendigkeit einer Auflösung der Belehrung ins Gespräch.

[30] Vgl. *GS*, S. 244: „Der Regent, als Gesetzgeber betrachtet, hat, wofern er diesen ehrwürdigen Namen mit Recht führen will, nichts andres zu tun, als den Willen des obersten Gesetzgebers auszuspähen, und daraus alle die Verhaltungsregeln abzuleiten, wodurch die göttliche Absicht, Ordnung und Vollkommenheit mit ihren Früchten, der Harmonie und der Glückseligkeit, unter seinem Volke am gewissesten und schicklichsten erlangt werden können."

[31] Dazu ausführlicher die Lehren des Fürstenerziehers Dschengis (*GS*, S. 213–216).

Religiösen: Das Gesetzbuch wird zu einer Art Heiliger Schrift, für die ein Aus-
legungsverbot gilt (*GS* 289) und deren Bestimmungen durch Priester vermittelt
werden (*GS* 287). Die Verfassung scheint so auf die Grundlage universal geltender
Prinzipien gestellt und in den Überzeugungen des Volks verankert zu sein.

Dennoch ist, wie Wieland in der Zweitfassung formuliert, die Aufklärung auf
längere Sicht als „Fortschritt zu höhern Stufen" selbst in „die gänzliche Auflösung
jeder politischen Gesellschaft" verwickelt (*GS* 315f.).[32] Das Modell moralischer
Synthese und die Niedergangsszenerie des Eigennutzens, die freie Wahl moralischer Grundsätze und das Bild vom Volk als Tier, das der Willkür der Neigungen
folgt (*GS* 176), auch das Postulat einer vernünftig geordneten Schöpfung und die
Idee vom einzelnen als verlorenem „Sonnenstaub im Unermeßlichen" (*GS* 196)
erweisen sich als zwei widersprüchliche und einander ausschließende Ansichten
der selben Medaille. Offenbar steht die Politik vor einem Dilemma: Will sie die
Vernunft fördern, so muß sie gleichzeitig die offenen Strukturen einer komplexen
Gesellschaft in Kauf nehmen und arbeitet so dem Mißbrauch in die Hände; sucht
sie alle Quellen der Verderbnis zu verstopfen, so behindert sie auch die Vernunft.

Allgemein führt Wieland die Problematik an der Religionsfrage vor. Angesichts
der Mißbrauchbarkeit der Religion im Großstaat besteht kein Zweifel daran, daß
Fanatismus, Aberglauben und Priestertrug der Kritik unterzogen werden müssen.
Die „hauptsächlichste Beschäftigung" der scheschianischen Priester war es, Danischmend zufolge, „das verblendete Volk in der gröbsten Verfinsterung des natürlichen Lichtes, und in einem ihnen allein nützlichen Aberglauben zu unterhalten" (*GS* 120).[33] Doch vermehrt die Kritik, auf die etwa auch die Einführung einer
Naturreligion angewiesen ist, die Gefahr eines Schwunds religiöser Überzeugungen überhaupt (*GS* 129f.); man darf die ins Weltanschauliche gewendete

---

[32]  Letztlich greift Wieland damit eine bereits bei Hugo Grotius begründete naturrechtliche Argu-
mentationslinie auf, derzufolge der positiv gesehene Naturstand einer kulturellen Aufwärtsbewegung weicht, die sich mit einer moralischen Depravationsgeschichte verbindet. Vgl. dazu
Baudach, (wie Anm. 1), S. 65–78. Mir scheint, daß viele der Schwierigkeiten, mit denen sich
Naumann, (wie Anm. 2), v.a. S. 162–181, befaßt, „hausgemacht" sind und zahlreiche Subtili-
täten sich erübrigen, wenn man nicht (mit Koselleck) die Unvereinbarkeit von moralischer
Kritik und politischer Institutionalisierung als Grundproblem des Romans annimmt, sondern
die Selbstproblematisierung des kulturellen „Fortschritts" und der aufgeklärten Vernunft. –
Bersier, Gabrielle, *Wunschbild und Wirklichkeit*. Deutsche Utopien im 18. Jahrhundert.
Heidelberg 1981, S. 191–217 will den Text „retten", indem sie den Fürstenspiegelgehalt in den
Vordergrund rückt. Diesen unterzieht sie einer ideologiekritischen Bewertung nach den
Maßstäben des Fort- und Rückschrittlichen und greift insbesondere Wielands „reformistische
Zaghaftigkeit" an (S. 207). Auch der Rahmen demonstriert aus der Sicht der Verfasserin nur
Wielands Zweifel, „ob der Absolutismus durch die aufklärerische Philosophie zu korrigieren
sei" (S. 195). Der nur „reformistische" Idealismus ist es offenbar, der nach Bersier schon 1775
Wielands eigene Skepsis dem Roman gegenüber auslöst (S. 210). Diese Beurteilung unter-
schätzt die Reichweite von Wielands Aufklärungskritik erheblich.

[33]  Zu den Interessen im Hintergrund von religiösen Sektenbildungen vgl. auch *GS*, S. 141. Zum
Komplex der Religionskritik bei Wieland Thomé, Religion und Aufklärung in Wielands Aga-
thodämon, (wie Anm. 24), v.a. S. 106–120.

materialistische Perspektive als Erscheinungsform dieses Problems betrachten. Schon 1758 hatte Wieland in einem Brief an Johann Georg Zimmermann die Erosion moralischer Grundsätze durch die Vernunft als Gefahr erkannt. Die „Freyheit der Philosophen und Schriftsteller", die im Prinzip „uneinschränkt seyn" müsse, findet danach ihre Grenze in den „allgemeinen Grundsätzen der Religion und Moral, worinn alle Völker von jeher übereingestimmet".[34] Auch nach Danischmend kann eine Gesellschaft auf die Integrationskraft der Religion als Vermittlungsform leitender Werte nicht verzichten. Schon mit dieser instrumentalisierenden Lehre trägt freilich der Aufklärer wiederum ungewollt zur moralischen Destabilisierung bei.[35] Der deutsche Übersetzer unterdrückt aus solchen Erwägungen bereits religionskritische Aspekte der Scheschianischen Geschichte in der ihm vorliegenden lateinischen Version, um einer weiteren Gefährdung von Moral und sozialem Zusammenhalt durch unkontrollierte Kritik vorzubeugen (*GS* 119).[36] Gerade die Religion wird im Tifan-Staat zum Ausgangspunkt von Zerfallserscheinungen.[37]

Um als Utopie glücken zu können, müßte der Tifan-Staat zeigen, daß es möglich ist, eine vernunftgemäße Staats- und Regierungsform einzurichten und das Volk zur Tugendhaftigkeit zu erziehen, ohne dem destabilisierenden Potential der Aufklärung Raum zu geben. Die grundlegende Frage läßt sich auch so formulieren: Wie kann es gelingen, an der leitenden Kraft der Vernunft festzuhalten, gleichzeitig aber den Mißbrauch der neugewonnenen Freiheiten unmöglich zu machen? Unter diesem Aspekt beschäftigt sich Danischmend ausführlich mit dem Problem, auf welche Weise die Befugnisse des Königs festgelegt werden sollten: Tifan „will sich der Macht nicht berauben, die einem Vater über seine Kinder zusteht – aber er will so wenig als möglich ist Freiheit haben Böses zu tun" (*GS* 243).[38] Kompro-

---

34 Wieland, Christoph Martin, *Briefwechsel*, hg. von der Deutschen Akademie der Wissenschaften zu Berlin, Institut für deutsche Sprache und Literatur (ab 1975: hg. von der Akademie der Wissenschaften der DDR, Zentralinstitut für Literaturgeschichte, durch Seiffert, Hans Werner, und Scheibe, Siegfried), Berlin 1963ff., Bd. 1, S. 380f. Dazu Baudach (wie Anm. 1), S. 502f.

35 Zum Konflikt zwischen dem Festhalten an normative religiösen Überzeugungen auf der einen Seite und der Instrumentalisierung der Religion mit der Konsequenz der Nihilismusgefahr auf der anderen Kondylis, (wie Anm. 25), S. 361–381.

36 Vgl. auch *GS*, S. 196–198; 212–216.

37 Dieses Problem deutet sich in der Entwicklung des religiösen Kultus an (*GS*, S. 286f.): Tifan richtet zunächst freimaurerähnliche „Mysterien" ein, die dazu bestimmt sind, die Adepten „teils durch symbolische Vorstellungen, teils durch deutlichen Unterricht, von der Eitelkeit des Götzendienstes zu überzeugen, und, vermittelst einer Art von feierlicher Verpflichtung auf die Grundwahrheiten der natürlichen Religion, zu besserer Erfüllung ihrer menschlichen und bürgerlichen Pflichten verbindlich zu machen". Das Geheimnis als entscheidender sinnlicher Anziehungspunkt wird in dem Moment gelüftet, in dem „der Dienst des höchsten Wesens in Scheschian der herrschende war". Der Vernunftreligion ist damit die Möglichkeit einer Vermittlung durch „sinnliche Gegenstände" (*GS*, S. 286) genommen. Vgl. weiter *GS*, S. 288, zum Ausblick auf die Entwicklung der Priester von Lehrern über Ausleger der Gesetze zu Richtern.

38 Vgl. auch *GS*, S. 241f., 247. Sätze ähnlicher Art finden sich immer wieder; vgl. etwa *GS*, S. 276: „Tifans hauptsächliches Augenmerk bei der Polizei dieser Klasse [der Handwerker] war, auf der einen Seite den Vorteil zu erhalten, daß alle Arten von Manufakturen so gut als möglich gearbeitet, zugleich aber auch ihrer Verfeinerung gewisse Schranken gesetzt würden."

mißartige, ja sogar widersprüchliche Strategien des Staatsprojekts sind dazu bestimmt, vernunftgeleitete Tugendhaftigkeit zu fördern und zugleich die mit ihr verbundene Freisetzung subjektiver Willkür zu unterbinden. Unter spezifisch utopiegeschichtlichen Aspekten wäre am Tifan-Staat zu verfolgen, wie utopische und kontraktualistische Elemente einander problematisieren.[39] Tifan selbst soll ohne Verlust an unreflektierter Gewißheit gleichwohl unter der Anleitung seines Mentors Dschengis die im Großstaat notwendige reflektierte Moralität ausbilden.[40] Die vernunftorientierte Herrschaftsbegründung verlangt nach einer Zustimmung des Volks, die Sicherung der notwendigen Autorität hingegen nach königlicher Abstammung (*GS* 238f.).[41] Die Unfähigkeit des Volks, sich selbst zu regieren, macht einen Monarchen als Gesetzgeber mit ausschließlicher legislativer und exekutiver Gewalt, (*GS* 243f.) die mögliche Unvollkommenheit des Regenten selbst[42] konstitutionelle Elemente und Einspruchsrechte der Untertanen bis zum gewaltsamen Widerstand notwendig (*GS* 246f.).

Aus moralischen wie ökonomischen Gründen gelten ein kontinuierliches Bevölkerungswachstum, eine gewisse geographische Expansionstendenz (*GS* 259–262) sowie die Förderung von wirtschaftlicher Produktion und Außenhandel als unverzichtbar. Diesen dynamischen, auf Ausweitung gerichteten Momenten stehen Maßnahmen gegenüber, die soziale Starre als Hemmschuh des Gesellschaftszerfalls

---

[39] Zu den beiden Traditionslinien Saage, Richard, *Politische Utopien der Neuzeit*. Darmstadt 1991, S. 77–150; ders., Zur Konvergenz von kontraktualistischem und utopischem Denken in Johann Gottlieb Fichtes ‚Der geschlossene Handelsstaat', in: Neugebauer-Wölk, Monika / Saage, Richard (Hg.), *Die Politisierung des Utopischen im 18. Jahrhundert*, (wie Anm. 1), S. 40–55. Zur Präsenz der beiden Modelle im Text vgl. *GS*, S. 159, 186.

[40] Vgl. *GS*, S. 210f.: „Diese und tausend andre Sätze, welche sich aus ihnen ableiten lassen, fand der junge Tifan gleichsam mit der eigenen Hand der Natur in seine Seele geschrieben. Es waren eben so viele Gefühle, welche ihn der weise Dschengis in Grundsätze verwandeln lehrte, deren überzeugender Kraft seine Vernunft eben so wenig widerstehen konnte, als es in seiner Willkür stand, den Tag für Nacht, oder warm für kalt zu halten."

[41] Mit Charisma als Vorzug adliger Geburt, das Danischmend als Vorurteil entlarvt, ist der legitime Thronfolger Tifan in besonders reichem Maß ausgestattet. Zwar lehnt der Erzähler einerseits dieses angebliche Adelsprivileg als Aberglauben ab (*GS*, S. 207): „Oft wenn Dschengis den jungen Prinzen […] von der Feldarbeit zurück kommen sah, lachte er bei sich selbst über die Unverschämtheit jener Schmeichler, welche die Großen der Welt bereden wollen, als ob sogar in ihrem Blute ich weiß nicht was für eine geheimnisvolle Zauberkraft walle, die ihrer ganzen Person und allen ihren Trieben und Handlungen eine gewisse Hoheit mitteile, welche sie von andern Menschen unterscheide und diese letztern zu einer unfreiwilligen Ehrfurcht zwinge." Andererseits liest man (*GS*, S. 250): „Tifans Charakter, seine Grundsätze, seine Tugenden, sein einnehmendes Betragen, zogen, wie durch eine magnetische Kraft, nach und nach alle verständige und redliche Leute von Scheschian, das ist, alle die ihm ähnlich waren, an sich." *GS*, S. 236: „Eine ungezwungene Bescheidenheit zog einen Schleier über seine Vorzüge, der ihren Glanz milderte, ohne verhindern zu können daß sie Aufmerksamkeit und Bewunderung erregten." Dieses „Geheimnis, mit so vielen Vollkommenheiten von jedermann geliebt zu werden", wäre bis zu Castiglione zurückzuverfolgen.

[42] Kondylis, (wie Anm. 25), S. 523, 527f., macht darauf aufmerksam, daß in der Frage, wer den Erzieher erziehen solle, eine Grundschwierigkeit für Helvétius' und d'Holbachs Bemühungen liegt, bei allem Empirismus die Möglichkeit einer stabilen Gesellschaftsordnung auf der Grundlage allgemein internalisierter moralischer Werte nachzuweisen.

begünstigen (*GS* 273f.): Als „Kunstmaschine" (*GS* 303) soll der ideale Staat die schädlichen Folgen von Ungleichheit und Arbeitsteilung kanalisieren und eindämmen. Unter diesem Aspekt will das Aufklärungsprojekt geradezu die Aufklärung in die Schranken weisen.[43] Zu den einschlägigen Vorkehrungen gehören im Tifan-Staat die Begrenzung der Stadtbevölkerung (*GS* 224), ein Ständemodell mit limitierter sozialer Mobilität (*GS* 298), eine dem jeweiligen Stand angemessene Zuteilung von „Aufklärung", „Entwickelung, Verfeinerung und Polierung" (*GS* 296) und eine Erziehungspolitik, die eine genaue Charakterklassifikation der künftigen Funktionselite einschließt und eine stabile Aufgabenverteilung zu gewährleisten hat (*GS* 299f.). Unter dem „fast unzählbaren Volke" von Scheschian, so faßt Danischmend die Gegensätze zusammen, „herrschte eine Ruhe, eine Sicherheit, eine Eintracht, welche, in Verbindung mit der immer regen Tätigkeit und allgemeinen innerlichen Bewegung, unbegreiflich schien" (*GS* 252). Mit der Verbindung von vernunftpädagogischen und restriktiven Maßnahmen setzt sich in dem von Danischmend vorgestellten Modell die Doppeldeutigkeit der Vernunft gewissermaßen als Negativabdruck fort.[44]

Doch ist es dem *Goldnen Spiegel* zufolge unmöglich, das destabilisierende Potential einer differenzierten Gesellschaft einzudämmen. Auch die Tifan-Episode beschert der aufgeklärten Vernunft als Ratgeberin mit Allgemeingültigkeitsanspruch einen Vertrauensverlust, da sie als Teil der verhängnisvollen „Polierung" der Depravationsgefahr keinen Riegel vorschieben kann. Auf die Frage nach der Durchsetzbarkeit moralischer Prinzipien im Staat vermag das Tifan-Regiment keinen Bescheid zu erteilen, sondern reflektiert eher eine Krise der Fürstenspiegel-Gattung und ihrer ‚philosophischen' Statthalter. Da die Vernunftordnung nicht die Wirklichkeit insgesamt integrieren kann, bleibt auch der Tifan-Staat nicht vom Verfall verschont. Bereits in der Erstfassung des *Goldnen Spiegels* von 1772 deutet sich an, daß das Idealreich, in dessen Darstellung diese Version mündet, nur von endlicher Dauer sein werde. Die zweite Fassung von 1794 hat Wieland um ein Schlußkapitel erweitert, das den Niedergang und die Vernichtung von Scheschian unter Tifans Nachfolgern darstellt. Das Idealprojekt des Staatsromans wird, wie der Erzähler Danischmend erklärt, von der Geschichte verschlungen:

> Es bedarf vielleicht vieler Jahrhunderte, bis so ein Gebäude, wie Tifan errichtet hatte, vor Alter und Baufälligkeit zusammen sinkt. Gleichwohl hätte dieser Augenblick endlich kommen müssen; denn daß eine unzerstörbare Staatsverfassung unter die unmöglichen Dinge gehöre, ist noch von niemand geleugnet worden (*GS* 314).[45]

---

[43] Dazu in der zweiten Fassung *GS*, S. 315f.

[44] Es genügt deshalb nicht, mit Fohrmann, (wie Anm. 14, S. 35), auf eine Austauschbarkeit der Subjekte und einen Hang zum Totalitären als Merkmale dieses Staatsentwurfs zu verweisen.

[45] Als Beispiel für die Anlage dieser Entwicklung auch schon in der Erstfassung vgl. *GS*, S. 290: „Indessen ist zur Ehre des Priesterstandes und der Gesetzgebung Tifans genug, daß sie mehr als hundert Jahre nach seinem Tode noch immer die besten unter allen Scheschianern, und überhaupt (wenn man das Landvolk ausnimmt) die letzten waren, die dem Hange zur Ver-

Daß freilich der Roman an der ausführlichen Präsentation eines Idealentwurfs festhält, deutet darauf hin, daß der Erzähler – und wohl auch der Verfasser – sich mit dem Abschied von einer allgemeinverbindlichen Richtlinienkompetenz der Vernunft nicht abfinden wollten. Doch welcher Stellenwert kann jetzt der Darstellung der Tifan-Zeit zukommen?

## 5. Der Standpunkt des „Weisen"

Gerade wenn sogar der „Philosoph" selbst die Intentionen der Vernunft (insofern sie es auf „Prinzipien" von universaler Geltung abgesehen hat) unterläuft, indem er Argwohn gegen ihre allgemeine moralische Besserungskompetenz streut, stellt sich die bereits zu Beginn aufgeworfene Frage, wie es ihm gleichwohl noch gelingen möchte, eine Zuständigkeit für das Allgemeingültige zu behaupten und die Aussicht auf einen Ausweg offenzuhalten.[46] Unter diesem Aspekt zeichnet sich, so scheint mir, hinter der politischen Programmatik eine weitere Geschichte ab.

Danischmend erzählt nicht allein die Chronik der Könige von Scheschian, sondern ist, wenigstens punktuell, auch in der Lage, über den Wahrheitsanspruch des eigenen Erzählens Rechenschaft abzulegen. Ich zitiere eine einschlägige Passage:

> [...] ich muß gestehen, je weiter wir in der Geschichte Tifans kommen werden, desto weniger wird sie die Miene einer Geschichte aus dieser Welt haben. Aber dem ungeachtet kann ich mir nicht aus dem Kopfe bringen, daß sie eine so wahre Geschichte ist, als immer die Geschichte von Azorn oder Isfandiarn. Tifan ist kein Geschöpf der Phantasie; es liegt dem ganzen Menschengeschlechte daran, daß er keines sei. Entweder er ist schon gewesen, oder, wenn er

---

derbnis nachgaben, der sich unter den Nachfolgern Tifans allmählich des Hofes, der Hauptstadt, und endlich der ganzen Nation bemächtigte." Vgl. Seuffert, (wie Anm. 2), S. 357f.; McNeely, James A., Historical Relativism in Wieland's Concept of the Ideal State, in: *MLQ* 22 (1961), S. 280f., besonders Anm. 15; Jaumann, Nachwort, in: *GS*, S. 874. Für einen Interpretationsversuch, der letztlich auf die Bestätigung eines marxistischen Geschichtsmodells hinausläuft, vgl. Walter, Michael, ‚Keine Zeichen von guter Vorbedeutung'. Zur Textbedeutung des Schlußkapitels vom ‚Goldnen Spiegel', in: Höhle, Thomas (Hg.), *Das Spätwerk Christoph Martin Wielands und seine Bedeutung für die deutsche Aufklärung*. Halle 1988, S. 29–41. Einige Bemerkungen zur Distanzierung vom aufklärerischen Optimismus im *Goldnen Spiegel* auch bei Martens, Wolfgang, *Der patriotische Minister. Fürstendiener in der Literatur der Aufklärungszeit*. Köln / Wien 1996, S. 261–265.

[46]  Schon die Fragestellung schließt die Vermutung ein, daß Erharts These, (wie Anm. 14), Wielands Absicht richte sich (im *Agathon*) nicht auf allgemeingültige moralische Grundsätze und Sinnperspektiven, sondern suche solche zu „dekonstruieren", die Skepsis des Verfassers gegenüber der empirischen Unhaltbarkeit der verfügbaren moralischen „Angebote" zwar zutreffend bezeichnet, die Bewegung der Texte auf einen sozialen und moralischen Idealentwurf hin – auf der Grundlage einer verbindlichen Moralität und vor dem Hintergrund der Überzeugung von einer sinnvollen Weltordnung – aber ignoriert. Zur kritischen Diskussion Jacobs, Jürgen, Fehlrezeption und Neuinterpretation von Wielands ‚Agathon'. Anmerkungen zu einem neuen Deutungsvorschlag, in: *Wieland-Studien* 3 (1996), S. 273–281. Peter, Emanuel, *Geselligkeiten. Literatur, Gruppenbildung und kultureller Wandel im 18. Jahrhundert*. Tübingen 1999, S. 193–197 mit Anm. 100. Peter scheint allerdings seinerseits die Vorbildlichkeit der Tifan-Utopie zu überschätzen, selbst wenn er ihren bloßen Möglichkeitscharakter anerkennt.

(wie ich denke) nicht unter den itzt Lebenden ist, wird er ganz gewiß künftig einmal sein (*GS* 234).[47]

Der Sprecher besteht auf der „Wahrheit" seines Berichts, die dabei allerdings Züge einer subjektiven Überzeugung annimmt. Auch aus seiner eigenen Perspektive bekommt seine Erzählung so den Charakter eines Versuchs; die „Wahrheit" steht nicht von vornherein fest, sondern muß erst ermittelt werden. In ähnlichem Sinn rechtfertigt Danischmend die Flucht vor den Bildern der Geschichte „in erdichtete Welten, zu schönen Ideen", da nur die Augenblicke, die moralischer Sinnerfahrung „oder der Betrachtung der Natur und der Erforschung ihres großen Plans, ihrer weisen Gesetze und ihrer wohltätigen Absichten" gewidmet seien, „gezählt zu werden verdienen, wenn die Frage ist, wie lange wir gelebt haben" (*GS* 150). In dem 1778 entstandenen Aufsatz *Was ist Wahrheit* entwickelt Wieland diesen Wahrheitsbegriff weiter. Ein solcher scheint ihm dort als Bollwerk gegen die Verunsicherung, die von unkontrollierter Rationalität in moralischer Hinsicht ausgehen kann, unverzichtbar zu sein. Der Wahrheitsaufsatz beschäftigt sich also mit dem Problem des Metaphysikverlusts, das auch im *Goldnen Spiegel* der vernünftigen Kritik entspringt. Wahrheit ist im genannten Sinn jedenfalls primär die identitätsnahe Überlebensration des Individuums an unverletzlichen Gewißheiten: Ihr sicherstes Kennzeichen sei „das innige Bewusstsein dessen was wir fühlen".[48] Seine Überzeugungskraft entfaltet dieses Konzept unter der Voraussetzung, daß solche Meinungen an der Wahrheit im Ganzen partizipieren. Im Hintergrund erkennt man die Vorstellung von einer sinnvoll eingerichteten Schöpfung.[49]

Doch als nur gefühlte Überzeugung wäre die „Wahrheit" nicht geeignet, sozialen Zusammenhalt zu stiften – eher im Gegenteil. Danischmends Formulierungen lassen daher keinen Zweifel daran, daß diese „Wahrheit" keinen Anspruch auf Allgemeingültigkeit erheben darf. Der „Weise" kann sich nicht mehr kraft seiner Vernunft auf eine unzweifelhafte Wahrheitskompetenz berufen. Im Wahrheitsaufsatz warnt Wieland davor, „unsere Meinungen für Axiome und unumstössliche Wahrheiten anzusehen, und andern als solche vorzutragen".[50] Doch was gewährleistet den gemeinschaftsbildenden Aspekt der Wahrheit? Wieland ersetzt die stati-

---

[47] Vgl. auch *GS*, S. 220f.

[48] Wieland, *Sämmtliche Werke*, (wie Anm. 18), Bd. VIII/24, S. 44. Dazu Thomé, Horst, Utopische Diskurse. Thesen zu Wielands Aristipp und einige seiner Zeitgenossen, in: *MLN* 99 (1984), S. 503–521; Baudach, (wie Anm. 1), S. 546f. Zur Wahrheit als Problem fiktionaler Erzählung im *Agathon* Thomé, *Roman und Naturwissenschaft*, (wie Anm. 25), S. 179–188.

[49] Vgl. Wieland, *Sämmtliche Werke*, (wie Anm. 18), Bd. VIII/24, S. 49f.

[50] Ebd., S. 51. Vgl. auch Wieland, *Das Geheimnis des Kosmopoliten-Ordens*, ebd., Bd. 34, S. 187. Danach halten die Kosmopoliten an „dem grossen, ihrer Meinung nach unumstösslichen moralischen Axiom" fest, daß, „vermöge einer unfehlbaren Veranstaltung der Natur, das menschliche Geschlecht sich dem Ideal menschlicher Vollkommenheit und daraus entspringender Glückseligkeit immer nähere, ohne es jemahls völlig zu erreichen". Das Axiom wird also nicht als Lehre des Verfassers wiedergegeben, sondern als subjektive handlungsleitende Maxime der Kosmopoliten.

sche Vermittlung einer verbindlichen Lehre durch eine Art Symposium, in dem jeder Teilnehmer mit der Notwendigkeit rechnen muß, die eigenen Positionen alsbald wieder zu räumen.[51] Der erforderliche Umgang unter den Gelehrten besteht also nicht in der Durchsetzung des als wahr Angenommenen, sondern in der kolloquialen Bereitschaft zu einer fortgesetzten Revision. Das Festhalten an der universalen Zuständigkeit der Vernunft gelingt daher nur als paradoxes Zusammenwirken von subjektiver Überzeugungsfestigkeit und kritischer Prüfung und Relativierung.

Diesem Gesprächsmodell nähert sich Wieland im Roman mit der Verfasser-, Übersetzer- und Herausgeberfiktion, ohne es allerdings bereits durchzuführen. Vor allem bleibt unklar, in welchem Maß die Beteiligten in der Lage sind, eigene Meinungen zurückzunehmen und solche der übrigen Beteiligten anzuerkennen. Die Geschichte von Scheschian gelangt jedenfalls, wie wir sahen, nicht auf dem kürzesten Weg als unzweifelhaft glaubwürdiges Dokument zum Leser, sondern wird selbst bei den besten Absichten durch Erkenntnisfähigkeit und Intentionen der einzelnen Überlieferer gefiltert.[52] Ich gebe einige Beispiele zur Opazität der Traditionskette: Danischmend und Nurmahal lesen die von zwei Omras „zur Ergetzung und Einschläferung des Sultans Gebal" verfaßte „Chronik der Könige von Scheschian" (*GS* 23f.) nicht wortgetreu vor, sondern eignen sie sich an, indem sie sie ununterscheidbar mit eigenen Kommentaren vermischen. Nurmahal etwa kürzt die Erzählung ab, fügt eigene Reflexionen hinzu oder nimmt „eine Veränderung im Schwung oder Ton" vor, „je nachdem ihr die gegenwärtige Verfassung und Laune des Sultans den Wink dazu gab" (*GS* 34). Die Chronik selbst enthält bereits Informationslücken, die entweder aus eigener Kraft der Erzähler (*GS* 290f.) oder mit zusätzlichem Material wie dem seinerseits nur als Auszug zur Verfügung stehenden Gesetzbuch des Sultans Tifan aufgefüllt werden (*GS* 254). Dem chinesischen Übersetzer dient das Werk als „Lehrbuch für die Prinzen aus dem Hause des Kaisers Tai-Tsu". Zu diesem Zweck verfaßt er aber nur einen Extrakt aus dem hindostanischen Original (*GS* 24; 265). Den Ausgang der Geschichte von Scheschian muß er wiederum „aus alten Sagen und glaubwürdigen Urkunden" ermitteln, weil der inzwischen gefangengesetzte Danischmend als Erzähler ausfällt. Von dieser Rekonstruktion teilt der lateinische Übersetzer lediglich die „Resultate" mit (*GS* 324). Als in die Vergangenheit verlagerte Utopie schwankt die Erzählung ohnehin zwischen getreuem Bericht und Zukunftsentwurf.

Sieht man von dem Haupterzähler Danischmend ab, so haben die Teilnehmer der Überlieferungskette nur im Ansatz Gelegenheit, eigene Perspektiven zu formulieren. Immerhin melden sich der vor allem an politischen Lehren interessierte chinesische Übersetzer, der lateinische Übersetzer, offenbar ein Jesuit, der einen

---

[51] Ebd., Bd. 24, S. 50.
[52] Zu Vielstimmigkeit und Perspektivismus im Überblick Meyer, Herman, Christoph Martin Wieland, ,Der goldene Spiegel' und ,Die Geschichte des weisen Danischmend', in: Schelle, Hansjörg (Hg.), *Christoph Martin Wieland*. Darmstadt 1981, S. 128–151.

gewissen Hang zu polyhistorischer Belesenheit zeigt und zugunsten des christlichen Glaubens gegen eine Relativierung von Religionswahrheiten votiert, der deutsche Herausgeber und ein „Ungenannter" mit Fußnoten zu Wort, in denen sie auch Meinungsverschiedenheiten untereinander austragen und weitere Quellen unterschiedlicher Art alludieren.[53] Die Fiktion der Textgeschichte übernimmt die Rolle eines ‚quellenkritischen Apparats', der in gewissem Umfang Auskunft darüber erteilt, welche Voraussetzungen für die jeweilige Sichtweise verantwortlich sind, vor allem aber an der Unverläßlichkeit der Überlieferung keinen Zweifel läßt. Das Erzählte spricht also nicht für sich, sondern die Erzählung muß jeweils einer kritischen Belastungsprobe ausgesetzt werden. Aus dieser Sicht erscheint die gesamte Scheschian-Geschichte als *ein* Modell im Prozeß der Suche nach der idealen Staatsform. Hält man diesen Befund mit den Hoffnungen zusammen, die Danischmend dennoch nicht aufgibt, so wird deutlich, daß sich im *Goldnen Spiegel* das Paradox des Wahrheitsaufsatzes wiederholt. Subjektive „Wahrheiten" können sich nur rechtfertigen, indem sie ihre Überholbarkeit zulassen, während das kritische Gespräch sich nur als Weg zur Besserung anbietet, solange die Meinungen Anspruch auf Partizipation an der Wahrheit erheben können.

Ich bilanziere: Das Romanmodell läßt keinen Zweifel an der Notwendigkeit bessernden Eingreifens der Vernunft und an der Überzeugung, daß die staatlich verfaßte Gesellschaft der Ort der Verwirklichung sein müsse. Wielands Philosophen verstehen sich daher durchaus als Intellektuelle mit öffentlicher Verantwortung. Dabei gebietet ihnen die kontinuierliche Selbstkritik den Verzicht auf eine Rettung in teleologische und utopische Modelle mit hohem Verbindlichkeitsanspruch, erst recht jedoch jeden umstürzlerischen Eingriff. Gerade in ihrer Paradoxie ist die Konstruktion allerdings von höchstem Anspruch. De facto führt sie nicht zu politischem Handeln, sondern zu einem Gespräch der wenigen Wissenden, dem ein Hauch von Resignation nicht fehlen wird. Doch immerhin: Zu diesen Beratungen ist auch der Leser eingeladen und mit dem Blick auf die Fluchtlinie der Meinungen schon in Position gebracht.

---

[53] Zur Gelehrsamkeit des lateinischen Übersetzers z.B. *GS*, S. 28, 108. Zum politischen Interesse des chinesischen Übersetzers z.B. *GS*, S. 87, 112. „Anmerkungen eines Ungenannten" *GS*, S. 249. Zu einer Meinungsverschiedenheit zwischen dem chinesischen und dem lateinischen Übersetzer *GS*, S. 115f.

RICHARD SAAGE (Halle)

# Die „anthropologische Wende" im utopischen Diskurs der Aufklärung

## I.

Die ältere Aufklärung stand im Bann der Descartesschen Unterscheidung zwischen „res cogitans" und „res extensa": Absolute Priorität hatte die rationalistische Vernunft gegenüber dem auf die bloße Quantität der Ausdehnung reduzierten Körper. Zweifellos steht diese Prämisse in einer geistesgeschichtlichen Kontinuität zu den Strukturmerkmalen der Utopien der Renaissance und der Reformation: Die Disziplinierung der Natur durch geometrische Basisfiguren und die Unterwerfung der natürlichen Lebensbedingungen der Menschen unter ihren Willen waren ebenso mit dieser Annahme vereinbar wie die Berechenbarkeit menschlichen Verhaltens durch institutionelle Reglementierung und die etatistische Kontrolle der Sexualität. Doch im Verlauf des 18. Jahrhunderts brach sich eine neue Erfahrung Bahn, der es um den „Zusammenhang der tierischen Natur des Menschen mit der geistigen" ging.[1] Wie reagierte nun der Utopie-Diskurs der Aufklärung auf diese neue Anthropologie, die durch die Stichworte „Rückgang auf die Empirie", „Naturalisierung des Menschen", „Rehabilitierung der Sinne", kurz: durch die Wende „zum Körper, zu den Sinnen, zum Triebleben, zu den unteren Seelenkräften, zum dunklen fundus animae, zum Unbewußten"[2] gekennzeichnet war?

Bei der Auswertung der Texte in der Perspektive dieser systematischen Fragestellung erwies es sich als sinnvoll, die vorliegenden utopischen Entwürfe nach dem Kriterium *archistischer* oder *anarchistischer* fiktiver Gesellschaftsentwürfe zu unterscheiden und separat zu untersuchen. Diese idealtypische Kategorisierung geht auf Andreas Voigt zurück, der sie anthropologisch begründete.[3] Er sah nämlich das unterscheidende Merkmal in dem verschiedenen Verhalten der Menschen zum Herrschen und zum Dienen, zu Zwang und Freiheit. Das Ideal der *archistischen* Utopie ist daher in der Regel ein Staat mit starker, umfassender Zwangsgewalt, der die Beziehungen der Staatsangehörigen von der Wiege bis zur Bahre in allen Einzelheiten regelt. Das Leitbild der *anarchistischen* Utopie geht demgegenüber vom Gesellschaftsideal der absoluten Freiheit aus. Jeder Zwang, jede Art von Herrschaft, die Regierung, Polizei und die Justiz ausüben, werden verworfen.[4]

---

[1] Zit. nach Schings, Hans-Jürgen, Vorbemerkung des Herausgebers, in: ders. (Hg.), *Der ganze Mensch*. Anthropologie und Literatur im 18. Jahrhundert. DFG-Symposium 1992. Stuttgart / Weimar 1994, S. 1.
[2] Schings, ebd., S. 5.
[3] Vgl. Voigt, Andreas, *Die sozialen Utopien*. Fünf Vorträge. Leipzig 1906, S. 17–22, hier S. 20.
[4] Ebd., S. 18f.

Allerdings unterscheidet sich mein Gebrauch dieser Kategorien von Voigts Ansatz grundlegend. Zunächst verwende ich sie als Idealtypen. Als gedankliche Konstruktionen dienen sie der Strukturierung des utopischen Materials, ohne behaupten zu wollen, sie seien in Reinform nachweisbar. Gleichwohl steht ihr heuristischer Nutzen gerade dann außer Frage, wenn es darum geht, Mischformen zu identifizieren. Abgesehen davon, daß mit dieser Kategorisierung Voigts utopiefeindliche Implikationen nicht übernommen werden, ist ferner für meinen Ansatz das unterschiedliche Naturverhältnis des archistischen und des anarchistischen Utopietyps zentral, das für Voigt keine Rolle spielt. Seit der Antike ist nämlich die utopische Phantasie, die dem archistischen Muster zugrundeliegt, ganz auf die Regulation der Sozialmechanismen ausgerichtet. Ein Bereich jenseits der Gesellschaft kann nicht bestehen, weil er planender Verfügung entzogen wäre. Auch die Natur selbst ist dem gesellschaftlichen Nutzenprinzip untergeordnet. Demgegenüber kennt der anarchistische Ansatz in der antiken Schäfer-Dichtung den Entwurf von politischen und sozio-ökonomischen Institutionen, Normen gesellschaftlichen Handelns und kultureller Interaktion nicht. Doch gleichwohl ist Politik als Friedensstiftung auf das urgeschichtliche Hirtentum zurückbezogen und wird an ihm gemessen.[5]

Die Untersuchung der archistischen Utopien im Diskurs der Aufklärung konzentriert sich im folgenden auf Vairasse' *Histoire des Sevarambes* (1675),[6] auf Fontenelles *Histoire des Ajaoiens* (1682/1768),[7] auf Fénelons Salent-Utopie in *Die Abenteuer des Telemach* (1699),[8] Schnabels *Insel Felsenburg* (1731),[9] Morellys *Gesetzbuch der Natur* (1755),[10] Merciers *Das Jahr 2440* (1771)[11] und Rétifs *La*

---

[5]  Vgl. zum Gesamtzusammenhang Garber, Klaus, Arkadien und Gesellschaft. Skizze zur Sozialgeschichte der Schäferdichtung als utopischer Literaturform Europas, in: Voßkamp, Wilhelm (Hg.), *Utopieforschung*. 3 Bde. Frankfurt/M. 1985, hier Bd. 2, S. 37–81.

[6]  Vairasse, Denis, *Histoire des Sevarambes*. Peuples qui habitent une Partie du troisième Continent communément apellé La Terre Australe etc. Amsterdam 1702. Das erste Buch wird mit I, das zweite mit II gekennzeichnet.

[7]  Fontenelle, Bernard Le Bovier de, *Histoire des Ajaoiens*. Kritische Textedition mit einer Dokumentation zur Entstehungs-, Gattungs- und Rezeptionsgeschichte des Werkes von Hans-Günter Funke. Heidelberg 1982.

[8]  Fénelon, François de Salignac de La Mothe, *Die Abenteuer des Telemach*. Aus dem Französischen übers. v. Friedrich Fr. Rückert, mit einem Nachwort hg. v. Volker Kapp. Stuttgart 1984, S. 396–412. Die Übersetzung, nach der zitiert wurde, ist verglichen worden mit ders., *Les Aventures de Télémaque*. Texte établi avec introduction, chronologie, notes, choix de variantes et bibliographie par Jeanne-Lydie Goré. Paris 1987.

[9]  Schnabel, Johann Gottfried, *Insel Felsenburg*, hg. v. Volker Meid und Ingeborg Springer-Strand. Stuttgart 1979.

[10]  Morelly, *Gesetzbuch der natürlichen Gesellschaft oder der wahre Geist ihrer Gesetze zu jeder Zeit übersehen oder verkannt*. In der Übers. v. Ernst Moritz Arndt (1845). Hg. u. mit einer Vorbemerkung und Anmerkungen versehen von Werner Krauss. Berlin 1964. Diese Übersetzung, nach der zitiert wurde, ist verglichen worden mit ders., *Code de la Nature ou le véritable Esprit de ses Loix* (1755). Publié avec notice et table analytique par Edouard Dolléance. Paris 1910.

[11]  Mercier, Louis-Sébastien, *Das Jahr 2440*. Deutsch von Christian Felix Weiße (1772). Hg., mit Erläuterungen und einem Nachwort versehen von Herbert Jaumann. Frankfurt/M. 1982. Diese

*Découverte australe par un homme-volant etc.* (1781).[12] Dabei war das entscheidende Kriterium für die Zuordnung zur Kategorie „archistischer" Entwürfe die Existenz eines Staates, auch wenn er – wie z.B. in Schnabels *Insel Felsenburg* oder in Rétifs Megapetagonen-Utopie – nur schwach ausgeprägt ist. Als Beispiel anarchistischer Utopie-Muster der Aufklärung lagen der Untersuchung de Foignys *Nouveau Voyage de la Terre Australe* (1676),[13] Fénelons Bätica-Modell in *Die Abenteuer des Telemach* (1699),[14] Lahontans *Suite du Voyage de l'Amerique ou Dialogues de Monsieur le Baron des Lahontan et d'un Sauvage dans l'Amerique* (1704),[15] Morellys *Naufrage des Isles flottantes ou Basiliade du célèbre Pilpai* (1753)[16] und Diderots *Nachtrag zu ‚Bougainvilles Reise'* (1778/79)[17] vor. Auch diese Schwerpunktbildung ist durch eine beachtliche Bandbreite gekennzeichnet, die von „reinen" anarchistischen Ansätzen wie bei Fénelon, Lahontan und Diderot bis hin zu Mischmodellen mit archistischen Elementen wie bei de Foigny und Morelly reichen. Bestimmendes Merkmal war jedoch in allen Fällen das Kriterium einer staatsfreien Gesellschaft.

Doch kehren wir zur Ausgangsfrage zurück. Haben sich diese repräsentativen utopischen Entwürfe der Aufklärung von der sogenannten „anthropologischen Wende" inspirieren lassen? Hinterließ die Einbeziehung der irrationalen Triebsphäre des Menschen in den Wirkungsbereich der Vernunft, die Aufwertung der Sinne als Erkenntnisorgan, die Konstruktion geschichtsphilosophischer Teleologien nach dem Vorbild des biologischen Lebensrhythmus der Menschen, die starke Tendenz von der Geometrisierung zur Naturalisierung der Lebenswelten und damit verbunden die Ersetzung der Leitwissenschaft der Geometrie durch die

---

Übersetzung, nach der ich zitiert habe, wurde verglichen mit: ders., *L'An deux mille quatre cent quarante. Rêve s'il en fut jamais.* Edition, introduction et notes par Raymond Trousson. Bordeaux 1971.

[12] Rétif de la Bretonne, Nicolas-Edme, *La Découverte australe*, hg. v. Paul Vernière. Genève 1979 [Reprint der Ausgabe Leipzig 1781].

[13] Gabriel de Foigny, *Nouveau Voyage de la Terre Australe etc.* Par Jacques Sadeur. Paris 1693. Die Edition, nach der ich zitiert habe, wurde verglichen mit der Erstausgabe: ders., *La Terre Australe connue etc.* Vannes 1676.

[14] Fénelon, (wie Anm. 8), S. 144–152.

[15] Lahontan, Louis Armand de, *Suite du Voyage de l'Amerique ou Dialogues de Monsieur le Baron de Lahontan et d'un Sauvage dans l'Amerique.* Amsterdam 1704. Diese Edition, nach der ich zitiere, wurde verglichen mit folgender Übersetzung: ders., *Gespräche mit einem Wilden.* Aus dem Franz. v. Barbara Kohl. Mit einem Vorwort des Autors und einer Einl. v. Karl-Heinz Kohl. Frankfurt/M. 1981.

[16] Morelly, *Naufrage des Isles flottantes, ou Basiliade du célèbre Pilpai.* Poëme heroïque. 2 Bde. Messina 1753.

[17] Diderot, Denis, *Nachtrag zu ‚Bougainvilles Reise'* oder *Gespräch zwischen A. und B. über die Unsitte, moralische Ideen an gewisse physische Handlungen zu knüpfen, zu denen sie nicht passen*, in: ders., *Philosophische Schriften*, 2 Bde., hg. u. übers. v. Theodor Lücke. Berlin 1984, hier Bd. 2, S. 195–237. Diese Übersetzung, nach der ich zitiere, wurde verglichen mit: ders., *Supplément au voyage de Bougainville ou Dialogue entre A. et B. etc.*, in: Diderot, *Œuvres philosophiques*, hg. v. Paul Vernière. Paris 1961, S. 455–516.

Biologie signifikante Spuren in den utopischen Entwürfen der Aufklärung des
17. und 18. Jahrhunderts?

## II.

Ohne Frage steht Vairasse' Sevaramben-Utopie in deutlicher Distanz zu der oben
genannten „anthropologischen Wende". Die Transparenz geometrischer Grundrisse der Bauten, die Homogenität der Architektur, die Funktionalität der Gestaltung städtischer und ländlicher Räume, aber auch der reglementierte Tagesablauf
der Sevaramben und ihre uniformierte Kleiderordnung symbolisieren die Statik
einer ahistorischen rationalistischen Superstruktur. „Der sevarambische Urbanis-
mus zeigte eine markante Tendenz zur Geometrie", so wurde zutreffend hervorgehoben. „Die schier unbegrenzten Möglichkeiten der Naturbeherrschung durch den
hohen Entwicklungsstand der Technik werden von den Sevarambiern selbstbewußt
aus der Leistungsfähigkeit ihres Kollektivismus abgeleitet".[18] Der quadratische
Grundriß der öffentlichen Gebäude, die symmetrische Anordnung der Wachtürme
und der Wohngebäude, die gerade Straßenführung, die der öffentlichen und privaten Hygiene dienenden Einrichtungen sowie die aus utilitaristischen Gründen über-
dachten Straßen weisen Vairasse' Entwurf als eine „cartesianische Utopie"[19] aus:
Ihr liegt ganz im Sinne der älteren Aufklärung eine Art sozialer Geometrie zugrunde, die die Einheit des Gemeinwesens in Gestalt einer gesellschaftlichen,
städteplanerischen und architektonischen Symmetrie anstrebt.[20] Entscheidende Elemente der sogenannten „anthropologischen Wende" sind also in Vairasse' Konstrukt nicht auszumachen.

Diese Aussage trifft im Kern auch auf Fontenelles Ajao-Utopie zu. Zwar
scheint sein Konstrukt mit einem wichtigen Strukturmerkmal der anthropologischen Wende des 18. Jahrhunderts zu konvergieren, wenn es auf den partner-
schaftlichen, nicht reglementierenden Umgang mit der Natur setzt: In dem Maße,
wie sie von sich aus dem einzelnen gibt, was er zum Überleben benötigt, entfällt
der Zwang des Staates, die Individuen im Rahmen einer strikten Arbeitsdisziplin
zu homogenisieren und sie ihrer Spontaneität im Rahmen hierarchischer Institutionen um der Effizienz willen zu berauben. Nach der Logik des antiken Automaton-

---

[18] Funke, Hans-Günter, Die literarische Utopie der französischen Aufklärung zwischen archistischem (Vairasse, Fontenelle, Morelly) und anarchistischem Ansatz (Foigny, Fénelon,
Lahontan), in: Saage, Richard / Seng, Eva-Maria (Hg.), *Von der Geometrie zur Naturalisierung*. Tübingen 1999, S. 14.

[19] Mühll, Emanuel von der, *Denis Veiras et son Histoire des Sévarambes* 1677–1679. Paris
1938, S. 183.

[20] Vairasse, (wie Anm. 6), Bd. I, S. 199f.

Prinzips[21] alimentiert die Natur die einzelnen durch fruchtbare Böden, deren üppige Erträge den wissenschaftlich-technischen Fortschritt überflüssig erscheinen lassen. Wie eine Ikone des naturalisierten Primitivismus hebt Fontenelle die aus Leder gefertigten Boote der Ajaoiens hervor, die an die Kanus der nordamerikanischen Indianer erinnern.[22]

Aber auch dieser Ansatz einer „Naturalisierung" im Sinne der „anthropologischen Wende" tritt nicht eigentlich aus dem Schatten der eher homogenisierenden Struktur der älteren archistischen Utopietradition. Zwar liegt Ajao weit hinter dem Stand der wissenschaftlich-technischen Entwicklung Europas zurück. Aber wie in der klassischen Utopietradition wird das flache Land von den sechs großen Städten dominiert. Diese Stadtrepubliken sind in ihrer Architektur und Planung eindeutig *more geometrico* rationalistisch und funktional ausgerichtet. Die landwirtschaftlichen Nutzflächen haben die Ajoiens streng symmetrisch geordnet.[23] Ihre Planwirtschaft funktioniert auf statistischer Basis, und ihr System der politischen Repräsentation ist durch ein Höchstmaß an Transparenz und überindivideller Gerechtigkeit gekennzeichnet: alles Indizien einer eher kollektivistisch-rationalistischen Zivilisation, wie sie von Morus und seinen Anhängern geprägt worden ist.

Ein anderes wichtiges Element der „anthropologischen Wende" des 18. Jahrhunderts ist in Fontenelles Philosophen-Republik gleichfalls nicht wirklich verankert: das Fortschrittsdenken, das in Analogie zur Entwicklung des menschlichen Lebens konzipiert worden ist. Von einer einheitlichen Evolution kann bei Fontenelle deswegen nicht die Rede sein, weil die Europäer die Ajoiens zwar in ihrem wissenschaftlich-technischen Leistungsvermögen übertreffen, aber hinsichtlich der Entwicklung ihrer Weltanschauung, ihrer Moral, der Regelung ihrer politischen Verhältnisse sowie ihrer Gesellschaftsordnung sind sie ihnen eindeutig unterlegen. Die These Funkes, daß der Ausgleich zwischen diesen divergenten Kulturstufen eine Fortschrittsperspektive eröffnet, ist nicht ohne weiteres plausibel.[24] Es findet sich im Text Fontenelles nicht nur kein teleologisch-geschichtsphilosophischer Begründungszusammenhang, der auf einen strukturierten Geschichtsprozeß verweist. Es ist im Gegenteil durchaus Skepsis am Schluß der Schrift zu erkennen, ob Europa überhaupt in der Lage sein wird, die sittliche Höhe Ajaos zu erreichen.[25]

Fénelons Salent-Utopie läßt zwar insofern eine gewisse Nähe zur „anthropologischen Wende" erkennen, als dieser Entwurf einige bedeutende Konzessionen an die „Natur" zu machen scheint. So sind der Bau überflüssigen Wohnraums und jeder Prunk in der Architektur untersagt. Ferner lehnen die Bürger Sa-

---

[21] Günther, Rigobert / Müller, Reimar, *Das goldene Zeitalter*. Utopien der hellenistisch-römischen Antike. Stuttgart u.a. 1988, S. 27f.
[22] Fontenelle, (wie Anm. 7), S. 39.
[23] Ebd., S. 33.
[24] Vgl. Funke, Hans-Günter, *Studien zur Reiseutopie der Frühaufklärung*. Fontenelles ‚Histoire des Ajaoiens', Teil I. Heidelberg 1982, S. 310.
[25] Fontenelle, (wie Anm. 7), S. 106.

lents die Errichtung öffentlicher Pracht- und Repräsentationsbauten ab, weil sie den Reichtum des Landes erschöpft, ohne den materiellen Nutzen des Volkes zu fördern. Eine Ausnahme stellen lediglich die Tempel dar. Auch bleibt der städtische Charakter Salents erhalten. Aber während rings um die Stadt der Ackerbau „in Ehren" gehalten und „die Felder sorgfältig gepflegt" werden, ist die Metropole selbst in ihrem äußeren Gepräge, wie Telemach bemerkt, „eine Einöde geworden".[26]

Andererseits verharrt Fénelon in seinem Salent-Entwurf deutlich in der rationalistischen Tradition der älteren archistischen Utopie-Tradition. Unter planerischen Gesichtspunkten greift der Staat in alle Bereiche des Lebens kontrollierend und gestaltend ein.[27] Diese Sozialgeometrie prägt auch die äußere Phänomenologie Salents. Der Zuschnitt der Häuser in der Stadt ist einheitlich, ihre Größe utilitaristisch der Zahl der Familienmitglieder angepaßt. Unter Beachtung hygienischer Gesichtspunkte enthält jedes Gebäude neben einem Salon einen von Säulen umgebenen Innenhof sowie kleinere Zimmer. Diese verschiedenen, je nach der Größe der Familie entworfenen Modelle dienen nicht nur dazu, die Stadt zu verschönern; sie tragen auch dazu bei, ihr eine „regelmäßige Gestalt" zu geben.[28] Ihr entspricht eine für die sieben Stände verbindliche Kleiderordnung.

Noch deutlicher als bei Fénelon ist in Schnabels *Insel Felsenburg* eine gewisse Öffnung zur neuen Anthropologie zu erkennen. Als ein wichtiges Indiz muß die Psychologisierung der handelnden Akteure gelten.[29] Hatten wir es in der älteren Utopietradition mit bloßen sozialen Rollenträgern zu tun, so schildert Schnabel jetzt in einer Serie von Lebensläufen Individuen mit einer biographisch vermittelten, unverwechselbaren Identität, die sich ausschließlich aus der Auseinandersetzung mit den „dunklen Seiten" des menschlichen Zusammenlebens speist.[30] Jedenfalls hat der Leser den Eindruck, daß Schnabel den allgemeinen Sittenverfall der europäischen Zivilisation nicht mehr ausschließlich auf die sozialen Umstände einer Eigentümergesellschaft zurückführt. Trifft diese Einschätzung zu, so ist sehr wahrscheinlich, daß sich Schnabel bei der Konzipierung seines utopischen Entwurfs von der „anthropologischen Wende" hat inspirieren lassen.

Morellys *Gesetzbuch* ist durch eine Mischform zwischen dem älteren rationalistischen Paradigma und der Rehabilitation der Sinnlichkeit gekennzeichnet. Einerseits leitet er die ideale kommunistische Gesellschaft rationalistisch *more geometrico* ab. Das Ideal der Gesellschaft wird geschildert, als handele es sich um eine nach mechanischen Gesetzen funktionierende präzise Maschine.[31] Es kann seine Herkunft aus der älteren Tradition der Aufklärung und seine Vereinbarkeit

---

[26] Fénelon, (wie Anm. 14), S. 398.
[27] Vgl. Freyer, Hans, *Die politische Insel*. Eine Geschichte der Utopien von Platon bis zur Gegenwart. Leipzig 1936, S. 124.
[28] Fénelon, (wie Anm. 14), S. 220.
[29] Schnabel, (wie Anm. 9), S. 130.
[30] Ebd., S. 109ff. u. passim.
[31] Morelly, *Gesetzbuch*, (wie Anm. 10), S. 94.

mit dem archististischen Utopietypus nicht leugnen. Dieser an geometrischen Maßen orientierten sozialen Harmonie korrespondiert im *Gesetzbuch* die Homogenität und Regelmäßigkeit der städtischen Grundrisse und der Architektur der Bauten des idealen Gemeinwesens.[32] In der zentralistischen Struktur des Staates bleibt nichts dem Zufall oder der Spontaneität überlassen. Es kann kein Zweifel daran bestehen, daß sich diese Dimensionen der von Morelly imaginierten „natürlichen Gesellschaft" eindeutig an der Leitwissenschaft der Geometrie bzw. der Mathematik ausrichten.

Andererseits sind zentrale Elemente der „anthropologischen Wende" in Morellys Utopie-Entwurf unverkennbar. Immer wieder weist er darauf hin, daß die Indianergesellschaften als die Assoziationen der „Bons Sauvages", d.h. der „ganzen", Geist und Sinne gleichermaßen umfassenden Menschen von allen gesellschaftlichen Vereinigungen den natürlichen Gesetzen am nächsten kommen, weil es sich um Zusammenschlüsse von durch die Zivilisation noch nicht depravierten Individuen handelt. Ferner sieht Morelly im *Gesetzbuch*, wie bereits gezeigt, eine Erkenntnistheorie vor, die nicht von Descartes' „cogito ergo sum", sondern von den sinnlichen Bedürfnissen ausgeht. Er folgt eindeutig sensualistischen Prämissen, wenn er unterstellt, der Mensch habe weder angeborene Ideen noch Neigungen. Diese kommen erst dadurch zustande, daß sich die Natur seiner sinnlichen Bedürfnisse bedient. Durch deren Befriedigung entwickelt er sein Bewußtsein stufenweise, indem er Begriffe ausbildet, mit deren Hilfe der einzelne sich in seiner Umwelt zu behaupten vermag.[33]

Morelly vertritt im *Gesetzbuch* darüber hinaus eine sensualistische Vergesellschaftungstheorie, die ebenfalls nicht vom Intellekt, sondern gleichfalls von den Sinnen ausgeht. So übernimmt er die neue Prämisse, daß sich der Mensch durch seine Auseinandersetzung mit der Natur vermittels seiner Sinne gleichsam selbst hervorbringt, und zwar bezogen auf den jeweiligen Stand der Bewältigung seiner Umwelt. Morelly war einer der ersten, die aus dieser anthropologischen Prämisse ein Fortschrittsparadigma ableiteten, das nach dem Vorbild der biologischen Entwicklung des Menschen von der Kindheit über das Erwachsenendasein bis zum Greisenalter modelliert war. Diesen Vorgang schildert er als einen dialektisch verlaufenden Prozeß. So ist die Einführung des Privateigentums mit ihren schädlichen Auswirkungen im Sinne der Negation der Negation eine vorübergehende historische Notwendigkeit, die die Natur den Völkern zumutete, um sie durch Irrtümer reifen zu lassen, bis die Menschheit am Ende „einen bleibenden Zustand der Güte" erreicht.[34]

In Merciers *Das Jahr 2440* ist paradigmatisch, daß der Entstehungsprozeß des utopischen Staates in der Traumwelt des Subjekts stattfindet: Die Vernunft, der das

---

[32] Ebd., S. 185–189.
[33] Ebd., S. 91f.
[34] Ebd., S. 154f.

Gemeinwesen des Jahres 2440 verpflichtet ist, geht also nicht im cartesianischen „cogito ergo sum" auf. Vielmehr wird der Traum in den Wirkungsbereich der menschlichen Ratio einbezogen. Das Ich versichert sich seiner zukünftigen Existenz nicht nur dadurch, daß es denkt, sondern auch dadurch, daß es träumt.[35] Zugleich integriert Mercier als einer der ersten das neue Fortschrittsdenken in den utopischen Diskurs, indem er das in die Zukunft projizierte ideale Gemeinwesen mit einer geschichtsphilosophisch begründeten linearen Teleologie verbindet, die sich durchaus mit den biologischen Entwicklungsstadien des menschlichen Lebens vereinbaren läßt.[36]

Eine weitere gemeinsame Schnittmenge mit der „anthropologischen Wende" kommt hinzu. Auch wenn Mercier keinem „Zurück zur Natur!" das Wort redet, so ist doch seine Option für ein ganzheitliches Leben unübersehbar. Kritisch gegenüber der vor allem den Intellekt ansprechenden urbanen Zivilisation der großen Metropolen beschwört er die Idylle des von selbstgenügsamer Arbeit erfüllten Landlebens, in dem der „ganze Mensch" sich zu entfalten vermag. Ganz in diesem Sinne lehnt er auch die religiöse Spiritualisierung durch die katholische Kirche ab:

> Ein Wilder, der in den Wäldern herumläuft, den Himmel und die Natur betrachtet und sozusagen den einzigen Herrn, den er anerkennt, fühlt, ist der wahren Religion näher als ein Kartäuser, der in seiner Klause steckt und mit den Trugbildern seiner überhitzten Phantasie verkehrt.[37]

Zwar siedelt Rétif de la Bretonne das äußere Erscheinungsbild seiner vollkommenen Gemeinwesen in der Mitte zwischen dem naturalisierten Muster der Bon-Sauvage-Vision und der nach naturwissenschaftlichem Vorbild strukturierten Gestaltung des utopischen Raumes an. So basiert er seine idealen Lebenswelten auf der im 18. Jahrhundert modernsten Technologie und dem fortgeschrittensten handwerklichen Können, wie sie nur in einer differenzierten Zivilisation möglich sind.[38] Auch findet auf der Christinen-Insel das zivilisatorische Homogenitätsideal seinen sinnfälligsten Ausdruck in einer einheitlichen Kleidung und bei den Megapetagonen in einem reglementierten Tagesablauf. Doch paßt es zur naturalisierten ländlichen Idylle, wenn Victorin und Christine auf dem „unbesteigbaren Berg" zunächst in einer vulkanischen Grotte wohnen. Erst später lassen sie sich einen Palast im korinthischen Stil bauen, der offenbar einem in klassizistischen Formen ausgeführten Landhaus ähnelt.[39]

Der weitere Verlauf des Romans verdeutlicht zudem, daß diese Naturalisierungstendenz hegemonial wird. Es zeigt sich nämlich, daß Rétif entschiedener als seine Vorgänger die Leitwissenschaft der Geometrie verabschiedet und sie in An-

---

[35] Mercier, (wie Anm. 11), S. 182 u. 196.
[36] Ebd., S. 76 u. 102.
[37] Ebd., S. 241, Fn. 137.
[38] Rétif, (wie Anm. 12), S. 196f.
[39] Ebd., S. 104f. u. 160f.

lehnung an Buffon durch die der Biologie ersetzt. Die Entwicklung einer moralischen Standards entsprechenden Gesellschaft wird nicht mehr nur durch gute Gesetze und eine hochwertige Erziehung, also von Faktoren der Umwelt, abhängig gemacht, sondern von genetisch bedingten Faktoren. Wenn man so will, wird die Anthropologie in die Evolution der Natur hineingenommen: Das Individuum verliert seine theologische Sonderstellung gegenüber dem Tierreich. Über Buffon hinausgehend, radikalisiert Rétif diesen Ansatz sogar noch. Während Buffon ohne die Vorstellung eines dem Menschen immanenten geistigen Prinzips nicht auskommen zu können meint, damit er in der Lage ist, seinen Nutzen rational zu kalkulieren, ist für Rétif die cartesianische Trennung zwischen Geist und Materie gegenstandslos geworden.

Ihm zufolge hat „die Natur tausend Versuche, tausend Mittel angewandt [...], ehe sie einen Menschen hervorbrachte". Diese Versuche seien „in einigen Gattungen noch vorhanden. Dazu gehören die verschiedenen Arten der Affen; andere haben sich vermischt in Gestalt der verschiedenen Tiermenschen".[40] Plaziert im mittleren Bereich der Entwicklungsskala, ist außerdem der Mensch der europäischen Zivilisation nicht das Ziel und die Vollendung der biologischen Entwicklung, wie die Überlegenheit der sogenannten Megapetagonen zeigt. Aber den Verlust dieser Priorität des Menschen in der Natur kompensiert Rétif dadurch, daß er ihn aufklärerisch wendet: In Opposition zu der das Fremde bedrohenden Eroberungspolitik der Europäer, insbesondere in Süd- und Nordamerika, propagiert er statt der Vernichtung der Ureinwohner die Vermischung mit ihnen, um die Höherentwicklung der menschlichen Gattung vorantreiben zu können.

## III.

Wenn man sich die Strukturmerkmale der anarchistischen Utopie vor Augen führt, liegt die Hypothese nahe, daß sie sich mit vielen Merkmalen der anthropologischen Wende vereinbaren lassen: die Aufwertung der von den Menschen nicht domestizierten Wildnis mit ihrer Vorliebe für das Unregelmäßige und Asymmetrische, der die Menschen alimentierende Automatismus der Natur, die Entinstitutionalisierung der Gesellschaft als Voraussetzung der individuellen Befreiung sowie die weitgehende Liberalisierung der Sexualität. In welchem Umfang sich die anthropologische Wende in den anarchistischen Utopien niedergeschlagen hat, hängt also davon ab, ob diese Strukturelemente in den untersuchten anarchistischen Utopien in „Reinform" auftreten oder zumindest hegemonial deren Profil bestimmen. Diese Frage gilt es, im folgenden zu klären.

Tatsächlich läßt de Foignys anarchistisches Utopie-Konstrukt eine Reihe von Elementen der anthropologischen Wende erkennen. Offensichtlich greift er auf das

---

[40] Ebd., S. 462.

antike Automaton-Prinzip der selbsttätigen Natur zurück, das die Menschen von der Last der Arbeitsdisziplin und staatlicher Sanktionsgewalt befreit.[41] Von den Zwängen der gesellschaftlichen Reproduktion gelöst, verwandelt sich Arbeit in Spiel, und Wissenschaft und Technik transformieren sich zu Gegenständen der Unterhaltung.[42] Ferner erscheinen „als typische Merkmale der anarchistischen République sauvage die schamlose Nacktheit der Australier, ihre Gleichheit, Freiheit, Brüderlichkeit, ihre Gütergemeinschaft und soziale Harmonie, ihre Rationalität und Seelenruhe":[43] Eigenschaften, die sich durchaus mit der Vision des „ganzen Menschen" vereinbaren lassen.

Doch im Sinne seines homogenisierenden Vernunft-Absolutismus knüpft de Foigny zugleich auch an formale Muster der archistisch-kollektivistischen Zivilisation Morus' an, wenn er deren instrumentelles Verhältnis zur Natur ebenso schildert wie die Gleichförmigkeit der Sprache, der Sitten, der Bauten und der Kultur des Landes. Selbst die Baumaterialien der Häuser, die Bergkristallen gleichen, verbürgen ebenso Transparenz wie die Stadtplanung und Architektur auf geometrische Muster festgelegt ist.[44] Diese Tendenz zur archistisch-geometrischen Strukturierung des utopischen Raumes erreicht dadurch eine eindrucksvolle symbolische Verdichtung, daß die Australier „ihr Land durch Abtragung aller Gebirge zu einer einzigen gigantischen schiefen Ebene nivellieren" und „alle natürlichen Wässer in ein geometrisches System von Bewässerungskanälen" umgewandelt haben.[45]

Wenn so bei de Foigny Elemente der anthropologischen Wende von Komponenten des älteren archistisch-rationalistischen Musters der Aufklärung konterkariert werden, so stellt sich die Frage, ob ein solches Mischmodell auch für die anderen anarchistischen Utopien der Aufklärung charakteristisch sind. Offenbar ist Fénelon in seiner Bätica-Utopie einen Schritt über de Foigny hinausgegangen. Die Leitwissenschaft der Geometrie ist ersetzt durch das Paradigma der „reinen Natur", die auf die Biologie verweist. Das instrumentelle Naturverhältnis des Descartesschen Rationalismus ist aufgehoben worden zugunsten eines Lebens in und mit der Natur. Eine einseitige Priorisierung der geistigen Natur des Menschen auf Kosten seiner sinnlichen ist nicht erkennbar, wie der Umstand zeigt, daß die Quelle der Tugend der Bäticaner das Studium der „reinen" Natur sein soll.[46] In partriarchalische Großfamilien gegliedert, führen deren Mitglieder „das friedliche und tugendhafte Leben einer glücklichen Anarchie [...] – ohne Schiffahrt, Handel, Geld, Krieg, Weinbau und technischen Fortschritt".[47]

---

[41] Foigny, (wie Anm. 13), S. 131.
[42] Ebd., S. 107ff.
[43] Funke, (wie Anm. 18), S. 23.
[44] Foigny, (wie Anm. 13), S. 64f.
[45] Funke, (wie Anm. 18), S. 23.
[46] Fénelon, (wie Anm. 14), S. 147.
[47] Funke, (wie Anm. 18), S. 24.

Andererseits sind andere Elemente der anthropologischen Wende des 18. Jahrhunderts nicht ausgebildet. So fehlt der Ansatz eines biologischen Evolutionismus, der die Differenz zwischen der Welt der Menschen und dem Tierreich einebnet ebenso wie ein daraus abgeleitetes Fortschrittsparadigma. Die Erotik und die Sexualität als wesentliche Entfaltungsmöglichkeit des „ganzen Menschen" spielen bei Fénelon ebensowenig eine Rolle wie die Einbeziehung des Unbewußten in das „gute Leben". Und nicht zuletzt wird das naturalisierte Bätica-Modell „korrigiert" durch den gleichzeitigen rationalistischen Salent-Entwurf, der ganz offensichtlich ein Abbild der um ihre Defizite bereinigten zeitgenössischen Zivilisation ist.

Demgegenüber denkt Lahontan in der Tat den Naturzustand radikaler zu Ende als Fénelon. In seinem Entwurf finden wir keine Naturbeherrschung,[48] keine Stadtkultur[49] und keine Tendenz zur Geometrisierung. Dagegen wird der natürliche Normenkonsens jenseits eines staatlichen Gewaltmonopols betont.[50] Indem Lahontan die Menschen des *status naturalis* als „nackte Philosophen", als „philosophes nuds",[51] bezeichnet, erhebt er die Nacktheit zum Symbol der unkorrumpierten Vernunft. Zugleich setzt er sie so vollständig mit der Natur gleich, daß nicht nur dem Descartesschen „cogito, ergo sum" der Boden entzogen, sondern der Bruch mit der europäischen Zivilisation insgesamt herbeigeführt wird, an die das architische utopische Denken immerhin anknüpfte: Die Hütte der Eingeborenen (caban) tritt an die Stelle der an geometrischen Mustern ausgerichteten und funktional konzipierten Idealstadt. Über fünfzig Jahre später ist Rousseau in seinem „Zweiten Diskurs" diesen Spuren gefolgt. In seinem „reinen Naturzustand" irren die Wilden durch die Wälder, „ohne Fertigkeiten, ohne Sprache, ohne Wohnstätte, ohne Krieg, ohne Bindungen, ohne seinesgleichen zu bedürfen, ohne Begierde, ihnen Übles zuzufügen".[52] Sie definieren sich über ihre natürliche Sinnlichkeit und sekundär erst über ihren Verstand.

Allerdings ist die Hinwendung zum „ganzen Menschen" bei Lahontan noch nicht ganz vollzogen. Zwar gehen seine antizivilisatorischen Schlußfolgerungen weiter als die seiner Vorgänger. Doch die „Sinnlichkeit" der Wilden steht noch eindeutig unter der Kontrolle der natürlichen Vernunft: Indem ein Spannungsbezug zu ihr und den dynamischen Kräften des Unbewußten nicht erkennbar ist, mutiert Lahontans Versuch, die Sitten und Gebräuche der Indianer zum Inbegriff eines „natur- und vernunftgemäßen Lebens"[53] zu stilisieren, am Ende doch zum „alter

---

[48] Lahontan, (wie Anm. 15), S. 73.
[49] Ebd., S. 54.
[50] Ebd., S. 62.
[51] Ebd., Préface.
[52] Rousseau, Jean-Jacques, *Sozialphilosophische und Politische Schriften*. In Erstübertragungen von Eckhart Koch u.a. München 1981, S. 89.
[53] Kohl, Karl-Heinz, Louis-Armand de Lom d'Arce, Baron de Lahontan [unveröffentlichtes Manuskript], S. 11 f.

ego" des kritischen Europäers.[54] Auch evolutionäre Muster, die sich an den biologischen Kreisläufen des Lebens orientieren, sucht man bei ihm vergebens. Vielmehr erneuert er den Geltungsanspruch der klassischen archistischen Raum-Utopie, wenn er dem naturnahen und vernünftigen Leben unvermittelt die depravierte Zivilisation der Europäer als das scheinbar „ganz Andere" konfrontiert.

In Morellys anarchistischem Utopie-Entwurf der *Basiliade* liegt in ähnlicher Weise ein Mischmodell vor, das Elemente der anthropologischen Wende mit der archistischen Utopietradition zu verbinden sucht. Auf der einen Seite beruht das Wirtschaftssystem der *Basiliade* auf dem antiken Topos der „selbsttätigen Natur", „die dem Menschen die Mühe bei der Sicherung seines Lebensunterhalts erspart".[55] Zugleich werden alle Topoi des anarchistischen Paradigmas in diesen Entwurf integriert: Im Zeichen einer radikalen Entinstitutionalisierung des politischen und gesellschaftlichen Zusammenlebens reichen deren Strukturmerkmale von der sozialen Harmonie ohne staatlich vermittelte Integration und der kommunistischen Gütergemeinschaft über die freie Liebe und die spontane politische Konsensbildung bis hin zur religiösen Toleranz. Die Hochschätzung der Sinne vor allem in der Option für den ganzheitlichen Lebensgenuß und die gleichzeitige Abkehr von der einseitigen Aufwertung der geistigen Natur des Menschen ist unverkennbar. Zwar ist in Morellys Entwurf ein aufgeklärter Monarch vorgesehen. Doch er übt nur repräsentative Funktionen aus, um der „immerwährenden Einmütigkeit"[56] symbolisch Ausdruck zu verleihen. Ein Volk ohne Herrscher,[57] geht die Perhorreszierung persönlicher Abhängigkeitsverhältnisse so weit, daß die Ehe in der *Basiliade* als Anachronismus erscheinen müßte. Die Geschlechter befriedigen ihre erotischen Bedürfnisse in aller Öffentlichkeit nach dem Grundsatz „naturalia non sunt turpia" (Natürliches kann nicht schimpflich sein).[58]

Aber zugleich hält Morelly in der *Basiliade* an der Leitwissenschaft der Geometrie fest, wie die Symmetrie des Städtebaus, der Architektur, der Landschaftsplanung usw. verdeutlicht.

> Ein geometrisches Straßennetz teilt das Land in gleich große Quadrate, an den Straßenkreuzungen finden sich planmäßige Ansiedlungen, nach gleichem Schema erbaut und mit gleicher Einwohnerzahl. Die Architektur der Hauptstadt erinnert an die Symmetrie von Bienenwaben und symbolisiert in ihrer Uniformität die Gleichheit der Bürger. Aufwendige Wasserbauten, Staudämme, Kanäle und Aquädukte verwandeln das Land in einen einzigen Garten, in dem der regelmäßige Wechsel von Feldern, Obstbaumhainen, Wäldern und Wiesen die Symmetrie der klassischen französischen Gartenbaukunst widerspiegelt.[59]

---

[54] Bitterli, Urs, *Die ‚Wilden' und die ‚Zivilisierten'*. Grundzüge einer Geistes- und Kulturgeschichte der europäisch-überseeischen Begegnung. 2. erw. Aufl. München 1991, S. 423.
[55] Günther / Müller, (wie Anm. 21), S. 28.
[56] Morelly, *Basiliade*, (wie Anm. 16), Bd. I, S. 41.
[57] Ebd.
[58] Kleinwächter, Friedrich, *Die Staatsromane*. Ein Beitrag zur Lehre des Communismus und Socialismus. Wien 1891, S. 68.
[59] Funke, (wie Anm. 18), S. 18.

Zur vollständigen Hegemonie gelangt innerhalb des anarchistischen Musters die anthropologische Synthese von Vernunft und Sinnlichkeit dann auch erst in Diderots *Nachtrag zu ,Bougainvilles Reise'*. Wie kein Autor der Aufklärung vor und nach ihm hinterfragt er kritisch das geschlossene Systemdenken ebenso wie die einseitige Betonung der Ratio als das Wesen der menschlichen Natur. Indem er das starr dogmatische Weltbild der älteren Aufklärung mit den Fakten der Einzelwissenschaften konfrontiert, erhebt er die Erscheinungen des Traums, des Wahnsinns und des unbewußten Seelenlebens zu seinen bevorzugten Untersuchungsgegenständen. Einer der ersten, die das Normale durch das Unnormale zu verstehen suchen, wertet er die Sinne als Erkenntnisorgane auf. Dies führt ihn dazu, daß er, Maupertuis und Buffon folgend, dezidiert die Ablösung der Leitwissenschaft der Mathematik durch die der Biologie fordert. Federführend tritt Diderot mit seiner Hinwendung zum „ganzen Menschen" für ein neues Ideal aufklärerischer Humanität ein.

Dieses erkenntnisleitende Interesse inspiriert Diderot zur utopischen Konstruktion einer Gesellschaft, die – im Gegensatz zur europäischen Zivilisation – den fundamentalen Freiheitsbedürfnissen des Menschen in hohem Maße Rechnung trägt.

Es könne nicht bezweifelt werden, daß die „Anarchie in Kalabrien" weniger Schaden anrichte als die europäische Gesittung im Rahmen absolutistischer Staaten.[60] Den Grund sieht Diderot in der mechanischen Struktur der europäischen Zivilisation, deren „Maschinencharakter" den Bedürfnissen des ganzen, also Vernunft und Sinne umfassenden, Menschen nicht gerecht werde. Offenbar hatte er den älteren Kontraktualismus vor Augen, der, orientiert an der Leitwissenschaft der Mathematik, Staaten nach Art der Geometrie (more geometrico) konstruieren zu können glaubte. Demgegenüber leben die Tahitianer in einem Zustand, in dem staatliche und religiöse Repressionsgewalt überflüssig geworden ist: „Das wildeste Volk der Erde, das tahitianische, das sich genau an das Naturgesetz gehalten hat, kommt einer guten Gesetzgebung näher als irgendein zivilisiertes Volk".[61]

Zugleich stellt Diderots *Nachtrag* insofern einen Höhepunkt der Utopieliteratur dar, als niemand vor ihm der selbstreflektorischen Dimension imaginierter Gegenwelten einen so hohen Stellenwert beimißt wie er. Aufklärung über die Aufklärung fordernd, zieht er aus seiner dezidierten Abkehr vom rationalistischen Systemdenken der auf Platon und Morus zurückgehenden archistischen Systemutopie die äußerste Konsequenz, indem er das utopische Ideal und seinen Geltungsanspruch selbst noch problematisiert und so an die Stelle der Geschlossenheit des utopischen Entwurfs dessen Offenheit setzt. Diesem Ziel dienen in seinem *Nachtrag* die vier verschiedenen, sich gegenseitig korrigierenden Reflexebenen, auf denen die Person Bougainvilles und die Resultate seiner Entdeckungsreise, die Opferrolle der

---

[60] Diderot, (wie Anm. 17), S. 234.
[61] Ebd., S. 229.

Tahitianer angesichts der destruktiven Tendenzen der europäischen Zivilisation, die Sexualmoral der „Wilden" und der „Zivilisierten" und abschließend der Inhalt der gesamten Debatte selbstreflexiv diskutiert werden.

Vor allem aber repräsentiert der *Nachtrag* die „anthropologische Wende" in exemplarischer Weise, wenn Diderot in ihm variantenreich die These vertritt, daß es gerade die nicht frei ausgelebte Sexualität und Erotik ist, die zu Aggressionen, Konflikten und Frustrationen führt und so die Harmonie der gesellschaftlichen Beziehungen stört. Die konfliktfreie Gesellschaft, so lautet seine Botschaft, steht und fällt mit der Befreiung der Sexualität von Reglementierungen religiöser, moralischer und staatlicher Art. Es gibt zwar Ehen auf Tahiti. Doch sie haben ihr ausschließliches Fundament in der freien Liebesgemeinschaft der Partner.[62] Selbst der Geschlechtsverkehr unter Familienmitgliedern gilt nicht als anrüchig, wenn er seinen Grund in der emotionalen Zuneigung hat.[63] Selbst der Primat des Bevölkerungswachstums, an dem die freie Sexualität ihre Grenzen findet, läßt sich argumentativ als zentrale Reproduktionsbedingung einer naturalisierten Gesellschaft interpretieren.

Ein weiteres Kernelement des neuen anthropologischen Denkens steht im Zentrum des *Nachtrags*: Er bindet die Konfrontation der Lebenswelt der Tahitianer mit der Zivilisation der Europäer in ein geschichtsphilosophisches Entwicklungsschema ein, das der biologischen Evolution des menschlichen Lebens nachgebildet ist.

> Der Tahitianer steht dem Anfang der Welt, der Europäer ihrem Greisenalter so nahe! Der Abstand, der ihn von uns trennt, ist größer als der Abstand zwischen dem neugeborenen Kind und dem Menschen in der Auflösung des Alters. Er versteht nichts von unseren Bräuchen und Gesetzen oder sieht in ihnen nur Fesseln, die in hundertlei Formen gekleidet sind: Fesseln, die nur Empörung und Verachtung in einem Wesen hervorrufen können, in dem das Freiheitsgefühl das tiefste aller Gefühle ist.[64]

Zugleich wird der utopische Raum jetzt im Sinne der Zeitutopie teleologisch umgedeutet. Allerdings ist die Zukunft, seit Mercier der neue Ort des utopischen Ideals, jetzt identisch mit seinem Zerfall.

## IV.

Die Spuren der „anthropologischen Wende", so konnte gezeigt werden, sind im 17. Jahrhundert im utopischen Diskurs der Aufklärung nur schwach ausgeprägt. Die archistischen Entwürfe Vairasse', Fontenelles und Fénelons stehen noch eindeutig in der Tradition des geometrischen Musters. Das ist selbst noch der Fall in

---

[62] Ebd., S. 216.
[63] Ebd., S. 211.
[64] Ebd., S. 202.

der ersten staatsfreien Utopie der frühen Neuzeit, in de Foignys Australien-Utopie. Allerdings beginnt sich mit dem Bätica-Entwurf Fénelons und Schnabels *Insel Felsenburg* allmählich eine Hinwendung des utopischen Denkens zur Naturalisierung abzuzeichnen, die sich aber nur mühsam der Vorherrschaft des utopischen Systemrationalismus zu entziehen vermag: Es ist charakteristisch, daß wir es selbst noch in der Mitte des 18. Jahrhunderts mit Mischmodellen zu tun haben, wie in Morellys archistischem *Gesetzbuch der Natur* und in seiner anarchistischen *Basiliade* deutlich wird. Der hegemoniale Durchbruch der anthropologischen Wende ist erst seit den 70er Jahren des 18. Jahrhunderts nachweisbar, als Mercier den Traum zum Gestaltungsraum des Utopischen erhebt, Rétif in Anlehnung an Buffon den biologischen Faktor der Erbanlagen zum entscheidenden *movens* der utopischen Fortschrittskonzeption anvancieren läßt und Diderot schließlich die zentralen Elemente der anthropologischen Wende in seiner Tahiti-Utopie zu einem Gesamtszenario integriert, das den Höhepunkt und das Ende der anarchistischen Utopie-Tradition des Bon Sauvage anzeigt.

Ein zentrales Resultat der vorliegenden Untersuchung bestand ferner darin, daß die Rezeption der anthropologischen Wende im Verlauf des 18. Jahrhunderts durch den Utopie-Diskurs der Aufklärung eine unübersehbare Individualisierung ihres Musters herbeigeführt hat, ohne freilich deren holistische Struktur ganz zu sprengen. Dieser Befund wirft die Frage auf, ob sich im Schatten der „anthropologischen Wende" neben der „Kontraktualisierung" des utopischen Denkens umgekehrt eine Utopisierung des individualistischen Naturrechts nachweisen läßt. In diesem Zusammenhang wird das Œuvre Rousseaus und Diderots eine Schlüsselstellung einnehmen, weil alles dafür spricht, daß in ihren Schriften der Konvergenzproblematik eine überragende Bedeutung zukommt. Um zu einer angemessenen Rekonstruktion dieses Vorganges zu gelangen, ist nicht nur die Berücksichtigung ihrer einschlägigen sozialphilosophischen und politiktheoretischen Schriften, sondern auch ihrer Romane unverzichtbar. Zugleich erwarte ich von der Auswertung der Quellen, aus denen sich ihre Kritik am Ancien Régime, aber auch ihre fiktionalen Alternativen zu ihm speisten, weitere Aufschlüsse. Erst wenn die Resultate dieser noch zu leistenden Forschungen vorliegen, wird es möglich sein, die entscheidende Frage zu beantworten, warum und in welcher Weise die sogenannte „anthropologische Wende" die Konvergenz von Vertragsdenken und Utopie im Sinne einer „Selbstaufklärung der Aufklärung" begünstigt oder sogar vorangetrieben hat.

MONIKA NEUGEBAUER-WÖLK (Halle)

# Praktische Anthropologie für ein utopisches Ziel: Menschenbeobachtung und Menschenbildung im Geheimbund der Illuminaten

Um die Jahreswende 1779/80 veröffentlichte Adolph Freiherr Knigge, der bisher nur mit einer Sammlung von Theaterstücken vor das Publikum getreten war, eine kleine, 47 Seiten umfassende Schrift, betitelt *Allgemeines System für das Volk. Zur Grundlage aller Erkenntnisse für Menschen aus allen Nationen, Ständen und Religionen.*[1] Der Autor prätendierte als Erscheinungsjahr das Jahr 1873[2] und gab vor, dem Publikum ein System vorzustellen, das die Gesellschaft einer 1813 gegründeten Inselrepublik sich selbst für die Aufzucht ihrer Kinder gegeben habe.[3] Es ist eine kleine Erziehungsschrift, in einen utopischen Rahmen hineingestellt und über die gesamte Textlänge hinweg in Frage- und Antwortform gegossen.

Dieser säkularisierte Katechismus, eine am Ende des 18. Jahrhunderts beliebte Form der Volksaufklärung,[4] gab sich anthropologisch und verpackte die Erziehungsgrundsätze in allgemeine Betrachtungen über die natürliche Ausstattung des Menschen und seine Bildbarkeit:

Frage.     Wie kömmt der Mensch auf diese Welt?
Antwort. Aus Saamen von Menschen gezeugt und gebohren.
F.          In welchem Zustande ist er dann?
A.          Schwach, ohnmächtig, weil seine Kräfte noch nicht entwickelt sind.
F.          Wie wird er denn vollkommner?
A.          Nach und nach wächst der Körper, und wird zum Gebrauch seiner Theile tüchtig; er hat Sinne, auf welche die Gegenstände um ihn her Eindruck machen; die Wiederholung dieser Eindrücke würkt Erinnerung des Vergangenen; man kömmt dieser Erinnerung durch Unterricht zu Hülfe, welcher sich einprägt; Gedächtniß und Erfahrung formen den Verstand; Uebung und Schonung schärfen alle Arten von Kräfte.
F.          Was soll denn nun ein Mensch, nach seinen Kräften, und nach dem Verhältnisse seiner Umstände, in dieser Welt mehr oder weniger, zu erhalten suchen?[5]

---

[1]  Das Jahr 1779 markiert den Beginn der Publikationstätigkeit Knigges. Siehe: Knigge, Ernst August Freiherr, *Knigges Werke.* Eine Bibliographie der gedruckten Schriften, Kompositionen und Briefe Adolphs, Freyherrn Knigge und seiner Tochter Philippine von Reden, geb. Freiin Knigge. Göttingen 1996, S. 11; Verzeichnis des *Allgemeinen Systems*: S. 13–15.

[2]  *Allgemeines System für das Volk. Zur Grundlage aller Erkenntnisse für Menschen aus allen Nationen, Ständen und Religionen in einem Auszuge heraus gegeben.* Nicosia 1873 [d.i. Hanau 1779/80]. Vgl. den faksimilierten Nachdruck in: Knigge, Adolph Freiherr, *Sämtliche Werke.* 24 Bde. In Zusammenarbeit mit Ernst-Otto Fehn u.a. hg. v. Paul Raabe. Nendeln / Liechtenstein 1978–1993, hier Bd. 12 (1978). Die Schrift wurde anonym publiziert.

[3]  Knigge, *Allgemeines System*, (wie Anm. 2), S. 7.

[4]  Vgl. Böning, Holger / Siegert, Reinhart, *Volksaufklärung.* Biobibliographisches Handbuch zur Popularisierung aufklärerischen Denkens im deutschen Sprachraum von den Anfängen bis 1850. 2 Bde. Stuttgart-Bad Cannstatt 1990–2001, hier Bd. 1: *Die Genese der Volksaufklärung und ihre Entwicklung bis 1780* (1990), insb. S. XXXVII–XXXIX.

[5]  Knigge, *Allgemeines System*, (wie Anm. 2), S. 9f.

Die nachfolgenden Ausführungen des *Allgemeinen Systems* enthalten eine „Sitten-
lehre", die mit der Mitteilung eröffnet, der Mensch lebe in dieser Welt, um „sich
und seine Nebengeschöpfe glücklich zu machen",[6] sowie eine Pflichtenlehre, die es
zum Ziel menschlicher Selbsterziehung erklärt, „stets klüger und besser zu werden".[7]

Diese Ratschläge eines moralisierenden Vervollkommnungsdenkens besaßen
um 1780 aus keiner Perspektive mehr Originalität, schon gar nicht im Blick auf
ihre anthropologische Einbettung. Sie waren Versatzstücke erbaulicher Traktatlite-
ratur. Knigge hat das selbst im Rückblick formuliert, als er fast ein Jahrzehnt später auf ein „von mir geschriebenes Werklein, unter dem hochtrabenden Titel *Allgemeines System für das Volk*" verwies, „voll Prätention und Platitüden".[8] Was
aber zur Zeit der Entstehung dieses Textes weit weniger konventionell war, das
war die Frage danach, wie diese Ziele denn verwirklicht werden sollten. Die Aufklärung hatte durch ihre anthropologische Wende ja eine Historisierung des Denkens in Gang gesetzt, das sich in Bezug auf die Utopie politisierte. Nun wurden
utopische Entwürfe auf ihre Realisierungspotentiale hin überdacht, und je weiter
das Jahrhundert voranschritt, um so konkreter wurde diese neue Dimension.[9] Die
geheimbündischen Gesellschaftsbildungen der Zeit ab 1770 spielten in dieser Entwicklung eine nicht unbedeutende Rolle.

Die Geheimbünde der Spätaufklärung waren aus dem Freimaurertum hervorgegangen, das in Schottland und England im 17. Jahrhundert entstanden war und sich
seit den späten dreißiger Jahren des 18. Jahrhunderts auch in Deutschland ausge-
breitet hatte.[10] Knigge war, als er das *Allgemeine System* schrieb, 27 Jahre alt, mit
17 Jahren war er Freimaurer geworden und hatte zur Zeit der Publikation bereits
eine beachtliche maurerische Karriere hinter sich.[11] Was er in dieser Bewegung,

---

6  Ebd., S. 16.
7  Ebd., S. 18.
8  *Philo's endliche Erklärung und Antwort auf verschiedene Anforderungen und Fragen, die an
   ihn ergangen, seine Verbindung mit dem Orden der Illuminaten betreffend*, in: Knigge,
   Adolph Freiherr, *Ausgewählte Werke in zehn Bänden*. Im Auftrag der Adolph-Freiherr-von
   Knigge-Gesellschaft zu Hannover hg. v. Wolfgang Fenner. Hannover 1991–1996, hier Bd. 7
   (1994), S. 277–348, Zitat S. 291.
9  Das Interdisziplinäre Zentrum für die Erforschung der Europäischen Aufklärung (I.Z.E.A.) hat
   diesem Thema bereits 1995 eine Tagung gewidmet: Neugebauer-Wölk, Monika / Saage, Richard (Hg.), *Die Politisierung des Utopischen im 18. Jahrhundert. Vom utopischen Systementwurf zum Zeitalter der Revolution.* Tübingen 1996 (Hallesche Beiträge zur Europäischen
   Aufklärung 4); vgl. insb. den Beitrag von Jörn Garber, Utopiekritik und Utopieadaption im
   Einflußfeld der ‚anthropologischen Wende' der europäischen Spätaufklärung, S. 87–114, zusammenfassend S. 114: „Realität und Idealität werden nicht länger als sich prinzipiell ausschließende Bereiche gedacht".
10  Vgl. Stevenson, David, *The Origins of Freemasonry. Scotland's Century 1590–1710.* Cambridge 1988, und Francke, Karl Heinz / Geppert, Ernst-Günther, *Die Freimaurer-Logen
   Deutschlands und deren Großlogen 1737–1985.* Matrikel und Stammbuch. Bayreuth 1988.
11  Schon Knigges Vater, Philipp Carl, war ein sehr aktiver Freimaurer gewesen, der 1744 in die
   ein Jahr zuvor gegründete hallesche Loge eingetreten war. 1769 hatte sich der junge Adolph
   Knigge in einer studentischen Loge rezipieren lassen, 1772 trat er in Kassel in eine reguläre
   Loge ein. Vgl. dazu und zu seinem weiteren masonischen Weg: Fenner, Wolfgang, Auswege

die ja ausdrücklich zur sittlichen Vervollkommnung des Menschen bestimmt war, erfahren konnte, hatte ihn jedoch wenig zufriedengestellt, und so war er zum Zeitpunkt der Publikation des *Allgemeinen Systems* bereits damit beschäftigt, sich Gedanken über die Einrichtung eines völlig neuen Systems zu machen, eines Eliteordens, der seine Wirkung nach außen, auf die Entwicklungsgeschichte der Menschheit hin, entfalten sollte:

> Ich warf einen Blick auf das große Heer von Freymaurern – Männer von allen Ständen, und unter Diesen so viel edle, weise, thätige, mächtige, reiche Leute, durch *esprit de corps* vereinigt, ohne eigentlich zu wissen, wozu? verpflichtet zu heiliger Verschwiegenheit, ohne eigentlich zu wissen, worüber? unter sich selbst getrennt; uneinig über Meynungen, ohne eigentlich zu wissen, wer am mehrsten im Finstern tappte, und dadurch gehindert, gemeinschaftlich für das Wohl der Welt zu arbeiten – was könnten alle diese nicht bewirken, wenn sie Speculationen und Handlungen trennen, jene den einzelnen Mitgliedes überlassen, diese hingegen nach bestimmten Grundsätzen, zum Wohl der Menschheit und der Brüder insbesondere, nach Gesetzen dirigieren, sich einander treulich beystehn, das wahre Verdienst aus dem Staube hervorziehn, unterstützen, jedes Gute und Große durch ihren geheimen Einfluß befördern, jedes Mitglied nach Maßgabe seiner Fähigkeiten zum Besten des Staats in Thätigkeit setzen wollten, da ihnen die engere Verbrüderung Gelegenheit gäbe, Menschen aus allen Classen genauer kennenzulernen und ohne verhaßten Zwang zu regieren. Solche und ähnliche Pläne beschäftigten mich [...].[12]

Es ist gut bekannt, daß diese Konstellation der Grund dafür war, daß der Werber der Illuminaten, als er Knigge im Sommer 1780 auf eine Mitgliedschaft ansprach, gleichsam offene Türen einrannte:

> Warum wollen Sie sich die vergebliche Mühe geben, etwas Neues zu stiften, indes eine Gesellschaft existiert, die das alles schon erreicht hat, was Sie suchen [...], die mächtig und unterrichtet genug ist, alles zu wirken, alles auszuführen, alles zu lehren, was Sie nur verlangen mögen?[13]

Der Orden der Illuminaten war vier Jahre zuvor von Adam Weishaupt gegründet worden, einem Professor an der kurbayerischen Universität Ingolstadt, und die Ordensspitze war zur Zeit der Werbung Knigges damit beschäftigt, den Geheimbund in westdeutsche Gebiete hinein auszudehnen.[14] Knigge trat dem Orden bei,[15] voller

---

und Irrwege. Adolph Freiherr von Knigge vor seinem Eintritt in den Illuminatenorden, in: *Quatuor Coronati Jahrbuch* 29 (1992), S. 139–150.

[12] *Philo's endliche Erklärung*, (wie Anm. 8), S. 291f. Zwei Absätze zuvor weist Knigge auf sein *Allgemeines System* hin.

[13] *Philo's endliche Erklärung*, (wie Anm. 8), S. 294.

[14] Vgl. zum Illuminatenorden allgemein Agethen, Manfred, *Geheimbund und Utopie*. Illuminaten, Freimaurer und deutsche Spätaufklärung. München 1984 (Ancien Régime, Aufklärung und Revolution 11), im hier gegebenen Kontext insb. den Abschnitt „Utopisches Denken als ‚Veränderungsdenken' und der Beginn der Moderne", S. 87–91. Zur Werbungsreise des Grafen Costanzo 1779/80 vgl. Neugebauer-Wölk, Monika, *Reichsjustiz und Aufklärung*. Das Reichskammergericht im Netzwerk der Illuminaten. Wetzlar 1993 (Schriftenreihe der Gesellschaft für Reichskammergerichtsforschung 14), S. 7 u. 16.

[15] Vgl. Fenner, Wolfgang, Knigge, Bode und Weishaupt. Zu Knigges Mitgliedschaft im Illuminatenorden, in: Rector, Martin (Hg.), *Zwischen Weltklugheit und Moral*. Der Aufklärer Adolph Freiherr Knigge. Göttingen 1999, S. 83–91, hier S. 83.

Enthusiasmus für die neue Chance und voller Begierde, die Geheimnisse kennenzu-
lernen, die dieser Bund in bezug auf die Veredelung des Menschen zu bieten hatte.

# I.

Die DFG-Forschergruppe „Selbstaufklärung der Aufklärung", seit 1998 am Interdisziplinären Zentrum für die Erforschung der Europäischen Aufklärung in Halle
etabliert,[16] baut sich aus mehreren aufeinander zugeordneten Teilprojekten auf,
darunter ein Projekt zum Orden der Illuminaten. Diese Arbeitsgruppe hat sich die
Untersuchung des Verhältnisses von Utopie, Anthropologie und Geheimbundpoli-
tik zur Aufgabe gemacht und setzt genau dort an, wo in der Endphase des Zeitalters der Aufklärung die Frage nach den Realisierungsmöglichkeiten theoretischer
Konzepte gestellt wurde, übersetzt das Problem also aus der Lebensgeschichte der
Zeitgenossen in die Formen wissenschaftlicher Analyse. Es geht mithin darum, die
Brücke von der Theorie zur Praxis zu schlagen und damit die Erkenntnis, daß das
utopische Denken im Zeitalter der Spätaufklärung zur Realisierung drängte, als
Forschungsaufgabe ernstzunehmen und zu konkretisieren. Was der Orden nach seinen Statuten und Programmschriften zu tun beabsichtigte, ist zumindest in seinen
Umrissen bekannt. Was man tatsächlich im täglichen Ordensleben realisierte, die
praktische Anthropologie der Illuminaten, die „Ordenswirklichkeit", ist dagegen
ein weitgehend offenes Forschungsfeld. Es ist naheliegend, daß eine Antwort auf
diese Frage eher aus einem Material heraus gegeben werden kann, das nicht auf
einer gleichsam offiziellen Ebene als Lehrschriftencorpus überliefert ist, sondern
das den Alltag der Kommunikation zwischen den Mitgliedern widerspiegelt. Das
Quellenmaterial der Ordenskorrespondenz, das in den ersten Jahren der Bearbeitung dieses Projekts von Hermann Schüttler und Reinhard Markner zusammenge-
tragen und aufbereitet wurde, erfüllt diese Voraussetzung. Die Briefe einzelner
Mitglieder an die Ordensleitung oder auch die Korrespondenz der Mitglieder untereinander, die zu einer großen kommentierten Dokumentation zusammengefaßt
werden sollen,[17] lassen uns heute gleichsam hinter die Kulissen dessen blicken, was

---

[16]  „Selbstaufklärung der Aufklärung. Individual-, Gesellschafts- und Menschheitsentwürfe in der
      Anthropologischen Wende der Spätaufklärung".
[17]  Markner, Reinhard / Schüttler, Hermann (Hg.), *Die Ordenskorrespondenz des Geheimbunds
      der Illuminaten 1776–1787/93,* MS: Interdisziplinäres Zentrum für die Erforschung der Euro-
      päischen Aufklärung Universität Halle-Wittenberg, in Bearbeitung. Wir danken der Grossen
      National-Mutterloge „Zu den drei Weltkugeln" mit Sitz in Berlin (vertreten durch Herrn Groß-
      archivar Werner Schwartz) für die Genehmigung zur Einsicht und Bearbeitung eines Großteils
      des hier verwendeten Materials, das sich heute als Depositum der Loge im Geheimen Staats-
      archiv Preußischer Kulturbesitz in Berlin befindet. Ein weiterer Dank geht an die Fünf Verei-
      nigten hamburgischen Großlogen für die Genehmigung zur Benutzung ihres Quellenmaterials
      (Depositum im Staatsarchiv Hamburg).

als Ordenssystem theoretisch aufgebaut wurde. Sie geben Auskunft darüber, was einzelne Mitglieder wußten, was sie im Orden suchten, was sie kritisierten und planten.

Eine zweite, gleichsam zwischen der Ebene der Lehrtexte und der der privaten Korrespondenz liegende Quellengattung sind die Berichtspapiere des Ordens. Diese Texte entstanden auf den verschiedenen Ebenen der Ordenshierarchie in festgelegten zeitlichen Abständen. Hier vor allem schlug sich das System der Menschenführung und Menschenbildung des Ordens nieder, das für eine Untersuchung des Anthropologiebezugs dieser Aufklärungssozietät von elementarem Interesse ist. Die aus den Briefen ablesbaren Tendenzen sollen im weiteren Fortgang des Projekts mit den Analyseergebnissen der Berichtspapiere verbunden werden. So soll schließlich auf der Basis eines gegenüber dem bisherigen Forschungsstand grundlegend erweiterten Quellenmaterials ein Gesamtverständnis darüber möglich werden, wie sich die Ziele der Führungsgruppe und die Realität des Ordensalltags zueinander verhielten.

Es ist in diesem Zusammenhang wichtig zu verstehen, wie sich die Berichtspraxis des Ordens über die ersten Jahre hinweg allmählich entwickelte. In der ersten Gründungsphase war der Bund nichts weiter als eine Verbindung einiger Studenten unter Leitung ihres Professors, deren Sinn und Ziel es war, die Aufklärungstendenzen an der Universität Ingolstadt zu stärken und vor dem Einfluß der Exjesuiten zu schützen.[18] Mit dem Ansteigen der Mitgliederzahl hatte sich dann ein erstes Gradsystem entwickelt, das zunächst vier Stufen kannte: Die Basis bildete eine Vorbereitungsgruppe, später Noviziat genannt, auf der die sogenannte I. Klasse des Ordens aufbaute.[19] In den Statuten für diese I. Klasse, die 1777 von Weishaupt verfaßt wurden, heißt es, man beschäftige sich dort „Mit Erforschung menschlicher Karaktere, ihrer Entstehung, Gründe, Folgen, und löset solche weiters auf. Mit der Einrichtung der menschlichen Natur überhaupt".[20] Die Klasse „untersuchet die Gründe, Triebfedern menschlicher Handlungen", sie übt sich „in der Karakteristik und Erforschung menschlicher Neigungen, wie solche zu leiten, zu erwecken und

---

[18] Die Universität Ingolstadt war seit dem Ende des 16. Jahrhunderts, als die Dozenturen der artistischen Fakultät den Patres übertragen worden waren, durch den Jesuitenorden dominiert. Siehe dazu im Überblick: *Die Jesuiten in Bayern 1549–1773.* Katalog der Ausstellung des Bayerischen Hauptstaatsarchivs und der Oberdeutschen Provinz der Gesellschaft Jesu. Weißenhorn 1991, insb. S. 134f. 1773 war der Jesuitenorden vom Papst aufgehoben worden. Zur Konfliktsituation zwischen Exjesuiten und Aufklärern in Ingolstadt als Ausgangskonstellation der Geheimbundgründung vgl. Dülmen, Richard van, *Der Geheimbund der Illuminaten.* Stuttgart-Bad Cannstatt 1977 (Neuzeit im Aufbau 1), S. 24f.

[19] Dazu im Überblick Neugebauer-Wölk, Monika, *Esoterische Bünde und Bürgerliche Gesellschaft.* Entwicklungslinien zur modernen Welt im Geheimbundwesen des 18. Jahrhunderts. Göttingen 1995 (Kleine Schriften zur Aufklärung 8), S. 30.

[20] Der Text trägt den Titel „Statuten der Illuminaten". Die Bezeichnung „Illuminaten" galt anfänglich nur für die I. Klasse – später dehnte sich der Name auf den gesamten Orden aus (ebd.). Druck der „Statuten der Illuminaten" in: *Einige Originalschriften des Illuminatenordens, welche bey dem gewesenen Regierungsrath Zwack durch vorgenommene Hausvisitation zu Landshut 11. und 12. Oktob. 1786 vorgefunden worden.* Auf höchsten Befehl Seiner Churfürstlichen Durchleucht zum Druck befördert. München [1787], S. 12–26, Zitat S. 14.

zu zernichten".[21] In welchen Formen dies zu geschehen habe, war hier noch nicht gesagt. Es hieß lakonisch: „Bücher und nähere Anleitung dazu geben die Obern".[22] Soweit der Auftakt anthropologisch interessierter Wissenssammlung im Bund der Illuminaten. Wenn es hieß, daß einschlägige Literatur dazu herangezogen werden sollte, so gibt es für diese frühe Phase noch keine diesbezüglichen Leselisten – es wird aber auch ohne derart direkte Belege deutlich, daß die Führungsgruppe des Ordens, die sich nun allmählich formierte, auf der Höhe der Diskussion ihrer Zeit war. Die öffentliche Debatte darüber, wie anthropologische Erkenntnisse gewonnen und in Bildungsstrategien umgesetzt werden könnten, wurde in der zweiten Hälfte der siebziger Jahre schwerpunktmäßig im Kontext der philanthropischen Bewegung geführt; 1774 war das erste der Philanthropine, spezieller Erziehungsanstalten aufgeklärter Pädagogik, in Dessau begründet worden.[23] Dieses Unternehmen hatte von Beginn an unter Beobachtung und Kritik gestanden und präsentierte sich selbst in den von Joachim Heinrich Campe, seinem Kurator, redigierten *Pädagogischen Unterhandlungen*.[24] In das 1. Stück des Jahrgangs 1777 hatte Campe an die kurze Mitteilung eines Hofmeisters einen Aufruf angefügt, Berichte aus der Erziehungspraxis an die Redaktion einzusenden[25] – allgemeiner Anlaß dafür war die Kritik gewesen, die Konzepte der Philanthropen seien zu idealistisch, sie entbehrten des praktischen Erfahrungswissens als Grundlage.

Der Zusammenhang dieser philanthropischen Debatte mit Gründungsintentionen des Illuminatenordens wurde in einer Arbeitssitzung hergestellt, die die Gruppe „Illuminatenforschung" mit Jörn Garber und seinen Mitarbeitern im Teilprojekt „Biographik und Menschheitsgeschichte in der Anthropologischen Wende der Spätaufklärung" zusammengeführt hatte. Aus diesem Austausch innerhalb der DFG-Forschergruppe resultierte auch der Hinweis darauf, daß die Anregung Campes im Folgejahrgang, 1778, in einem großen Aufsatz ausgebaut und systematisiert worden war. Der Beitrag stammte von Johann Karl Wezel, Hofmeister, Theaterdichter und Schriftsteller,[26] und war überschrieben *Ueber die Erziehungsgeschichten*.[27]

Wezel schlug in seinem Artikel vor, eine wissenschaftlich verfahrende Pädagogik dadurch zu begründen, daß ihr System auf der Basis einer möglichst großen

---

[21] Ebd., S. 14f.

[22] Ebd., S. 15.

[23] Vgl. Basedow, Johann Bernhard, *Das in Dessau errichtete Philanthropinum*. Eine Schule der Menschenfreundschaft und guter Kenntnisse für Lernende und junge Lehrer, arme und reiche. Leipzig 1774.

[24] Dazu insgesamt *Visionäre Lebensklugheit*. Joachim Heinrich Campe in seiner Zeit (1746–1818). Wiesbaden 1996 (Ausstellungskataloge der Herzog August Bibliothek 74), insb. S. 59.

[25] *Pädagogische Unterhandlungen*, hg. v. J. B. Basedow und J. H. Campe, 1stes Stück. Dessau 1777, S. 71.

[26] Zu Wezels Kritik an der optimistischen Anthropologie der Aufklärung vgl. Alt, Peter-André, *Aufklärung*. Stuttgart / Weimar 1996, S. 291f.

[27] Wezel, Johann Karl, *Ueber die Erziehungsgeschichten*, in: *Pädagogische Unterhandlungen*, 2. Jahr (1778), 1. Quartal, S. 21–43.

Anzahl praktischer Erfahrungsberichte entwickelt wird, die eine möglichst große Anzahl von Menschen verfaßt hat. Denn die bisherige – vorzeitige – Theoriebildung, so der Autor, habe zu nichts anderem geführt als dazu, falsche Systeme zu errichten:

> Ohne uns um die Einsammlung neuer Phänomene zu bekümmern, schrieben wir lange Zeit ein System ab, und schnitten die Ausübung darnach zu, bis einmal ein Grillenkopf kam, der den Handel wieder ganz von vorn anfieng, und uns so viele neue widersprechende Erscheinungen beybrachte, daß unsre allgemeinen Wahrheiten zu einzelnen individuellen oder lokalen Erfahrungen zusammenschrumpften, und das ganze System zu weiter nichts mehr taugte, als zum – verbrennen.[28]

Um das Thema der Tagung an dieser Stelle heranzuziehen: Vor der Konstruktionsleistung muß die Empirie stehen. Wezel ruft also dazu auf, dem Journal massenhaft Berichte zuzusenden: „Und nun, ihr Pädagogen, Hofmeister, Informatoren, Kinderlehrer, Rektoren, Konrektoren, Schulmeister und Professoren! – beobachtet, schreibt!"[29]

Wir wissen nicht, ob Weishaupt den Text Wezels gelesen hat – er war im ersten Quartalsheft 1778 der *Pädagogischen Unterhandlungen* erschienen –, jedenfalls wurde noch in demselben Jahr die erste „Reform[ation] der Statuten der Iten Klasse" unter die Ordensmitglieder gebracht, eine stark überarbeitete Fassung der ursprünglichen Version.[30] Die hier nun erstmals gegebene Lektüreliste enthielt eine Schrift Johann Bernhard Basedows,[31] vor allem aber enthielt dieses Grundgesetz des Ordens ein Programm zur Anlage von Beobachtungsprotokollen in der Gemeinschaft der Mitglieder, die sich in der I. Klasse des Ordens befanden. Entsprechend dem Charakter des Geheimbundes sind das allerdings keine Kinder – wie in der Zielgruppe des philanthropischen Programms –, sondern junge Männer; gedacht ist an die Altersgruppe von 15 bis 24 Jahren.[32] Sie erhalten den Auftrag zu kontinuierlichen Berichten der Selbst- und Fremdbeobachtung. Gehen wir nun in den Text. Während seiner Zeit in der I. Klasse

> arbeitet der Candidat an der Erforschung seiner selbst, an der Erforschung seiner Nebenmenschen, zeichnet alles fleißig auf, notiert auf eine gewisse eigne Methode, und denkt, und beobachtet überhaupt mehr, als er liest [...] Unter den Beobachtungen haben physiognomische Bemerkungen, gefundene Regeln menschliche Caractere zu beurtheilen, ein großes Verdienst. Auch mit Leuten, mit welchen man stark umgeht, haltet man ein eigenes Buch, wo unter der Rubric jeder solcher Person geschrieben wird, auf der einen Seite das Gute, auf der andern das Böse, so sie uns gethan.[33]

---

[28] Ebd., S. 22.
[29] Ebd., S. 42.
[30] *Einige Originalschriften*, (wie Anm. 20), S. 26–38.
[31] Ebd., S. 33. Eine Seite zuvor wird diese Liste mit dem Bemerken eröffnet: „Damit alle Mitglieder von einem Geist beseelt werden, und unter ihnen ein Verstand, und ein Wille werde, so sind ihnen auch gewisse Bücher vorgeschrieben, welche sie lesen, und aus welchen sie sich bilden können."
[32] Ebd., S. 29.
[33] Ebd., S. 29f.

Die so entstandenen Berichte sollen dem jeweils zuständigen Oberen übergeben werden; auf ihnen basiert der Erfolg, den das junge Mitglied mit seiner Ordenskarriere haben wird:

> Viele Notaten, Bemerkungen, viele entworfene Caracters, aufgezeichnete Gespräche von Leuten, die in der Sprache der Leidenschaften redend angetroffen werden; so wie auch Folgsamkeit gegen Obere sind der sicherste Weg zur Beförderung.[34]

Alles kulminiert also in der Aufsichtstätigkeit der sogenannten Oberen, der Angehörigen der höheren Ordensklassen, die gegenüber den Mitgliedern der I. Klasse die Funktion einnehmen, die im öffentlichen pädagogischen Geschehen die Lehrer für die Kinder haben.

Die vergleichende Betrachtung der illuminatischen und der philanthropischen Strategien macht auf eindringliche Weise die Analogien deutlich, die es in der zweiten Hälfte der siebziger Jahre des 18. Jahrhunderts zwischen öffentlichem und arkanem Schrifttum mit anthropologischem Themenbezug gegeben hat. Die philanthropische und die illuminatische Bewegung sind zwei parallele Tendenzen im Deutschland der Spätaufklärung. Daß es nicht bei dem Nebeneinander blieb, sondern eine bedeutende Zahl der Exponenten des Philanthropismus, darunter auch Campe, in der Folge dem Orden beitraten, das hat Christine Schaubs in einer grundlegenden Untersuchung ebenso gezeigt, wie sie die Bemühungen des Ordens aufgedeckt hat, in der Mitte der achtziger Jahre das von Christian Gotthilf Salzmann geplante Philanthropin in Schnepfenthal bei Gotha zu einem offiziellen illuminatischen Erziehungsinstitut zu machen.[35] Zunächst ging es jedoch um einen großen Feldversuch kollektiver Selbst- und Menschenbeobachtung, das Anlegen eines Reservoirs gesammelter Erfahrungen im Orden selbst.


## II.


Kehren wir nun zum Freiherrn Knigge zurück, der im Sommer 1780 für den Orden der Illuminaten geworben wurde. Im September werden ihm die Ordenstexte zur Lektüre vorgelegt.[36] Mit ganzer Kraft stürzt er sich in das System, versucht es zu verstehen und für sich zu adaptieren. Sofort beginnt er, mit Weishaupt zu korrespondieren. Der Graf Costanzo, der ihn geworben hat und zunächst sein unmittelbarer Ordensvorgesetzter ist, sieht sich von dieser Entschlossenheit seines Schützlings, in die Ordensspitze vorzustoßen, überrollt und macht etwas hilflose Versuche, seine Funktion als Führungsfigur zu wahren. Am 13. Oktober 1780 schreibt er

---

[34] Ebd., S. 29.
[35] Schaubs, Christine, Die Illuminaten und ihre Bemühungen um eine Reform der Pädagogik im Zeitalter der deutschen Spätaufklärung, dargestellt an der Quellenforschung zu Christian Gotthilf Salzmann, in: *Tau. Zeitschrift der Forschungsloge Quatuor Coronati* (1995), S. 46–70.
[36] Fenner, (wie Anm. 11), S. 147.

an Weishaupt: „Da ich in Erfahrung gebracht habe, daß der H[err] Philo" – Philo ist der Name, den Knigge als Bundesbruder führte[37] –, „daß der Herr Philo noch einmahl Ihnen geschrieben hat, so glaube ich meiner Pflicht gemäß zu handeln, diesen Bruder so zu schildern, wie ich nach vielen Betrachtungen, die ich fleißig gethan, ihn habe kennen lernen."[38] Knigge aber ist nicht der Mann, der sich beobachten läßt. Er will vielmehr das vorgefundene System optimieren und selbst zu denen gehören, die seine Struktur bestimmen.

Aus einem Schreiben Knigges an den Ordensgeneral vom 1. November wird deutlich, daß er ein Vierteljahr nach seinem Eintritt in den Bund bereits Provinzial ist, also Vorsteher einer der neuen außerbayerischen Ordensprovinzen.[39] Knigge ist zunächst begeistert von der Instruktion für die Provinzialen, die Weishaupt ihm schickt.[40] Gleichzeitig erhält er aber die Mitteilung, daß Weishaupt das Ordenssystem noch keineswegs vollständig und lückenlos ausgearbeitet hat.[41] Sofort erkennt er seine Chance:

> beruhigt mich nun die Gewisheit, daß der O[rden]. noch unentweyht ist, daß noch alles daraus werden kann, daß auch ich nicht eine bloße Maschiene, sondern vielleicht selbst ein Werkzeug werden kann alles zusammen zu suchen, was den O[rden]. stark, wichtig und allumfassend machen kann.[42]

Das Ergebnis dieser Korrespondenz war die Aufnahme Knigges in den sogenannten Areopag, das Lenkungsgremium des Ordens.[43] In dieser Eigenschaft hat er sich für die Ausbreitung des Bundes besonders in West- und Norddeutschland einge-

---

37 Schüttler, Hermann, *Die Mitglieder des Illuminatenordens 1776–1787/93*. München 1991 (Deutsche Hochschuledition 18), S. 183.

38 Markner / Schüttler, (wie Anm. 17), S. 1.

39 Ebd., MS, S. 3.

40 Ebd., S. 4. Druck der Instruktion: *Nachtrag von weiteren Originalschriften, welche die Illuminatensekte überhaupt, sonderbar aber den Stifter derselben Adam Weishaupt, gewesenen Professor zu Ingolstadt betreffen, und bey der auf dem Baron Bassusischen Schloß zu Sandersdorf, einem bekannten Illuminaten-Neste, vorgenommenen Visitation entdeckt, sofort auf Churfürstlich höchsten Befehl gedruckt [...]. Zwo Abtheilungen.* München 1787, hier: 2. Abt., S. 17–43. 1782 wurde diese Provinzialen-Instruktion hierarchisch heruntergestuft und – textlich überarbeitet – zur „Instruction der Präfecten oder Local-Obern". Druck bei van Dülmen, (wie Anm. 18), S. 199–209.

41 Das geht aus der Fortsetzung seines Schreibens an Weishaupt vom 5.11.1780 auf demselben Briefbogen hervor: Markner / Schüttler, (wie Anm. 17), MS, S. 6–8.

42 Ebd., S. 6.

43 Schon zu Beginn des Jahres 1778 hatte sich eine erste Führungsgruppe herausgebildet, nämlich ein informelles Dreierkollegium aus Weishaupt und zwei Ordensmitgliedern, die zur Zeit der Gründung des Bundes noch an der Juristischen Fakultät in Ingolstadt studiert und danach einen schnellen Einstieg in die Karriere als fürstliche Beamte gefunden hatten. Dabei handelte es sich um den Münchner Hofrat Franz Xaver Zwackh und das Mitglied der kurmainzischen Gesandtschaft am Reichstag Maximilian Edler von Merz. Diese drei Personen waren die Kerngruppe des sogenannten Areopags, des offiziellen Führungsgremiums des Ordens, das sich dann wenig später konstituierte. Vgl. van Dülmen, (wie Anm. 18), S. 33 und Schüttler (wie Anm. 37), S. 103 u. 170. Zur Aufnahme Knigges in den Areopag: van Dülmen, (wie Anm. 18), S. 44.

setzt, hat das Gradsystem überarbeitet und komplettiert und hat sich Gedanken über die Praktikabilität der Verfahrensweisen im Orden gemacht. Die praktische Anthropologie des Ordens war in ein diffiziles und anspruchsvolles Gefüge von Tabellen, Berichten, Aufsätzen und „Notaten" gegossen, die auf den verschiedenen Stufen der Ordenshierarchie angefertigt werden mußten. Diese Arbeit machte natürlich nur dann Sinn, wenn die Ordensvorgesetzten der einfachen Mitglieder deren Berichte auswerteten, ihrerseits die Angehörigen der unteren Grade beobachteten und für den Areopag Übersichten zusammenstellten, die die Ordensführung in die Lage versetzten, sich einen Überblick über die Entwicklung und den Stand der Erziehungsarbeit innerhalb der Mitgliedschaft zu machen. Das Instrument dafür waren die sogenannten „Conduitenlisten", die ein Ordensvorgesetzter über die ihm anvertrauten Mitglieder in regelmäßigen Abständen anzufertigen hatte. Es lag auf der Hand, daß dies für die dirigierenden Mitglieder eine enorme Belastung darstellte und daß dieses System daher bestenfalls lückenhaft und je nach Engagement und individuellen Möglichkeiten der einzelnen höheren Mitglieder funktionieren konnte. Knigge überzeugte den Areopag mit dem Vorschlag, die Berichtspraxis zu rationalisieren. Im Ergebnis erging im Februar 1783 der „Befehl der E[rleuchteten]. Obern vom Monath Benmeh 1152 J[ezdedgerd]. Die Conduitenlisten p. betreffend [...]".[44] Begründet war die Maßnahme mit dem einleitenden Hinweis, daß der Orden von jedem seiner Mitglieder genau unterrichtet sein wolle, daß diese Berichte, „wenn sie nicht in die Kürtze gefaßet", den Obern aber sehr beschwerlich würden.[45] Knigge ordnete eine doppelte Schematisierung an: Sie betraf erstens die inhaltliche Struktur der Beobachtungen, zweitens die Rationalisierung der Beantwortung. Sehen wir uns zunächst die inhaltliche Struktur an:

Puncte über welche soll berichtet werden

1. Anhänglichkeit
2. Fleiß, Eifer, Thätigkeit
3. Punctualität und Folgsamkeit
4. Geschicklichkeit andere zu dirigiren
5. Verschwiegenheit
6. Klugheit, Behutsamkeit
7. Gefühl und Reitzbarkeit gegen große Entwürfe und Anstalten
8. Treue und Heiligkeit im Wort halten
9. Hauswirthschaft

---

[44] Geheimes Staatsarchiv Preußischer Kulturbesitz Berlin: Depositum „Freimaurerakten". Loge Ernst zum Kompaß, Gotha, 5.2.G 39, 117, Nr. 120. Der Ordenskalender der Illuminaten folgte der sogenannten „persischen Zeitrechnung". Vgl. *Illuminatus Dirigens oder Schottischer Ritter*. Ein Pendant zu der nicht unwichtigen Schrift: Die neuesten Arbeiten des Spartacus und Philo in den Illuminaten Orden, jetzt zum erstenmal gedruckt und zur Beherzigung bei gegenwärtigen Zeitläuften herausgegeben, [Frankfurt/M.] 1794, S. 72f. Siehe auch Wilson, W. Daniel, *Geheimräte gegen Geheimbünde*. Ein unbekanntes Kapitel der klassisch-romantischen Geschichte Weimars. Stuttgart 1991, S. 365.
[45] GStA Berlin: Depositum „Freimaurerakten", (wie Anm. 44).

10. Uneigennützigkeit und Selbstverleugnung, Macht über Leidenschaften, Aufopfrung des eigenen Interesse
11. Sitten, Moralität
12. Aufklärung
13. Bestreben sich vollkommen zu machen
14. Ruf.

Geht man diese vierzehn Punkte auf ihre Zugehörigkeit zu größeren Bezugssystemen durch, so wird unmittelbar deutlich, daß der überwiegende Teil – insgesamt neun – einem allgemeinen Moral- und Verhaltenskodex entspricht, während drei von ihnen Tugenden ansprechen, die sich speziell auf das Ordensleben beziehen – es sind dies die Punkte 4, 5 und 7. Die „Verschwiegenheit" war die Grundtugend aller arkanen Bünde, jedes Mitglied mußte für das Projekt des Bundes, für „große Entwürfe und Anstalten" zu begeistern sein, und um die „Geschicklichkeit andere zu dirigiren" ging es gerade auch in diesem Befehl. Denn dies war das Ziel all dieser Bemühungen: das Lenken der Mitglieder nach innen, aber vor allem auf den höheren Ebenen auch die Wirkung nach außen, das „Dirigieren" von Menschen, die nicht dem Orden angehörten. Die Konstruktionsleistung, die daraus als Arbeit der Ordensführung resultieren sollte, ist das Sittenregiment, die heimliche Leitung staatlicher Regierungen durch Männer, die – selbst von höchstem moralischem Rang – über ein Heer von Untergebenen verfügen, die an allen Schaltstellen zur Sicherung und Durchsetzung tugendhafter, aufgeklärter Herrschaft eingesetzt werden können.[46]

Diesem Ziel der Aufklärung nach außen dient zunächst das Ziel der Selbstaufklärung nach innen. Es sind die Punkte 12 und 13, der Grad der Aufgeklärtheit des einzelnen Mitglieds und das Perfektibilitätsstreben, die in lakonischer Formulierung auf dieses Ziel der Menschenbildung des Ordens anspielen. Die Naivität der Formulierung resultiert aus dem Bemühen, die Erziehungsarbeit handhabbar zu machen, Beobachtung zu standardisieren. Jede weitere Erläuterung, was man denn unter „Aufklärung" zu verstehen, d.h., was man hier zu beurteilen habe, fehlt in diesem Text; offenbar bezog man sich auf andere Ordensbefehle und setzte ein gemeinsames Grundverständnis voraus. Einer dieser Referenztexte waren die „Statuten der Illuminaten", die Knigge bereits vorgefunden hatte, als er dem Orden beitrat. Hier war der Grad der Aufklärung als Grad der Befreiung von Vorurteilen definiert, ebenfalls schon als Abfrageschema, dessen Beantwortung von jedem Mitglied der I. Klasse monatlich einzureichen war:[47]

17. Irrthum, Vorurtheil, boshafte Absichten zu bestreiten, soviel man kann, ist unsre Pflicht, und in der Selbsterkenntniß, und Erforschung seiner Schwäche, und unüberlegter Neigungen muß es jeder hoch zu bringen suchen.

---

[46] Vgl. zum „Sittenregiment" als erster Stufe der utopischen Zielstellung der Illuminaten Neugebauer-Wölk, Monika, Die utopische Struktur gesellschaftlicher Zielprojektionen im Illuminatenbund, in: dies. / Saage, (wie Anm. 9), S. 169–197, insb. S. 175–178.
[47] *Statuten der Illuminaten*, (wie Anm. 20), S. 17.

18. Zu diesem Ende überreicht jeder zu Ende jedes Monats seinen Obern ein verschlossenes Blatt, in welchem er anzeigt:
   1. Was er als Vorurtheil ansehe.
   2. An wem er solches wahrgenommen.
   3. Welche Vorurtheile er an sich entdeckt.
   4. Welche bey ihm die herrschenden Vorurtheile, und wie viel solche seyn.
   5. Wie viel, und welche er schon geschwächet, oder gar ausgerottet habe.

Kehren wir zum Ordensbefehl Knigges vom Februar 1783 zurück: Wie wurde nun die Beantwortung dieser Fragen rationalisiert? Statt langer Ausführungen gab es nur noch vier formalisierte Antwortmöglichkeiten. Wußte der Obere zu einer der 14 Kategorien gar nichts über das Mitglied zu sagen, so sollte er ein V für Vacant dahintersetzen. War eine Bewertung möglich, so gab es drei Varianten: einen einfachen Strich für ein niedriges Niveau, einen Doppelstrich für mittlere Leistungen und drei Striche für die Höchstbewertung. Auf diese Weise ergaben sich standardisierte Listen, die nur noch aus Namen, Ziffern und Strichen bestanden. Der Ordensbefehl des Februar 1783 ist die Anleitung für eine serielle Berichterstattung über das Verhaltensprofil der Mitglieder des Illuminatenbundes.

Dieses Verfahren ist bisher in der Forschung ebensowenig beachtet worden wie der gesamte von Knigge verfaßte Ordensbefehl. Die Frage, die sich sofort stellt, wenn man diese Anweisung ernst nimmt, lautet: Wurde dieses Schema in der Ordenspraxis wirklich angewendet? Die DFG-Teilgruppe „Illuminatenforschung" hat tatsächlich einen solchen Bericht gefunden, den Bericht über eine ganze Inspektion, in dem dieses Verfahren einen Monat nach seiner Anordnung, im März 1783, ganz selbstverständlich genutzt wurde.[48] Hinzu kommt ein Brief aus dem Herbst 1783, der ebenfalls voraussetzt, daß dem Adressaten der Sinn dieser Chiffre bekannt ist.[49]

Der Inspektor, der den Bericht für März 1783 an die Ordensleitung schickte, war Johann Martin Graf zu Stolberg-Roßla, im Orden „Campanella". Er war Chef der zweiten deutschen Ordensinspektion mit Westfalen und den nieder- und oberrheinischen Kreisen;[50] sein hier relevanter Rapport enthält Beobachtungsnotizen aus insgesamt dreizehn Ordensniederlassungen, in denen nahezu durchgehend – mit der Ausnahme nur der beiden letzten – mit dem Chiffrensystem Knigges gear-

---

[48] Staatsarchiv Hamburg 614–I/72, Große Loge, 5.1.10. Nr. 1350. Eine Inspektion umfaßte drei Provinzen.

[49] Markner / Schüttler, (wie Anm. 17), Brief von Ernst Friedrich Falcke an Adam Weishaupt im Herbst 1783. Falcke war Konsistorial- und Hofrat in Hannover, hochrangiger Freimaurer und seit September 1781 Illuminat. Seit 1782 besaß er das Regentengrad und war Inspektor der Ordensprovinzen Ober- und Niedersachsen, ein Amt, von dem er kurz vor dem zitierten Schreiben zurückgetreten war. Vgl. zu den biographischen Daten Schüttler, (wie Anm. 37), S. 51, sowie Ergänzungen und Korrekturen in einer von der DFG-Teilgruppe „Illuminaten" überarbeiteten Manuskriptfassung des Mitgliederverzeichnisses: Schüttler, Hermann / Markner, Reinhard (Hg.), Die Mitglieder des Illuminatenordens 1776–1787/93, 2. überarb. Fassung.

[50] Zu Stolberg-Roßla: Schüttler / Markner, (wie Anm. 49), S. 193f.

beitet wird. Schauen wir uns Beispiele aus zwei pfälzischen Städten an, aus Heidelberg und Mannheim:

aus Heidelberg

Raphael.    1–2=8–9–10=11=12–14= hat diesen Monath über wegen privat Geschäften wenig für den O[rden] thun können.

Machiavell.    1–3=6=7=8=9=10=11=12=13=14=

Herodot.    Ist von Athen zurückgekommen; mit seinen dortigen Beobachtungen über den O[rden] sehr zufrieden. Schade, daß er äußerst schwächlich ist. 1=2–3–4–6=7–8–9–10=11=12=13=14=

aus Mannheim

Bernhard.    1–2–7=8–9–10–11–12–13–14– fragt, ob Felbigers Catechismus bei der Finsternis der Geistlichen hinlänglich sey, die Jugend zu unterrichten? Wünscht eine Verbesserung desselben.[51]

Für jeden Ordensnamen folgt die Chiffre mit den maximal 14 Kategorien; es fällt allerdings sofort auf, daß nicht alle Ziffern berücksichtigt sind – etwa im Falle des Kirchenrats und Professors der Geschichte Karl Friedrich Wundt, im Orden Raphael,[52] dessen Beurteilung von 2 auf 8 springt; auch die 13 ist ausgelassen, d.h. der zuständige Provinzial weiß nichts anzugeben über sein „Bestreben, sich vollkommen zu machen". Er setzt aber auch kein V für „Vakant" hinter die entsprechenden Ziffern, sondern läßt sie einfach wegfallen. Es ist anzunehmen, daß diese Praxis gebraucht wurde, um nicht durch ein häufiges V auf die Lücken der Berichterstattung aufmerksam zu machen. Denn damit zensierten die Aufsichtspersonen sich selbst – in „Knigges Ordensbefehl" war ausdrücklich gesagt: „Viele Vacant müssen nicht geduldet werden, das zeigt sonst an, daß sich die Obern um ihre Untergebenen wenig bekümmern".[53] Dieser Usus zeigt aber auch, daß die Beurteilung durchaus ernst genommen wurde. Denn es wäre ja nichts leichter gewesen, als hinter die Zahlen irgendwelche Striche zu setzen. Daß dies nicht geschah, ist zumindest ein Indiz für Authentizität.

Die Beispiele zeigen darüber hinaus auch, daß die Bewertung, die den Betroffenen ja nicht zugänglich war, äußerst streng vorgenommen werden konnte. Nur einmal gibt es in diesen vier Fällen die Höchstnote, nämlich alle drei Striche. Ein junges Ordensmitglied, Machiavell, erhält sie für seinen Grad an Aufgeklärtheit.[54] Dem Mannheimer Kaplan Philipp Lebert (Bernhard)[55] nützte es dagegen nichts, daß er sich um die religiöse Erziehung der Jugend Sorgen machte – sein Grad an Aufgeklärtheit wird trotzdem (wie fast sein gesamtes Beurteilungsprofil) auf der niedrigsten Stufe gesehen. Vielleicht schlägt sich hier die konfessionelle Spannung nieder, in die der Orden durch seine Ausweitung über Bayern hinaus geraten war.

---

51   Staatsarchiv Hamburg 614-I/72, Große Loge, 5.1.10. Nr. 1350. Das Stück ist unpaginiert.

52   Zu Wundt: Schüttler, (wie Anm. 37), S. 168 und Schüttler / Markner (wie Anm. 49), S. 222. Wundt war zur Zeit des Berichts Kirchenrat in Heidelberg.

53   GSTA Berlin, Depositum „Freimaurerakten", (wie Anm. 44).

54   Die bürgerliche Identität des „Machiavell" konnte bis heute nicht ermittelt werden.

55   Vgl. zum bürgerlichen Namen des „Bernhard": Schüttler, (wie Anm. 37), S. 92.

Der beurteilende Provinzial des „Bernhard" war der reformierte Kirchenrat der Kurpfalz Johann Friedrich Mieg.[56] Offenbar erschien es dem für den Fortschritt der Aufklärung wenig relevant, ob ein katholischer Geistlicher die religiöse Lehrschrift des österreichischen Schulreformers Johann Ignaz Felbiger einer Revision unterziehen wollte. Aber Näheres wissen wir nicht über diesen Vorgang. Die Gesamtanordnung des Berichts zeigt, daß Mieg das Chiffrensystem akzeptierte und nutzte, aber das Bedürfnis hatte, kurze zusätzliche Erläuterungen zu geben, die in ihrer Individualität durch das vorgegebene Schema nicht ausgedrückt werden konnten. Dies wurde allgemein in dem Bericht so gehandhabt.

Die Berichtspraxis im Orden der Illuminaten bediente sich also des empirischen Zugangs vielfacher Einzelbeobachtung, wie sie als methodische Forderung in der anthropologischen Literatur bzw. den Texten zur Begründung einer wissenschaftlich fundierten Erziehungslehre dieser Zeit entwickelt worden war, und bildete sie gleichzeitig weiter in Richtung auf eine im Höchstmaß rationalisierte Form. Dieses Verfahren war in zweifacher Hinsicht in eine utopisch strukturierte Erwartung hineingestellt: Erstens trägt die Vorstellung utopische Züge, daß eine geschlossene und umfassende, massenhafte Beobachtung von Menschen möglich ist und daß daraus Lenkungsmechanismen ableitbar seien. Knigges Verfahren zur Mitgliederbeobachtung war ja kein Selbstzweck. Sein Ordensbefehl benannte das Ziel der Herstellung einer geschlossenen Gesellschaft auf moralisch höchstem Niveau:

> Jeder Oberer, an den eine solche Tabelle oder Bericht gesandt wird, merkt sich wohl diejenigen, welche üble notam, und in welchen Dingen erhalten, damit er Anstalten zur Besserung treffe und die Incorriglen anfangs noch einmal ermahnen, sodann aber sogleich entfernen [kann].[57]

Auf diese Weise sollte entstehen, was die Illuminaten in ihrer utopischen Sprache die „heilige Legion der Edlen" nannten.[58]

Dieser Orden der Besten und Auserwählten war dann in die zweite utopische Strategie hineingestellt, in die Konstruktionsleistung der idealen Gesellschaft für alle Menschen. Der Provinzial für Österreich, der Wiener Hofrat Joseph Sonnenfels,[59] schrieb bald nach seinem Ordenseintritt an Weishaupt:

---

[56] Johann Friedrich Mieg ist eines der bedeutendsten westdeutschen Ordensmitglieder. Im Mai 1781 war er von Knigge geworben worden und hatte in der Hierarchie des Bundes – ein knappes Jahr später bereits als Provinzial – einen steilen Aufsteig genommen. In seiner bürgerlichen Profession war er wie Karl Friedrich Wundt kurpfälzischer Kirchenrat. Vgl. Schüttler / Markner, (wie Anm. 49), S. 134.

[57] GSTA Berlin, Depositum „Freimaurerakten", (wie Anm. 44).

[58] Diese Formulierung findet sich häufiger; vgl. z.B. die Initiation zum Großen Illuminaten, gedruckt in: (Faber, Johann Heinrich), *Der ächte Illuminat oder die wahren, unverbesserten Rituale der Illuminaten.* Enthaltend 1) die Vorbereitung, 2) das Noviziat, 3) den Minervalgrad, 4) den kleinen und 5) großen Illuminatengrad. Edessa [d.i. München] 1788, S. 191.

[59] Vgl. Reckenfelderbäumer, Norbert, Staat und Wirtschaft in masonischer Sicht, insbesondere bei Lessing, Sonnenfels und den Illuminaten, in: Reinalter, Helmut (Hg.), *Aufklärung und*

> Der Begriff, den ich mir von dem Orden selbst mache, ist: ich sehe ihn als einen Cosmopolitismus an, dessen Plan von einem ungeheuren Umfange ist, und dessen Mittel eben so weit reichen müssen, als die Absicht: es soll ein Baum seyn, der aus der Wurzel eines allgemeinen Wohlwollens aufschießt und die ganze Welt beschattet.[60]

Es ist überhaupt interessant zu sehen, wie die Kombination der beiden Quellengattungen, der Berichtspapiere und der Ordenskorrespondenz, zeigen kann, daß utopisches Denken durchaus zum Alltagsdenken gehörte und sich eben in der wechselseitigen Kommunikation wiederfindet – nicht nur in der gleichsam literarischen Gattung der Gradtexte, für die utopische Bezüge seit langem diagnostiziert sind.[61] Im September 1781 hatte der Frankfurter Kaufmann und Naturforscher Peter Leonhardi an die Heidelberger Illuminaten geschrieben:

> Sie möchten gern sehen, was wir schon gewirkt haben [...] Wollen Sie [...] Provinzen sehen, in denen wir binnen zehn Jahren Licht ausgebreitet, eine glückliche, blühende Generation gebildet, Heucheley, Despotismus, Aberglauben, Laster, Irreligiosität entlarvt und vertrieben, eingeschränkt haben. – Solche können Sie sehen. [...] Das ist so süß, vor die Welt zu arbeiten, Hand in Hand mit vertrauten Brüdern das Reich des Lasters und der Verblendung zu bekämpfen, um das Reich zu stiften, das uns verheißen ist.

Und er schloß diesen Briefteil mit der Bemerkung: „es ist in den Händen so würdiger Männer, die vornehmsten Lehrer und Führer des Menschengeschlechts zu werden, wenn sie sich nur erst Schüler schaffen wollten."[62] Daß die Ordensmitglieder den Orden und sich selbst in Briefen an neu Hinzugekommene jenseits der Realität in utopische Kategorien hinein stilisierten, das zeigt dieses Schreiben in geradezu musterhafter Weise. Als Leonhardi dies schrieb, existierte der Orden noch keine zehn, sondern erst fünf Jahre; er selbst war zu dieser Zeit ein halbes Jahr dabei.[63]

Aber auch die Erkenntnis, daß Erwartung und Erfahrung nicht miteinander harmonieren müssen, besonders dann nicht, wenn die Erwartung utopische Züge trägt, diese Erkenntnis griff im Orden allmählich um sich, seit er auf dem Höhepunkt seiner Verbreitung und seines Wirkens angekommen war. Dies mußte auch und gerade die anthropologisch-aufgeklärte Grundüberzeugung von der unbegrenzten Bildbarkeit des Menschen treffen. Nachvollziehbar wird die Ernüchterung vor allem in der obersten Stufe der Ordenshierarchie, dort, wo diejenigen agierten, die die Geschicke des Bundes maßgeblich bestimmten. Seit 1783 gerieten sie zunehmend in Gegensatz zueinander, und der in seinen Auswirkungen wichtigste Konflikt ist der um die Person des Freiherrn Knigge, der schließlich mit seiner

---

*Geheimgesellschaften.* Freimaurer, Illuminaten und Rosenkreuzer. Ideologie – Struktur und Wirkungen. Bayreuth 1992, S. 167–175.

[60] Schreiben Sonnenfels' an Weishaupt 8. Mai 1782: Markner / Schüttler, (wie Anm. 17), S. 75.

[61] Vgl. Agethen, (wie Anm. 14) und Neugebauer-Wölk, (wie Anm. 46).

[62] Schreiben von Leonhardi aus dem September 1781, in: Markner / Schüttler, (wie Anm. 17), unpaginiert.

[63] Schüttler / Markner, (wie Anm. 49), S. 119.

Entlassung aus dem Orden endete. Knigges entschiedenster Gegner war der Reichskammergerichtsassessor Freiherr von Ditfurth, ebenfalls ein Provinzial der Illuminaten, und dieser schrieb an Weishaupt im August 1783: „eben dieser Philo beweiset a posteriori, daß nicht alle Heuchler, Egoisten und Schurken, die in unsern Orden gebracht werden, darin *nothwendig* guth werden – und wenn dies wäre", so fügt Ditfurth selbstironisch hinzu, „so müßten wir sogleich die gantze Welt aufnehmen".[64] Ditfurth kam schließlich zu dem Schluß, daß „unter 100 Schurken wenigstens 90 Stück Schurken bleiben, wenn man ihnen auch noch die allerherrlichste Moral und die seeligsten Aussichten vor das Menschengeschlecht bis zur Evidentz beweiset [...]".[65] Alle Beobachtung des Menschen und alle Versuche des daraus systematisch abgeleiteten Handelns führten nicht notwendig zur Durchsetzung der Absichten, die einem solchen Experiment zugrundelagen.

Unsere Tagung steht unter dem Rahmenthema „Zwischen Empirie und Konstruktionsleistung". Die Strategien des Illuminatenordens sind ein interessantes Beispiel für das Spannungsverhältnis, das zwischen den beiden Begriffen besteht. Als „Empirie" ist eben nicht nur die pädagogisch-anthropologische Versuchsanordnung zu verstehen. „Empirie" war auch die Erfahrung, die man mit der Realisierung machte. Dies war sozusagen die zweite Stufe anthropologischer Erkenntnis nach der anthropologischen Wende, die überhaupt erst für die Möglichkeiten sensibel gemacht hatte, die darin lagen, die Menschheitsentwicklung an sich zum Gegenstand zu machen. Die Untersuchung der Projekte und Abläufe im Illuminatenorden als Teil unseres Forschergruppenprojekts kann diese Dimension der Anthropologie der Spätaufklärung paradigmatisch sichtbar machen, kann den Bezug herstellen von der literarischen Diskussion neuer Konzepte zur Ebene ihrer Realisierung und zur Wirklichkeit dessen, was im Gesamtspektrum von Menschenbeobachtung und Menschenbildung konkret möglich war.

---

[64] Franz Dietrich von Ditfurth an Weishaupt, 15. August 1783, in: Markner / Schüttler, (wie Anm. 17). Zu Ditfurth vgl. Neugebauer-Wölk, (wie Anm. 15), passim.
[65] Markner / Schüttler, (wie Anm. 17).

ALAIN MONTANDON (Clermont-Ferrand)

# Konversation und Gastlichkeit in der französischen Aufklärung: zur Konzeptualisierung sozialer Interaktion zwischen Kontinuität und Umbruch

Nach der Fixierung normativer Systeme sozialer Interaktion in den Umgangs-schriften des klassischen Zeitalters erlebt das französische 18. Jahrhundert in diesem Bereich eine vielfältige Entwicklung, deren Grundbedingungen wie folgt umrissen werden können: zum einen durch die feste Etablierung eines einheitli-chen, allgemein anerkannten Verhaltenskodexes, wie er sich insbesondere in der Abhandlung Courtins[1] darstellt, die mit ihren mehr als 15 Auflagen zum Bestseller im Bereich des Verhaltensschrifttums avancieren sollte, zum anderen durch die Herausbildung hiervon abweichender, den gesellschaftlichen Veränderungen fol-gender Varianten sowie durch eine Zunahme pädagogisch ausgerichteter Schriften vor dem Hintergrund der allmählichen Aufweichung des rigiden aristokratischen ‚Verhaltensapparates‘, seiner Liberalisierung und Flexibilisierung durch den ver-stärkten Einlaß des Natürlichen. In der zweiten Hälfte des 18. Jahrhunderts schließlich ist – paradigmatisch am Werk Rousseaus – ein signifikanter Bruch zu beobachten, der die rollenhafte Gestaltung des Umgangs endgültig aufgibt zugun-sten eines auf Natürlichkeit basierenden Konzeptes der Interaktion: vom Theater zur Natur – so könnte die Entwicklung der Darstellungen sozialer Interaktionen im Betrachtungszeitraum beschrieben werden. Die Vorstellung einer natürlichen So-ziabilität der Natur kontrastiert zunehmend jener der Unsoziabilität der Gesell-schaft.

Um letzteren Aspekt nachzuzeichnen, soll hier die konzeptuelle Entwicklung der Gastlichkeit im benannten Zeitraum beleuchtet und exemplarisch der Komplex der Konversation hervorgehoben werden, anhand dessen axiomatische Verschie-bungen am deutlichsten zutage treten.

Versteht man Gastlichkeit als eine auf den Einlaß und die provisorische Integra-tion in eine Gruppe orientierende Verhaltensqualität, so besetzt die Konversation in diesem Sinne einen Teilbereich dieses grundlegenden Typs sozialer Interaktion. Es sei zunächst daran erinnert, daß die lateinische *conversatio* nicht in erster Linie auf sprachliche Aktivität abstellt, sondern vielmehr ein der solitären Lebensform entgegengesetztes soziales Verlangen bezeichnet. In dieser, die Gesamtheit der habitualisierten Einstellungen und Gewohnheiten einer sozialen Gemeinschaft umfassenden Bedeutung des „Umgangs" findet der Begriff bis ins 17. Jahrhundert

---

[1] Courtin, Antoine, *Nouveau traité de civilité qui se pratique en France parmi les honnêtes gens.* Paris 1671. Im folgenden zitiert nach der Ausgabe Paris 1750. – Für die Übersetzung der französischen Fassung des folgenden Beitrags sind Verfasser und Herausgeber Björn Schaff zu großem Dank verpflichtet.

hinein Verwendung. Noch das Wörterbuch Richelets (1680) sowie die erste Ausgabe des Akademiewörterbuchs (1694) schließen im jeweiligen Artikel „converser" dieses an den Bereich der zwischenmenschlichen Beziehungen an. Erst mit dem 18. Jahrhundert vollzieht sich eine Umkehr innerhalb der Bedeutungshierarchie: in der Ausgabe von 1718 des Akademiewörterbuchs wird nunmehr die sprachliche Unterhaltung, das „s'entretenir", begriffsbestimmend.[2]

## 1.

Bekanntermaßen widersetzt sich die Konversation als Spielart des *sermo convivialis* jeglicher Form spezialisierter und gelehrter Kultur und wird zum Synonym für gemeinschaftliches Wissen, zu einem Ort der Teilnahme und der Integration. Wenn zahlreiche Abhandlungen zur Konversation auch als autonome Texte abgefaßt sind, so erscheinen diese doch noch öfter eingebunden in Großformen des Verhaltensschrifttums. Sämtliche sich dem „savoir vivre" widmende Traktate räumen der Konversation einen mehr oder weniger umfangreichen Raum ein, da die Kunst der Unterhaltung, der „art de converser", untrennbar verknüpft ist mit sozialer Integration und Konversation zuallererst aus dem „Bedürfnis nach Gesellschaft" entsteht. Daß dabei ihre intellektuelle Valenz der sozialen Funktion untergeordnet wird, zeigt etwa die Aussage Trublets:

> Si le plaisir de la conversation avec ceux qui y ont le plus d'esprit ne venoit que du prix réel & intrinsèque de ce qu'ils y disent, ce plaisir serait bien médiocre et bien inférieur à celui de la lecture.[3]

Die Orte des gesellschaftlichen Umgangs, Salons, Alkoven usw., sind Orte der Gastlichkeit und unterliegen als solche deren Aufnahmeriten, wie auch Beginn, Ablauf und Ende von Konversation durch eine Anzahl von Regeln bestimmt sind, deren ritueller Charakter denen der Gastlichkeit gleichkommt. Beim Eintritt in Gesellschaft ist sämtliche, einer günstigen Aufnahme entgegenstehende Aggressivität zu vermeiden, sind mögliche, mit dem Eindringen verbundene Inopportunitäten zu minimieren. Einige in diese Richtung zielende Empfehlungen gibt Vaumorière in seinem *Art de plaire dans la conversation* (1688). Gegen das Vorfahren in der Kutsche setzt er die Ankunft zu Fuß, gegen das Herunterbeten von Titeln die einfache Nennung seines Namens, gegen das laute Klopfen das sanfte Türkratzen, da jede Lärmerzeugung als Aggression aufgefaßt und somit bereits vor dem ei-

---

[2]  In England zeugen etwa die *conversation pieces* als Gruppenportraits, Familiendarstellungen usw. von einer Fortdauer der Verwendung von Konversation zur Bezeichnung des Umgangs noch bis in das Jahr 1770. Die englische juristische Fachsprache hat diese Bedeutung schließlich bis heute konserviert: vgl. z.B. *criminal conversation* als Bezeichnung des Ehebruchs.

[3]  Trublet, Nicolas Charles Joseph, *Essais sur divers sujets de littérature et de morale*. 4 Bde. Paris 1754–1760, hier Bd. 4 (1760), S. 309.

gentlichen Auftreten zu einer Negativbewertung im Verhalten führen würde. Dies gemeistert, sollen schließlich Bescheidenheit, Zurückhaltung, unterwürfiges und den Charakter des Eindringens negierendes Verhalten des Ankommenden klar sichtbar werden.

Die „civilité" verlangt es weiter, den vor uns erwarteten Personen den Vortritt zu lassen und ihn auch jenen anzubieten, die nach uns kommen. Die Beachtung der Rangstufen[4] bedarf ebenso gesonderter Aufmerksamkeit wie die skrupulöse Respektierung des einzuhaltenden Abstandes.[5] Letzteres verweist auf das komplizierte Verhältnis von Nähe und Distanz innerhalb der Konversationsgemeinschaft, zwischen der Nähe als Gunstbezeugung und der Distanz als Ausdruck wohlwollender Achtung.[6] Distanz und vorsichtige Zurückhaltung bestimmen sowohl die Inhalte der Konversation als auch die zu vermeidenden Unschicklichkeiten.[7]

Der Eintritt in den geselligen Kreis verlangt Unaufdringlichkeit, Bezeugung der Unterordnung und der Treue zur Gemeinschaft. Dieser Verzicht auf jede Form von Autorität ist Teil des von Norbert Elias beschriebenen Zivilisationsprozesses sowie einer sozialen Erziehung, deren psycho-soziologische und politische Folgen nicht überschätzt werden können. Sie kennzeichnet den Ausschluß sowohl des Intimgesprächs als auch jeder Form der ungerechtfertigten Privilegierung eines Gesprächspartners.[8]

---

[4]    „Quand une personne d'un rang distingué vous fait asseoir auprès d'elle, vous devez par respect prendre un siège moindre que celui où elle est assise." (Anonym, *Règles de la bienséance civile et chrétienne.* Bourg 1740, S. 31f.). Darüber hinaus richtet sich die Höflichkeitsregeln auch auf den Umgang mit sozial Gleichgestellten, denen gegenüber jede egozentristische und selbstüberhebende Attitüde zu vermeiden ist: „avec vos égaux ne prenez pas le lieu le plus commode, [...] cédez la place la plus honorable." (Anonym, *Bienséances de la conversation entre les hommes.* Lyon 1660, S. 64).

[5]    „Si quelqu'un vient pour vous parler quand vous êtes assis, levez-vous quand il s'approche, surtout si sa condition le demande." (Anonym, *Bienséances*, [wie Anm. 4], S. 64). – „Il faut s'approcher doucement, et quand on est tout contre, faire son compliment d'un ton de voix qui soit modeste" (Courtin, wie Anm. 1, S. 51).

[6]    „Ne montrez pas du doigt celui duquel vous parlez. Et n'approchez pas trop, ni du visage, que l'on doit respecter, ni de la personne même avec qui vous vous entretenez." (Anonym, *Bienséances*, wie Anm. 4, S. 132). „Lors que vous parlez à des personnes de respect, ne vous appuyez point, ne vous approchez pas trop d'elles; mais laissez environ un pas de distance." (Anonym, *Règles de la bienséance*, [wie Anm. 4], S. 32).

[7]    „Ne demandez pas à une personne qui est beaucoup au-dessus de vous, comment elle se porte, si elle est malade." (Anonym, *Règles de la bienséance*, [wie Anm. 4], S. 32). Einmal in einen Gesprächskreis eingelassen und geduldet – „[...] ne vous mêlez pas dans des entretiens, dans des assemblées où vous doutez être le bienvenu." (Anonym, *Bienséances*, [wie Anm. 4], S. 118) – gilt es, die Unterhaltung nicht zu unterbrechen: „Quand vous survenez à un entretien commencé, ne demandez jamais de quoi l'on parle: parce que cela marque autorité." (ebd., S. 126).

[8]    „C'est une incivilité assez ordinaire dans les conversations d'adresser toujours la parole à une même personne, de lui témoigner beaucoup d'empressement et de n'avoir pour les autres que de la froideur, qui approche du mépris." (Morvan de Bellegarde, Jean-Baptiste, *Réflexions sur la politesse des mœurs.* Paris 1700, S. 386f.).

An zahlreichen Stellen nehmen die Schriften zur Konversation grundlegende Regeln hinsichtlich der Schicklichkeit und des zwischenmenschlichen Umgangs auf, wie sie sich bereits in *De civilitate morum puerilium* des Erasmus oder dem *Galateo* von Della Casa finden lassen. So handelt es sich hier stets um die Zurücknahme des Selbst zugunsten des anderen, um die Bezeugung von Aufmerksamkeit und die Bekundung des uneingeschränkten Willens zur Teilnahme am Spiel der Gemeinschaft.[9] Die das Gespräch betreffenden Regeln der „civilité" gehorchen denselben elementaren Prinzipien.[10]

Aufnahme und Integration in die Gruppe sowie der soziale Umgang selbst verlangen nach einer Art des Verhaltens, welche das Äußerliche in den Mittelpunkt rückt, d.h. also einer am Gesichtsausdruck, an der Kleidung wie an der gesamten Erscheinung ablesbaren Semiologie der Höflichkeit.[11] Die geforderte weltläufige Gewandtheit fußt auf einem undefinierbaren „je ne sais quoi", einer Vorstellung von Geselligkeit, deren Grundcharakter bestimmt ist von der Zirkulation, der Flüssigkeit und Flüchtigkeit der Kommunikation.[12] Jener „air du monde" versteht sich dabei als prinzipiell offener Ausdruck des friedvollen Zusammenlebens innerhalb einer auf gegenseitiges Gefallen ausgerichteten Gesellschaft[13] und zeugt gleichzei-

---

[9] So ist es untersagt, während des Gesprächs zu schlummern, zu sitzen, während die anderen stehen, weiterzugehen, während die anderen innehalten, den Kopf zu schütteln, den Hut vor den Mund zu halten, nur auf einem Fuß zu stehen oder zu schweigen, da letzteres als ein Zeichen des Rückzugs in sich selbst und damit der Animosität gedeutet werden kann. Ebenso verpönt ist es, sich in Gesellschaft privaten Beschäftigungen zu widmen: „C'est faire contre la bienséance de lire en conversation des livres, des lettres ou quelques pareilles choses" (Anonym, *Bienséances*, [wie Anm. 4], S. 125).

[10] „Il est fort honnête de parler de ceux que l'on converse plus honorablement que de soi même." (ebd., S. 72); „Si quelque personne de considération et d'autorité survient lorsque vous tenez le discours, il est de la bienséance de le redire en peu et après cela de le reprendre et l'achever. [...] Ne vous faites pas le censeur et le correcteur des fautes d'autrui." (ebd., S. 128); „Ne parlez pas si lentement et si pesamment que vous en donniez de l'ennui." (ebd., S. 124); „Lorsque quelqu'autre parle, ne divertissez pas les auditeurs de l'écouter. [...] Ne lui suggérez les mots. [...] Ne l'interrompez, ni lui répondez point jusques à ce qu'il ait achevé." (ebd., S. 126).

[11] „[...] l'air, le geste, la contenance, la manière d'agir, tout entre dans la politesse." (Anonym, *Règles de la bienséance*, [wie Anm. 4], S. 4). In diesem Sinne besteht auch Mlle de Scudéry auf dem „merveilleux rapport entre les yeux et les paroles qui contribue à rendre le parler plus agréable" (Scudéry, Madeleine de, *Conversations sur divers sujets.* Paris 1680, S. 194).

[12] „C'est une manière d'agir qui se communique d'elle-même. C'est un esprit qui s'épand partout, que tout le monde prend et à quoi pourtant tout le monde, c'est-à-dire principalement le beau monde contribue, et c'est enfin un je ne sais quoi [...] qui demande toutes sortes de qualités, qui porte sur l'esprit, sur le corps, sur la parole, sur les écrits, sur les habillements et principalement sur les actions et les vertus, qui se forment partout, qui est nécessaire partout et sans lequel on ne saurait presque rien faire d'agréable". (Méré, Chevalier de, *Œuvres complètes.* 3 Bde., hg. v. Charles Boudhors. Paris 1930, hier Bd. 2, S. 102f.) Dieser allerorten wirkende und doch nirgends festzumachende *esprit* ist zugleich Zeichen der Zugehörigkeit des Sozialen zum Bereich der Seele.

[13] „Ainsi l'on ne peut plaire dans la conversation qu'en accompagnant ce que l'on dit d'une action libre et aisée, d'un air ouvert [...]" (Vaumorière, Pierre Ortigue de, *L'art de plaire dans la conversation.* Paris 1689, S. 12).

tig von der dem Einzelnen abverlangten Selbstdistanzierung, um im sozialen Rollenspiel bestehen zu können.[14]

Ebenso von Interesse ist, bereits seit Castiglione, die distinktive Funktion von Konversation, welche einerseits die Mitglieder einer Konversationsgemeinschaft aufs engste zusammenschließt, wie sie andererseits jene ausgrenzt, die dieser nicht zugehörig sind. Hier wiederum kommt der Schicklichkeit („bienséance") als einem auf Gleichheit und Freiheit begründeten und an das demokratische Modell der Antike angeschlossenen Integrationsmodell herausragende Bedeutung zu. Als allgemeines Verhaltensdispositiv erscheint sie, jenseits ihrer zahlreichen Varianten und Nuancierungen, der höfisch-absolutistischen Etikette radikal entgegengesetzt. Mag uns in der Konversationsgesellschaft des als ideal vorgestellten Hofes von Urbino auch eine utopische Vorstellung begegnen, so bedeutet diese doch die Abkehr von einer als Mittel des sozialen Aufstiegs begriffenen Konversationskunst hin zu einer auf Harmonie gründenden Form der Interaktion. Dem Höfling folgt der „honnête homme", dessen Sozialität sich im lustvollen Umgang Gleichgestellter und in Übereinstimmung mit den Regeln der guten Gesellschaft entfaltet.

Die historische Rolle dieser Konversationsgesellschaft hat Marc Fumaroli eingehend untersucht und folgendermaßen beschrieben:

> L'Ancien Régime français n'avait rien de démocratique. Mais justement, en marge de la cour et des institutions du régime, la conversation pratiquée à Paris par des cercles privés et relativement nombreux prend elle-même les proportions d'une contre-institution, de droit coutumier et privé, avec ses règles du jeu, son éthique, ses rites, son ou ses styles: elle est ‚égalitaire' dans la mesure où, à ce jeu-là, le rang et les titres, la fortune et la puissance comptent pour peu. Seul le mérite personnel tel qu'il se manifeste dans ce sport de la parole, établit le rang de chacun dans l'ordre de l'esprit. L'homme de lettres sans naissance, ni rang, ni fortune, tel un Voiture, peut frayer dans ce cercle d'élus avec un prince de Condé d'égal à égal, pour le moins, et à condition que le prince tienne dignement sa partie. Telle est l'importance que prend à Paris ce jeu enivrant qu'il rivalise même avec le jeu de paume ou les jeux de hasard.[15]

---

[14] Die Konversation ist eine Form der Interaktion, die es verlangt, sich an die Stelle des jeweils anderen zu versetzen. Ihr Funktionsmechanismus liegt wesentlich in dieser Verlagerung begründet: „Ce n'est pas le tout briller il faut donner le temps aux autres de faire paraître leur esprit et de parler à leur tour. La conversation est un commerce où chacun doit contribuer du sien pour la rendre agréable" (Morvan de Bellegarde, Jean-Baptiste, *Réflexions sur le ridicule et sur les moyens de l'eviter, où sont représentez les mœurs et les differens caractères des personnes de ce siècle.* Paris 1696, S. 458). Damit einher geht eine gesteigerte Aufmerksamkeit den Gesprächspartnern gegenüber: „Pour plaire dans la conversation, il faut écouter ce que l'on dit et répondre a propos. Peu de gens observent cette maxime: ceux qui croient avoir plus d'esprit que les autres, n'écoutent point et veulent toujours parler." (ebd.).

[15] Fumaroli, Marc, La conversation, in: Nora, Pierre (Hg.), *Les lieux de mémoire.* 3 Bde. mit Unterbänden, Paris 1984–1992, hier Bd. 3/2 (1992), S. 687. Ein herausragendes Beispiel hierfür liefert etwa die Rede Mariannes, der Protagonistin Marivaux', über den Salon der Mme Dorsin (als dessen Modellgeber jener der Mme Tencin angesehen werden kann): „[...] il n'était point question de rangs ni d'états chez elle; personne ne s'y souvenait du plus ou du moins d'importance qu'il avait; c'était des hommes qui parlaient à des hommes, entre qui seulement les meilleures raisons l'emportaient sur les plus faibles; rien que cela. Ou si vous voulez que je vou dise un grand mot, c'était comme des intelligences d'une égale dignité, sinon d'une force

Der *Cortegiano* Castigliones belegt in paradigmatischer Weise das Wesen der
Konversation als Instrument einer auf Vergnügen und Annehmlichkeit ausgerichte-
ten Zerstreuung. Als zugleich rhetorisches und ethisches Ideal wird sie zum
Verhaltensmodell eines weltläufigen Publikums und hat darüber hinaus teil an der
Herausbildung des klassischen Geschmacksideals.[16] Als Modell zwischenmensch-
licher Beziehungen, innerhalb derer sie ihre Forderungen nach Aufmerksamkeit,
Zuvorkommenheit, Trefflichkeit, Schicklichkeit und Gefälligkeit mit Hilfe der
Konzepte von Höflichkeit („politesse") und Wohlanständigkeit („honnêteté") entfaltet, sowie als ästhetisches Geschmacksregulativ, gilt die Konversation dem zeit-
genössischen Europa als spezifisch französische Kunst der guten Gesellschaft.

Als Kant am Ende des 18. Jahrhunderts versucht, die nationale Spezifik Frankreichs herauszustellen und systematisch zu beschreiben, ist der Begriff der Konversation der erste, der ihm hierzu in den Sinn kommt. Der Charakter eines Volkes,
so der Philosoph, ist weniger von der Form seiner Regierung bestimmt oder etwa
von der geographischen Lage und dem Klima des betreffenden Landes, sondern
vielmehr von einer gewissen geistigen Beschaffenheit als Ausdruck einer historisch determinierten und nahezu unabänderlichen Gemeinschaftskultur. Wenn das
Französische zur „universellen Konversationssprache" geworden ist, so geschah
dies nicht zufällig, sondern weil die natürliche Disposition dieses Volkes, sein
„Charakter" es dazu bestimmte:

> Die *französische Nation* charakterisiert sich unter allen anderen durch den Konver-
> sationsgeschmack, in Ansehung dessen sie das Muster aller übrigen ist. Sie ist *höflich*, vor-
> nehmlich gegen den Fremden, der sie besucht, wenn es gleich jetzt außer der Mode ist *höfisch*
> zu sein.[17]

Kant bindet den Stellenwert der Konversation ausdrücklich an eine in monarchi-
schen Gesellschaften herausgebildete Lebensart, ein Zusammenhang, auf den bereits Hume in seinem 1742 abgefaßten Essai *Of the Rise and Progress of the Arts*

---

égale, qui avaient toute uniment commerce ensemble; des intelligences entre lesquelles il ne
s'agissait plus des titres que le hasard leur avait donnés ici-bas, et qui ne croyaient pas que
leurs fonctions fortuites dussent plus humilier les unes qu'enorgueillir les autres." (Marivaux,
Pierre Carlet de Chamblain de, *La vie de Marianne* [1731–1741], hg. v. Frédéric Deloffre.
Paris 1963, S. 226f.).

[16] Vgl. hierzu Picard, Roger, *Les salons littéraires et la société française 1610–1794*. Paris
1943.

[17] Kant, Immanuel, *Anthropologie in pragmatischer Hinsicht* [1798], hg. v. Wolfgang Becker.
Stuttgart 1983, S. 268. Vgl. hierzu Pujol, Stéphane, De la conversation à l'entretien littéraire,
in: Montandon, Alain (Hg.), *Du goût, de la conversation et des femmes*. Clermont-Ferrand
1994, S. 131–147. In diesem Zusammenhang sei auch auf die Äußerungen Voltaires zum Stellenwert der französischen Sprache hingewiesen: „De toutes les langues de l'Europe, la française est la plus générale, parce qu'elle est la plus propre à la conversation; elle a pris son caractère dans celui du peuple qui la parle. L'esprit de société est le partage naturel des Français;
c'est un mérite et un plaisir dont les autres peuples ont senti le besoin." (Villaret, Claude,
*L'Esprit de Monsieur de Voltaire*. Paris 1759, S. 180. Das Werk stellt eine in thematische
Ordnung gebrachte Sammlung von Auszügen aus verschiedenen Werken Voltaires dar).

*and Sciences*[18] verweist, dessen soziologische Ästhetik das Problem des Zusammenhangs von Regierungsformen und ihrem Bezug zur Kultur in den Vordergrund rückt. Nach der Herausstellung der höfisch-monarchischen Prägung von Höflichkeit und Zivilität plädiert Hume schließlich für die Überlegenheit der Kultur des 18. Jahrhunderts, deren Aufblühen er im Essay *Of Civil Liberty* eben an die zum Höhepunkt gelangte Entwicklung der französischen Konversationskunst bindet: „And, in common life, they [the French, A. M.] have, in a great measure, perfected that art, the most useful and agreeable of any, l'*Art de Vivre*, the art of society and conversation."[19] Dieser französische Attizismus korreliert für Hume mit einer Perfektionierung der Wissenschaften, Künste und der Urbanität als Attribute zivilisierter Nationen. Nicht anders äußert sich hierzu Mercier in seinem *Tableau de Paris*:

> Il faut avouer que la conversation à Paris est perfectionnée à un point dont on ne trouve aucun exemple dans le reste du monde. Chaque trait ressemble à un coup de rame tout à la fois léger et profond: on ne reste pas longtemps sur le même objet; [...] C'est un plaisir délicat qui n'appartient qu'à une société extrêmement policée, qui a institué des regles fines toujours observées.[20]

Nicht zuletzt auch Saint-Preux, Protagonist der Rousseauschen *Nouvelle Héloïse*, schließt sich diesen Beobachtungen an, wenn er im Bericht über seinen Aufenthalt in der Hauptstadt festhält:

> L'on est d'abord enchanté du savoir et de la raison qu'on trouve dans les entretiens, non seulement des Savants et des gens de Lettres, mais des hommes de tous les états et même des femmes: le ton de la conversation y est coulant et naturel; il n'est ni pesant ni frivole; il est savant sans pédanterie, gai sans tumulte, poli sans affectation, galant sans fadeur, badin sans équivoques. Ce ne sont ni des dissertations ni des épigrammes; on y raisonne sans argumenter; on y plaisante sans jeux de mots; on y associe avec art l'esprit et la raison, les maximes et les saillies, la satire aiguë, l'adroite flatterie et la morale austère. On y parle de tout pour que chacun ait quelque chose à dire; on n'approfondit point les questions, de peur d'ennuyer, on les propose comme en passant, on les traite avec rapidité, la précision mène à l'élégance; chacun dit son avis et l'appuye en peu de mots; nul n'attaque avec chaleur celui d'autrui; on discute pour s'éclairer, on s'arrête avant la dispute; chacun s'instruit, chacun s'amuse, tous s'en vont content, et le sage même peut rapporter de ces entretiens des sujets dignes d'être médités en silence.[21]

---

18 Hume, David, *Of The Rise and Progres of the Arts and Sciences* [1742], in: ders., *Philosophical Works*. 4 Bde., hg. v. Thomas Hill Green u. Thomas Hodge Grose. Aalen 1992 [Reprint der Ausgabe London 1882], hier Bd. 3, S. 174–197.

19 Hume, David, *Of Civil Liberty* [1741], in: ders., (wie Anm. 18), S. 156–163, hier S. 159. Der Essay erschien in einigen frühen Ausgaben zunächst unter dem Titel *Of Liberty and Despotisme*.

20 Mercier, Louis-Sébastien, *Tableau de Paris*. 7 Bde. Amsterdam 1782, hier Bd. 1, S. 29.

21 Rousseau, Jean-Jacques, *Julie ou la Nouvelle Héloïse* [1761], in: ders., *Œuvres complètes*. 5 Bde., hg. v. Bernard Gagnebin u. Marcel Raymond. Paris 1959–1995, hier Bd. 2 (1964), S. 232f.

Die Konversation gilt als Grundlage aller Sozialität, als Ort geselliger Gastlichkeit zwischen Gleichgestellten, als Ort der Abgrenzung wie der (vorrangig über die Rolle des „Esprit" vermittelten) Zugehörigkeit des für das Leben in Gesellschaft geschaffenen Menschen: „Rien n'est plus important pour le commerce de la vie que de plaire dans la conversation, et si les hommes sont nés pour la société, on peut dire que c'est l'entretien qui fait leur plus ordinaire liaison."[22]

In ihrer Funktion als kohäsionsbildendes Element innerhalb einer auf denselben Lebensmodus orientierten Gruppe privilegierter Personen und in dieser Hinsicht dem antiken *otium litteratum* verwandt, ist die Konversation gleichzeitig Mittel zur Vergnügung, zum Informationsaustausch, zur Konfrontation und Zirkulation sozialen Wissens. Schließlich und vor allem aber repräsentiert sie ein moralisches Ideal, ein auf größtmögliche Befriedung und Vereinfachung zwischenmenschlicher Beziehungen ausgerichtetes Verhaltensmodell, dem es dennoch an geistreicher Schärfe nicht ermangelt.

Mehr noch als auf den tatsächlichen Austausch orientiert sie in integrativer Ausrichtung auf die gegenseitige Wertschätzung ihrer Teilnehmer. Nach Erving Goffman[23] unterliegt jede direkte Interaktion zwei gegensätzlichen, aufeinander bezogenen Aspekten: einem negativen, auf den Schutz und die Erhaltung des persönlichen Freiraums gerichteten, sowie einem positiven, der auf die Anerkennung und Wertschätzung durch den Interaktionspartner abzielt, wobei gleichzeitig wiederum dessen eigene negative und positive Interaktionsimplemente Berücksichtigung finden müssen. In der Vermittlung zwischen diesen gegensätzlichen Polen erweist die Strategie der Höflichkeit ihre ausgleichende Funktion.

Mit dem 18. Jahrhundert wird der Abstand zwischen Theorie und Praxis, zwischen vorgestelltem Ideal und sittlicher Realität zunehmend kritisch. Eine der wichtigsten Attacken ist dabei die Unterwanderung der Zivilitätstraktate durch Crébillon und die libertine Literatur bis hin zu den *Liaisons dangereuses* Laclos'. Mit der Übertragung des sozialen Zeremoniells auf das Gebiet der Erotik schafft sich das 18. Jahrhundert einen unter verschiedensten Bezeichnungen („marivaudage", „préciosité", etc.) rangierenden pervertierten, auf sexuelle Eroberung abgestellten Verhaltenskanon. Dabei werden Formen der Geselligkeit, wie Konversation, Dialog oder Briefwechsel dazu genutzt, um das physische Verlangen zu verschleiern und seinen Ausbruch hinauszuzögern. Der Libertin bedient sich einer Maske,[24] eines Lächelns, einer graziösen Geste, um nur noch leichter an sein Ziel zu gelangen. Die Zweckfreiheit der Konversation erscheint als Waffe der Verführung.[25] Ein einziges, in seiner Bedeutung verkehrbares Wort gereicht dem erfahre-

---

22  Vaumorière, (wie Anm. 13), S. 5f.

23  Goffman, Erving, *Interaction ritual: essais on face-to-face behavior.* New York 1989.

24  „Le masque! le masque! je donnerais un de mes doigts pour avoir trouvé le masque." (Diderot, Denis, *Le Neveu de Rameau* [1823], in: ders., *Œuvres*, hg. v. André Billy. Paris 1951, S. 432).

25  „Une conversation adroitement maniée amène souvent les choses qu'on a le plus de peine à dire; le désordre qui y règne, aide à s'expliquer; en parlant on change d'objet et tant de fois,

nen Manne zum Erfolg. Vor diesem Hintergrund wird die Beschreibung der „civilité" als „Courtisane qui caresse également tous ceux qui vont chez elle" durch d'Antin, den jungen Eremiten Baudoins,[26] nur allzu verständlich.

Die Entwicklung der Höflichkeit im 17. Jahrhundert, zu einer wahren Kunst geworden und in ihrer Komplexität eben hier voll ausgefaltet, bietet den neuen Libertins ein sowohl sprachliches wie semiologisches Modell zur Ausübung ihres doppeldeutigen Spiels. Indem sie den Diskurs über soziales Wohlverhalten zu jenem der erotischen Verführung verkehren, die Kunst zu gefallen zur Kunst des Entzückens werden lassen, listige Sinnverschiebungen und -verkehrungen ins Spiel bringen, stellen die neuen Libertins die gesellschaftliche Kunst in den Dienst individueller und persönlicher Beziehungen und erheben Eleganz und Preziosität zur Basis einer Strategie der sexuellen Eroberung. An die Stelle der Lust am Umgang tritt der Umgang mit der Lust, die interessegeleitete Kunst derer Befriedigung übernimmt den Platz einer auf Interesselosigkeit gründenden urbanen Praxis. Sicher kann man einwenden, daß auch der soziale Umgang von einer Vielzahl unterschiedlicher Interessen geprägt ist, jedoch vollzieht sich dieser hinter der ästhetischen Maske der Desinteressiertheit. Hier nun wird die Finalität der Interaktion von keinem der Partner mehr ignoriert, ist sich der Einzelne sowohl seiner eigenen wie auch der Zweckorientierung des anderen bewußt.

Wenn die Kunst zu gefallen den Regeln der Höflichkeit folgt und fortan auf die Verführung des schönen Geschlechts gerichtet ist, wird die Höflichkeit selbst der Königsweg hin zum Liebesvollzug. Marivaux' *Arlequin, poli par l'Amour*, bedient sich aller Regeln auserlesener Urbanität, stellt diese jedoch nicht in den Dienst der Gesellschaft, sondern einer Zweierbeziehung. Eben dies beschreibt den bereits angesprochenen Perversionsmechanismus qua Unterwanderung: soziale Interaktion wird nicht länger dem Nutzen der Gemeinschaft, sondern der individuellen Bedürfnisbefriedigung unterstellt, die Regeln der Höflichkeit finden pragmatische Anwendung. Charles Duclos, Crébillon fils, Laclos, aber auch Marivaux zeugen von einer Semiologie sozialer Interaktion als Struktur literarischen Schreibens. Die Modelle der Konversation, der Maxime, des Portraits geraten durch ihre Einbettung in erzählte Situationen und die sich daraus ergebende Möglichkeit des beständigen Spiels zwischen dem tatsächlichen Gehalt der Aussage und ihrer praktischen Anwendung auf den Prüfstand. In der verkehrenden Applikation der Schicklichkeitsregeln sowie der großen klassisch-literarischen Formen zeichnet der Autor des 18. Jahrhunderts ein komplexes, dynamisches Bild einer Gesellschaft, in der die Verhaltensschrift zum Verführungstraktat und die Maxime nach der Art La Rochefoucaulds zum Instrument einer erotischen Vernunft degenerieren. Die Erzählstrategie eines Crébillon schafft so durch den geschickten Einsatz des Zitats,

---

qu'à la fin celui qui occupe, s'y trouve naturellement placé." (Crébillon, Claude-Prosper Jolyot de, *Les Egarements du cœur et de l'esprit* [1738], hg. von Jean Dagen. Paris 1985, S. 76).

[26] Baudoin, Alexandre, *Dictionaire des gens du monde par un jeune hermite*. Paris [2]1818.

der Parodie und der Sinnverkehrung ein vielschichtiges System höchster Verführungskunst.

Die preziöse Sprache selbst zeichnet sich durch eine Unpersönlichkeit aus, welche die jeweilige Äußerung einem nicht greifbaren Protagonisten zuschreibt. Sie bringt Strategien des Ausweichens und der Unentschiedenheit in Anschlag, um die zur Steigerung des Verlangens nötige Distanz zu schaffen und zu erhalten. Konversation über Liebe bedeutet zugleich bereits Liebesvollzug, der Einlaß auf das Thema selbst heißt schon, sich dessen Risiken auszusetzen.[27] Jedes Wort wie jede rhetorische Figur simuliert gleichsam den Liebesakt[28], und so ist die Konversation schließlich nichts anderes als das Schüren eines Verlangens. So empfängt etwa die auf ihrem Bett ausgestreckte Präsidentin den jungen Marquis mit der Aufforderung: „Parlons un peu de votre esprit, marquis.", und bald darauf, von seiner „Gewandtheit" überrascht, gibt sie sich ihm voller Bewunderung hin: „Ah! [...] oui [...] marquis, que vous avez d'esprit!"[29] Schaut man etwas genauer hinter die Wortspiele und Bedeutungsverkehrungen, so haben wir es hier mit einem kruden Vorgang der Luststeigerung, schärfer noch: des „Anheizens" zu tun.

Die Höflichkeit besitzt eine pikant-erotische Anziehungskraft. Es geht hier nun nicht mehr um die respektvolle Huldigung einer Dame, es sei denn, dieser Gunstbezeugung würde ein spezifischer, ihrer traditionellen Definition nicht inhärenter Eigensinn zugeschrieben. Tatsächlich begegnet uns allerorten eine doppeldeutige Verwendung von Begriffen, und die Konversation selbst unterliegt, wenn es um die „Aufrechterhaltung des Gesprächs" geht, einer präziseren Bestimmung. Das Hauptaugenmerk jedoch liegt auf dem Zusammenhang von Distanzwahrung und Luststeigerung. Keuschheit fungiert als Maske, um die ungeziemen Äußerungen des Instinktes nur noch wirksamer zu machen, Respekt dient als Schleier, den man unter bestimmtem Anlaß geschickt zu zerreißen versteht, wobei dieser Anlaß selbst als glücklicher Zufall daherkommt.

Wenn der Sinn der Höflichkeit darin besteht, jemand anderem zu Gefallen zu sein, so gehören die venezianischen Kurtisanen wohl unbestritten zu den höflichsten ihrer Art. In seinen 1739–1740 entstandenen *Lettres familières sur l'Italie* vermerkt de Brosses über die Stadt der Masken und der Zivilität:

A la différence de celles de Paris, toutes [les courtisanes vénitiennes, A. M.] sont d'une douceur d'esprit et d'une politesse charmante. Quoique vous leur demandiez, leur réponse est

---

[27] „Sous le nom de Conversation advient l'autorité d'une continuité folle pour être trop raisonnable, qui lie la cérébralité mondaine du langage avec l'extrême laconisme de l'acte sexuel." (Lasowski, Patrick Wald, *Libertines*. Paris 1980, S. 33).

[28] „La litote allume l'antiphrase, l'éloquence caresse l'ironie, l'alexandrin solennel aspire l'euphémisme, l'hyperbole agace l'antithèse, le piquant d'une périphrase savoure le brillant d'un paradoxe [...]" (ebd.).

[29] Servigné, Jean Baptiste Guiard de, *Les Sonnettes ou Mémoires du marquis D\*\**. Berg-op-Zoom 1751, hier zit. nach Lasowski, (wie Anm. 27), S. 64.

toujours: Sarà servito, sono a suoi commandi (car il est de la civilité de ne jamais parler aux gens qu'à la troisième personne).[30]

Die Zivilität dem Vorwurf der Maskerade und der Heuchelei auszusetzen, ist ein ebenso altes Thema wie die Geschichte der Höflichkeit selbst. „La civilité est un jargon que les hommes ont établi pour cacher les mauvais sentiments qu'ils ont les uns pour les autres", schreibt Saint-Evremond im gleichen Sinne wie Flechier, der diese für nichts anderes hält als einen „commerce continuel de mensonges ingénieux pour se tromper mutuellement".[31] Clitandre, der Protagonist aus *La nuit et le moment*, beklagt: „[...] nous sommes sur cet article aussi faux, ou aussi poli que vous le voyez"[32] und bezeichnet damit eine bereits gut bekannte Eigenart der gehobenen Gesellschaft, in der das Verprellen des anderen zur Verzichtsforderung erhoben ist. Besser sei es, so eine Heldin aus Crébillons *Lettres de la marquise de M\*\*\* au comte de R\*\*\**, „[d'] entendre des mensonges gracieux que des vérités brusques".[33]

Aufschlußreich ist in diesem Zusammenhang das Bekenntnis Versacs aus den *Egarements du cœur et de l'esprit*, in dem dieser als mit sämtlichen Facetten der Zivilität Vertrauter seinem Begleiter Meilcour im Rahmen eines als Instrument der Initiation fungierenden Gesprächs die Potenz dieses sozialen Spiels vor Augen führt, indem er in systematischer Weise die von Faret bis Méré festgeschriebenen Prinzipien der Schicklichkeit in ihr Gegenteil verkehrt. Seine Abschilderung zeigt uns einen „petit-maître", der die Kunst der Höflichkeit zur Selbsterhebung zu nutzen weiß und der, darin dem Dandy vergleichbar, Elemente der Besonderung und der Unbescheidenheit einfließen läßt, die jene Wirkung noch verstärken:

Adoré de toutes les femmes qu'il trompait et déchirait sans cesse; vain, impérieux, étourdi, le plus audacieux petit-maître qu'on eût jamais vu, et plus cher peut-être à leurs yeux par ces mêmes défauts, quelque contraires qu'ils leur soient. Quoi qu'il en puisse être, elles l'avaient mis à la mode dès l'instant qu'il était entré dans le monde, et il était depuis dix ans en possession de vaincre les plus insensibles, de fixer les plus coquettes et de déplacer les amants les plus accrédités; ou s'il lui était arrivé de ne pas réussir, il avait toujours su tourner les choses si bien à son avantage, que la dame n'en passait pas moins pour lui avoir appartenu. Il s'était fait un jargon extraordinaire qui, tout apprêté qu'il était, avait cependant l'air naturel. Plaisant de sang-froid, et toujours agréable, soit par le fond des choses, soit par la tournure neuve dont il les décorait, il donnait un charme nouveau à ce qu'il rendait d'après les autres, et personne ne redisait comme lui ce dont il était l'inventeur. Il avait composé les grâces de sa personne comme celles de son esprit, et savait se donner de ces agréments singuliers qu'on ne peut ni attraper ni définir. Il y avait cependant peu de gens qui ne voulussent l'imiter, et parmi ceux-là, aucun qui n'en devînt plus désagréable. Il semblait que cette heureuse impertinence fût un

---

[30] Brosses, Charles de, *Lettres familières sur l'Italie* [1739–1740]. 2 Bde., hg. von Yvonne Bezard. Paris 1931, hier zit. nach Lasowski, (wie Anm. 27), S. 28.

[31] Zit. nach Montandon, Alain, Civilités érotiques, in: ders. (Hg.), *Civilités extrêmes*. Clermont-Ferrand 1997, S. 123.

[32] Crébillon, Claude-Prosper Jolyot de, *La Nuit et le moment ou Les Matinées de Cythère* [1755], hg. von Jean Dagen. Paris 1993, S. 58.

[33] Ders., *Lettres de la marquise de M\*\*\* au comte de R\*\*\** [1732], hg. von Jean Dagen. Paris 1990.

don de la nature et qu'elle n'avait pu faire qu'à lui. Personne ne pouvait lui ressembler, et moi-même, qui ai depuis marché si avantageusement sur ses traces, et qui parvins enfin à mettre la Cour et Paris entre nous deux, je me suis vu longtemps au nombre de ces copies gauches et contraintes qui, sans posséder aucune de ses grâces, ne faisaient que défigurer ses défauts et les ajouter aux leurs. Vêtu superbement, il l'était toujours avec goût et avec noblesse, et il avait l'air Seigneur, même lorsqu'il l'affectait le plus.[34]

Im Verlauf seines Gespräches verweist Versac auf die Korrumpiertheit der Gesellschaft des „monde", in der ein von dieser Kenntnis freier, naiven Illusionen nachgebender Ankömmling durch die Befolgung der Schicklichkeitsregeln entweder notwendig scheitern muß oder aber der Lächerlichkeit preisgegeben ist. Versac demaskiert deren falsche Werte und verdorbenen Charakter. Als Kenner Gracians ein Verfechter des Kenntniserwerbs durch Beobachtung, zielt er im Umgang mit seinem Begleiter darauf ab, „[de] montrer le monde, tel que vous devez le voir",[35] schärft ihm die grundlegenden Prinzipien des gesellschaftlichen Umgangs ein, kontrastiert Manieriertheit mit Aufrichtigkeit des Herzens und betont die Wichtigkeit des äußerlichen Scheins in Absehung von Authentizität und moralischen Bedenken.[36]

Versac ist auf Effekterzeugung aus. Im Gegensatz zu den hergebrachten Regeln orientiert er auf eine Monopolisierung der Konversation. Über die geschmeidige Nachahmung des Gesprächsverhaltens der Gesellschaft hinaus soll dieses in perfektionierter Form noch übertroffen werden, um dem Bedürfnis nach Distinktion zu genügen: „[Il faut être] tendre avec la délicate, sensuel avec la voluptueuse, galant avec la coquette? Être passionné sans sentiment, pleurer sans être attendri, tourmenter sans être jaloux."[37] Solcherart sind die vom sozialen Schauspieler einzunehmenden Rollen. Ergeht sich die Gesellschaft in übler Nachrede, so wird man diese noch verschärfen, denn: „On se distingue parce qu'on se fait craindre et que, dans le monde, un sot qui se tourne vers la méchanceté est plus respecté qu'un homme d'esprit."[38] Die Schicklichkeit dient allenfalls zur Verschleierung der sämtliche gesellschaftlichen Beziehungen prägenden Brutalität des Eigennutzes und der Begierde, deren Mechanismen Versac in typisch libertiner Perspektive ans Licht hebt. Von größter Wichtigkeit sei es, Ranghierarchien, die Gebräuche der Mode, all jene „ridicules en crédit" des „monde" peinlich genau zu beachten und dabei das eigene Wesen, seine Absichten und Zielsetzungen bestmöglich zu verdecken. Um zu gefallen, ist jegliche Authentizität – sofern es diese überhaupt ge-

---

[34] Ders., *Les Egarements*, (wie Anm. 25), S. 129.
[35] Ebd., S. 209.
[36] Vgl. hierzu: Dornier, Carole, Le traité de mondanité d'un mentor libertin: ‚la leçon de l'Etoile' dans les ‚Egarements du cœur et de l'esprit' de Crébillon fils (1738), in: Montandon, Alain (Hg.), *L'honnête homme et le dandy*. Tübingen 1993 (Etudes littéraires françaises 54), S. 107–121.
[37] Crébillon, *Les Egarements*, (wie Anm. 25), S. 215f.
[38] Ebd., S. 219.

ben mag – der ausschließlichen Beachtung der Forderungen des Publikums zu opfern. Nichts ist natürlich, alles ist Schein, es lebe die Verstellung![39]

Wie man treffend herausgestellt hat, integriert die neue Kunst des Gefallens die strategische Hinnahme des Phänomens der sozialen Entfremdung.[40] Ihr mißbräuchlicher Charakter ruht auf der Basis weniger, nur grob ausgefalteter und daher leicht praktizierbarer Regeln. Deren wichtigste etwa besteht in der nur scheinbaren Unterwerfung unter die gesellschaftliche Hoheit der Frau, die nichts mehr mit deren höfischer und preziöser Idealisierung zu tun hat: „Ce n'est qu'en paraissant soumis à tout ce que les femmes veulent, qu'on parvient à les dominer",[41] meint Versac zynisch und unterwirft damit die klassischen Werte der Höflichkeit einer hintergründigen Manipulation. Die Zivilität ist Staffage wie zugleich Macht- und Herrschaftsinstrument des erfolgreichen Mannes, der sein Glück bei den Frauen durch Ungezwungenheit, Arroganz, Nachlässigkeit, Affektiertheit und an Zynismus grenzende Frivolität erlangt.

Die Konversation als Form der Gastlichkeit wird somit zu pervertierten Zwecken gebraucht. An die Stelle der Integration in ein bestehendes Machtsystem tritt die alleinige Ausrichtung nach dem privaten Nutzen. Damit aber verschleift sich auch das Konzept der Gastlichkeit selbst. Egoismus, Berechnung und Instrumentalisierung verdrängen das großzügige Wohlwollen und die Interessenlosigkeit und stehen damit ihren ursprünglichen Inhalten entgegen.

## 2.

Die Bloßstellung dieses degenerativen Prozesses wird in der zweiten Hälfte des 18. Jahrhunderts schließlich zu einem zentralen Thema des schärfsten Verhaltenskritikers seiner Zeit – Jean-Jacques Rousseau, dessen Betrachtungen über die Gepflogenheiten der Pariser Konversation, auf die hier hauptsächlich abgehoben werden soll, eben den Aspekt ihres ungastlichen Charakters in den Mittelpunkt der Analyse rücken.[42]

---

[39] „C'est une erreur de croire que l'on puisse conserver dans le monde cette innocence de mœurs que l'on a communément quand on y entre, et que l'on y puisse être toujours vertueux et toujours naturel, sans risquer sa réputation ou sa fortune. Le cœur et l'esprit sont forcés de s'y gâter, tout y est mode et affectation." (ebd., S. 209).
[40] Vgl. Dornier, (wie Anm. 36).
[41] Crébillon, *Les Egarements*, (wie Anm. 25), S. 211.
[42] „Un style, qu'il faut entendre tout à la fois comme mode de l'expression et de la communication, une politesse qui règle les rapports sociaux et assure leur harmonie, enfin un souci de la vérité qui vient nourrir le débat. Alors que beaucoup se plaignent de les trouver rarement réunies, Rousseau en donne d'emblée tout le mérite à Paris, mais c'est bien entendu, pour remettre immédiatement en question leur valeur." (Sermain, Jean-Paul, La conversation au dix-huitième siècle: un théâtre pour les Lumières?, in: Montandon, Alain [Hg.], *Convivialité et politesse*: du gigot, des mots et autres savoir-vivre. Clermont-Ferrand 1993, S. 105–130, hier S. 107).

In einigen seiner Briefe aus Paris legt Saint-Preux ausführlich dar, welcher Stellenwert der Konversation im gesellschaftlichen Umfeld seiner Zeit einzuräumen ist.[43] Rousseau zeigt ihre verführerische Fassade und denunziert zugleich ihre sozialen Entfremdungseffekte: die Pariser stehen gleichsam außerhalb der von ihnen ohne Ernst betriebenen Konversation. Die sophistische Gewandtheit steht im Dienste der Lüge eines Sprechers, der wie ein Chamäleon seine Rede sowohl modischen Gepflogenheiten als auch jenen der eigenen sozialen Gruppe anzupassen weiß.[44] Anzüglichkeit, Oberflächlichkeit, der „caquetage"[45] sind die Fehler und Laster einer auf Verstellung und Unbeständigkeit gegründeten Umgangskunst. In dieser „unzivilen" Gesellschaft zeichnet die Konversation ein Bild von der Soziabilität als Selbstentfremdung und Sklaverei: „Il faut qu'à chaque visite il quitte en entrant son âme, s'il en a une; qu'il en prenne une autre aux couleurs de la maison, comme un laquais prend un habit de livrée."[46] Sie fungiert als Ausschließungssystem auf der Basis konventionalisierter Zeichen und eines doppelsinnigen Sprachgebrauchs, den zu entschlüsseln nur die eigene soziale Gruppe imstande ist.[47] Diesem Gesellschaftsjargon beigesellt ist das Lächerliche als in keiner Schrift der Verhaltenspräzeptistik fehlende, auf Integration, vor allem jedoch Exklusivität zielende Grundfunktion sozialer Mechanik. Sermain resümiert hierzu treffend:

> Sur un mode cyclique, le developpement de la conversation finit par annuler les bienfaits qui en avaient impulsé l'essor: école de bienveillance, elle détruit la socialité; école de simplicité et d'aisance expressive, elle devient jargon; lieu d'invention et d'ingéniosité, elle débouche sur le solipsisme.[48]

Die Kritik der Konversation stellt keinen historisch neuen Sachverhalt dar. Neu ist jedoch, daß sie sich gleichsam zur Zivilisationskritik erhebt, zur Kritik am Ancien Régime mit der diesem eigenen Form der Zivilität und seinem Ideal des „honnête homme". Nicht die Kunst der Konversation gilt Rousseau als fehlerhaft, diese befindet sich im Gegenteil auf dem Gipfel ihrer Vollendung. Seine Kritik bezieht sich vielmehr auf die eben dieser Konversation zugrundeliegende Kultur, auf eine

---

[43] Vgl. Anm. 21.
[44] „Quand un homme parle, c'est pour ainsi dire, son habit et non pas lui qui a un sentiment, et il en changera sans façon tout aussi souvent que d'état. Donnez-lui tour à tour une longue perruque, un habit d'ordonnance et une croix pectorale; vous l'entendrez successivement prêcher avec le même zèle les lois, le despotisme, et l'inquisition." (Rousseau, *Nouvelle Héloïse*, [wie Anm. 21], S. 233).
[45] Von Lord Chesterfield geprägter Ausdruck; vgl. Lord Chesterfield, Brief vom 20 Juni 1751.
[46] Rousseau, *Nouvelle Héloïse*, (wie Anm. 21), S. 234.
[47] „Les timides [...] n'entendent qu'imparfaitement le language de ceux qu'ils abordent: car, dans la bonne compagnie même, il y règne un peu de ce qu'on appelle *coterie*. Il y a de certaines plaisanteries convenues, une finesse arbitraire qu'on attribue à de certains expressions, que celui qui n'est pas instruit des circonstances, qui les ont accrédités, trouve froides ou obscures. Sujet à prendre pour une vérité ce qui n'est qu'ironie, il restera sérieux où les autres seront livrés à la joie." (Moncrif, François Augustin Paradis de, *Essais sur la nécessité et les moyens de plaire* [1738], in: ders., *Œuvres*. 2 Bde. Paris 1791, hier Bd. 1, S. 102f.).
[48] Sermain, (wie Anm. 42), S. 119.

Gesellschaft, die von Rousseau als wesensmäßig ungesellig, ungastlich, als auf Ausschluß, Künstlichkeit und Illusion begründet gebrandmarkt wird.[49] Neben anderen Autoren hatte Duclos mit dem „homme aimable" und dem „homme sociable" bereits zwischen zwei im Prozeß der Konversation zur Geltung kommenden Typen der Sozialität unterschieden. Während der erste in seinem ausschließlichen Streben zu Gefallen einem privaten und interessegeleiteten Narzismus unterworfen ist, ordnet sich der letzte bedingungslos dem Wohl der Gemeinschaft unter:

> Les qualités propres à la société sont la politesse sans fausseté, la franchise sans rudesse, la prévenance sans bassesse, la complaisance sans flatterie, les égards sans contrainte; et surtout le cœur porté à la bienfaisance; ainsi l'homme sociable est le citoyen par excellence.[50]

In diesem Sinne denunziert Duclos auch den ungastlichen Charakter der intriganten Klatschhaftigkeit, derer sich die Gesellschaft des „guten Tons" sowohl gegenüber Fremden als auch Mitgliedern der eigenen Gruppe nur allzu oft bedient:

> Ils se signalent ordinairement sur les étrangers que le hasard leur adresse, comme on sacrifiât autrefois dans quelques contrées ceux que leur mauvais sort y faisait aborder. Mais lorsque les victimes nouvelles leur manquent, c'est alors que la guerre civile commence.[51]

Dieser als aristokratisch vorgestellten Umgangsform setzt Duclos schließlich eine bürgerliche entgegen:

> Les gens du monde seraient sans doute fort surpris qu'on leur préférât souvent certaines sociétés bourgeoises où l'on trouve sinon un plaisir délicat, du moins une joie contagieuse, souvent un peu de rudesse.[52]

In der Konsequenz dessen muß also das Konzept der Gastlichkeit innerhalb der oben genannten Gesellschaft als pervertiert und lasterhaft erscheinen. Wenn Rousseau zunächst noch humorvoll meint, der Franzose sei „naturellement bon, ouvert, hospitalier", so relativiert er diese Aussage augenblicklich, indem er dieser vorgeblichen Natürlichkeit das tatsächliche Verhalten gegenüberstellt:

> mais il y a aussi mille manières de parler qu'il ne faut pas prendre à la lettre, mille offres apparentes qui ne sont faites que pour être refusées, mille espèces de pièges que la politesse tend à la bonne foi rustique.[53]

Rousseau entlarvt diese verlogene, gekünstelte und schillernde Maske der Gastlichkeit und definiert diese neu und authentisch im Namen der Natur. Eine Analyse

---

[49] „Rousseau, contempteur des Arts et des Lettres sait bien que ce chef d'œuvre collectif de la parole artiste et aristocratique est le cœur vivant d'une civilisation qu'il condamme." (Fumaroli, Marc, *Le genre des genres littéraires français: la conversation*. The Zaharoff Lecture for 1990–1. Oxford 1992, S. 29f.).

[50] Duclos, Charles, *Considérations sur les mœurs de ce siècle*. Amsterdam 1767, S. 192.

[51] Ebd., S. 306.

[52] Ebd., S. 308.

[53] Rousseau, *Nouvelle Héloïse*, (wie Anm. 21), S. 232.

seiner Landschaften, des natürlichen Gefühls sowie der Praxis des Spaziergangs ließe leicht erkennen, daß sie die Verwirklichung einer inneren Gastlichkeit ermöglichen sollen, d.h. die Begegnung mit sich selbst, in einer zentrifugalen, der Gesellschaftsdynamik entgegengesetzten Bewegung. Seinem Wesen nach antisozial ausgerichtet, wirkt der Spaziergang gleichzeitig gesellschaftsfördernd, indem seine Lektüre „en dépit des hommes" für Rousseau das Bewußtsein für den „charme de la société" erst recht schärft.[54] Die Natur als Ort der *Rêveries du promeneur solitaire* zeugt von einer gleichzeitig räumlichen wie ins Innere verlagerten Topologie, einem Kreuzungspunkt von innerem und äußerem Raum, die wiederum beständig aufeinander verweisen. Gärten, Alleen, Wege, Parks, Wäldchen, Hecken, Täler, Inseln werden eben darum zu bevorzugten Orten, weil sie der sozialen Sphäre enthoben sind. Der englische Garten oder der romantische Park mit seinen Windungen und Verstecken ist dem Wanderer Ort des Rückzugs und des Asyls auf seiner Suche nach Einsamkeit.[55]

Goldschmidt verweist in diesem Zusammenhang auf die subversive Rolle der Natur, die es Rousseau erlaubt, das Individuum in radikaler Weise ins Zentrum zu rücken:

> Il n'est au reste pas fortuit que la société actuelle tente à ce point de faire disparaître le paysage - puisqu'il lui faut aussi faire disparaître toute référence possible au désir de soi. Le jardin romantique était pour cette raison un lieu profondément subversif, dont le ‚desordre' apparent, dans la mesure où il multipliait les ‚retraites', gênait l'ordre social. Car le paysage est par nature refuge du soi, preuve du soi par soi. Les lieux de Rousseau sont, tout au long des *Confessions*, de la *Nouvelle Héloïse* ou des *Rêveries*, des lieux d'où la honte a disparu, où il n'y a pas de surveillance, des lieux abrités du regard d'autrui, où la rêverie ne court pas le risque d'être interrompue, des lieux donc qui correspondent à la durée du soi.[56]

Das 18. Jahrhundert faßt die Sozialität als Lebenskunst und stellt erneut die Frage nach dem Wesen und dem Verstehen des Menschen sowie nach dem Zugang zu ihm. Das Verhältnis zum anderen, die durch zahlreiches Reisen bedingte Öffnung zum Fremden, die Beziehung zum Nächsten wie zum Entferntesten unter sentimentalen, intellektuellen, erotischen Vorzeichen intensivieren das Abenteuer der menschlichen Begegnung und perspektivieren diese gleichzeitig in vielfacher Hinsicht. Schon Courtin[57] lobte die Tugenden der Gastlichkeit als einer auf der christlichen *caritas* fußenden und sich durch die Abwesenheit egoistisch moti-

---

[54] Rousseau, *Les Rêveries du promeneur solitaire* [1782], in: ders., *Œuvres complètes*, (wie Anm. 21), hier Bd. 1 (1959), S. 1001.

[55] „Je gravis les rochers, les montagnes, je m'enfonce dans les vallons, dans les bois pour me dérober autant qu'il est possible au souvenir des hommes et aux atteintes des méchans. Il me semble que sous les ombrages d'une forest, je suis oublié, libre et paisible, comme si je n'avais plus d'ennemis ou que le feuillage des bois dut me garantir de leurs atteintes, comme il les éloigne de mon souvenir et je m'imagine dans ma bêtise qu'en ne pensant point à eux ils ne penseront point à moi." (ebd., S. 1070).

[56] Goldschmidt, Georges-Arthur, *Jean-Jacques Rousseau et l'esprit de solitude*. Paris 1978, S. 134.

[57] Vgl. Anm. 1.

vierter Ansprüche auszeichnenden Verhaltensqualität. Der dem Besucher bereitete Empfang wird hier detailliert beschrieben und zeugt in systematischer Weise von einer allgemein verbreiteten, aristokratischen Umgangspraxis, ohne die beispielsweise das Gelingen einer „Grand Tour" undenkbar wäre. Die höflichen Aufmerksamkeiten, der wohlwollende Empfang, die Sauberkeit des Hauses, die Freigebigkeit des Gastgebers, die Mahlzeiten, die Regeln des Aufenthaltes gelangen ebenso zur Sprache wie die Gefährlichkeit des aufdringlichen Gastes und Parasiten, wie ihn später der *Neveu de Rameau* paradigmatisch vorstellt. Dessen Verfasser Diderot zeichnet in seinem *Jacques le Fataliste* das Portrait einer Herbergsmutter, deren ausgreifende Rede das Wesen der Gastlichkeit als Gabe und Austausch von Worten herausstellt, im *Supplément au voyage de Bougainville* wiederum inszeniert er eine Sonderart mittels des Kulturschocks. Unisono erfolgt hier das Lob des Reisens, des Kosmopolitischen, der Tugend der Gastlichkeit als Zeichen von Humanität, die jedoch in nostalgischer Verklärung als einer vorzeitigen, primitiven Ordnung zugehörig und der sozialen Gegenwart abgängig erscheint. Eben in diesem Sinne verweist Jaucourt in seinem Enzyklopädieartikel auf den Verlust dieses „beau lien", dieses natürlichen, gleichsam heiligen Gesetzes im europäischen Maßstab:

> L'*hospitalité* s'est donc perdue naturellement dans toute l'Europe, parce que toute l'Europe est devenue voyageante et commerçante. La circulation des espèces par les lettres de change, la sûreté des chemins, la facilité de se transporter en tous lieux sans danger, la commodité des vaisseaux, des postes, et autres voitures; les hôtelleries établies dans toutes les villes, et sur toutes les routes, pour héberger les voyageurs, ont suppléé aux secours généreux de l'*hospitalité* des anciens. L'esprit de commerce, en unissant toutes les nations, a rompu les chaînons de bienfaisance des particuliers.[58]

Das Problem der Interesselosigkeit und der Freigebigkeit im Umgang mit dem Fremden hat eine scharfe Wendung genommen. Mit dem Fortschritts- und Geschichtsdenken etabliert sich die Klage um den Verlust eines antiken Ideals sowie der Wunsch nach dessen Wiederherstellung etwa durch den Frankreichreisenden Lawrence Sterne, den nach einem Modus der unmittelbaren Verständigung suchenden Jean-Jacques Rousseau[59] oder die sentimental und idyllisch geprägten, menschliche Begegnungen darstellenden Werke zahlloser Maler und Graveure. In seinem kleinen Traktat *Von der Gastfreundschaft*, mit dem Untertitel *Eine Apologie für die Menschheit* (1777) liefert der Deutsche Christian Hirschfeld ein Beispiel für eine solche Denkungsart, die schließlich auch sein Landsmann Knigge kaum anders formuliert.

Die Gastlichkeit, grundlegende Tugend der Menschheit, ist für Rousseau eine nur schwer mit dem Leben in der Gesellschaft in Einklang zu bringende Illusion.

---

[58] *Encyclopédie, ou Dictionnaire raisonné des Sciences, des Arts et des Métiers.* 35 Bde. Paris / Neufchastel 1751–1780, hier Bd. 8 (Neufchastel 1765), S. 316.

[59] Vgl. hierzu: Montandon, Alain, *Rousseau et l'hospitalité.* Cuadernos de filologia francesa. Cáceres 2000.

Sein Leben lang Gast, um nicht zu sagen Parasit, zeugt seine Einstellung zum
Verlangen nach Gastlichkeit einerseits und zum Parasitismus andererseits von der
ihm eigenen paradoxalen Situation. Die Gastlichkeit ist für ihn auf das Gefühl der
Einsamkeit gerichtet, auf die Einsamkeit des Umherirrenden, des Reisenden, der
gleichsam per Zufall den Kontakt zur eigenen Gemeinschaft eingebüßt hat und nun
der Situation des neuerlichen, wohlwollenden oder feindlichen, Empfangs und
Einlassens in Gesellschaft ausgesetzt ist. Unter der Perspektive des Gebens und
Nehmens gesehen, verrät die von Rousseau gedachte Gastlichkeit die grundlegende Ambivalenz der gastlichen Situation, begrenzt von einer Vielzahl von Regeln bei gleichzeitigem Wunsch nach deren Übertretung, oszillierend zwischen
dem Verlangen nach Freiheit und jenem nach Abhängigkeit. Auf konkrete Weise
und gleichzeitig theoretisch gefaßt spiegelt sich hier die kritische Einstellung Jean-
Jacques' gegenüber der Höflichkeit und deren Konsequenzen. Es stellt sich nun die
Frage nach dem Platz der Gastlichkeit zwischen Einsamkeit und Gemeinschaft
sowie nach ihrem Ort im Gesellschaftsvertrag.

Die Gastlichkeit einer zivilisierten Nation unterscheidet sich radikal von jenem,
Rousseau durchaus vertrauten, antiken, homerischen oder biblischen Ideal. In
seinem Kommentar zu den *Lettres sur les Anglois et les François* des Béat de
Muralt[60] betont er gleichwohl den herausragend gastlichen Charakter der Franzosen. Muralt bemerkte in seiner Abhandlung:

> L'hospitalité exercée envers l'étranger, qui fait un des grands éloges des anciens, a quelque
> chose de si doux et de si humain, que tout ce qui s'y rapporte en quelque sorte, tout l'accueil
> qu'on fait à l'étranger, sert à donner du prix à la nation où l'on y a du penchant, et à la
> distinguer de celles où l'étranger est négligé.[61]

In direktem Anschluß bezieht Rousseau nun diese noch allgemeine Aussage auf
die spezifisch französische Situation:

> [...] à quoi l'on doit ajouter que l'abondance des étrangers qui ralentit presque toujours le zèle
> de l'hospitalité n'en a point rebuté les français chez qui l'on voit plus d'étrangers que dans
> aucune autre nation du monde.[62]

Dieser lobenswerte Hang zur Gastlichkeit geht jedoch einher mit deren Verwässe-
rung, ihrer nur noch oberflächlichen Bedeutung und ihrem ephemeren Charakter,
der den ihr ursprünglichen Zweck ins Abseits geraten läßt. Das in der gegenwärtigen Gesellschaft verbreitete Konzept der Gastlichkeit gründet somit allein auf
Worten und trägt nur für einen aufs engste begrenzten Zeitraum. Es verbürgt keinerlei wirkliche zwischenmenschliche Bindung, keine authentische Freundschaft,

---

[60] Béat Louis de Muralt, *Lettres sur les Anglois et les François et sur les voiages*. Cologne 1725.
Rousseau bezieht seinen Kommentar auf die Ausgabe Paris 1747 (vgl. Rousseau, *Œuvres
complètes*, [wie Anm. 21], S. 1954).
[61] Rousseau, Jean-Jacques, *Remarques sur les ,Lettres sur les Anglois et les François' de Béat
de Muralt* [1756–1757], in: ders., *Œuvres complètes*, (wie Anm. 21), S. 1316.
[62] Ebd.

ist allen nur vorstellbaren Kompromissen, Ambiguitäten und Mißverständnissen ausgesetzt. Die Pervertierung eines ursprünglich natürlichen Drangs durch seine künstliche Überformung ebenso wie durch die zahlenmäßige Ausdehnung der Gesellschaft steht für Rousseau außer Frage. Der absolute Charakter der Empfangssituation wird durch die Anwesenheit Dritter, die aufgrund der Höflichkeitsrituale zu unerträglicher Vermittlungstätigkeit nötigt, empfindlich gestört. Eine positive Gegenfolie hierzu bietet uns der Autor etwa im Bericht eines ihm durch George Keith bereiteten Empfangs: Auf ein kurzes Kompliment, welches Rousseau dem Mylord bei ihrem Zusammentreffen entgegenbringt, reagiert dieser

> [...] en parlant d'autre chose, comme si j'eusse été là depuis huit jours. Il ne nous dit pas même de nous asseoir. [...] me sentant d'abord à mon aise j'allais sans façon partager son sopha et m'asseoir à côté de lui.[63]

Solcherart nimmt eine auf Spontaneität und Einfachheit begründete Beziehung zwischen Gast und Gastgeber ihren Anfang, eine Beziehung, in der die Sprache des Herzens noch vor der Beachtung sozialer Gepflogenheiten rangiert, und die aufgrund einer „grande convenance des caractères" am Beginn einer auf der reziproken Freiheit der Partner beruhenden Freundschaft steht.[64]

Rousseau macht wiederholt die Erfahrung, daß jede Beziehung zwischen Gast und Gastgeber, sofern sie nicht auf der Freiheit und Autonomie jedes einzelnen beruht, zum schnellen Mißlingen verurteilt ist. Die Transparenz der Interaktion erschöpft sich, die Vermischung von Interessen führt zu zahlreichen Hindernissen und Abhängigkeiten, das Leben unter einem Dach wird zur Entfremdung.[65] Es kommt zur Konfrontation unterschiedlicher Interessenlagen, dem Verlangen nach Einlaß einerseits und dem nach dessen Gewähren auf der anderen Seite, deren verschiedenartige Motiviertheit zu einer Vielzahl von Mißverständnissen führt. Das Verlangen des Gastgebers, so zeigt Rousseau, ist nicht auf die Person, auf das „Ich" des Gastes gerichtet, sondern macht diesen durch die Etablierung einer Abhängigkeitsrelation jenem zum Objekt. Der Bericht einer ihm widerfahrenen

---

63 Rousseau, Jean-Jacques, *Confessions* [1782–1789], in: ders., *Œuvres complètes*, (wie Anm. 21), hier Bd. 1 (1959), S. 597.

64 „Il voulait absolument me loger au Château de Colombier, et me pressa longtems d'y prendre à demeure l'appartement que j'occupais. Je lui dis enfin que j'étais plus libre chez moi, et que j'aimais mieux passer ma vie à le venir voir. Il approuva cette franchise et ne m'en parla plus." (ebd.).

65 Der Aufenthalt bei einem Gastgeber bedeutet vor allem, die Langeweile zeitvertreibender Konversationen ertragen zu müssen. Für denjenigen aber, der in eigener Verantwortung auf eine „vie tranquille et douce" ausgerichtet ist, ist der „bavardage inactif de chambre assis les uns vis-à-vis des autres à ne mouvoir que la langue" eine rechte Strafe. Die Situation des „rester là les bras croisés" à parler du tems qu'il fait et des mouches qui volent, ou qui pis est à s'entrefaire des complimens" (ebd., S. 601) ist ihm unerträglich. Rousseau verlegt sich im Angesicht derartiger Pein auf praktische Tätigkeiten wie das Erlernen des richtigen Gebrauchs der Schnürsenkel, oder aber er führt auf seinen Besuchen ein Kopfkissen mit sich, was nicht gerade als Zeichen übermäßig höflicher Aufmerksamkeit gelten kann.

Begebenheit mag hierfür beredtes Beispiel sein: Rousseau wird in die Gesellschaft eines Abbé geladen, deren prahlsüchtige Mitglieder einzig darauf aus sind, sich einerseits mit der Anwesenheit des berühmten Gastes selbst zu schmücken, die ihn aber andererseits zugleich auch ihrer Beobachtung und Kontrolle unterziehen.[66] Von nun an steht für Rousseau jede Gesellschaft unter dem Verdacht der Konspiration, wird der Raum der Gastlichkeit zum Ort von Spionage und inquisitorischen Blicken.[67]

Voltaire ist sich dieser Disposition Rousseaus wohl bewußt und rächt sich an ihm auf ironische Art durch das Angebot uneingeschränkter Gastlichkeit. Die Anekdote, nach der Voltaire bei der Lektüre einer gegen ihn verfaßten Schrift des „Citoyen de Génève" außer sich gerät, ihn verflucht, vor Wut schäumt und ihn gar verprügeln lassen will, ist allgemein bekannt. In Diderots Bericht des Ereignisses heißt es jedoch weiter:

> Cependant, lui dit un homme de la compagnie, je sais de bonne part qu'il doit venir vous demander asile, et cela aujourd'hui, demain, après-demain peut-être. Que lui ferez-vous? – Ce que je lui ferai, dit de Voltaire en grinçant les dents: ce que je lui ferai? Je le prendrai par la main, je le mènerai dans ma chambre, et je lui dirai: Tiens, voilà mon lit, c'est le meilleur de la maison, couche toi là, couches y pour le reste de ta vie, et sois heureux.[68]

Eine solche Form des Glücks ist Rousseau jedoch zuwider: „[...] toute société n'est que tromperie et mensonge, je me suis retiré au dedans de moi."[69] Das Joch seiner tyrannischen Gastgeber abwerfend, sich aus jeder persönlichen Bindung lösend und schließlich auch das Band zu seinen Gönnern zerreißend, verlegt sich Jean-Jacques auf die Freiheit und Unabhängigkeit bewahrenden „liaisons de simple bienveillance", die er in der Hermitage und in Montmorencie zu finden glaubt.[70] Das wahre Glück aber bietet erst die Einsamkeit des Lazaretts[71] oder jene der Insel St. Pierre inmitten des Sees von Bienne, diesem Asyl, in dem er sich, „séparé des hommes, à l'abri de leurs outrages, oublié d'eux", dem Genuß der Ruhe und des

---

[66] „On eut dit à l'ardeur qu'on avait pour l'attirer, que rien n'était plus honorable, plus glorieux que de l'avoir pour hôte, et cela dans tous les états sans en excepter les grands et les princes, et mon ours n'était pas content!" (Rousseau, Jean-Jacques, *Rousseau juge de Jean-Jacques* [1771–1776], in: ders., *Œuvres complètes*, [wie Anm. 21], hier Bd. 1 [1959], S. 711).

[67] „Dès qu'il s'établit quelque part, ce qu'on sait toujours d'avance, les murs, les planchers, les serrures, tout est disposé autour de lui pour la fin qu'on se propose, et l'on n'oublie pas de l'envoisiner convenablement; c'est-à-dire de mouches venimeuses, de fourbes adroits et de filles accortes à qui l'on fait leur leçon. C'est une chose assez plaisante de voir les barboteuses de nos Messieurs prendre des airs de Vierge pour tâcher d'aborder cet Ours." (ebd., S. 712).

[68] Diderot, Denis, *Correspondance*. 16 Bde., hg. v. Georges Roth. Paris 1955–1979, hier Bd. 6 (1961), S. 34f. (Brief an Sophie Volland, 27. Januar 1766).

[69] Rousseau, *Rousseau juge de Jean-Jacques*, (wie Anm. 66), S. 727.

[70] Rousseau, *Confessions*, (wie Anm. 63), S. 503.

[71] Ebd., S. 296.

kontemplativen Lebens verschreibt.[72] Diderots Auffassung, wonach nur der böse Mensch allein sei, hält Rousseau das Paradox des Einzelgängers entgegen: „[...] les solitaires par gout et par choix sont naturellement humains, hospitaliers, caressans."[73]

Die Natur, fernab der Menschen, ist der wahre Raum der Gastlichkeit. Ihr Liebreiz gleicht dem einer Mutter, die es sich zur freudigen Aufgabe macht, ihren Kindern das Dasein so angenehm wie möglich zu gestalten.[74] Rousseau ist auf der Suche nach jener Extremform der Gastlichkeit im Sinne Derridas, die sich in der Aufopferung für den Gast selbst erschöpft. Es verlangt ihn nach jener ungeteilten Zuwendung, wie er sie etwa durch Mme de Warens erfährt, dieser „[...] plus tendre des mères, qui jamais ne chercha son plaisir, mais toujours mon bien".[75] Mit dieser besonderen, egoistischen, gleichsam inselhaften Empfindsamkeit begabt, dürstet es Rousseau in der Freundschaft nicht nach Eroberung, sondern nach Gratifikation.[76]

Die Kritik der sozialen mündet in das Paradox einer einsamen Gastlichkeit. Durch die maximale Reduktion der Gemeinschaft, die Selbstabschließung mit dem Ziel der Erlangung eines widerspruchsfreien, „ungeteilten" Zustandes, in dem der Einzelne nur sich selbst zum Glücklichsein nötig hat, bedeutet Gastlichkeit nicht das Treffen des anderen in seinem Anderssein, sondern das Treffen seiner selbst im anderen. Wenn die Selbstliebe den Haß auf seinen Nächsten ausschließt,[77] so

---

[72] „J'aurois voulu être tellement confiné dans cette Ile que je n'eusse plus de commerce avec les mortels, et il est certain que je pris toutes les mesures imaginables pour me soustraire à la nécessité d'en entretenir." (ebd., S. 638).

[73] Weiter heißt es: „Ce n'est pas qu'ils haïssent les hommes, mais parce qu'ils aiment le repos et la paix qu'ils fuient le tumulte et le bruit. La longue privation de la société la leur rend même agréable et douce, quand elle s'offre à eux sans contrainte. Ils en jouissent alors délicieusement, et cela se voit. Elle est pour eux ce qu'est le commerce des femmes pour ceux qui ne passent pas leur vie avec elles, mais qui, dans les courts moments qu'ils y passent, y trouvent des charmes ignorés des galants de profession." (Rousseau, *Rousseau juge de Jean-Jacques*, [wie Anm. 66], S. 789).

[74] „La campagne elle-même aurait moins de charme à ses yeux s'il n'y voiait les soins de la mère commune qui se plaît à parer le séjour de ses enfants." (ebd., S. 807).

[75] Rousseau, *Confessions*, (wie Anm. 63), S. 106.

[76] Grundlegende Motivation Rousseaus ist es, geliebt zu werden: „Etre aimé de tout ce qui m'approchoit était le plus vif de mes désirs." (ebd., S. 14). Damit setzt er sich zugleich aber dem Vorwurf aus, allein der Befriedigung seiner Selbstliebe nachzugehen, was ihm von Mme de la Tour de Franqueville in einem Brief vom 1.11.1763 offen vorgehalten wird: „[...] vous qui portez l'indépendance dans l'amitié même, et qui n'aimez que pour le plaisir que vous y prenez." (Dufour, Théophile, *Correspondance générale de J.-J. Rousseau.* 20 Bde. Paris 1924–1934, hier Bd. 10 (1928), S. 195). Am 18.5.1765 heißt es: „Croirai-je que votre affectation, fruit tardif de mes empressemens, ne s'est attachée à rien de ce qui compose mon caractère; que, malgré les éloges que vous m'avez prodigués, je n'ai jamais eu de recommandable pour vous que la préférence que je vous ai donnée [...] et que, par conséquent, dans vos idées, aimer c'est applaudir?" (ebd., Bd. 13 (1930), S. 313), und bereits zuvor deutlicher unter dem Datum des 31.3.1764: „[...] c'est vous que vous aimez en moi: moi je n'aime en vous que vous-même, et nous avons raison tous deux." (ebd., Bd. 10, S. 378).

[77] „[...] je m'aime trop moi-même pour pouvoir haïr qui que ce soit." (Rousseau, *Rêveries*, [wie Anm. 54], S. 1056).

nur deshalb, weil dieser als Bestandteil des eigenen Selbst erachtet wird. Diese pygmalionartige Perspektive des Gastes kann sich nur in einer unmittelbaren Beziehung verwirklichen, gegründet auf das Gefühl und die Wiederspiegelung von Empfindsamkeit, die schließlich den Namen der Freundschaft verdient.

Mit seinem Ausruf: „Me voici donc seul sur la terre, n'ayant plus [...] d'ami [...] que moi-même"[78] scheint Rousseau diesen Zustand der unmittelbaren Nähe zu sich selbst, vermittelt über seine Inselerfahrung, erreicht zu haben. Der beste Freund des Menschen ist er selbst, da nur er sich durch größtmögliche Transparenz und Unabhängigkeit (insofern der Mensch mit sich selbst in keinem Vertragsverhältnis steht) auszeichnet. Damit wird nun die Autobiographie zum Paradigma einer inneren Gastlichkeit: In ihr empfängt sich das Ich, liefert sich aus, verbreitet sich in uneingeschränkter Freiheit, um sich schließlich selbst zu finden, zu rekonstruieren, mit sich übereinzukommen. Das Schreiben für sich allein ist, im Gegensatz zum Schreiben für andere, Ausdruck des Gastseins seiner selbst im Sinne eines radikalen Umsturzes der Dialektik von Herr und Sklave. Es bezeichnet eine Zeit der Hingabe, die es gerade über eine wohletablierte Distanz möglich macht, sich in unmittelbare Nähe zu sich selbst zu begeben.

Die als einheitlich gedachte Zweierbeziehung bildet den Kern des Rousseauschen Denkens. Er träumt von einer „[...] sphère étroite, mais délicieusement choisie [...] Un seul château bornait mon ambition",[79] wobei jenes gastliche „château" ein primitivistisches Traumgebilde abgibt, insofern es sich nur jenseits der zivilisierten Gesellschaft, in einer wilden, von materiellen Interessen freien und einzig ihrer eigenen Spontaneität gehorchenden Natur verwirklichen kann. So berichtet Saint-Preux im Zuge der Beschreibung seiner Bergreise mit ihrer erstaunlichen Vermischung von wilder und kultivierter Natur, nachdem er die Schönheit der Landschaft, die Reinheit der Luft, den Liebreiz einer gastlichen Natur und die friedliche Ruhe des Ortes genossen hat, von der interesselosen Menschlichkeit seiner Einwohner und ihrem „zèle hospitalier pour tous les étrangers que le hasard ou la curiosité conduisent chez eux". Als er des Abends in ein kleines Dorf einkehrt, ist er nicht wenig verwundert:

> Chacun venait avec tant d'empressement m'offrir sa maison que j'étais embarassé du choix, et celui qui obtenait la préférence en paraissait si content que la première fois je pris cette ardeur pour de l'avidité.[80]

Schließlich schlägt sein Gastgeber auch das ihm anderntags gebotene Entgelt entrüstet aus: „Ainsi c'était le pur amour de l'hospitalité, communément assez tiède, qu'à sa vivacité j'avais pris pour l'âpreté du gain."[81] Wenn in der Gegend des Haut-Valais bei einem Überfluß an Eßbarem das Geld auch rar ist, so steht für ihn

---

78  Ebd., S. 995.
79  Rousseau, *Confessions*, (wie Anm. 63), S. 45; vgl. auch ebd., S. 152.
80  Rousseau, *Nouvelle Héloïse*, (wie Anm. 21), S. 79.
81  Ebd., S. 80.

fest: „Si jamais ils ont plus d'argent, ils seront infailliblement plus pauvres."[82] Die Gegenfolie hierzu liefert nämlich der Bas-Valais, wo die Reisenden, wie er meint, einer üblen Geldschneiderei ausgesetzt seien.[83] Der hohe Kurs der Gastlichkeit beruht auf der Abgeschiedenheit der Bergbewohner, die ihren Besuchern eine grundsätzlich positive Motivation unterlegen: „[...] ils nous aiment et nous les recevons avec amitié." Gastlichkeit gründet somit auf der Abwesenheit von Öffentlichkeit im aufklärerischen Sinne. Die ökonomische Sphäre bleibt randständig, fast im Verborgenen: „Au reste, ajouta-t-il en souriant, cette hospitalité n'est pas coûteuse, et peu de gens s'avisent d'en profiter."[84] Die Gastlichkeit des Goldenen Zeitalters ignoriert die Gegenwart des anderen: der andere ist dem Selbst vielmehr unmittelbar angegliedert, wird mit diesem identisch, transparent bis zur Unsichtbarkeit.[85]

Interaktion gründet auf sinnlicher Empfindung. Das Teilen der Eßwaren stellt einen zentralen Punkt in der gastlichen Beziehung dar, den Rousseau wiederholt zum Thema macht. So lobt er etwa in seinen *Confessions*:

> [...] les charmes de ces repas, composés, pour tous mets, d'un quartier de gros pain, de quelques cerises, d'un petit morceau de fromage et d'un demi-setier de vin que nous buvions à nous deux! Amitié, confiance, intimité, douceur d'âme, que vos assaisonnements sont délicieux![86]

Wie weit sind doch diese bescheidenen, von biblischer Schlichtheit geprägten Mahlzeiten entfernt von der kunstvollen Gastronomie zivilisierter Gesellschaften! Ihre Einfachheit ist Ausdruck von Unmittelbarkeit und natürlicher Nähe. Zur Illustration sei hier eine Stelle des *Émile* herangezogen, in der Rousseau uns eine doppelt inszenierte gastliche Situation vorführt, die dem Aufeinandertreffen Émiles und Sophies unmittelbar vorgeordnet ist und den Ausbruch ihrer Liebe vorbereitet. Nachdem der Mentor seinen Zögling über die Person Sophies in Kenntnis gesetzt hat, gelangen beide auf ihrem Fußmarsch zu einer Hütte, an der sie ein Bauer in aller Bescheidenheit Willkommen heißt und sich dem Lob der barmherzigen Bewohner des sich auf der anderen Seite des Hügels befindenden

---

[82] Ebd.

[83] Den problematischen Zusammenhang von Geld und Gastlichkeit beleuchtet Rousseau ebenso im 9. Spaziergang seiner *Rêveries du promeneur solitaire*: „J'ai remarqué qu'il n'y a que l'Europe seule où l'on vende l'hospitalité. Dans toute l'Asie on vous loge gratuitement; je comprends qu'on n'y trouve pas si bien toutes ses aises. Mais n'est-ce pas que de se dire je suis homme et reçu chez des humains? C'est l'humanité pure qui me donne le couvert. Les petites privations s'endurent sans peine quand le cœur est mieux traité que le corps." (Rousseau, *Rêveries*, (wie Anm. 54), S. 1097).

[84] Rousseau, *Nouvelle Héloïse*, (wie Anm. 21), S. 80.

[85] „Ce qui me paraissait le plus agréable dans leur accueil, c'était de n'y pas trouver le moindre vestige de gêne, ni pour eux ni pour moi. Ils vivaient dans leur maison comme si je n'eusse pas été et il ne tenait qu'à moi d'y être comme si j'eusse été seul. Ils ne connaissent point l'incommode vanité d'en faire les honneurs aux étrangers, comme pour les avertir de la présence d'un maître, dont on dépend au moins en cela." (ebd., S. 81).

[86] Rousseau, *Confessions*, (wie Anm. 63), S. 354.

Hauses hingibt, welches die beiden in Kürze aufsuchen sollen. Wir haben es hier mit einer „mise en abyme" der Gastlichkeit in Form eines Verfahrens der doppelten Inszenierung zu tun, mit einer Szene innerhalb der Szene, die den unsere beiden Wanderer erwartenden, außergewöhnlichen Empfang vorbereitet und perspektiviert. Darüber heißt es schließlich:

> Dans le hameau qui l'entoure, cette seule maison, quoique simple, a quelque apparence; nous nous présentons, nous demandons l'hospitalité. [...] On nous montre un appartement fort petit mais propre et commode, on y fait du feu, nous y trouvons du linge, des nippes, tout ce qu'il nous faut. Quoi! dit Emile tout surpris, on dirait que nous étions attendus! Ô que le paysan avait bien raison! quelle attention, quelle bonté, quelle prévoyance! et pour des inconnus! Je crois être au tems d'Homère. Soyez sensible à tout cela, lui dis-je; mais ne vous en étonez pas; partout où les étrangers sont rares, ils sont bien venus; rien ne rend plus hospitalier que de n'avoir pas souvent besoin de l'être: c'est l'affluence des hôtes qui détruit l'hospitalité. Du tems d'Homère on ne voyageait guère, et les voyageurs étaient bien reçus partout. Nous sommes peut-être les seuls passagers, qu'on ait vûs ici de toute l'année. N'importe, reprend-il; cela même est un éloge, de savoir se passer d'hôtes et de les recevoir toujours bien. Séchés [Sie waren auf ihrem Weg vom Regen überrascht worden.] et rajustés, nous allons rejoindre le maître de la maison; il nous présente à sa femme; elle nous reçoit, non pas seulement avec politesse, mais avec bonté. [...] On fait hâter le souper pour l'amour de nous. [...] Vous êtes arrivés ici, votre gouverneur et vous, las et mouillés comme Télémaque et Mentor dans l'Isle de Calypso. Il est vrai, répond Emile, que nous trouvons ici l'hospitalité de Calypso.[87]

Daß Sophie die Rolle der Calypso zukommen wird, steht außer Zweifel. Die einfache Gastlichkeit und das bescheidene, unmittelbar aus der Natur bezogene Mahl präludieren der Öffnung der Herzen und dem Gleichklang der Seelen. Der Verweis auf die homerische oder biblische Vorzeit stellt dabei einen stets wiederkehrenden Aspekt des Rousseauschen Nachdenkens über Gastlichkeit dar, wie er etwa auch in den 1762 verfaßten, jedoch erst 1781 publizierten Gesängen des *Lévite d'Ephraïm* deutlich zum Vorschein kommt. Wenn die Verletzung der Gastlichkeit uns den Katastrophen der Geschichte zuführt, so liegt die Tragik in dieser selbst begründet. Unumstößlich ist für Rousseau der Wandel der Gastlichkeit hin zu einer Vergewaltigung der eigenen Person, des eigenen Bewußtseins, ihre Transformation in unerträgliche Abhängigkeiten, in die feindselige Ablehnung des anderen. Über die sicher herausstellbaren Bezüge zu seiner eigenen Persönlichkeit hinaus, schärft sich mit ihm das Bewußtsein für den Zusammenbruch der sozialen Werte der Konversation, der Gastlichkeit und zahlreicher anderer Interaktionsformen, die der Gesellschaft des Ancien Régime ehemals strukturbildend zugrunde lagen. Rousseau erscheint, so wäre festzuhalten, als Vertreter einer pessimistischen, desillusionierten Anthropologie.

---

[87] Rousseau, Jean-Jacques, *Emile, ou de l'éducation* [1762], in: ders., *Œuvres complètes*, (wie Anm. 21), hier Bd. 4 (1969), S. 774f.

# Personenregister

Aufgenommen wurden Personen bis zur Mitte des 19. Jahrhunderts.

Abel, Jacob Friedrich   7f., 14, 16
Adelung, Johann Christoph   236, 238
Aldrovandi, Ulysses   33
Alembert, Jean Baptiste le Rond d'   184, 258
Alison, Archibald   129
Alsted, Johann Heinrich   4
Anaxagoras   64f., 67, 69f., 73
Andreae, Johann Valentin   203
Aristoteles   3, 41, 64f., 67, 70, 73, 91, 147, 154, 207, 209, 221, 256f.
Artemidor von Daldis   23
Ast, Friedrich   229, 231

Bacon, Francis   82, 98, 106, 108, 119, 154, 219, 235f., 257
Basedow, Johann Bernhard   329
Battel (Battell), Andrew   33, 35ff., 38, 43, 54
Baudoin, Alexandre   347
Baumgarten, Alexander Gottlieb   9f., 20, 22, 24, 26f., 206, 209, 258, 274
Beattie, James   258
Bellegarde, Jean-Baptiste Morvan de   341, 343
Berkeley, George   104, 108f., 120, 143
Bernardin de Saint-Pierre, Henri   145
Bernd, Adam   273
Blair, Hugh   129
Blanckenburg, Friedrich von   268f., 293f.
Blumenbach, Johann Friedrich   34, 44f., 63f.
Bodmer, Johann Jakob   175
Boerhaave, Herman(n)   24
Börner, Friedrich   21
Bolten, Johann Friedrich   24
Bonnet, Charles   33, 45, 50, 73f., 258, 267, 273
Bontius, Jacob   33, 40ff., 50
Bossuet, Jacques-Bénigne   97
Bougainville, Louis-Antoine de   319
Brehm, Alfred E.   36
Breyer, Karl Wilhelm Friedrich   223
Brosses, Charles de   64, 348f.
Bruce, John   236

Buffon, Georges-Louis Leclerc de   33, 35ff., 40f., 43ff., 48f., 52, 145, 147, 153, 258, 315, 319, 321
Burnett, James   45
Butler, Joseph   103

Cabanis, Pierre-Jean-Georges   259
Campbell, George   129
Campe, Joachim Heinrich   328, 330
Camper, Petrus   34, 43ff., 47ff., 51, 190
Cardanus, Hieronymus   23
Carus, Friedrich August   219ff., 227, 231ff., 248ff.
Casmann, Otto   4, 257
Castiglione, Baldassar   343f.
Charron, Pierre   153
Chesterfield (Philip Dormer Stanhope, Lord of)   352
Condillac, Etienne Bonnot de   47, 82, 258
Condorcet, Marie-Jean-Antoine-Nicolas Caritat de   89, 92, 253
Consbruch, Johann Friedrich   16
Conz, Karl Philipp   204
Costanzo, Constantin di   330f.
Courtin, Antoine   145, 339, 341, 354
Crébillon, Claude-Prosper Jolyot de (Crébillon fils)   151, 156, 346f., 349ff.
Cullen, William   15

Dapper, Olfert   33, 42f.
Darwin, Charles   74
Dégerando, Joseph Marie   259
Della Casa, Giovanni   342
Descartes, René   4f., 33, 88f., 109, 119, 125, 151, 155, 197, 257, 307, 313f., 316f.
Destutt-Tracy, Antoine Louis Claude (Comte de)   259
Diderot, Denis   33, 52, 67, 70ff., 79, 145ff., 181, 183ff., 188f., 191f., 258, 309, 319ff., 346, 355, 358f.
Diogenes von Sinope   162, 175
Ditfurth, Franz Dietrich von   338
Du Chaillu, Paul   52
Duclos, Charles   347, 353

Eichhorn, Johann Gottfried 240, 244ff., 261
Empedokles von Akragas 216
Engel, Friedrich 258
Engel, Johann Jakob 268, 274
Epinay, Louise Tardieu d'Esclavelle de la
    Live, Madame d' 152
Erasmus von Rotterdam 342
Eschenburg, Johann Joachim 268
Eustachius, Bartolomeo 63

Falcke, Ernst Friedrich 334
Felbiger, Johann Ignaz 335f.
Fénelon, François de Salignac de la
    Mothe 288ff., 292, 308f., 311f., 316f.,
    320f.
Ferguson, Adam 12, 72f., 78, 94, 129,
    258, 274
Ficino, Marsilio 196, 201, 217
Flavius Arrianus 36
Flechier, Esprit 349
Flögel, Carl Friedrich 7
Foigny, Gabriel de 309, 315f., 321,
Fontenelle, Bernard de 82f., 149, 308,
    310f., 320
Forster, Georg 34, 177, 181f., 185ff., 225,
    252
Francke, August Hermann 204
Franqueville, Mme de la Tour de 359
Fréret, Nicolas 79
Frick, Werner 278
Friedrich Heinrich von Oranien 39, 41
Friedrich Wilhelm I. von Preußen 202
Friedrich II. von Preußen 198
Fülleborn, Georg Gustav 227, 229f., 232f.

Galen (Claudius Galenius) 4, 70
Garve, Christian 259, 266
Gatterer, Johann Christoph 222, 224
Geibel, Emanuel 203
Gellert, Christian Fürchtegott 200
Gerard, Alexander 129
Gervinus, Georg Gottfried 182
Gesner, Conrad 41, 52
Geßner, Salomon 162
Girtanner, Christoph 51
Gmelin, Johann Georg 32f.
Goess, Georg Friedrich Daniel 230
Goethe, Johann Wolfgang von 10, 14,
    164, 199ff., 217, 263
Goguet, Antoine Yves 82, 88
Gotsch, Marc Anton 237
Gottsched, Johann Christoph 203, 207ff.,
    269
Gracian, Balthasar 350

Greuze, Jean Baptiste 162
Grimm, Melchior 157
Grohmann, Johann Christian August 227
Grotius, Hugo 298
Gründler, Gottfried August 42

Haag, Tethart Philip Christiaan 38ff., 44, 56
Haller, Albrecht von 15, 21
Hamann, Johann Georg 193, 198, 211f.,
    244
Hanno (von Karthago) 36
Hartley, David 129, 258
Hederich, Benjamin 206f.
Hegel, Georg Wilhelm Friedrich 77, 94,
    147, 204, 217, 261
Helvétius, Claude Adrien 8f., 45, 61ff.,
    66ff., 75, 166, 169, 258, 273, 280, 300
Hemsterhuis, Frans 216
Herbart, Johann Friedrich 11
Herbell, J. F. M. 44
Herder, Caroline 263
Herder, Johann Gottfried 2, 34f., 38, 40,
    43ff., 60f., 67ff., 74f., 193, 195, 200,
    203, 210ff., 215ff., 225, 236, 244f.,
    251f., 266, 274
Heyne, Christian Gottlob 244
Hirschfeld, Christian Cay Lorenz 355
Hobbes, Thomas 87, 103, 108, 139, 241
Hölderlin, Friedrich 193, 201f., 204f.,
    212ff., 217
Hogarth, William 162
Holbach, Paul Henri Thiry (Baron) d' 258,
    273, 280, 300
Home, Henry 129, 258,
Homer 251, 255, 362
Hoppius, C. E. 33
Horaz 210
Humboldt, Wilhelm von 247
Hume, David 13f., 101ff., 177, 219, 235,
    258, 273, 344f.
Husserl, Edmund 1, 120, 125f.
Hutcheson, Francis 103ff., 112, 258
Huxley, Thomas Henry 43
Huygens, Christiaan 89

Iselin, Isaak 228, 235, 258, 263, 268, 291

Jaucourt, Louis de 355
Jean Paul (d.i. Johann Paul Friedrich
    Richter) 10, 13, 210, 252, 294
Jenisch, Daniel 228f., 236f.
Jerusalem, Friedrich Wilhelm 14
Juncker, Johannes 24

Kant, Immanuel 1f., 11, 15, 17, 46, 66, 68, 86f., 92, 94ff., 101, 104, 109, 112, 123, 125, 198f., 215f., 219ff., 227, 229f., 232, 237f., 242f., 249, 259, 261, 265, 271, 344
Katharina II. 174
Kepler, Johann 199
Knigge, Adolph von 323ff., 330ff., 355
Knigge, Philipp Carl 324
Kopernikus, Nikolaus 199
Kraus, Christian Jacob 198
Krüger, Johann Gottlob 3, 6, 13, 20, 23f., 26ff., 273

La Bruyère, Jean de 153, 163f.
La Harpe, Jean-François 63, 72
La Mettrie, Julien Offray de 34, 45ff., 156, 258
La Rochefoucauld, François de 164, 347
Laclos, (Choderlos de Laclos) Pierre Ambroise François 346f.
Lahontan, Louis Armand de 309, 317
Lamarck, Jean-Baptiste 75
Lambert, Johann Heinrich 252
Lavater, Johann Caspar 60, 162
Lebert, Philipp 335f.
Leibniz, Gottfried Wilhelm 33, 46, 109, 196, 198, 205, 274, 283
Leonhardi, Peter 337
Lessing, Gotthold Ephraim 210ff., 263, 273
Lichtenberg, Georg Christoph 266
Linné, Carl von 32f., 42, 44, 47, 52, 178, 181, 183
Locke, John 33, 61, 88f., 103ff., 108f., 111, 115, 117ff., 143, 147, 224, 258

Magenau, Rudolf Friedrich Heinrich von 204
Mallet, Paul Henry 207
Mandeville, Bernard de 103ff.
Marivaux, Pierre Carlet de 146, 160, 343f., 347
Marmontel, Jean-François 146
Marx, Karl 96
Maupertuis, Pierre-Louis Moreau de 34, 45, 258, 319
Meier, Georg Friedrich 20, 46, 258, 274
Meiners, Christoph 190, 225, 238, 259
Meister, Johann Heinrich 175
Melanchthon, Philipp 3f.
Mendelssohn, Moses 252, 258, 263, 274
Mercier, Louis-Sébastien 308, 313f., 320f., 345
Méré, Antoine G. de 342
Merz, Maximilian Edler von 331

Michaelis, Johann David 240, 261
Michelet, Karl Ludwig 261
Mieg, Johann Friedrich 336
Millar, John 92f.
Mirandola, Giovanni Pico della 60, 217
Mörike, Eduard 204
Molière 163
Monboddo (James Burnett, Lord of) 34, 43ff., 47
Moncrif, François Augustin Paradis de 352
Montaigne, Michel de 153, 183
Montesquieu, Charles-Louis de Secondat 78f., 81, 83, 91, 149, 241, 258
Morelly 308f., 312f., 318, 321
Moritz, Karl Philipp 2, 6f., 260, 280, 283
Morus, Thomas 311, 316, 319
Moscati, Pietro 67
Mozart, Wolfgang Amadeus 203
Müller, Johannes von 10, 16
Muralt, Béat-Louis de 356

Necker, Jacques 174
Neeb, Johannes 229
Neuffer, Christian Ludwig 204
Newton, Isaac 7, 88f., 111, 128f., 155, 170, 199, 216
Nicolai, Ernst Anton 20, 26f.
Novalis (Friedrich von Hardenberg) 193, 203, 252

Oetinger, Friedrich Christoph 200f., 205f., 212, 217
Oken, Lorenz 36
Orbigny, Alcide d' 52
Ovid 59f.
Owen, Richard 52

Perrault, Charles 82
Platner, Ernst 8, 16, 259f., 265, 267, 273, 274
Platon 60, 196, 212, 256f., 319
Plinius (der Ältere) 41
Pöschmann, Georg Friedrich 223
Pope, Alexander 194
Prévost, Antoine-François 37
Price, Richard 258
Priestley, Joseph 258
Purchas, Samuel 35f.

Racine, Jean 163
Raynal, Guillaume Thomas François 79, 168, 172
Reid, Thomas 12, 108, 129, 258

Reimarus, Hermann Samuel   34, 46, 48, 70
Reinhold, Karl Leonhard   259
Rembrandt (Harmenszoon van Rijn)   41
Rétif de la Bretonne, Nicolas-Edme   308f.,
   314f., 321
Richelet, César   340
Riedel, Friedrich Just   258f., 276
Ritson, Joseph   43
Robertson, William   79, 129
Robinet, Jean Baptiste   258, 273
Rousseau, Jean-Jacques   34, 36ff., 43,
   45ff., 51, 67, 72, 145ff., 164ff., 175,
   194f., 198, 241, 258, 270, 317, 321,
   339, 345, 351ff.

Saint-Evremond (Charles Marguetel de
   Saint Denis, Seigneur de)   349
Salzmann, Christian Gotthilf   330
Savage, Dorcas   52
Schelling, Friedrich Wilhelm Joseph
   von   217, 221, 259, 261
Scheuchzer, Johann Jacob   42
Schiller, Friedrich   7, 12, 14, 16, 204, 222f.
Schlegel, Friedrich   193, 213f.
Schlözer, August Ludwig   222f., 261
Schmid, Christian Erhard   259
Schnabel, Johann Gottfried   308f., 312,
   321
Schopenhauer, Arthur   11
Schouman, Aart   39
Schwabe, Johann Joachim   206
Scotin, Gerard   33, 37
Scudéry, Madeleine de   342
Semler, Johann Salomo   244, 261
Seneca   175f.
Servigné, Jean Baptiste Guiard de   348
Shaftesbury (Anthony Ashley Cooper, Earl
   of)   101ff., 112, 130f., 137, 142f., 149,
   152, 205, 263
Shakespeare, William   266, 269
Smellie, William   51
Smith, Adam   78, 84f., 91, 95f., 129, 258
Sokrates   106, 175, 212, 256
Sonnenfels, Joseph von   336f.
Sophokles   195
Spinoza, Baruch de   109, 172, 197, 200
Stäudlin, Gotthold Friedrich   204
Stahl, Georg Ernst   258f.
Sterne, Lawrence   148, 355
Stolberg-Roßla, Johann Martin Graf zu   334
Stuart, Gilbert   129
Supprian, Friedrich Leberecht   21
Süßmilch, Johann Peter   47
Sulzer, Johann Georg   3, 6ff., 268, 274

Tennemann, Wilhelm Gottlieb   229f.
Terrasson, Jean de (Abbé)   203
Thales von Milet   106
Theophrast   163
Thomas, Antoine-Léonard   152f.
Thomasius, Christian   3, 194, 258, 265,
   274, 280
Thorbecke, Johan Rudolf   227
Tiedemann, Dietrich   225
Torricelli, Evangelista   156
Toussaint, François Vincent   145
Townsend, Dabney   128f.
Trublet, Nicolas Charles Joseph   340
Tschirnhaus, Ehrenfried Walther von   258
Tulpius (Nikolaus Tulp)   33, 40ff., 52, 57
Turgot, Anne Robert Jacques   78ff., 83ff.,
   88f., 91f., 94, 96ff., 174, 253
Tyson, Edward   33, 43f., 48f., 51

Uhland, Ludwig   204,
Unzer, Johann August   3, 19ff., 30, 259

Vairasse d'Allais, Denis   308, 310, 320
Vaumorière, Pierre Ortigue de   340, 342, 346
Vauvenargues, Luc de Clapiers de   153
Vico, Giambattista   94
Villaret, Claude   344
Villaume, Peter   236
Villemain, Abel-François   147
Virey, Julien Joseph   237
Volney (Constantin François de
   Chassebœuf, Comte de)   253
Voltaire (François Marie Arouet)   64,
   77ff., 81, 146, 270, 292, 344, 358
Vosmaer, Arnout   38ff., 44
Voß, Johann Heinrich   188

Walch, Johann Georg   23, 226
Weise, Christian   198
Weishaupt, Adam   325, 327, 329ff., 334,
   336f., 338
Wezel, Johann Karl   267, 270, 328f.
Wieland, Christoph Martin   143f., 148,
   263f., 266ff., 287ff.
Wilhelm V. von Oranien   38
Wolff, Christian   1, 5f., 22f., 25ff., 46, 59,
   62, 64, 66, 206ff., 213, 258
Wundt, Karl Friedrich   335f.
Wundt, Wilhelm   11

Zedler, Johann Heinrich   23
Zimmer, Patritius Benedikt   226
Zimmermann, Johann Georg   267, 299
Zwackh, Franz Xaver   331